玖隆物流

JIULONG LOGISTICS

运能保大宗|班列提质量|集箱增效率|专业优布局|全程重服务

广铁集团认真贯彻落实中共中央、国铁集团“调整运输结构、减少公路运输量、增加铁路运输量”战略部署，制定了“东部拓市场、西北争收入、西南创效益、周边增运量”的货运营销策略，深入开展“三年货运增量行动”。有序推进运输结构调整、扩大战略合作“客户群”、大力发展铁水联运、提升白货班列运量、发展商品车和冷链专业物流，全面强化货运营销，大力提高服务质量。扩大战略合作广度和深度，与华菱集团、广东省能源集团等19家大客户签订战略合作协议，在运力保障等方面向战略客户、大客户提供优质服务。积极打造铁公水联运新模式。以粤港澳大湾区珠江、北江、西江水网和铁路为纽带，按“前移、前置、共享”思路在港口、码头构建“无轨铁路货场”，将铁路货运服务前移至港口，将铁路运输网络与港口航线网络组网，吸引距离铁路货场较远、公路短驳费用较高的货源，建立无轨铁路货场56个，相继开通三水西至王家营西、三水西至改貌、大朗至城厢等多条铁水联运班列。服务“一带一路”建设，大力发展中欧（亚）班列运输，开行中欧（亚）班列510列，可到达欧（亚）洲14个国家、43个城市，打造了一条互联互通、高效便利的铁路运输大通道。

中国储运

月刊

CHINA STORAGE & TRANSPORT

· 透视物流晴雨
· 探索物流商机
· 见证物流成长

国内统一刊号 CN12—1204/F
国际标准刊号 ISSN1005—0434
广告经营许可证 1201024000022
国内发行 全国各地邮局
发行代号 6—151
国外发行 中国国际图书贸易总公司
国外发行代号 BM1821
创刊时间 1990年
每期定价 国内RMB20.00
国外$10.00

物流领域主流媒体
创刊三十周年历久弥新

地址：天津市河东区八经路23号方达大厦5F
邮编：300012　传真：022-24228078
网址：www.chinachuyun.com
电邮：zgcyzzs@163.com　zgcyzzs@sohu.com
电话：022-24228068　022-24228078
022-24211068　022-24228368

中国物流年鉴

2020（下册）

CHINA LOGISTICS YEARBOOK 2020

CFLP

中国物流与采购联合会编

中国财富出版社有限公司
CHINA FORTUNE PRESS CO., LTD.

图书在版编目（CIP）数据

中国物流年鉴．2020：全2册/中国物流与采购联合会编．—北京：中国财富出版社有限公司，2020.11
ISBN 978-7-5047-7316-6

Ⅰ．①中…　Ⅱ．①中…　Ⅲ．①物流—中国—2020—年鉴　Ⅳ．①F259.22-54

中国版本图书馆CIP数据核字（2020）第203244号

策划编辑　郑欣怡　　**责任编辑**　邢有涛　张宁静
责任印制　梁　凡　　**责任校对**　杨小静　　**责任发行**　敬　东

出版发行　中国财富出版社有限公司
社　　址　北京市丰台区南四环西路188号5区20楼　　**邮政编码**　100070
电　　话　010-52227588转2098（发行部）　　010-52227588转321（总编室）
010-52227588转100（读者服务部）　　010-52227588转305（质检部）
网　　址　http://www.cfpress.com.cn　　**排　　版**　义春秋
经　　销　新华书店　　**印　　刷**　北京文良精锐印刷有限公司
书　　号　ISBN 978-7-5047-7316-6/F·3232
开　　本　880mm×1230mm　1/16　　**版　　次**　2020年11月第1版
印　　张　43.25　　**彩　　页**　2.5　　**印　　次**　2020年11月第1次印刷
字　　数　1138千字　　**定　　价**　480.00元（全2册）

《中国物流年鉴》（2020）编委会

赵希和　江西新华发行集团有限公司副总经理、江西蓝海物流科技有限公司总经理
赵沪湘　中国国际货运代理协会会长
钟荣钦　台湾物流协会秘书长
姜超峰　中国物资储运协会名誉会长
徐　群　霞浦街道党工委委员、物流园区管理服务中心常务副主任
徐胜明　四川安吉物流集团有限公司党委书记、董事长
黄有方　上海海事大学原校长、教授、博士生导师
韩　骏　中远海运物流有限公司董事长、党委书记
董国银　上海光明领鲜物流有限公司董事长
雷钧友　秀山华渝物流投资有限公司总经理
裴　亮　中国连锁经营协会会长
薄世久　北京长久物流股份有限公司董事长

特别支持单位

中远海运物流有限公司

长沙金霞经济开发区

北京长久物流股份有限公司

希杰荣庆物流供应链有限公司

联邦快递（中国）有限公司

《中国物流年鉴》（2020）

主　　办	中国物流与采购联合会
承　　办	《中国物流与采购》杂志社
主　　编	何黎明
副 主 编	崔忠付　蔡　进　贺登才
编辑部主任	刘乃杰
编　　辑	崔　冬　朱贝特　杜　林　贾　丽
发　　行	高　威
广告设计	阳光设计工作室

编辑部电话	010-83772509　010-63738995（兼传真）
邮　　箱	gwrshk@ 126. com
发　　行	010-63738995
传　　真	010-63738995

《中国物流年鉴》（2020）供稿者

（按姓氏笔画排序）

马增荣　王　沛　王国文　王国清　王思雨　王继祥　文德华　田　征　白　甜　冯耕中　刘长庆
刘汉才　刘伟华　刘宇航　刘陶然　孙熙军　闫　鸣　李　鹏　李红梅　李新波　吴洋洋　张　伟
张　洁　张晋姝　张晓东　张嘉慧　金妲颖　周增宝　赵培源　侯家和　姜　旭　秦玉鸣　秦华侨
耿祥伟　贾若浩　顾宁军　晏庆华　徐　勇　高　珉　郭肇明　戚丽丽　韩兆轩　焦　飞　谢文卿
谢雨蓉　谢宝贵　樊一江　薛尚泉　穆宏志

国家发展改革委、国家发展改革委综合运输研究所、黑龙江省发展改革委、河南省发展改革委、湖南省发展改革委、四川省发展改革委、山西省工业和信息化厅、江苏省工业和信息化厅、福建省工业和信息化厅、甘肃省工业和信息化厅、青海省工业和信息化厅、河南省统计局、四川省统计局、黑龙江省商务厅、郴州市发展改革委、扬州市工业和信息化局、郴州市统计局、铜陵市交通运输局、青岛市交通运输局、襄阳市交通物流发展局、武汉市物流局、宜昌市物流局、中国粮食行业协会、河北省现代物流协会、内蒙古物流协会、黑龙江省物流与供应链商会、江苏省现代物流协会、安徽省物流协会、浙江省物流协会、河南省物流与采购联合会、海南省物流与采购联合会、四川省现代物流协会、重庆市物流与供应链协会、宁夏现代物流协会、中国仓储与配送协会、郴州市物流与采购联合会、宜昌市物流业发展中心、西安市道路货物运输行业协会、中国物流信息中心、中物联网络事业部、中物联行业事业部、中物联教育培训部、中物联标准化工作部、中物联评估办、中国物流发展专项基金“宝供物流奖”办公室、中物联汽车物流分会、中物联危化品物流分会、中物联绿色物流分会、中物联冷链委、中物联托盘委、中国汽车技术研究中心、中国工程机械工业协会工业车辆分会、上海国际航运研究中心、蜂网投资、武汉现代物流研究院、北京物资学院、上海海事大学、西安交通大学、大连海事大学、天津大学、北京交通大学、《物流技术与应用》杂志社、《中国出版传媒商报》社、北京兰格电子商务有限公司、供应链管理专业协会（CSCMP）

《中国物流年鉴》（2020）
广告提供单位

上册

我的法务

长沙金霞经济开发区管理委员会

东风柳州汽车有限公司

北京长久物流股份有限公司

鞍钢汽车运输有限责任公司

临港工业与国际物流园区管理服务中心

希杰荣庆物流供应链有限公司

联邦快递（中国）有限公司

秀山华渝物流投资有限公司

四川安吉物流集团有限公司

中铁物资集团有限公司

青海省物产集团有限公司

甘肃省物产集团有限责任公司

上海光明领鲜物流有限公司

江西蓝海物流科技有限公司

下册

玖隆钢铁物流有限公司

中国铁路广州局集团有限公司

济南铁路经营集团有限公司

《中国物流与采购》杂志社

中物联物流信息服务平台分会

《中国储运》杂志社

万联网

赤峰商贸物流城

中远海运物流有限公司

北京长久物流股份有限公司

临港工业与国际物流园区管理服务中心

广西玉柴物流股份有限公司

广东秦粤物流有限公司

编辑说明

一、《中国物流年鉴》（以下简称《年鉴》）是中国物流与采购联合会主办、《中国物流与采购》杂志社承办的大型文献性工具书。自2002年创办至今，已经出版发行十九年。十九年来《年鉴》的编纂质量不断提升，赢得了业界广泛好评。《年鉴》具有的权威性、可读性和资料性，使其成为业界人士查询、引用、论证、存档不可或缺的工具书。

二、2019年，是中华人民共和国成立70周年，也是我国物流业稳中有进、变中求新的一年。全行业深化结构调整，攻坚克难，推进物流业与制造业深度融合，助力我国产业迈向全球产业链中高端；全行业积极推进规模化、集约化发展，在仓储、运输、冷链、快递、汽车等细分领域一批实力较强、带动作用较大的骨干企业加速成长；多式联运加快发展，运输结构调整初见成效；首批23个国家物流枢纽确定，百家骨干物流园区互联互通取得进展，物流基础设施网络建设有序推进；全行业坚持创新驱动，稳中求进，新技术、新模式、新业态持续发力，新旧动能加快转换；物流互联网全面在线化，无人机、无人车、无人仓、无人码头等应用场景多元发展；区块链技术受到关注，在物流与供应链领域深化应用；网络货运管理办法正式出台，无车承运模式进入全面发展期；"互联网+"物流全面普及，产业互联网使传统物流焕发出新的活力；在商务部等有关部门推动下，供应链创新与应用试点成果展示推广，供应链服务企业标准批准发布，供应链创新与应用取得重大进展；在人才教育领域，物流管理被教育部列入首批"1+X"证书制度试点领域；物流标准、统计、企业评估、人才培养和理论研究等各项行业基础性工作稳步推进；政府部门统筹谋划，形成合力，2019年上半年，国家发展改革委等24部门印发《关于推动物流高质量发展促进形成强大国内市场的意见》，提出了25条推动物流高质量发展的政策措施，《国务院办公厅转发交通运输部等部门关于加快道路货运行业转型升级促进高质量发展意见的通知》中，部署14项重点工作任务；2019年下半年，中共中央、国务院印发《交通强国建设纲要》，提出到2035年基本建成交通强国，形成"全国123出行交通圈"和"全球123快货物流圈"。在政府、企业和行业协会合力推动下，取消高速公路省界收费站、取消4.5吨及以下车辆营运证和从业资格证、挂车车辆购置税减半征收、货车异地年审、大件运输并联审批等重大政策相继落地实施。

2019 年我国继续坚持以供给侧结构性改革为主线，积极推动高质量发展，国民经济运行总体平稳，发展质量稳步提升，主要预期目标较好实现。全国物流行业以习近平新时代中国特色社会主义思想为指导，坚持新发展理念，坚持稳中求进工作总基调，深入推进供给侧结构性改革，取得了来之不易的成绩。为全面建成小康社会、实现“六稳”目标、建设高质量物流服务新体系而努力。

三、2020 版《年鉴》的组稿、编纂工作得到了国家发展改革委、商务部、交通运输部、国家统计局等中央部委和部分省（直辖市、自治区）政府部门，物流行业团体，相关行业协会，中国物流信息中心、全国物流标准化技术委员会等机构，以及中远海运物流有限公司、中铁物资集团有限公司、长沙金霞经济开发区、中国铁路广州局集团有限公司、济南铁路经营集团有限公司、希杰荣庆物流供应链有限公司、联邦快递（中国）有限公司、北京长久物流股份有限公司、鞍钢汽车运输有限责任公司、上海光明领鲜物流有限公司、宁波市经济技术开发区临港工业与物流园区管理中心、青海省物资产业集团有限公司、四川安吉物流集团有限公司、秀山华渝物流投资有限公司等企业的大力支持，对此我们表示衷心的感谢。

四、对不符合《年鉴》编辑要求的来稿，编辑人员做了谨慎认真的删改，由于时间原因这部分稿件来不及请作者核校，希予见谅。

五、因编辑部人员水平有限，如有不妥之处，恳请批评指正。

六、2020 版《年鉴》在框架结构和主体内容上将继续 2019 版的风格，力求真实地展示行业发展变化的全貌，继续加大数据和图表的内容，继续扩充地区物流的篇幅，使《年鉴》更具可读性、资料性，成为社会了解行业发展的窗口。

欢迎大家继续对 2021 版《年鉴》的组稿和编辑工作给予支持！

《中国物流年鉴》编辑部

二〇二〇年八月三十日

前　言

2019年，是中华人民共和国成立70周年，也是我国物流业稳中有进、变中求新的一年。面对国内外风险挑战明显上升的复杂局面，我国物流行业以习近平新时代中国特色社会主义思想为指导，坚持新发展理念，坚持稳中求进工作总基调，继续深入结构调整和加快新旧动能转换，降本增效取得阶段性成果，营商环境持续改善，物流业主要经济指标在合理区间运行，为实现“六稳”目标作出了应有贡献。

一、总体运行缓中趋稳

社会物流需求增速持续放缓。2019年，我国人均GDP突破1万美元。2019年我国社会物流总额达到298.0万亿元，可比增长5.9%，增速比上年回落0.5个百分点。社会物流总额增速已连续多年低于GDP增速。据工业和信息化部统计，全年全国规模以上工业增加值增长5.7%，增速较上年下降0.5个百分点左右。据商务部统计，2019年社会消费品零售总额41.2万亿元，同比名义增长8%，较上年降低1个百分点左右。受上游需求不振影响，社会物流供给增速有所放缓。2019年社会物流总费用14.6万亿元，同比增长7.3%，增速比上年回落2.5个百分点。社会物流总费用与GDP的比率为14.7%，比上年下降0.1个百分点。据交通运输部统计，2019年全国完成货运量534.0亿吨，同比增长5.5%；全年完成营业性货运量471亿吨，增速较上年有所放缓。公路货运、水路货运等各类运价指数低位徘徊，均低于2018年平均水平。受业务量增速放缓、价格走低挤压，物流行业整体盈利水平进一步走弱，企业生存压力持续加大，一批竞争力不足的企业退出市场。

二、供需结构加速调整

（一）消费品物流

2019年，社会消费品零售总额达到41.2万亿元，同比名义增长8.0%，增速较上年降低1个百分点左右，总体保持平稳增长。单位与居民物品物流总额达到 8.4 万亿元，同比增长 16.1%，依然保持两位数增长。

全年快递业务量超过 630 亿件，人均 45 件。冷链物流、电商物流、即时物流、同城速递等与居民消费生活相关的领域成为市场增长热点。

（二）工业品物流

目前，我国已成为在全世界拥有全部工业门类的制造大国，工业品物流仍然是也将长期是社会物流需求主要来源。

2019 年，全年工业品物流总额达到 269.6 万亿元，同比增长 5.7%，占社会物流总额的 90% 左右。高技术产业、战略性新兴产业物流需求增速快于高耗能物流、大宗商品物流，服务型制造与制造型服务相互渗透，为社会化、专业化物流提供新的空间。

（三）物流供给结构稳步升级

1. 市场集中度稳步提升

大型骨干物流企业逆势而上，市场集中度进一步增强。全国 A 级物流企业总数已达 6132 家，其中 5A 级物流企业有 334 家。中国物流企业 50 强的主营业务收入总额超过 1 万亿元，入围“门槛”提高到 30 亿元。在快递、铁路物流、港航物流、合同物流、仓储园区、汽车物流等细分市场优胜劣汰洗牌加速，细分市场中前八名的快递与包裹服务企业品牌集中度指数超过八成。

2. 运输结构调整取得成效

2019 年国家铁路完成货物发送量 34.4 亿吨，同比增长 7.8%。环渤海地区、长三角地区沿海主要港口如唐山港、黄骅港等港口的矿石、焦炭等大宗货物疏港比例，出现了铁路运输和水路运输回升、公路运输占比下降的趋势。大型工矿企业和物流园区铁路专用线接入比例、大宗货物铁路运输比例、商品车铁路及水路运输比例稳步增加。随着运输结构调整，物流成本持续优化。2019 年全年运输费用 7.7 万亿元，同比增长 7.2%，运输费用占社会物流总费用的 52.74%。

三、科技赋能物流数智化、平台化

科技应用引领数智化转型。2019 年，物联网、云计算、大数据等新一代信息技术在物流领域加快应用，物流业务实现全链路在线化和数字化，为企业智能化转型奠定重要基础。无人机、无人车、无人仓、无人码头等智能装备及设施使用场景增多，人工智能技术在物流领域逐步得以推广。中共中央政治局就区块链技术发展现状和趋势进行集体学习，区块链技术受到重视。中国物流与采购联合会区块链分会推出的《2019中国物流与供应链产业区块链应用白皮书》显示，区块链在物流与供应链领域应用扩大到六大场景。平台经济日益兴起，在整车运输、城市配送、航运货代等领域涌现了一批大量整合零散资源、活跃用户数领先的平台型企业。交通运输部公布的229家无车承运人试点企业整合货运车辆211万辆，以政府监管平台、平台整合车辆为特点，市场集约化、规模化明显增强。

四、现代供应链成为新亮点

供应链创新发展进入新阶段。中共十九大报告提出，在现代供应链等领域培育新增长点、形成新动能。2019年，为推进商务部、工业和信息化部、生态环境部、农业农村部、中国人民银行、市场监管总局、银保监会和中国物流与采购联合会8部门（单位）联合开展的供应链创新与应用试点工作，11月28—29日，在厦门进行了全国供应链创新与应用试点成果展示，集中展现了一年来试点工作的突出成果。试点企业正在形成彼此包容、彼此开放、彼此共享的供应链思维，逐步由传统拼速度、拼规模、拼价格的竞争，转变为上下游协作，共同搭建供应链协同共赢的生态圈，有效推进供应链成本降低和效率提升。为规范供应链金融发展，银保监会发布《中国银保监会办公厅关于推动供应链金融服务实体经济的指导意见》，引导供应链金融服务实体经济。数字化供应链积极探索，一批先进制造企业结合工业互联网，强化全球数字化供应链体系建设，抢占数字经济新高地。中国物流与采购联合会主持起草的团体标准《供应链服务企业分类与评估指标》正式发布，新兴的供应链服务企业向标准化发展迈出了重要一步。

五、物流枢纽网络助力枢纽经济

物流基础设施网络加快升级。2019年，我国新设立6个自由贸易试验区，长三角区域一体化、粤港澳大湾区、西部陆海新通道等重大战略规划出台，区域协调发展新格局正在形成，对物流基础设施网络升级更替提出了新要求。目前，我国综合交通运输体系初具规模，高速铁路、高速公路里程数以及港口万吨级泊位数等指标均位居世界第一，机场数量和管道里程居世界前列，“五纵五横”综合运输大通道基本贯通。2019年全年完成交通固定资产投资超3.2万亿元，新增铁路8000公里、公路33万公里、高等级航道385公里、民用运输机场5个。根据中国物流与采购联合会调查统计，我国规模以上物流园区超过1600个，还有大量的物流中心、分拨中心，末端配送网络发达。物流枢纽凭借区位、产业、金融、信息等多方资源优势，与区域产业联动融合日益深化。按照国家有关部门规划，到2025年计划布局建设150个左右国家物流枢纽。2019年，国家发展改革委和交通运输部公布了国家物流枢纽建设名单，物流枢纽网络建设进入实质性推进阶段。

六、国际物流打开对外开放新局面

物流“走出去”空间加大。2019年，面对日趋错综复杂的外部环境，我国对外投资合作和对外援助执行保持平稳有序健康发展。我国全行业对外直接投资1171.2亿美元，制造业等实体经济领域对外投资稳步增长。对外承包工程业务完成营业额1729亿美元，主要集中在交通运输、一般建筑和电力工程建设行业。对外投资和工程建设带动物流发展，物流企业与工程制造企业深化国际合作，跨境电商、快递快运、物流平台等一批国内领先的骨干企业加速布局新兴物流市场。海外仓库、港口码头、公路、铁路等物流基础设施和成熟运营主体成为投资重点，“一带一路”物流体系建设稳步推进。2019年我国对“一带一路”沿线国家非金融类直接投资150.4亿美元，占比进一步提高；“一带一路”国际物流保持较快增长势头，全年中欧班列开行1.8万列，联通110多个城市。民航新开通“一带一路”航线409条。中国与白俄罗斯、蒙古国签署国际道路运输合作文件，国际道路运输向便利化发展迈出重要一步。《西部陆海新通道总体规划》正式印发，有望开辟“一带一路”国际陆海贸易新通道。

七、绿色物流配合污染防治攻坚战

绿色环保对行业影响深远。2019年，污染防治攻坚战取得关键进展，主要污染物排放量持续减少，未达标城市的细颗粒物（PM2.5）浓度继续下降，生态环境质量总体改善。柴油货车污染治理攻坚行动正式启动，多地出台环保限行和老旧柴油货车淘汰政策，各地老旧柴油货车淘汰数量有望超过任务量的40%。全面供应符合国六排放标准的车用汽、柴油，北京、天津等重点区域提前实施机动车国六排放标准。在用车环保监督执法力度加大，清洁能源物流车辆得到政府支持，电动船舶蓄势待发。第二批绿色货运配送城市名单公布，多地出台针对清洁能源物流车的便利通行政策。有关部门发文要求，除特殊区域外，原则上对纯电动轻型货车不得限行。氢燃料电池汽车开始起步，各地加氢示范站逐步落地。多部门联动共同推进船舶靠港使用岸电，长江沿线11省市联合加快港口岸电全覆盖进程。国家邮政局开展绿色采购试点和可循环中转袋应用试点，为行业生态环保工作积累经验。快递、物流企业纷纷探索可回收包装和可循环材料，托盘循环共用、挂车交换共享、仓库太阳能屋顶日益普及，绿色、可持续物流取得新进展。

八、政策环境持续改善

2019 年也是物流政策“落地年”。中共中央、国务院印发《交通强国建设纲要》，提出到 2035 年基本建成交通强国，形成“全国 123 出行交通圈”和“全球 123 快货物流圈”。国家发展改革委等 24 部门印发《关于推动物流高质量发展促进形成强大国内市场的意见》，提出了 25 条推动物流高质量发展的政策措施。交通运输部、商务部、国家邮政局等有关部门从各自职能出发提出了高质量发展的任务措施。物流降本增效政策措施大面积落地，交通运输业增值税税率降低 1 个百分点，物流辅助服务享受加计扣减政策；高速公路省界收费站全面取消，全国 ETC 客户累计达到 1.92 亿名；正式取消总质量 4.5 吨及以下普通货运车辆道路运输证和驾驶员从业资格证；货运车辆全面实现“三检合一”和异地年审；物流企业大宗商品仓储设施土地使用税、挂车车辆购置税实现减半征收；网络平台道路货物运输企业代开增值税专用发票试点工作启动；货车安装尾板检验登记制度正式出台。这些政策措施落地使物流企业获得感增加，从业人员稳定性增强，物流营商环境得到持续改善。

《中国物流年鉴》是中国物流与采购联合会主办、《中国物流与采购》杂志社承办的大型文献性工具书。十几年来，《中国物流年鉴》坚持用数据和事实反映物流业发展变化的轨迹、记录我国物流业发展的历程，赢得了业界好评。面对我国物流业不断发展变化的新形势，《中国物流年鉴》将继续以求真务实、严谨负责的态度做好资料收录工作。同时，真诚地希望业界同人提出宝贵意见，使其越做越精、越做越好。

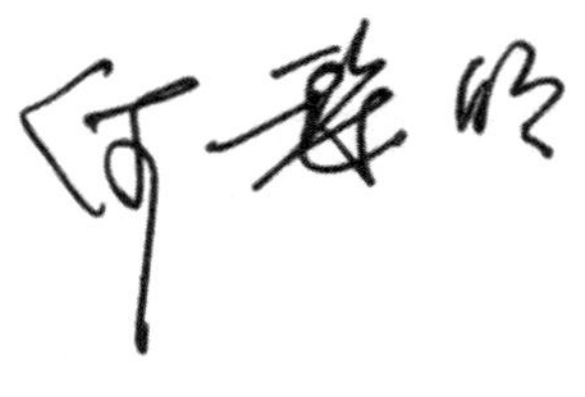

二〇二〇年八月三十日

目　　录

上　册

第一部分　物流政策法规

第二部分 物流统计

第三部分 物流产业

第四部分 行业物流

下 册

第五部分 地区物流

第六部分 物流技术与装备

第七部分 物流教育、信息化、标准化

第八部分 部分优秀物流企业及经典案例

第九部分　物流综合

第五部分

地区物流

2019 年河北省物流业发展情况

2019 年，是中华人民共和国成立 70 周年，也是全面建成小康社会、实现第一个百年奋斗目标的关键之年。河北省物流业稳中有进、物流需求增长基本平稳，需求结构持续优化，物流服务水平进一步提升。

一、物流业运行稳中有进

2019 年，河北省社会物流总额为 7.49 万亿元，比上年增长 6.7%。其中，工业品物流总额为 4.12 万亿元，比上年增长 5%，占全省社会物流总额的比重为 55%；单位与居民物品物流总额为 2182 亿元，比上年增长 28.7%；外省流入物品物流总额为 2.44 万亿元，比上年增长 7.8%，占全省社会物流总额的比重为 33%；全省物流业增加值为 2659.8 亿元，比上年增长 6.9%，占服务业增加值的比重为 14.8%，占 GDP 的比重为 7.6%。随着经济转型升级，结构调整速度加快，物流业降本增效明显，物流业成本进一步降低，全省社会物流总费用为 5575 亿元，同比增长 7%；社会物流总费用占 GDP 比率为 15.9%，比上年同期下降 0.1 百分点。货物运输结构持续优化，公路货运比重由 2018 年的 89.2% 降至 88.4%，铁路货运比重由 7.8% 升至 9.8%；地方铁路货运量完成 4.8 亿吨，同比增长 11.9%；营业性公路货运量完成 22.7 亿吨，同比增长 0.2%；水路货运量完成 4160 万吨，同比增长 24.1%。全省港口货物吞吐量完成 11.6 亿吨，同比增长 0.6%。

二、邮政快递业快速发展

2019 年，河北省邮政企业和快递服务企业业务总量累计完成 557.4 亿元，增幅为 46.6%，居全国第 1 位；业务收入（不包括邮政储蓄银行直接营业收入）累计完成 322.7 亿元，增幅 30.7%，居全国第 1 位。新增社会就业超过 1 万人，网上零售额 2400 亿元，占全省社会消费品零售总额的 13.38%；全省邮政寄递服务业务量累计完成 10.4 亿件，同比增长 3.9%；邮政寄递服务业务收入累计完成 13.4 亿元，同比增长 18.2%。全省快递服务企业业务量累计完成 23 亿件，增幅 32.3%，居全国第 4 位；业务收入累计完成 242.4 亿元，增幅 34.1%，居全国第 1 位。其中，同城快递业务量累计完成 2.7 亿件，同比下降 16.7%；异地快递业务量累计完成 20.7 亿件，同比增长 41.4%；国际及港澳台地区快递业务量累计完成 353.8 万件，同比增长 19.6%。2015—2019 年河北省快递服务企业业务收入如表 1 所示。

表 1　　2015—2019 年河北省快递服务企业业务收入　　单位：亿元

指标	2015 年	2016 年	2017 年	2018 年	2019 年
快递业务收入	56.2	94.0	126	180.8	242.4
比上年增长（%）	36.8	67.8	34.2	42.9	34.1

注：部分数据存在四舍五入，不用调整。增速按可比价格计算。全书同。

三、港口转型升级步伐加快

河北港口集团聚焦市场需求、优化服务措施，在周边港口竞争激烈、环保压力持续增大等困难情况下，生产实现稳健运行。2015—2019 年河北省港口货物吞吐量及增长变化情况如表 2 所示。

表 2　　2015—2019 年河北省港口货物吞吐量及增长变化情况　　单位：亿吨

指标	2015 年	2016 年	2017 年	2018 年	2019 年
港口货物吞吐量	9.1	9.5	10.9	11.56	11.6
比上年增长（%）	-4.0	4.4	14.7	6.1	0.3

秦皇岛港区深化服务措施，主动对接客户，开发新货源，打造集装箱精品服务品牌。2019 年新增安丰钢厂、顺先钢厂、中嘉物流等客户，为后续开发航线、提高箱量奠定基础。以远程货源开发为重点，加强与铁路和船公司合作，拓展“散改集”“杂改集”货源。新获得氢氧化钾、水合硫化钠存储作业资质，申报进口肉类、冰鲜水产品口岸资质，升级码头生产管理系统，不断完善港口服务功能。曹妃甸港区优化货源结构，大力推进“公转铁”，加快铁路专用线建设，铁运疏港量同比大幅度提高。沧州黄骅港区深挖腹地资源、大力开发新货源。围绕“享占晋冀鲁豫，挺进陕甘宁蒙”目标，加快推动“公转铁”。

四、口岸通关环节进一步优化

2019 年 8 月 8 日，石家庄海关下辖的北戴河海关开关，正式对外办理海关业务，使秦皇岛地区海关机构职能更加优化、运行更加高效，为当地外向型经济发展营造了更加安全、高效、便捷的环境。自 2019 年 12 月 9 日起，石家庄海关在河北省全面实施“两步申报”通关模式，进一步提升贸易便利化水平。

自 2019 年 10 月 30 日起，“两步申报”在唐山（曹妃甸）、秦皇岛开展试点工作，截至 2019 年 12 月 9 日，已有津西钢铁、三秦西服等多家企业选择该模式申报。“两步申报”将海关监管环节“前推后移”，实现了对物流的最小化干预，使业务流程更简便，通关效率进一步提高，提货速度更快，减少了货物在码头的滞留时间，压缩了进口成本。到2019年年底，在河北省各口岸报关的企业进出口整体通关时间分别为35.99小时、3.20小时，较2017年分别压缩77.51%和80.22%，均优于全国进出口整体通关时间的平均水平。

五、物流需求实现稳健增长

2019年，河北省生产总值为35104.5亿元，比上年增长6.8%，第三产业增加值为17988.8亿元，增长9.4%，服务业增加值比重达到51.3%，比第二产业比重高12.6个百分点，服务业对经济增长的贡献率继续居第三产业首位，达到68.6%，是带动经济增长的第一动力。需求结构继续改善，消费需求对经济增长贡献率为61.2%，高于投资需求13.4个百分点。固定资产投资稳中有升，制造业投资较快增长。全年固定资产投资（不含农户）增长6%以上。2019年河北省市场主体总量达到616.89万户，居全国第七位，同比增长14.64%。消费品市场运行平稳，网上零售规模快速增长。全省社会消费品零售总额17934.2亿元，比上年增长8.4%。其中，限额以上单位消费品零售额实现3496.6亿元，比上年增长2.1%。随着互联网特别是移动互联网普及率的提高，网购用户数量不断增加，网上零售等新兴业态快速增长。前三季度全省网上零售额1723.7亿元，同比增长22.2%；其中，实物商品网上零售额为1495.2亿元，增长29.5%；占社会消费品零售总额的比重为12.1%，比上年同期提高1.8个百分点。2015—2019年河北省社会消费品零售总额及增长变化情况如表3所示。

表3　2015—2019年河北省社会消费品零售总额及增长变化情况　单位：亿元

指标	2015年	2016年	2017年	2018年	2019年
社会消费品零售总额	12934.7	14364.7	15907.6	16537.1	17934.2
比上年增长（%）	9.4	10.6	10.7	9.0	8.4

六、进出口贸易创历史新高

2019年，河北省外贸进出口总额为4001.6亿元，比上年同期增长12.7%，增速高于全国9.2个百分点。其中，进口1631.3亿元，增长24.7%，增速高于全国22.8个百分点。跨境电商进出口3.6亿元，增长176.5倍。2015—2019年河北省外贸进出口总额及增长变化情况如表4所示。

表4　2015—2019年河北省外贸进出口总额及增长变化情况　单位：亿元

指标	2015年	2016年	2017年	2018年	2019年
进出口总额	3192.4	3074.7	3375.8	3551.6	4001.6
比上年增长（%）	-13.4	-3.7	9.8	5.2	12.7

续 表

指标	2015 年	2016 年	2017 年	2018 年	2019 年
进口总额	1150.3	1060.2	1249.6	1308.7	1631.3
比上年增长（%）	-22.8	-7.8	17.9	4.7	24.7

河北省对“一带一路”沿线国家进出口保持较快增长，总额为 1277.2 亿元，增长 18.1%。石家庄、唐山、保定进出口额位居前三。其中，石家庄进出口额 1178.8 亿元，增长 28.4%；唐山进出口额 733.8 亿元，增长 22.1%；保定进出口额 376 亿元，增长 13.6%。石家庄综合保税区、秦皇岛出口加工区、曹妃甸综合保税区、京唐港保税物流中心（B 型）注册企业进出口额均快速增长。各海关特殊监管区域注册企业合计进出口 158.4 亿元，增长 2.2 倍，占全省外贸进出口总额的 4%，比 2018 年提高 2.6 个百分点。全省跨境电商等新业态蓬勃发展，增长 176.5 倍。铁矿砂进口对整体进口增长贡献率达 88.3%，成为进口整体增长的主要拉动力。

七、中欧班列常态化运营

2019 年 12 月 5 日，从石家庄市高邑县冀中南智能港始发的石家庄—莫斯科中欧班列，经过 13 天顺利抵达俄罗斯卡卢加州沃尔西诺站。包含石家庄生产的家居用品在内的 50 个集装箱货物通过这趟班列走进欧洲。自此，石家庄中欧班列实现一周一班次常态化运营。自 2018 年 6 月开通中欧班列以来，冀中南智能港已成功开行至莫斯科、明斯克、马拉舍维奇、杜伊斯堡、汉堡等多条国际线路，辐射俄罗斯、白俄罗斯、乌克兰、波兰、匈牙利、德国等国家，构建“一带一路”东联西进陆路通道，减少了海洋运输及公路运输的周转成本。

八、交通基础设施建设加快

京津冀交通一体化向纵深发展，雄安新区对外骨干路网规划建设取得实质性进展，冬奥会交通服务保障工作扎实推进。延崇高速公路主线建成，张承高速崇礼南路段互通投入使用，张家口南综合客运枢纽北广场建成，张榆线开工建设。2019 年，河北省交通基础设施固定资产投资完成 908 亿元。基础设施规模持续扩大，高速公路建成 217 公里，总里程达到 7475 公里。普通干线公路建成 470 公里，总里程达到 1.97 万公里。农村公路新改建 9741 公里，总里程达到 16.9 万公里。贫困地区建成高速公路 195 公里，累计建设高速公路达到 1008 公里，提前实现“十三五”目标。港口新增生产性泊位 11 个，新增通过能力 1391 万吨/30 万标准箱，总通过能力达到 11.1 亿吨/426 万标准箱；北京大兴国际机场通航，张家口宁远机场改扩建工程主体完工，运输机场总数达到 7 个。

九、物流信息化加快发展

无车承运平台成为物流平台发展中的主力军，是近年来互联网技术与货运物流行业深度融合出现的全新经营模式。其依托互联网物流信息平台，集约整合和科学调度车辆、站场、货源等零散物流资源，提升运输组织效率，优化物流市场格局。2019 年年初，河北省道路运输管理局确定了 26 家道路货运无车承运人储备企业为省级试点，其中唐山市鸦鸿桥物流有限公司等 17 家申报企业通过评审，占全省试点企业的 65%，将助推物流行业降本增效。

十、物流标准化工作取得新进展

依据《物流企业分类与评估指标》，组织开展的 A 级物流企业综合评估工作，经多年努力，在推进物流标准化方面取得了明显成效，得到了各级政府部门认可和政策支持，并纳入了政府工作序列。2019 年河北省新评 A 级物流企业 31 家，目前，全省共有 110 家物流企业达到了国家 A 级物流企业标准（其中 5A 级 13 家、4A 级 48 家、3A 级 42 家、2A 级 7 家）。物流企业综合评估工作的深入开展，为加快推进全省物流业规范化、标准化进程，进一步提升物流企业的综合服务管理水平和服务质量，推动河北省物流行业健康、有序、高质量发展发挥了积极作用。通过推进物流标准化工作，A 级物流企业、星级仓储企业的管理和服务水平明显提高，降本增效和品牌效益进一步提升。

十一、试点示范有序推进

河北省交通运输厅会同河北省发展改革委等 13 个部门联合印发《关于进一步推进河北省多式联运发展的实施意见》（冀交运〔2019〕275 号），2019 年 12 月 5 日交通运输部发布了第一批多式联运示范工程验收结果，宣布河北省“东部沿海—京津冀—西北”通道集装箱海铁公多式联运示范工程等 12 个项目为“国家多式联运示范工程”。2019 年 12 月 19 日，交通运输部、公安部、商务部公布了第二批城市绿色货运配送示范工程创建城市名单，河北省唐山市、秦皇岛市榜上有名。在 2018 年，河北省石家庄市、衡水市、邯郸市成功入选第一批城市绿色货运配送示范工程创建城市，至此，河北省成为全国开展城市绿色货运配送示范工程创建城市数量较多的两个省份之一。自 2018 年石家庄市成为国家流通领域现代供应链体系建设试点城市以来，通过推广现代供应链新理念、新技术、新模式，逐渐培育了一批有影响的供应链重点企业，目前 5 个试点项目快速推进，已累计完成投资 1.8 亿元，总体进度过半，对于改善提升石家庄市商贸物流基础设施起到积极作用。

十二、高速通行发生新变化

按照全国统一安排部署，自 2019 年 12 月 16 日起，河北省高速公路所有收费站实行入口称重检测，严禁违法超限超载车辆驶入高速公路。除此之外，属地政府还将对违法超限超载车辆依法进行处罚，严格遵守“一超四罚”“六个不放行”等制度规定。如果驾驶人员违法超限超载 3 次，将被纳入失信“黑名单”，进行联合惩戒。全省联合治超站路段已启用电子警察抓拍系统，并加大流动巡查力度，对故意绕行逃避检测的车辆或者短途超限超载运输严重的地区，将增加联合流动巡查频次。自 2019 年 12 月 16 日启动入口称重检测工作以来，全省高速公路入口称重货运车辆 148.2 万辆，经称重检测劝返 1.46 万辆，高速公路入口称重超限超载率为 0.99%。由于前期宣传到位，交通秩序良好，现场未出现拥堵。为确保全省高速公路入口称重检测工作顺利开展，全省完成461个匝道收费站入口称重设施建设，称重设备标定完成率100%。

十三、物流车辆通行效率提升

2019年12月31日晚，取消高速公路省界收费站工程并网切换如期进行。从2020年1月1日零时起，河北省的43座省界收费站、2座省内主线站已全部取消，所有车辆可不停车快捷通行，解决省界拥堵问题，大幅提高通行效率，减少污染排放。全省1352套ETC（不停车电子收费系统）门架系统建设、3697条ETC车道改造、1025条入口不停车称重检测设施建设、45座收费站正线收费设施拆除改造等工程建设任务全部提前完工。河北省将对符合政策规定的鲜活农产品运输车辆、跨区作业联合收割机（插秧机），通过安装使用ETC车载装置，提前预约通行的方式，实现不停车快捷通行并继续享受车辆通行费减免优惠政策。

十四、"三件大事"有效促进物流业发展

京津冀协同发展向纵深拓展，聚焦承接北京非首都功能疏解，全面落实京津冀战略合作协议，加快"三区一基地"建设，全年承接京津基本单位964个，其中法人单位190个、产业活动单位774个。京津冀协同发展向纵深拓展。北京大兴国际机场通航开启了通往世界"新国门"，京张高铁建成通车标志着冬奥会配套建设取得新进展，延崇高速主线建成，区域交通一体化格局不断完善。落实与京津新一轮战略合作协议，北京大兴国际机场临空经济区启动建设，全力支持北京城市副中心建设，推动廊坊"北三县"与北京通州区协同发展。雄安新区规划建设进入新阶段，京雄城际、京雄高速等67个重点项目开工建设。冬奥会、冬残奥会筹办扎实推进。

2019年8月31日，中国（河北）自由贸易试验区北京大兴国际机场片区正式挂牌，将重点发展航空物流、航空科技、融资租赁等产业。9月25日，北京大兴国际机场投入运营，不仅开启了建设现代综合交通体系的新篇章，还进一步点燃了京津冀协同发展新引擎，引领经济社会发展，重塑新格局。临空经济区、自由贸易区等将成为新的增长极。北京大兴国际机场临空经济区，包括服务保障区、航空物流区和科技创新区3个功能片区。韵达快递总部由北京市内搬迁至香河新兴产业示范区，所有经由韵达投递至北京方向的快件将在香河分拣。

十五、利好政策不断推出

国家发展改革委等24部门印发《关于推动物流高质量发展促进形成强大国内市场的意见》；交通运输部、国家发展改革委、财政部印发《交通运输部 国家发展改革委 财政部关于切实做好货车通行费计费方式调整有关工作的通知》；交通运输部、国家税务总局在系统总结无车承运人试点工作的基础上，制定了《网络平台道路货物运输经营管理暂行办法》；国家发展改革委、交通运输部印发《关于做好2019年国家物流枢纽建设工作的通知》；国务院印发《关于同意在石家庄等24个城市设立跨境电子商务综合试验区的批复》；交通运输部印发《交通运输部关于印发〈推进综合交通运输大数据发展行动纲要（2020—2025年）〉的通知》。河北省人民政府印发《河北省推进运输结构调整实施方案（2018—2020年）》；

河北省交通运输厅等13部门联合印发《关于进一步推进河北省多式联运发展的实施意见》；河北省交通运输厅联合16部门印发《关于加快道路货运行业转型升级促进高质量发展若干措施》；河北省商务厅等5部门联合印发《关于开展城乡高效配送专项行动的实施意见》。这些政策措施的落地使物流营商环境得到持续改善。

十六、国际物流发展大会召开

第六届中国国际物流发展大会暨中国国际物流与交通运输产业博览会在石家庄（正定）国际会展中心召开。在大会期间，河北省物流企业积极与国内外客商广泛对接，寻求合作，深入洽谈，通过企业双方共同努力，共有110个项目达成合作意向，总投资407.76亿元，涉及智慧物流信息平台、国际物流通道建设、冷链物流配送体系、多式联运配送体系、航空物流产业园等方面，其中24个重点合作项目在此进行集中签约。此外，还举办了“首届中国物流枢纽城市合作论坛”“中国商贸物流合作论坛”　“京津冀物流协同发展高峰论坛”“中国医药供应链创新发展论坛”“第三届木兰汇会议”等一系列活动。

十七、物流基础性工作稳步推进

《河北省物流业发展报告》连续4年出版发行。河北省物流业景气指数试运行效果良好。中国物流与采购联合会评选出2019年物流统计工作先进单位、先进工作者和优秀企业，河北省发展改革委、河北省统计局和河北省现代物流协会等7家单位获评先进单位。河北省A级物流企业综合评估办公室连续8年被中物联评估办评为先进单位。经中国物流与采购联合会评定，河北省有10家物流园区获得“2019年度优秀物流园区”称号。河北省召开全省城乡高效配送专项行动推进工作会议，提出深入开展推进河北省城乡高效配送专项行动，促进物流提质降本增效。

当前经济运行稳中有变、变中有忧。河北省去产能、结构调整对物流业需求影响明显，物流业发展不平衡问题依然突出，融资难、融资贵、用地难等问题依然存在，营商环境还需大力改善。

（河北省现代物流协会　谢宝贵）

2019 年山西省物流业发展情况

2019 年，山西省开展物流降本增效综合改革试点，深化供给侧结构性改革，持续改善营商环境，全省物流业运行保持总体平稳，社会物流总额增长稳中有升，社会物流总费用与 GDP 的比率为 17.8%，为全省经济高质量发展提供支撑。

2019 年，山西省社会物流总额为 32483.1 亿元，按可比价格计算，同比增长 6.5%，增速比上年同期提升 0.9 个百分点，高于全国同期 0.6 个百分点。2019 年山西省社会物流总额及构成如表 1 所示。

一、物流业运行情况

（一）社会物流规模稳中有进

表 1　　2019 年山西省社会物流总额及构成

指标	绝对值（亿元）	构成（%）	增速（%）
社会物流总额	32483.1	100.0	6.5
其中：农产品物流总额	1626.2	5.0	2.0
工业品物流总额	19807.4	61.0	5.3
进口货物物流总额	640.0	1.9	15.2
外省流入物品物流总额	8624.8	26.6	6.6
再生资源物流总额	40.2	0.1	432.7
单位与居民物品物流总额	1744.5	5.4	20.4

（二）社会物流总费用与 GDP 比率略有回升

2019 年，山西省社会物流总费用为 3038.0 亿元，同比增长 2.9%，低于全国同期 4.4 个百分点。社会物流总费用与 GDP 的比率为 17.8%，比上年同期提高 0.2 个百分点，高于全国同期 3.1 个百分点。2019 年山西省社会物流总费用构成如表 2 所示。

表 2　　2019 年山西省社会物流总费用构成

指标	绝对值（亿元）	构成（%）	增速（%）
社会物流总费用	3038.0	100.0	2.9
其中：运输费用	1865.3	61.4	1.7
保管费用	908.1	29.9	6.0
管理费用	264.6	8.7	1.8

（三）物流业总收入平稳增长

2019 年，山西省物流业总收入达到 2022.9 亿元，同比增长 3.4%，增速低于全国同期 5.6 个百分点。

（四）物流市场活动较为活跃

2019 年，山西省物流业景气指数平均为 52%，保持在较高景气区间。除 2 月因春节假期影响外，业务总量、新订单、设备利用率、库存周转次数等指标均保持在 50% 以上的景气区间，行业活动保持活跃。

二、物流业运行分析

（一）物流需求结构有序调整

2019 年，山西省社会物流总额加快增长，需求结构有序调整。工业品物流总额增速比上年提高 1.2 个百分点，占全省社会物流总额的比重下降 1.6 个百分点，山西省工业运行量质齐升，经济结构转型有成效。进口货物物流总额增长态势良好，从主要品类看，集成电路、各类矿石、手机零件等进口额保持高位增长；从区域看，“一带一路”沿线国家和地区、日本和澳大利亚等国家和地区的进口额均保持快速增长。单位与居民物品总额继续保持高速增长，同比增长 20.4%，消费升级促进民生类物流市场快速发展，全省快递服务企业业务量累计完成 3.64 亿件、业务收入 49.4 亿元，同比分别增长 20.1% 和 28.2%，人均快递量达到 9.7 件，比上年多 1.6 件。

（二）物流主体实力逐年增强

截至 2019 年年底，山西省从事物流行业的企业达到 13715 家，有 A 级物流企业 67 家，其中 4A 级及以上物流企业 44 家（5A 级 3 家），2 家骨干物流信息平台试点。2019 年全省新增 A 级物流企业 19 家，其中 4A 级 11 家。2019 年中鼎物流园等 4 家物流园区入选全国优秀物流园区；山西快成物流科技有限公司入选 2019 年度中国物流企业、民营物流企业 50 强。山西永旺物流园区、侯马物流园区入选山西省首批现代服务业集聚区试点。

（三）物流基础建设稳步推进

2019 年，山西省与物流业相关的交通运输、仓储和邮政业，批发和零售业固定资产投资分别增长 29.9%、12.9%，全省公路通车里程达到

14.4万公里（其中高速公路5711公里），公路密度达到92.1公里/百平方公里。全省铁路营业里程5890.4公里（其中高铁836.7公里），比上年度新增471.4公里，铁路密度达到3.8公里/百平方公里。

（四）运输结构调整初见成效

山西省货运以煤炭、焦炭、矿石、钢铁等大宗货物运输为主，提升大秦、瓦日、朔黄等既有铁路综合利用效率，开通至天津港的“五定”班列。推动铁路专用线共用、发挥闲置专用线效能。2019年，全省公路累计完成货运量12.79亿吨，同比增长1.3%，道路货物周转量1915.6亿吨公里，同比增长0.4%；全省铁路累计完成货运量9.13亿吨，同比增长7.2%，铁路货物周转量2774.7亿吨公里，同比增长7.5%。全省“公转铁”工作有序推进。

三、重点工作

（一）聚焦降本增效有成效

为推进转型高质量发展，山西省持续推进物流业降本增效顶层设计，2019年山西省被国家列为6个物流降本增效综合改革试点省份之一，山西省发展改革委、山西省交通运输厅、山西省工业和信息化厅等部门聚焦物流业降本增效、运输结构调整、供应链培育等方面，印发《山西省物流降本增效综合改革试点行动方案》及《山西省推进运输结构调整实施方案》，加强政策研究，形成部门合力，促进山西省物流发展环境持续改善。2019年全省社会物流总费用同比增长2.9%，增速低于上年同期8.2个百分点，低于全国同期4.4个百分点，物流总费用增速明显降低，降本增效取得一定成效。

（二）聚焦政策落实有效果

一是继续落实高速公路差异化收费新政策。2019年，山西省高速公路优惠通行费14.49亿元，其中货车优惠通行费13.98亿元，享受到优惠政策的货车通行量共计4035.74万辆次。二是落实4A级、5A级物流企业奖励资金政策。2019年山西省首次对23家符合条件的物流企业拨付奖励资金520万元，着力引导物流企业提升运营质量、提高综合竞争力。三是继续落实省级技术改造资金物流企业园区基础设施、技术装备升级等项目的支持。2019年对山西中鲁物流城项目一期工程等3个项目建设支持2672万元。

（三）聚焦枢纽建设有突破

国家高度重视物流枢纽建设对经济社会发展的支撑作用，太原市被确定为陆港型国家物流枢纽承载城市，山西省经济转型高质量发展赋予其强大引擎，为对接融入“一带一路”建设提供战略支点。中鼎物流园强力支撑太原物流枢纽建设，进一步提升运营水平，2019年货运吞吐量突破620万吨。中欧（中亚）班列实现常态化运营，2019年开行中欧（中亚）班列107列，实现了比2018年开行数量翻一番的既定目标，取得了良好的社会和经济效应，为山西省打造内陆地区对外开放新高地注入新动力。

（四）聚焦搭建平台有进展

一是推动物流公共信息平台建设。鼓励中国（太原）煤炭交易中心信息平台、中鼎智慧物流云平台等物流公共信息平台在推动能源革命、中欧班列运行等关键领域发挥支撑作用，示范引领全省物流信息化水平。推动快成物流、经纬通达等七家网络货运平台试点企业提升经营质量。二是成立山西省现代物流与供应链联盟。政企协同着力提升物流行业组织化程度，使联盟当好企业帮手、政府助手、产业推手。三是筹建山西省物流标准化技术委员会。2019年山西省物流标准化技术委员会获准筹建，对推动构建山西省物流标准体系，加快山西省物流地方标准建设进程起到促进作用。

四、运行研判

当前，山西省物流业发展存在的问题主要表现在以下方面，社会物流总费用占GDP的比例尚在高位运行、物流基础设施有待强化、多式联运发展不充分、行业龙头企业偏少、示范带动效应不强、物流数字化发展缓慢，针对制约全省物流业高质量发展环节，下一阶段应着重做好以下工作。

（一）持续优化营商环境

一是创新部门服务机制。发挥省级联席会议协调机制，构建部门间、行业间互联互通机制，形成工作合力，研究制定并推动政策落实。二是激发市场主体联通。把现代物流与供应链联盟打造成物流资源优化配置的平台，摆脱“点式经营”弊端。

（二）加快推动融合发展

贯彻落实《关于推动先进制造业和现代服务业深度融合发展的实施意见》《关于促进快递业与制造业深度融合发展的意见》等政策，结合山西省实际，制定物流业融合发展相关政策，推动形成物流业与制造业深度融合、相互促进的良好格局，为山西省经济高质量转型发展提供重要支撑。

（三）加快智慧化、标准化发展

加快推动“互联网+”、5G、人工智能等新一代信息技术物流业智慧化发展，带动物流全产业链智慧化升级，推动发展智慧型物流园区、冷链物流等新型物流基础设施。发挥山西省物流标准化技术委员会作用，加强政府、企业、高校、协会协同配合，推动制定物流地方标准，加强物流相关标准的宣传和贯彻，促进物流业标准化运营。

（四）强化示范引领作用

打造省级多式联运示范工程，加快培育物流枢纽，创建物流业产业融合示范企业，推广智慧物流信息平台应用，大力推动山西省网络货运企业做大做强。研究制定“国家级”优秀物流园区和物流企业的支持政策，探索推动省级优秀物流园区和物流企业评价评级工作。

（山西省工业和信息化厅）

2019 年内蒙古自治区物流业发展情况

2019 年，内蒙古自治区物流业运行保持总体平稳、稳中向好，发展质量逐步提升。

一、社会物流总额保持平稳

2019 年，内蒙古自治区社会物流总额完成 38995.95 亿元，按可比价格计算比上年增长 5.2%，呈现稳中有升的运行趋势。从内蒙古自治区社会物流总额构成看，工业品物流总额占 45.2%，农产品物流总额占 8.2%，进口货物物流总额占 1.8%，单位与居民物品物流总额占 0.1%，其他货物物流总额占 44.7%。2019 年内蒙古自治区社会物流总额及发展趋势如图 1 所示，2019 年内蒙古自治区社会物流总额构成情况如图 2 所示。

随着全区经济发展的转型升级，工业物流需求结构不断优化，工业动能不断转换，新产业加快发展，新产品增长强劲，新动能持续发展壮大。2019 年全年规模以上工业中，非煤产业增加值比上年增长 6.6%，比煤炭产业增加值高出 1.5 个百分点。民生、绿色经济相关的物流规模保持快速增长，单位与居民物品物流总额比上年增长 13.6%。进口货物物流需求小幅回升，进口货物物流总额完成 718.9 亿元，比上年增长 9.5%，较上年提高 2.0 个百分点。

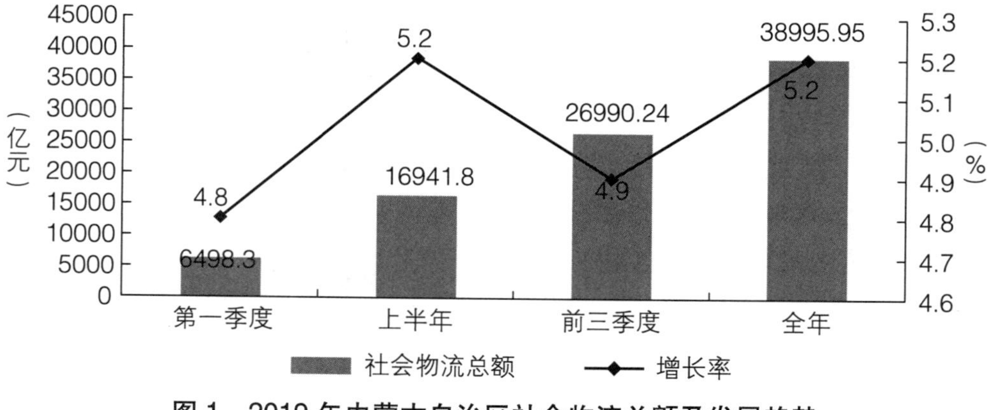

图 1　2019 年内蒙古自治区社会物流总额及发展趋势

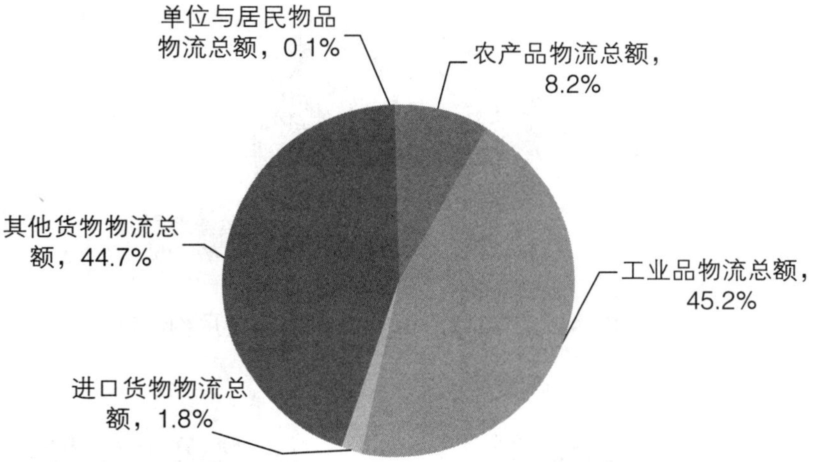

图2　2019年内蒙古自治区社会物流总额构成情况

二、物流业运行效率有所提升

2019年，内蒙古自治区物流效率有所提升，物流业降本增效有所显现。社会物流总费用2872.1亿元，比上年增长7.0%。社会物流总费用与GDP的比率为16.7%，较上年回落1.0个百分点。每百元社会物流总额花费的社会物流总费用为16.7元。2019年内蒙古自治区社会物流总费用及趋势变化情况如图3所示。

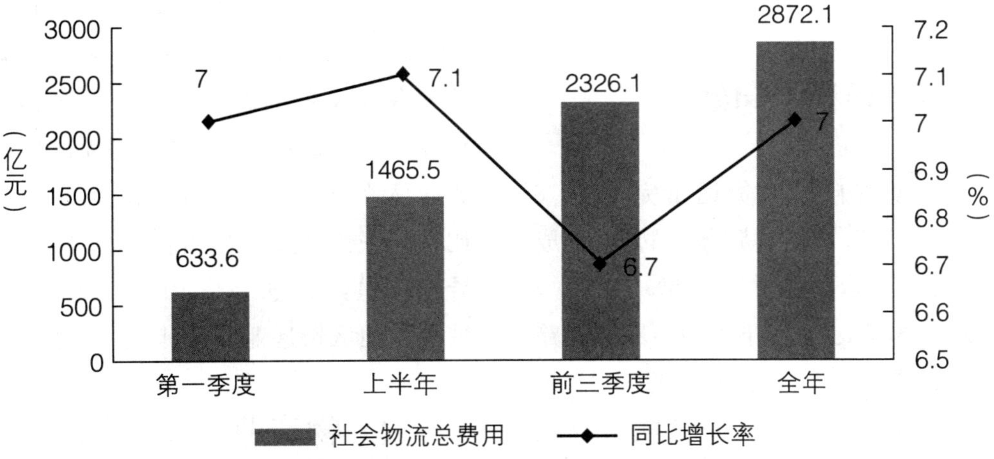

图3　2019年内蒙古自治区社会物流总费用及趋势变化情况

从社会物流总费用结构看，运输费用完成2059.9亿元，比上年增长6.1%，占社会物流总费用的71.7%，运输费用与GDP的比率为12%；保管费用完成594.4亿元，比上年增长9.7%，占社会物流总费用的20.7%，保管费用与GDP的比率为3.4%；管理费用完成217.8亿元，比上年增长8%，占社会物流总费用的7.6%，管理费用与GDP的比率为1.3%。2019年内蒙古自治区社会物流总费用构成情况如图4所示。

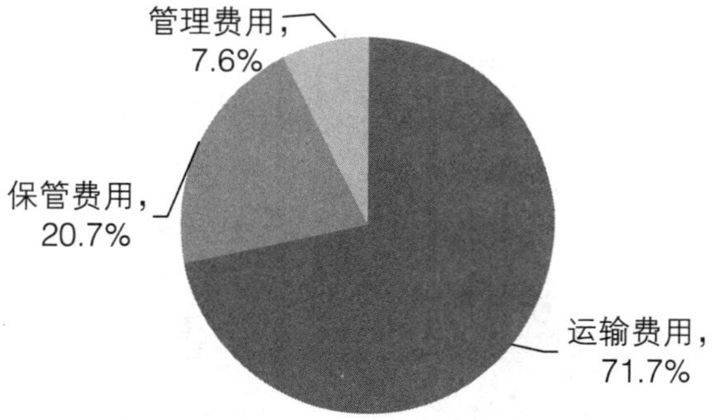

图 4　2019 年内蒙古自治区社会物流总费用构成情况

三、物流业相关行业发展较好

2019 年，内蒙古自治区物流业相关行业总收入完成 2458.6 亿元，比上年增长 7.6%，增速与前三季度持平。与物流业相关的邮政行业增势良好，邮政业务收入完成 58.1 亿元，比上年增长 9.5%。其中，快递业务收入增长 37.9%，高于物流业总收入增速 30.3 个百分点。

四、货运市场稳中向好

2019 年，内蒙古自治区货运量完成 19.8 亿吨，比上年增长 2.1%；货物周转量完成 4634.0 亿吨公里，比上年增长 1.8%。其中，铁路货运量完成 8.7 亿吨，下降 0.7%；铁路货物周转量完成 2679.5 亿吨公里，增长 0.9%；公路货运量完成 11.1 亿吨，增长 4.5%；公路货物周转量完成 1954.5 亿吨公里，增长 3.1%；航空货运量完成 3.6 万吨，增长 24.3%。（此处为交通运输部根据专项调查，调整了 2019 年公路货运量、公路货物周转量统计口径，数据与上年不可比。）

五、快递业保持较快发展

2019 年，内蒙古自治区快递服务企业业务量完成 14263.3 万件，同比下降 6.1%；业务收入完成 33.0 亿元，同比增长 10.2%。其中，同城快递业务量完成 2516.7 万件，同比下降 39.9%；异地快递业务量完成 11719.8 万件，同比增长 6.7%；国际及港澳台地区快递业务量完成 26.8 万件，同比增长 102.1%。

2019 年，同城、异地、国际及港澳台地区快递业务量分别占全部快递业务量的 17.6%、82.2% 和 0.2%；业务收入分别占全部快递业务收入的 9.5%、51.7% 和 1.2%。与上年相比，同城快递业务量占比降低 10.0 个百分点，异地快递业务量上升 10.0 个百分点，国际及港澳台地区快递业务量比重基本持平。

六、物流业景气指数稳中趋缓

2019 年，内蒙古自治区物流业景气状况稳中趋缓，物流业整体发展向好。物流业景气指数平均为 52.75%，较上年回落 0.4 个百分点，低于全国平均物流业景气指数 0.75 个百分点。2019 年内蒙古自治区物流业景气指数走势如图 5 所示。

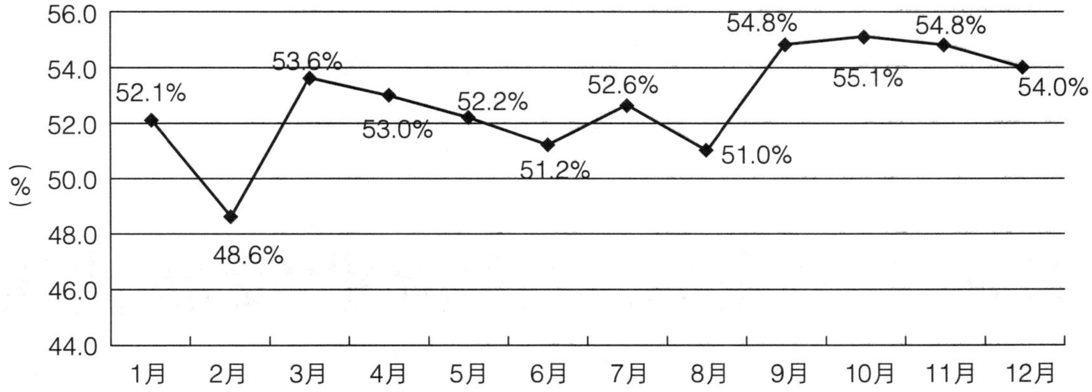

图5　2019年内蒙古自治区物流业景气指数走势

七、物流整体“微利”经营

2019年，内蒙古自治区大宗货物如煤炭等的运输铁路发运兑现量持续受限。随着国六排放标准正式实施，公路运输型企业的现有车辆面临大范围改装或淘汰，导致运输量下降、人员流失、负债增加。随着国家临储粮政策调整，部分仓储企业储量下降。通过对重点样本企业调查结果看，物流企业主营业务收入比上年下降4.8%，主营业务成本比上年下降10.9%，物流企业平均利润率为7.9%，主营业务收入降幅小于主营业务成本降幅，反映出随着市场环境逐步严峻，企业进入转型升级阶段，经营情况有所改善，提质增效有所显现。

物流人员劳动报酬比上年下降5.8%。物流人员劳动报酬与主营业务收入的比重由2018年的3.5%提高到4.0%，比上年提高0.5个百分点，反映出物流企业支付给物流人员劳动报酬有所增加。

八、企业物流对外成本逐步走高

2019年，内蒙古自治区企业物流成本比上年增长16.7%，其中，企业对外支付物流成本比上年增长25.1%，对外支付的物流成本占企业物流成本的比重由2018年的67.1%提高到72.0%，比上年提高4.9个百分点，反映出物流外包业务呈走高趋势。其中，企业对外支付的物流成本中，运输成本占对外支付物流成本的比重由2018年的52.5%回落到47.1%，仓储成本占对外支付物流成本的比重由2018年的5.0%提高到6.0%，反映出工业企业、批发零售业企业对外支付的仓储成本有所上涨，保管环节延长。

（内蒙古物流协会）

2019 年黑龙江省物流业发展情况

2019 年，黑龙江省物流业积极应对经济下行压力，总体运行平稳，物流服务保障能力和水平不断提升，运输结构调整取得成效，社会物流运行宏观指标数据变化处于合理区间。全省物流业总收入为 1556 亿元，同比下降 13.4%；社会物流总费用与 GDP 的比率为 16.5%，比上年同期下降 0.1 个百分点，物流业运行效率有所提升，但成本费率依然偏高。

一、社会物流总额保持平稳增长，增幅收窄

2019 年，黑龙江省社会物流总额为 34565 亿元，按可比价格计算（下同），同比增长 3.4%。增速比上年同期下降 2.0 个百分点。

从构成情况看，农产品物流总额为 5763 亿元，同比增长 2.5%，增速比上年同期提高 1.8 个百分点，占全省社会物流总额的比重为 16.7%；工业品物流总额为 14385 亿元，同比增长 2.6%，增速比上年同期回落 2.6 个百分点，占全省社会物流总额的比重为 41.6%；进口货物物流总额为 1517 亿元，同比增长 3.7%，增速比上年回落 49.6 个百分点，占全省社会物流总额的比重为 4.4%；再生资源物流总额为 109 亿元，同比增长 7.1%，增速比上年同期回落 2 个百分点，占全省社会物流总额的比重为 0.3%；单位与居民物品物流总额为 137 亿元，同比增长 20.6%，增速比上年同期增长 10.8 个百分点，占全省社会物流总额比重为 0.4%；外省流入物品物流总额为 12250 亿元，同比增长 4.6%，增速比上年同期回落 0.3 个百分点，占全省社会物流总额的比重为 35.4%；出口过境物流总额为 404 亿元，同比增长 5.0%，增速比上年同期提高 20 个百分点，占全省社会物流总额的比重为 1.2%。其中，单位与居民物品物流总额增速比全省社会物流总额增速高出 17.2 个百分点。全省社会消费品零售总额同比增长 6.2%，实物商品网上零售额高速增长，增幅达到 31.8%，反映出消费新业态、新模式已成为拉动社会物流需求的重要力量。

二、物流业运行效率有所改善，成本费率依然偏高

2019 年，黑龙江省社会物流总费用为 2246

亿元，同比下降17.5%，增速比上年同期下降19.3个百分点。其中，运输费用1188亿元，同比下降18.7%，增速比上年同期下降16.4个百分点，占社会物流总费用的比重为52.9%；保管费用802亿元，同比下降9.4%，增速比上年同期下降16.5个百分点，占社会物流总费用的比重为35.7%；管理费用256亿元，同比下降32.2%，增速比上年同期下降38.6个百分点，占社会物流总费用的比重为11.4%。

2019年黑龙江省社会物流总费用与GDP的比率为16.5%，比上年下降了0.1个百分点，表明全省物流业运行效率有所改善，但比率与全国（14.7%）相差1.8个百分点，成本费率依然偏高。

三、物流相关行业固定资产投资呈增长态势，贸易业投资降幅较大

2019年，黑龙江省物流相关行业固定资产投资额占全省固定资产投资总额的16.3%，同比增长9.8%。其中，交通运输业投资同比增长15.4%，道路运输业投资同比增长49.5%；仓储业投资同比下降5.9%；邮政业投资同比增长7.2%；贸易业投资同比下降30.6%。

四、运输效率不断提高，社会货运结构呈现优化趋势

2019年，黑龙江省货运量小幅下降，各类运输实现货运总量为58070.3万吨，同比下降6.8%，增速比上年同期下降8.7个百分点。其中，铁路货运量12100万吨，同比增长8.6%，增速比上年同期提高6.3个百分点；公路货运量37624万吨；水路货运量779.8万吨，同比下降12.3%；航空货运量14.1万吨，同比增长8.3%；管道运输货运量7552.4万吨，同比增长3%。公路和铁路货运量占全省货运总量的85.6%，其中，铁路货运量占比20.8%，同比增长2.9个百分点；公路货运量占比64.8%，同比下降4.2个百分点。从运输方式看，铁路运输组织模式不断优化，配套设施和服务能力不断提升，高铁布局趋于合理且运能不断释放，大宗货物运输、公铁联运、铁海联运优势得到充分发挥，货运量保持稳定增长；公路货运量占比再次下降；水路运输规模不断萎缩；铁路、航空和管道货运量占比逐年提高，运输结构更趋合理。

（黑龙江省发展改革委）

2019 年江苏省物流业发展情况

2019 年，面对宏观经济下行压力加大和国内外各种风险挑战明显增多的复杂局面，江苏省坚持以习近平新时代中国特色社会主义思想为指导，按照江苏省委、江苏省政府统一部署，加快推进物流业供给侧结构性改革，切实推动物流业高质量发展。

2019 年，江苏省物流规模稳步扩大，增长速度有所放缓。全省实现社会物流总额 31.9 万亿元，占全国的 10.7%，按可比价格计算（下同），同比增长 5.8%；完成物流业增加值 5778.79 亿元，同比增长 5.5%，物流业增加值占全省服务业增加值的 11.3%，比上年同期下降 0.7 个百分点。2013—2019 年江苏省社会物流总额及增长变化情况如图 1 所示，2013—2019 年江苏省物流业增加值及增长变化情况如图 2 所示。

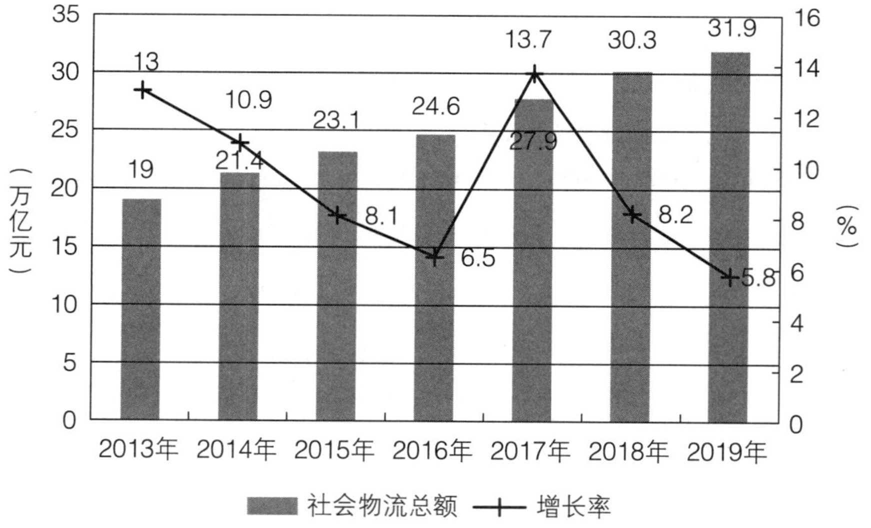

图 1　2013—2019 年江苏省社会物流总额及增长变化情况

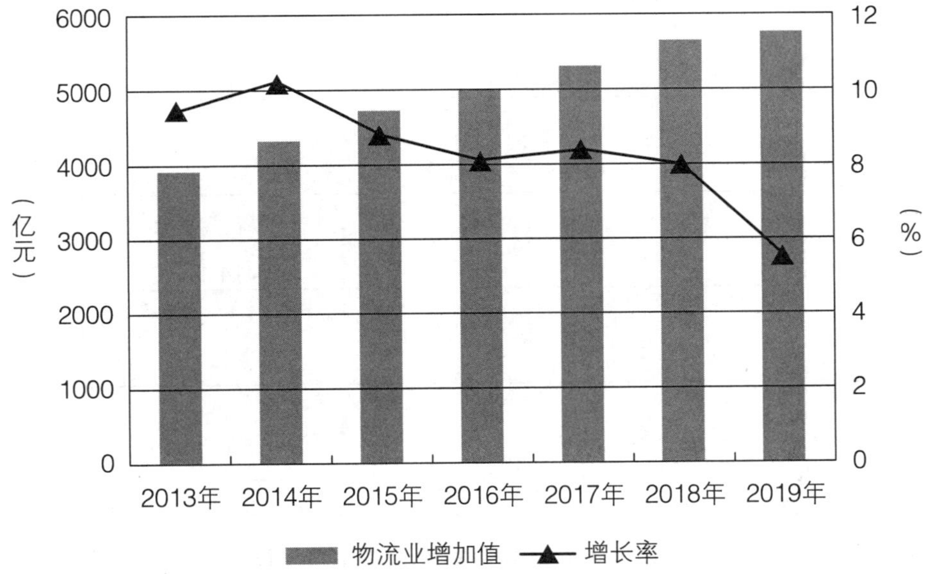

图 2　2013—2019 年江苏省物流业增加值及增长变化情况

一、消费物流快速增长，需求结构有序调整

2019 年，江苏省单位与居民物品物流总额同比增速达 31.8%，占全省社会物流总额的比重较 2015 年提高 0.2 个百分点；消费升级带动电商快递等民生类物流市场快速发展，全省规模以上快递服务企业业务量完成 57.4 亿件、收入 619 亿元，分别同比增长 30.8%、28.7%，人均快递量达 71 件，比全国平均水平高 26 件。受中美贸易摩擦影响，江苏省进口货物物流总额同比减少 5.9%，占全省社会物流总额的比重降低了 0.51 个百分点。工业品物流仍是江苏省社会物流需求的主要来源，占全省社会物流总额的 80.77%，比 2015 年降低 1.2 个百分点。工业品物流结构上，高技术产业、战略性新兴产业产值的快速增长带动了相关产业物流需求比重增加；钢铁、水泥等行业完成了去产能任务，高耗能物流、大宗商品物流需求比重降低。

二、降本增效成效显著，物流费用结构趋优

2019 年江苏省持续推进物流降成本工作，社会物流成本稳中有降，认真实施公路和水路通行费优惠政策，2019 年全年累计减免公路和水路通行费达 41.84 亿元。其中，减免公路通行费达 38.57 亿元、水路通行费 3.27 亿元。2019 年，全省社会物流总费用与 GDP 的比率降至 13.8%，比上年同期下降 0.1 个百分点，较 2012 年下降了 1.6 个百分点，低于全国水平 0.9 个百分点。其中，运输费用 6575.94 亿元，同比增长 2.3%，占全省社会物流总费用的 47.99%，比上年同期下降 1.88 个百分点，运输成本占比下降明显。2012—2019 年江苏省社会物流总费用与 GDP 比率变化情况如图 3 所示。

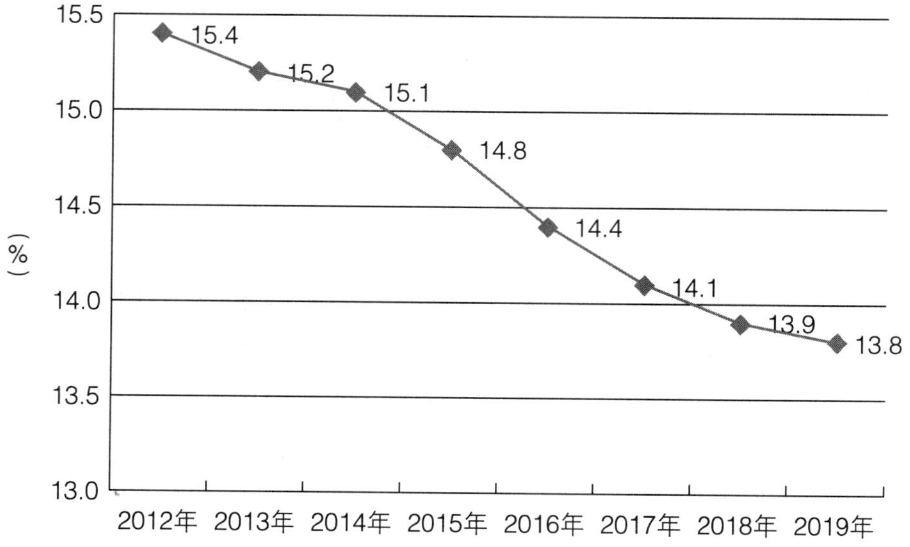

图 3 2012—2019 年江苏省社会物流总费用与 GDP 比率变化情况

三、改革试点稳步推进，智慧物流加快发展

江苏省南京市入选首批 23 家陆港型国家物流枢纽承载城市名单。为加快建设国家物流枢纽，全省以智慧物流为重点推进物流降本增效，是 6 个物流降本增效综合改革试点省份之一。为贯彻落实国家赋予江苏省的试点任务，江苏省发展改革委在全省选择了 25 个重点城市、物流园区和企业开展综合改革试点工作，有力推动全省智慧物流发展。江苏省智慧物流试点情况如图 4 所示。

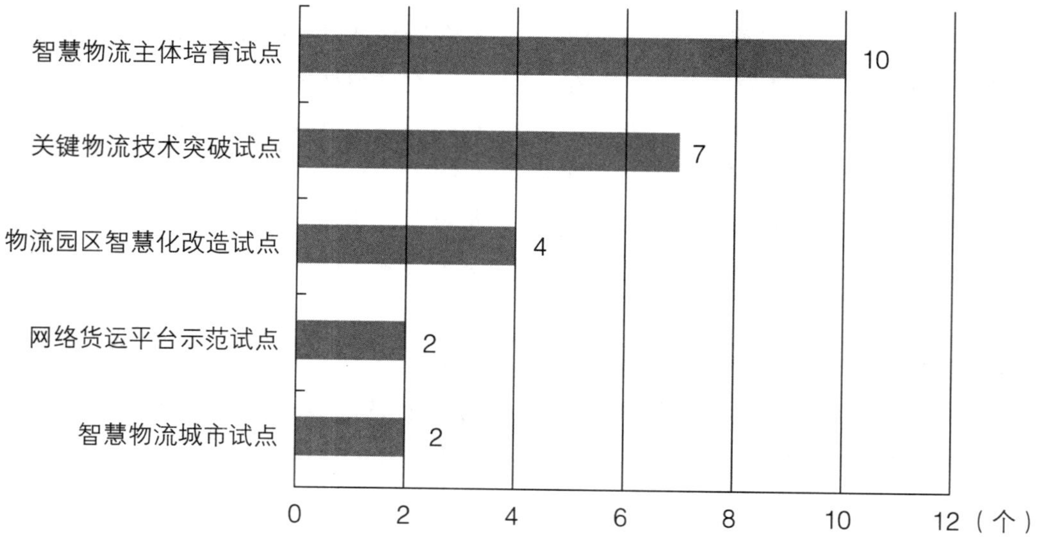

图 4 江苏省智慧物流试点情况

四、物流主体不断壮大，示范带动作用增强

江苏省物流园区示范工程有序推进，集聚效应不断显现。2019 年，全省新认定省级示范物流园区 13 家，累计达 46 家，被评为“2019 年度全国优秀物流园区”的有 20 家，位居全国第一。市场主体不断壮大。全省 4A 级以上物流企业达 252 家，占全国的 11%，位居全国第一，比上年新增 17 家；新认定省级重点物流企业 23 家，累计达 366 家。

（江苏省现代物流协会）

2019 年安徽省物流业发展情况

2019 年，安徽省社会物流需求稳步增长，物流成本进一步降低，物流业运行持续向好。

一、物流需求稳步增长

2019 年，安徽省社会物流总额为 67725.3 亿元，同比增长 4.5%。其中，农产品物流总额 5162 亿元，占全省社会物流总额的 7.6%，同比增长 6.5%；工业品物流总额 47251 亿元，占全省社会物流总额的 69.8%，同比增长 4%；进口货物物流总额 1954.3 亿元，占全省社会物流总额的 2.9%，同比增长 5.9%；单位与居民物品物流总额 869.6 亿元，同比增长 26.3%，占全省社会物流总额的 1.3%；外省流入物品物流总额 12488.4 亿元，同比增长 5%，占全省社会物流总额的 18.4%。

二、物流成本进一步降低

2019 年，安徽省社会物流总费用为 5530 亿元，同比增长 3.5%，社会物流总费用与 GDP 的比率为 14.9%，较上年下降 0.8 个百分点，费用结构进一步优化。运输费用 3885 亿元，占社会物流总费用的 70.2%，占比下降 4.3 个百分点；保管费用 1161 亿元，占社会物流总费用的 21%，占比上升 2.7 个百分点；管理费用 484 亿元，占社会物流总费用的 8.8%，占比上升 1.7 个百分点。2019 年安徽省社会物流总费用构成情况如下图所示。

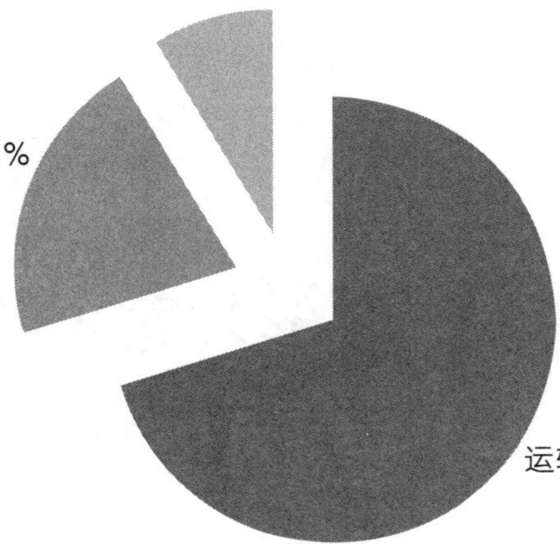

2019年安徽省社会物流总费用构成情况

三、物流业收入较快增长

2019年，安徽省物流相关行业收入为4852.3亿元，同比增长17.9%，增速提高1.3个百分点。

（安徽省物流协会）

2019 年浙江省物流业发展情况

2019 年，浙江省经济正处于结构调整、新旧动能转换的关键期，物流业也进入了传统向现代转型迭代的转化期、换挡期、阵痛期、窗口期。全省物流发展提速，规模进一步扩大、效率进一步提升、活力进一步增强、环境进一步改善，实现了持续平稳健康发展。

一、社会物流规模持续扩大

2019 年，浙江省社会物流总额达到 17.92 万亿元，可比增长 6.53%，物流需求快速增长。其中，受光纤、3D 打印设备、工业机器人、光电子器件、仪器仪表等高端装备制造业和数字经济核心产业制造业产品产销量高速增长拉动，工业品物流需求增速明显，工业品物流总额达到 13.5 万亿元，可比增长 6.08%；受国内供给侧结构性改革多重影响，大宗矿产、化工原料、机电等产品进口物流需求保持较高增速，进口货物物流总额达到 0.78 万亿元，可比增长 9.22%；受居民消费升级及消费品类多样化发展带动，居民消费物流需求继续保持快速增长势头，单位与居民物品物流总额达到 0.32 万亿元，可比增长 32.19%。2019 年浙江省社会物流总额构成如图 1 所示。

二、货运总量稳中有升

2019 年，浙江省加快构建现代综合交通运输体系的目标取得新成效，在交通基础设施建设、运输产业发展和运输服务提升等方面都取得了新进展。全年完成货运总量 288549.73 万吨，比上年增长 7.5%，货物周转量为 12391.21 亿吨公里，同比增长 7.4%。其中，受轻质、高货值货运需求快速增长和“一带一路”沿线经贸往来密切带来的新增需求影响，铁路运输需求平稳增长，铁路货物周转量 235 亿吨公里，同比增长 6.4%；公路货运中质轻价高的货物运输需求激增，多式联运需求明显增加和干线运输平台撮合优势快速释放，多种运输方式协同性有所增强，公路货物周转量达到 2082 亿吨公里，同比增长 6%；水路运输在大宗物资运输中的比较优势进一步增强，内河集装箱运输加快发展，水路货物周转量达到 10074 亿吨公里，同比增长 7.7%。2019 年浙江省各类运输方式的货物周转量及同比增长如图 2 所示。

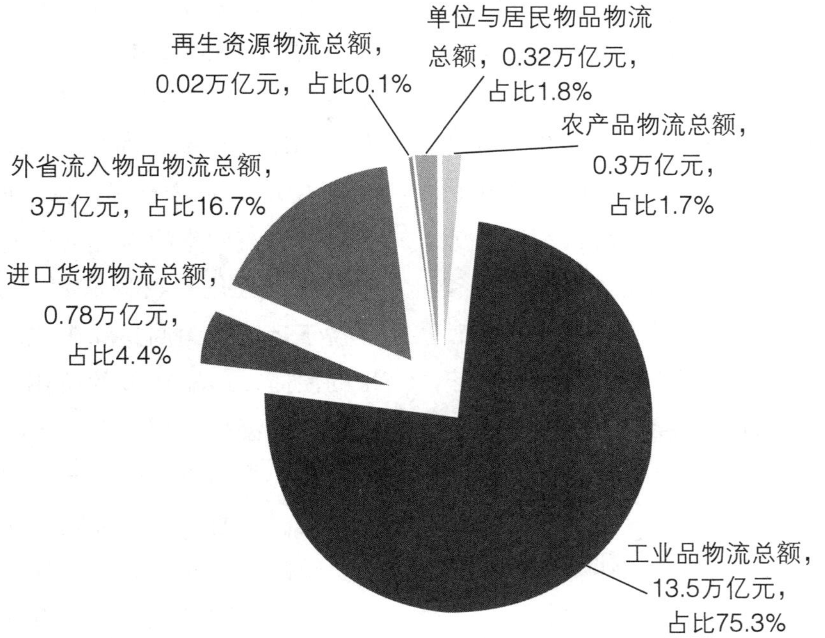

图1　2019年浙江省社会物流总额构成

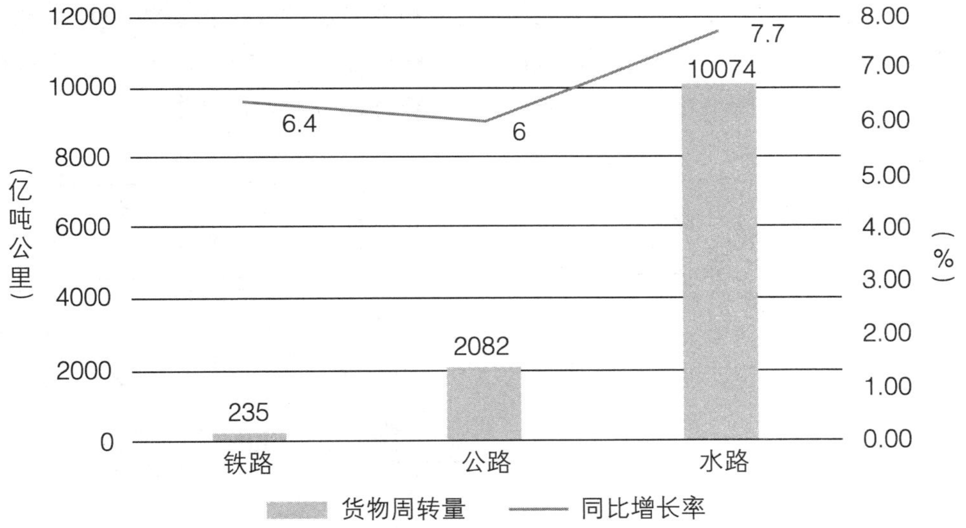

图2　2019年浙江省各类运输方式的货物周转量及同比增长

浙江省规模以上港口完成货物吞吐量17.2亿吨，同比增长11.0%。其中，沿海港口完成13.5亿吨，同比增长8.3%；宁波舟山港完成货物吞吐量11.2亿吨，同比增长7.9%；集装箱吞吐量稳居全球第三，达到2753万标准箱，同比增长4.5%。

三、邮政快递业务快速增长

2019年，浙江省全年邮政行业业务总量完成3177.7亿元，同比增长36.6%，占全国的19.6%。其中，快递业务增长迅速，全年快递服务企业业务量完成 132.6 亿件，同比增长 31.2%，占全国的 20.9%；快递业务收入完成 912.9 亿元，同比增长 17.1%，占全国的 12.2%。同城快递业务量完成 17.1 亿件，同比增长 14.3%；异地快递业务量完成 112.9 亿件，同比增长 34.1%；国际及港澳台地区快递业务量完成 2.6 亿件，同比增长 32.9%。全省快递业务量排名前五位的城市依次是义乌市、杭州市、金华市（不含义乌市）、温州市、宁波市，快递业务量合计占全省快递业务量的 80.1%。

四、物流总费用逐年下降

2019 年，浙江省物流业增加值 6044 亿元，占浙江省 GDP 比重为 9.7%，占服务业比重为 17.9%。全省社会物流总费用为 8938 亿元，比上年增长 9.98%。全省社会物流总费用占浙江省 GDP 的 14.33%，同比下降 0.13 个百分点。社会物流总费用占浙江省 GDP 比率实现连续 4 年下降，2015—2019 年下降 1.46 个百分点，呈现连续回落态势，物流业运行效率持续提升。2015—2019 年浙江省社会物流总费用占浙江省 GDP 的比率情况如图 3 所示。

在物流效率稳步提升的总体趋势下，物流市场热点分化导致物流费用结构也有所调整。受益于运输结构调整和多式联运一体化运输带来的便捷，运输环节的费用支出为 3151 亿元，占社会物流总费用的 35.3%，同比下降 3.7 个百分点；受物流一体化服务能力提升影响，城乡配送、流通加工、包装、保险及信息服务支出规模持续扩大，保管环节的费用支出为 3999 亿元，同比增长 9.41%，占社会物流总费用的 44.7%；随着第三方物流和第四方物流服务能力提升，社会对第三方物流管理咨询、委外管理和方案设计等服务需求也相应增加，管理环节费用支出为 1787.73 亿元，同比增长 6.1%，占社会物流总费用的 20%。

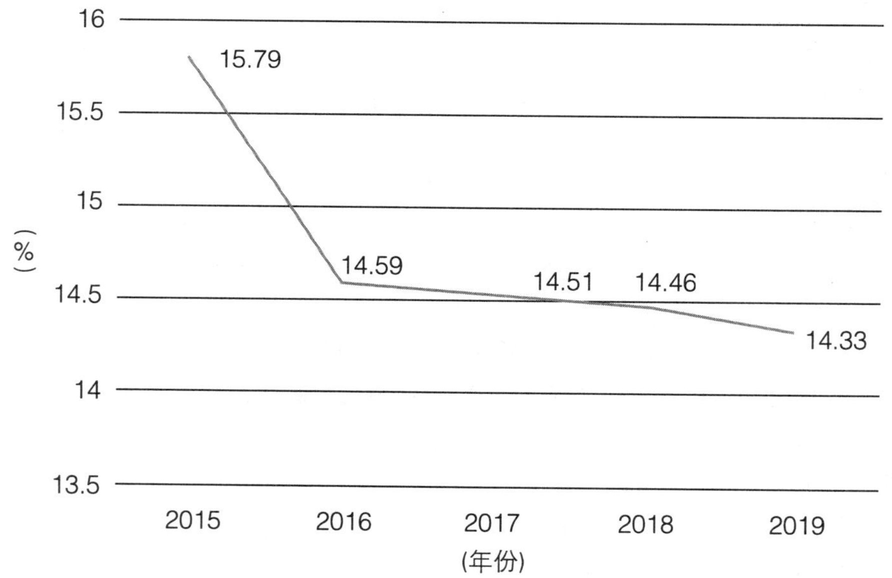

图 3　2015—2019 年浙江省社会物流总费用占浙江省 GDP 的比率情况

（浙江省物流协会）

2019年福建省物流业发展情况

2019年，随着物流重大政策措施相继落地实施，福建省物流业全年总体运行呈现平稳发展态势。

2019年，福建省物流业景气指数保持在55.6%以上，平均值为55.9%，与上年基本持平。其中，各单项指标平均值的具体情况如下。

业务总量指数平均值为56.8%，比上年平均值（56.5%）高0.3个百分点，全年最高点指数与最低点指数仅相差0.4个百分点，呈稳中有升走势。

从业人员指数平均值为54.2%，比上年平均值（54.3%）低0.1个百分点，全年最高点指数与最低点指数差距仅1.1个百分点，表明福建省物流业就业状况总体稳定。

主营业务成本指数平均值为55.9%，比上年平均值（55.7%）高0.2个百分点。

主营业务利润指数平均值为49.4%，比上年平均值（49.2%）高0.2个百分点，低于主营业务成本指数平均值6.5个百分点，显示出物流业“高成本、低效益”的运行特征又有所加剧。

资金周转率指数平均值为59.8%，比上年平均值（59.1%）高0.7个百分点。2019年中，1月与12月均为全年最高点60.8%，表明资金环境保持较为宽松状态。

新订单指数平均值为57%，比上年平均值（56.1%）高0.9个百分点，显示物流需求较为旺盛。

业务活动预期指数平均值为57.4%，比上年平均值（56.6%）高0.8个百分点。新订单指数、业务活动预期指数均保持高位运行，表明物流业将继续保持平稳发展。

（福建省工业和信息化厅）

2019年湖南省物流业发展情况

2019年，湖南省现代物流体系不断完善，物流市场需求结构加快调整，运行效率稳步提升，降本增效成效显著，物流业呈现总体平稳、稳中有进的发展态势。

一、物流需求保持较快增长

2019年，湖南省社会物流总额118213.6亿元，同比增长8.9%。从构成看，农产品物流总额为6716.1亿元，增长3.5%；工业品物流总额为59853.2亿元，增长8.3%；进口货物物流总额为1267.6亿元，增长20.4%；外省流入物品物流总额为37604.9亿元，增长7.1%；再生资源物流总额为172.5亿元，增长4.1%；单位与居民物品物流总额为12599.3亿元，增长20.1%。2019年湖南省社会物流总额构成情况如下图所示。

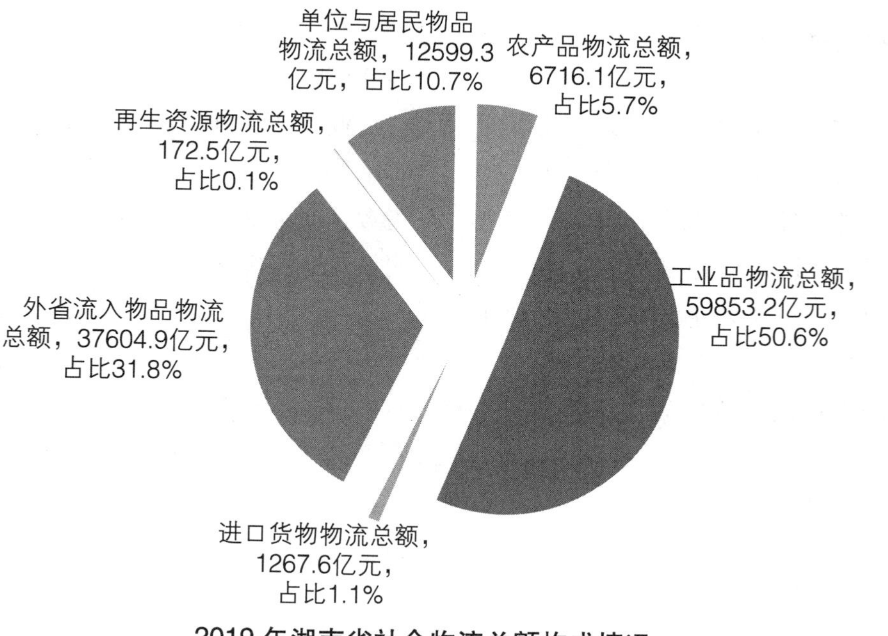

2019年湖南省社会物流总额构成情况

二、社会物流总费用相对社会物流总额增速放缓

2019 年，湖南省社会物流总费用 5982.7 亿元，同比增长 7.8%，增速小于湖南省社会物流总额的增速。其中，运输费用 2869.3 亿元，同比增长 7.2%；保管费用 2110.5 亿元，同比增长 8.2%；管理费用 1002.9 亿元，同比增长 8.5%。湖南省社会物流总费用与 GDP 的比率为 15.1%，同比下降 0.1 个百分点，运行效率进一步提升。

三、物流业总收入较快增长

2019 年，湖南省物流业总收入 3840.7 亿元，同比增长 7.5%。

（湖南省发展改革委）

2019 年河南省物流业发展情况

2019 年，河南省贯彻落实党的十九大关于加快物流基础设施网络建设的精神，加快布局建设“通道+枢纽+网络”的现代物流运行体系，物流供给结构持续优化、运行效率稳步提升、降本增效成效显著，物流业呈现出稳中有进、稳中向好、稳中趋优的发展态势。

一、物流需求保持平稳增长

2019 年，河南省社会物流总额实现 147812.9 亿元，按可比价格计算增长 9.2%，增速同比上升 0.2 个百分点，增速高于全国 3.3 个百分点。分季度看，第一季度社会物流总额完成 2.7 万亿元，可比增长 9.0%；上半年社会物流总额完成 6.8 万亿元，可比增长 9.4%；前三季度社会物流总额完成 10.5 万亿元，可比增长 10.2%，全年社会物流总额呈稳步增长态势。2013—2019 年河南省社会物流总额及变化趋势情况如图 1 所示。

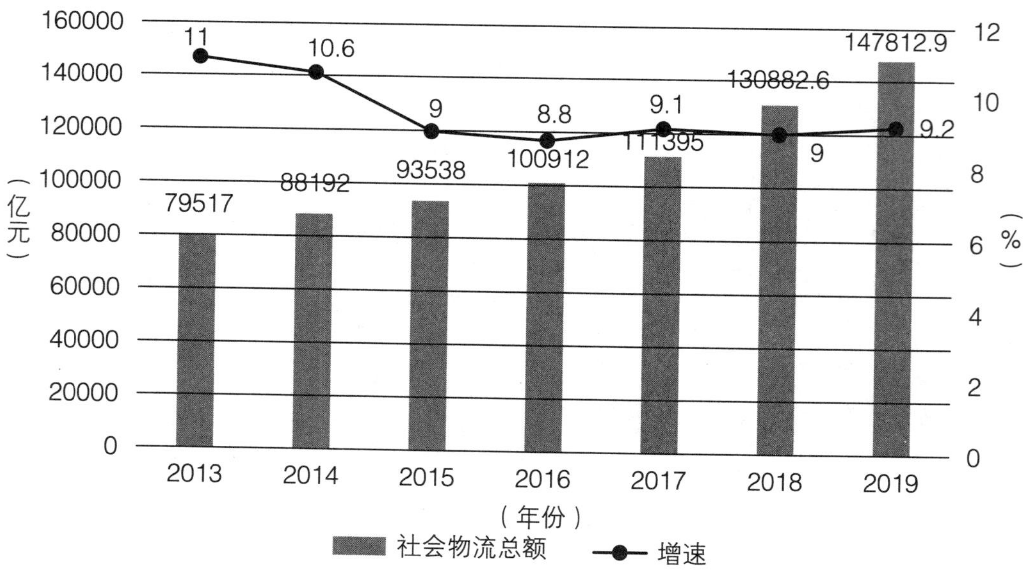

图 1 2013—2019 年河南省社会物流总额及变化趋势情况

从构成看，工业品物流总额为 125260.4 亿元，增长 9.1%；农产品物流总额为 8507.6 亿元，增长 2.3%；单位与居民物品物流总额为 590.5 亿元，增长 34%，增速同比上升 3.9 个百分点；外省流入物品物流总额为 11366.5 亿元，增长 15%，增速同比上升 6 个百分点；再生资源物流总额为 130.9 亿元，增长 15.3%，增速同比上升 2.1 个百分点；进口货物物流总额为 1957.0 亿元，增长 1.7%，增速同比上升 7.4 个百分点。

二、物流运行质量持续提升

2019 年，河南省深入推进降本增效试点建设工作，物流成本结构持续优化，物流效率不断提升。全省社会物流总费用为 7391.1 亿元，增长 7.0%，增速低于全国平均水平 0.3 个百分点，社会物流总费用与 GDP 的比率为 13.6%，单位 GDP 所消耗的社会物流费用连续 7 年下降。2013—2019 年河南省社会物流总费用及与 GDP 的比率情况如图 2 所示。

从物流各环节的费用看，运输费用 4170.2 亿元，增长 6.8%，占总费用的 56.4%，占比同比下降 5.4 个百分点；保管费用 2305.6 亿元，增长 7.4%，增速同比上升 0.5 个百分点，占总费用的 31.2%，占比同比上升 4 个百分点；管理费用 915.3 亿元，增长 8.1%，增速同比上升 0.6 个百分点，占总费用的 12.4%，占比同比上升 1.5 个百分点。

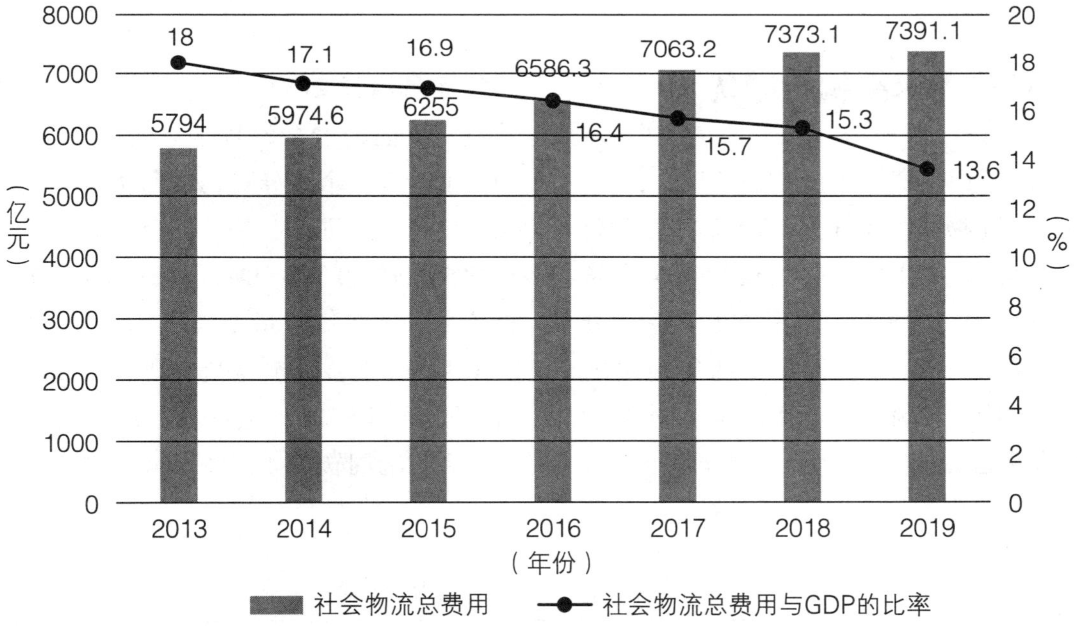

图 2　2013—2019 年河南省社会物流总费用及与 GDP 的比率情况

三、市场主体不断壮大

2019 年，河南省社会物流总收入实现 6914.8 亿元，增长 9.5%，增速高于全国平均水平 0.5 个百分点。交通运输业、仓储业和邮政业固定资产投资增长 4.8%。全省共有 A 级以上物流企业 170 家，比上年新增 21 家。其中，3A 级及以上物流企业共 158 家，新增 20 家；5A 级物流企业共 11 家，新增 1 家。双汇物流等 10 家企业入选全国冷链物流百强，比去年多 3 家企业入选；菜鸟网络、洛阳华晟、驻马店国际公路港等 12 个物流园区入选“第二批河南省示范物流园区”。2019 年河南省 A 级物流企业数量如图 3 所示。

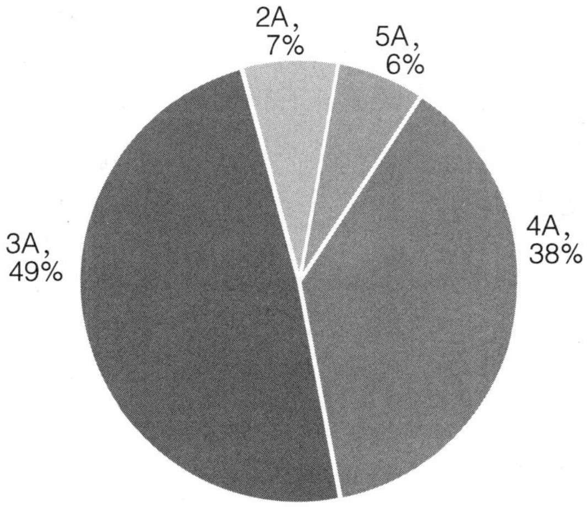

图 3　2019 年河南省 A 级物流企业数量

四、货运需求结构持续优化

2019 年，河南省货运量达到 21.9 亿吨，增长 8.4%；货物周转量达到 8595.7 亿吨公里，增长 9.0%。其中，公路货运量占全省货运总量的 87.3%，占比同比下降 3.3 个百分点；公路货物周转量占全省总货物周转量的 61.7%，占比同比下降 4.3 个百分点；铁路货运量占全省货运总量的 4.8%，占比同比上升 1 个百分点；铁路货物周转量占全省总货物周转量的 24.2%，占比同比上升 1.6 个百分点；水路货运量增长 21%，增速同比上升 10.4 个百分点；货运量占全省货运总量的 7.9%，占比同比上升 2.4 个百分点；水路货物周转量增长 18.7%，增速同比上升 7.1 个百分点，占全省总货物周转量的 14.1%，占比同比上升 2.7 个百分点；航空货运量增长 1.3%，增速同比下降 1.1 个百分点；航空货物周转量增长 2.2%，增速同比下降 2.4 个百分点。2019 年河南省货运量和货物周转量如下表所示。

2019 年河南省货运量和货物周转量

运输方式	货运量（亿吨）	增速（%）	占比（%）	货物周转量（亿吨公里）	增速（%）	占比（%）
铁路	1.1	4.9	4.8	2079.8	3.2	24.2
公路	19.1	7.8	87.3	5299.8	9.4	61.7
水路	1.7	21.0	7.9	1212.3	18.7	14.1
航空	0.0026	1.3	—	3.8	2.2	—
总计	21.9	8.4	100	8595.7	9.0	100

五、专业特色物流保持高速发展

2019年，河南省跨境电商进出口（含快递包裹）完成1581.3亿元，同比增长22.7%。其中，出口1133.7亿元，同比增长22.1%；进口447.6亿元，同比增长24.0%。快递包裹出口6709.8万件，货值148.7亿元。郑州海关共监管跨境电商零售进出口清单12679.6万票，同比增长32.8%；货值161.7亿元，同比增长34.3%。其中，出口清单4745.1万票，货值49.2亿元；进口清单7934.5万票，货值112.5亿元。

河南省快递服务企业业务量累计完成21.1亿件，增长38.3%，居全国第9位、中部六省第1位；业务收入累计完成188.6亿元，增长23.3%，居全国第10位、中部六省第1位。其中，同城快递业务量累计完成2.7亿件，同比增长10.2%；异地快递业务量累计完成18.2亿件，同比增长44.7%；国际及港澳台地区快递业务量累计完成2140.9万件，同比下降10.3%。2019年河南省跨境电商零售进出口单量增速及货值增速如图4所示，2019年河南省快递业务量、业务收入增速如图5所示。

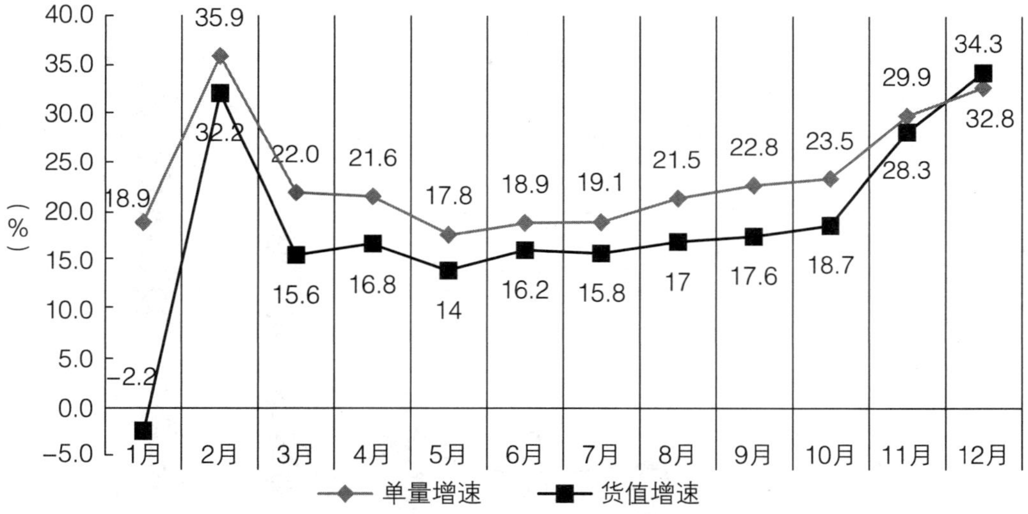

图4　2019年河南省跨境电商零售进出口单量增速及货值增速

六、中欧班列（郑州）高频高质开行

依托欧洲线路、东盟线路、中亚线路和俄罗斯线路及7个目的站点、6个出入境口岸编织的班列线路网络，中欧班列（郑州）通达30多个国家130个城市，境内外合作企业及机构达5000家。2019年，中欧班列（郑州）实现每周去程14班、回程10班，累计开行1000班，其中去程638班、回程362班；累计货值33.5亿美元，货重54.1万吨。自开通以来，累计开行2760班，累计货值117.8亿美元，货重138.5万吨，在重箱率、回程比例、发送量、计划兑现率、班期兑现率和运输安全六项开行质量安全综合指标评价中名列前茅，成为建设河南“陆上丝绸之路”的重要依据。2013—2019年中欧班列（郑州）开行情况如图6所示。

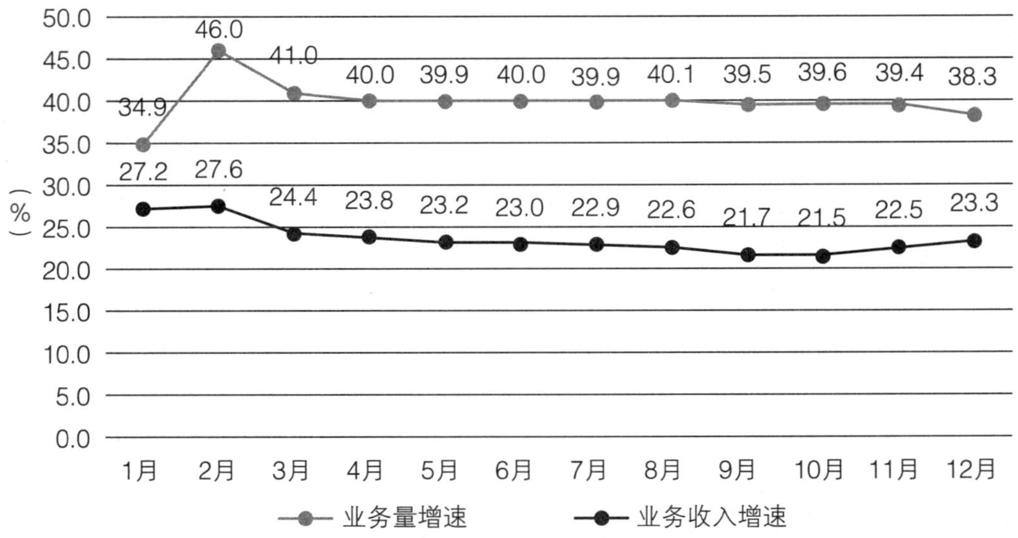

图 5 2019 年河南省快递业务量、业务收入增速

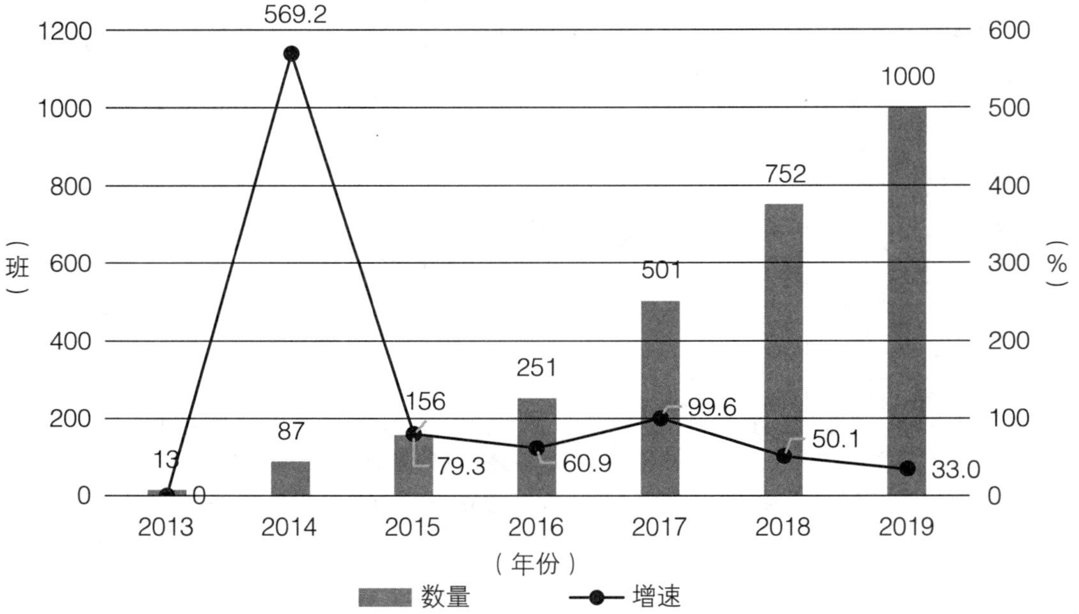

图 6 2013—2019 年中欧班列（郑州）开行情况

七、航空物流持续回升

2019 年受中西部区域竞争加剧和国际贸易摩擦等因素影响，河南省机场货邮吞吐量完成 52.4 万吨，增长 1.3%。作为“空中丝绸之路”和空港型国家物流枢纽的主力军，郑州机场不断扩大运力引进、增强货运集疏、拓展航线网络，2019 年全年货邮吞吐量完成 52.2 万吨，增长 1.4%；洛阳机场货邮吞吐量 1156.6 吨，下降 13.6%；南阳机场货邮吞吐量 1016.7 吨，下降 6.3%。2019 年河南省机场货邮吞吐量及增速如图 7 所示。

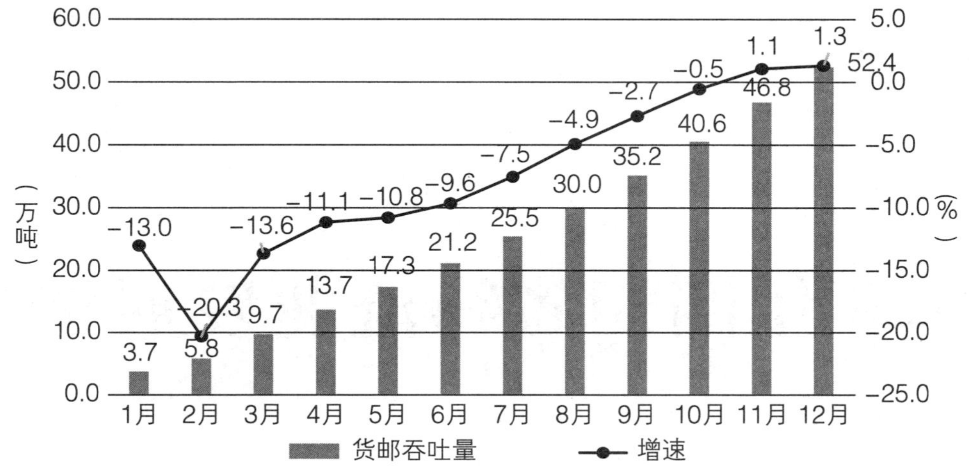

图 7　2019 年河南省机场货邮吞吐量及增速

八、物流业景气度趋于平稳

2019 年河南省物流业景气指数平均值为 56. 6%，高于全国平均指数 3. 1 个百分点。其中，新订单指数平均值为 59. 5%，库存周转次数指数平均值为 57. 3%，物流服务价格指数平均值为 51. 7%，主营业务利润指数平均值为 52. 5%，从业人员指数平均值为 52. 3%，业务活动预期指数平均值为 62. 9%，均位于荣枯线以上。2019 年河南省物流业景气指数及各指标平均值如图 8 所示。

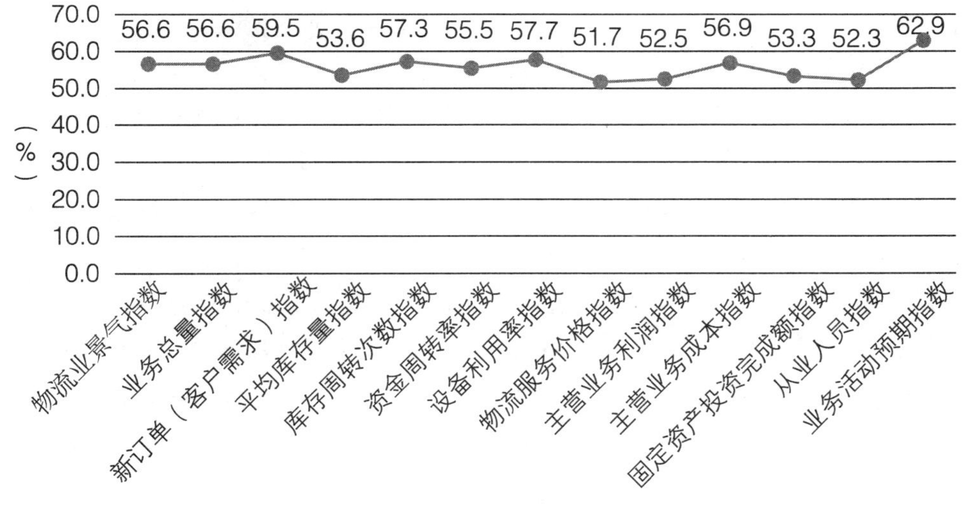

图 8　2019 年河南省物流业景气指数及各指标平均值

注：1. 部分数据因四舍五入的原因，存在总计与分项合计不等的情况。

2. 公路货运量、公路货物周转量根据交通运输部专项调查，调整 2019 年统计口径，数据与上年不可直接相比较。

（河南省发展改革委　河南省统计局　河南省物流与采购联合会）

2019年四川省物流业发展情况

2019年，物流增长下行压力增大，四川省社会物流总额增幅处于合理区间，社会物流总费用与GDP的比率持续下降，物流需求稳中向好，物流业保持平稳发展态势。

一、社会物流总额增幅上升

2019年，四川省社会物流总额达到68524.5亿元，按可比价格计算（下同），同比增长6.5%，增幅比上年降低0.3个百分点。从构成情况看，工业品物流总额为43025.5亿元，同比增长5.4%，增幅比上年降低1个百分点，占全省社会物流总额的62.8%，比上年降低2.3个百分点；农产品物流总额为7130.7亿元，同比增长1.3%，增幅比上年降低0.7个百分点，占全省社会物流总额的10.4%，比上年提高0.5个百分点；进口货物物流总额（包括外省流入）为14960.2亿元，同比增长10.2%，增幅比上年同期提高2.1个百分点，占全省社会物流总额的比重为21.8%，比上年提高1.2个百分点；再生资源物流总额为2421.8亿元，同比增长16.0%，增幅与上年持平，占全省社会物流总额的比重为3.5%，比上年提高0.3个百分点；单位与居民物品物流总额为986.3亿元，同比增长19.0%，增幅比上年下降0.1个百分点，占全省社会物流总额的比重为1.4%，比上年提高0.2个百分点。

二、社会物流总费用与GDP的比率持续下降

2019年，四川省社会物流总费用为7097.4亿元，同比增长10.3%，增幅比上年提高8.4个百分点。其中，运输费用为4000.8亿元，同比增长13.9%，占社会物流总费用的56.4%，比上年提高1.8个百分点；保管费用为2506.2亿元，同比增长6.9%，增幅比上年提高0.6个百分点，占社会物流总费用的35.3%，比上年降低1.1个百分点；管理费用为590.4亿元，同比增长0.8%，增幅比上年下降2.5个百分点，占社会物流总费用的8.3%，比上年降低0.7个百分点。

2019年，四川省社会物流总费用与GDP的比率为15.2%，同比降低0.6个百分点，经济运行中的物流效率有所提升，但成本依然较高。

三、物流业总收入

2019年，四川省物流业总收入为6223.8亿元。

（四川省发展改革委　四川省统计局　四川省现代物流协会）

2019 年重庆市物流业发展情况

2019 年，在重庆市人民政府口岸和物流办公室引领下，重庆市聚力大通道、构建大枢纽、打造大口岸、发展大物流、营造大环境，加快建设内陆国际物流枢纽和口岸高地，各项工作在攻坚克难中取得新进展、新成效。

一、物流行业总体运行平稳，物流成本逐步下降

据重庆市物流与供应链协会统计核算数据显示，2019 年重庆市社会物流总额为 28390.0 亿元，物流业增加值达到 1164.3 亿元；社会物流总费用为 3463.9 亿元，占 GDP 比重为 14.7%，较上年降低 0.5 个百分点，在周边省份位于中上地位，追平全国平均水平。

（一）社会物流总额开始复苏

2019 年重庆市工业恢复性增长，居民消费需求仍较旺盛，全年社会物流总额达 28390.0 亿元，同比增加 6.7%。其中，农产品物流总额 1410.8 亿元，同比增长 2.9%；工业品物流总额 21276.7 亿元，同比增加 6.9%；流入货物物流总额 5423.4 亿元，同比增加 6.8%；单位与居民物品物流总额 112.8 亿元，同比增加 7.7%；再生资源物流总额 166.3 亿元，同比增加 23.3%。2018—2019 年重庆市社会物流总额构成情况如表 1 所示。

表 1　2018—2019 年重庆市社会物流总额构成情况　单位：亿元

指标名称	2018 年	2019 年	同比增长（%）
社会物流总额	26600.1	28390.0	6.7
1. 农产品物流总额	1371.0	1410.8	2.9
2. 工业品物流总额	19910.4	21276.7	6.9
3. 流入货物物流总额	5079.1	5423.4	6.8
3.1 进口货物物流总额	1827.3	2079.9	13.8
3.2 外省流入物流总额	3251.8	3343.5	2.8

续 表

指标名称	2018 年	2019 年	同比增长（%）
4. 单位与居民物品物流总额	134. 8	112. 8	7. 7
5. 再生资源物流总额	104. 8	166. 3	23. 3

（二）社会物流总费用占 GDP 比重逐年下降

2019 年，重庆市社会物流总费用为 3463. 9 亿元，同比增长 12. 1%；占 GDP 比重为 14. 7%，同比下降 0. 5 个百分点。其中，运输费用 2150. 1 亿元，同比增长 13. 2%，占社会物流总费用的 62. 1%；保管费用 997. 4 亿元，同比增加 10. 6%，占社会物流总费用的 28. 8%；管理费用 316. 4 亿元，同比增加 9. 5%，占社会物流总费用的 9. 1%。2019 年，受国家新政和运价上升等因素影响，运输费用占比上升了 0. 6 个百分点；保管费用、管理费用因现代化、智能化和信息化的物流技术手段逐步推广和使用，物流管理效率水平进一步提升，相关物流费用呈现下降趋势，分别下降 0. 4 个和 0. 3 个百分点。2018—2019 年重庆市社会物流总费用构成情况如表 2 所示。

表 2　　2018—2019 年重庆市社会物流总费用构成情况　　单位：亿元

指标	2018 年		2019 年		增速（%）	结构变化（%）
	指标值	占比（%）	指标值	占比（%）		
社会物流总费用	3089. 9	100. 0	3463. 9	100. 0	12. 1	—
1. 运输费用	1899. 4	61. 5	2150. 1	62. 1	13. 2	0. 6
2. 保管费用	901. 5	29. 2	997. 4	28. 8	10. 6	-0. 4
3. 管理费用	289. 0	9. 3	316. 4	9. 1	9. 5	-0. 3
占 GDP 比重（%）	15. 2	—	14. 7	—	—	-0. 5

（三）社会物流总收入和增加值逐步提升

2019 年，重庆市物流业总收入达到 2785. 4 亿元，比上年增长 12. 5%。2019 年物流业增加值实现 1164. 3 亿元，同比增加 10. 5%。从构成上看，交通运输业增加值 854. 1 亿元，同比增加 9. 7%，仓储业增加值 130. 1 亿元，同比增加 10. 4%；贸易业增加值 113. 5 亿元，同比增加 13. 5%；邮政业增加值 66. 6 亿元，同比增加 15. 8%。2018—2019 年重庆市物流业总收入和物流业增加值如表 3 所示。

表 3　　2018—2019 年重庆市物流业总收入和物流业增加值　　单位：亿元

指标名称	2018 年	2019 年	增长（%）
1. 物流业总收入	2476. 2	2785. 4	12. 5
2. 物流业增加值	1053. 9	1164. 3	10. 5

续 表

指标名称	2018 年	2019 年	增长（%）
2.1 交通运输业	778.6	854.1	9.7
2.2 仓储业	117.8	130.1	10.4
2.3 贸易业	100.0	113.5	13.5
2.4 邮政业	57.5	66.6	15.8

二、货运结构调整，公路货运占比收窄

2019 年，重庆市货物运输总量为 11.28 亿吨，货物周转量 3610.54 亿吨公里。全年内河港口货物吞吐量 17126.77 万吨，较上年增长 9.0%。其中，港口集装箱吞吐量 125 万标准箱，较上年增长 7.2%。全年空港货物吞吐量 41.40 万吨，较上年增长 7.8%。国际标准集装箱吞吐量 149.33 万标准箱。其中，铁路吞吐量 24.21 万标准箱，较上年增长 15.4%。

2019 年，在一系列调结构政策的影响下，重庆市全市公路货运放缓，完成货运量 9.0 亿吨。受产业结构调整，矿石、煤炭等大宗货物量下降影响，铁路货运完成货运量 1692 万吨，较上年下降 0.8%。长江黄金水道运能进一步释放，完成货运量 2.11 亿吨，较上年增长 8.4%。港口货物吞吐量 1.71 亿吨，较上年增长 9%。航空货运继续保持了较好的增长态势，完成货运量 14.16 万吨，较上年增长 7.7%。

在四种运输方式中，公路货运量占比 79.8%。其中，铁路占比较上年上升 0.2 个百分点、水路占比上升 3.5 个百分点、公路占比下降 3.7 个百分点。

三、复合型国际物流通道持续拓展，骨干支撑力不断增强

（一）中欧班列（渝新欧）量质齐增，高质量运行态势显著

2019 年，中欧班列（渝新欧）全年开行 1524 班、增长 5.7%，其中去程 636 班、回程 888 班。班列重载率显著提升达到 93%，较上年提高 23 个百分点，运输重箱量居全国第一位。渝满俄班列和中亚班列开行数量快速增长，2019 年全年渝满俄班列开行 819 班。其中，去程 169 班、回程 650 班，同比增长 127.5%；中亚班列开行 49 班，去程 44 班、回程 5 班。

（二）西部陆海新通道成长迅速，通道规模加速扩张

铁海联运班列 2019 年共开行 923 班，增长 51%；其中去程 428 班，增长 39.4%，回程 495 班、增长 63.9%，2019 年全年运输集装箱 4.6 万标准箱。跨境公路班车（重庆—东盟）开行 1252 班，其中去程 1214 班、回程 38 班，是上年开行数量的 2 倍，全年运输集装箱 2504 标准箱；国际铁路联运班列（重庆—河内）稳定运行，2019 年开行 71 班，同比增长 29%，其中去程 7 班、回程 64 班，共运输 1280 标准箱。

（三）长江黄金水道挖潜扩能，复合型沿江通道加速成型

沪渝直达快线稳定运行，2019 年开行 315 艘次，运输集装箱 8.6 万标准箱，其中，外贸货物 5.2 万标准箱，线路下水平均开行 11 天，上水平均开行 15.8 天，上、下水平均运输时间较普通江运缩短近 40%。渝甬铁海联运班列（重庆—宁波）受中美风贸易摩擦等影响，2019 年开行 127 班，较上年下降 11.2%，其中去程 102 班、回程 25 班，共运输 9624 标准箱。

（四）国际航线数量稳步增长，枢纽能级持续增强

重庆江北国际机场航线累计达到 95 条，通航国家 32 个，通航城市 72 个。2019 年出入境货邮吞吐量 15.86 万吨、同比增长 7.6%。

四、开放环境不断完善，国际物流加快发展

重庆着力打造西部内陆开放新高地，口岸和国际物流设施的支撑作用和地位更加突出，现已建成 4 个国家一类口岸，铁路口岸（重庆国际物流枢纽）、航空口岸（江北国际机场）、水运口岸（重庆港，主要为果园港和寸滩港）和万州五桥机场口岸等初具规模。重庆还形成了 1 个自由贸易区、4 个综合保税区、4 个保税物流中心、9 个指定口岸的海关特殊监管区域发展格局，为重庆国家物流枢纽建设和国际物流发展创造了良好的口岸环境。

2019 年，重庆市口岸（水路、铁路）完成外贸集装箱运输量 59.6 万标准箱，与上年基本持平。其中，水路口岸完成外贸集装箱运输量 41.9 万标准箱、同比下降 6%，但较 2018 年的下降幅度明显收窄 26 个百分点。铁路口岸随着全市中欧班列（渝新欧）、西部陆海新通道开行数的持续增长，集装箱运输量实现大幅增长，完成外贸集装箱运输量 17.68 万标准箱、同比增长 37.5%。航空口岸出入境旅客周转量 341.07 万人次、同比增长 5.2%，出入境货邮周转量 15.86 万吨、同比增长 7.6%。

五、物流枢纽网络体系基本形成，物流仓储初具规模

（一）物流要素集聚不断加强，物流设施空间布局逐步优化

物流园区是物流产业现阶段发展的主要空间，是服务城乡的关键支撑，也是对外开放的重要平台。近年来，重庆强化物流业在落实国家定位及战略布局中的功能承载作用，立足物流、交通、口岸与经济产业联动发展，加快提升国际物流等资源要素集聚能力，不断引导和优化物流设施布局调整。重庆市已建成果园港、珞璜港、新田港、龙头港 4 大枢纽港口，团结村、小南垭、鱼嘴等核心铁路物流枢纽运营良好，重庆国际物流枢纽园区、果园港物流园区、航空物流园、双福农产品物流园区、重庆公路物流基地、秀山武陵现代物流园区等主要物流节点成为全市物流资源集聚的重要载体。2019 年，果园港物流园区成为西部地区唯一获批的港口型国家级物流枢纽，入选 2019 年国家物流枢纽建设名单。

截至 2019 年年底，重庆市“3+12”物流园区规划用地面积达 146.47 平方公里，占全市物流园区规划用地总面积的 80% 以上，其中，物流用地面积 46.31 平方公里；园区入驻项目总数 220 个，其中，物流项目 183 个，占比 83.2%；已建成仓库设施总建筑面积 730.25 万平方米，堆场面积 250.68 万平方米，全市超 40% 的物流仓储资源布局在重点物流园区，

物流园区的集聚作用初步显现。

（二）城乡物流配送网络不断完善，配送效率逐步提升

2019 年重庆市以降本增效为目标，物流标准化、信息化、智能化为主攻方向，模式变革、技术创新为抓手，着力建网络、构体系，加速构建城乡物流配送网络和高效配送体系，提升物流配送效率。一是新建末端配送网点增加，配送效率提升。快递业务量增长 20% 以上。在城区，引导建设物流分拨（配送）中心和末端配送网点，新增仓储面积 46 万平方米、网点 436 个；在农村，以农村电商物流为重点，完善物流配送网络，加快建设县乡村物流配送网络，现有 2701 个网点。二是务实开展城乡高效配送专项行动，一批物流标准得到了应用，支持 25 家企业实施物流标准化，鼓励 35 家企业开展城乡高效配送，支持 11 家企业发展智慧物流配送，使用标准托盘（围板箱）61 万张，托盘标准化率达 82%，关联的仓储设施、作业设备得以改造投用，装卸效率、货损率、物流成本改善明显。三是积极探索配送模式，推进干支结合、主城分区、城乡一体、末端整合的共同配送和连锁统一配送、“互联网+共同配送”等集约化配送模式，涌现了永辉联动供应商和门店协同、苏宁物流带板运输、云阳“三定四统”等新模式。

（三）物流仓储设施初具规模，基本实现静态平衡

仓储是现代物流不可缺少的重要环节，在物流与供应链系统中起着至关重要的作用，高效合理的仓储可以帮助厂商提高物流效率、降低成本，实现对资源的有效管理和控制。近十年来，随着重庆市经济社会持续快速稳定发展，特别是前几年制造业强劲的增长势头，极大促进了全市物流仓储行业蓬勃发展，一大批企业进入重庆市物流仓储市场，仓库资源总量得到了快速扩张，有效支撑了全市经济产业发展。

截至 2019 年年底，重庆市物流仓储面积共计 1760 万平方米（其中约 400 万平方米为非标零散仓库），是 2010 年仓储面积（236 万平方米）的 7.5 倍，是 2015 年仓储面积（990 万平方米）的 1.8 倍，初步实现物流仓储供求平稳，达到静态平衡，能够满足当前经济发展的需要，主要表现为一是仓库租金平稳，围绕标准库 25 元/平方米的中心价格有升有降；二是空置率保持在 15% ~ 20% 行业正常范围内，受重庆物流战略先导政策影响，略高于全国平均水平。

六、物流营商环境和制度性建设持续优化

2019 年，重庆市人民政府口岸和物流办公室在重庆市委、重庆市政府的坚强领导下，各级职能部门、相关行业协会支持配合下，通过统筹全市物流业发展重大规划，加强物流产业要素保障能力，协调解决现代物流业发展的重大问题，为重庆市物流业高质量发展营造了良好的体制机制环境。一是全市各级领导积极争取并成功推动西部陆海新通道上升为国家战略，明确重庆作为通道物流和运营组织中心，签订沿线“13+1”省区市合作共建协议。二是经重庆市人民政府口岸和物流办公室、重庆市物流与供应链协会以及全市物流行业专家的努力，重庆市获批成为物流降本增效综合改革全国 6 个试点城市之一，是西部地区唯一港口型国家级物流枢纽。三是启动编制《重庆市物流业发展中长期规划》，形成《重庆推进西部陆海新通道建设实施方案》《重庆市推动物流降本

增效综合改革试点实施方案》《重庆市物流业高质量发展实施意见》《重庆市加快推进多式联运发展工作的实施意见》等一系列物流规划及政策，进一步明确全市物流业发展方向和重点。四是牵头制定全市口岸物流专项资金政策，营造良好的发展环境；针对中欧班列、陆海新通道、多式联运、铁路进港进园、国际物流、跨境电商等重点领域，出台了财政扶持、要素保障、税收减免、投融资等方面的扶持政策。五是推进了智慧口岸建设，持续压缩了重庆口岸整体通关时间，进一步降低了进出口环节合规成本；重庆国际贸易“单一窗口”功能进一步深化拓展，业务量不断提升，支撑能力明显增强，全年业务量 1714 万票，同比增长 1179%，实现流程优化 30%、时间节约 30%、成本压缩 20%。跨境跨区域合作取得新突破。

重庆市物流与供应链协会积极推动全市物流相关规范、政策出台，切实改善全市物流行业营商环境。一是收集物流企业诉求上报有关部门，如恢复重点现代物流项目认定政策等；二是参与政府部门各类座谈会议反映行业现状，如高速公路按车型收费调整听证会等；三是研究制定各类行业体系和标准，如全市物流信用体系纳入市发展改革委信用分级分类监管“三个一批”事项；四是建立物流维权服务中心，更快、更好、更高效地解决企业在经营过程中所遇到的问题及难题，协调物流行业、会员单位内部矛盾，对外物流维权。

（重庆市物流与供应链协会）

2019 年陕西省物流业发展情况

2019 年，陕西省以政策推动、市场拉动、技术驱动，不断推进物流业质量、效率和动能变革，促进全行业供给侧结构性改革向纵深发展，使全省物流业运行总体平稳。

一、物流业货物运输情况

2019 年陕西省物流业货物运输总量达到 15.47 亿吨（见表 1）。其中，2019 年西安市物流业货物运输总量达到 27426.43 万吨（见表 2）。

表 1　　2019 年陕西省物流业货物运输情况

指标名称	2019 年	增速（%）
货物运输总量（亿吨）	15.47	-11
其中：铁路货运量（亿吨）	4.49	5.9
公路货运量（亿吨）	10.98	-16
水路货运量（万吨）	0.19	11.3
航空货邮量（万吨）	39.33	22.9

表 2　　2019 年西安市物流业货物运输情况

指标名称	2019 年	增速（%）
货物运输总量（万吨）	27426.43	3.8
其中：铁路货运量（万吨）	487.24	-1.9

续 表

指标名称	2019 年	增速（%）
公路货运量（万吨）	26901	3.9
航空货邮量（万吨）	38.19	22.1

二、物流业货物周转情况

2019 年陕西省物流业货物周转总量达到 3483.44 亿吨公里（见表 3）。其中，2019 年西安市物流业货物周转总量达到 625.59 亿吨公里（见表 4）。

表 3　　2019 年陕西省物流业货物周转情况

指标名称	2019 年	增速（%）
货物周转总量（亿吨公里）	3483.44	-15.9
其中：铁路货物周转量（亿吨公里）	1750.15	1.6
公路货物周转量（亿吨公里）	1733.29	-24.6
水路货物周转量（万吨公里）	0.59	12.9

表 4　　2019 年西安市物流业货物周转情况

指标名称	2019 年	增速（%）
货物周转总量（亿吨公里）	625.59	2.8
其中：铁路货物周转量（亿吨公里）	206.15	1
公路货物周转量（亿吨公里）	419.44	3.5

三、快递业务量增长显著

2019 年，陕西省完成快递业务量 7.29 亿件，较上年增加 28.2%。其中，西安市完成快递业务量 5.39 亿件，较上年增加 34.87%。

四、外贸物流出口下降、进口增长

2019 年，陕西省外贸进出口总额达到 3515.75 亿元，较上年增长 0.09%，低于全国 3.3 百分点，居全国第 22 位。贸易顺差累计实现 230.79 亿元，较上年减少 412.8 亿元，降幅高达 64.14%。其中，实现进口总额 1642.48 亿元，增长 14.47%，较上年回落 20.9 个百分点，高于全国平均水平 12.9 个百分点，居全国第 8 位；出口总额 1873.27 亿元，下降 9.84%，较上年回落 35.1 个百分点，低于全国 14.8 个百分点，居全国第 28 位。

五、中欧班列发展迅速

2019 年，陕西省内中欧班列“长安号”共计开行 2133 列，开行量、重载率、货运量位居全国前列。

六、交通投资创历史新高

2019 年，陕西省完成交通投资 811 亿元。其中，完成交通固定资产投资 775 亿元，同比增长 11.3%，较全省固定资产投资增长率高约 9 个百分点，创历史新高。

在全省交通固定资产投资中，公路和水路完成固定资产投资 707 亿元，达到交通运输部下达目标任务 480 亿元的 147%。高速公路保持加快建设节奏，建设规模近 1500 公里，19 个续建项目全面加快，澄城至韦庄项目开工建设，建成绥德至延川、黄龙至蒲城项目白水至蒲城段 118 公里。干线公路项目进展总体平稳，建设规模约 2300 公里，建成 G310 西安过境等项目 500 公里以上。在国家交通运输部路况抽检中，路况水平持续位居全国前列。

七、网络货运平台推进物流业转型升级

利用互联网发展网络货运平台，成为陕西省物流业推进转型升级、降本增效工作重要抓手和行业发展趋势。

2019 年，全省在已有的 10 家全国物流业无车承运人试点企业基础上，新增了 71 家省级物流业无车承运人试点企业，为 2020 年全国物流业实施网络货运提供了经验。

八、国家 A 级物流企业稳步增加

2019 年，陕西省有国家 A 级物流企业 107 家。其中，5A 级物流企业 8 家，4A 级物流企业 31 家，3A 级物流企业 60 家，2A 级物流企业 5 家，1A 级物流企业 3 家。

（西安市道路货物运输行业协会　闫鸣）

2019 年甘肃省物流业发展情况

2019 年，甘肃省社会物流总额增幅处于合理区间，社会物流总费用与 GDP 的比率持续下降，物流需求平稳增长，运行质量稳中向好，物流业保持平稳有进良好态势。但社会物流总费用、主营业务成本依然偏高和物流企业经营效益偏低情况，对物流增长下行压力增大。

一、社会物流总额平稳增长

2019 年，甘肃省社会物流总额 15614.48 亿元，同比增长 6.6%。其中，农产品物流、外省流入物品物流和单位与居民物品物流发展速度加快，占全省社会物流总额的比重有所提高；与民生、环境保护相关的快递速运、城市配送、农产品物流、零担货运、电商物流、一体化物流等特色服务物流已成为行业新的增长点。

在甘肃省社会物流总额构成中，工业品物流仍占主导地位，甘肃省工业品物流总额 6137.8 亿元，同比下降 3.4%，占全省社会物流总额的 39.3%；农产品物流平稳增长，农产品物流总额 1870.12 亿元，同比增长 12.7%，占全省社会物流总额的 11.98%；外省流入物品物流总额呈增长趋势，达到 7313.23 亿元，同比增长 15.2%，占全省社会物流总额的 46.84%；进口货物物流总额 248.5 亿元，同比下降 0.4%，占全省社会物流总额的 1.59%；再生资源物流总额 6.2 亿元，同比下降 1.7%；单位与居民物品物流总额 38.63 亿元，同比增长 24.4%。2019 年甘肃省社会物流总额构成情况如图 1 所示。

二、货运量及货物周转量保持平稳增长

2019 年，甘肃省铁路、公路、航空、油气管道货运量共计 8.26 亿吨，同比增长 4.4%。其中，铁路货运量完成 0.54 亿吨，同比下降 11.8%；公路货运量完成 6.80 亿吨，同比增长 6.4%；航空货运量完成 1.03 万吨，同比下降 2.4%；油气管道货运量完成 0.92 亿吨，同比增长 1.7%。2019 年甘肃省货运量按运输方式构成情况如图 2 所示。

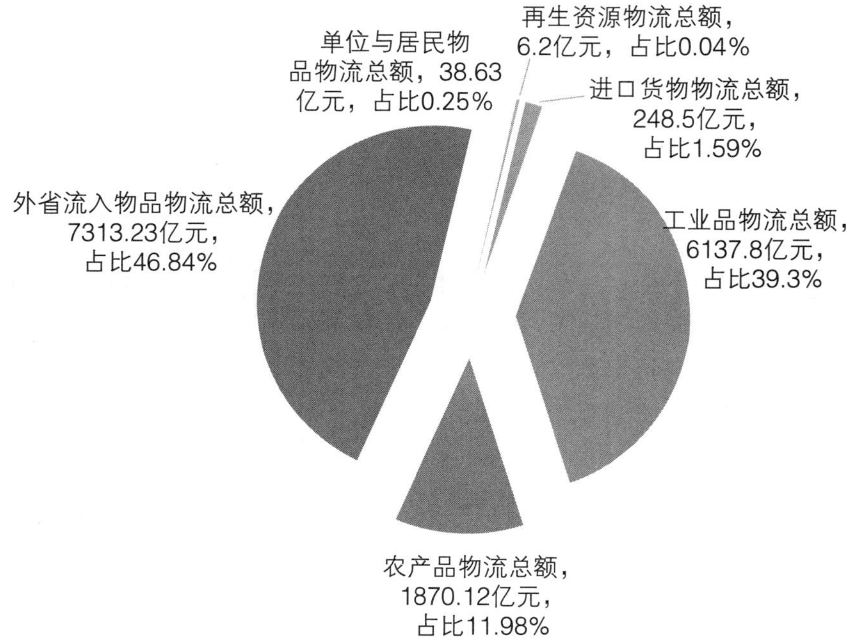

图 1　2019 年甘肃省社会物流总额构成情况

图 2　2019 年甘肃省货运量按运输方式构成情况

注：航空货运量数值较小，此处忽略不计。

2019 年，甘肃省各种运输方式完成货物周转量 3585.8 亿吨公里，同比增长 6.0%。其中，铁路货物周转量完成 1516.7 亿吨公里，同比增长 1.7%；公路货物周转量完成 1193.8 亿吨公里，同比增长 6.7%；航空货物周转量完成 0.16 亿吨公里，同比增长 1.8%；管道货物周转量完成 875.1 亿吨公里，同比增长 13.1%。2019 年甘肃省各种运输方式货物周转量及增长变化情况如图 3 所示。

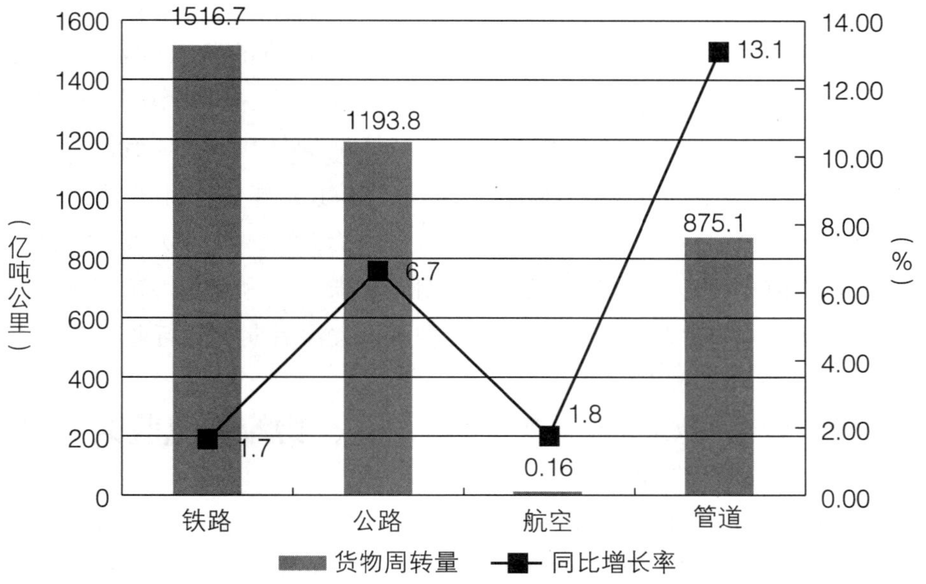

图 3　2019 年甘肃省各种运输方式货物周转量及增长变化情况

三、社会物流总费用与 GDP 的比率有所下降

2019 年，甘肃省社会物流总费用 1528.4 亿元，同比增长 5.3%。社会物流总费用占省内生产总值的 17.5%，比上年同期下降 0.1 个百分点，但仍高于全国平均水平 2.8 个百分点。其中，运输费用 1100 亿元，同比增长 4.9%；保管费用 311.8 亿元，同比增长 6.4%；管理费用 116.6 亿元，同比增长 7.0%，物流运行中管理费用与保管费用增长较快，物流成本依然较高。2019 年甘肃省社会物流总费用构成情况如图 4 所示。

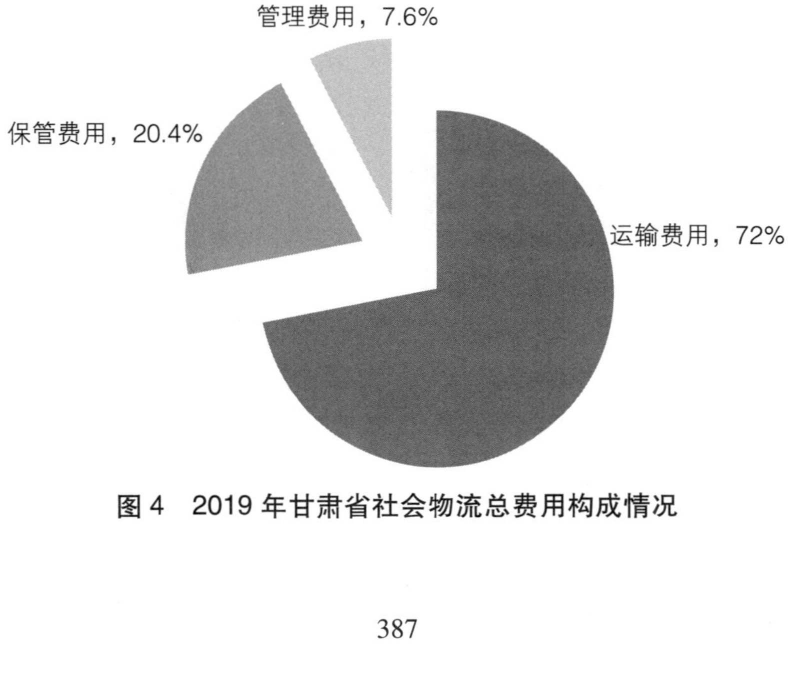

图 4　2019 年甘肃省社会物流总费用构成情况

四、物流业景气指数保持平稳增长

2019 年 1—12 月，甘肃省物流业景气指数月度均值为 52. 84%，全年除春节期间需求有所回落外，均在扩张区间运行。

各分项指数月度均值中，业务总量指数、固定资产投资完成额指数、从业人员指数的月度均值分别为 52. 59%、56. 07% 和 52. 36%，显示出物流需求和物流设施设备改进平稳发展，为后期物流业持续平稳增长奠定基础。主营业务利润指数、主营业务成本指数和物流服务价格指数的月度均值分别为 48. 54%、57. 60% 和 47. 15%，表明物流行业依然存在成本偏高、效益偏低现象，需要改善市场同质化竞争状态。平均库存量指数、库存周转次数指数、资金周转率指数和设备利用率指数月度均值分别为 50. 24%、52. 54%、48. 87% 和 53. 53%，表明物流经济活动虽然较为活跃、仓储去库存明显、物流装备运作效率有所提高，但中小物流企业资金周转困难的状况依然存在。新订单（客户需求）指数、业务活动预期指数月度均值分别为 55. 13%、60. 08%，物流市场总体预期向好未变，物流业将延续平稳增长走势，仍需重点关注后期相关行业物流需求情况。

五、物流业总收入平稳增长

2019 年，甘肃省物流业总收入 1200 亿元，同比增长 4. 8%，增速与上年同期相比下降 3. 4 个百分点。

（甘肃省工业和信息化厅交通与物流处）

2019 年青海省物流业发展情况

一、社会物流需求不断增加

2019 年，青海省社会物流总额为 6268.6 亿元，同比增长 7.4%，物流需求系数为 2.11。总体来看，物流需求平稳，需求结构持续改善，青海省社会物流总额全年呈现稳中有升的发展态势。从构成看，工业品物流总额 5120.9 亿元；农产品物流总额 136.7 亿元；外部流入物品物流总额 17.0 亿元；再生资源物流总额 2.1 亿元；其他物流总额 991.9 亿元。其中，工业品物流总额占青海省社会物流总额的 81.7%，工业企业产销率 95.74%。从规上工业重点产业物流需求结构看，有色金属冶金和压延加工业物流额 581.4 亿元，增长 4.5%；化学原料和化学制品制造业物流额 379.0 亿元，增长 9.9%；黑色金属冶炼和压延加工业物流额 154.7 亿元，下降 6.4%；电气机械和器材制造业物流额 129.7 亿元，增长 53.6%。2019 年青海省社会物流总额构成情况如图 1 所示。

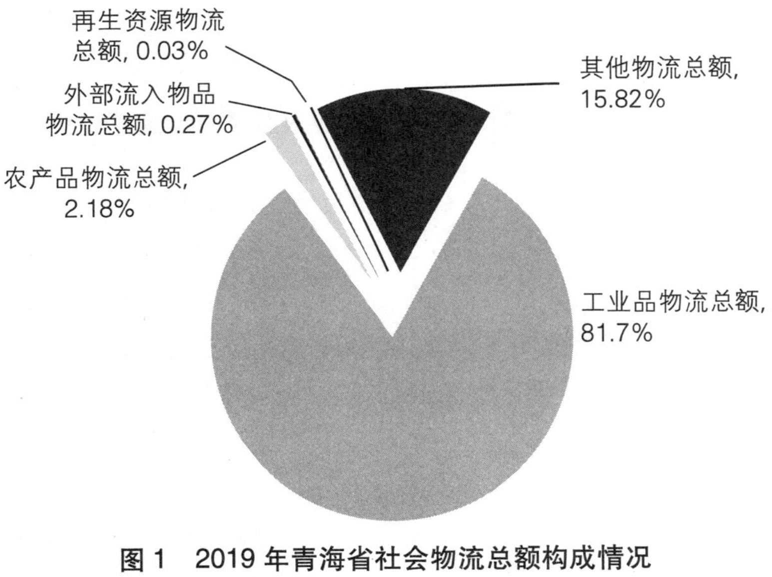

图 1　2019 年青海省社会物流总额构成情况

二、物流业运量稳固上升

（一）货运总量、周转量稳步增长

2019 年，青海省社会总运量完成 19551.4 万吨，同比增长 2.2%。其中，公路运量 16102.1 万吨，同比增长 2.7%；铁路运量 3223.1 万吨，同比增长 0.1%；民航运量 4.7 万吨，同比增长 27.1%；管道运量 221.5 万吨，同比增长 3.9%。社会货物周转总量完成 5623457.8 万吨公里，同比增长 1.9%。其中，公路货物周转量 2904580.7 万吨公里，同比增长 5.3%；铁路货物周转量 2715913.1 万吨公里，同比下降 1.5%；民航货物周转量 2964 万吨公里，同比增长 21%。青海省公铁航平均运距为 291 公里，同比下降 0.3%。其中，铁路平均运距 823 公里，同比下降 3.9%；公路平均运距 180 公里，同比增长 2.3%；航空平均运距 624 公里，同比下降 5.0%（见图 2）。

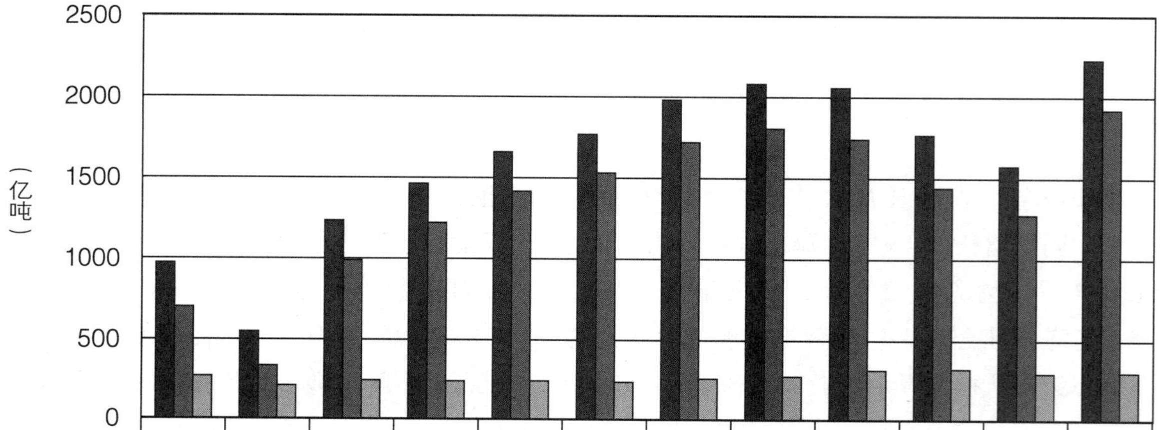

	1月	2月	3月	4月	5月	6月	7月	8月	9月	10月	11月	12月
■ 公铁航总量	971.8	548.2	1234.3	1462.7	1659.3	1768.7	1980.9	2081.7	2058	1766.4	1575.8	2231
■ 公路运量	700.2	337.8	989	1221.6	1416.5	1531.6	1720.6	1805.6	1740.4	1441.5	1275.7	1922
■ 铁路运量	271.2	210.2	245	240.8	242.9	236.8	260	275.8	317.2	324.5	296	302.8

图 2　2019 年青海省公铁航总量及公铁月度运量情况

（二）工业品运量占比突出

2019 年，青海省工业品总运量完成 15206.5 万吨，较 2018 年增长 148.7 万吨，占社会总运量的 77.8%。其中，工业品铁路运量 2808 万吨，占铁路总运量的 87.1%；工业品公路运量完成 12398.5 万吨，占公路总运量的 77.0%。盐、钾肥、煤、钢铁等的运量占比较大，是公路和铁路主要运输品类，大宗工业品运输依然是支撑物流业发展的主要力量。2018—2019 年青海省工业品运量情况如图 3 所示。

（三）航空物流增长迅速

2019 年，青海省运输机场共 7 座（西宁、格尔木、玉树、德令哈、花土沟、果洛、祁连），形成“一主六辅”运营格局，全省运输机场对外通航城市达到 70 个，执行航线达到 116 条，开通国际（地区）航点 5 个及朝觐包机，航线网络覆盖广度得到全面提升。西宁机场年吞吐量千吨级以上的货运代理人 5 家，新开发异地货运代理人6家。航空物流青海分公司与20余家货运代理人签订了合作协议，积极与异地物流企业开展深入合作，开拓多条中转航线，全年中转货量同比增幅29.4%。加大省内支线航空物流培育力度，与果洛、祁连机场签订货运销售代理协议授权书，促其顺利开展了货运销售业务，全年省内支线货邮吞吐量完成0.62万吨，同比增长84%。

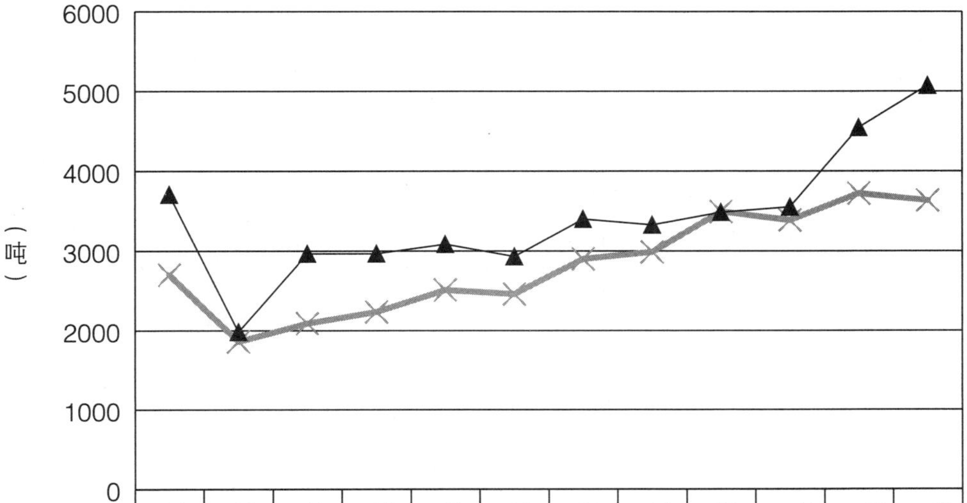

	1月	2月	3月	4月	5月	6月	7月	8月	9月	10月	11月	12月
2018年（吨）	2700	1860	2090	2236	2510	2460	2900	2988	3494	3386	3721	3632
2019年（吨）	3707	1983	2966	2967	3086	2931	3401	3328	3486	3552	4547	5073

图3　2018—2019年青海省工业品运量情况

（四）快递业务大幅提升

截至2019年年底，青海省有省级快递企业33家，分支机构503个；邮快件处理中心22处，运输投递车辆4200余辆。全省布设智能快件箱（信包箱）848组，建成快递末端综合服务站252个；“快递进高校”全覆盖，且全部规范运营；城市快递自营网点标准化率达到92.2%；快递服务车辆通行政策覆盖7个市（州），邮政快递末端服务网络进一步健全，末端服务能力进一步提升。2019年，全省邮政行业业务总量完成10.68亿元，同比增长15.86%；业务收入完成8.1亿元，同比增长13.27%。

三、物流业景气指数发展态势良好

2019年，青海省物流业景气指数均值为52.7%，同比增长0.5个百分点。其中，业务总量指数为55.1%，新订单指数为51.1%，库存周转次数指数为51.3%，设备利用率指数为53.1%，从业人员指数为52.3%，各分项指数均处于荣枯线以上，物流业发展态势良好。2018—2019年青海省物流业景气指数与2019年全国物流业景气指数对比情况如下表所示。

2018—2019 年青海省物流业景气指数与 2019 年全国物流业景气指数对比情况 单位：%

年度 月份	2019 年全国	2019 年青海省	2018 年青海省
1	53.7	50	50.4
2	49.6	49.5	50.3
3	52.6	51.6	50.7
4	53.5	54.5	53.6
5	52.8	52	54.2
6	51.9	55.9	55
7	51.1	48.3	50.1
8	50.9	56.3	50.8
9	53.8	52.4	50.3
10	54.2	52.6	56.9
11	58.3	57.8	53.1
12	58.6	51.2	50.5

四、物流企业增长迅猛

近年来，国家和青海省政府相继出台了一系列降低物流企业注册门槛、促进物流企业发展壮大的优惠政策，物流企业注册实行零缴费制度，并由实缴制改为认缴制；取消了会计师事务所验资报告等前置手续；全面实行“先照后证”制度改革。在诸多政策的刺激下，青海省物流业市场环境不断优化，极大地促进了物流企业的发展。截至 2019 年年底，全省物流企业数量达 2471 户，较 2018 年增加 867 户，拥有 50 辆以上货运车辆的企业 108 户。从企业类型看，道路运输企业 1632 户，占比 66.0%；仓储企业 232 户，占比 9.4%；快递企业 375 户，占比 15.2%，其他类型物流企业 232 户，占比 9.4%。2019 年青海省各市（州）物流企业分布情况如图 4 所示。

五、物流业务总收入继续增长

2019 年，青海省物流业务总收入 117.8 亿元，较 2018 年增长 23.4 亿元。其中运输收入 66.8 亿元，占物流业务总收入的 56.7%；配送收入 17.2 亿元，占物流业务总收入的 14.6%；仓储收入 18.0 亿元，占物流业务总收入的 15.3%；装卸搬运收入 15.7 亿元，占物流业务总收入的 13.3%；其他物流业务收入 0.1 亿元，占物流业务总收入的 0.1%。

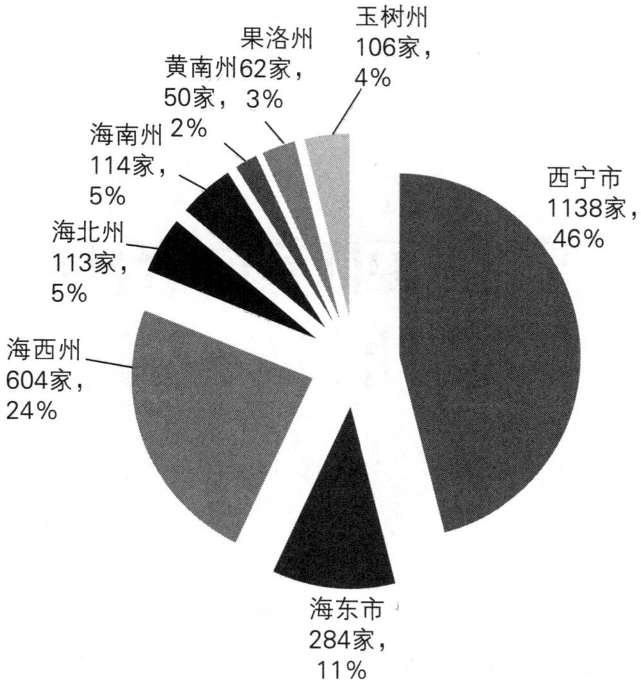

图 4　2019 年青海省各市（州）物流企业分布情况

（青海省工业和信息化厅）

2019 年宁夏回族自治区物流业发展情况

2019 年，面对国内外风险挑战明显上升的复杂局面，在宁夏回族自治区党委和政府的坚强领导、各职能部门的共同努力下，以习近平新时代中国特色社会主义思想为指导，认真贯彻习近平总书记视察时的重要讲话精神，全力落实中共中央、国务院各项决策部署，坚持稳中求进工作总基调，坚持新发展理念，扎实做好稳就业、稳金融、稳外贸、稳外资、稳投资、稳预期工作，坚持以供给侧结构性改革为主线，主动对标高质量发展要求，统筹推进稳增长、促改革、调结构、惠民生、防风险、保稳定工作，全区物流运行与全区经济运行一样呈现“总体平稳，稳中有进，稳中向好”发展态势。

一、社会物流需求保持平稳增长

2019 年，宁夏回族自治区社会物流总额完成 6540.27 亿元，同比增长 4.7%，增速比上年同期回落 8.3 个百分点。从各季度来看，增速比第一季度回落 1.0 个百分点，比第二季度和第三季度分别回升 1.4 个和 1.0 个百分点。2018—2019 年宁夏回族自治区社会物流总额及增长速度如图 1 所示。

（一）工业品物流需求平稳运行

2019 年，宁夏回族自治区工业品物流总额完成 4387.70 亿元，同比增长 6.0%，增幅比上年同期回落 9.0 个百分点，比第一季度和第三季度分别回落 3.0 个和 1.0 个百分点，比第二季度回升 0.9 个百分点。在工业物流需求结构中，一是制造业拉动作用明显。占全区规模以上工业 63.4% 的制造业增加值增长 9.9%，拉动规模以上工业增长 6.2 个百分点；采矿业下降 1.4%，降幅比前三季度收窄 8.5 个百分点；电力、热力、燃气及水的相关生产和供应业增长 7.2%。二是重工业支撑作用明显。在煤化工项目投产达效等有利因素支撑下，占全区规模以上工业 90.3% 的重工业增加值增长 9.0%，比规模以上工业增加值增速快 1.4 个百分点。三是重点行业带动作用增强。十大工业行业呈现“7 增 3 降”态势，其中，化工行业增长 17.8%、机械行业增长 17.4%、电力行业增长 6.1%、冶金行业增长 4.7%、建材行业增长 4.0%、有色金属行业增长 0.9%、其他行业增长 12.8%。四是主要工业产品产量保持增长。在工业经济增长加快带动下，主要工业产品产量保持较快增长。其中，多晶硅（0.87 万吨）增长 84.1%、味精（29.4 万吨）增长 41.3%、初级形态塑料（383.8 万吨）增长 37.9%、单晶硅（6.12 万吨）增长 30.3%、化学农药原药（2.7 万吨）增长 12.5%、钢材（306.2 万吨）增长 12.7%、乳制品（130.2 万吨）增长 11.0%、铁合金（377.4 万吨）增长 5.6%。此外，发电量（1724.3 亿千瓦时）增长 6.6%、原油加工量（459.6 万吨）增长 2.4%。五是重点工业企业贡献突出。国能宁煤、宝丰集团、银川隆基硅等骨干企业带动作用明显，全区前 60 户重点工业企业累计完成产值占全部工业总产值的 64.0%，比上年增长 6.5%，比全区平均增速高 1.0 个百分点。工业品物流总额占全区社会物流总额 67.1%，比 2018 年提高 0.9 个百分点，拉动社会总物流增长 4.0 个百分点。

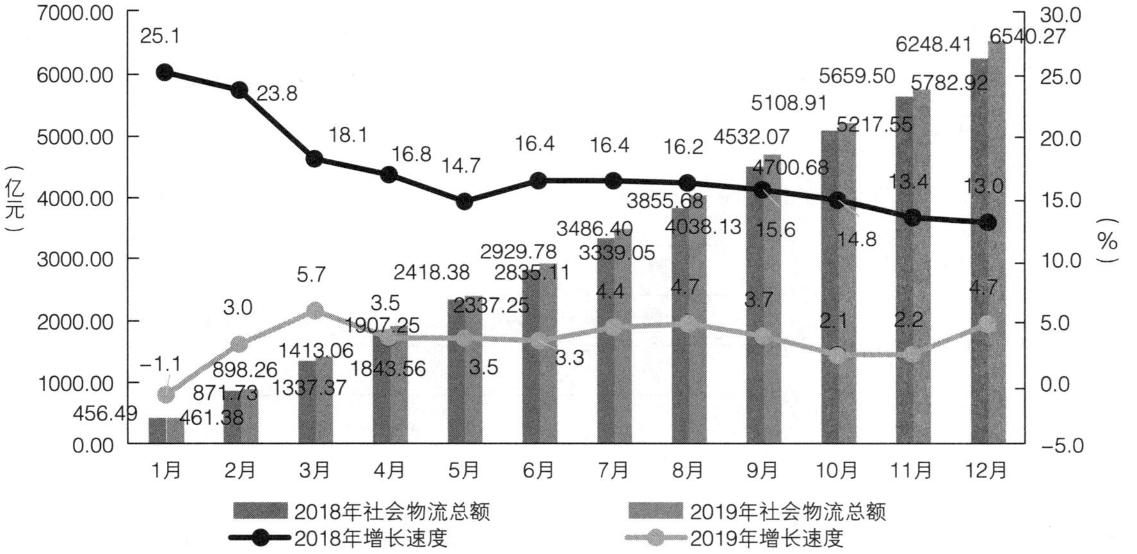

图 1　2018—2019 年宁夏回族自治区社会物流总额及增长速度

（二）批发业物流需求增速开始回升

2019 年，宁夏回族自治区批发业物流总额完成 1558.00 亿元，同比增长 0.8%，增幅比上年同期回落 10.4 个百分点，比第一季度、第二季度和第三季度分别回升 1.1 个、2.7 个和 5.3 个百分点。批发业物流总额占全区社会物流总额 23.8%，比 2018 年降低 0.9 个百分点，拉动社会总物流增长 0.2 个百分点。

（三）农产品物流需求增速缓慢

2019 年，宁夏回族自治区农产品物流总额完成 484.31 亿元，同比增长 1.3%，增幅比上年同期回落 9.9 个百分点，比第一季度和第二季度分别回落 3.1 个和 6.9 个百分点，比第三季度回升 2.0 个百分点。主要是特色农产品产量增速良好。其中，蔬菜产量增长 2.7%、油料产量增长 4.5%、水果产量增长 28.1%、羊肉产量增长 5.1%、牛奶产量增长 9.0%、枸杞产量增长 0.7%、盆栽花产量增长 2.1 倍。

（四）进口货物物流需求增长较快

2019 年，全区进口货物物流总额完成 91.7

亿元，同比增长 33.4%，增幅比上年同期回升 60.2 个百分点，比第一季度、第二季度和第三季度分别回升 65.4 个、31.0 个和 6.3 个百分点。

（五）单位与居民物品物流总额增速平稳

2019 年，与民生相关的单位与居民物品物流总额完成 18.56 亿元，同比增长 10.5%，增幅比上年同期回升 7.4 个百分点，比第一季度回落 6.9 个百分点，比第二季度和第三季度分别回升 5.6 个和 1.3 个百分点。增速比社会消费品零售总额高 5.3 个百分点。2019 年全区快递业务量完成 4891.61 万件，同比增长 4.7%，增速比上年同期回落 77.3 个百分点，比第一季度回落 3.9 个百分点，比第二季度和第三季度分别回升 29.8 个和 34.4 个百分点。增速比全国低 20.6 个百分点，在全国 31 个省份中排名第 26 位。快递业务收入 9.49 亿元，同比增长 16.7%，增速比上年同期回落 3.2 个百分点，分别比第一季度、第二季度和第三季度回升 1.3 个、3.2 个和 2.0 个百分点，增速比全国低 7.5 个百分点，在全国 31 个省份中排名第 26 位。快递包裹运费平均每件 19.4 元，比全国水平高 7.6 元；快递包裹数量人均 7.0 件，比全国水平少 38.4 件；快递包裹收入人均 136.6 元，比全国水平少 398.9 元。2019 年宁夏回族自治区快递业务发展情况如图 2 所示，2019 年宁夏回族自治区社会物流总额构成情况如图 3 所示。

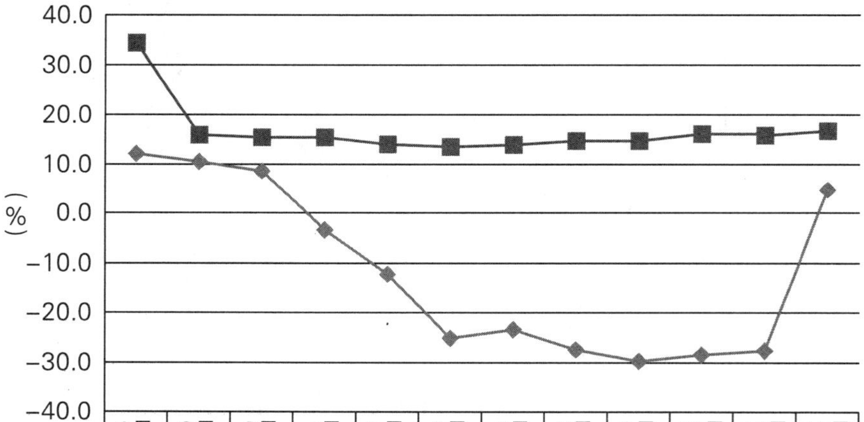

	1月	2月	3月	4月	5月	6月	7月	8月	9月	10月	11月	12月
快递业务量的增速（%）	12.1	10.5	8.6	−3.4	−12.2	−25.1	−23.4	−27.4	−29.7	−28.4	−27.6	4.7
快递业务收入的增速（%）	34.4	15.9	15.4	15.4	14.0	13.5	13.9	14.7	14.7	16.1	15.8	16.7

图 2 2019 年宁夏回族自治区快递业务发展情况

二、社会物流总费用增速平稳增长

2019 年，宁夏回族自治区社会物流总费用 655.00 亿元，同比增长 6.5%，增幅比上年提高 7.0 个百分点，比第一季度和第三季度分别回落 0.7 个和 1.0 个百分点，比第二季度回升 0.2 个百分点。社会物流总费用与 GDP 的比率为 17.5%，与 2018 年同期持平，比第一季度和第二季度分别下降 0.1 个和 0.1 个百分点，比第三季度提高 0.3 个百分点。

从结构看，运输费用增速同比增长 6.2%，增速比上年提高 7.2 个百分点，比第一季度和

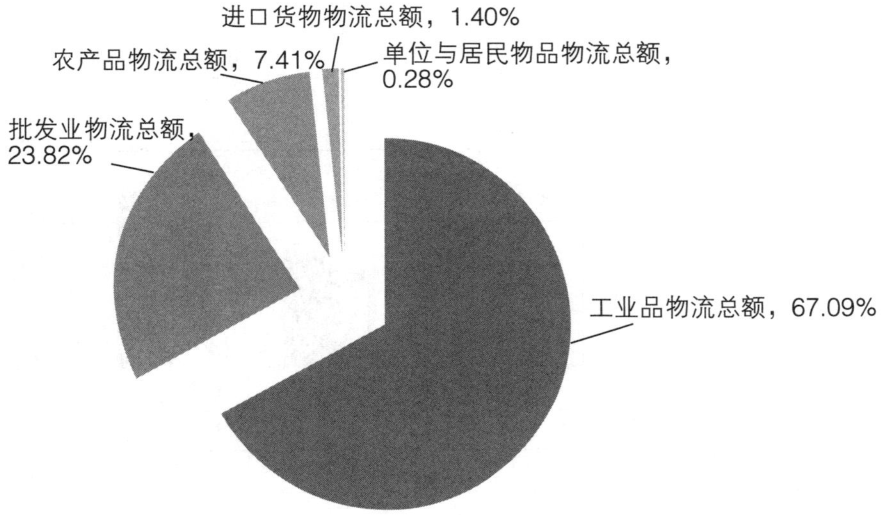

图 3　2019 年宁夏回族自治区社会物流总额构成情况

第二季度分别提高 1.1 个和 1.2 个百分点，比第三季度降低 0.5 个百分点。运输费用占社会物流总费用的 78.3%；保管费用增速同比增长 8.1%，增幅比上年同期提高 6.5 个百分点，比第一季度、第二季度和第三季度分别降低 4.6 个、3.5 个和 3.6 个百分点，占社会物流总费用的 15.3%；管理费用增速同比增长 6.3%，增幅比上年同期提高 5.1 个百分点，比第一季度、第二季度和第三季度分别降低 10.6 个、2.0 个和 3.0 个百分点，占社会物流总费用的 6.4%。

三、物流业增加值增速稳中有升

2019 年，宁夏回族自治区物流相关行业实现增加值 379.06 亿元，按可比价格计算同比增长 4.9%，增速比上年同期回升 8.1 个百分点，比第一季度、第二季度和第三季度分别回升 3.9 个、2.1 个和 1.5 个百分点，比全区 GDP 的增速低 1.6 个百分点，占全区 GDP 的 5.8%。其中，交通运输业、仓储业、邮政业实现增加值 178.21 亿元，同比增长 5.3%，增速比上年同期回升 13.6 个百分点，比第一季度、第二季度和第三季度分别回升 5.4 个、3.4 个和 1.4 个百分点；批发零售业实现增加值 200.85 亿元，同比增长 4.4%，增速比上年同期回升 1.1 个百分点，比第一季度、第二季度和第三季度分别回升 3.1 个、0.8 个和 1.6 个百分点。2019 年宁夏回族自治区社会物流相关行业增加值如图 4 所示。

四、货运量和货物周转量增速逐步回升

2019 年，宁夏回族自治区货运量为 44348.06 万吨，同比增长 10.5%，增速比上年同期回升 8.4 个百分点，比第一季度、第二季度和第三季度分别回升 5.1 个、4.0 个和 1.6 个百分点。货物周转量为 697.35 亿吨公里，同比增长 0.9%，增速比上年同期回升 15.5 个百分点，比第一季度、第二季度和第三季度分别回升 2.4 个、3.0 个和 2.2 个百分点。

（一）铁路货运量平稳增长而货物周转量增速回升

2019 年，宁夏回族自治区铁路货运量完成

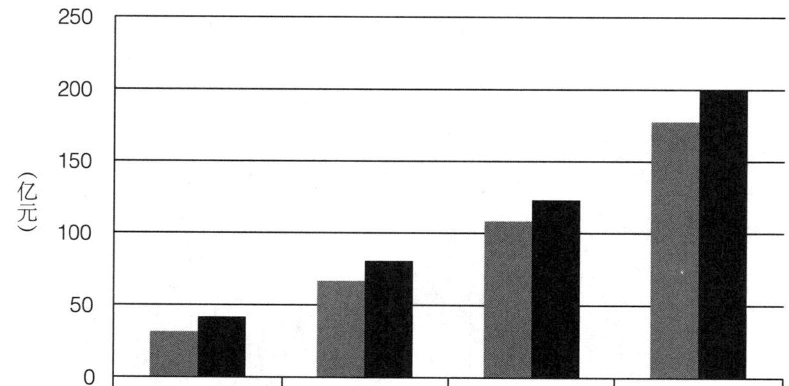

	第一季度	上半年	前三季度	全年
■交通运输业、仓储业、邮政业（亿元）	32.12	66.16	108.89	178.21
■批发零售业（亿元）	41.16	81.03	123.01	200.85

图 4　2019 年宁夏回族自治区社会物流相关行业增加值

8150.64 万吨，同比增长 13.9%，增速比上年同期回升 4.3 个百分点，比第一季度和第二季度回升 6.8 个和 7.8 个百分点，比第三季度回落 1.3 个百分点。铁路货运量占全区货运量的 18.4%，比上年同期提高 0.6 个百分点，拉动全区货运量增长 2.5 个百分点，比上年同期提高 0.9 个百分点。其中，地方铁路货运量完成 4905.10 万吨，同比增长 9.0%，比上年同期回落 9.9 个百分点。铁路货物周转量 212.06 亿吨公里，同比下降 6.9%，增速比上年同期回升 2.5 个百分点。

（二）公路货运量和货物周转量持续向好

2019 年，宁夏回族自治区公路货物量完成 35046.22 万吨，同比增长 10.4%，增速比上年同期回升 10.1 个百分点，比第一季度、第二季度和第三季度分别回升 5.4 个、3.5 个和 2.5 个百分点，拉动全区货运量增长 8.2 个百分点，比上年同期提高 8.0 个百分点。公路货物周转量 425.98 亿吨公里，同比增长 7.0%，增速比上年同期回升 27.4 个百分点，比第一季度、第二季度和第三季度分别回升 3.6 个、6.0 个和 4.9 个百分点。

（三）航空货运量及货物周转量增速较快

2019 年，宁夏回族自治区航空货运量完成 3.33 万吨，同比增长 31.8%，增幅比上年同期回落 1.9 个百分点，比第一季度和第二季度分别回落 4.5 个和 25.1 个百分点，比第三季度回升 0.1 个百分点。航空货物周转量 4078.07 万吨公里，同比增长 24.0%，增幅比上年同期回升 8.9 个百分点。

（四）管道货运量及货物周转量增速下降

2019 年，宁夏回族自治区管道货运量完成 1147.87 万吨，同比下降 5.6%，增幅比上年同期回落 16.1 个百分点，比第一季度、第二季度和第三季度分别回落 7.2 个、4.6 个和 3.3 个百分点。管道货物周转量 58.91 亿吨公里，同比下降 9.0%，增幅比上年同期回落 21.8 个百分点。

2019 年宁夏回族自治区货运量增长速度如图 5 所示。

五、物流业固定资产投资降幅较大

2019 年，宁夏回族自治区物流业固定资产

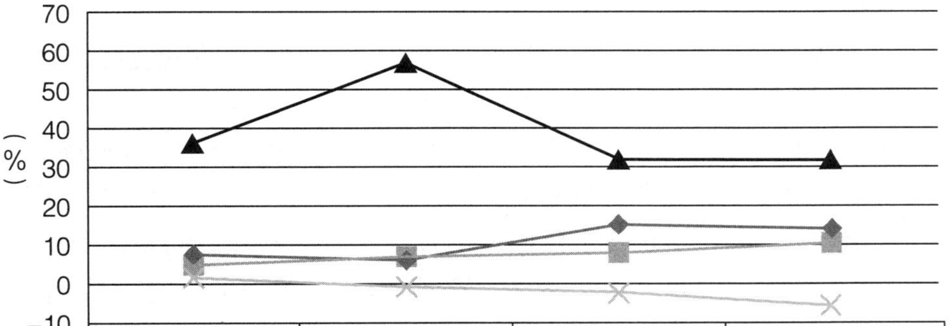

	第一季度	上半年	前三季度	全年
铁路货运量（%）	7.1	6.1	15.2	13.9
公路货运量（%）	5	6.9	7.9	10.4
航空货运量（%）	36.3	56.9	31.7	31.8
管道货运量（%）	1.6	−1	−2.3	−5.6

图 5　2019 年宁夏回族自治区货运量增长速度

投资同比下降 33.6%，增幅比上年同期回落 13.9 个百分点，比第一季度和第二季度分别回落 0.7 个和 1.7 个百分点，比第三季度回升 6.3 个百分点，比同期全社会固定资产投资增幅低 23.3 个百分点。其中，交通运输业、仓储业、邮政业投资额同比下降 32.7%，增幅比上年同期回落 13.0 个百分点，比第一季度回落 3.0 个百分点，与第二季度持平，比第三季度回升 7.8 个百分点；批发零售业投资额同比下降 52.5%，增幅比上年同期回落 33.1 个百分点，比第一季度回升 19.4 个百分点，比第二季度和第三季度分别回落 36.8 个和 32.0 个百分点。

六、重点物流企业发展质量稳步提升

2019 年，为了进一步落实“巩固、增强、提升、畅通”八字方针，“三去一降一补”成效显现。重点调查的 46 户物流企业物流业务收入累计 48.89 亿元，同比增长 7.4%，增幅比上年同期回升 28.0 个百分点，比第一季度和第三季度分别回落 2.8 个和 1.9 个百分点，比第二季度回升 4.3 个百分点；物流业务成本 44.28 亿元，同比增长 7.3%，增幅比上年同期回升 28.7 个百分点，比第一季度、上半年和第三季度分别回升 1.8 个、21.1 个和 3.1 个百分点；营业利润 3.13 亿元，同比增长 12.2%；职工薪酬 3.43 亿元，同比下降 97.2%。物流业务成本增速低于物流业务收入，每百元物流收入成本 90.59 元，比 2018 年减少 0.15 元。但是当前物流企业经营仍然面临诸多问题，由于宁夏的物流企业小而散，加上行业内企业之间的竞争及服务价格的走低等因素影响，企业经营压力不断增大，物流企业盈利能力整体水平还是偏弱。

七、重点企业物流运行平稳健康发展

2019 年，在宁夏回族自治区党委政府的领导下，各地各部门深化供给侧结构性改革，及时研究和解决经济运行中的新情况、新问题，加快推进产业转型升级，确保经济运行平稳健康发展。2019 年，重点调查的 100 户工商企业销售总额 1440. 32 亿元，同比增长 9. 7%，增幅比上年同期回升 7. 7 个百分点，比第一季度、第二季度和第三季度分别回落 17. 8 个、8. 3 个和 8. 8 个百分点；企业购进总额 906. 46 亿元，同比增长 9. 0%，增幅比上年同期回升 8. 1 个百分点，比第一季度和第三季度分别回升 16. 2 个和 1. 3 个百分点，比第二季度回落 5. 0 个百分点；企业物流成本 68. 42 亿元，同比下降 17. 5%，增幅比上年同期回落 25. 6 个百分点，比第一季度、第二季度和第三季度分别回落 12. 6 个、8. 0 个和 21. 2 个百分点；购销比 62. 9%，比上年同期低 0. 4 个百分点。但是，部分企业生产经营困难。1—11 月规模以上工业亏损的企业有 394 户，亏损面为 33. 8%，比上年同期扩大 4. 8 个百分点。

八、物流运行继续保持在景气区间

2019 年，宁夏回族自治区物流业景气指数为 50. 0%。从市场需求看，有些指数指标虽然回落到 50. 0% 以下，但总体仍在景气区间运行，反映出供应链上下游经济活动保持稳定。其中，业务总量指数为 55. 1%，库存周转次数指数为 50. 5%，从业人员指数 49. 2%，新订单指数 48. 3%，设备利用率指数 47. 9%，资金周转率指数 47. 5%，物流服务价格指数 47. 0%，平均库存量指数 46. 9%，主营业务成本指数 44. 9%，业务活动预期指数 43. 6%，固定资产投资完成额指数 35. 2%。

（宁夏现代物流协会）

2019年海南省物流业发展情况

2019年，海南省现代物流业以加快自由贸易港建设为动力，以深化供给侧结构性改革为主线，以国家物流枢纽布局、西部陆海贸易新通道枢纽港建设为重点，继续改善营商环境，物流流量快速增长，物流业降本增效取得明显成果。

一、社会物流总额稳定增长

2019年，海南省实现社会物流总额7885.32亿元，同比增长4.24%。其中，全省农产品物流总额1689.79亿元，同比增长1.67%，占社会物流总额的21.43%，同比下降0.43个百分点；工业品物流总额2259.29亿元，同比增长4.5%，占社会物流总额的28.65%，同比增长0.07%；进口货物物流总额562.15亿元，同比增长1.97%，占社会物流总额的7.13%；外省流入物品物流总额3348.72亿元，同比增长5.74%，占社会物流总额的42.47%，单位与居民物品物流总额25.37亿元，同比增长15.32%。

二、单位物流运行成本小幅度提高

2019年，海南省社会物流总费用794.37亿元，同比增长11.26%；社会物流总费用与GDP的比率为14.96%，环比前三季度减少0.13个百分点，同比增长0.19个百分点，主要原因是运输规模快速增长，运输费用大幅增加。从物流成本构成来看，2019年海南省运输费用378.01亿元，同比增长19.63%，占社会物流总费用的47.59%，同期占比增加3.33个百分点；保管费用277.26亿元，同比增长4.23%。占物流总费用的34.90%，同期占比减少2.35个百分点；管理费用139.10亿元，同比增长5.38%，占物流总费用的17.51%，同期占比减少0.98个百分点。

三、物流业务收入平稳扩大

2019年，海南省物流业对社会经济发展的作用逐步显现，全省现代物流业增加值198.57亿元，同比增长13.40%，占GDP的3.74%，拉动全省经济增长 0.55 个百分点。2019 年，全省现代物流业收入 619 亿元，同比增长 0.68%。其中商贸行业内部物流收入增幅较大，全年收入 102.99 亿元，同比增长 41.49%；占业务收入的 16.64%，同比增加 4.8 个百分点。交通运输业、仓储业和邮政业的业务收入以及工业内部物流收入有所下滑，全年收入 442.54 亿元，同比下降 5.32%；占业务收入的 71.49%，同比减少 4.53 个百分点。

四、港口物流逐步增长

2019 年，海南省主要港口货物吞吐量为 19209.43 万吨，同比增长 8.4%。主要港口物流总计 13484.86 万吨，其中，出港物流 5366.64 万吨，同比增长 0.5%；进港物流 8118.22 万吨，同比增长 1.9%。从贸易形式来看，外贸物流 2212.14 万吨，同比下降 2.3%；内贸物流 11289.15 万吨，同比增长 2.1%。其中，内贸转口物流 81.13 万吨。

（海南省物流与采购联合会）

2019 年铜陵市物流业发展情况

2019 年，铜陵市物流业稳定增长，物流业主营业务收入 66.42 亿元，同比增长 11.2%。

规模以上企业共计 103 家，比上年增加了 5 家。全年共完成货物运输量 11908.31 万吨，同比增长 19.85%。其中铁路货运量 400.31 万吨，同比增长 3.52%；公路货运量 3995 万吨，同比增长 5.4%；水路货运量 7513 万吨，同比增长 30.4%。完成港口吞吐量 0.96 亿吨，同比下降 3.9%。

截至 2019 年年底，铜陵市共有国家 A 级物流企业 17 家，其中：4A 级企业 9 家，即铜冠物流公司、通达联运、鸿越物流、和友运输、建湖第一航运铜陵分公司、铜陵市华德实业有限责任公司、安徽灵通物流股份有限公司、铜陵畅通物流有限公司、铜陵金江海运贸有限责任公司；3A 级企业 8 家，即通华物流、港务公司、隆祥物流、北冰洋物流公司、华宏物流公司、智盛物流公司、洋浦隆鑫船务有限公司铜陵分公司、安徽宸运物流有限公司，较 2018 年增加 4 家。

（铜陵市交通运输局）

2019 年青岛市物流业发展情况

按照山东省新旧动能转换工作部署，青岛市围绕新旧动能转换、企业运行、招商引资、示范试点四大板块集中发力，保持物流产业良好发展态势。2019 年，全市实现物流业增加值 1180.2 亿元，增长 9.4%，增速高于全市 GDP 增速 2.9 个百分点。

一、新旧动能转换呈现新局面

青岛市立足新技术、新业态、新模式，力促物流业新旧动能转换和结构优化升级。传化智能公路港物流企业公共服务平台提升物流效率 20%。中创物流智能化建设走在全国前列，建设的物流智能仓库提升效率 60%。青岛港自动化集装箱码头作业能力保持世界领先，传统集装箱码头、散杂货码头自动化作业程度达到 50%。青岛港通过率先加入 GSBN（全球航运商业网络），走在行业前沿，参与规则制定，领跑数字港航新时代。中创物流成为全国首家实现上市的综合性民营物流企业。日日顺物流完成了从制造业企业物流和物流企业向平台企业转型，成功入围全球独角兽企业 500 强，成为行业内首个物联网场景物流的独角兽企业。全市 20 个重点物流在建大项目顺利推进，山东高速西海岸智慧物流园二期投入运营，中国北方水产品冷链物流基地、董家口铁路物流园、苏宁跨境电商智慧物流园加快建设。

二、产业发展实现新突破

山东港口集团的青岛港持续加大与全球船公司的深度合作，海上集装箱航线达到 175 条；与缅甸皎漂港、巴基斯坦瓜达尔港等建立友好港关系，友好港总数达 25 个。扩大港口中转功能，集装箱中转率达到 19.1%。港口货物吞吐量、集装箱吞吐量分别完成 6 亿吨和 2100 万标准箱，均居全国第 5 位，分别同比增长 6.6%、8.8%。青岛机场开通国际货运航线 2 条，日本全日空、美国 UPS、顺丰、中国邮政航空均有国际和国内货机运力投入，形成了集多项口岸功能于一体的综合性航空口岸。机场货邮吞吐量完成 25.6 万吨，增长 14.2%。依托青岛国际航运服务中心，发布航运指数。新增国家 A 级物流企业 5 家，青岛市 A 级物流企业达到 81 家。

三、招商引资工作取得新进展

按照青岛市“千企招商大走访”要求建立工作机制，制订走访方案，打好“寻商、招商、安商”牌。2019 年全年按照《重点产业链招商目录》，对接了 100 余家世界 500 强企业、国营重点企业和民营重点企业。编制了“青岛物流招商引资指导手册”，将上合示范区、自贸区和全市 5 大物流园等载体全面纳入，根据园区特点因地制宜制订招商方案，补齐一块短板、带动一方经济。成功引进包括中远海运、京东等 500 强企业总投资 160 多亿元的 51 个项目。其中，山东省新旧动能转换重点项目泰安峰松物流成功落户崂山区，实现了青岛市第四方物流项目招商新突破。山东省实行双招双引考核，青岛市交通物流到位省外资金达 129 亿元，是全省唯一突破 100 亿元的地级市，增长率为 126%，资金总量和增速居全省第一位，实现了交通物流考核新突破。

四、示范试点工程焕发新活力

经多方努力，依托青岛港组织编制的生产服务型（港口型）国家物流枢纽建设方案，青岛市成功进入国家发展改革委和交通运输部确定的全国首批 23 个国家物流枢纽承载城市名单。前湾港和胶州铁路中心站的集装箱“海铁公”多式联运工程通过交通运输部验收，成为山东省唯一的“国家多式联运示范工程”。巴龙全程冷链项目成为山东省第三批多式联运示范工程。福兴祥现代物流服务项目获评“山东省服务品牌”。制定出台了班列补贴政策，促进国际班列健康发展，国际班列运量达到 3.8 万标准箱，增长 60%。发挥青岛市多式联运联盟作用，培育国际多式联运骨干企业近 20 家，2019 年全年海铁联运量达到 138 万标准箱，增长 20%，连续 5 年保持全国沿海港口首位。

总体来看，2019 年青岛市物流业实现了平稳运行，基本形成了海陆空铁“四港联动”的国际物流大通道。但是，基础设施有机连接、运力结构优化调整、市场主体培育等方面仍具有短板，物流业总体发展、提质增效、转型升级等方面需进一步提速。

（青岛市交通运输局物流处）

2019 年郴州市物流业发展情况

一、社会物流总额

2019 年，郴州市社会物流总额达到 8282.4 亿元，比上年增长 5.9%。

从需求结构来看，郴州市农产品物流总额为 534.9 亿元，占社会物流总额的 6.5%；工业品物流总额为 4733.6 亿元，占社会物流总额的 57.2%；外部流入物流总额为 2254.1 亿元，占社会物流总额的 27.2%；再生资源物流总额为 17.7 亿元，占社会物流总额的 0.2%；单位与居民物品物流总额为 742.1 亿元，占社会物流总额的 8.9%。

二、物流行业收入

2019 年，郴州市物流相关行业实现总收入 329.2 亿元，比上年增长 7.3%。

从收入构成来看，运输环节收入 225.5 亿，占比 68.5%，其中，公路运输业收入 141 亿元；铁路运输业收入 0.25 亿元；水路运输业收入 0.05 亿元；装卸搬运及其他运输业收入 53.6 亿元；运输附加收入 30.6 亿元。保管环节收入实现 38 亿元，占比 11.5%，其中，仓储业收入 21.4 亿元；信息及相关服务业收入 0.4 亿元；配送收入 3.5 亿元；流通加工收入 12.3 亿元；包装收入 0.3 亿元；其他保管收入 0.1 亿元。物流相关贸易业收入实现 55.6 亿元，占比 16.9%。邮政业收入实现 10.1 亿元，占比 3.1%。

三、社会物流总费用

2019 年，郴州市社会物流总费用为 383.2 亿元，比上年下降 9.8%，社会物流总费用占 GDP 的比率为 15.9%，比上年下降 1.9%。

从社会物流总费用的构成来看，运输费用 214.8 亿元，占社会物流总费用的 56.1%，其中，公路运输费用 151.6 亿元；铁路运输费用 0.3 亿元；水路运输费用 0.06 亿元；装卸搬运和其他运输费用 62.8 亿元。保管费用 114 亿元，占社会物流总费用的 29.7%，其中，利息费用 56.3 亿元；仓储费用 32.4 亿元；保险费用 1 亿元；货物损耗费用 4.1 亿元；信息及相关服务费用 0.4 亿元；配送费用 5.1 亿元；流通加工费用 14.2 亿元；包装费用 0.4 亿元；其他保管费用0.1亿元。管理费用54.4亿元，占社会物流总费用的14.2%。

四、郴州市已授牌A级物流企业及优秀“质押监管”企业、星级冷链服务企业名录

截至2019年年底，郴州市A级物流企业共计30家，“质押监管”企业3家，星级冷链服务企业3家。

1. 5A级物流企业3家

郴州市金煌物流有限公司

湖南兴义物流有限公司

郴州凯程医药有限公司

2. 4A级物流企业10家

湖南省惠尔物流有限公司

郴州市泓广物流有限责任公司

郴州市恒丰物流有限公司

郴州市宏顺物流有限公司

郴州市义捷现代物流有限公司

资兴市达达农产品冷链物流有限公司

湖南郴州南方新材料科技有限公司

湖南湘港投资集团有限公司

郴州市联航物流有限公司

湖南省铸万有实业有限公司

3. 3A级物流企业16家

郴州市辉达物流仓储有限公司

湖南省煤业集团资兴物资供应有限公司

郴州市联邦物流有限公司

汝城县诚信物流有限公司

湖南康芝仁医药连锁公司

郴州市红星物流有限公司

郴州市俊涛贸易有限公司

临武县顺民惠农服务有限公司

郴州市君鑫农产品市场开发有限公司

郴州市俊腾仓储物流有限公司

郴州祥通速递有限公司

郴州市州庆物流有限公司

郴州市和源物流有限公司

郴州广通物流科技有限公司

安仁县成虎商联有限公司

资兴湘通物流有限公司

4. 2A级物流企业

郴州市泰达物流有限公司

5. 优秀“质押监管”企业3家

郴州市金煌物流有限公司

湖南兴义物流有限公司

资兴市达达农产品冷链物流有限公司

6. 星级冷链服务企业

4星级冷链服务企业2家，分别是：

郴州市义捷现代物流有限公司

郴州凯程医药有限公司

3星级冷链服务企业1家：

资兴市达达农产品冷链物流有限公司

（郴州市发展改革委　郴州市统计局　郴州市物流与采购联合会）

2019 年武汉市物流业发展情况

2019 年，面对国内外风险挑战明显增多的复杂局面，武汉市物流运行总体保持健康稳定发展的态势，全年社会物流总额为 40232.66 亿元，同比增长 10.3%；社会物流总费用为 2215.26 亿元，同比增长 6.9%；物流业增加值为 1548.98 亿元，同比增长 9.1%（按不变价计算增长 7.9%）；社会物流总费用与 GDP 的比率为 13.65%，增幅同比下降 0.23 个百分点；物流业增加值占 GDP 的比重为 9.55%，占第三产业增加值比重为 15.72%；物流业总收入达到 1691.26 亿元，同比增长 10.4%。2019 年 1—12 月物流业景气指数平均值为 54.9%，高于上年 0.4 个百分点，高于同期全国 1.4 个百分点。

货运指标方面，2019 年，武汉市完成货运量 67555.22 万吨，同比增长 8.1%；完成货物周转量 3897.18 亿吨公里，同比增长 6.6%；天河机场完成货物吞吐量 24.32 万吨，同比增长 9.7%；全市港口货物吞吐量 9183 万吨，同比下降 11.2%，其中集装箱吞吐量 170.4 万标准箱，同比增长 8.2%；全市铁水联运运量 49951 标准箱，同比下降 14.0%，其中铁水联运示范工程运量 33183 标准箱，同比增长 7.6%。

邮政业指标方面，2019 年，武汉市邮政行业业务收入 138.91 亿元，同比增长 19.9%；邮政行业业务总量累计完成 259.98 亿元，同比增长 32.5%。全市快递行业业务收入 114.84 亿元，同比增长 23.9%，在全国排第 10 位；快递行业业务量 11.30 亿件，同比增长 22.0%，在全国排第 12 位。2019 年武汉市物流业运行指标统计情况如表 1 所示。

表 1　　2019 年武汉市物流业运行指标统计情况

类别	指标名称	2019 年指标值	同比增长（%）	增幅同比变动（%）
物流业运行指标	社会物流总额（亿元）	40232.66	10.3	0.6
	社会物流总费用（亿元）	2215.26	6.9	-2.6
	社会物流总费用与 GDP 比率（%）	13.65	—	-0.23

续 表

类别	指标名称	2019 年指标值	同比增长（%）	增幅同比变动（%）
物流业运行指标	物流业增加值（亿元）	1548. 98	9. 1	0. 8
	物流业增加值占 GDP 比重（%）	9. 55	—	0. 78
	物流业增加值占第三产业增加值比重（%）	15. 72	—	-0. 43
	物流业总收入（亿元）	1691. 26	10. 4	-2. 2
货运指标	货运量（万吨）	67555. 22	8. 1	-0. 5
	货物周转量（亿吨公里）	3897. 18	7. 2	-1. 6
	机场货物吞吐量（万吨）	24. 32	9. 7	-10. 0
	港口货物吞吐量（万吨）	9183	-11. 2	-14. 2
	其中：集装箱吞吐量（万 TEU）	170. 4	8. 2	-7. 8
	铁水联运运量（TEU）	49951	-14. 0	-186. 5
	其中：示范工程运量（TEU）	33183	7. 6	—
邮政业指标	邮政行业业务收入（亿元）	138. 91	19. 9	5. 3
	邮政行业业务总量（亿元）	259. 98	32. 5	2. 0
	快递行业业务收入（亿元）	114. 84	23. 8	9. 5
	快递行业业务量（亿件）	11. 30	22. 0	-9. 9

一、总体运行情况

（一）物流业主要运行指标

1. 社会物流总额

2019 年，武汉市社会物流总额为 40232. 66 亿元，同比增长 10. 3%，增速高于上年 0. 6 个百分点。分季度来看，第一季度 8423. 26 亿元，同比增长 9. 9%，上半年 18352. 18 亿元，同比增长 9. 8%，前三季度 28260. 62 亿元，同比增长 10. 3%；四个季度占比呈现 20. 9 ：24. 7 ：24. 6 ：29. 8 结构特征。2019 年武汉市社会物流总额构成情况如图 1 所示。

从构成来看，农产品物流总额 601. 76 亿元，同比增长 4. 8%，增速高于上年上升 4. 3 个百分点；工业品物流总额 18213. 92 亿元，同比增长 7. 2%，增速高于上年 0. 2 个百分点；进口货物物流总额 1077. 90 亿元，同比增长 23. 4%，增速高于上年 10. 6 个百分点；再生资源物品物流总额 60. 84 亿元，同比增长 23. 9%，增速高于上年 10. 1 个百分点；单位与居民物品物流总额 125. 72 亿元，同比增长 24. 1%，增速高于上年 6. 5 个百分点；武汉市外购进物品物流总额 20152. 52 亿元，同比增长 12. 8%，增速低于上年 0. 6 个百分点。2017—2019 年武汉市社会物流总额同比变化情况如图 2 所示。

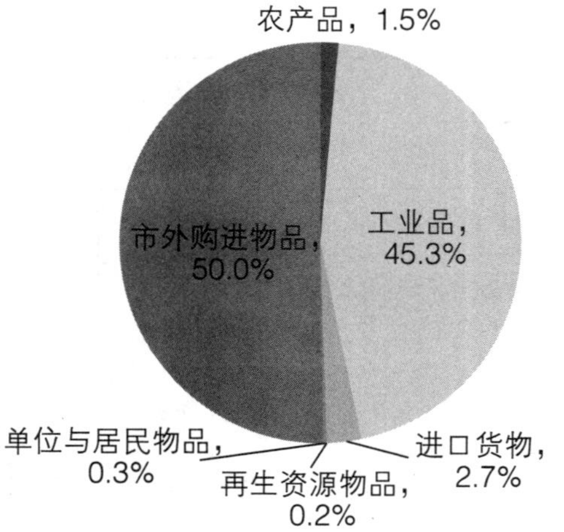

图 1　2019 年武汉市社会物流总额构成情况

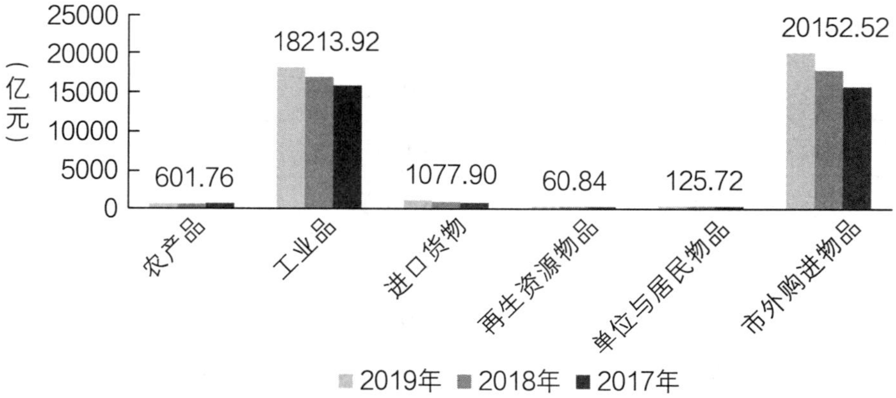

图 2　2017—2019 年武汉市社会物流总额同比变化情况

注：图中显示数值为 2019 年的数据。

2. 社会物流总费用

2019 年，武汉市社会物流总费用为 2215.26 亿元，同比增长 6.9%，增速低于上年 2.6 个百分点。其中，运输费用 955.75 亿元，同比增长 8.2%；保管费用 890.96 亿元，同比增长 5.6%；管理费用 368.55 亿元，同比增长 6.6%，三者占比呈现 43.1∶40.2∶16.7 结构特征。分季度来看，第一季度 470.35 亿元，同比增长 10.8%，上半年 1038.09 亿元，同比增长 8.0%，前三季度 1586.15 亿元，同比增长 6.9%；四个季度占比依次呈现 21.2∶25.6∶24.8∶28.4 结构特征。2019 年武汉市社会物流总费用构成情况如图 3 所示。

2019 年，武汉市总运输费用为 955.75 亿元，同比增长 8.2%。其中，铁路运输费用 88.78 亿元，同比增长 3.4%，占武汉市总运输费用的 9.3%；水路运输费用 268.97 亿元，同比增长 0.7%，占武汉市总运输费用的 28.1%；公路运输费用 589.09 亿元，同比增长 13.4%，占武汉市总运输费用的 61.6%；航空运输费用 8.91 亿元，同比下降 14.5%，占武汉市总运输费用的 1%。2019 年武汉市分方式运输费用构成情况如图 4 所示。

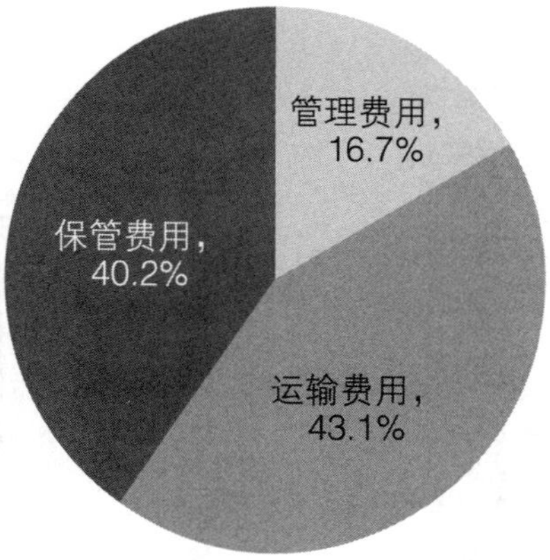

图 3　2019 年武汉市社会物流总费用构成情况

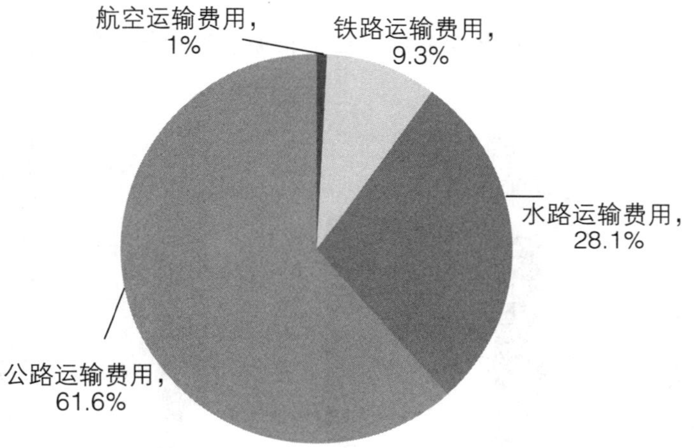

图 4　2019 年武汉市分方式运输费用构成情况

从社会物流总费用的构成来看，2019 年武汉市运输费用、保管费用、管理费用三者的占比分别为 43.1%、40.2%、16.7%，运输费用占比较上年上升了 0.5 个百分点，保管费用占比较上年回落了 0.5 个百分点，管理费用占比与上年保持持平。全市社会物流总费用与 GDP 的比率为 13.65%，同比下降 0.23 个百分点，较前三季度下降 0.11 个百分点，较上半年下降 0.23 个百分点，较第一季度下降 0.36 个百分点。2015—2019 年武汉市社会物流总费用与 GDP 比率如图 5 所示。

3. 物流业增加值

2019 年，武汉市物流业增加值为 1548.98 亿元，同比增长 9.1%（按不变价计算增长 7.9%），增速高于上年 0.8 个百分点。全市物流业增加值占 GDP 的比重为 9.55%，同比上升 0.78 个百分点。物流业增加值占第三产业增加值比重为 15.72%，同比下降 0.43 个百分点。2015—2019 年武汉市物流业增加值及增长率变化情况如图 6 所示。

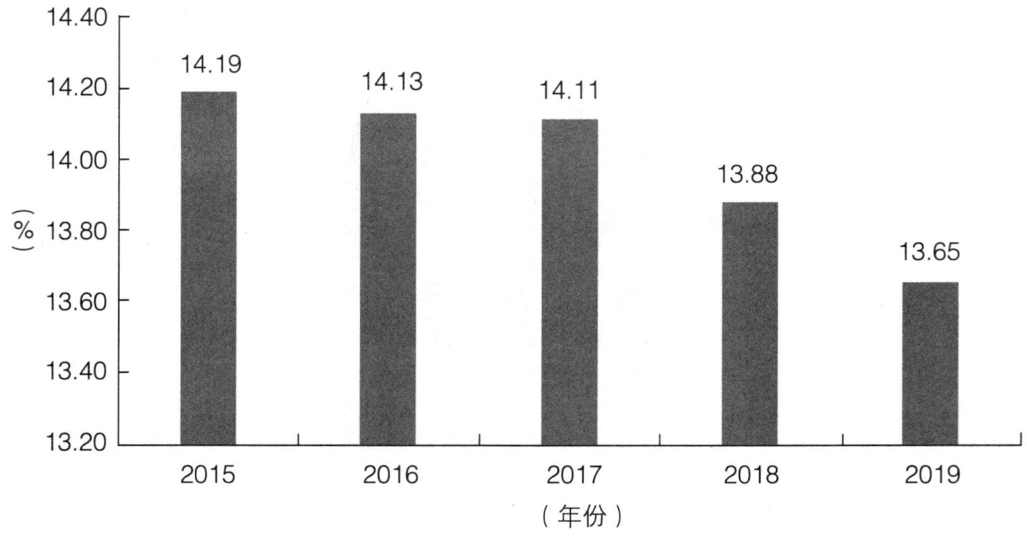

图 5 2015—2019 年武汉市社会物流总费用与 GDP 比率

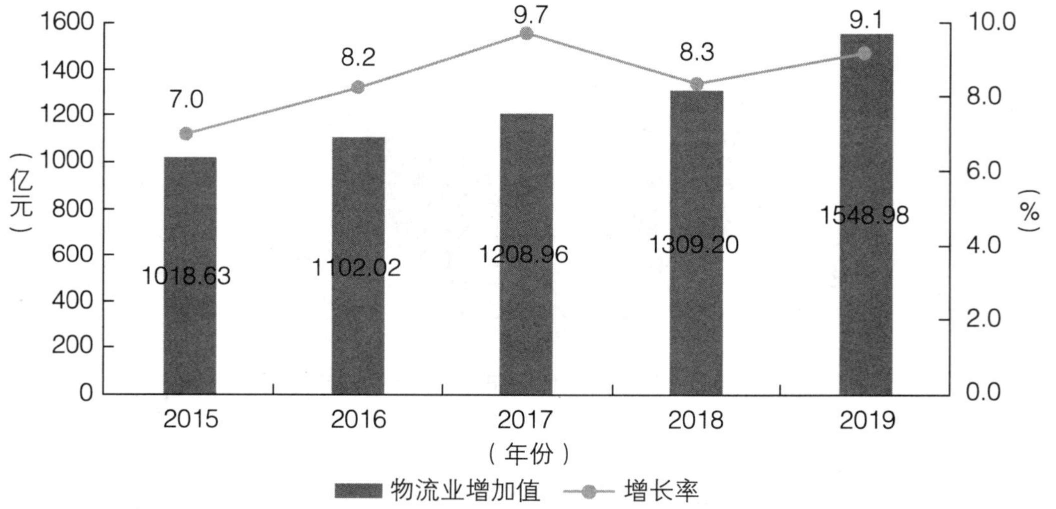

图 6 2015—2019 年武汉市物流业增加值及增长率变化情况

注：2018 年武汉市 GDP 与交通运输增加值较上年有所调整，物流业增加值不可直接与上年相比较。

分季度来看，2019 年第一季度 280.80 亿元，同比增长 8.9%；上半年 660.62 亿元，同比增长 9.1%；前三季度 1073.06 亿元，同比增长 9.3%。2019 年武汉市物流业增加值及增长率如图 7 所示。

4. 物流业总收入

2019 年，武汉市物流业总收入为 1691.26 亿元，同比增长 10.4%。分季度来看，第一季度 317.31 亿元，同比增长 13.0%；上半年 728.70 亿元，同比增长 11.7%；前三季度 1206.37 亿元，同比增长 10.8%。2017—2019 年武汉市物流业总收入变化情况如图 8 所示。

（二）主要货运指标

1. 货运量

2019 年，武汉市货运总量累计完成 67555.22 万吨，同比增长 8.1%。其中，铁路货运量累计完成 8186.10 万吨，同比增长 11.0%；水路货运量完成 17573.73 万吨，同比增长 6.6%；公路货运量完成 41778.20 万吨，同比增长 8.1%；航空货运量完成 17.19 万吨，同比下降 13.4%。2019 年武汉市货运量构成情况如图 9 所示，2015—2019 年武汉市货运量构成统计如表 2 所示，2017—2019 年武汉市货运量分方式变化情况如图 10 所示。

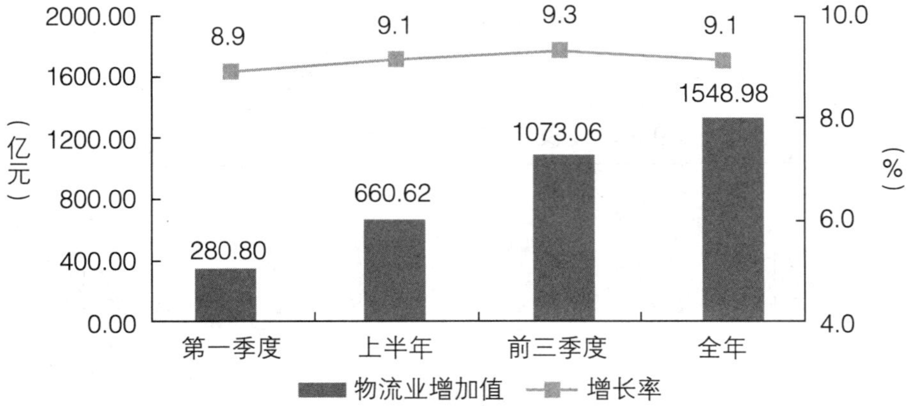

图 7　2019 年武汉市物流业增加值及增长率

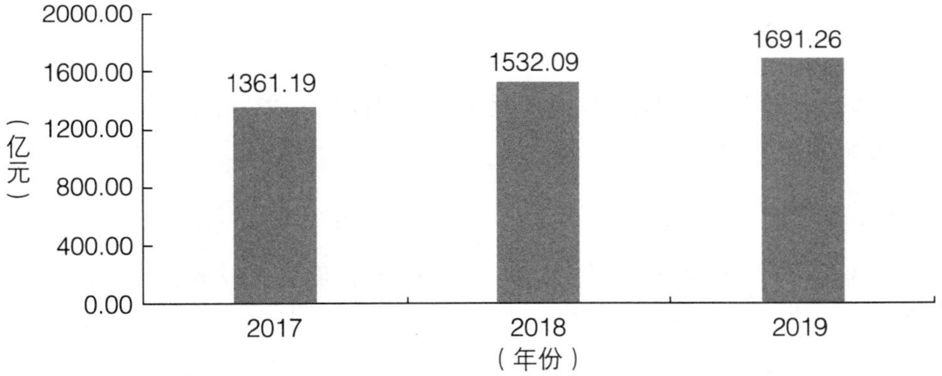

图 8　2017—2019 年武汉市物流业总收入变化情况

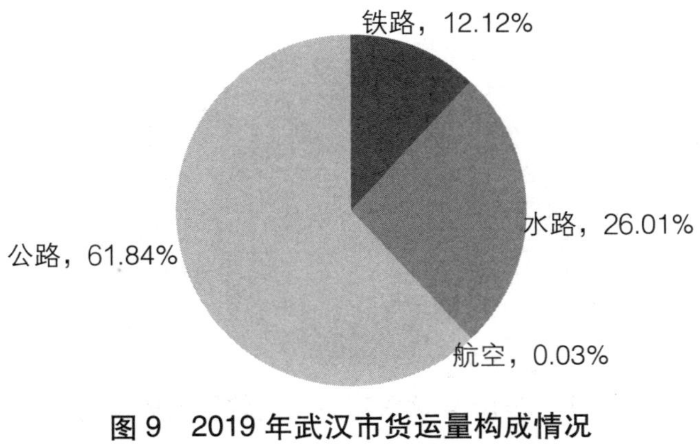

图 9　2019 年武汉市货运量构成情况

表 2　　2015—2019 年武汉市货运量构成统计　　单位：万吨

指标	2015 年	2016 年	2017 年	2018 年	2019 年
货运量合计	48185.19	49981.81	57271.17	62517.88	67555.22
铁路	6579.00	6744.20	6980.90	7372.80	8186.10
水路	13099.71	14331.86	15292.25	16491.33	17573.73
航空	10.89	13.83	16.04	19.85	17.19
公路	28495.59	28891.92	34981.98	38633.90	41778.20

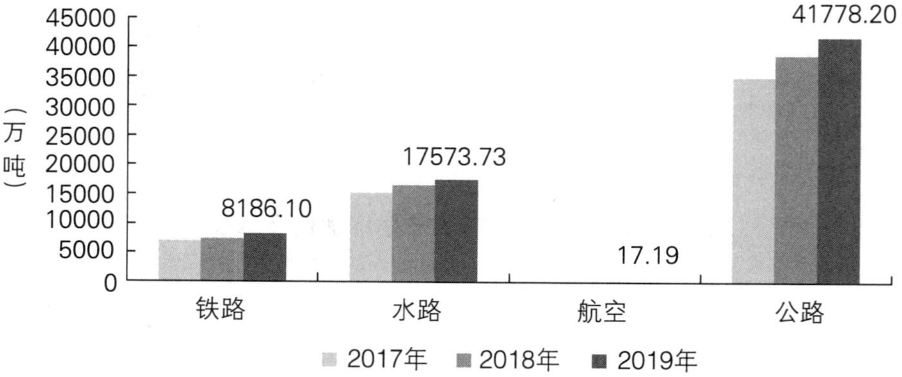

图 10　2017—2019 年武汉市货运量分方式变化情况

注：图中数值为 2019 年的数据。

2. 货物周转量

2019 年，武汉市货物周转量累计完成 3897.18 亿吨公里，同比增长 6.6%。其中，铁路货物周转量累计完成 1253.80 亿吨公里，同比增长 9.5%；水路货物周转量累计完成 1781.40 亿吨公里，同比增长 1.6%；公路货物周转量累计完成 856.39 亿吨公里，同比增长 14.1%；航空货物周转量累计完成 5.59 亿吨公里，同比下降 5.7%。2019 年武汉市社会货物周转量构成情况如图 11 所示，2015—2019 年武汉市货物周转量构成统计如表 3 所示。

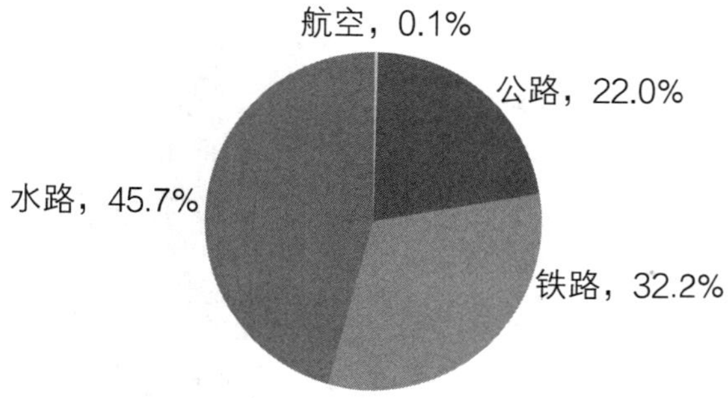

图 11　2019 年武汉市货物周转量构成情况

表 3　　2015—2019 年武汉市货物周转量构成统计　　单位：亿吨公里

指标	2015 年	2016 年	2017 年	2018 年	2019 年
货物周转量合计	2951. 92	3082. 35	3360. 19	3654. 73	3897. 18
铁路	995. 70	971. 50	1057. 70	1145. 30	1253. 80
水路	1357. 68	1471. 73	1603. 22	1752. 93	1781. 40
航空	1. 67	2. 51	2. 97	5. 93	5. 59
公路	596. 87	636. 61	696. 31	750. 56	856. 39

注：部分数据因四舍五入，存在总计与分项合计不等的情况。

3. 机场货物吞吐量

2019 年，武汉天河机场货物吞吐量累计完成 24. 32 万吨，同比增长 9. 7%。2015—2019 年武汉市机场货物吞吐量对比情况如图 12 所示。

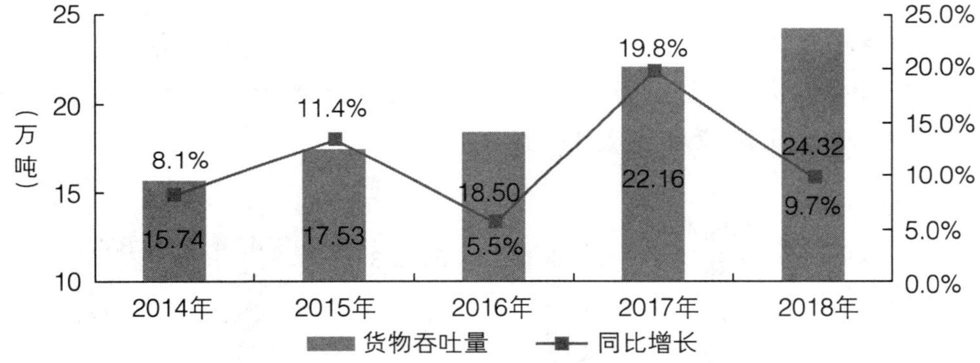

图 12　2015—2019 年武汉市机场货物吞吐量对比情况

4. 港口货物及集装箱吞吐量

2019 年，武汉市港口货物吞吐量累计完成 9183 万吨，同比下降 11. 2%，增速低于上年 14 个百分点。2015—2019 年武汉市港口货物吞吐量对比情况如图 13 所示。

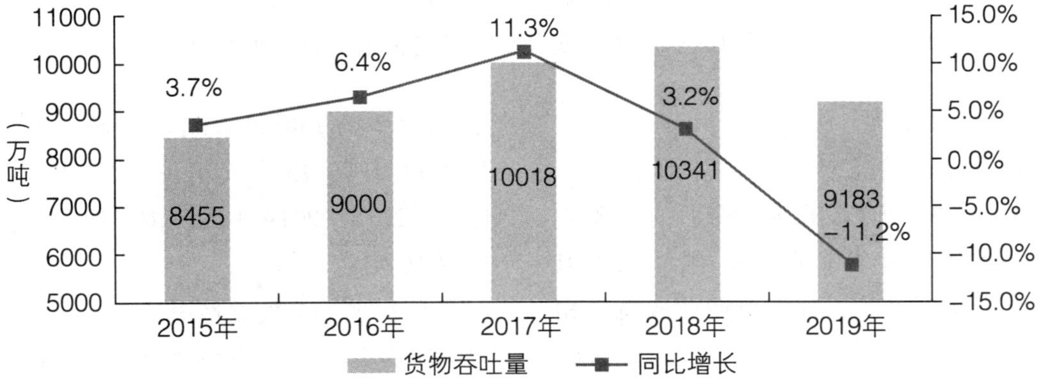

图 13　2015—2019 年武汉市港口货物吞吐量对比情况

2019 年，武汉市港口集装箱吞吐量为 170.4 万标准箱，同比增长 8.2%。全市铁水联运运量 49951 标准箱，同比下降 14.0%，其中铁水联运示范工程运量 33183 标准箱，同比增长 7.6%。2015—2019 年武汉市港口集装箱吞吐量对比情况如图 14 所示。

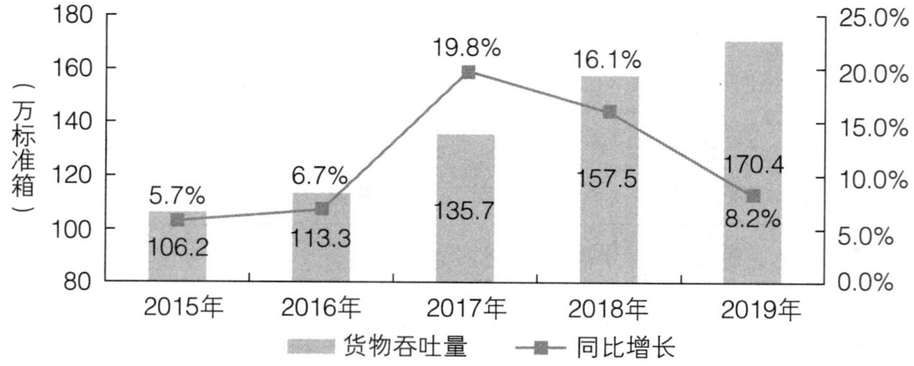

图 14　2015—2019 年武汉市港口集装箱吞吐量对比情况

5. 全市铁路货物到发量

2019 年，武汉市铁路货物发送量为 1025.6 万吨，同比增长 1.3%；铁路货物到达量为 3363.1 万吨，同比增长 0.6%。2015—2019 年武汉市铁路货物到发量对比情况如图 15 所示。

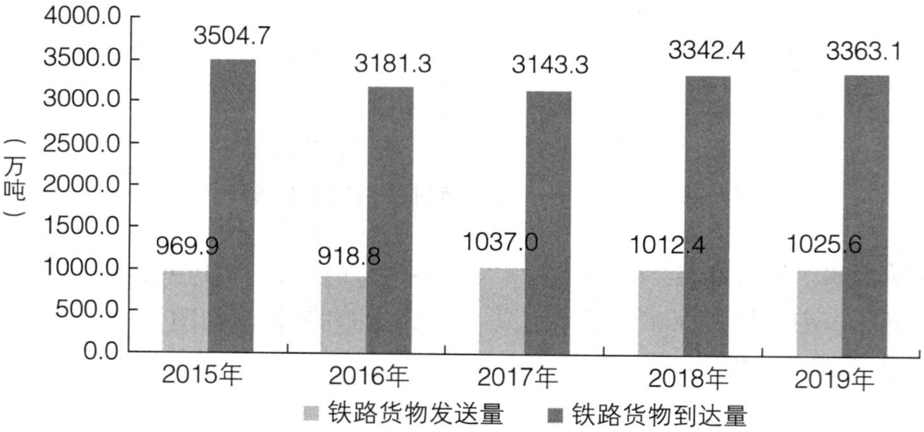

图 15　2015—2019 年武汉市铁路货物到发量对比情况

（三）邮政业指标

1. 邮政业总体情况

2019 年，武汉市邮政行业业务收入（不包括邮政储蓄银行直接营业收入）累计 138.91 亿元，同比增长 19.9%；邮政行业业务总量累计 259.98 亿元，同比增长 32.5%。武汉市邮政行业业务收入从 2015 年的 55.99 亿元增长至 2019 年的 138.91 亿元；邮政行业业务总量从 2015 年 76.15 亿元增长至 2019 年的 259.98 亿元。2015—2019 年武汉市邮政行业发展情况如图 16 所示。

2. 快递业务发展情况

2019 年，武汉市快递服务企业业务量累计完成 11.30 亿件，同比增长 22.0%，在全国排名第 12 位；业务收入累计完成 114.84 亿元，同比增长 23.8%，在全国排名第 10 位。武汉市快递服务企业业务量从 2015 年 3.78 亿件增长至 2019 年的 11.30 亿件；快递业务收入从 2015 年的 43.2 亿元增长至 2019 年的 114.84 亿元。2015—2019 年武汉市快递行业发展情况如图 17 所示。

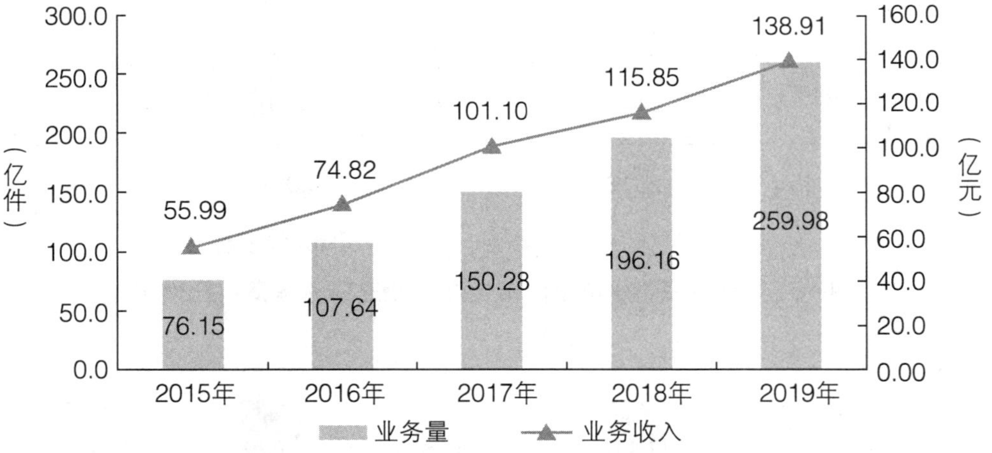

图 16　2015—2019 年武汉市邮政行业发展情况

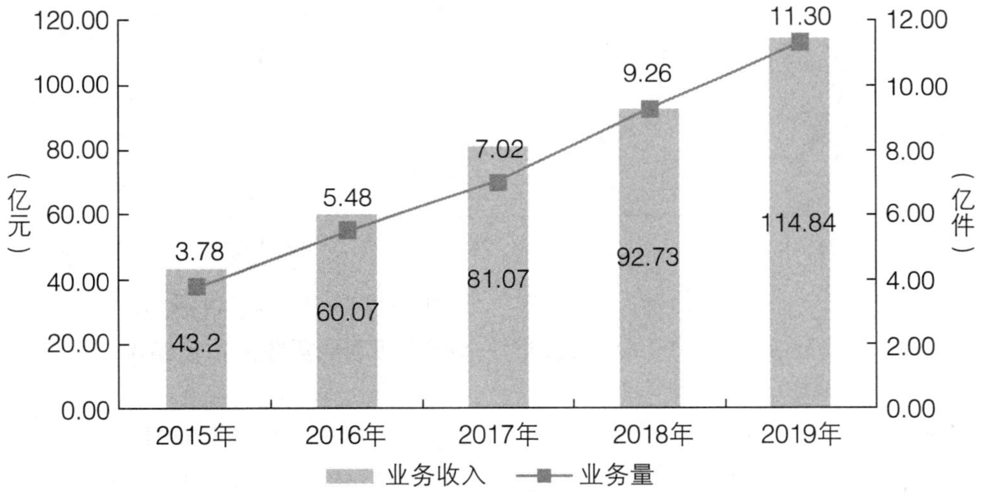

图 17　2015—2019 年武汉市快递行业发展情况

从快递业务类型来看，同城快递业务量下降、业务收入上升，2019 年业务量 2.22 亿件，同比下降 6.4%，业务收入 19.42 亿元，同比增长 11.6%；异地快递业务继续占主导地位，全年业务量 8.95 亿件，同比增长 32.0%，业务收入 58.81 亿元，同比增长 22.3%；国际及港澳台地区快递业务量增加，全年业务量完成 1283 万件，同比增长 14.0%，业务收入 4.90 亿元，同比下降 4.2%。2015—2019 年武汉市快递行业三项业务量占比情况如图 18 所示，2015—2019 年武汉市快递行业四项业务收入占比情况如图 19 所示。

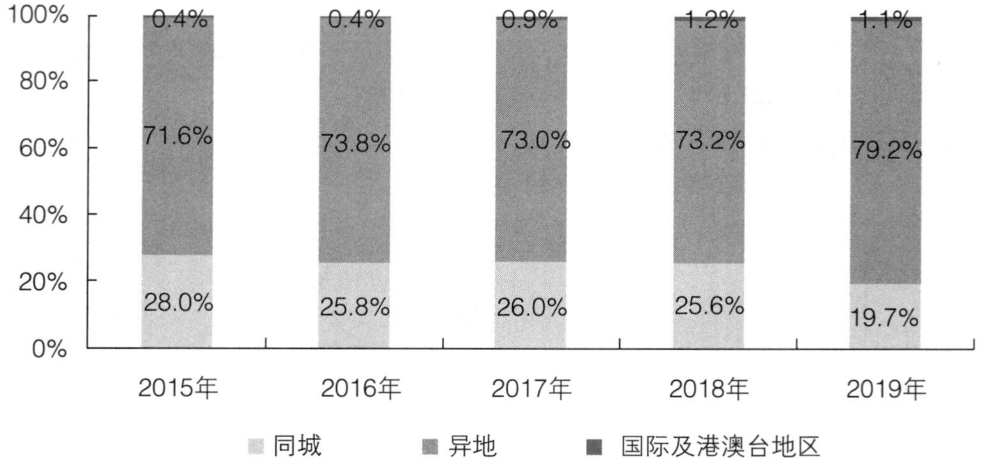

图 18 2015—2019 年武汉市快递行业三项业务量占比情况

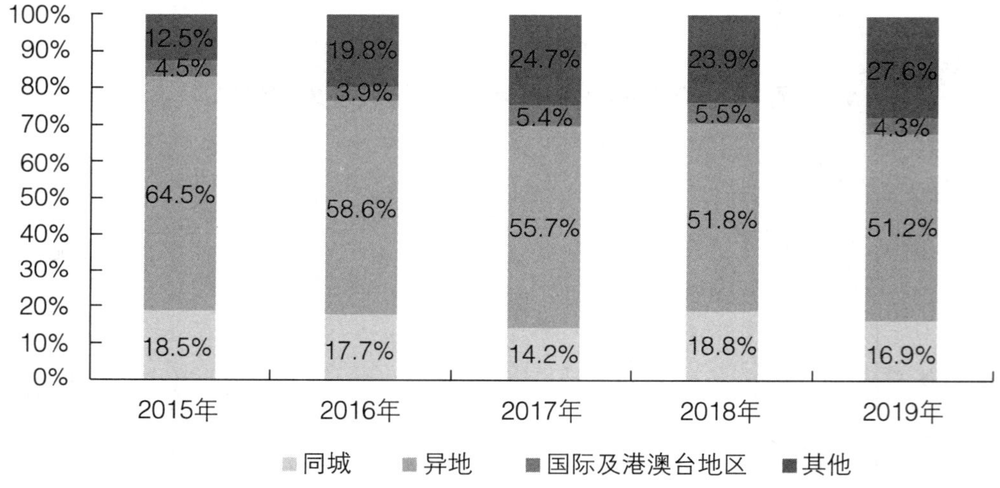

图 19 2015—2019 年武汉市快递行业四项业务收入占比情况

同城、异地、国际及港澳台地区快递业务量分别占全部快递业务量的 19.7%、79.2% 和 1.1%；同城、异地、国际及港澳台地区、其他快递业务收入分别占全部快递业务收入的 16.9%、51.2%、4.3% 和 27.6%。与上年同期相比，同城快递业务量的比重下降了 5.9 个百分点，异地快递业务量的比重上升了 6.0 个百分点，国际及港澳台地区快递业务量的比重下降了 0.1 个百分点。快递市场集中度持续上涨，全年快递服务品牌集中度指数 CR10（排名前 10 的快递服务品牌业务收入占比）为 95.9%，较上年上涨了 5.5 个百分点。

通过武汉市快递企业业务经营月度分析，快递业务受季节性影响明显，2 月春节期间处于波谷，11 月、12 月在电商促销活动下由于业务量陡增处于波峰，单月业务量突破 1.1 亿件。2019 年武汉市快递行业月度走势情况如图 20 所示。

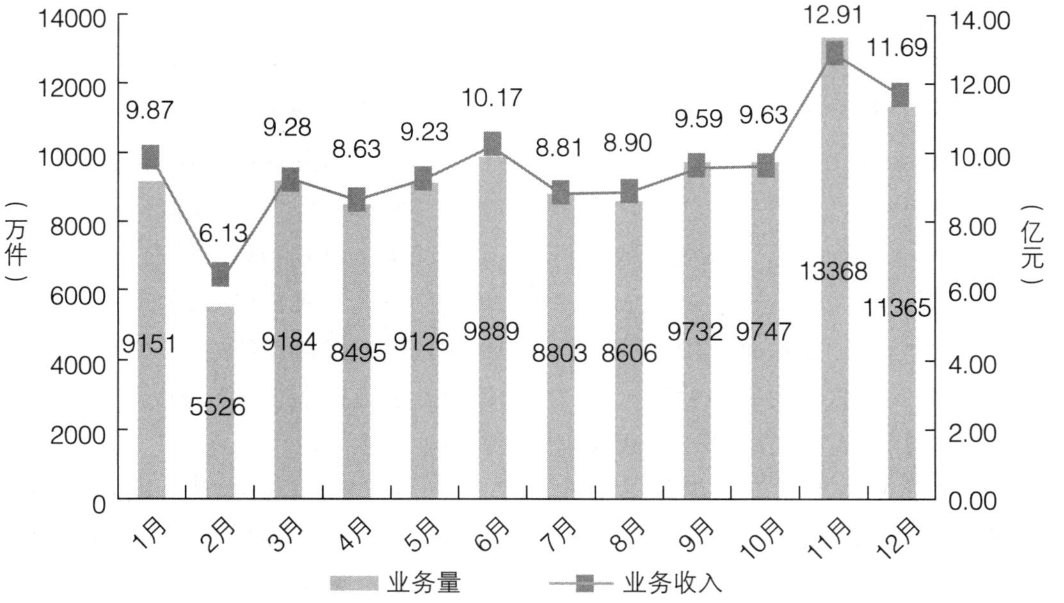

图 20　2019 年武汉市快递行业月度走势情况

二、运行情况分析

2019 年，面对国内外风险挑战明显增多的复杂局面，武汉市物流运行总体保持健康稳定发展的态势，运输结构加快转型，多式联运创新发展；物流营商环境持续改善，政策红利密集释放；市场主体不断壮大，A 级物流企业数量稳居前列；物流运行的基础设施条件持续改善。

（一）规模总量迈向新台阶

武汉市社会物流总额突破 4 万亿元，电商快递、进口贸易、市外购进均表现逆势增长。其中，快递业务收入突破 100 亿元，增幅超过 20%，较上年同期上升了 9.5 个百分点；货物进口总额突破 1000 亿元，增幅较上年同期上升 11.1 个百分点，增幅明显高于出口；医药、电子产品、机械等工业原材料购进有效带动市外购进物品物流总额保持 12% 以上平稳增长。

物流业增加值突破 1500 亿元。2019 年，武汉市物流业增加值 1548.98 亿元，同比增长 9.1%（按不变价计算增幅 7.9%），增速高于上年 0.8 个百分点。其中交通运输业、仓储业和邮政业按不变价计算增幅为 9.9%，有力支撑了物流业发展，同时外卖等即时物流爆发式增长也促进了物流业发展。全市物流业增加值与 GDP 的比率同比上升 0.78 个百分点。

（二）发展质效呈现新态势

运行效率持续提升。2019 年，武汉市社会物流总费用为 2215.26 亿元，同比增长 6.9%，增速低于上年 2.6 个百分点，社会物流总费用与 GDP 比率为 13.65%，同比下降 0.23 个百分点。从物流运行各环节来看，运输费用、保管费用、管理费用分别同比增长 8.2%、5.6% 和 6.6%，其中管理费用增幅下降最为明显，表明企业优化人力、缩减管理开支有效降低了成本压力。运输费用、管理费用与 GDP 的比率与上年持平，保管费用与 GDP 的比率同比下降了 0.2 个百分点，每百元社会物流总额花费的社会物流总费用为 5.51 元，较上年同期下降了3%，当前物流业运行效率稳中提质。

运输结构转型创新驱动。2019年，武汉市持续加快推进运输结构调整，积极引导发展多式联运等先进运输组织方式，2个国家多式联运示范工程建设取得实质性进展，铁水联运一期全年运量突破3.3万标准箱，铁水联运二期项目核准、征地拆迁等工作有序推进；金控散粮专用泊位开港运营，拟建铁路专用线纳入国家重点项目清单。汉亚直达集装箱示范船建成运营，武汉—日本江海直达航线开通。武汉阳逻港集装箱吞吐量突破170万标准箱，中欧（武汉）班列发运408列，合计33582标准箱，实载率98.8%，全市铁路货运量突破8000万吨，湖北省占地面积最大的铁路物流基地——大花岭物流基地正式运营，全国首例武汉花山港向“5G智慧港口”前进。

（三）营商环境打造新高地

2019年，武汉市聚焦企业关切进一步落实优化营商环境，政策红利不断出台，持续加大物流领域降本增效政策力度。加快培育行业龙头，全年新增（含升级）国家A级物流企业30家，总数达到182家（其中5A级13家、4A级75家、3A级69家），总数位列全国城市第二位（仅次于上海市），良好的营商环境与行业龙头企业相得益彰，引领地区物流高质量发展。

政策红利进一步释放。2019年1月1日起，武汉市取消了总质量4.5吨及以下普通货物运输车辆的道路运输证，简化了货运行政许可流程；4月15日，武汉市人民政府办公厅印发《2019年武汉市优化大通关环境促进跨境贸易便利化实施方案》，进出口通关时间再压缩，进出口合规成本收费降低10%以上；4月18日，通过了《武汉市优化营商环境工作推进方案》，对标北京、上海等城市，优化营商环境；6月22日，武汉市人民政府印发《武汉市加快现代物流业发展的若干政策》，出台了保障项目用地、减轻投资负担、鼓励行业创新以及支持企业创建品牌等12条政策措施，促进全市物流业降本增效。

市场主体增强提质。截至2019年年底，武汉市共有A级物流企业182家，数量规模仅次于上海，其中代表行业领先的5A级企业13家，高居中部省会城市榜首。以九州通、国药湖北为代表的医药物流企业，以商贸控股、中百物流为代表的商贸物流企业，以东本储运、安吉物流为代表的汽车物流企业，以华中港航、长航货运为代表的航运物流企业，以顺丰速运、湖北邮政为代表的电商快递企业等集群规模化发展，以物流园区、配送中心、末端网点的层级网络集聚集约效应日渐显现。多家物流企业荣获物流行业各种奖项，已形成一批基础雄厚、具有显著竞争力的武汉市物流业领军企业。

（四）基建协同推进新布局

2019年，武汉市完成物流建设投资87.15亿元，协同推进完善物流基础设施。其中，完成园区配套基础设施投资22.79亿元；37个在建项目完成投资64.36亿元。2019年武汉市各区物流建设投资情况汇总如表4所示。

表 4　　2019 年武汉市各区物流建设投资情况汇总　　单位：亿元

序号	园区所在地	园区基础设施	在建项目		小计
			个数（个）	投资	
1	黄陂区	4.62	7	10.10	14.72
2	新洲区	—	5	17.37	17.37
3	东西湖区	—	8	12.00	12.00
4	江夏区	11.46	5	10.63	22.09
5	蔡甸区	6.71	3	8.00	14.71
6	东湖高新区	—	3	2.00	2.00
7	经开区（汉南区）	—	5	2.54	2.54
8	青山区（化工区）	—	1	1.72	1.72
合计		22.79	37	64.36	87.15

基础设施建设稳步推进。2019 年“一港六园八中心”基础设施建设持续加大力度，共完成建设投资 22.79 亿元。目前武汉市“五园七中心”空间布局基本形成，物流基础设施条件持续改善，东西湖区综合物流园、东湖综保区物流中心、阳逻国际港综合物流园综合竞争力日渐显现。

物流项目加快提质增效。2019 年，武汉市创新举措高效推进重点优质项目，新开工江夏德邦物流产业园、东西湖普洛斯物流园、青山宝湾物流园等项目 6 个；建成东西湖区九州通保障库、黄陂菜鸟智能骨干网二期、汉南华运达物流基地等项目 5 个；续建汉口北铁路物流中心、顺丰电商产业园、武汉物流交易所等项目 26 个，共完成建设投资 64.36 亿元，此外，安博物流园、汉口北国际物流港、汉南盒马鲜生等 5 个重点项目均已取得建设用地，正在开展施工前准备工作。

三、企业经营情况分析

2019 年 12 月，武汉市重点调查物流企业 117 家，其中运输企业 66 家（含运输代理企业 7 家），占 56.4%；综合企业 33 家，占 28.2%；仓储企业 13 家，占 11.1%；快递企业 5 家，占 4.3%。2019 年武汉市重点调查企业行业分布情况如图 21 所示。

根据抽样调查显示，2019 年，武汉市物流企业货运量同比增长 24.6%，物流业务收入、物流业务成本、营业利润分别同比增长 17.4%、12.2%、9.1%。物流企业业务活动持续活跃，物流货运需求规模稳步扩大，物流业务收入增长加快，物流业务成本增速放缓，运行环境持续向好，具体来看有以下几方面。

（一）货运需求规模扩大，邮政快递增长强劲

2019 年，武汉市有效样本企业货运量同比

增长 24.6%，增速较前三季度加快 0.6 个百分点，全年 12 个月同比增速均保持在 20% 以上；货物周转量同比增长 14.2%，增速较前三季度回落 1.6 个百分点。实体商业线上线下加快融合，商贸物流刺激配送量、流通加工量、包装量和装卸搬运量平稳较快增长，分别同比增长 27.3%、15.7%、17.9% 和 11.1%，增速较前三季度分别加快 12.4%、12.7%、8.2% 和 5.9%。同时，邮政快递持续高位增长，全年邮政快递业务量达到 14 亿件，同比增长 19.6%；快递服务企业业务收入突破 100 亿元，同比增长 23.8%，在全国排名稳居第 10 位。

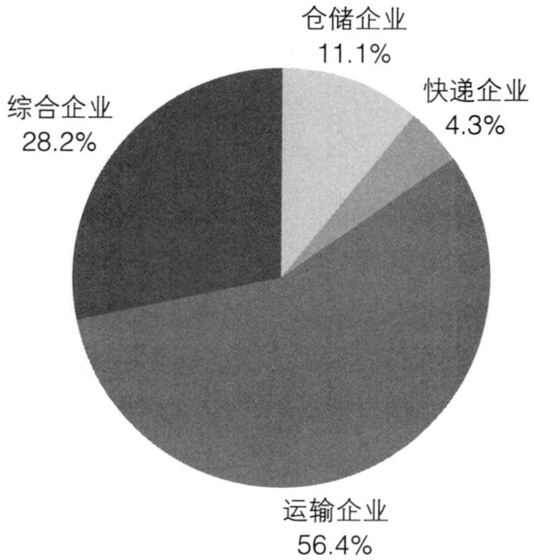

图 21　2019 年武汉市重点调查企业行业分布情况

（二）物流业务收入稳中有升，增值收入增长迅猛

2019 年，武汉市有效样本企业物流业务收入同比增长 17.4%，增速较前三季度回落 0.3 个百分点，高于全年月度均值 4.8 个百分点，较上年加快 1.3 个百分点，营业收入过亿元的企业有 38 家，在有效样本企业中超过三成。企业积极参与上下游提供增值服务，信息及相关服务收入同比增长 23.1%，增速较前三季度加快 14.5 个百分点，高于整体收入增幅 5.7 个百分点，较上年加快 2.2 个百分点；一体化物流业务收入同比增速较前三季度加快 6.2 个百分点，高于全年月度均值 3.7 个百分点。其他物流活动收入稳步提升，运输收入、仓储收入、配送收入和包装收入同比增长 17.2%、23.4%、9.5% 和 8.1%。在全部有效样本企业中，物流业务收入增幅高于平均增幅的企业有 35 家，约占有效样本企业的 29.9%。2019 年武汉市物流企业业务收入构成及同比变化情况如图 22 所示。

（三）物流业务成本增速放缓，劳动报酬明显回落

2019 年，武汉市有效样本企业物流业务成本同比增长 12.2%，增速较前三季度回落 5.2 个百分点，较上年回落 4.0 个百分点，同比增幅全年月度均值为 12.0%。收入成本率同比下降 3.0 个百分点。11 项成本分项中同比增幅呈现“7 降 4 升”，其中，运输成本同比增长 21.0%，增速加快 3.5 个百分点，仓储成本同比增长 21.0%，增速放缓 3.8 个百分点，应付职工薪酬同比增长 15.9%，增速较前三季度上

升 2.8 个百分点，低于全年月度均值 2.8 个百分点，较上年回落 11.7 个百分点。在全部有效样本企业中，物流业务成本增幅高于平均增幅的企业有 35 家，约占有效样本企业的 29.9%。2019 年武汉市物流企业业务成本构成及同比变化情况如图 23 所示。

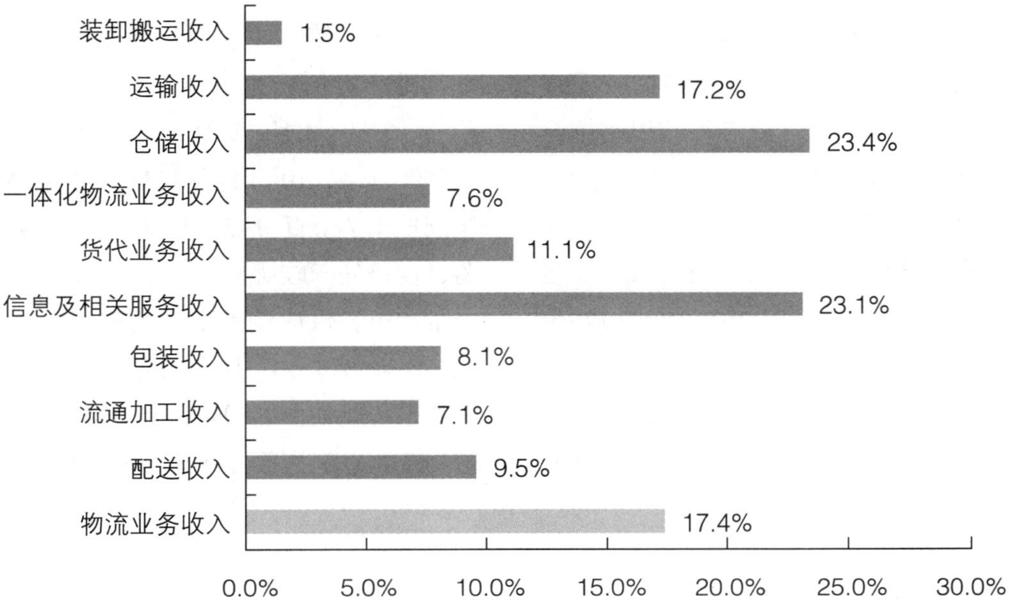

图 22　2019 年武汉市物流企业业务收入构成及同比变化情况

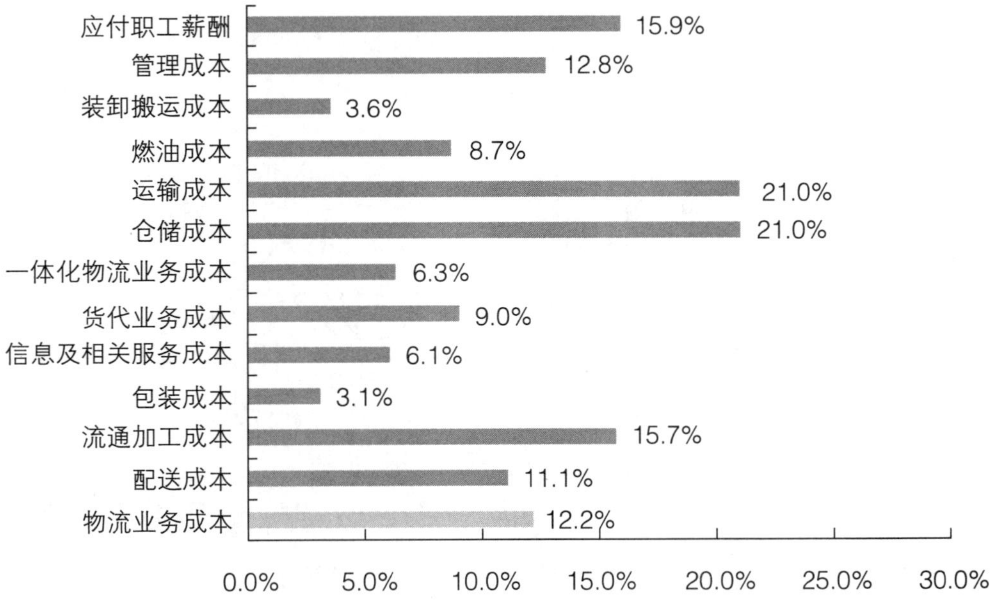

图 23　2019 年武汉市物流企业业务成本构成及同比变化情况

（四）资产投资持续上涨，运行环境持续向好

2019 年，武汉市有效样本企业营业利润同比增长 9.1%，增速较前三季度回落 4.3 个百分点，同比增幅全年月度均值为 10.9%。营业税金及附加同比增长 8.0%，增速与前三季度持平、较上年回落 1.5 个百分点，减税措施具有成效。固定资产折旧同比增长 19.0%，增速较前三季度加快 2.5 个百分点、较上年加快 11.7 个百分点，物流设备加快更新升级。固定资产投资完成额同比增长 22.7%，同比增幅全年月度均值为 24.2%，物流运行的基础设施条件持续改善。在全部有效样本企业中，营业利润增幅高于平均增幅的企业有 52 家，约占有效样本企业的 44.4%。

四、物流业景气指数

（一）物流业景气指数概况

2019 年，武汉市物流业景气指数月度均值为 54.9%，高于上年同期 0.4 个百分点，高于全国同期均值 1.4 个百分点。其中，第一季度月度均值为 54.6%，第二季度月度均值为 55.6%，第三季度月度均值为 53.2%，第四季度月度均值为 56.1%。物流业受季节性影响明显，3 月、4 月、9 月、11 月和 12 月在强景气区间。其中，10 月景气指数逆势下滑，低于全国同期 1.7 个百分点；12 月景气指数虽略有回落，但仍处于较强景气区间，反映出在消费旺季带动下，供应链上下游物流活动持续保持活跃。2019 年 1—12 月全国和武汉市物流业景气指数走势情况如图 24 所示，2019 年 12 月武汉市物流业景气指数分项情况如表 5 所示。

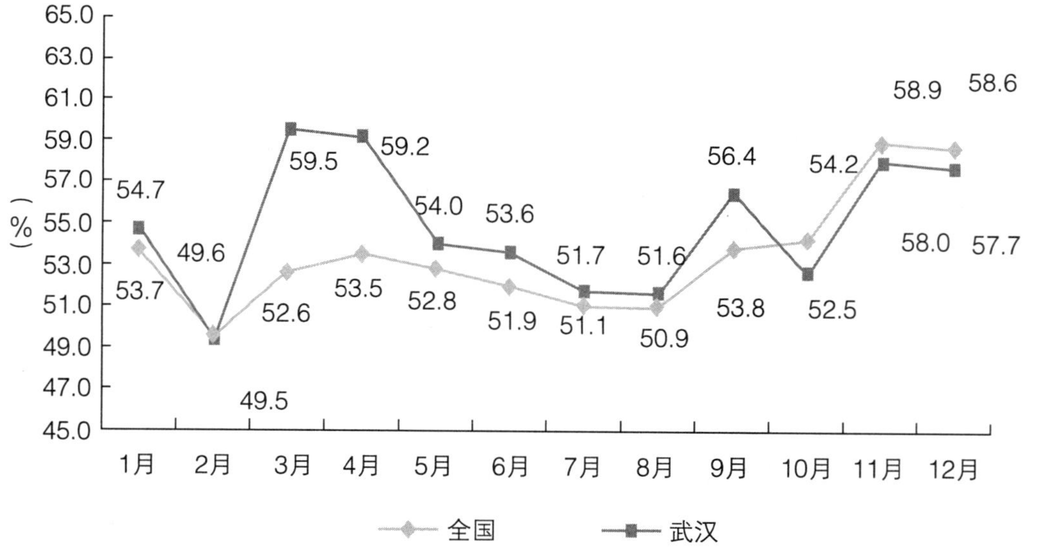

图 24 2019 年 1—12 月全国和武汉市物流业景气指数走势情况

表 5　　2019 年 12 月武汉市物流业景气指数分项情况

指标	调查值（%）	环比（%）	指标	调查值（%）	环比（%）
业务总量指数	57.7	-0.3	物流服务价格指数	50.0	-0.4
新订单指数	52.9	1.8	主营业务利润指数	47.1	-2.1
平均库存量指数	50.5	1.0	主营业务成本指数	60.2	2.6
库存周转次数指数	48.2	-3.6	固定资产投资完成额指数	51.5	-1.0
资金周转率指数	50.7	1.1	从业人员指数	49.3	-1.5
设备利用率指数	54.0	0.9	业务活动预期指数	50.7	-3.5

2019 年，从企业类型来看，运输型、仓储型和综合型物流企业的物流业景气指数月度均值分别为 51.6%、56.0% 和 59.0%，物流业态多样化加快企业裂变扩张，综合型物流企业更具市场竞争力；从 A 级物流企业情况来看，A 级物流企业景气指数月度均值为 55.5%，非 A 级物流企业景气指数月度均值为 53.8%，3A 级及以上物流企业景气指数月度均值为 55.4%。2019 年 1—12 月武汉市分类型物流企业物流业景气指数如表 6 所示。

表 6　　2019 年 1—12 月武汉市分类型物流企业物流业景气指数　　单位:%

	运输型	仓储型	综合型	非 A 级	A 级	3A 级及以上
1 月	50.7	63.3	53.6	57.8	53.4	52.6
2 月	46.1	53.6	52.7	50.0	49.0	49.0
3 月	59.6	55.3	58.7	59.0	60.0	59.7
4 月	56.4	57.1	62.7	52.2	60.2	63.3
5 月	50.8	57.9	57.8	56.2	51.6	50.8
6 月	50.8	57.9	58.8	54.1	52.1	51.4
7 月	49.6	57.7	53.4	50.0	53.4	52.8
8 月	48.8	55.3	55.0	50.7	52.6	52.0
9 月	50.6	52.5	60.6	52.1	60.7	61.2
10 月	45.9	50.0	64.1	50.8	54.1	54.2
11 月	55.3	55.6	64.5	57.4	58.7	58.3
12 月	54.8	55.6	65.9	55.1	60.1	59.8
均值	51.6	56.0	59.0	53.8	55.5	55.4

（二）物流业景气指数分析

1. 物流需求稳中趋升，行业流通效率趋缓

2019 年，武汉市物流业务总量指数月度均值为 54.9%，高于上年同期 0.4 个百分点。其中第四季度月度均值达到 56.1%，高于上年同期 2 个百分点，12 月业务总量指数为 57.7%。春节过后，3 月、4 月物流需求恢复活跃，物流需求规模扩大；11 月达到强景气区间。受国内外风险挑战明显增多的影响，物流需求有所下降，新订单指数月度均值为 49.9%，低于上年同期 0.6 个百分点，其中 2019 年上半年月度均值 48.6%，位于景气区间以下；下半年月度均值为 50.9%，回升至景气区间，12 月新订单指数为 52.9%，反映出武汉市物流需求稳中趋升。2019 年，平均库存量指数月度均值为 48.9%，高于上年同期 0.4 个百分点；库存周转次数指数月度均值为 48.6%，低于上年同期 1.6 个百分点。两指数“一升一降”，双双处于收缩区间，反映企业应对市场风险，库存水平较上年有所上升，经济下行压力加大，商品周转效率有所放缓。2019 年 1—12 月武汉市业务总量与新订单等指数走势如图 25 所示。

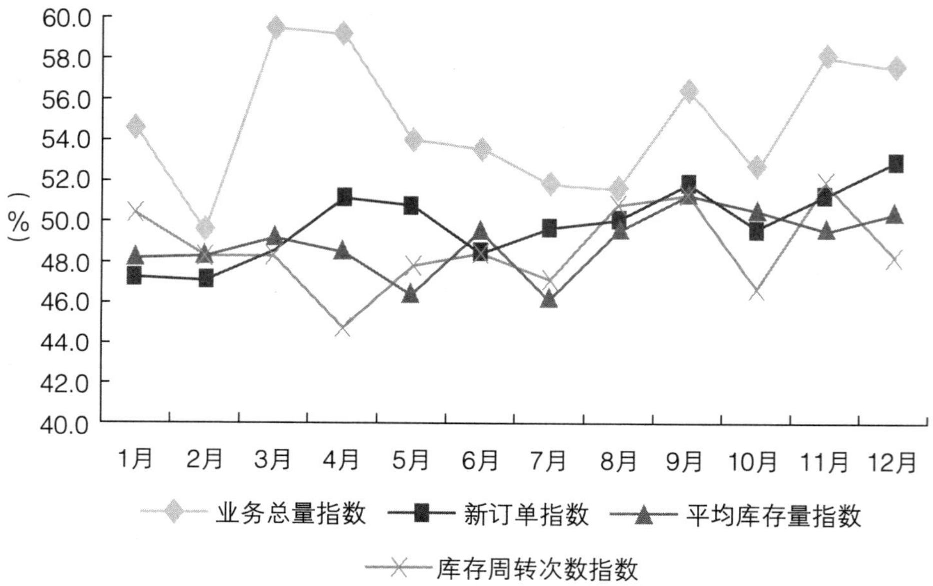

图 25 2019 年 1—12 月武汉市业务总量与新订单等指数走势

2. 资金环境持续趋紧，运行条件基本稳定

2019 年，武汉市资金周转率指数月度均值为 49.4%，低于上年同期 0.4 个百分点，连续处于景气区间以下。其中第三季度月度均值为 49.0%，反映在经济下行压力加大和国家防范金融风险背景下，资产流动性有所减弱，资金环境持续趋紧。设备利用率指数月度均值为 51.6%，低于上年同期 1.1 个百分点，仍处于景气区间，其中 11 月、12 月指数均达到 53% 以上，反映物流相关设备利用效率稳步提升。固定资产投资完成额指数月度均值为 51.3%，高于上年同期 2.7 个百分点，其中第四季度月度均值 52.2%，较第三季度月度均值回升了 2.2 个百分点，显示企业持续加大物流基础设施建设或购进物流相关设备的力度，物流运行的设施设备条件有望进一步改善。

3. 企业经营压力犹存，盈利空间持续收窄

2019 年，武汉市物流服务价格指数月度均

值为51.1%，高于上年同期0.9个百分点，服务价格略有回升。主营业务成本指数月度均值为59.9%，高于上年同期0.9个百分点，上半年月度均值高于下半年月度均值1.1个百分点，其中第一季度、第二季度各月均保持60%以上较高位增长，反映企业面临着运费、租金、融资等物流要素成本持续上涨的经营压力。主营业务利润指数月度均值为45.6%，低于上年同期0.2个百分点，上半年月度均值低于下半年月度均值3.3个百分点，其中12月主营业务利润指数回落2.1个百分点，进一步反映物流企业“高成本、低利润”的经营困局未得到扭转，企业盈利空间持续收窄。

4. 就业形势保持平稳，后期走势总体向好

2019年，武汉市从业人员指数月度均值为49.2%，低于上年同期1.4个百分点，用工有所放缓，企业采用无人化设备与信息化升级等手段减少用工、降低成本。4月、7—12月高于平均值，其余各月也维持在景气临界区间，显示物流用工就业形势较为平稳。武汉市业务活动预期指数月度均值为53.6%，高于上年同期0.5个百分点，表明企业对2020年物流业务开展有较强信心。

（武汉市物流局　武汉现代物流研究院）

2019 年襄阳市物流业发展情况

2019 年，襄阳市全年社会物流总需求呈现稳中有升的发展态势。

一、社会物流总额

2019 年，襄阳市社会物流总额达到 13328 亿元，同比增长 8.2%。

从襄阳市社会物流总额构成来看，农产品物流总额 786 亿元，可比下降 1.2%，占全市社会物流总额 5.9%；工业品物流总额 8544 亿元，可比增长 8.9%，占社会物流总额 64.11%，为社会物流总额增长作出巨大贡献。市外流入物品物流总额实现 3955 亿元，可比增长 8.6%，占全市社会物流总额 29.67%。其中，进口货物物流总额 30 亿元，可比增长 19.0%；社会零售品购进额 1211 亿元，可比增长 8.5%；工业品购进额 2714 亿元，可比增长 8.6%。再生资源物流总额 20 亿元，占全市社会物流总额 0.15%，可比增长 18.7%。单位与居民物品物流总额 22 亿元，可比增长 25.5%，占全市社会物流总额 0.17%。受网上零售业稳定高速发展的影响，单位与居民物品物流总额保持高速增长。

二、社会物流总费用

2019 年，襄阳市社会物流总费用 725 亿元，同比增长 11.0%，社会物流总费用与 GDP 的比率为 15.04%，同比上升 0.05 个百分点。

公路货运量达到 36439 万吨，同比增长 8.13%；公路货物周转量 7060878 万吨公里，同比增长 14.10%；水路货运量 449.8 万吨，水路货物周转量 34032.89 万吨公里，同比分别增长 28.49% 和 71.19%；航空货邮吞吐量 2848.7 吨，同比增长 8.2%。整体货运量增长 8.1%、货物周转量增长 14.5%，增速较快。铁路货运量继续保持增长趋势，增幅近 20%，铁路货运量占货运总量比重同比上升 9.1%，运输结构持续改善，但综合来看，公路货物周转量的增幅高于铁路货物周转量增幅。

从社会物流总费用构成来看，2019 年襄阳市运输费用 465 亿元，增长 13.1%，占社会物流总费用的 65.8%；保管费用 178 亿元，增长 6.0%，占社会物流总费用的 25.2%；管理费用 64.16 亿元，增长 106%，占社会物流总费用的 9%。

三、社会物流总收入

2019年，襄阳市物流业总收入达到549亿元，同比增长12.9%。从物流业总收入构成来看，运输收入合计363亿元，同比增长13.1%；保管环节收入合计79亿元，同比增长10.6%；邮政业业务收入16.1亿元，同比增长26.6%。

（襄阳市交通物流发展局）

2019 年宜昌市物流业发展情况

2019 年，宜昌市物流业发展总体保持快速稳健增长。主要经济指标稳中有进、经济运行持续向好。

一、社会物流总需求保持稳定增长

2019 年，宜昌市社会物流总额达到 9707.15 亿元，同比增长 14.44%，增速比 2018 年高 0.96 个百分点。分季度来看，第一季度 2614.47 亿元，同比增长 14.94%；上半年 5266.86 亿元，同比增长 11.82%；前三季度 7918.88 亿元，同比增长 12.77%。

从构成来看，农产品物流总额为 719.18 亿元，工业品物流总额为 4083.66 亿元，外部流入货物总额为 4871.34 亿元，单位与居民物品物流总额为 26 亿元，再生资源物流总额为 2.92 亿元。

2019 年，宜昌市工业增加值增长 10.4%，其中工业新材料产值增长 8.0%，装备制造、生物医药产值分别增长 18%、17.7%，继续延续两位数增长态势。化工产业转型优化效果明显，产品关键质量指标取得全面突破，制造优势持续提升。受中美贸易摩擦影响，出口外贸需求与 2018 年相比略有下降，2019 年，全市外贸进出口总额 28.26 亿美元，同比下降 11.63%。单位与居民物品物流总额继续保持较高增长，内需消费持续升级，发展速度较快，其中快递行业增长显著，2019 年全市快递服务企业业务量累计完成 7176.32 万件，同比增长 28.56%。

二、物流业运行效率明显提高

2019 年，宜昌市社会物流总费用为 627.8 亿元，同比增长 9.34%。社会物流总费用占 GDP 的比率为 14.07%，同比下降 0.12 个百分点，约节约物流费用 4.91 亿元。从构成来看，运输费用为 355.8 亿元，占社会物流总费用 56.67%；保管费用为 205 亿元，占社会物流总费用 32.65%；管理费用为 67 亿元，占社会物流总费用 10.68%。2019 年，全市社会物流业运行效率逐步提升。

三、社会物流市场规模化发展迅速

2019 年，宜昌市物流市场规模发展迅速。

全市社会物流总收入为545亿元，同比增长9.1%；物流业增加值430.14亿元，同比增长12.43%，物流业增加值占GDP的比例达到9.64%，与2018年相比提高了0.18个百分点。全市国民生产总值4460.82亿元，第一产业增加值占GDP比率为9.33%，第二产业增加值占GDP比率为46.05%，第三产业占GDP比率为44.62%。第三产业增加值占GDP比率同比提高6.59%。

宜昌市十家重点物流园区交易额共计545亿元，同比增长1.67%。其中三峡物流园交易额达到448.2亿元，53家重点物流企业营业收入累计达到64.79亿元，同比增长18.33%。

（宜昌市物流业发展中心）

第六部分

物流技术与装备

2019 年中国物流装备业

一、2019 年中国物流装备业发展宏观环境

（一）行业面临的宏观环境分析

根据国家统计局统计，2019 年 GDP 增速 6.1%，固定资产投资增速 5.4%，社会消费品零售总额同比增长 8.0%，规模以上工业增加值同比增长 5.7%，网上商品和服务零售额为 10.6 万亿元，同比增长 16.5%，网上商品和服务零售额首次突破 10 万亿元大关。其中，实物商品网上零售额增长至 8.5 万亿元，快递业务量完成 635.2 亿件，同比增长 25.3%。

总体来看，2019 年国民经济发展总体保持平稳运行态势，经济结构优化升级持续推进，工业结构优化调整取得实效，减税降费政策红利显著，实物商品网购继续保持 21.4% 以上的高速增长，带动快递业务量继续高速增长。2019 年我国经济也面临着下行压力加大，工业运行稳中趋缓，投资需求不振，消费需求不稳等难题。

2019 年电子商务与快递行业市场继续高速增长，带动了电商领域物流技术装备市场需求继续保持快速增长，是物流技术装备行业最大亮点。制造业增长趋缓，消费需求增长速度下降，对物流技术装备市场需求也趋缓。

在物流政策方面，2019 年政府对物流业关注度逐渐增高，从农村物流、跨境电商、快递市场规范等多方面多维度发布政策方针，围绕“减税降费”“绿色发展”“智能制造”“快递电商”等方面出台了系列政策。其中对物流技术装备行业有较大影响的政策：2019 年 7 月国家邮政局印发《国家邮政局关于支持民营快递企业发展的指导意见》；2019 年 9 月国家发展改革委、交通运输部联合发布《关于做好 2019 年国家物流枢纽建设工作的通知》；2019 年 11 月国家发展改革委、工业和信息化部等 15 部门联合印发《关于推动先进制造业和现代服务业深度融合发展的实施意见》等政策。各项政策的密集出台，对物流技术装备行业的影响总体上是正面的，有利于中国物流技术装备业快速发展。

总体来说，2019 年我国物流技术装备业面临的是一个平稳发展的宏观经济环境。

（二）行业发展环境分析

物流业对物流技术装备业影响最大。2019

年我国社会物流总额达到298.0万亿元，可比增长5.9%，低于GDP的增速。从需求结构来看，2019年工业品物流总额比上年增长5.7%；单位与居民物品物流总额增速加快，2019年增长了16%左右；从物流总费用来看，2019年物流成本增势放缓，跟同期GDP的比率有所下降，社会物流总费用与GDP的比率为14.7%，表明物流运行效率有所改善。

物流业行业发展直接影响物流技术装备市场需求，2019年物流业发展推动我国物流技术装备进入平稳增长阶段，市场需求较前几年增长速度有所下降。

高新技术产业与智能制造领域是物流技术装备业市场需求热点。2019年我国战略性新兴产业、高技术制造业继续保持较快增长。据统计，2019年战略性新兴产业物流需求增长8.4%，增速高于工业品物流总额2.7个百分点；高端制造业物流需求比上年增长8.8%，增速高于工业品物流总额3.1个百分点。

随着物流基础设施网络建设取得重大进展，互联网与物流深度融合，人工智能在物流领域广泛应用，高新技术产业、战略性新兴产业及电商、快递和冷链等居民生活消费物流需求占比提高，物流枢纽布局建设、现代供应链体系建设、现代物流体系建设进入发展新阶段，为物流技术创新提供了新的空间，推动物流自动化与智能物流装备进入市场需求高速发展阶段。

二、2019年中国物流技术装备市场需求分析

2019年电商与快递、新能源、电动汽车、高新技术产业、家居行业、服装行业等众多领域对物流装备市场需求增长速度较快。其中，电商与快递对智慧物流装备需求旺盛，家居产品电商化推动家居物流中心建设投资加快，高新技术行业推动智能物流系统需求增长。

总体来看，2019年物流技术装备的市场需求增长速度在18%左右，仍保持了较快增长。市场需求增长较快的主要集中在电子商务物流领域及高新技术产业和高端制造领域。

（一）电商物流仍是物流技术装备最大需求热点

2019年电子商务物流仍处于高速发展阶段，直接带动电商物流技术与装备的发展。一是推动电商物流分拣系统的市场需求快速增长；二是带动电商物流系统的数字化、智慧化发展，引领中国物流技术进步；三是推动各类AGV、物流机器人等新技术产品的推广应用；四是推进物流自动化、智能化升级，让先进的电商物流系统向全流程无人化等方向发展；五是电商物流自动化仓储向超大规模方向发展，纪录不断刷新。

结合市场调查与相关统计分析，2019年电商快递领域物流技术装备市场需求增长速度在36%以上。

（二）高新技术产业物流技术装备需求旺盛

随着《中国制造2025》的全面推进，智能制造已成为制造业发展方向，推动中国高新基础产业发展，带动了物流技术装备市场的旺盛需求。

近年来，智能家电、智能家居、服装物流、新能源、电子半导体等行业增长速度均高于GDP增长速度。综合分析，高新技术产业对物流技术装备的市场需求增长速度在20%以上。但考虑到制造业总体增长速度趋缓，制造业整体对物流技术装备的市场需求增长速度在12%左右，增长速度有一定程度下降。

三、从技术变革看2019年物流技术装备创新趋势

从物流装备的技术变革角度看，2019年物流技术装备行业有以下创新趋势值得关注。

（一）软件定义物流装备成为技术创新亮点

物流技术装备正由数字化向程控化发展，物流技术装备的导航、控制、管理等系统软件进化成为物流技术装备发展趋势，推动着软件定义物流装备的技术变革。

软件定义物流指的是把物流作业设施、设备、货物等物流硬件资源虚拟化，按照单元化和标准化的思想，归类成基础的物流功能模块与基础货物单元，通过应用程序软件对虚拟的硬件单元进行开放、灵活、智能管理与调度，实现系统智慧进化。其本质是实现硬件资源虚拟化，管理控制可编程。

目前在全球制造业的智能硬件发展中，调度和管理软件成为设备大脑，让硬件中的软件系统越来越重要，设备电子化、程控化是智能硬件的创新趋势。在物流技术装备领域，搬运机器人的调度管理系统、智能导航系统等软件越来越成为技术创新亮点；无人仓和智能仓的WCS（仓储控制系统）、WES（仓储执行系统）等软件越来越成为核心竞争力；网络货运、智能运输调度管理越来越成为货运领域技术创新热点；无人驾驶卡车等先进运输装备更是依靠众多软件系统组成的大脑驾驶卡车。软件定义物流装备发展趋势十分明显。

软件定义物流装备带来的一个创新体现在柔性自动化领域，物流业发展对柔性自动化提出了很多要求，要实现柔性自动化必须通过软件管理硬件资源，实现硬件资源虚拟化，物流流程数据化，管理过程可编程，一切数据流程化，通过软件运行处理大数据，作出科学决策，赋能智慧物流。

（二）物流自动分拣成为创新热点

电子商务与新零售的快速发展，推动了物流自动分拣成为创新热点，呈现如下趋势。

1. 技术创新

目前电子商务物流分拣技术，制造业物流分拣技术等正在向模块化、柔性化、智能化方向发展。

2. 产品创新

2019年快递分拣技术产品的创新成为热点。如快递包裹高速集散的单件分离排队系统设备；模组带、交叉带等分拣技术的集成系统设备；大摆轮万向分拣技术设备；直线与环形多层交叉带分拣系统设备等新技术装备的创新与应用。

3. 融合创新

出现了机器人搬运+智能分拣+在线称重+智能打包+自动贴标等技术融合创新；交叉带、模组带、皮带、滚筒、麦克纳姆轮等组合应用创新等。

（三）自动化立体库技术发展趋势

自动化立体库是指通过货架系统、控制系统、自动分拣系统、自动输送系统等装备的集成，实现货物自动存取、拣选、搬运、分拣等环节的机械化与自动化的物流装备系统。目前自动化立体库具有如下发展趋势。

1. 无人化仓储

无人化仓储（无人仓）在传统的制造业物流领域已经是成熟的技术了，但电子商务物流的产品种类繁多、作业控制复杂，要做到无人化存在很多问题，近年来菜鸟、京东物流等均在无人仓领域进行了一系列创新。

2. 密集型存储

智能穿梭车+密集型货架组成的智能密集存储系统技术发展很快。

3. 柔性自动化

自动化立体库柔性化、自动分拣系统的柔性化是目前重要的发展趋势。

4. 多场景分拣

随着电子商务物流发展，生产企业产品销售呈现全渠道特征，自动化立体库需要对接B2B、B2C等分拣系统。

此外，自动化仓储系统规模越来越大，有几个足球场大小，应用30多台堆垛机、上千台机器人的大型智能仓储系统不断涌现。

（四）自动化搬运技术装备创新趋势

自动化搬运技术装备是物流系统中最重要的物流设备，通过自动控制技术，进行自主导航、自动抓取、自动装卸、自动堆码垛实现自动化搬运。随着人工成本上升，自动化搬运技术快速发展。其创新趋势主要体现在以下三个方面。

1. 导航技术创新

由传统的磁条导航、激光导航，向二维码导航、AI调度+导航、视觉导航、地图构建与即时定位导航等方向发展。

2. 产品类型创新

无人化叉车、AGV、机械手堆码垛、机械手真空抓取、自动装车伸缩机、分拣机器人等新产品类型层出不穷。

3. 控制系统创新

主要体现在控制系统软件创新与控制策略创新方面。

（五）5G推动物流装备创新

物流装备的信息传输网络系统核心技术是物联网。目前，物联网技术已经在物流技术装备上得到了普遍应用。如自动识别、RFID、红外感知、视觉感知等技术已经普遍应用于智能分拣、机器人导航、数据采集等方面，为无人仓、机器人等智能物流装备装上了眼和耳；5G等通信技术在物流自动化系统中也得到了应用。其中，昆船物流、京东物流等都开发了基于5G环境的物流自动化系统，2019年10月亚洲国际物流技术与运输系统展览会（CeMAT ASIA）上，昆船物流专门展示了5G的应用。

四、2019年物流技术装备主要领域的发展情况

（一）物流自动化系统集成

2019年，国内自动化仓储系统市场需求依然处于增长态势，但与上一年相比增速放缓，发展质量总体向好。在国家供给侧结构性改革政策的推动下，企业成熟度逐渐提高，其对自身实际需求认识更加清晰。欠缺理性或片面追求快速、低成本的项目大幅度减少。同时，企业也逐渐意识到物流项目的高质量规划建设会对自身的高质量发展带来促进作用，直接导致项目逐渐聚集在综合实力较强的大中型企业，尤其是在民生相关行业领域，项目逐渐集中在盈利能力较强的细分行业。

从应用行业层面看，锂电行业随政策逐渐退潮，市场需求会逐渐收紧；智能制造领域市场需求增速超过了行业总体增速；快递电商行业通过供应链整合，需求规模较大，增长趋势更加理性；冷链、粮油等民生行业引起更多国有资本的关注；家居、服装行业市场客户逐渐成熟，项目需求更清晰，部分项目调整后，行业整体投资规模略有下降。

此外，响应海外市场投资项目逐渐增多。特别是在东南亚等地区。如泰国、印度、越南等国家自动化仓储系统项目机会增多，市场需求将会有较大增长。

根据调查分析，我们认为2019年中国物流系统集成领域市场销售额增长率在20%左右。

（二）移动机器人

2019年国内移动机器人行业整体增长放缓。根据中国移动机器人产业联盟发布的统计数据显示，2019年国内移动机器人市场增长率由2018年的35%降至12.8%。占移动机器人市场半壁江山的汽车行业，在经历了20多年的快速发展后销量持续下滑，直接导致了国内AGV市场的萎缩。同时，以智能手机制造为代表的3C制造业增速减缓，电商企业对仓储物流AGV需求意愿降低，是导致移动机器人行业增速放缓的重要原因。

市场需求的暂时放缓，可能更加促使AGV生产企业发展自己的核心技术。那些具有核心技术研发能力的企业会被市场接受，只有那些通过不断技术创新、避免产品同质化的企业，才能得以长久发展。

从行业数据上来看，我国移动机器人市场经过前些年的高速发展，2019年市场规模已高达60亿元。

（三）叉车

2019年，对于中国工业车辆行业来说属于复杂的一年，行业不仅要应对前几年高速发展后需要调整的压力，还要面对中美贸易摩擦、环保要求提高等因素的影响。在全行业企业共同努力下，总销售量保持了平稳略有增长的局面，从统计数据看，呈现出几点新的趋势。

（1）2019年我国工业车辆销量再创历史新高。中国工程机械工业协会工业车辆分会统计的企业2019年机动工业车辆销售量达608341台，与2018年同期的597152台相比，增长了1.87%，机动工业车辆总销售量突破60万台大关。

（2）在总销售量中，内燃叉车在世界总销售量的占比继续下降，2019年为50.91%，国内市场内燃叉车占比为56.23%。

（3）2019年9月开始电动叉车单月销售总量已经超过内燃叉车，电动步行式仓储叉车在总销售量和电动叉车中的比重继续提高，预计会成为机动工业车辆销量第一的车型。

（4）新能源锂电池叉车2019年共销售74102台，在电动叉车中的占比从2018年的9.31%上升到了2019年的25.03%，新能源发展趋势在市场上表现得更加明显。

（四）货架

2019年国内货架市场整体平稳，市场需求略有下降，与前几年的火爆增长形成了鲜明对比。预估市场规模在百亿元。

电商类货架的需求在2019年继续走低，且进入低价竞争模式，与优质市场渐行渐远。自动化高位货架在市场上的占比越来越高，是发展的重点。智能密集式货架在2019年也保持了平稳增长，并向更高、更智能、更自动化的方向发展。此外，传统的横梁式、搁板式货架，仍然是各大企业在不采用自动化情况下的首选方案，其结构简单、组合多样、成本低廉、维护方便，对仓库要求较低，优点比较突出。但此类货架进入门槛低，价格竞争极为激烈。“库架合一”有成为市场新宠的潜力，在地域上，长三角、珠三角地区是货架需求旺盛的地区，且处于遥遥领先的地位。除国内市场之外，东南亚、中东等海外市场均有较强的货架需求。

（五）输送分拣

我国的自动分拣系统得益于电商、快递行业的蓬勃发展及制造业的庞大市场需求潜力，一直保持着极高速增长状态。据统计，2019年自动化分拣设备市场规模约165.5亿元，年度增长率约 22. 8%。从细分市场需求来看，电商零售、快递及医药化工行业占比较高。

我国自动分拣设备市场区域分布情况与电商快递数量分布情况高度正相关，以浙江、江苏、上海为代表的华东区域及以广东为代表的华南区域市场份额很大，自动分拣设备市场规模更大、技术发展更快，其中华东区域以超过 35% 的市场份额稳居首位，区域市场规模效应明显。

从技术方向来看，今后需要开发可以处理多种形状物品的自动分拣系统，需要大力提高系统处理效率，尤其是自动分拣系统的自动供件环节的效率；需要生产耐用、易用、性价比高的输送分拣设备；需要发展适应新零售门店和餐饮门店的悬挂式输送分拣系统；需要自动分拣系统与移动机器人的结合应用等。

（六）单元化产品

2019 年，我国托盘保有量和托盘年产量均以较高速度增长。2019 年我国托盘年产量大概为 3 亿片，托盘市场保有量达到 14. 5 亿片。

目前我国在租赁的托盘主要以 1200mm×1000mm 规格为主，但是还有部分租赁公司的一些特殊规格的托盘在租赁。招商路凯是目前国内规模最大的托盘租赁服务商，截至 2019 年年底，招商路凯大中华地区托盘池规模达 1200 万片，设立了 30 个全功能营运中心以及 200 余个托盘收发站点。此外，中储南京供应链公共服务平台有限公司、中包物联网科技有限公司、深圳市普拉托科技有限公司、上海乐橘科技有限公司、芜湖格勒物流设备有限公司等国内租赁企业也在为客户提供托盘及周转箱的租赁服务。

（王继祥）

2019 年中国载货车业

一、载货车业发展的宏观环境

2019 年，在复杂的国内外形势影响下，我国 GDP 增速 6.1%，相比 2018 年增速继续下降，但在世界主要经济体中仍处于领先水平。2005—2019 年我国 GDP 增速情况如图 1 所示。

2019 年我国固定资产投资增速为 5.4%，增速进一步下滑，且增速创多年来新低。分产业看，第一产业投资 12633 亿元，比上年增长 0.6%；第二产业投资 163070 亿元，增长 3.2%，增速加快 0.8 个百分点；第三产业投资 375775 亿元，增长 6.5%，增速回落 0.2 个百分点。2003—2019 年我国固定资产投资额及增长变化情况如图 2 所示。

2019 年，我国公路物流运价指数较平稳，且明显高于 2018 年。公路物流运价的景气程度是载货车产品需求保持稳定的有力保障，2018—2019 年我国公路物流运价指数如图 3 所示。

2019 年，我国公路货物周转量较 2018 年明显增长，货物周转量的增加为载货车产品需求构成关键支撑。2018—2019 年我国公路货物周转量情况如图 4 所示。

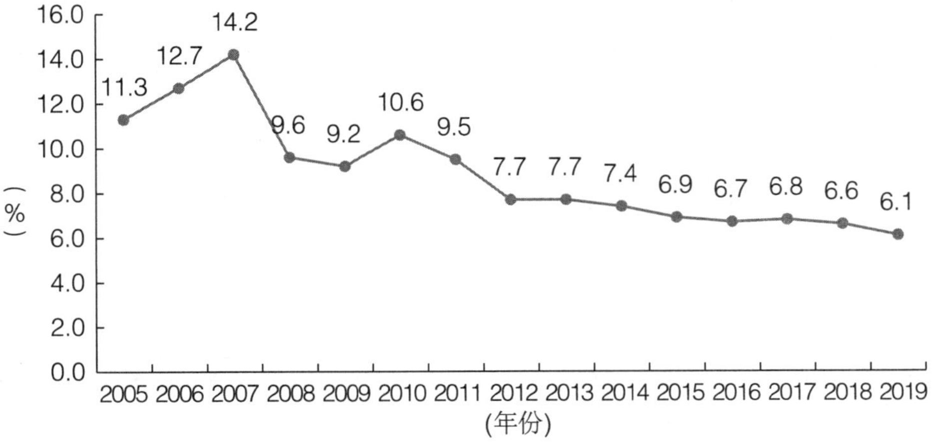

图 1　2005—2019 年我国 GDP 增速情况

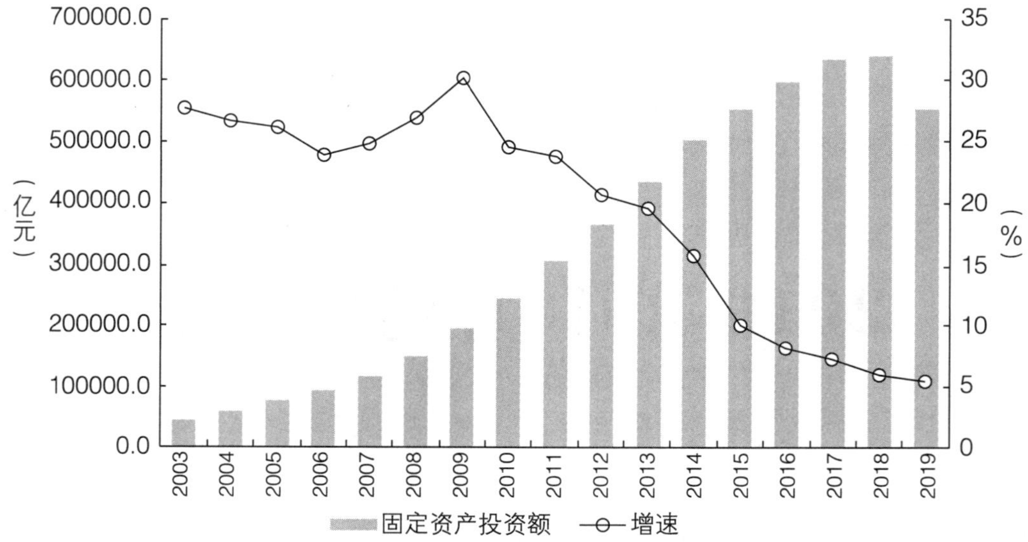

图 2　2003—2019 年我国固定资产投资额及增长变化情况

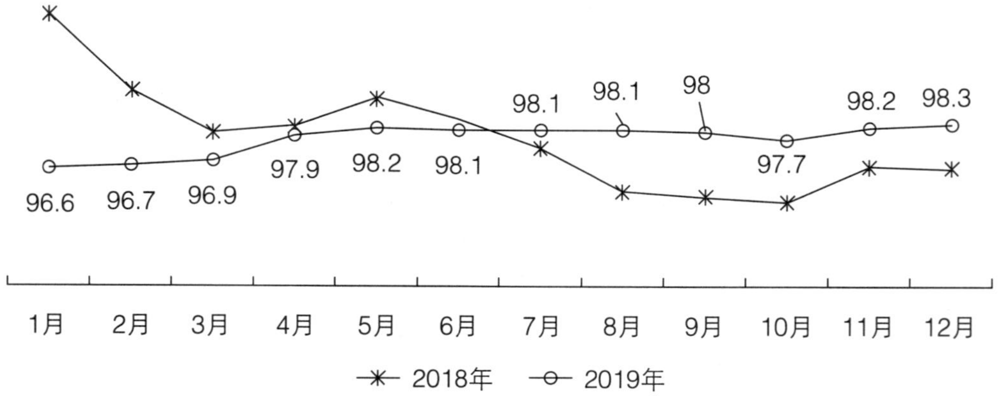

图 3　2018—2019 年我国公路物流运价指数

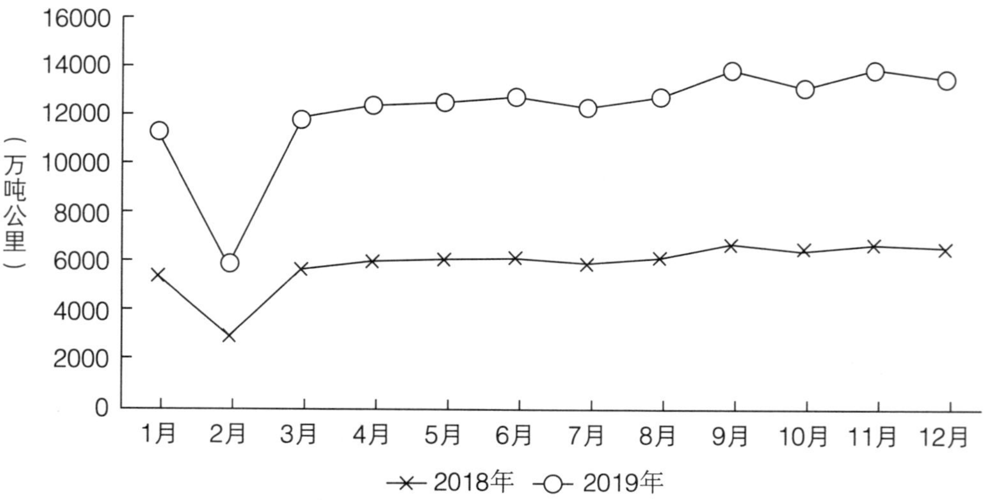

图 4　2018—2019 年我国公路货物周转量情况

二、2018 年我国载货车市场发展情况

2019 年我国载货车共销售 385.0 万辆，同比下降 0.9%。各细分领域中，仅有重型载货车销量实现正增长，同比增长 2.3%，其余车型销量均下跌。其中，中型载货车销量降幅高达 21.37%，轻型和微型载货车销量同比分别小幅下降 0.62% 和 1.83%。2014—2019 年我国载货车分车型销售情况如表 1 所示。

表 1　2014—2019 年我国载货车分车型销售情况　单位：辆

车型	2014 年	2015 年	2016 年	2017 年	2018 年	2019 年
重型载货车	743991	550716	732919	1116851	1147884	1174252
中型载货车	247839	200414	229063	229113	177206	139338
轻型载货车	1662634	1558543	1539820	1718943	1894978	1883166
微型载货车	529942	546208	606058	568444	665557	653402
合计	3184406	2855881	3107860	3633351	3885625	3850158

分月度来看，2019 年我国载货车销量走势呈月度波动，整体来说 6—8 月为销量低谷。2019 年 1—12 月我国载货车销量走势情况如图 5 所示。

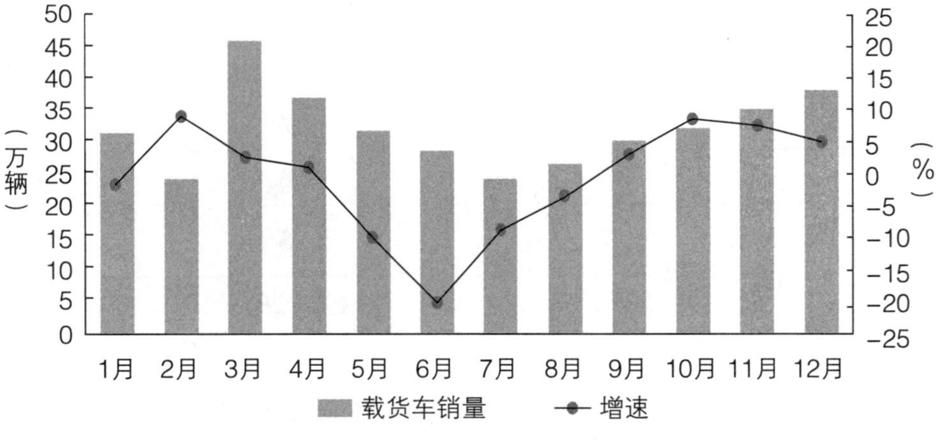

图 5　2019 年 1—12 月我国载货车销量走势情况

2018—2019 年载货车按不同用途销量变化情况如图 6 所示。

由于新能源汽车补贴大幅下降，2019 年纯电动载货车销量为 41090 辆，大幅下降 46.7%。燃料电池货车销量为 159 辆，比 2018 年增幅较大，长远来看，燃料电池技术路线更适合载货车产品，在我国大力发展燃料电池汽车的背景下，未来这一细分市场有较大发展潜力。2018—2019 年我国载货车按燃料类型分类的销量及增速情况如表 2 所示。

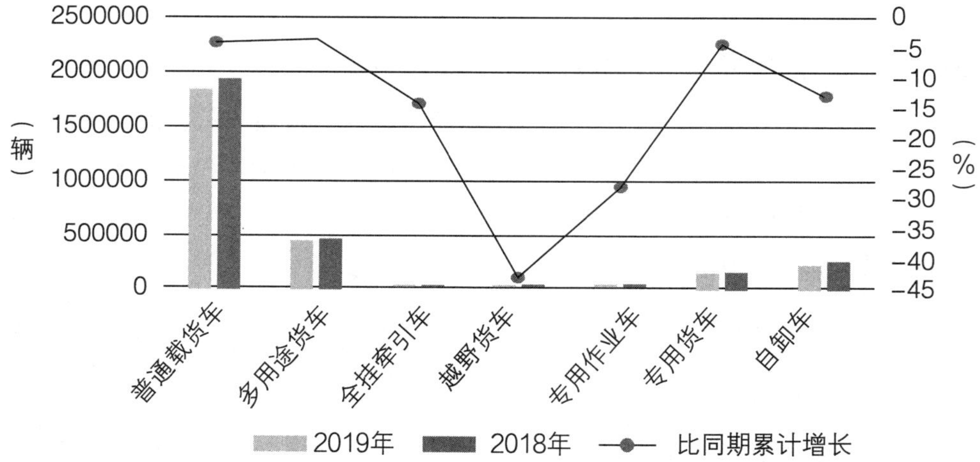

图 6 2018—2019 年载货车按不同用途分类的销量变化情况

注：数据不包括半挂牵引车及载货车非完整车辆。

表 2 2018—2019 年我国载货车按燃料类型分类的销量及增速情况 单位：辆

燃料类型	2018 年	2019 年	同比增加（%）
柴油	1730085	1513049	-12. 54
汽油	1054003	1161913	10. 24
普通混合动力	940	0	-100. 00
插电式混合动力	0	159	—
纯电动	77093	41090	-46. 70
燃料电池	39	159	307. 69
天然气	8624	3883	-54. 97
其他替代燃料	0	28	—
合计	2870784	2720281	-5. 24

注：数据不包括半挂牵引车及载货车非完整车辆。

三、主要企业

（一）重型载货车企业

相比于 2018 年，2019 年重型载货车企业前十排名变化不大，安徽华菱汽车有限公司由第九名降至第十名，其他名次保持不变。前十名企业仅北汽福田汽车股份有限公司、安徽江淮汽车集团股份有限公司和安徽华菱汽车有限公司是负增长，其他企业均实现销量增加，徐州徐工汽车制造有限公司增幅最高，达到 18. 92% 。2018—2019 年我国重型载货车销量前十名企业如表 3 所示。

表 3　　2018—2019 年我国重型载货车销量前十名企业　　单位：辆

排名	企业	2018 年	2019 年	同比增长（%）
1	中国第一汽车集团有限公司	261013	275239	5.45
2	东风汽车集团有限公司	217027	240618	10.87
3	中国重型汽车集团有限公司	189705	190915	0.64
4	陕西汽车集团有限责任公司	172009	177321	3.09
5	北汽福田汽车股份有限公司	110305	85978	-22.05
6	上汽依维柯红岩商用车有限公司	58037	58077	0.07
7	安徽江淮汽车集团股份有限公司	40564	38124	-6.02
8	成都大运汽车集团有限公司	32300	32341	0.13
9	徐州徐工汽车制造有限公司	17276	20545	18.92
10	安徽华菱汽车有限公司	21733	20184	-7.13

（二）中型载货车企业

2019 年，中型载货车企业排名变化较大，北汽福田汽车股份有限公司升至第一，销量同比大幅增长 165.67%，达到 34293 辆。浙江飞碟汽车制造有限公司销量大幅下降 87.9%，排名由 2018 年的第二名下降至第九名。2018—2019 年我国中型载货车销量前十名企业如表 4 所示。

表 4　　2018—2019 年我国中型载货车销量前十名企业　　单位：辆

排名	企业	2018 年	2019 年	同比增长（%）
1	北汽福田汽车股份有限公司	12908	34293	165.67
2	成都大运汽车集团有限公司	22999	23018	0.08
3	东风汽车集团有限公司	30101	21182	-29.63
4	庆铃汽车（集团）有限公司	11993	11925	-0.57
5	山东唐骏欧铃汽车制造有限公司	11337	10593	-6.56
6	安徽江淮汽车集团股份有限公司	11731	10528	-10.25
7	中国第一汽车集团有限公司	7051	9359	32.73
8	中国重型汽车集团有限公司	17551	8605	-50.97
9	浙江飞碟汽车制造有限公司	23578	2853	-87.90
10	陕西汽车集团有限责任公司	480	2166	351.25

（三）轻型载货车企业

2019 年，北汽福田汽车股份有限公司仍稳居轻型载货车销量排名第一，且实现同比 10.99%的销量增幅，扩大了领先优势。东风汽车集团有限公司销量大幅增长 18.53%，排名升至第二。安徽江淮汽车集团股份有限公司 2019 年销量与 2018 年基本持平，同比微增 0.53%。2018—2019 年我国轻型载货车销量前十名企业如表 5 所示。

表 5　2018—2019 年我国轻型载货车销量前十名企业　单位：辆

排名	企业	2018 年	2019 年	同比增长（%）
1	北汽福田汽车股份有限公司	328598	364713	10.99
2	东风汽车集团有限公司	164598	195096	18.53
3	安徽江淮汽车集团股份有限公司	191797	192809	0.53
4	江铃汽车股份有限公司	181903	155451	-14.54
5	重庆长安汽车股份有限公司	168327	153527	-8.79
6	长城汽车股份有限公司	138000	148830	7.85
7	中国重型汽车集团有限公司	117844	95473	-18.98
8	中国第一汽车集团有限公司	61697	65523	6.20
9	金杯汽车股份有限公司	52621	57461	9.20
10	保定长安客车制造有限公司	48672	56480	16.04

（四）微型载货车企业

微型载货车行业较稳定，上汽通用五菱汽车股份有限公司多年来稳居行业第一，2019 年销量 418041 辆，同比增长 5.18%，进一步扩大领先优势。江西昌河汽车有限责任公司 2019 年销量 4201 辆，进入前十名。2018—2019 年我国微型载货车销量前十名企业如表 6 所示。

表 6　2018—2019 年我国微型载货车销量前十名企业　单位：辆

排名	企业	2018 年	2019 年	同比增长（%）
1	上汽通用五菱汽车股份有限公司	397471	418041	5.18
2	东风汽车集团有限公司	86753	82625	-4.76
3	重庆长安汽车股份有限公司	74218	52994	-28.60
4	奇瑞汽车股份有限公司	56598	52673	-6.93

续 表

排名	企业	2018 年	2019 年	同比增长（%）
5	山东凯马汽车制造有限公司	16586	24863	49.90
6	金杯汽车股份有限公司	6365	5768	-9.38
7	北汽福田汽车股份有限公司	6098	5286	-13.32
8	江西昌河汽车有限责任公司	0	4201	—
9	山东唐骏欧铃汽车制造有限公司	6035	2366	-60.80
10	北汽银翔汽车有限公司	1348	2100	55.79

四、载货车出口情况

2019 年，我国共出口各类载货车 236547 辆，同比大幅增长 19.26%。分月度来看，1 月和 3 月出口量较大，实现较大同比增幅；分企业来看，中国重型汽车集团有限公司、北汽福田汽车股份有限公司和陕西汽车集团有限责任公司排名前三。

2019 年 1—12 月我国载货车出口量及增长变化情况如图 7 所示，2018—2019 年我国载货车出口量排名前十的企业具体销量如表 7 所示。

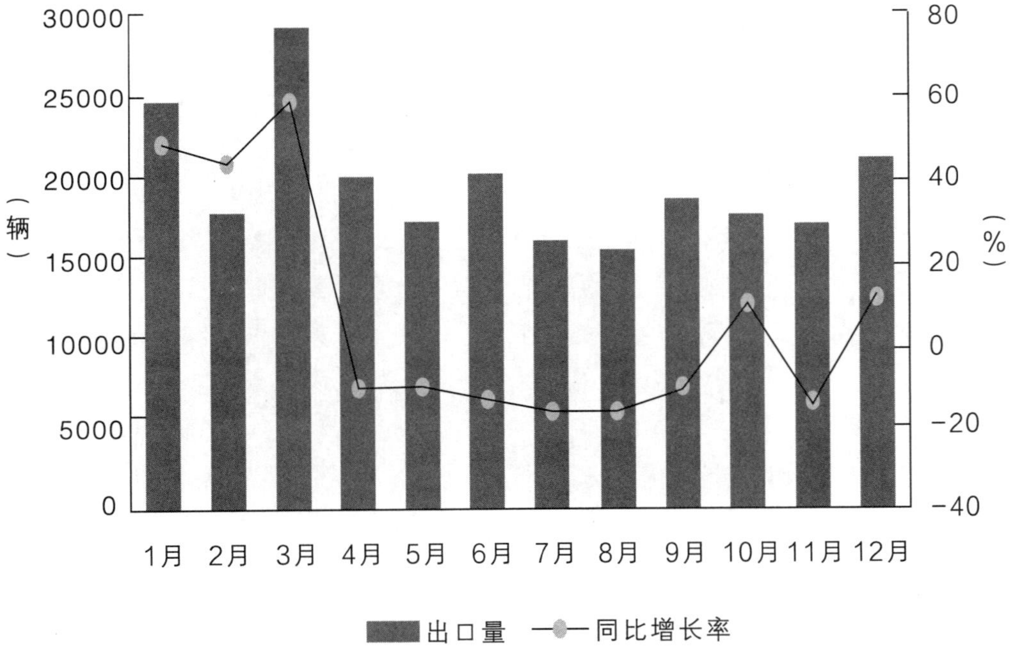

图 7　2019 年 1—12 月我国载货车出口量及增长变化情况

表 7　　2018—2019 年我国载货车出口量排名前十的企业具体销量　　单位：辆

排名	企业全称	2019 年	2018 年
1	中国重型汽车集团有限公司	40009	37633
2	北汽福田汽车股份有限公司	37219	44329
3	陕西汽车集团有限责任公司	21754	12315
4	安徽江淮汽车集团股份有限公司	19281	18889
5	东风汽车集团有限公司	18930	20925
6	长城汽车股份有限公司	17631	13495
7	上汽大通汽车有限公司	12370	8639
8	中国第一汽车集团有限公司	9289	12041
9	江铃汽车股份有限公司	7970	8542
10	北汽银翔汽车有限公司	2009	1348

（中国汽车技术研究中心有限公司　李新波）

2019 年中国工业车辆行业

2019 年中国工业车辆行业经过调整，销量再创历史新高，机动工业车辆总销量突破 60 万台大关。参与了中国工程机械工业协会工业车辆分会统计的企业 2019 年机动工业车辆销量达 608341 台，与 2018 年同期的 597152 台相比增长了 1.87%；非机动工业车辆销量为 1028375 台，与上年同期的 1597977 台相比下降了 35.65%。2019 年机动工业车辆各月销售情况如表 1 所示。

表 1　2019 年机动工业车辆各月销售情况　单位：台

类别名称 / 月份	Ⅰ类	Ⅱ类	Ⅲ类	Ⅳ类+Ⅴ类	Ⅰ～Ⅲ类电动叉车	Ⅰ+Ⅳ+Ⅴ类平衡重式叉车	Ⅰ～Ⅴ类工业车辆
	电动平衡重乘驾式叉车	电动乘驾式仓储叉车	电动步行式仓储叉车	内燃平衡重式叉车（实心、充气轮胎）			
1	4773	971	15810	24386	21554	29159	45940
2	3165	486	11995	19023	15646	22188	34669
3	6971	939	22540	41920	30450	48891	72370
4	5261	652	18346	32545	24259	37806	56804
5	5474	767	17167	27360	23408	32834	50768
6	4814	847	16781	23631	22442	28445	46073
7	4815	792	18060	23779	23667	28594	47446
8	4755	741	17930	23730	23426	28485	47156
9	5456	729	20312	24228	26497	29684	50725
10	5764	790	19581	23783	26135	29547	49918

续 表

类别名称 / 月份	Ⅰ类 电动平衡重乘驾式叉车	Ⅱ类 电动乘驾式仓储叉车	Ⅲ类 电动步行式仓储叉车	Ⅳ类+Ⅴ类 内燃平衡重式叉车（实心、充气轮胎）	Ⅰ～Ⅲ类 电动叉车	Ⅰ+Ⅳ+Ⅴ类 平衡重式叉车	Ⅰ～Ⅴ类 工业车辆
11	6138	744	23449	24526	30331	30664	54857
12	6076	865	23881	20793	30822	26869	51615
合计	63462	9323	225852	309704	298637	373166	608341

一、国内市场

世界工业车辆统计协会数据显示，2019 年中国叉车市场全年共销售机动工业车辆 456885 台，与 2018 年的 431207 台相比增长了 5.95%。中国叉车市场的销量占亚洲销量的 70.59%，比 2018 年增长了 2.18%，仍位居亚洲第一；占世界销量的 30.60%，比 2018 年增长了 1.65%，继续位居世界第一。2019 年 1—12 月国内叉车销售变化情况如下图所示。

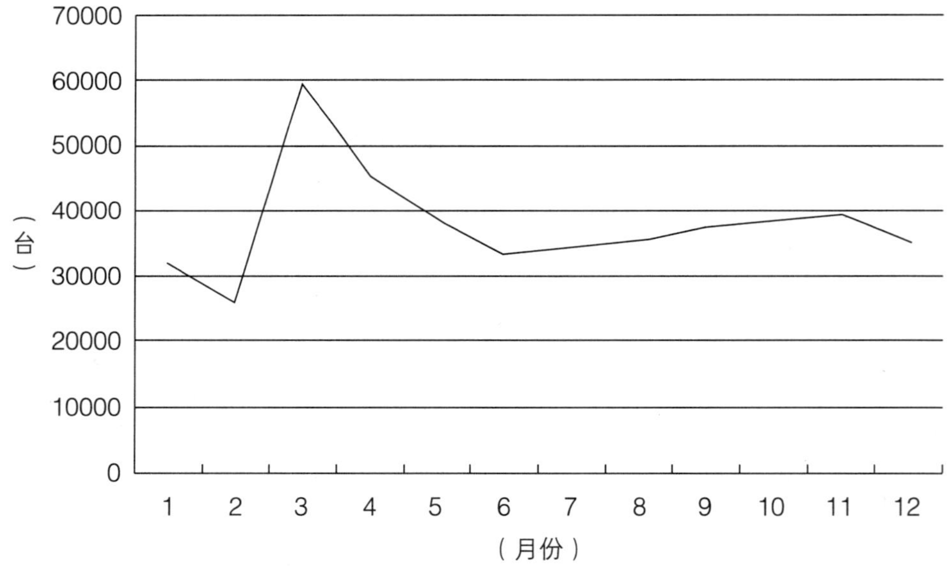

2019 年 1—12 月国内叉车销售变化情况

二、出口情况

中国工程机械工业协会工业车辆分会的数据显示，2019 年我国出口机动工业车辆总共 152825 台，与 2018 年的出口量 166923 台相比下降了 8.45%。其中电动叉车出口 99276 台，与 2018 年的 107681 台相比下降了 7.81%；内燃叉车（含集装箱叉车）出口53549台，与2018年的59242台相比下降了9.61%。2019年机动工业车辆各月出口情况如表2所示。

表2　2019年机动工业车辆各月出口情况　单位：台

机动工业车辆	1月	2月	3月	4月	5月	6月
	14100	8535	12979	11494	12128	12350
	7月	8月	9月	10月	11月	12月
	13264	11538	13143	11554	15569	16171

在机动工业车辆的出口量中，电动叉车为99276台，占出口量的64.96%；内燃叉车为53549台，占出口量的35.04%。电动叉车的出口构成比例与上年同期相比增长了0.45个百分点。2019年机动工业车辆出口构成比例变化情况如表3所示。

表3　2019年机动工业车辆出口构成比例变化情况

年份	机动工业车辆合计（台）	电动叉车		内燃叉车	
		出口量（台）	所占比例（%）	出口量（台）	所占比例（%）
2018	166923	107681	64.51	59242	35.49
2019	152825	99276	64.96	53549	35.04

2019年我国共向178个国家和地区出口机动工业车辆，遍布世界五大洲，其中欧洲、亚洲、美洲是中国机动工业车辆产品的传统出口市场。2019年出口到亚洲的机动工业车辆为45912台，与2018年出口量46570台相比下降了1.41%；出口到欧洲的机动工业车辆为60695台，与2018年出口量68396台相比下降了11.26%；出口到美洲的机动工业车辆为31459台，与2018年出口量34183台相比下降了7.97%。2018—2019年机动工业车辆出口各洲情况如表4所示。

表4　2018—2019年机动工业车辆出口各洲情况　单位：台

产品名称		全世界	欧洲	美洲	亚洲	非洲	大洋洲
电动平衡重乘驾式叉车	2018年	12603	3984	2122	4913	779	805
	2019年	14262	5347	2549	4917	668	781
	同比（%）	13.16	34.21	20.12	0.08	-14.25	-2.98

续 表

产品名称		全世界	欧洲	美洲	亚洲	非洲	大洋洲
电动乘驾式仓储叉车	2018 年	2836	432	1110	934	85	275
	2019 年	1881	223	309	1028	89	232
	同比（%）	-33.67	-48.38	-72.16	10.06	4.71	-15.64
电动步行式仓储叉车	2018 年	92242	47498	19620	20665	1044	3415
	2019 年	83133	38469	18144	22416	1443	2661
	同比（%）	-9.88	-19.01	-7.52	8.47	38.22	-22.08
内燃平衡重式叉车	2018 年	59242	16482	11331	20058	6272	5099
	2019 年	53549	16656	10457	17551	5271	3614
	同比（%）	-9.61	1.06	-7.71	-12.50	-15.96	-29.12
机动工业车辆合计	2018 年	166923	68396	34183	46570	8180	9594
	2019 年	152825	60695	31459	45912	7471	7288
	同比（%）	-8.45	-11.26	-7.97	-1.41	-8.67	-24.04

在机动工业车辆中，电动叉车出口量中欧洲和亚洲分别占 44.36% 和 28.57%；内燃叉车出口量中亚洲和欧洲分别占 32.78% 和 31.10%。电动叉车及内燃叉车出口各洲的数量及比例如表 5 所示。

表 5　电动叉车及内燃叉车出口各洲的数量及比例

地区	电动叉车		内燃叉车	
	数量（台）	比重（%）	数量（台）	比重（%）
欧洲	44039	44.36	16656	31.10
美洲	21002	21.16	10457	19.53
亚洲	28361	28.57	17551	32.78
非洲	2200	2.21	5271	9.84
大洋洲	3674	3.70	3614	6.75
合计	99276	100.00	53549	100.00

（中国工程机械工业协会工业车辆分会秘书长　张洁）

2019 年中国托盘业

2019 年，我国托盘市场总体是向上发展的趋势，托盘年产量大概为 3 亿片，托盘市场保有量达到 14.5 亿片。托盘租赁企业也在增加托盘数量，推动国内租赁市场的发展。国际上的木材价格持续走低，托盘生产企业由于用工成本等因素，都在寻求生产设备的半自动化、自动化改造。

一、托盘市场巨大

2019 年，我国托盘市场保有量和托盘年产量均以较高速度增长，托盘年产量大概为 3 亿片，托盘市场保有量达到 14.5 亿片。目前，我国人均拥有 1 片托盘，远低于日本、美国和欧洲等发达国家和地区。当前，我国经济体量位于世界前列，随着进一步的发展，托盘市场的潜力将会逐渐被挖掘出来，前景广阔。2003—2019 年我国托盘市场保有量如图 1 所示，美国、日本、韩国、中国的托盘市场保有量与人均托盘拥有量情况如图 2 所示。

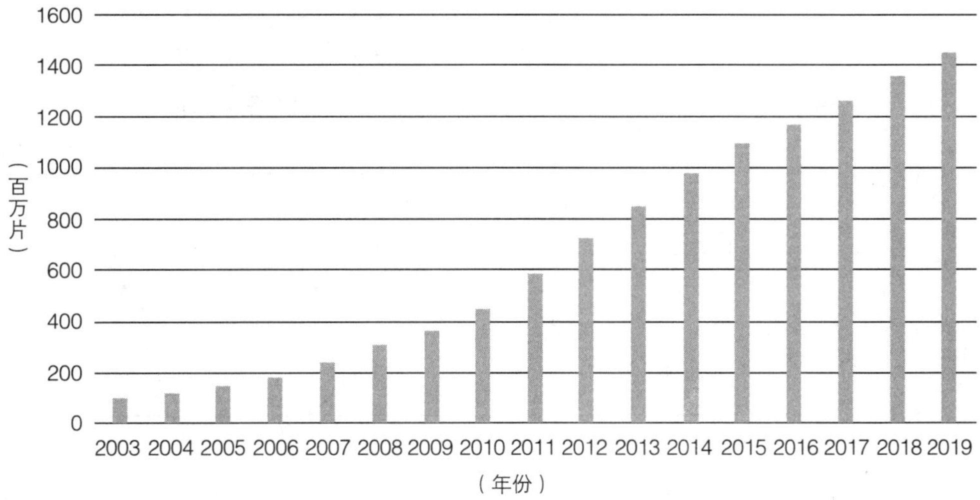

图 1　2003—2019 年我国托盘市场保有量

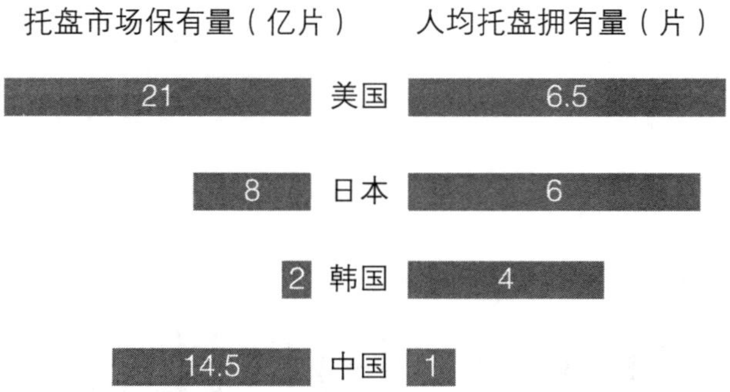

图 2　美国、日本、韩国、中国的托盘市场保有量与人均托盘拥有量情况

二、国际木材价格持续走低

2019 年，由于德国等国家森林虫害以及风灾的原因，欧洲被迫加大了树木采伐数量，木材的存量上升，锯材的价格在 2019 年上半年持续走低，到了下半年才开始平稳。但是原木的价格波动不是很大，基本保持平稳。2019 年 4—12 月俄罗斯落叶松、白松价格走势情况如图 3 所示，2019 年 3—12 月丹麦一级云杉价格走势如图 4

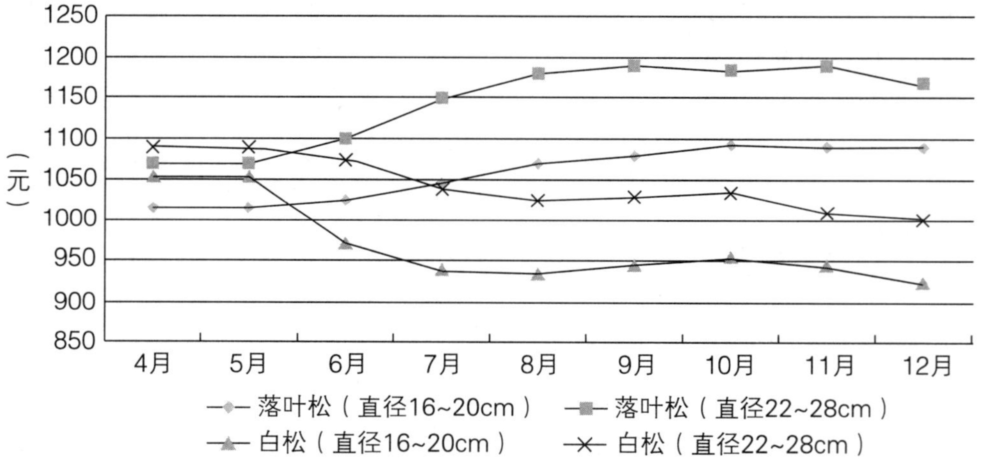

图 3　2019 年 4—12 月俄罗斯落叶松、白松价格走势情况

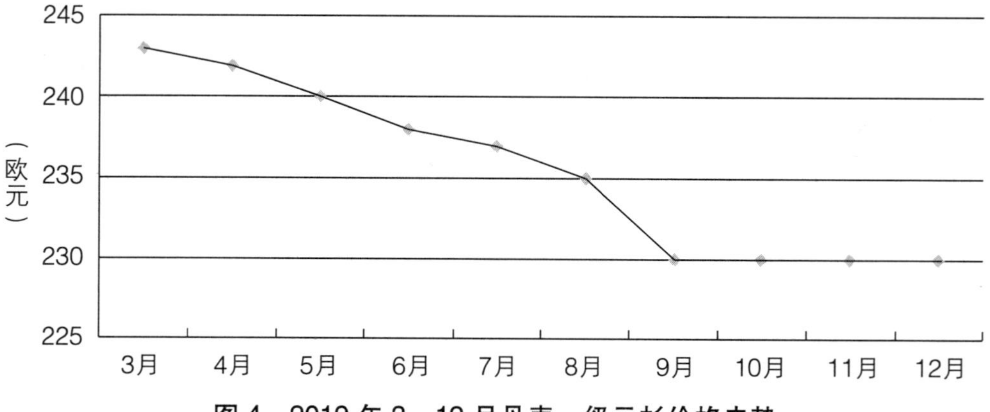

图 4　2019 年 3—12 月丹麦一级云杉价格走势

所示，2019 年 3—12 月加拿大木材价格走势情况如图 5 所示，2019 年 5—12 月南美巴西松价格走势如图 6 所示。

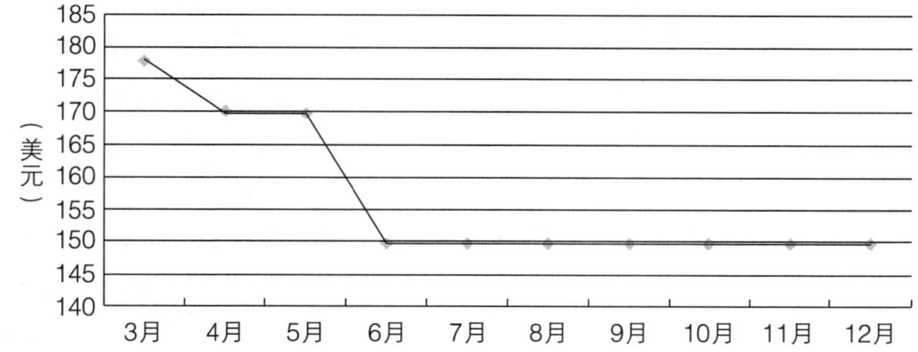

图 5　2019 年 3—12 月加拿大木材价格走势情况

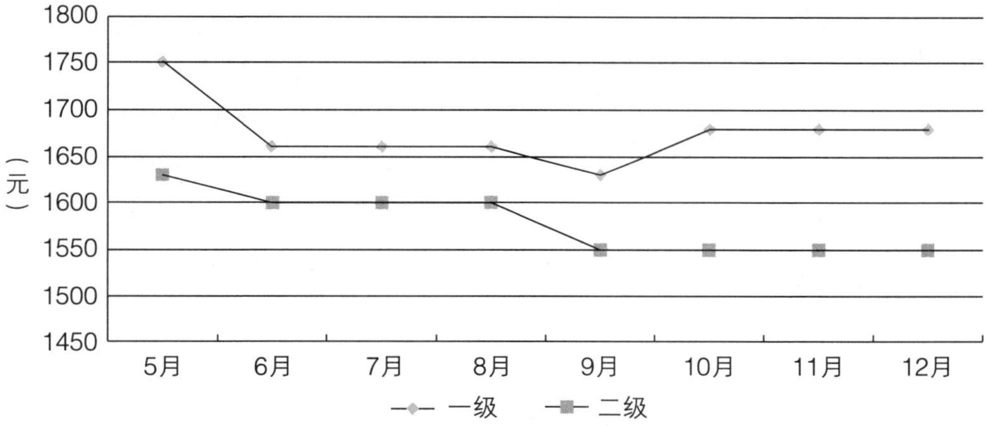

图 6　2019 年 5—12 月南美巴西松价格走势

三、托盘共用企业发展强劲

随着企业生产成本的不断上升，更多企业选择使用托盘来承载货物。电商和实体店促销活动增加，加快了托盘租赁市场的发展。目前国内租赁的托盘主要以 1200mm×1000mm 为主，也有一些特殊规格的，比如说化工产品使用的托盘为 1300mm×1100mm、一些饮用水企业使用 1200mm×1100mm、日本和韩国的压缩机企业使用 1100mm×1100mm 等。

目前，招商路凯是国内规模最大、在供应链优化领域享有盛誉的物流包装设备循环共用解决方案服务商。截至 2019 年年底，招商路凯大中华地区托盘池规模达 1200 万片，设立了 30 个全功能营运中心以及 200 余个托盘收发站点。集保物流设备有限公司拥有 500 多万片标准托盘，在全国建立了 80 余个服务网点，为中储南京供应链公共服务平台有限公司、中包物联网科技有限公司、深圳市普拉托科技有限公司、上海乐橘科技有限公司、芜湖格勒物流设备有限公司等国内租赁企业提供托盘及周转箱的租赁服务。国外的企业近年来也一直在中国开展相关业务，如韩国众力物流集团（LogisALL）是以统合共同物流为核心的国际化高端物流企业，其下属的韩国托盘共用公司KPP、韩国物流箱共用公司KCP以及韩国共同物流公司KLP构成了韩国唯一的物流共用化系统。韩国众力物流集团拥有1500多万片托盘、2000多万只包装容器，在韩国拥有8个公司、70余个服务网点，在全球拥有12个公司、40余个服务网点。2006年，LogisALL在上海投资成立了独资公司——众力物流设备租赁（上海）有限公司（简称“LAS”）。日本托盘租赁公司（JPR）拥有1100多万个托盘及物流器具，是日本最大的托盘租赁供应商，在日本有63个营运中心，同样也在中国市场经营多年，与深圳市顺航通供应链物流有限公司保持着良好的合作关系。

四、托盘生产企业生产及管理观念转变

随着用工成本的上涨，客户要求越来越高，托盘生产企业在生产管理和生产设备的提高上有了新的认识和投入。

2011年，天津新创引入了第一台液压托盘生产线，开启了中国自动化生产设备的使用和研发的浪潮。目前，中国市场上使用的主要机械设备包括半成品材料的加工设备和机械化托盘生产线。半成品材料的加工设备国内很多企业都在研发及生产，也有不少成熟的产品。机械化托盘生产线主要有进口和国产两种类型，国外的企业主要是以液压托盘生产线为主，代表企业有西班牙的卡贝（Cape）、意大利的德尔塔（Delta）和斯拓迪（Storti），国内的企业以气动打钉生产线为主，代表企业有青岛赛帆、青岛美嘉隆、肇庆展丰、博业机械等，青岛赛帆的主要产品是9025#，适用于产量适中的标准样式美式纵梁托盘；9026#，适用于产量适中的各种样式美式纵梁托盘；901#，适用于产量多的标准样式美式纵梁托盘。在液压托盘生产线的研发方面，青岛赛帆于2013年12月开始开发液压托盘生产线。2016年9月青岛赛帆第一台液压打钉机开始在中国巨石试生产、测试、改进。2018年9月，经过两年改进的第二代液压打钉机开始在宿迁前程生产、测试、改进。2019年9月开始对外正式销售第三代液压打钉机。现在日产能大约1600只/班，规格切换的时间为1小时左右，已经交付使用的企业有昆山信得包装制品有限公司等五家企业，还签约四家企业，计划改造七条生产线。昆山信得包装制品有限公司在使用青岛赛帆生产的液压托盘生产线后反馈，使用设备后3个人33工时产出1024片托盘，如果由人工钉托盘，用同样时间只能产出500片托盘，效率大幅提高，而且产品质量明显提高，材料损耗明显降低。

在企业管理方面，很多企业根据需要配备了ERP、WMS等软件系统，提高了企业的管理水平。国内有多家企业根据托盘生产企业的特殊要求，开发了托盘及包装箱专用的系统。例如青岛对流计算机系统有限公司开发了“木托盘及包装箱管理三维系统”软件，主要功能包括生成三维图形、估算、领料数量等基本功能，并附加了集装箱装货、卡车装货、报关清单等功能。这解决了企业技术人员不足的问题，一般员工经过培训，都可以胜任对客户提出的要求，用图纸展示产品的各个部件及最终图，也可以用来计算成本，辅助报价等，大大提高了企业的技术力量。

五、托盘新材料、新产品的推广

除常用的木托盘、塑料托盘以外，铝托盘、金属托盘、聚氨酯复合材料加玻纤等新材料托盘逐步出现在市场当中。内蒙古佳运通智能环保新材料有限公司采用粉煤灰为原料生产托盘，开发和利用绿色环保材料，变废为宝。这种新材料托盘具有稳定性强、耐腐蚀、耐低温、寿命长、成本低、易维修清洗等特点。另外还有很多企业在托盘的功能上下功夫，河南明镁镁业科技有限公司依托吉林大学材料科学与工程学院，成立了河南省高强韧超塑性镁合金工程技术研究中心、鹤壁市镁合金薄板工程技术研究中心及吉林大学鹤壁镁合金研发中试基地。经过多次连续攻关，解决了镁合金塑性差、耐蚀性差、疲劳性差等难题，为镁合金终端产品的应用提供了重要支撑。其开发生产出的新型镁合金自拆卸物流托盘，托盘设计独特、结构合理、装卸操作方便，有效减少物流所需人工，解决了现有的叉车装卸货物需要大量人工配合搬运的问题。

（中国物流与采购联合会托盘专业委员会秘书长　孙熙军）

第七部分

物流教育、信息化、标准化

2019年中国物流教育与培训

2019年，随着物流产业结构加速调整，就业结构发生相应变化，企业迫切需要大批专业化、复合型、创新型物流人才，物流产业人力资源需求和人才培养工作面临新的挑战。

为积极应对新时代物流产业转型升级对物流人才培养提出的新需求，2019年物流行业人才培养工作依托广大企业、院校和社会培训机构，在推动物流管理“1+X”证书制度试点、采购及供应链管理人才培养、产教融合及国际合作与交流等方面进行了一系列创新探索和实践。

一、抓住机遇，重点推进创新性工作开展

（一）面向院校开展物流管理“1+X”证书制度试点工作

2019年1月国务院颁发了《国家职业教育改革实施方案》（以下简称“职教20条”），中国物流与采购联合会（以下简称“中物联”）积极参与职教20条“1+X”的相关政策调研和政策建议。4月，教育部发布《关于在院校实施“学历证书+若干职业技能等级证书”制度试点方案》，即“1+X”证书制度试点，启动首批5个职业技能领域试点。此次试点工作中，中物联下属机构北京中物联物流采购培训中心在514家申报单位中脱颖而出，被列入国家“1+X”证书制度首批5个培训评价组织之一，赋予了物流行业推动物流人才培养的新使命。

5月25日，北京中物联物流采购培训中心就物流管理“1+X”的相关工会工作向孙春兰副总理进行了专题汇报。8月13日，《光明日报》15版刊登北京中物联物流采购培训中心负责人郭肇明署名文章《“X”重担谁来挑》，此文章从职业教育培训评价组织的角度对“X”证书的定位、“X”证书的含金量、师资队伍建设、教材开发、质量保障和学分银行试点等方面进行了探讨。

试点工作自启动以来，中物联在教育部的统一要求下全力推动相关工作的开展。试点涉及中、高职和本科355所院校共计3.9万人（包括留学生），截至2020年共开展物流管理“1+X”证书讲师培训15期，培训讲师1300余名，其中包含海外留学生100人和来自企业的人员200余名。目前已完成316个考核站点建

设，涵盖所有试点省市，完成1068名考评员的培训，顺利组织全国相关院校3.2万人参加了考试，其中包括“一带一路”沿线国家留学生及来自百世等企业的一线人员近200人。

为照顾贫困地区试点学校以便顺利开展工作，11月15—17日，中物联教育培训部专门派遣师资力量赴秭归县职业教育中心，从技能等级证书标准、培训大纲、教材、考务、考试组织等方面对学校教师进行了系统培训，并实地指导了实训场地和考场的建设，助力学校完成试点任务。作为首批五个试点领域之一，物流管理“1+X”试点工作推进质量高、亮点突出，多次得到教育部及各省厅教育主管部门的赞赏。作为首批国家学分银行试点和现代学徒制试点单位，在试点工作中，中物联积极推动学分银行、现代学徒制、产教融合和国际化等相关工作的融合发展。中物联教育培训部积极申请成为人力资源和社会保障部物流、采购和供应链证书制度试点。

（二）全力推动供应链管理人才培养工作

随着供应链创新与应用上升为国家战略，供应链管理领域的培训和院校教育远远不能满足企业的人才需求。推动供应链管理专业人才培养、培训成为中物联教育培训部的重点工作。

推动院校供应链管理专业建设。2018年教育部批准开设供应链管理本科专业，在教指委的推动下，共有25所高校开设了供应链管理本科专业，针对我国目前供应链管理专业缺乏专业标准的现状，物流教指委启动了供应链管理专业标准的研制工作。2019年7月在武汉召开了第一次供应链管理专业标准制定研讨会议，会议邀请了全国开设供应链管理专业的高校的专业负责人参与标准研制的相关工作。

为推动高职供应链人才培养，在物流行指委的努力下，2016年高职物流专业目录正式将采购与供应管理专业纳入高职物流类专业；2018年牵头完成了采购与供应管理专业标准的编制工作；2019年开发完成了高职供应链管理教材的编写及资源开发工作，并启动了师资培训工作。

推动供应链管理人才培训项目。为进一步推动供应链管理专业人才培养，提高人才培养质量，2019年中物联积极推进面向行业企业人员及院校师资的供应链管理专业培训。其中供应链管理职业经理培训项目全年共培训企业在职人员近1000人。

此外，中物联承担了人力资源和社会保障部委托的物流专业技术人员知识更新项目，面向物流企业开展公益培训。培训以“现代物流与供应链管理”为主题，共有来自全国20多个省份的物流企业、制造业及物流行业协会的70余名代表参加。培训为各地企业和行业协会人员搭建了一个丰富物流与供应链专业知识、扩大业务视野和交流的平台。

（三）深化产教融合，推动人才培养模式创新

推进与行业龙头企业合作。2019年，中物联借力“1+X”试点深化产教融合和校企合作，自7月以来，中物联积极推进与行业龙头企业合作，分别与顺丰、京东、百世、苏宁等行业龙头企业签约，就物流管理“1+X”试点课程置换、学分银行试点、“一带一路”物流人才培养和产教融合协同育人等领域开展全面合作；同时中物联作为教育部首批现代学徒制试点牵头单位已完成17个项目的推广工作，重点依托项目，开展课程模块互认免修、培训融合和培训过程管理工作，推动证书的企业认可度。

筹建中物联物流与供应链人力资源专业委

员会，共同推进产教融合育人。为引导行业企业深度参与物流人才培养，使物流管理职业技能等级证书（X 证书）标准更加符合企业实际用人需求，缩小行业企业用人需求与院校实际人才培养质量的差距，助力产教融合型企业建设，2019 年下半年启动中物联物流与供应链人力资源专业委员会的筹建工作，将重点吸收来自国内标杆物流企业高管、人力资源总监及物流高校、职业院校的专家，通过整合物流行业、企业、院校等多方资源，搭建人力资源建设交流、合作、人才共育共享平台，为物流行业健康发展提供强大的人力资源支撑。

（四）促进国际交流与合作

响应“一带一路”倡议，服务中国企业走出去。中物联与江苏建筑职业技术学院、广西职业技术学院、重庆城市管理职业学院合作，开展面向东盟留学生物流“1+X”证书培训工作，首批 51 名留学生已经完成培训和考核工作，其他留学生正在培训。结合顺丰、百世等企业海外布局，将企业海外本地员工培训与“1+X”结合，服务中国企业走出去，后续将通过“1+X”作为切入点参与相关合作国家的物流教学标准。

探索中物联和国际采购与供应管理联盟（IFPSM）合作的新模式。目前已有 3000 多人在通过中物联物流师、采购职业能力等级认证后成功申请并获得 IFPSM 全球标准认证证书。除此之外开展了面向高校的采购、物流专业的中物联和国际采购与供应管理联盟的专业认证，并在北京物资学院实施了首个采购专业认证。认证工作得到国际采购与供应管理联盟充分认可。

启动美国知名认证品牌 APICS 旗下的生产与库存管理认证。中物联作为该项目的中国独家管理机构，对国内符合要求的 10 余家培训中心进行授权，同时积极筹备首期师资培训班，为新授权培训中心提供更多的优秀师资储备。

推进与联合国国际贸易中心（ITC）关于供应链管理国际培训项目的升级合作。经过十多年的推广与实施，ITC 供应链国际认证体系将全面升级，2020 年启动新体系的实施。

二、品牌项目及相关基础性工作质量迈上新台阶

（一）加强基础研究，推进行业人才标准体系建设

2019 年中物联立项启动了《采购从业人员职业能力要求》和《供应链管理从业人员职业能力要求》标准的编写工作，进一步完善了物流人才标准体系建设项目，促进院校、培训和企业用人需求有效衔接。为做好物流管理“1+X”证书制度试点工作，中物联还组织行业企业、院校专家编制了团体标准《物流管理职业技能等级及要求》，配合政府主管部门探索建设职业教育国家“学分银行”，构建国家资历框架，畅通技术技能人才成长通道，拓展就业创业本领。此外还组织编写了《2018 年中国物流高等教育年度报告》及《2018 年中国物流职业教育发展报告》，对服务物流产业发展、引领院校物流专业建设具有重要意义。

（二）努力做好政府委托项目，提高行业影响力

2019 年，中物联承担了教育部中职专业目录调整、中等职业学校冷链物流服务与管理/国际货运代理专业教学标准的制定及《冷链物流行业人才需求与职业院校专业设置指导报告》的研究编写等工作。此外，受教育部委

托，中物联严格按照要求，高质量组织开展了国家级一流专业推荐、本科新设置专业评审及物流管理专业国家级职业教育教师教学创新团队的遴选推荐工作。

（三）加大投入，努力开拓行业培训认证市场

为保障培训认证工作的稳步推进，2019 年中物联教育培训部对培训认证项目进行了一系列投入，包括组织编写并出版了物流从业人员职业能力认证体系教材、完成新版教材的题库建设、召开了 2019 年中国物流与采购联合会培训认证工作会议、面向社会招募认证项目合作伙伴等。2019 年全年中物联教育培训部组织多次物流、采购和供应链从业人员职业能力等级以及 ITC 采购供应链管理培训，受训人数达 8000 余人，参训对象覆盖物流企业、生产制造企业从业人员，各地各级政府相关部门管理人员，以及院校专业教师等。

为主动适应行业发展对人才培养的需求，紧跟行业发展前沿，2019 年面向企业和高校师资开展了智慧物流、自贸区物流、供应链管理等专项培训，共培训 500 余人。

（四）开展系列活动，指导院校物流人才培养

截至 2018 年年底，我国已有 655 个本科物流类专业点和近 2000 所中、高职院校开设物流专业，在校生规模达到 50 万人。2001 年以来，我国高等教育和职业教育累计为社会培养物流专业人才 300 多万人，为我国物流产业升级提供了强大的人才支撑。

为应对行业发展对物流人才培养提出的新挑战，2019 年中物联配合教育部完成了物流教指委的换届工作，不断强化物流教指委、物流行指委组织建设，依托下设工作组、专委会力量积极指导院校人才培养工作。

会议活动树立品牌。2019 年围绕国家战略和教育部中心工作，中物联教育培训部面向院校组织召开了四次 500 人以上规模大会：第十八届全国高校物流专业教学研讨会、第十届全国职业院校物流专业教学研讨会、物流管理“1+X”证书制度试点工作说明会、物流管理“1+X”证书制度试点考核站点申报培训工作会。会议的举办对于展示物流、采购及供应链领域最新研究成果，探讨前沿理论，推进产教融合对接、专业建设及“1+X”试点工作的开展具有重要意义。

此外，还组织召开了物流教指委成立大会、三次全体委员会议、2019 年中国物流与采购联合会培训认证工作会议等，增强了组织的凝聚力，推动了行业人才培养工作的顺利开展。

专业赛事各具特色。2019 年，中物联组织了全国大学生物流设计大赛、全国职业院校中职和高职两个全国物流技能大赛。赛事规模空前，为广大物流院校和企业搭建了一个校企合作、学习交流和展示技能的平台，达到了通过大赛推动理论教学与实践结合的目的，对物流人才培养发挥着示范引领作用。

评选活动提升能力。为落实《国务院关于全面深化新时代教师队伍建设改革的意见》精神，表彰在物流职业教育教学一线作出突出贡献的优秀教师，2019 年 6 月物流行指委启动了“物流职业教育名师”的评选工作，共表彰了 40 多名全国各地中高职院校的一线教师。

2019 年，中物联继续组织开展物流教改教研课题申报和评审工作。共完成 2019 年度课题立项 111 个，组织 91 个 2018 年立项课题评审验收，评选出优秀课题 66 个。课题研究反映了当前院校物流人才培养工作教学研究、人才培养模式创新和服务物流业发展的最新成

果，对于指导院校教学改革、专业建设、产教融合和人才培养模式创新等具有重要意义。

当前，我国物流业正处于向高质量转型的关键时期，中物联教育培训部将继续推进落实高质量的人才培养标准，推进一流物流专业建设，加强物流专业课程体系及核心课程建设，大力推动精品课程建设，助力一流课程“双万计划”建设，打造线上、线下等不同类别的“金课”，使我国高等教育物流人才培养工作满足当前大数据、云计算、物联网、人工智能、智慧物流和供应链创新与应用大发展的时代要求。

（中国物流与采购联合会教育培训部）

2019 年中国物流信息化

2019 年，“两会”的重要议题是以科技创新引领高质量发展，这也是推动我国物流与供应链走向强国阶段的重要手段。随着新一轮科技革命深入发展，先进信息技术与物流深度融合，数字物流将深刻改变行业发展格局。物联网、人工智能、云计算、大数据和区块链等新技术在物流行业逐步应用落地，构建了产业智能化、物流智慧化的新经济形态。

一、国家对物流信息化工作高度重视

2019 年 9 月，中共中央、国务院印发《交通强国建设纲要》，指出推进装备技术升级，推广新能源、清洁能源、智能化、数字化、轻量化、环保型交通装备及成套技术装备。广泛应用智能高铁、智能道路、智能航运、自动化码头、数字管网、智能仓储和分拣系统等新型装备设施，开发新一代智能交通管理系统。推广应用交通装备的智能检测监测和运维技术。加速淘汰落后技术和高耗低效交通装备。

加速新业态新模式发展，发展“互联网+”高效物流，创新智慧物流营运模式。培育充满活力的通用航空及市域（郊）铁路市场，完善政府购买服务政策，稳步扩大短途运输、公益服务、航空消费等市场规模。建立通达全球的寄递服务体系，推动邮政普遍服务升级换代。加快快递扩容增效和数字化转型，壮大供应链服务、冷链快递、即时直递等新业态新模式，推进智能收投终端和末端公共服务平台建设。积极发展无人机（车）物流递送、城市地下物流配送等。

强化前沿关键科技研发。瞄准新一代信息技术、人工智能、智能制造、新材料、新能源等世界科技前沿，加强对可能引发交通产业变革的前瞻性、颠覆性技术研究。加强区域综合交通网络协调运营与服务技术、城市综合交通协同管控技术、基于船岸协同的内河航运安全管控与应急搜救技术等研发。

大力发展智慧交通，推动大数据、互联网、人工智能、区块链、超级计算等新技术与交通行业深度融合。推进数据资源赋能交通发展，加速交通基础设施网、运输服务网、能源网与信息网络融合发展，构建泛在先进的交通信息基础设施。构建综合交通大数据中心体系，深化交通公共服务和电子政务发展。推进北斗卫星导航系统应用。

结合此文件，交通运输部部长李小鹏针对交通强国建设九大重点任务中智慧物流的发展提出了两点，一是推进出行服务快速化、便捷化，打造绿色高效的现代物流系统，加速新业态新模式发展；二是强化前沿关键科技研发，大力发展智慧交通，推动新技术与交通行业深度融合，完善科技创新机制。

2019 年 5 月，《国务院办公厅转发交通运输部等部门关于加快道路货运行业转型升级促进高质量发展意见的通知》中，指出鼓励规范“互联网+”新业态发展，大力发展无车承运人等道路货运新业态，支持道路货运企业加强信息系统建设，提高线上线下一体化服务能力。加快制定出台网络平台道路货物运输经营管理办法（于 2019 年 9 月出台），建立货运信用信息共享交换联动机制，规范“互联网+”车货匹配平台经营活动，依法查处平台企业排除和限制竞争、损害货车司机合法权益等垄断行为。可见平台经济是物流与供应链信息化的重要组成部分，平台的互联网属性能有效推动物流行业向数字化迈进。

2019 年 2 月，国家发展改革委联合交通运输部印发的《关于开展物流降本增效综合改革试点的通知》中指出，试点工作将重点围绕以下 7 个方面展开，即优化物流营商环境、鼓励物流新技术应用和新业态新模式发展、培育物流运作网络体系、加强转运衔接发展多式联运、推动解决物流企业“用地难”“融资难”问题、提高物流标准化水平、健全物流行业统计和运行监测。其中，鼓励物流新技术应用和新业态新模式发展为我国物流与供应链信息化、智能化、数字化发展奠定了政策基础和基本导向。我国物流与供应链行业正处于由“作业产生价值”向“数据产生价值”的转型阶段，物联网、大数据、人工智能等新技术的应用将有效引导行业的价值转移，切实实现降本增效。

2019 年 3 月，国家发展改革委等部门发布《关于推动物流高质量发展促进形成强大国内市场的意见》，文件中指出依托骨干物流信息平台试点单位，探索市场化机制下物流信息资源整合利用的新模式，推动建立国家骨干物流信息网络，畅通物流信息链，加强社会物流活动全程监测预警、实时跟踪查询。依托行业协会实施全国百家骨干物流园区“互联互通”工程，促进信息匹配、交易撮合、资源协同。

提升制造业供应链智慧化水平，鼓励物流和供应链企业在依法合规的前提下开发面向加工制造企业的物流大数据、云计算产品，提高数据服务能力，协助制造企业及时感知市场变化，增强制造企业对市场需求的捕捉能力、响应能力和敏捷调整能力。鼓励发展以个性化定制、柔性化生产、资源高度共享为特征的虚拟生产、云制造等现代供应链模式，提升全物流链条的价值创造水平。

在作业层面实施物流智能化改造行动，大力发展数字物流，加强数字物流基础设施建设，推进货、车/船/飞机、场等物流要素数字化。加强信息化管理系统和云计算、人工智能等信息技术应用，提高物流软件智慧化水平。支持物流园区和大型仓储设施等应用物联网技术，鼓励货运车辆加装智能设备，加快数字化终端设备的普及应用，实现物流信息采集标准化、处理电子化、交互自动化。发展机械化、智能化立体仓库，加快普及“信息系统+货架、托盘、叉车”的仓库基本技术配置，推动平层仓储设施向立体化网格结构升级。鼓励和引导有条件的乡村建设智慧物流配送中心，鼓励各地为布局建设和推广应用智能快（邮）件箱提供场地等方面的便利。

文件从物流信息服务平台的互联互通、利用新技术进行决策支持、物流设备智能化改造三个方面提出物流高质量发展的路径，多次提及物联网、大数据、人工智能等新技术落地应用，强调物流数字化的战略意义，可见数字物流是现阶段物流与供应链信息化发展的目标。

2019 年 7 月，交通运输部印发的《数字交通发展规划纲要》指出，统筹推进“五位一体”总体布局，协调推进“四个全面”战略布局，按照“巩固、增强、提升、畅通”八字方针，抓住新一轮科技革命和产业变革的机遇，坚持推动高质量发展，坚持以人民为中心，坚持以创新为第一动力，促进先进信息技术与交通运输深度融合，以“数据链”为主线，构建数字化的采集体系、网络化的传输体系和智能化的应用体系，加快交通运输信息化向数字化、网络化、智能化发展，为交通强国建设提供支撑。具体包括以下两点。

（一）推动载运工具、作业装备智能化

鼓励应用具备多维感知、高精度定位、智能网联功能的终端设备，提升载运工具远程监测、故障诊断、风险预警、优化控制等能力。推动自动驾驶与车路协同技术研发，开展专用测试场地建设。鼓励物流园区、港口、铁路和机场货运站广泛应用物联网、自动驾驶等技术，推广自动化立体仓库、导引运输车、智能输送分拣和装卸设备的规模应用。推动自动驾驶船舶、自动化码头和堆场发展，加强港航物流与上下游企业信息共享和业务协同。

（二）推动物流全程数字化

大力发展“互联网+”高效物流新模式、新业态，加快实现物流活动全过程的数字化，推进铁路运输、公路运输、水路运输等货运单证电子化和共享互认，提供全程可监测、可追溯的“一站式”物流服务。鼓励各类企业加快物流信息平台差异化发展，推进城市物流配送全链条信息共享，完善农村物流末端信息网络。依托各类信息平台，加强各部门物流相关管理信息互认，构建综合交通运输物流数据资源开放共享机制。

2019 年 8 月，交通运输部、国家邮政局、中国邮政集团公司联合发布《关于深化交通运输与邮政快递融合推进农村物流高质量发展的意见》，提出大力发展“互联网+”农村物流新业态，支持农村物流企业建设互联网物流信息平台，并实现与农村电子商务平台的对接，发展网络货运、车货匹配等新型运营服务模式，实现人、车、货、站、线等要素的精准匹配，提高农村物流组织效率。

2019 年 9 月，交通运输部和国家税务总局联合印发的《交通运输部 国家税务总局关于印发〈网络平台道路货物运输经营管理暂行办法〉的通知》指出，为贯彻落实国务院关于促进平台经济规范健康发展的决策部署，规范网络平台道路货物运输经营，维护道路货物运输市场秩序，促进物流业降本增效，此文件为物流行业转型升级高质量发展指明了方向。

2019 年 2 月，商务部等 12 部门印发的《关于推进商品交易市场发展平台经济的指导意见》指出，推动生产资料市场与企业开展供需对接，优化采购、生产、销售、物流等资源配置，培育形成一批开放、高效、绿色的供应链平台。加快技术应用和管理创新，发展“市场+平台+服务”模式，增强定制化生产、一体化服务功能，构建线上线下融合、上下游协作的生产资料流通体系，促进生产资料更好服务产业发展。

2019 年 11 月，商务部联合中国工商银行印发的《商务部 中国工商银行关于组织供应链领域重点合作项目推荐工作的通知》中指出，要创新发展流通供应链。推动流通企业与中国工商银行、供应商、生产商系统对接，构建流通、金融与生产深度融合的供应链协同平台，实现资金流、信息流、物流“三流合一”，实时共享可视；推动流通企业与工商银行融 e 购电商平台深度合作，打造线上线下融合的供应链交易平台，提供研发、设计、采购、生产、物流和分销等一体化供应链服务，发展集信息推送、消费互动、物流配送等功能为一体的社区商业，满足社区居民升级消费需求，提高居民生活智能化和便利化水平。

二、物流企业信息化的发展向透明化、智能化和协同化方向提升

（一）采用 SaaS 部署运输管理系统，助力企业流程透明化，提高运输效率

长春一汽富晟物流有限公司研发的富晟运输管理系统采用 OTMS 模式设计开发，是运输管理领域的最新成果。OTMS 开创性地采用了“SaaS 平台+移动 App”的模式连接运输，将货运环节中的货主、第三方物流公司、运输公司、司机和收货方集成，打造一个基于核心流程的、透明且开放的生态系统。OTMS 社区型运输协同平台解决了传统运输管理系统无法跨越运输链条的弊端，系统使用后摒弃以往纸质单据改用手持设备，平台与司机使用 App 交接，运单信息从仓库 OMS 实时传递至 TMS，有效降低人工成本。新增运单位置 GPS 定位功能，从订单开始，以运单贯彻始终，以派车单整合数据，至回单结束形成完整的业务管理闭环，各节点操作信息可追溯，做到精准储运。

（二）RFID 等物联网技术赋能仓储管理，逐步降低库内作业的人工参与程度

近年来汽车行业呈现新技术跨界融合、服务体验网络化、需求定制化的特点，主机厂对整车物流的协同性、专业性、柔性提出更高要求。为满足客户需要，重庆长安民生物流股份有限公司在原有整车仓储系统 VDC 基础上加以改进，研发了整车智慧仓储管理系统 i-VWMS。该系统覆盖了公司整车仓储从商品车下线收车、发运出库、发运出场等场景，增加了资源智能调度功能、场站智能化管理、盘存管理、自有车辆管理、过程质量管理，实现库房作业无纸自动化，调度管理智能化，操作过程管理精益集成化和仓储场地运营可视化。针对原有系统的功能缺陷，结合 RFID 等物联网技术，研发了仓库作业智能调度、智能链接、智能化库位和交通车分配，总体操作效率提升 15%，有效满足客户需求。

成都富晟新悦物流有限公司主营业务是存储一汽备件物资，由于汽车备件种类及库存量日益增加，原有系统操作繁杂且人工干预过多，已无法支撑业务需求。对此该公司开创性地研发了 M-WMS 管理系统，该系统的智能补货模块通过智能计算方法，能够实现网络管理、出入库系统互通互联，并通过出入库频次、作业效率统计分析、超储管理优化、运行规则设计、作业资源配比设计、作业流量等精准算法，实现存货、智能补货、发货等全程智能化系统操作。配合网络信息化及射频识别技术运用，增加条码配置页面，减少人工操作录入时间及书写错误。通过上线M-WMS，该公司能开展一货多位及多货一位、多品种小批量等复杂仓储业务，能为客户提供数据统计分析、数据交互、大数据分析等相关增值服务。未来还将应用 RFID、大数据、云计算等技术升级 WMS 并与 TMS、SAP 系统相结合，实现拣货路径优化、自动化分拣、运营数据分析等功能，助力企业进一步实现战略提升。

（三）物流园区、公路港逐步建立统一管理系统，园区内各功能模块实现互联互通，管理效率有效提升

为解决物流园区日常管理、信息收集、业务转型等方面遇到的问题，浙江数链科技有限公司以传化苏州公路港为依托，通过将物联网（IoT）技术应用到园区的管理创新中，实现园区的人、车、货、场、企等各种资源的数字化，通过感知、识别、互联实现园区数字资源的运算分析，业务场景化。园区通过 IoT 终端传感器采集园区内仓库、货物、车辆、人流分布与运行状态，实现智能安防、无感停车、智能电表、租赁管理、资产管理、在线财税、电子发票等业务，每年节约人力成本约 50 万元。资源的数字化和在线化使得园区内资源实现统一管理、统一调度、优化配置，同时为线上信息管理系统提供高价值的实体业务数据，目前已在全国范围内逐步推广。未来还将依托 SaaS 技术建立统一的开发接口平台并制定开放标准，对内向园区合作企业、对外向其他园区及政府部门对接，实现信息的互联互通、优势互补、合作共赢。

盖世物流研发园区一体化综合管理应用平台，对原有 OA、财务管理、合同管理、物业管理、资产管理等应用系统进行一体化统一管理，统一入口和基础数据，方便进行信息的梳理和大数据分析，为将来集团的决策提供信息依据。另外，进一步完善集团所需的园区公共物流平台、物流云园区综合管理、CRM、人力资源管理，运输管理系统、仓储管理系统、车辆管理系统、物流云仓系统、天天优莱等的业务系统建设，充实盖世集团内部综合管理平台、园区物流作业管理平台以及信息平台运营配套管理系统。该平台的建设既实现了与原有的系统的无缝对接，也提高了系统的可扩展性，未来可在当前建设基础上，重点基于大数据平台，进行大数据挖掘和应用分析，支撑园区业务、管理分析和可视化展现，支撑客户画像、企业画像以及精准营销。同时，完善物流增值服务功能，包括在线物流 SaaS 服务、物流金融等增值服务功能。

三、物流平台的快速发展推动行业数字化变革

（一）无车承运平台的发展进入整合期，未来网络货运的发展将迎来科技发展新热潮

近年来，随着物流平台的快速发展，无车承运平台成为发展的主力军，业务范围覆盖整车干线、同城配送、技术支撑、汽车后服务等。我国物流平台对于行业的价值已不仅停留在信息交换的在线化，而是向业务流程中的合同签订、运输执行、交易结算甚至后服务环节渗透，进而起到消除多余中间层、优化社会资源配置的作用。

除此之外，大数据和人工智能的应用已成为无车承运平台的标配，在资源匹配、路径选择和智能定价等方面发挥了极大的优势。路歌、满帮、中储智运、福佑卡车等大型无车承运平台纷纷研发出适合自身业务的人工智能产品，在智能技术的应用方面已走在行业前列。部分领先的平台型企业也开始布局自有生态体系，为用户提供维修、保养、救援、ETC、金融保险等增值服务，丰富企业利润来源，构建良性生态循环体系。伴随无车承运平台的业务拓展和网络货运新政的落地，新技术的加持将成为网络货运平台新的发展机遇。

（二）水路运输、铁路运输、多式联运等业态也在向平台化、智能化转型升级

曹妃甸港物联科技有限公司采用“互联

网+港口+供应链”的模式，利用移动互联网、云计算、大数据、物联网等先进技术和理念，将互联网产业与传统港口物流业进行有效渗透与融合，自主研发了智能网络货运平台——曹港物联平台，致力于搭建港口和工厂之间信息互联互通的桥梁，为客户提供集港口服务、公路运输、铁路运输、海洋运输为一体的全程物流供应链整体解决方案，使物流运输业务全程透明化、规范化、标准化，形成“线上资源合理配置，线下物流高效运行”的新业态和新模式。在货源获取、运力共享、运输组织、在途监控、对账结算、税务管理等方面全方位、多角度提高物流服务的交易效率、运营效率、资金效率，为供应链上的各个角色赋能，从而提升对客户的服务质量，推动物流产业降本增效。值得提出的是，曹港物联平台在传统无车承运平台的基础上，与港口物流相连接，为我国多式联运信息化与一体化发展开辟了新道路。

（三）仓储平台向智能化、可视化、精细化方向发展

厦门荆艺软件有限公司开发的古龙食品自动化立体仓库平台，通过古龙食品金蝶 ERP 系统能够将订单数据导入物流系统，开始进行全流程的业务数据控制管理、业务运作监控管理、业务结果分析改进等业务层面的信息管理；通过管理过程中对数据的传递，对业务的控制分析达到古龙食品业务流、信息流等多层面互动，为古龙食品仓储管理满足应用自动化立体仓库所需的信息管理能力提供了全面支持。物流全过程应用 RFID 托盘，整个物流系统的数据传输具有实时性、连续性、唯一性，保障并支持公司信息系统有效、高水平运行。为古龙食品逐步在供应链智能化过程中体现出具有现代物流的特性的物流管理能力奠定了基础，同时为公司在未来市场竞争中所具备的先进的物流管理理念与管理能力、先进的供应链管理基础等提供核心支持。

四、供应链信息化向平台化、智能化、协同化方向发展，打造智慧供应链生态圈

（一）制造型企业供应链信息化通过构建工业互联网打造实时、协同、高效的智慧化供应链服务体系

上海爱姆意机电设备连锁有限公司针对供应链整体高库存量，无法及时响应市场需求的情况，构建工业互联网环境下供应链协同服务平台，提供包括一站式工业品采购、全渠道分销管控、供应链金融服务、个性化定制服务等方面的互联网服务，支持制造业企业实现“互联网+集中采购”和“互联网+渠道分销”，帮助制造业上下游的企业之间实现互联网的链接，提高产业协同效率，降低供应链成本，提升企业应对市场变化的速度，推动传统工业制造业的“互联网+”转型，构筑制造业企业的供应链竞争优势。平台为产品制造商提供了快速进入市场的渠道，提供高效、便捷、低成本、低风险、高可控性的商务模式，使制造商具备对库存产品资源的集中管理、合理配备和对物权的绝对控制与调度的能力和手段，通过平台认证的集成服务商提供的供应商库存服务能够帮助客户实现真正的 JIT 库存管理，提高供货速度，减少缺货发生，降低企业的库存，实现了社会库存产品资源的共享。

（二）商贸型企业供应链信息化通过构建供应链上下游一体化服务平台，打造实时全程可视、智能、高效的智慧化供应链服务体系

锐特信息技术有限公司为蚁安居打造的供

应链一体化服务系统，打破原先供应链上下游信息孤立的局面，实现各系统间的数据的透明化及信息一体化操作。订单的自动分类归集及自动派发，提高操作效率，实现统一先进、高效的家居供应链一体化物流服务平台。不仅为B端客户提供从产品出厂开始的干线运输、仓储、配送、安装、维修等全流程一体化解决方案，也能够为C端消费者提供专业技师先上门测量、送装一体、全程维护的一站式家装家居服务，进一步提升家居用户消费体验，并结合客户的特性和痛点，提供量身定制的差异化服务解决方案。该系统作为蚁安居家居服务生态平台的综合调度引擎，将移动互联技术与传统物流IT技术相结合，通过集成了App、OMS、WMS、TMS、DMS、BMS的供应链一体化服务平台，快速实现与主流电商京东、天猫、苏宁、唯品会等平台订单无缝对接，实现线上订单的自动推送及供应链一体化服务平台的统一调度，实现订单的自动分类归集及自动派发，实现各环节全程可控和全节点可视，针对不同区域、不同服务网点、不同要求、不同产品实现快速接收与分配，高效管控及自动计费，能有效应对“6·18”“双十一”等购物狂欢节带来的订单爆炸性增长。

（三）物流型企业供应链信息化通过构建供应链一体化服务平台有效整合上下游资源，打造良性闭环生态圈

云南宝象物流集团有限公司（以下简称“宝象物流”）依托自身多元化的物流业务，建设了宝象智慧供应链云平台。平台采用或建立物流行业数据标准和服务标准，立足为生产、贸易和流通供应链上下游企业提供代理采购、代理销售、全供应链融资、仓储质押、运费保理等供应链金融服务，线上线下有机结合，实现集交易、仓储、运输、增值配套、结算支付、融资等全流程一体化服务。平台通过整合各方资源和一批服务供应商，将物流核心业务及配套增值服务实现一体化集成，形成一个融合全业务、全流程、全信息的大集成互联网云平台，提升整个供应链用户价值，打造完整、高效的“交易+物流+金融”供应链共享经济生态圈。平台自上线以来，产生直接经济效益855.06万元。除此之外，在宝象物流在资金充足的情况下，作为平台的资金方为用户提供宝通融资服务。目前，平台使用宝象物流作为资金方提供融资108次，共融资5162.90万元。

五、新技术应用推动行业技术创新

（一）无人技术应用大幅降低企业人力成本，切实助力企业降本增效

德邦快递总部园区推出无人送货车“德邦小D”，通过“德邦小D”无人派送解决快递业务人手紧张、夜间无人值守问题，提升末端效率，从而助力“最后一公里”。“德邦小D”采用区域式无人驾驶功能，全方位实时监控，多功能防撞避障，可实现全天候园区循环。德邦快递通过无人收派、用户取寄件零等待的模式，提升收派效率与用户满意度，节省了用户及快递员大量时间和快递运输派送成本，日均派件效率提升43.39%。

北京科捷物流有限公司为了改善仓库运营状态，提高仓库存储率、减少人力成本、解决电商大促期间爆仓问题，提出适用于B2B和B2C共用场景的定制化智能自动化方案——高密度存储货到人仓储机器人方案。其中，B2B业务使用单层货架，B2C业务使用五层货架，两种业务分区存放，AGV两区复用。由机器人

代替大量人工进行拣选、搬运、上架等机械化操作，准确率大大提高，同时结合 AI 技术及相关智能算法对上架及拣货路径进行优化，节省作业时间。目前实施的机器人区面积为 1200 平方米，投入 6 台机器人，能同时完成 B2B 终端和 B2C 手机业务的出入库作业流程，每年节省人力成本 28 万元，存储效率提高 12%。

（二）区块链技术在电子签名、流程跟踪等方面逐步落地

京东物流依托区块链和电子签名技术打造了链上签这款产品，该产品基于区块链和电子签名技术，解决传统纸质单据签收不及时、易丢失、易篡改，管理成本高的问题，实现单据流与信息流合一。

链上签所使用的区块链平台是基于京东自主知识产权的区块链底层技术平台“JD Chain”的基础上构建智链能力开放平台，强化区块链在客户实名、协约签署、管理、维护和合同保障方面的应用。目前，链上签应用场景主要为快运对账和电子签单返还，签单时通过身份证、手机号、姓名完成信用主体的认证，物流配送环节以电子运单为载体，通过信用主体的数字签名完成每个运输节点的信用签收。该产品已经被福佑等多家承运企业使用，实现双方所有交易数据上链，大型干支线的整车业务在业务、系统、技术层面全打通，形成了整体的方案解决模式。通过链上真实的交易数据实现共管一笔账；通过链上签电子签名能力，完成信用主体的建立和运单的电子化签收，替代纸质委托单和手写签名作为结算凭证。京东物流携手承运企业通过对现有业务流程规范化，从而降低供应商对账期，从目前的 90 天账期缩短至 30 天，可以从承运企业处获得更多的优惠条件，大幅降低运营和管理成本。

（三）主动安全系统有效降低交通事故发生率，为自动驾驶的发展奠定基础

武汉东本储运有限公司搭建的主动安全平台融合驾驶过程中人、车、货的全过程数据，通过平台智能分析，形成可视化报表和安全分析报告，实现车辆精益管理。通过前向和内向摄像头实时对驾驶员行为异常（疲劳驾驶、打电话驾驶等）及车辆运行状态异常（前碰撞、车道偏离、超速）进行实时报警。通过车后安装的智能电子锁对锁的运行异常（非法打开、低电压等）进行实时报警。DMS 通过分析驾驶员的面部表情及行为，发出安全预警。胎温胎压控制系统通过在轮胎上加装传感器对车辆轮胎压力、温度进行实时监测，每 30 秒上传一次监测数据到显示屏，让驾驶员时刻了解轮胎压力、温度及其状况。当胎温、胎压达到报警值时，对应轮胎显示为红色，并有报警蜂鸣声。此系统可以有效预防爆胎、减少轮胎安全事故的隐患。ADAS 通过车辆的状态、与前车的距离、路边的限速标识等信息判断车道偏离、超速、前碰撞，设备发出报警声音，并通过 4G 网络将报警图片及小视频传送至云平台。云平台通过微信公众号、短信、邮件等形式同步推送异常信息。

同样是针对交通事故高发等问题，深圳市易流科技股份有限公司为深圳市深特工业气体有限公司量身打造了一套解决方案——基于 ADAS 技术的危险品车辆驾驶安全智能管控平台。该平台利用北斗卫星导航系统、无线网络传输、地理信息系统、移动互联和云计算、人工智能等现代技术，通过人脸识别和道路路况监测等手段，动态识别司机驾驶过程中驾驶不良行为和道路路况信息，并建立起司机驾驶不良行为大数据分析模型，实现对每一个不良行为的精准预判和智能提醒，达到提前提醒和告知司机安全风险的目的，降低安全风险发生的

概率。该理念是用技术手段改造传统危险品物流行业驾驶安全的有效尝试，具有广阔的拓展空间。

（四）利用人工智能技术对海量数据进行挖掘分析，为业务流程优化、保险风控提供决策支持

中交兴路基于全国货运平台和以其为基础构建的车联网大数据平台，依托业内高级分析技术建立商用车风险管理 AI 云平台，构建从承保端到理赔端的全流程风控闭环，向国内外的保险公司提供全方位的风险管理服务，包括车辆风险评测、运营安全管理、事故实时预判及理赔调查支持等多种服务，有效帮助保险公司提高经营效益，进一步改善全社会商用车安全生产管理水平。该平台所采用的风控模型将车联网大数据整理、加工成运营数据、道路数据、驾驶数据、业务数据 4 大类，具体包括运营率、日均行驶里程、高速公路行驶里程占比、夜间行驶里程占比、超速行驶时长占比、日均疲劳驾驶里程、常跑路线运营次数占比等数十项驾驶行为数据因子，结合中国保信所提供的商业车险承保、理赔数据，采用行业领先的 GAM 算法建立了保险风险预测模型，通过分析车辆过去的日常行驶特征，准确预测其未来的保险风险成本。一般来说，传统保险定价模型的预测结果，风险最高组与风险最低组的差异（提升度）不会超过 3 倍，而加入了车联网数据因子后，本模型的提升度达到了 4.3 倍，效果远超传统模型。该模型有效地提高了保险公司对重型载货车商业车险的核保能力，得到了保险行业主流大公司的一致认可。

菜鸟网络科技有限公司为实现“全国 24 小时，全球 72 小时必达”的目标，推进“一横两纵”战略，建设整个物流行业的数字化基础设施，搭建面向未来的、基于新零售的智慧物流与供应链解决方案，打造一张全球化的物流网络。其中，菜鸟物流云的智能视频云监控（以下简称“菜鸟天眼”）是该战略的重要成果之一。通过对海量视频数据进行特定机器视觉算法学习，将这部分此前并无有效利用的视频数据加以利用，对整个环节的人、车、货、场进行分析，对操作不规范等异常情况实时告警，协助合作伙伴进行决策分析、突发事件的应急指挥，进而提升全链路的全域优化管理以及安全生产。菜鸟天眼不仅提供了基础的 SaaS 化控制台，还提供了标准 API 接口，用户可以根据自身的业务特点，自行开发前台系统，通过 API 方式调用后台核心的算法分析能力。通过与合作伙伴的合作，为用户提供更加定制化的数据展现方案，经过数据指标梳理、加工、展现，并通过可视化展示大屏对全流程进行监控。

（中国物流与采购联合会网络事业部
晏庆华　金妲颖）

2019 年中国物流标准化

2019 年是深化标准化工作改革第三阶段的开局之年，也是标准体系建设之年。这一年新发布国家标准 2021 项、行业标准 4880 项、地方标准 7238 项，新增团体标准 6227 项、共有 5 万多家企业自我声明公开了 37 万多项企业标准。在国际标准化方面新提出国际标准提案 238 项，筹建和成立了区块链等多个专业标准化技术组织，从组织管理和标准上有了新的进展，取得新的成效和突破，进一步满足了我国经济发展的需求。

一、物流标准化政策环境

2019 年，政府部门多项物流政策落地，这些政策文件中的措施极大地推动了物流业高质量发展，对改进物流营商环境起到了良好的效果。为了保障政策的有效落地，有 17 项政策文件对物流标准化的发展提出了具体要求。中共中央、国务院印发的《交通强国建设纲要》中提出要建立适应交通高质量发展的标准体系，加强重点领域标准有效供给。国家发展改革委等 24 部门印发的《关于推动物流高质量发展促进形成强大国内市场的意见》中提出要健全物流标准规范体系，提出了多个领域的标准化重点工作。这些文件中涉及的领域有多式联运，道路货物运输，货运平台，食品、农产品冷链物流，快递绿色包装，集装单元化物流系统、物流统计、物流单证，国际区域物流等。这些领域的标准有的已制定发布，满足行业发展的需求；有的已开始着手制定成为未来两到三年的物流标准化重点工作。

（一）道路运输方面

《国务院办公厅转发交通运输部等部门关于加快道路货运行业转型升级促进高质量发展意见的通知》中提出要加快制定危险货物道路运输安全管理办法，研究改革完善危险货物道路运输押运员管理制度。加快修订常压液体危险货物运输罐车罐体相关国家标准，明确罐体介质兼容要求。深入推进多式联运示范工程、城乡交通运输一体化示范工程、城市绿色货运配送示范工程，推广应用先进运输组织模式。指导行业协会、企业联盟研究推广挂车互换标准协议，创新普通货车租赁、挂车共享、长途接驳甩挂、集装单元化等新模式。积极推进货运车型标准化。国家发展改革委会同多部门联合印发的《关于推动物流高质量发展促进形成强大国内市场的意见》中提出要健全完善相关法规制度和标准规范，推动以网络为依托的货运新业态规范有序发展，要总结多式联运示范工程工作经验，研究制定统一的多式联运服务规则，完善多式联运转运、装卸场站等物流设施标准。这些文件中对目前交通运输中的危险货物运输、多式联运标准化，以及新兴网络货运平台标准化等提出了工作重点。

《交通强国建设纲要》中提出要积极推动全球交通治理体系建设与变革，积极参与交通国际组织事务框架下规则、标准制定修订，提升交通国际话语权和影响力。《国家发展改革委关于印发〈西部陆海新通道总体规划〉的通知》中提出要加快推进多式联运“一单制”。以铁路为重点建立健全内外贸多式联运单证标准，优化国际多式联运单证的陆上使用环境。健全陆上集装箱技术标准体系，加快研发45英尺箱等铁路宽体集装箱，探索其在中国至东南亚的国际铁路联运中的应用，这些规划对交通运输国际标准化、货运单证一体化、“一带一路”倡议中的区域标准化工作都提出了更高的要求，要求标准要走出去、引进来，要求标准能为实现多式联运、国与国之间物流环节的高效运转赋能。

（二）单元化物流系统建设方面

国家发展改革委会同多部门联合印发的《关于推动物流高质量发展促进形成强大国内市场的意见》中提出鼓励企业使用1200mm×1000mm的标准托盘。加快物流信息、物流设施、物流装备等标准对接。制定以托盘为基础单元的单元化物流系统系列标准已是近几年标准化工作的重点。

（三）冷链物流方面

随着国民经济的发展和居民生活水平的不断提升，食品安全与品质越来越受到政府和社会的重视，保障食品质量和品质的全生命周期、全链条管理已得到广泛共识，食品冷链物流也越来越受到政府的重视，连续多年出台相关文件规范行业发展，全国物流标准化技术委员会也相继制定了多项食品冷链物流标准，包括了物流服务、信息追溯，服务等级与评价等方面，在行业内进行宣传、试点取得了很好的成效。2019年发布的《中共中央 国务院关于深化改革加强食品安全工作的意见》中再次提出要严把流通销售质量安全关。建立覆盖基地贮藏、物流配送、市场批发、销售终端全链条的冷链配送系统，严格执行全过程温控标准和规范，落实食品运输在途监管责任，鼓励使用温控标签，防止食物脱冷变质，要建立食品安全追溯体系。建立食用农产品和食品安全追溯标准和规范，完善全程追溯协作机制。加强全程追溯的示范推广，逐步实现企业信息化追溯体系与政府部门监管平台、重要产品追溯管理平台对接，接受政府监督，互通互享信息。这些文件中对食品从生产到销售全过程的追溯体系标准化和互通互享信息平台标准化建设提出标准化的需求。

（四）农村物流标准建设方面

交通运输部办公厅印发的《交通运输部办公厅关于推进乡镇运输服务站建设加快完善农村物流网络节点体系的意见》中提出要完善服务标准规范，鼓励各地结合实际，研究制定农村物流节点设施建设标准和企业运营服务规范，明确在站场功能配置、线路经营、货物交接、仓储配送、安全管理、信息服务等方面的具体要求，提高农村物流服务标准化、规范化水平。《财政部办公厅 商务部办公厅关于推动农商互联完善农产品供应链的通知》中也提出要提升标准化和品牌化水平，建立覆盖本地特色优势农产品种养加工、检验检测、质量分级、包装标识、冷链物流、批发零售等各环节，国标、地标、团标、企标有机结合的全产业链标准体系，推动标准推广应用，打造一批地域特色突出、产品特性鲜明的区域公用品牌，开展品牌推广，提升标准化、品牌化水平。

从政策文件来看，研究并建立农村物流和农产品冷链物流标准体系，制定农村中转物流设施标准、安全运营标准、信息平台标准、农产品质量分级和包装标识标准，农产品产地物流标准等全产业链标准将是未来几年标准化的工作重点。

二、物流标准化工作

（一）2019 年度发布的物流标准情况

2019 年 1—12 月发布的物流国家标准汇总如表 1 所示。

表 1　　2019 年 1—12 月发布的物流国家标准汇总

序号	标准号	标准名称	实施日期
1	GB/T 31024. 3—2019	合作式智能运输系统　专用短程通信　第 3 部分：网络层和应用层规范	2019/12/1
2	GB/T 31024. 4—2019	合作式智能运输系统　专用短程通信　第 4 部分：设备应用规范	2019/12/1
3	GB/T 37373—2019	智能交通　数据安全服务	2019/12/1
4	GB/T 37374—2019	智能交通　数字证书应用接口规范	2019/12/1
5	GB/T 37375—2019	交通运输　物联网标识规则	2019/12/1
6	GB/T 37376—2019	交通运输　数字证书格式	2019/12/1
7	GB/T 37377—2019	交通运输　物联网标识应用分类及编码	2019/12/1
8	GB/T 37378—2019	交通运输　信息安全规范	2019/12/1
9	GB/T 37422—2019	绿色包装评价方法与准则	2019/5/10
10	GB/T 37436—2019	智能运输系统　扩展型倒车辅助系统性能要求与检测方法	2019/12/1
11	GB/T 37471—2019	智能运输系统　换道决策辅助系统性能要求与检测方法	2019/12/1
12	GB/T 37486—2019	城市轨道交通设施设备分类与代码	2019/12/1
13	GB/T 37503—2019	物流公共信息平台服务质量要求与测评	2019/12/1
14	GB/T 37706—2019	车用起重尾板安装与使用技术要求	2019/12/1

续 表

序号	标准号	标准名称	实施日期
15	GB/T 24616—2019	冷藏、冷冻食品物流包装、标志、运输和储存	2020/3/1
16	GB/Z 37925—2019	粮食集装化包装仓储作业技术要求	2020/3/1
17	GB/T 38115—2019	托盘共用系统信息化管理要求	2020/5/1
18	GB/T 39001—2019	道路交通安全管理体系要求及使用指南	2020/5/1
19	GB/T 38354—2019	农村电子商务服务站（点）服务与管理规范	2019/12/31
20	GB/T 38375—2019	食品低温配送中心规划设计指南	2020/7/1

2019 年 1—12 月，新发布物流行业标准 19 项，其中交通运输部发布 14 项、工业和信息化部发布 2 项、海关总署发布 1 项、中华全国供销合作总社发布 1 项、国家邮政局发布 1 项（见表 2）。

表 2　2019 年 1—12 月发布的物流行业标准汇总

序号	标准号	标准名称	实施日期	发布单位
1	JT/T 794—2019	道路运输车辆卫星定位系统车载终端技术要求	2019/7/1	交通运输部
2	JT/T 1178. 2—2019	营运货车安全技术条件　第 2 部分：牵引车辆与挂车	2019/7/1	交通运输部
3	JT/T 1260—2019	进出口集装箱货物装拆箱理货业务规程	2019/7/1	交通运输部
4	JT/T 1259—2019	进出口集装箱货物装拆箱理货单证	2019/7/1	交通运输部
5	JT/T 1250—2019	道路危险货物运输企业等级	2019/7/1	交通运输部
6	JT/T 1245—2019	国内集装箱多式联运电子运单	2019/7/1	交通运输部
7	JT/T 1244—2019	国内集装箱多式联运运单	2019/7/1	交通运输部
8	JT/T 1243—2019	驮背运输　道路运输车辆技术要求	2019/7/1	交通运输部
9	JT/T 1271—2019	驮背运输　装载栓固技术要求	2019/10/1	交通运输部
10	JT/T 1274—2019	道路货物运输车辆类型划分	2019/10/1	交通运输部
11	JT/T 1273—2019	公铁联运厢式半挂车标识	2019/10/1	交通运输部
12	JT/T 1272—2019	多式联运交换箱技术要求和试验方法	2019/10/1	交通运输部

续 表

序号	标准号	标准名称	实施日期	发布单位
13	JT/T 1295—2019	道路大型物件运输规范	2020/3/1	交通运输部
14	JT/T 1296—2019	道路大型物件运输企业等级	2020/3/1	交通运输部
15	SN/T 5127—2019	集装箱封闭查验设备使用方法	2020/3/1	海关总署
16	BB/T 0079—2018	热带水果包装通用技术要求	2019/7/1	工业和信息化部
17	QC/T 699—2019	车用起重尾板	2020/1/1	工业和信息化部
18	GH/T 1238—2019	甜樱桃冷链流通技术规程	2019/10/1	中华全国供销合作总社
19	YZ/T 0171—2019	邮件快件包装基本要求	2020/3/1	国家邮政局

2019 年 1—12 月已发布的国家标准、行业标准中，内容涉及智能交通、道路运输及运输车辆、托盘共用系统、进出口集装箱等通用类物流标准，以及快递包装、物流公共信息平台、集装箱多式联运、公路货运、大件运输、冷链物流、生鲜农产品物流、粮食物流、农村物流等专业类物流标准。

（二）一批重要交通运输标准发布

2019 年中共中央、国务院发布的《交通强国建设纲要》提出了促进交通运输政策、规则、制度、技术、标准的一揽子规划，国家发展改革委、交通运输部等部门制定了相应的措施性文件，提出了包括道路运输、多式联运、智能交通、交通枢纽等多个重要标准的制定任务。

目前，我国“五纵五横”综合运输大通道基本贯通，物流枢纽与区域产业联动融合日益深化，2019 年国家发展改革委和交通运输部首次确定 23 家国家物流枢纽，物流枢纽网络建设进入实质性推进阶段。2017 年交通运输部制定并发布了《综合货运枢纽分类与基本要求》；2019 年《国际道路货运枢纽功能配置及基本要求》开始制定。

（三）满足消费经济的发展需求依然是专业领域物流标准工作重点

物流需求结构持续优化，消费升级带动着消费型物流快速增长。2019 年，冷链物流、电商物流、即时物流等与居民消费生活相关领域的物流标准制修订依然是物流标准化工作的重点之一。

2019 年，《冷藏、冷冻食品物流包装、标志、运输和储存》（GB/T 24616—2019）经国家市场监管总局批准正式发布，此标准为修订标准，于 2020 年 3 月 1 日正式实施，标准结合了《中华人民共和国食品安全法》和食品冷链物流行业的现阶段发展，对食品冷链的包装和包装标识、运输和储存的物流和温控、物流信息追溯与管理等提出了具体要求，标准的修订和实施对于提高食品物流的质量、保障食品安全具有重要意义。《食品低温配送中心规划设计指南》（GB/T 38375—2019）于 2019 年 12 月 31 日正式发布、2020 年 7 月 1 日正式实施，这项国家标准给出了食品低温配送中心规划设计的基本要求，并就规划设计、主体建筑、核心功能区、道路及动线、作业设备选用、信息化管理等提出了设计参数与参考方法，这项标准的发布和实施对于我国食品低温配送中心的新建，尤其是已有库房的改建或扩建具有指导意义。

随着我国近年来共享经济的快速发展，人们消费模式改变，通过网络平台解决衣食住行的模式越来越多，如外卖以及通过网络平台消费所产生的同城即时配送服务，近两年呈现了井喷式发展，从中国物流与采购联合会电子商务物流与快递分会获悉，2018 年年底同城即时配送订单量超过 120 亿件，活跃用户数超过 3.6 亿人/次，尤其是外卖行业的规模超过 2100 亿元；就业人群超过 500 万人，行业年平均增长率达到 30%，我国已是这个领域发展最快的国家，而且具有广泛社会影响力，但是缺少国家标准。2019 年由中国物流与采购联合会电子商务物流与快递分会牵头，联合了多家即时配送龙头企业着手制定国家标准《即时配送服务规范》，将在配送组织、配送人员、网约平台、配送服务、配送安全等方面进行规范，以利于行业规范发展，目前这项标准正在立项阶段。

（四）探索研究物流信息化、智能化、平台化的应用与管理标准

2019 年，物联网、云计算、大数据等新一代信息技术在物流领域加快应用，物流业务实现全链路在线化和数字化，为企业智能化转型奠定重要基础。2019 年以物联网为基础的数字化仓库系列标准列入国家发展改革委行业标准制修订计划，标准与电子单证行业标准配套实施，将通过物联网、数字化等科技手段在解决大宗货物质押、智能仓储等规范发展方面提供标准支撑。

2019 年，区块链技术的发展和应用受到重视，国家市场监督管理总局发布了多项区块链技术标准，但区块链技术在物流领域的应用与管理标准还处于空白，中国物流与采购联合会区块链应用分会联合中国物流与采购联合会冷链物流专业委员会，以及京东、阿里、海尔等多家企业参与的团体标准《食品供应链溯源区块链应用规范》启动制定，标准将在多家企业区块链应用实践的基础上总结应用场景与管理节点，提出信息追溯的技术要求，这项团体标准将是物流领域的首项区块链应用标准。

2019 年，交通运输部继续开展无车承运人试点，以政府监管平台、平台整合车辆为特点，规范市场集约化、规模化发展，针对货运平台存在的共性问题，国家市场监督管理总局发布了《物流公共信息平台服务质量要求与测评》，中国物流与采购联合会发布了《网络货运平台服务能力评估指标》，两项标准中明确了网络货运平台的内涵和外延，提出了平台服务的质量要求与测评方法，规定了服务能力要求和服务能力指标等，这两项标准为政府监管及市场规模化、规范化发展提供了可参考的依据。

（五）供应链标准为行业创新发展提供支撑

中共十九大报告中提出要在现代供应链等领域培育新增长点、形成新动能，近年来多部门联合推进供应链试点工作取得了突出成效，供应链发展成为新的亮点。2019 年，中国物流与采购联合会发布的团体标准《供应链服务企业分类及评估指标》为新兴的供应链服务企业向标准化发展奠定了基础，标准首次在国内明确了供应链服务的定义，对我国新兴发展的供应链服务企业按照所服务的产业进行了分类，并提出了不同类型供应链服务企业的基本要求和评价指标。

（六）诊疗服务社会化发展需求对医药物流标准化提出了更高要求

2019年《政府工作报告》中提出了在未来几年要达到分级诊疗试点和家庭签约服务扩大到85%以上地市的发展目标，我国医疗改革工作进一步深化，诊疗服务普遍化带动了医疗检验机构的迅速发展，此趋势促使企业对物流的需求大大增加，也直接催生和壮大了社会化、专业化的第三方医药冷链物流企业的发展。制定统一的、通用的国家标准，将更有利于社会化、专业化医药物流领域健康发展，经过前期调研，2019年全国物流标准化技术委员会向国家市场监督管理总局申请制定《医学检验生物样本冷链物流服务规范》和《体外诊断试剂温控物流服务规范》两项国家标准，以填补这个领域标准的空白。

（中国物流与采购联合会标准工作部）

第八部分

部分优秀物流企业及经典案例

赤峰商贸物流城

产城一体　融合发展

赤峰商贸物流城位于内蒙古自治区赤峰市中心城区西北部，是“产城一体、融合发展”的现代服务业集聚区，赤峰城市北拓的核心区域、产城融合新城，总规划面积为41.23平方千米。2014年被列入内蒙古自治区重大建设项目，2016年被评为内蒙古自治区级物流园区。

按照“主副双心，三轴三带六组团”的空间总体规划，本着“有限聚焦、有序升级、资源集中、产业集群”的发展思路，将构筑生态化、组团化、自平衡的城市体系。打造内蒙古自治区级物流园区，以商贸物流、仓储物流、流通物流、生产物流、信息物流（信息科技）、现代服务业为主体，建设涵盖城市配送、区域生产制造、商贸流通等多元业态复合发展的综合服务型物流园区。

自2012年启动规划建设以来，累计完成投资71亿元，征收土地8112亩、房屋400间，供水、供电、供暖、燃气、公交、污水处理等基础设施配套齐全，园区基础框架基本形成。

截至目前，赤峰松山外国语学校、赤峰中昊机动车检测、广东温氏集团赤峰研发检测中心总部、赤峰市社会福利院、东恒商业综合体等项目已建设完成并投入使用。蒙东农机市场、松山钢材交易市场、赤峰绿璐种业、华锦文创园、恒大珺庭、和硕家园、天宫阁、书香雅苑、正大华庭等28个项目正有序开工建设。2020年6月19日，投资约60亿元、总建筑面积约为300万平方米的中国·赤峰亚琦国际物流商贸园项目正式签约。该项目全部建成运营后可安置就业6万人，实现销售收入300亿元。

赤峰商贸物流城将在健康养老产业、高端装备制造业、汽车汽配贸易、农机农资市场，专业物流、冷链物流、城市配送等大型商贸物流项目，企业办公总部及全产业链项目，农畜产品加工等农业现代化、产业化项目，一贯制学校、职业培训、教育科研等项目，大型商业综合体等方面加大招商力度，争取优质项目落地生根。

2035年物流城全部建成后，以蒙东、冀北、辽西区域性商贸物流为中心，打造成赤峰产城融合示范区、内蒙古产业转型引领区，力求成为东北亚国际商贸重要物流节点，可实现年交易额400亿元以上，实现税收20亿元，安排就业18万人。

COSCO SHIPPING
COSCO SHIPPING
电话：010-51568000
地址：中国北京市朝阳区八里庄北里220号
中远海运物流大厦
LOGISTICS.COSCOSHIPPING.COM

股票代码【603569】

二、国际铁路运输线路

“一带一路”沿线国家汽车物流领军者，整车、零部件国际铁路运输专家。

International Railway Transportation Routes

A leader in automobile logistics in national along the "Belt and Road", and an expert in international railway transportation of vehicles and parts.

站到站线路

- 国内始发站：哈尔滨、长春、西安、成都、重庆、郑州、武汉等
- 国外到达站：汉堡、杜伊斯堡、纽伦堡、蒂尔堡、杜尔日、布达佩斯、马拉、莫斯科等

Station-to-Station Routes

- Domestic departure stations：Harbin, Changchun, Xi'an, Chengdu, Chongqing, Zhengzhou, Wuhan,etc
- Overseas arrival stations：Hamburg(Germany)、Duisburg(Germany)、Nuremberg(Germany)、Tilburg(Holland)、Durges(France)、Budapest(Hungary)、Mara(Poland)、Moscow.etc

境外代理线路

- 进出口口岸：满洲里、绥芬河、二连浩特、阿拉山口、霍尔果斯
- 国外到达站：汉堡、杜伊斯堡、纽伦堡、蒂尔堡、杜尔日、布达佩斯、马拉、莫斯科、新西伯利亚等

Overseas Agent Routes

- Import and Export ports：Manzhouli(China)、Suifenhe(China)、Erenhot(China)、Alataw pass(China)、Horgos(China)
- Overseas arrival stations：Hamburg(Germany)、Duisburg(Germany)、Nuremberg(Germany)、Tilburg(Holland)、Durges (France)、Budapest(Hungary)、Mara(Poland)、Moscow (Russia)、Novosibirsk(Russia),etc

三、国际海运主要线路

仁川—上海—胡志明—西哈努克—巴生—雅加达—新加坡—林查班—八打雁—仁川

上海—八打雁—上海—平泽—蔚山—上海—香港—八打雁—上海

Main international shipping routes

Incheon (Korea)-Shanghai (China)- Ho Chi Minh (Vietnam) - Sihanouk (Cambodia)-Klang (Malaysia;) - Jakarta - Singapore - Laem cha bang(Thailand) – Batangas (Philippines) – Incheon

Shanghai (China)- Batangas (Philippines) - Shanghai (China)- Pyeongtaek (Korea) – Ulsan (Korea)- Shanghai (China)- Hong Kong(China) - Batangas (Philippines) - Shanghai (China)

四、海外分支机构

在德国、波兰、俄罗斯、美国均有分支机构

Overseas Branch

We have branches in Germany, Poland, Russia, and America

ADD:

Beijing● No.99 Shigezhuang Road, Chaoyang District, BJ

Shanghai● 5 Fl, Lingkong SOHO3, No. 968, Jinzhong Road, Changning District, SH

Hamburg● Große Elbstraße 45, 7.OG, 22767 Hamburg, Germany

www.changjiulogistics.global

+49 (0) 40 8090 06950

info.de@changjiulogistics.com

临港工业与国际物流园区
管理服务中心

临港工业与国际物流园区管理服务中心（以下简称“园区”）作为宁波市委、宁波市政府在“十一五”期间出台的《宁波市现代物流发展规划》中明确的“一主六副”七大物流园区的“一主”，于2007年开始规划，2009年5月正式成立，总面积为3.5平方千米。作为北仑物流枢纽的特殊区域、宁波“三位一体”港航物流服务体系的重要载体之一和推进“海上宁波”建设、“物流节点城市”建设的重要举措，在“十三五”期间相继列入《宁波市城市总体规划（2006—2020年）（2015年修订）》《宁波市国民经济和社会发展第十三个五年规划纲要》《宁波市“十三五”物流业发展规划》。

园区的建设一直得到相关部门的高度重视和大力支持， 2011年，被宁波市政府确定为宁波市十大服务业产业基地之一；2012年，被浙江省政府评定为服务业集聚示范区，并在全国物流园区范围内率先向原国家质检总局申报“全国知名品牌创建示范区”；2013年，正式挂牌成立宁波市“进出口商品采购贸易改革示范区”；2014年，被浙江省政府认定为浙江省港口物流贸易产业园；2015年，创建成为“全国港口物流服务产业知名品牌创建示范区”；2017年，被浙江省政府评定为示范物流园区；2018年，被国家发展改革委、原国土资源部、住房和城乡建设部联合评定为“全国示范物流园区”，同年荣获得“2018年优秀物流园区”称号。

经过几年开发建设，园区已建成46万平方米高标准物流仓库、15万立方米冷链仓库，建成550亩集卡运输综合服务基地，整合2万辆运输车辆，搭建了10余个物流信息服务平台。相继引进普洛斯、中外运、万纬VX物流园等国内外知名大型物流企业落户，集聚天翔货柜、东南物流、铃与物流等以运输、仓储、集装箱场站为主要形式的120多家中小型物流仓储企业；同时依托进出口采购贸易示范区平台实现540家商贸企业入驻备案，对宁波市贸易增长贡献值达10%；建成宁波冷链产品贸易配送基地，成为宁波口岸通关十分便利的区域。

依托得天独厚的港口优势和区位优势，园区规划建成集仓储运输服务、生产服务、国际国内贸易服务于一体的综合型物流园区，吸引国内外著名的经营高端、高附加值货物物流的第三方物流企业落户园区，提供包括货物仓储、运输、包装、流通加工、分拨、配送和货运代理在内的现代物流服务。

园区积极顺应宁波港从“物流大港”向“贸易大港”转变潮流，努力打造成为“环境优美、功能完备、配置合理、辐射动力强”的港口物流功能标志性区块，成为浙江省海洋经济发展以及宁波市国际强港实施战略中重要“引擎”，成为浙江乃至华东地区有影响力的现代国际物流中心之一、浙江全省乃至全国物流网络的重要节点。

临港工业与物流园区的提质增效之路

一、园区概况

宁波经济技术开发区临港工业与国际物流园区（以下简称“临港工业与物流园区”）成立于2009年5月，是宁波成立最早的临港物流园区，规划面积6.3平方公里，分两期开发。一期已经建设完工，实际运营面积3.5平方公里。临港工业与物流园区是浙江省、宁波市对外开放时间最早、程度最高、国家级开发开放功能区最为集中的区域。2017年，临港工业与物流园区成功申报国家示范物流园区。

（一）物流能力

园区仓储面积87.4万平方米，其中单层仓库61万平方米，多层仓库7.4万平方米，自动化仓库7万平方米，集装箱堆场面积10万平方米，大宗散货堆场面积2万平方米。建成高标准物流仓库46万平方米（华东地区之最），冷链仓库15万立方米（宁波市冷库资源的50%）。

（二）入驻企业

5A级企业1家，4A级企业2家，3A级及以下物流企业41家。入驻年收入2亿元以上的企业3家。入驻的世界500强企业2家。入驻527家外贸企业。2019年入驻企业营业收入550亿元。

二、园区优势

截至2020年，临港工业与物流园区已完成投资28.3亿元，通过大规模基础设施投资，临港工业与物流园区基础设施完善，交通网络快速便捷，运输、仓储、流通加工等物流设施完善，物流运作规模居宁波市领先位置。同时，建成的10个物流信息服务平台，实现了物流供需高效匹配。

龙头物流企业集聚效应显著，有助于形成以龙头企业为引领的创新示范效应。依托龙头物流企业，开展物流信息化、智能化、标准化等试点示范工作，有助于形成标杆示范效应，带动配套服务的中小物流企业转型升级。

临港工业与物流园区综合服务功能完备，有助于推进现代物流一体化标准的试点示范。经过11年建设发展，临港工业与物流园区形成了以智能仓储、干线运输、区域配送、流通加工、国际贸易等为主的现代物流服务体系，物流业态齐全、服务功能完备。在临港工业与物流园区内，系统性推进物流降本增效试点示范工作，有助于打通物流运作环节之间“短路”问题，为浙江省物流创新发展提供可推广价值和经验。

临港工业与物流园区创新模式先行先试，有助于为浙江全省物流创新发展提供经验借鉴。在临港工业与物流园区内，通过鼓励企业进行业务模式创新，供应链物流、双重甩挂运输、多式联运、金融物流等新的发展模式不断涌现，已经涌现一批物流创新发展新模式、新业态、新技术。

临港工业与物流园区对外开放政策优越，有助于形成推进物流创新发展的政策合力。临港工业与物流园区积极探索国际贸易便利化新途径，创建“义乌模式”升级版“宁波模式”，变生产地、出口地两次报检、两次查验为出口地一次报检，一次查验；变多地、多次管理为集中管理，有效降低物流成本，凸显通关便利。

三、临港工业与物流园区发展指导思想及任务

（一）指导思想

以习近平新时代中国特色社会主义思想为引领，牢固树立和贯彻落实新发展理念，顺应现代物流业发展新趋势，以物流降本增效、提高园区发展质量和效益为主线，围绕物流运营模式创新、智能物流技术推广应用、物流信息化与标准化、跨境物流创新发展四大试点领域，以龙头物流企业创新发展试点示范为重点，以物流园区公共服务平台为支撑，推动数字经济与物流产业深度融合，推进“互联网+”物流园区创新发展，提升园区供应链管理服务水平，建设成为辐射国内外、多功能集成、区港一体化运作的综合性国际物流枢纽，打造成为支撑“一带一路”倡议支点、与世界一流强港地位相适应的国际物流园区。

（二）基本原则

按照上述思路，临港工业与物流园区创新试点发展必须坚持先行先试、创新驱动、特色优势、贸易便利四大原则。

1. 坚持先行先试原则

牢牢把握数字化、平台化发展的新形势和新要求，鼓励物流企业创新先行先试，产生较强的试点示范效应，推动重点、难点突破，探索形成可复制、可推广的发展模式和经验。

2. 坚持创新驱动原则

牢牢把握创新驱动、转型发展的时代特征，加快创新物流发展模式，加快转变物流发展方式，加快推进物流信息平台建设，推进物流降本增效，提升物流园区在宁波港口经济发展中的战略地位。

3. 坚持特色优势原则

牢牢把握物流园区的战略资源地位，加快推进物流园区外贸资源优势和区位交通优势向国际外贸枢纽功能优势和港航服务业发展优势转化，努力提高贸易与港航物流互动发展水平，努力扩大外贸经济腹地，形成临港工业与物流园区的供应链发展优势。

4. 坚持贸易便利原则

牢牢把握物流效率与贸易成本在贸易物流发展中的重要作用，加大贸易服务能力和物流服务能力的协同建设力度，促进贸易资源集聚发展，促进物流运作效率提高，促进海陆双向经济腹地拓展，进一步提升临港工业与物流园区的外贸平台辐射服务功能。

（三）试点任务

以龙头物流企业创新发展试点示范为重

点，以临港工业与物流园区公共服务平台为支撑，推动数字经济与物流产业深度融合，推进临港工业与物流园区高质量发展。围绕港口物流全流程，推广实施智能仓储试点、“互联网+”物流平台试点、冷链物流创新试点、物流标准化试点以及园区公共服务创新试点，实施8个创新发展试点示范项目。一是依托宁波海晖国际物流有限公司的智能仓储管理系统平台，推进与其相配套的运输企业、配送企业之间业务协同运作，打造智能仓储管理标杆示范。二是在解决铃与物流自身“空箱运输”浪费问题基础上，推广双重运输服务平台，建立社会化运输合作的服务机制，帮助社会物流企业通过平台找寻配对运输信息，搭伙装运，打造“互联网+”物流平台试点示范。三是在天翔、宏达、兴合、和欣、福洋、太平、中亚、朝华、东南等公司推广应用公共提箱预约系统，有效利用时间，减少车辆空驶，提高车辆行驶的安全系数，同时能解决城市道路拥堵，提升物流整体效率及社会价值。四是加快进口冷藏货物的检验，大大节省了进口冷藏货物的等待时间，减少了企业的综合物流成本，建设宁波港冷链物流创新试点项目，努力达到“口岸零等待”的目标。五是推进与港区的直通直放和检关联合查验，实现“一次申报、一次查验、一次放行”的冷链通关便利化模式，打造与世界级港口相适应的冷链物流基地。六是推广应用智慧物流信息化标准，在宁波市第二批智慧物流标准化试点项目（甬服标办〔2014〕6号）中，推广园区企业执行智慧物流标准。七是以普洛斯宁波北仑物流园项目为依托，推广应用标准化托盘和周转箱。八是结合宁波进出口贸易改革示范区建设，以及中国（宁波）跨境电子商务综合试验区北仑园区和宁波国检试验区核心区，以口岸功能创新为重点，不断探索国际贸易便利化新途径，建设成为海关特殊监管区域外的口岸功能创新的试验田和承载地。

四、服务能力

临港工业与物流园区综合服务能力位居全国前列，国际物流网络连通全球，是宁波市内国际物流综合实力最强、综合物流服务体系最完善、物流辐射范围最广的现代物流产业功能区。

（一）服务功能定位

2011年，根据《关于同意宁波经济技术开发区现代国际物流园区建设发展规划的批复》，明确要发挥港口区位和临港产业集群优势，建设集运输服务、生产服务、国际贸易服务于一体的综合型物流园区，提供包括货物仓储、运输、包装、流通加工、分拨、配送、货运代理在内的现代物流服务。

（二）服务功能布局

园区规划布局四个功能区，包括货运服务功能区、商贸服务功能区、生产服务功能区、口岸服务功能区。

1. 货运服务功能区

此类功能区主要集中在集运基地，位于329国道和集装箱第二货运通道之间，占地550亩。以大型停车场为主体，以信息咨询、车辆与货物配载为核心，集车辆检测、维修、交易、加油（气）、司机生活后勤配套等为一体。集运基地拥有容纳3500余个集卡车车位的停车区、79间店面的维修区、808间宿舍及24间商铺店面的后勤区、68间4S店及相关配套产业店面的集卡车销售区、加气区、123间办公室的办公区六大功能区块。

2. 商贸服务功能区

商贸服务功能区总用地面积 176.31 公顷，占总建设用地的 36.64%。沿云台山路的地块划分集中在 10～20 公顷，南部的地块集中在 5～10 公顷。

3. 生产服务功能区

生产服务功能区西部现代工业片区由原霞浦工业小区改造提升形成，以港口配套工业为主；生产服务功能区东北部工业区在原有精细化工园区的基础上改造提升，以港口配套产业及国际物流园区出口加工型企业为主，物流加工业项目要求具有高科技含量、高附加值和高就业特征。规划物流加工业总用地面积 108.15 公顷，占总建设用地的 22.47%。

4. 口岸服务功能区

园区内成立的宁波市唯一一家"进出口商品采购贸易改革示范区"，采取"一体化监管、一站式通关"出口货物查验新模式，实现货物在出口地的物流仓库中即可完成口岸部门查验，变"多次申报、多次查验、多次放行"为"一次申报、一次查验、一次放行"，进一步简化流程，提高通关效率。

（三）运营效率情况

依托港口及产业优势，园区持续保持快速增长，"十三五"时期，园区企业营业收入保持 10% 以上增长速度，2019 年园区三产营业收入 550 亿元，连续七年位列宁波市综合物流园区（基地）之首。

1. 园区货物吞吐量

2019 年，园区完成散装货物吞吐量 48 万吨，集装箱吞吐量 274 万标准箱，其中集装箱多式联运吞吐量 8 万标准箱，年均仓库出箱量达 44.8 万标准箱，占宁波港仓库出箱量的 50% 以上。

2. 国际采购业务规模

2019 年，宁波进出口商品采购贸易改革示范区入驻外贸企业达到 545 家，实现进出口额 63 亿美元，同比增长 10.8%，其中进口额 5 亿美元、出口额 58 亿美元，出口额占浙江省市场采购贸易比重约为 14%。

3. 人均劳动生产率

2019 年园区有工作人员 92 人，入驻企业从业人员 9443 人，园区完成营业收入 412 亿元，均由入驻企业贡献，园区的人均劳动生产率为 432.5 万元/人·年。

（四）园区管理服务

多年来，临港工业与物流园区准确把握综合型物流园区的产业类型、发展特点及趋势，立足于"转型、升级、规范"，实现园区口岸新功能导入，不断叠加园区新功能，完善园区功能布局，激发园区运行管理服务新活力。在充分开发宁波港港区资源体系的基础上，增加通关通检功能，打造"区港联动"的特殊监管区域，实现园区与港区货物直卸直通，具备与港口码头堆场相同的功能。货物在园区内一次性完成组货、装箱、报检、报关、查验等手续后，在港区快速放行，将监管嵌套在物流组货环节中，减少在港区的滞留。同时，推进线下物流实体出口跨境产业园建设和线上宁波港跨境电商综合服务平台建设，将金融、财税、保险、物流等港口后服务环节纳入线上平台。

五、创新发展亮点

（一）智能仓储建设宁波市领先（46 万平方米智能仓库）

以宁波海晖国际物流有限公司的智能仓储管理系统平台为示范标杆，在物流园区内推广智能仓储管理系统，实现园区内 46 万平方米的高标准物流仓储智能化管理，实现对入库、出库、调配、补库、库存盘点等各环节的数据进行自动化管理。在部分仓储设施完备的企业，支持企业进行智能化改造，建设10万平方米全自动化立体仓储设施。

（二）冷链物流体系全国领先（15万立方米冷库容量）

依托宁波港冷链中心、万纬冷链两大龙头企业近15万立方米现代化冷链物流仓储优势，叠加海关、国检“码头直卸”“三个一联合查验”“公用型保税仓设置”等政策，加强关检合作、冷链口岸功能体系拓展、冷链贸易及市场政策创新，培育优化冷链进出口市场，建设与世界级港口相适应的冷链物流贸易基地。

（三）出口采购平台全国领先（外贸出口供应链模式先行先试）

在海关和北仑区政府的大力支持下，宁波市首个出口监管仓填补了全市出口配送型监管仓库的空白。结合园区贸易便利化的集聚优势，整合天易通跨境电商服务平台、仓库智能化管理平台以及物流园区内仓储物流资源，建立了全新的外贸出口供应链模式。同时，成为跨境电商企业境内“海外仓”，大幅降低了企业海外仓备货模式中货物滞销退回的风险。这不仅提升外贸企业综合竞争力，突破跨境电商备货模式的瓶颈，更显著提升贸易便利化对宁波市外贸发展的贡献度。出口监管仓将努力搭建宁波口岸采购贸易发展的创新试验田，有力支撑宁波外贸行动。

（四）互联网物流平台有序发展（三类平台协同发展）

主要形成三类互联网物流服务平台：一是集卡车基地公共信息平台，有效整合集卡车，打通港口供应链上下游信息网络。二是互联网运输匹配平台，以铃与物流“宁波港集装箱双重物流服务平台”为代表，通过平台进行双重业务受理、集装箱短驳甩挂调度、重箱进港调度、派车。三是口岸服务公共信息平台，创新形成“一站式”通关模式，支撑临港工业与物流园区打造“政策高地”和“物流洼地”，以“划区监管、口岸申报、组货查验、产地追溯”为核心，不仅降低了外贸物流成本，还严把了进出口商品质量关。

六、发展目标

临港工业与物流园区争取通过两年创新试点示范期，物流园区集聚效应得到进一步显现，服务功能得到进一步提升，运作效率得到进一步提高。到2021年，园区企业数量将达到1200家，经营收入超过600亿元，集装箱作业量200万标准箱，进出口额达到80亿美元。

（一）智能仓储规模显著提升

推进46万平方米高标准物流仓储实现智能化改造，占临港工业与物流园区仓储面积（87.4万平方米）比重达到52%，在智能仓储内实现对入库、出库、调配、补库、库存盘点等各环节的数据进行自动化管理。

（二）运输资源网络化组织水平显著提升

依托集卡车运输基地，实现1万辆集卡车在集装箱运力交易平台汇聚，服务物流企业1000家以上，临港工业与物流园区内运输资源网络化组织水平显著提升。

（三）冷链物流体系得到进一步完善

依托园区宁波港冷链中心、万纬冷链两大龙头企业拥有近15万立方米现代化冷链物流仓储的优势，培育优化进口产业，建设与世界级港口相适应的冷链物流贸易基地。

（四）贸易物流综合服务水平显著提升

在充分开发宁波港港区资源体系的基础上

叠加通关通检功能，推进线下物流实体出口跨境产业园建设和线上宁波港跨境电商综合服务平台建设，将金融、财税、保险、物流等港口后服务环节纳入线上平台。

（宁波经济技术开发区临港工业与国际物流园区）

中远海运物流——港航通内贸港口数字化服务平台

中远海运物流有限公司隶属于中国远洋海运集团有限公司（以下简称“中远海运物流”），在我国境内30个省、直辖市、自治区及海外17个国家和地区设立了分支机构，在全球范围内拥有500多个销售和服务网点，形成了遍及中国、辐射全球的服务网络系统。

一、平台项目介绍

“港航通内贸港口数字化服务平台”（以下简称“平台”）是中远海运物流以国家创造公平、公正、公开的市场环境的反垄断政策为指导，运用新思维、新动能、新模式进行转型升级为要求，以港口服务创新模式为驱动，通过提供包括报港全流程服务、在线支付及结算、客商服务及管控、门禁及车辆管理、移动应用、消息推送、统计分析、个性化服务等核心功能，搭建集移动端和PC端功能为一体的、一站式的智能港口综合平台。

平台的建设及应用，实现了港口及周边服务管理流程标准化、服务提供过程透明化、服务结算支付便捷化、服务执行过程可监控、服务提供结果可评价等核心目标。从而使港区管理秩序、对外服务质量、客商管控能力得以持续优化，进一步促进港口的可持续发展。

二、平台项目建设目的

平台力求打造包括船东、港口、代理、供应商、货主等内外部用户所共同参与的数字化共享服务平台，实现港口周边服务转型，并以此为依托逐步将物流行业全链条服务布局进行落地，实现由点到链、由链到网的转型升级，形成合作共赢的港口生态环境。

一是提升港口物流效能，聚焦港口服务转型，提升港航整体运转效率，加快物流速度，提高港口吞吐能力。二是减少船舶滞留时间，将在线报港、服务代办、港航调度、码头作业、企业排程联动，压缩船只滞港时间。三是实现各方精细管理，船东、代理、在港服务商、货主、港口实现数据互通，更好地管理时间。四是提升港口监管能力，利用移动互联技术全方位监管供应商、代理等在港行为。五是促进在港服务的公平竞争，通过建立指标评价体系和指标监控模型，即时处理服务评价与用户反馈，逐步淘汰不合格供应商，实现港口服务商素质的持续提升。六是提升综合服务能力，对外实时发布数据，公开透明，实现业务操作电子化，业务互动便捷化。七是实现各关键业务节点数据留痕，针对港口服务全流程中涉及的报港、船舶动态、实时装船记录、费用结算等关键业务数据，可实现全部记录留痕，并逐步实现按灵活的业务规则进行抽取与处理，为后续数据分析与决策打下基础。八是实现数据资产的积累，以平台作为枢纽，不断提升各类业务运行数据的集中度，实现业务运行数据的持续积累与沉淀，夯实大数据分析与迭代服务升级的基础。

三、平台项目实施

（一）平台项目实施层面

“中远海运物流——港航通内贸港口数字化服务平台”的建设落地，将全面满足黄骅港内贸船代业务线上运作、港口门禁管控和供应商管理等需求，能够为港口、船东、代理、货主、供应商等各类用户提供信息查询、作业操作、费用结算、可视化展示、监控预警、智能分析等全方面综合服务。

管控应用层面。该平台将全面支撑内贸船代业务和商务结算的监控、管理、流程优化、数据统计分析，建设移动服务平台、决策分析平台。

业务应用层面。该平台的建设内容将支撑黄骅港内贸船代报港业务及费用结算的信息化管理，其覆盖范围包括报港业务管理、商务结算、供应商管理、门禁管理、评价管理、统计分析、业务监控、接口交互等。

技术层面。搭建内贸船代服务信息平台的运行环境和网络体系，落实网络安全工作，并完成系统需求分析、系统设计、系统研发、系统测试、员工培训、试运行和实施上线。

（二）平台项目实施阶段

第一阶段实现报港全流程操作主体功能及相关辅助功能，包括抵港前作业、在港作业、离港作业、费规发布、预收款缴纳确认管理、装船作业可视化等相关功能，对应数据接口，实现平台基础功能。

第二阶段实现船东、代理、供应商准入，对应车辆门禁申请管理，在线结算，统计分析，内容发布等相关功能。

第三阶段实现移动端车辆导航与轨迹监控提醒、移动端在港车辆及地图展示、移动端港口咨询、移动端网站信息发布及展示，监装用户货主准入及门禁管理、指标评价体系、客商行为监控、移动端问卷及评价等功能，并进一步充实报表统计分析功能。

（三）平台项目实施的效益

1. 可量化的效益分析

（1）节省船舶在泊时间。

一是依据堆场、货物数据，结合泊位数据，预计本航次的配载情况；二是依据泊位装船机效率数据，可提前估算作业时间，有利于合理安排后续作业；三是依据不同船舶的情况，保持一定的吃水差，可以提高效率；四是根据进港动态、天气情况，统筹安排提前排水，可以缩短在泊作业周期。

以上业务场景如果都能以相对准确的数据获取，达到合理范围，预计在泊时间将在现有平均 20 小时基础上，节省 2~5 小时。

（2）减少在港服务车辆。

港口现有生活物资采购类供应商近 150 家，每家供应商至少有一辆不受限制的长期进港备案车辆。如再加上船东、代理供应商备案车辆以及船东临时进港车辆，每天会有大量外部车辆在港区行驶，极易造成安全隐患。平台上线后，各类临时车辆必须由在港船舶的船东或委托监装方发起委办申请并由平台确认后才能进港，对于车辆进港时间及目的都有详细的要求与严格管控，这种运行模式一般能减少50%以上的原有外部进港车辆。在较好满足被服务方的需求的前提下，明显提升了港内行车及生产作业安全系数。

（3）提高报港工作效率。

平台上线后，代理可直接在港外通过互联网报港，不必亲自到客服窗口进行报港，并且客服也可直接通过互联网远程审批。通过此模式，一般可使报港时间缩短1~2小时。

（4）人力节省，管理优化。

由于平台的使用，可使报港、使费结算、日常报表统计、进港通知发布、车辆进港确认以及日常审批等工作节省几名工作人员的日常工作投入。被节省出来的人力资源可被投入诸如客商日常评价、行为管控、流程优化等更具价值的工作中，从而达到管理提升的要求。

（5）提高船东采购效率。

平台的应用极大地促进了在港服务市场内的信息透明与交互。船方或船东可快速定位到优质的代理或供应商，并实现在线提供相应服务，一般可节省50%左右的寻源采购时间。尤其对于不熟悉港口情况的新到港船舶，其效率提升更加明显。

2. 港方效益分析

（1）安全管控方面。

一是借助港区闸口智能化管理，提升港口安全保障水平。

二是借助港区车辆调度智能化管理，提升港口安全保障水平。

三是通过加强代理、供应商管控能力，提升港口安全保障水平。

四是通过建立完善的评价考核体系，提升港口安全保障水平。

（2）从降本增效角度分析。

一是服务交易平台化。通过平台实现一站式的线上全流程服务交易，如生活物资采购、物料备件采购、加水加油、代理费支付、使费缴纳等。有利于船东、货主等更高效地处理业务，减少业务处理成本，有利于港口对外服务质量的提升。

二是在线支付、结算全面化。通过平台实现在线结算及支付业务，并与内部财务管控系统集成，一方面有利于减少港方财务人员的工作压力，另一方面可节省代理、货主、船东的结算工作成本，其交易数据沉淀也是后续港方统计分析及智能预测的前提。

三是客户、代理、供应商管控统一化。通过对外服务平台，实现外部客户、代理、供应商的统一管控，规范港区环境，减少港口管理成本、运营压力。

四是内外信息一体化。对外服务平台与港口内网系统实现内外网打通，信息共享，实现信息发布、跟踪、分析等的一体化运行，如港方通过对外服务平台发布费规、限封航信息、船舶在港信息，服务评价信息供船东、船方、货主参考；代理、供应商发布服务产品信息；使费、代理费、交易信息可供港方业务分析；内部装船作业信息可供船东、船方、货主参考等。以上业务数据的获取、积累、梳理，是港方大数据及AI技术应用，实现智能化决策管理的重要前提。

五是网上审批全程化。通过平台实现外部报港与内部管控，以及后续业务的全流程管理，有利于各相关方工作的提质增效。

六是以内外信息一体化为前提，统筹安

排，提升码头装卸效率。

七是客户服务优质化。借助平台的运行，提供完善的在线服务手段，可不断提高港方服务质量，优化用户体验。如为船东、货主提供信息推送、可视化展示、电子支付、进港导航、服务采购成本分析等功能。

八是业务办理综合化。打造一站式的综合对外服务平台，进一步提升港口服务水平及运行效率，扩展港方对外服务链条。

九是船舶调度智能化。平台可根据历史数据的积累，实现船舶调度策略的辅助预测及制定。

十是物流跟踪可视化，消息推送自动化。船东、供应商、货主等可通过船舶动态可视化、装船作业可视化及时了解作业进度等信息；可借助消息推送功能，及时了解其他相关业务信息，从而提高整体业务运行效率。

3. 船东的效益分析

（1）安全管控方面。

严格的门禁管理，供应商在港行为管理，更加准确合理的进出港车辆调度管理，可以让所有船舶都能得到统一、有效的安全管控。

（2）从降本增效角度分析。

一是报港数据可通过网络在线提交，可提高报港业务的操作灵活度，节省进港现场办理报港业务的时间，提高报港及时性和工作效率。报港业务数据的积累，可为后续统计分析、智能化预测及运行提供基础。

二是通过平台实现预收款、代理费在线缴纳以及使费在线结算，可节省线下办理业务的时间，提高工作效率。支付及结算数据的积累，可为后续统计分析、智能化预测及运行提供基础。

三是通过对堆场、货物信息数据，泊位等级，在泊数据，装船机效率数据，排水泵功率效率数据等的积累分析，可提前预测报港船舶的配载数据，预测作业时间，保持合理的吃水差，统筹安排排水时间，从而提高作业效率、缩短在泊作业时间，减少船东在港作业成本。

四是通过可视化及消息推送功能，使得船东可以及时掌握装船作业动态和船舶动态，从而对后续工作提前做好准备，提高了整体工作效率。

五是平台可为船东提供船方在港作业期间所发生的费用清单，从而使船东在该类业务中的精细化管理成为可能，有利于船东的降本增效。

4. 船方的效益分析

一是诸如配载、排水、水尺等数据可通过平台灵活高效地提交港方，从而提高了整体在港作业效率。

二是通过平台的叫车、加水、清污、生活物资采购等在线服务，可为船方提供统一、便捷、高效的服务体验。

5. 货主的效益分析

（1）安全管控方面。

严格的门禁管理，代理、供应商在港行为管理，更加准确合理的进出港车辆调度管理，对于承运货主货物的每艘在港船舶，都能得到统一、有效的安全管控。

（2）降本增效方面。

一是报港数据可通过网络在线提交，可提高报港业务的操作灵活度，从而提高了承运货主货物的每艘在港船舶的整体在港作业效率。

二是后续可以考虑将货主对应费用在线结算并缴纳，节省线下办理业务的时间，提高工作效率。支付及结算数据的积累，可为后续统计分析、智能化预测及运行提供基础。

三是缩短在泊作业时间，减少承运货主货物的每艘在港船舶的作业成本。

四是通过可视化及消息推送功能，使得货主可以及时掌握装船作业动态，船舶动态，从而可以对后续工作提前做好准备，提高货主工作效率。

五是通过提前将有关信息及时发送至下一个港口，可为货主检验货物品质、装船货量等信息提供更加便捷高效的手段。

6. 对于代理的效益分析

（1）安全管控方面。

严格的门禁管理，代理、供应商在港行为管理，更加准确合理的进出港车辆调度管理，可为代理车辆及人员进出港提供更好的安全保障。

（2）降本增效方面。

一是报港数据可通过网络在线提交，可提高报港业务的操作灵活度，节省进港现场办理报港业务的时间，提高代理报港及时性，提高了工作效率。

二是代理通过平台实现预收款在线缴纳，使费、代理费在线结算，可节省线下办理业务的时间、提高工作效率。

三是缩短在泊作业时间，使代理为船东、船方提供更优质的服务成为可能。

四是通过可视化及消息推送功能，使得代理可以及时掌握装船作业及船舶动态，从而可以对后续工作提前做好准备，为船东提供更好的服务体验。

五是自动化的门禁管理服务、车辆调配服务，可提升代理进出港口的工作效率，节省成本。

六是在船舶作业完成后，通过将相关信息提前发送至下一个港口的代理，可为下一个港口的代理提供有效的客户动态，并提前做好准备工作，从而为客户提供更优质的服务。

7. 供应商的效益分析

（1）安全管控方面。

严格的门禁管理，供应商在港行为管理，更加准确合理的进出港车辆调度管理，可为供应商车辆及人员进出港提供更好的安全保障。

（2）降本增效方面。

一是供应商可在线发布服务产品信息并进行交易，为供应商提供了更加便捷的销售手段。

二是供应商通过平台实现产品及服务费用的在线结算，可节省线下办理业务的时间，提高工作效率。

三是自动化的门禁管理服务、车辆调配服务，可提升供应商进出港口的工作效率，节省作业成本。

四是规范化的供应准入管理、评价体系，以及透明高效的在线交易管理，可持续净化市场环境，使真正优质的供应商能够为客户提供更好的服务体验。

港航通内贸港口数字化服务平台上线运行一段时间以来，船东和货主等感受到了平台带来的便利：黄骅港港口业务处理愈发高效与细致，与港口、代理、在港服务商的沟通更加便捷和透明。由于港航通内贸港口数字化服务平台首先是按照港口服务业态通用业务模式进行设计，同时兼具个性化需求的满足，所以其在黄骅港的成功落地同样也适用于其他相关港口。未来，港航通内贸港口数字化服务平台将以信息互联为基础，以开放共享为手段，以共建共赢为导向，努力实现多港口扩展。推动物流与港口的紧密合作，推动物流行业全链条服务布局，实现由点到链的转型升级，并助力港口服务在数字化时代的全面升级。

（中国物流与采购联合会网络事业部）

希杰荣庆物流：打造 B2C 一站式综合物流服务

一、新时期我国物流业发展特点

自 20 世纪 80 年代“物流”概念引入我国后，时至今日，发生了翻天覆地的变化。尤其是近几年，人民生活水平的提高和科技的发展，带动物流业进入了高效率、高质量的智慧发展期。

近些年，我国物流需求稳步提升。2019 年，我国社会物流需求进入中高速发展阶段，单位与居民物品物流总额同比增长 16.1%，增速比社会物流总额的增速高出 10.2 个百分点；供需结构加速调整，冷链物流、电商物流、即时物流、同城速递等与居民消费生活相关的领域成为市场增长热点；物联网、云计算、大数据等新一代信息技术在物流领域加快应用。其中，社交电商、生鲜电商等新业态快速壮大，相关物流需求保持快速增长。全国实物商品网上零售额比上年增长 19.5%，增速比社会消费品零售总额快 11.5 个百分点，实物商品网上零售额的贡献率超过 45%。新业态新模式成为物流业发展的重要引擎。（部分数据来源于中国产业信息网）

为满足客户日益增强的个性化需求和适应客户服务向更深更广处延伸的市场趋势，希杰荣庆物流依托多年合同物流定制化服务优势，进一步延伸服务链条，致力于为客户提供个性化定制 B2C 服务，借此机会成立 B2C 事业部，全面拓展 B2C 业务。

二、希杰荣庆物流 B2C 物流服务

（一）希杰荣庆物流整体实力

希杰荣庆物流是国家 AAAAA 级综合物流企业，致力于成为中国智慧合同物流的领跑者。经过 30 多年的快速发展，希杰荣庆物流为拓展 B2C 项目业务积累了扎实的资源基础，主要体现在以下几个方面。

1. 完善的运营网络

希杰荣庆物流在全国设有 120 余家分支机构、27 个物流基地、1500 个配送服务网点。

2. 丰富的仓储资源

希杰荣庆物流在全国拥有 80 余万平方米仓储资源，包括高端普货、冷链、化工仓库，

在上海、北京、广州、武汉、青岛、太仓、临沂等地的自有地产。

3. 扎实的运力资源

希杰荣庆物流在全国拥有1500余台自有车辆，包括普运车辆850余台、冷链车辆390余台、化工车辆260余台，整合社会车辆资源60000余台（包括承运商车辆50000余台、个体车辆10000余台），年吞吐量达1000余万吨。

4. 行业顶尖的供应链咨询和管理团队

可为不同行业客户提供物流战略咨询、物流运营和现场改善（PI）咨询，为客户提供物流运营效率化、节省成本、物流中心优化和物流及供应链管理战略规划等最佳解决方案。

（二）希杰荣庆物流B2C优势

希杰荣庆物流在全国区域拥有多个B2C电商仓库，其中华东3个、华南2个、华中2个、华北2个，业务覆盖化妆品、服装、食品等各种B2C相关商品的电商物流。2019年全年总订单数超1500万单，总处理件数超6700万件，主要客户涉及化妆品、家电、生活用品、常温食品等领域。

1. 技术优势

希杰荣庆物流自主研发了MPS分拣系统，新一代分拣技术3.0通过软件与硬件方面的相互配合提高订单处理效率，实现高效入库、出库自动化：一是软件的操作界面直观、层级清晰，在仓库的现场操作中，高效地实现功能分类，降低由于错误操作带来的时间浪费，同时系统平台采用模块化设计，支持功能扩展，希杰荣庆物流可随时根据市场和客户的需求进行系统的优化升级；二是智能硬件装备的应用，包括拣货自动化、机器人补货、打包台自动封箱等。在智能硬件装备中，W/Navigator（订单拣货设备）是希杰荣庆物流独立开发的订单拣货设备，适用于多品种少量拣货；Order Picking（拣货机器人）载着货架移动到相应拣货位，适用于大面积的仓库和重货分拣，减少人员移动距离和操作时间。

2. 快递优势

希杰荣庆物流为更好地实现为客户进行定制化服务，与全国各大快递服务商签订了长期合作协议，多层次保证服务的延伸范围和时效，在销售旺季时保障客户订单的正常高速流转。希杰荣庆物流通过整合资源，集中处理订单、集中转运，降低了服务链条上的整体成本，提高了运作效率。

3. 系统优势

希杰荣庆物流自主研发的B2C专用系统，经过与合作的快递公司系统进行对接，不仅实现了订单的批量操作和订单计费，还大大提升了订单交运和结费的效率。

三、希杰荣庆物流B2C运营——北京仓

希杰荣庆物流针对A客户在北京的业务需求，成立专业B2C项目小组，进行业务订单量、订单密集度、产品储运特点的实地考察与战略实施。在A客户B2C项目中希杰荣庆物流投入了MPS和WMS，从产品的生产与销售计划再到产品的入库、出库、盘点、补货等环节，进行智能分析与安排，通过及时准确的系统数据分析，为A客户业务发展提供有力的数据支撑。

一是产品入库后的收货、上架，专人收验货，保证入库产品为合格品，同时向A客户B2C项目报送准确的入库产品数量。

二是仓库管理，指仓库内产品的拣货、打包、发货和库存盘点等工作，利用MPS和WMS进行智能管控和分析，得出最佳的产品

补货数量，从而降低 A 客户的生产管理成本，提高仓库利用率。

三是退货，退货的产品将严格进行分类管理，分析退货产品的状况，将信息回馈至客户，便于客户有针对性地提升产品的品质服务。

四是应急预案，针对“6·18”和“双十一”购物节，制订产品销售后期服务应急方案，以应对市场集中性的大量产品需求，为 A 客户产品的销售作出快速反应。

希杰荣庆物流在 A 客户 B2C 项目实施过程中，不断分析和总结，提高智能系统和智能装备的应用水平，不仅降低了 A 客户 B2C 项目中双方的成本、提高了服务质量，更提升了 A 客户 B2C 项目模式下 A 客户及其用户的极致服务体验。

四、发展战略

希杰荣庆物流将全面发展 B2C 业务，规划建设专业的 B2C 仓库，将库存及出入库管理进一步提升至智能化出入库管理、安全/安保管理升级为无人机等设备实时监控园区安保、设备综合管理提升为综合管控园区内大型智能设备。为此，希杰荣庆物流成立 B2C 事业部，有效应对客户需求，将从运营、技术、战略三个方面不断提高客户服务水平，同时将继续研发功能完善、健全、扩展性强的 B2C 专用 WMS，为客户提供安全、高效、功能健全的系统服务。

希杰荣庆物流在促进自身快速、高效发展的同时，主动参与社会公益事业，积极弘扬和践行低碳、环保理念，大力发展绿色物流，实现企业与社会的互利共荣、和谐发展。

（希杰荣庆供应链有限公司总公司 B2C 事业部总经理　张伟

希杰荣庆供应链有限公司总公司企管部品牌部总编　耿祥伟）

天骄科技——网络货运管理系统平台

一、企业简介

湖南天骄物流信息科技有限公司（以下简称“天骄科技”）是一家横跨电子商务和现代物流两个领域，专注于物流行业公共信息服务系统建设及互联网增值业务开发的高科技企业。

天骄科技自成立以来，一直致力于建设并推广高效、实用、专业的信息化公共服务平台，用信息化推动物流产业资源整合与优化，从而为全社会提供最优质的物流、信息、产品、技术等服务。天骄科技已成为湖南省物流信息服务平台的龙头企业，在电子商务领域中占有一席之地。

（一）天骄科技拥有的主要产品

天骄科技秉承“同享共赢、高效创新”的企业精神，深入研究行业发展趋势，深度理解行业发展需求，运用物联网、云计算等先进IT技术，打造全新的物流公共信息服务体系，为中国物流产业的迅猛发展提供巨大的推力，为全社会提供最低成本、最高品质的物流服务。

天骄科技通过研发团队的共同努力和刻苦攻关，自主研发了“天骄快车”“牛运网物流信息平台（代理商版）”“牛运网物流信息平台（司机版）”“物流信息联盟综合平台手机版”“通贝支付平台”“牛运交易保障平台”“无车承运金融系统”“无车承运油票系统”“无车承运大数据公共服务平台”“物流查询系统”“诚信担保系统”等主要产品。

（二）天骄科技的管理模式

天骄科技采取现代化的企业管理模式，以制度化管理为基础，通过搭建系统的管理架构，导入“企业文化管理、业务流程管理、目标管理、成果管理、现代人力资源管理、客户关系管理、风险控制管理、市场预决策管理”等，构建起科学的、现代的、可执行的经营管理体系架构，促使企业内部形成自动扩张与成长机制。

（三）天骄科技的营销模式

一是以国家开展无车承运人试点为契机，依托平台开展物流货运承运业务。二是平台运营按照“谁受益、谁付费”的原则，出台使用平台的相关服务费用标准，按照市场化运作，实现平台的良性发展。三是通过注册会员形式集聚用户资源，为用户提供多种信息服务，形成资源洼地。四是开展第三方增值业务服务，通过提供金融、保险、油卡等深度服务，提升平台核心竞争力。五是建立利益共享的“合伙人”运营模式。平台建立一套科学的利益分享机制，每个人都是平台的合伙人，他们即是资源的贡献者，又是利益的分享者。六是组建专业联盟。通过“建联盟、进联盟”提供统一的组织、统一的品牌、统一的保障。七是打造物流助手专业管理团队。物流助手是这一新商业模式推广的中坚力量，也是这一模式的一大创新。八是天骄科技采取了“诚信担保”的方式。一方在遭受经济损失时，先有公司提前进行赔付；然后通过诚信担保系统向造成损失的一方进行索赔，扣除预先缴纳的担保金；从而使平台健康、安全的发展。

二、网络货运管理系统平台的实施意义

天骄科技针对物流业过度低价竞争导致的利润变薄、行业整体服务水平不高、物流需求不断变化、车货不平衡等问题，运用最新的物联网、云计算等先进 IT 技术，打造全新的物流公共信息服务体系——网络货运管理系统平台。

（一）促进交通运输转型升级的需要

通过管理和组织模式的创新，集约整合和科学调度零散物流资源，能够有效提升运输组织效率，优化物流市场格局，规范市场主体经营行为，推动货运物流行业转型升级，促进物流业降本增效。

（二）推动用户信用体系建设的需要

平台利用技术手段加强对违法违规行为的监测、识别和防范，主动与执法部门建立联防联控机制；在运输生产安全、服务质量、诚信考核、事故赔付能力等方面加强管理；利用物流信息平台和大数据技术整合相关信用信息，建立基于消费者交易评价和社会公众综合评价的市场化用户信用信息采集、共享与使用机制，向社会提供平台“人、车、户”等基本信息的查询服务，引导货运市场的规范化发展。

（三）创新道路货运运营管理模式的需要

平台通过业务相关操作规范，科学设计业务流程，形成物流资源组织调度、运输监管、单证交接等环节的规范化管理。平台的物流货运大数据以及在信息资源的互联互通、服务规范、作业流程等方面，加强与铁路、港口、民航等企业的业务衔接，开展公铁、公水和陆空联运，通过甩挂运输、共同配送等先进运输组织方式提升运输组织效率。

（四）推动国家“营改增”税制改革的需要

《财政部 国家税务总局关于全面推开营业税改征增值税试点的通知》（财税〔2016〕36号）明确规定无车承运业务按照“交通运输服务”缴纳增值税。但道路运输行业中的个体运输户由于经营资质条件的限制，只能开具普通发票，或者不开具发票，从而造成税源流失。平台通过“合伙人”的模式把个体运输户纳入平台业务体系中，由平台主体企业代开增值税专用发票，有效解决个体运输户申请代开增值税专用发票问题，实现税收代开代征，统一征管，从而增加国家税收。

（五）规范道路货运行为的需要

项目从保障安全、维护权益、提高服务角度出发，对网络货运经营有关承运车辆及驾驶员资质审核、货物装载及运输过程管控、信息记录保存及运单数据传输、税收缴纳、网络和信息安全，货车司机及货主权益保护、投诉举报，服务质量及评价管理等作出系统规定，合

理界定了平台责任，规范平台经营行为。平台充分利用信息化手段加强网络货运经营的运行监测和监管，建立交通运输、税务部门信息共享机制，营造公平公正的市场环境。

（六）帮助中小微道路货运从业者转型升级的需要

全国从事道路货运物流服务的从业者多为个人及其家族成员，完成了全国道路货运 85% 以上的物流周转服务。但是，随着移动互联的普及，商业创新越来越快，以传统运营模式为主的中小微道路货运从业者越来越难以适应，其经营举步维艰，收益每况愈下，“谋出路、求生存”的诉求日趋强烈。

（七）物流信息大数据挖掘与应用的需要

过去道路货运从业者不重视道路货运物流数据的价值，不管是每一个包裹、还是每一辆卡车，每一个时间段的动态信息都会与成本、时效、KPI 数据相关，这些动态数据背后蕴藏商品的流通动态，可以实现海量的数据分析。未来是大数据驱动的物流，信息逐步代替库存，数据创造价值。

三、平台产生的经济价值

目前，货运及相关市场规模庞大，天骄科技通过平台实现上下游资源的整合与对接，形成无车承运生意链，降低物流成本，提高物流运行效率，及时调配物流运力资源，全面掌握物流运价波动行情。平台通过线上物流信息共享、匹配，线下物流交易撮合、管控，实现上游托运企业与下游承运人的互联互通、数据共享、交易互动。平台将涉及税票开具、保险、油卡、ETC、维修保养、支付等众多纵深层次业务，取得的经济价值将是巨大的。

（中国物流与采购联合会网络事业部）

领鲜物流智能调度平台打造全效城配冷链

一、企业简介

上海光明领鲜物流有限公司（以下简称“领鲜物流”）成立于2003年，是光明乳业股份有限公司（以下简称“光明乳业”）的全资子公司，是一家具有雄厚实力和丰富物流管理经验的、以冷链为主的多温度带综合性物流企业。

领鲜物流不仅为光明乳业提供仓储配送服务，也面向社会为第三方客户提供食品物流服务，其物流营运团队深谙冷链体系及各温域物流服务体系建设，是专业的供应链解决方案提供商。

领鲜物流的配送模式是城市配送。依托光明乳业建立起强大的物流网络，可延伸至各县级城市及乡镇，覆盖终端网点超过50000个。由上海及全国各物流中心始发的每日干线线路达200余条，客户下单24小时送达。

二、智能调度平台

领鲜物流依据自身的运输线路，结合外部资源，打造智能调度平台。领鲜物流智能调度平台的上线应用，助力领鲜物流实现全效城配冷链。一是优化现有配送线路，降低配送成本；二是运营信息数据化、运输全程可视化，加强配送管理；三是“异常处理”信息化管理，提升处理效率，缩短处理周期；四是总部对多仓配送信息统一管理。

（一）智能调度平台运输排线优势对比

智能调度平台的运输排线优势明显，通过4月26日到5月15日，以人工调度与智能调度平台两种形式，分别对星火仓和康桥仓等多个项目进行了数据测试。

测试过程中，也通过地址清洗功能，对配送地址进行了统一校准，完善了地址库。

4次测试实际发车62车次，智能调度平台系统排线结果为56车次，车次平均优化比例为9.7%。各仓实际出车与智能调度平台系统排线数据对比情况如下图所示。

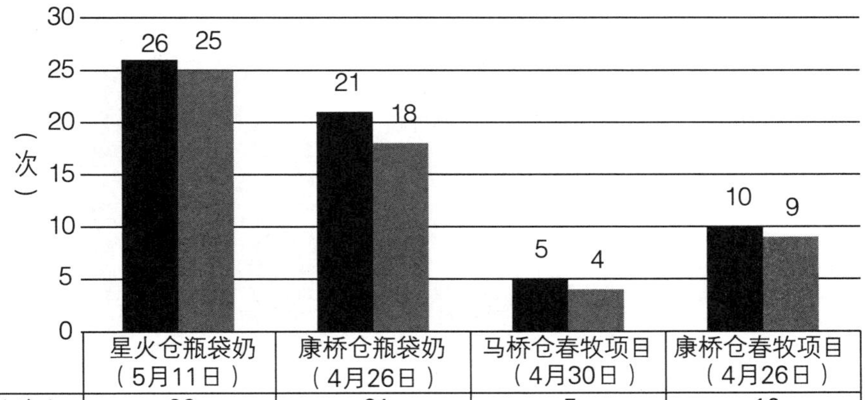

	星火仓瓶袋奶（5月11日）	康桥仓瓶袋奶（4月26日）	马桥仓春牧项目（4月30日）	康桥仓春牧项目（4月26日）
■实际出车（次）	26	21	5	10
■系统排线（次）	25	18	4	9

各仓实际出车与智能调度平台系统排线数据对比情况

（二）智能调度平台系统管理价值

（1）借助智能调度可以加强配送环节的数字化和信息化。

智能调度平台可根据排线结果预知运输数据，从而达到精细化管理。司机可通过调度小程序进行签收、报备，系统后台也可和车辆GPS打通，从而实现配送全程可视化。

（2）通过智能调度平台的客服中心，可实现异常处理的一键申请和审批。

处理进度也可实时反馈到小程序收货端，可实现多方信息实时同步、缩短处理周期，从而提升客户满意度。

（3）通过智能调度平台的分权限管理，可实现总部对多仓配送信息的统一管理，打造集团调度中心。各仓库运营数据系统留存，总部可进行调取，根据需要生成分析报表，便于管理和决策。

此外，为了促进企业内部冷链物流资源的整合利用，加强不同区域冷链仓库之间的信息共享和业务协作，提高冷链物流企业的管理水平和服务品质，光明乳业与阿里云达成战略合作，共同推动光明乳业的数字化转型，使生产、贮藏、运输、分拣、包装、配送和终端零售各环节始终处于可控的、适宜的低温控制环境，最大限度地保证产品品质，减少损耗，防止污染。真正做到全过程质量控制，满足消费者对冷藏食品新鲜度、营养性和安全性的需求。

鉴于光明乳业数字化转型项目需要，领鲜物流负责光明乳业供应链体系中的流通环节，承载了产品从配送单处理、产成品储存运输至经销商、终端客户的关键节点。标准化的运作流程及完整的流通环节数据对于光明乳业数字化转型至关重要，借助光明乳业数字化转型，打造领鲜物流的“数字化、可视化、实时化、移动化”四化建设。

领鲜物流借鉴并融合国内外先进标准，不断健全光明“五星”冷链管理系统，提出了多项行业独创、可量化、科学的冷链评估系统。利用GPS、北斗卫星导航系统打造了远程监控系统；覆盖从入库、分拣、出库、输送、储存、预冷、配送、回程等全过程；每15秒记录一组数据，并配以专人复核；冷库监控覆盖率为 100%，车辆监控覆盖率为 100%，温度复核率为 100%。冷链指标连续五年持续提升，领鲜物流获得“2018—2019 年度食品安全创新技术示范项目奖”。

（上海光明领鲜物流有限公司）

安吉物流构建“互联网+”背景下的物流信息化管理模式

一、企业简介

四川安吉物流集团有限公司（以下简称“安吉物流”）是五粮液集团公司下属全资子集团公司，以公铁水空多式联运、仓干配一体化服务、供应链管理、国际业务为核心，以汽车后市场业务为辅的省内首家本土国家5A级综合物流企业，省内唯一具有长江干线及内河航运资质的公铁水联运物流企业，全国供应链创新与试点企业。依托成熟的物流运作模式，为海内外客户提供现代化、专业化的全程供应链整体解决方案。

安吉物流拥有各型现代化专业物流设备1900余台/套，仓储面积近26万平方米。在上海、成都、天津、广州、武汉、西安、沈阳、郑州、重庆、南京、长沙、杭州、济南、厦门、兰州15个中心城市建立了分仓，辅以500余个二级、三级配送站点，构建了通达全球的物流网络体系。2019年，安吉物流实现销售收入66.31亿元，利润总额1.23亿元。

二、现代信息技术引进情况

为满足生产经营需要，安吉物流信息化建设整合了西南交通大学物流管理学院等科研单位以及上海天舟信息技术公司、中国联合网络通信有限公司等相关社会资源，采用产学研结合的方式，通过技术攻关、技术创新，将物流信息技术、RFID标签、二维码、4G移动通信、北斗卫星导航系统、互联网、云计算、移动智能终端、传感器、扫描等技术成功运用到了食品流通管理中，建立了规范、标准的供应链管理平台。

三、信息化管理体系、信息管理能力状况

为满足五粮液高端产品智能物流管理需求，安吉物流就现代物流信息管理平台技术在现代化运输、仓储、配送、物流安全、物流溯源等方面有效运用，开展了一系列技术创新工作。安吉物流将高科技的现代物流信息管理技

术运用到物流运营管理中，通过对物流业务运营过程动态管理（装货、运输、仓储、配送等）、车辆运行动态管理（视频、位置监控）、物流防伪溯源管理（RFID 标签物流跟踪与溯源），将物理空间分散的作业现场、作业过程等信息通过现代物流信息管理技术采集，汇总到安吉物流运营中心进行可视化统一管理，实现了物流过程精细化、效率化管理，有效促进安吉物流的服务质量的提升，在企业生产管理中发挥了重要作用。

四、信息平台建设、物流信息中心建设状况

（一）安吉物流建设物流信息管理系统，通过信息化建设，实现了物流业务流程化、信息化管理，构建了全国性的“物流信息网”“物流配送网”，信息化管理内容包括运单接收、运单处理、车辆调度、中转运输、货物跟踪、信息发布、票据管理、财务结算、经营分析等。

物流信息化管理平台实现了对包括物流订单接收、调运、仓储、配送、在途跟踪、票据管理、费用结算等整个物流业务的信息化、流程化管理，实现了全国各物流分支机构业务信息对接，构建安吉物流的物流网、信息网。同时该系统实现与生产型企业 ERP 系统对接，系统向客户（销售、采购、生产、仓储等环节相关人员）、客户收货方、承运人、社会车辆等延伸，通过信息技术有效运用，降低企业物流成本，实现智能化、精细化、标准化管理。现该系统已逐渐形成了一个跨区域、跨企业的集物流管理、信息发布于一体的综合性物流信息管理平台，有效提升了企业核心竞争力。

（二）为了满足五粮液等高附加值货物运输安全要求，安吉物流针对高附加值产品运输特点，开发了集装箱运输移动视频监控管理系统。该系统经技术创新，运用了北斗卫星导航系统及无线通信技术，实现了移动视频监控技术在货运安全管理、信息发布等方面的运用。

物流安全视频监控平台以北斗卫星导航系统及无线通信技术为基础，开发了多项适合高端成品酒的物流安全管理功能，既实现对在途货物远程视频及位置跟踪，也实现了对移动集装箱车门开关情况的监控。监控人员可通过系统查看在途车辆驾驶室与集装箱内货物视频，当集装箱门被异常开启时，系统将报警提示，并自动记录集装箱开门时间、地点等信息。平台针对高端成品酒运输特点研发了多项定制功能，一是设备断电仍能维持一定工作时间；二是甩挂移动集装箱监控、北斗卫星导航系统；三是集装箱开门自动录像等多项特殊功能。

五、信息化建设与物流生产融合、应用情况

（一）产品 RFID 标签、条码、二维码标识

为车辆、驾驶员、集装箱、货物（以单个货物或货物包装为单位）配置 RFID 标签及条码（含二维码、条码），这是唯一身份标签信息，以便系统识别及管理。

（二）物流指令管理

建立基于 Web Service 的物流订单交互平台，接收来自不同客户的订单，该平台与客户 ERP 系统集成，对接客户生产、销售、采购、仓库等环节的物流指令信息。

（三）物流计划管理

根据物流订单，进行路线规划、运力调派、承运商选择、承运商招投标等，帮助企业

制订最优物流线路、物流方式，从而降低物流成本，提高车辆利用率，改善各项物流指标。同时，系统具备与运输服务供应商协同作业的功能，通过运输分派、招投标管理等方式，帮助企业选择服务供应商，提供按照优先级、服务标准以及最低运费等规则选择承运商，并能通过平台管理承运商承运信息，统计、结算物流费用。

（四）运输执行管理

系统远程实时信息采集物流过程信息，可以远程下达物流计划，对拣货、装车、中转、配送、到货签收等整个物流执行过程进行全面掌控（以文字、图像、声音等方式），并处理物流状态异常。

（五）仓储、配送管理

系统支持各仓储配送中心立体库管理，含日常事务管理（RFID 标签及条码扫描收/发货管理、库存计划预留、库存盘点、商品移库）、库存报表统计管理、短途配送管理（配送车辆安排、配送装载、配送线路优化）等。

系统基于每件成品酒瓶箱关联，通过门禁式的数据采集系统，批量扫描成品酒箱标或者扫描任意瓶标自动读取当前出、入库的货品信息，信息将录入库存管理系统。

（六）物流接口管理

物流系统与客户 ERP 系统（仓储、销售、采购、生产）、RFID 标签/条码/二维码系统、北斗卫星导航、智能手机终端等实现无缝对接，将物流指令、产品信息、物流动态信息进行汇集与管控，实现物流供应链管理。

（七）RFID 标签/条码/二维码物流追溯管理

1. 进出库信息绑定。货物销售出库时对产品外包装 RFID 标签或条码进行扫描，将货物 RFID 标签信息与收货人、承运车辆、承运人、承运时间等信息有效绑定，便于后续运用及管理。

2. 物流跟踪。在进出中转仓库、配送等环节，通过扫描送货单二维码，快速提取该批货物 RFID 标签信息，可记录、监控货物物流过程信息。同时可对具体货物进行扫描验证，扫描信息通过系统自动与厂商原始出库信息进行比对，有效杜绝送串货、送假货等情况发生，实现物流过程精准、安全管理，保障货物安全。

3. 收货验证。收货人收货时利用智能手机终端或入库门禁系统对货物进行现场验证，无须开箱就能验收货物的真伪，该信息自动与原始出库信息比对，出现异常后自动记录并报警，从而达到防假货、防串货目的。

4. 快速获取客户签收信息（电子签收）。客户收货时，通过对送货单二维码扫描，可快速获取货物签收信息（含客户签收回单的照片回传）。系统将签收信息通过网络传回物联网数据中心，承运方、托运方均可通过系统及时获取到货信息，实现快速收货、验货，及时处理各种到货异常。

5. 分销验证。产品在仓储环节进出分销商仓库，通过扫描货物箱码（RFID 标签），快速提取该批货物信息，可记录、监控货物分销物流过程信息。

6. 消费者验证。产品销售到终端消费者手中后，消费者通过扫码终端（手机、手持扫码器、专卖店卖场验证设备），以及通过网站或手机短信查询平台（输入产品外包装条码信息）可检查产品真伪信息，数据中心将记录经过查询的货物信息。

7. 物流溯源。基于整个物流系统及 RFID 系统体系，可对每件货物运输过程进行溯源，如查询每件产品出货仓库、承运商、承运时间、运输车辆、中转仓库、物流线路、在途异常、收货人、签收情况、分销情况等信息，使产品具有可追溯性，有效保障食品物流流通安全。

（八）商务智能经营分析统计

实现企业商务智能经营分析统计，为各管理人员提供基于运输、仓储、配送、消费区域、消费行为等业务动态分析信息，帮助管理者进行物流过程监控、物流安全管理、成本费用监控、意外事件管理、销售策略管理。通过对流通关键指标管控，建立企业绩效管理体系。KPI 考核指标包括发货及时率、到货及时率、扫码/喷码/贴标准确率、在途安全率、成品酒破损率、回单异常率、回单及时率、异常回单处理及时性、物流毛利率、应收款回款及时率、客户满意率等。完善物流信息技术管理体系，提升供应链物流服务水平。

六、未来规划

（一）深化物流信息平台建设

现有平台虽能基本满足现有业务管理需求，但随着安吉物流外部业务的不断拓展、业务模式的增加、管理要求的提升，现有平台的瓶颈越来越突出，需要在仓库及配送管理、运输管理，以及物流标准化建设、物流绩效体系建设等方面对现有信息管理平台进行整合、优化、升级。将物流信息平台与客户采购、生产、仓储、销售等供应链上各类信息平台整合，实现物流与客户供应链信息流的无缝对接，为客户提供原材料及产成品仓储、配送全程物流服务，为客户降低物流成本，提升综合物流服务水平。

（二）深度接入四川省物流公共信息平台

四川省正在推进建设的四川省物流公共信息平台，是四川省最大的物流信息平台（大数据中心），能有效实现物流业的资源整合，提升物流运作效益。安吉物流要以此为契机，依托四川省物流信息平台，整合全社会物流资源，进一步拓展市场。

（三）建立物流大数据中心，为经营决策服务

大数据是继云计算、物联网之后 IT 产业又一项颠覆性的技术变革。大数据的价值在于从海量的数据中发现新的知识，创造新的价值。而物流行业正是一个产生大量数据的行业，在货物流转、车辆追踪、仓储等各个环节中都会产生海量的数据。安吉物流要充分应用“大数据”技术，通过对各个物流环节的数据进行归纳、分类和整合，运用科技手段进行分析，利用“大数据”为公司战略规划、运营管理和日常运作提供重要支持和指导。

（四）实现信息交易平台的社会化运营

在现有信息平台基础上，进一步完善订单、运输管理、仓储、北斗卫星导航系统及视频监控等系统，并通过整合信息资源，实现安吉信息交易大厅及信息交易平台的社会化运营，集约社会化物流信息资源，实现货源、车源信息“撮合”，形成社会化的整合平台，打造安吉物流企业品牌。

（五）充分运用现代信息技术，提升现代化水平

通过引入一批成熟的现代信息化技术，提升物流信息化与智能化水平，实现企业由传统管理模式向信息化管理模式的转变，使信息化管理逐步成为安吉物流核心优势。

（六）打造酒类销售及物流电子商务平台，为企业创造新价值

为不断满足消费者个性化需求，五粮液集团公司将加码系列酒，推出“互联网+”计划，

转型“互联网+”，采用O2O营销模式打造电子商务平台。在未来发展中，如五粮液成品酒通过电子商务平台进行直销，将大大地减少中间环节，减少成本开支，增加企业利润。届时，安吉物流将与五粮液集团公司展开深度对接，共同探索基于互联网与移动技术下的酒类电商渠道创新发展之路。利用“互联网+”（大数据、云计算、移动互联网等新兴技术），发挥安吉物流网络优势，以消费者需求为导向，在产品、宣传、促销、数据、物流服务等建立标准化体系，发挥安吉物流在酒类产品的运输优势，安全、快捷、高效的实施落地配送，在保障五粮液集团公司该类业务的顺利开展以及减少成本支出的同时，也为企业创造了新的利润增长点。

（四川安吉物流集团有限公司）

元初食品生鲜物流信息化

一、元初食品简介

厦门天酬进出口有限公司（以下简称“天酬企业”）成立于2001年，并创立“元初食品”品牌。天酬企业自成立以来，与众多我国优质的食品生产厂商及海内外知名食品厂家合作，将上千种自有品牌商品出口到美洲、欧洲等地区。元初食品拥有“元初/Sungiven”“元童/Onetang”“元和/Yuho”“元实/Ontrue”等以“元”字为前缀的自有品牌商标。元初食品在国际上畅销，通过了严格的国际认证或专业的食品安全检测，不少产品在国外大型超市同步上市。

2011年7月13日，为了与更多国内同胞分享符合欧洲、美洲等发达地区食品安全标准的食品，厦门元初食品股份有限公司成立，经营零售超市，推广健康食品；元初食品早在成立之初，就把食品安全和企业的自身命运捆绑在一块。元初食品的商品定位是“坚持最大程度原生态、少处理、少添加”。

目前，元初食品已在厦门、深圳、大连、泉州及加拿大温哥华开设117家社区生鲜超市（含3个餐饮集成区及多个餐饮档口）、18家便利店、3家电商前置仓、1家餐饮独立店，各种业态门店数累计达139家。

二、元初食品生鲜物流信息化项目要解决的问题

元初食品近年来业务快速增长，现有信息系统无法满足高速增长的业务管理需求。配送中心对供应商送货的响应时间与处理速度要求，都随着业务规模扩大、门店增多，有了很大的变化。新系统需要具备仓储作业、运输可视化，运输在途全程跟踪、财务计费结算等业务一体化的信息管理功能，以满足元初食品自身业务的个性化需求增长，同时要兼顾多项目共管、可集成多种现有业务的物流信息管理平台。

三、元初食品生鲜物流信息化项目

（一）元初食品生鲜物流信息化的设计构想

荆艺软件针对元初食品的产品特性，深入

地了解到元初食品的业务板块多样化、业务服务要求精细化、业务数据传递复杂化、业务控制准确化等要求。荆艺软件建议自行研发供应链管理系统，结合元初食品现行业务板块，定制各板块独立互联、业务板块间的数据可互相传递的信息架构，为元初食品实施信息化过程起到关键作用。

物流信息化整合分为三个层次，第一个层次是企业内部信息资源的整合，提高物流运作的自动化程度和物流决策的水平，企业通过内部信息整合，实现业务的优化管理和业务财务一体化管理；第二个层次是将信息化系统拓展到供应链上下游，为上下游厂商、客户、供应商开发信息化跟踪查询、信息反馈的物流管理模块；第三个层次是伴随物流行业面向供应链管理系统的快速发展，资源、市场和信息的整合推动了物流信息化平台的建设。

根据元初食品物流配送信息化建设的需求，结合荆艺软件在物流供应链信息系统的成功实施经验，确立了元初食品信息化项目的定位。

1. 建立集成的企业供应链一体化信息平台

在现有的经济体制下，企业的客户对象种类繁多，合作伙伴的业务也会涉及各方面，合作伙伴中，上游有客户，下游有货运公司，因此其信息化建设绝不能孤立存在于企业中，元初食品信息系统建设应立足于供应链的思维，贯彻以客户为中心、以市场为主导的企业理念，通过技术信息平台整合行业资源，深入开发各种相关的信息资源，并在相关领域做到信息资源共享。

2. 以客户为中心建设信息系统

在进行信息化的全过程中，应注意“人”在整个信息系统中的作用和态度。货主、客户对物流的“及时性”要求越来越高，特别是随着作为客户的企业大力引入信息技术，建立信息系统，这要求物流业者的信息技术水平也要不断提高，与不断进步的客户同步成长。

3. 信息化与物流再造结合

物流的信息化首先是一个流程再造的过程，物流的成功必然伴随着业务和管理流程的再造，不能局限在一个纯技术范围来研究。要解决产业的整个系统优化、流程改造、经营管理理念等问题，信息系统需要集成。

（二）元初食品元舜供应链生鲜业务流程详解

元舜供应链生鲜业务，从供应商报送生鲜商品送货单开始，到司机带回门店交接明细单结束，涉及生鲜商品收货入库、装车复核、越库发货、门店签收确认等业务操作。

1. 创建送货单

系统提供 Web 录入界面，给供应商开放权限自助录入每日送货明细清单，取代以往邮件发送 Excel 送货清单的操作。

送货单录入界面分为两种格式，一种是蔬菜生鲜送货单，另一种是猪肉送货单。

2. 审核送货单

数据员登入系统，确认每家供应商的送货清单信息是否完整正确。如果信息有问题，数据员可以将送货单退回供应商修改。确认无误后，审核送货单。

3. 汇总入库表

数据员将所有供应商提交的送货单全部导入系统中，自动生成蔬菜供应商入库表和猪肉供应商入库表。

4. 收货入库

供应商每天 17：00 送货到元舜配送中心后，仓库管理人员按送货单和送货司机办理收货入库。

5. 入库复核

仓库管理人员根据送货单上的筐数和实际收货数量，填写生鲜包装复核表和猪肉复核清点表。如果数量不一致，可以在系统中直接录入实际收货数量，让送货司机和供应商自行处理差异问题。

复核后的入库数据，通过系统接口程序，自动导出到海鼎 ERP 系统中，同步库存数据。

6. 打印出库单证

数据员根据不同门店对蔬菜生鲜商品的需求情况，通过系统生成并打印蔬菜分拨总单、配送签收单、门店交接明细单。配货司机从数据员领取配送签收单和门店交接明细单。

7. 越库出库

仓库管理人员按出库任务清单和配货司机的配送签收单核对，办理出库手续。确认后的出库数据，通过系统接口程序，自动导入海鼎 ERP 系统中，同步库存数据。

8. 装车配送确认

配货司机凭配送签收单与仓管确认配送数量。数量如有异议，仓库管理人员按实际数量手动更改单据，然后签字确认，或者返回数据员重新打单。

9. 门店签收确认

门店按明细交接单与配送司机按件数确认收货数量，配送司机回程可以将前一天的明细交接单和空菜筐带回配送中心。

该流程涉及了供应商职责，按元舜要求，填写每日送货单明细；数据员负责审核蔬菜供应商入库表等单据。

四、元初食品生鲜物流信息化项目实施后的意义

在宏观方面，元初食品信息化建设项目成功上线后，通过元初食品物流配送系统，能够从订单录入开始进行全流程的业务数据控制管理、业务运作监控管理、业务结果分析改进等业务层面的信息管理，通过管理过程中对数据的传递，对业务的控制、对财务的分析达到元初食品业务流、财务流、信息流等多层面互动，为元初食品达到现代物流企业所需要具备的信息管理能力提供了全面支持。

信息化系统管理能力的提升带动业务能力的提升，信息化帮助元初食品在整体企业核心竞争力方面提供了一个层次，为元初食品逐步在供应链一体化过程中体现出具有现代物流的特性的物流管理能力奠定了基础，同时为元初食品在未来市场竞争中所具备的先进的物流管理理念与管理能力、先进的供应链管理基础等提供核心支持。

在微观方面，元初食品物流配送系统的上线很好地解决了以往公司内部物流管理混乱、物流节点繁杂、物流控制薄弱、物流资金浪费等多种问题，以统一的物流管理思路，满足业务板块庞大、客户管理统一、物流运输方式优化、物流环节缩减、物流费用节省等物流需求。为元初食品满足构建整体物流、整体信息平台的要求作出了贡献。通过信息平台管理进行企业业务流程优化后，为元初食品市场竞争模式、物流运营模式改变提供了基础。

该项目的上线，标志着荆艺软件与元初食品的合作初步成功。作为一个新的里程碑，该系统的成功上线，对元初食品决策和管理水平、业务发展具有重大意义。

（中国物流与采购联合会网络事业部）

第九部分

物流综合

2019 年中国物流企业 50 强名单

排名	企业名称	物流业务收入（万元）
1	中国远洋海运集团有限公司	22121401
2	厦门象屿股份有限公司	14040454
3	顺丰控股股份有限公司	8967688
4	中国外运股份有限公司	7731184
5	京东物流集团	3917670
6	中国物资储运集团有限公司	3887225
7	中铁物资集团有限公司	3019406
8	圆通速递股份有限公司	2746515
9	上汽安吉物流股份有限公司	2508257
10	德邦物流股份有限公司	2302532
11	锦程国际物流集团股份有限公司	1519586
12	江苏苏宁物流有限公司	1351190
13	厦门港务控股集团有限公司	1339086
14	一汽物流有限公司	1220000
15	福建省交通运输集团有限责任公司	1211649
16	全球国际货运代理（中国）有限公司	1111263
17	中国石油化工股份有限公司管道储运分公司	1027952

续 表

排名	企业名称	物流业务收入（万元）
18	青岛日日顺物流有限公司	1014431
19	泉州安通物流有限公司	1005754
20	嘉里物流（中国）投资有限公司	918294
21	重庆港务物流集团有限公司	860805
22	上海中谷物流股份有限公司	807786
23	准时达国际供应链管理有限公司	761967
24	山西快成物流科技有限公司	680897
25	云南能投物流有限责任公司	674347
26	安得智联科技股份有限公司	589457
27	全球捷运物流有限公司	566996
28	四川安吉物流集团有限公司	557344
29	北京长久物流股份有限公司	546845
30	江苏百盟投资有限公司	540000
31	中铁铁龙集装箱物流股份有限公司	533614
32	日通国际物流（中国）有限公司	525480
33	重庆长安民生物流股份有限公司	512710
34	武汉商贸国有控股集团有限公司	502116
35	林森物流集团有限公司	499536
36	浙江物产物流投资有限公司	497800
37	中都物流有限公司	474961
38	湖南星沙物流投资有限公司	468561
39	传化智联股份有限公司	464576
40	河北宝信物流有限公司	455488
41	广东省航运集团有限公司	452977
42	玖隆钢铁物流有限公司	450000
43	九州通医药集团物流有限公司	421451
44	国药控股扬州有限公司	401334

续 表

排名	企业名称	物流业务收入（万元）
45	利丰供应链管理（中国）有限公司	378988
46	云南建投物流有限公司	378769
47	南京福佑在线电子商务有限公司	351366
48	湖南一力股份有限公司	348106
49	希杰荣庆物流供应链有限公司	333852
50	中通服供应链管理有限公司	325565

（中国物流与采购联合会）

2019 年中国民营物流企业 50 强名单

排名	企业名称	物流业务收入（万元）
1	顺丰控股股份有限公司	8967688
2	京东物流集团	3917670
3	圆通速递股份有限公司	2746515
4	德邦物流股份有限公司	2302532
5	锦程国际物流集团股份有限公司	1519586
6	江苏苏宁物流有限公司	1351190
7	泉州安通物流有限公司	1004884
8	上海中谷物流股份有限公司	807786
9	准时达国际供应链管理有限公司	761967
10	山西快成物流科技有限公司	680897
11	安得智联科技股份有限公司	589457
12	全球捷运物流有限公司	566996
13	北京长久物流股份有限公司	546845
14	江苏百盟投资有限公司	540000
15	林森物流集团有限公司	499536
16	湖南星沙物流投资有限公司	468561
17	传化智联股份有限公司	464576
18	河北宝信物流有限公司	455488
19	玖隆钢铁物流有限公司	450000
20	九州通医药集团物流有限公司	421451
21	南京福佑在线电子商务有限公司	351366

续 表

排名	企业名称	物流业务收入（万元）
22	湖南一力股份有限公司	348106
23	希杰荣庆物流供应链有限公司	333852
24	江苏飞力达国际物流股份有限公司	319845
25	正本物流集团有限公司	315371
26	上海则一供应链管理有限公司	310596
27	跨越速运集团有限公司	279200
28	密尔克卫化工供应链服务股份有限公司	263777
29	江苏众诚国际物流有限公司	244923
30	建华物流有限公司	236556
31	盛丰物流集团有限公司	227016
32	上海环世物流（集团）有限公司	226627
33	盛辉物流集团有限公司	224718
34	湖南湾田供应链管理有限公司	212350
35	镇海石化物流有限责任公司	208357
36	统业物流科技集团股份有限公司	205935
37	宏图智能物流股份有限公司	205355
38	陕西卡一车物流科技有限公司	193194
39	宝供物流企业集团有限公司	193189
40	湖南兴义物流有限公司	189016
41	湖南金煌物流股份有限公司	178238
42	山东宇佳物流有限公司	175462
43	新疆九洲恒昌供应链管理股份有限公司	171421
44	山东佳怡供应链管理有限公司	170855
45	江西正广通供应链管理有限公司	166177
46	上海佳吉快运有限公司	165631
47	内蒙古众利惠农物流有限公司	92990
48	济南零点物流港有限公司	85312
49	江苏澳洋顺昌股份有限公司	84404
50	驻马店市恒兴运输有限公司	83894

（中国物流与采购联合会）

2019 年全国通用仓储企业排名

名次	企业名称	仓库面积（万平方米）
1	江苏苏宁物流有限公司	1560.0
2	厦门象屿股份有限公司	650.8
3	青岛日日顺物流有限公司	600.0
4	安得智联科技股份有限公司	380.0
5	百世物流科技（中国）有限公司	320.0
6	中储发展股份有限公司	300.0
7	速必达希杰物流有限公司	200.0
	宝供物流企业集团有限公司	200.0
	浙江心怡供应链管理有限公司	200.0
10	安迅物流有限公司	195.0
11	顺丰控股股份有限公司	192.0
12	上海发网供应链管理有限公司	180.0
	嘉里大通物流有限公司	180.0
14	中通云仓科技有限公司	160.0
	北领科技物流有限公司	160.0
16	中通服供应链管理有限公司	153.6
17	山东盖世国际物流集团有限公司	150.0
	中远海运物流有限公司	150.0
	北京昌达供应链管理集团有限公司	150.0
	中国物流股份有限公司	150.0
	深圳市怡亚通供应链股份有限公司	150.0

续 表

名次	企业名称	仓库面积（万平方米）
22	深圳市兆航物流有限公司	135.0
23	河北宝信物流有限公司	130.6
24	北京科捷物流有限公司	100.0
25	北京宏贤达物流集团有限公司	98.2
26	广东锐捷物流有限公司	90.0
27	准时达国际供应链管理有限公司	85.0
28	乾龙物流集团有限公司	70.0
	江苏新宁现代物流股份有限公司	70.0
	盛丰物流集团有限公司	70.0
31	湖南湾田供应链管理有限公司	69.0
32	陕西商储物流有限公司	65.0
33	深圳越海全球供应链有限公司	64.9
34	杭州松松供应链有限公司	63.0
	江苏飞力达国际物流股份有限公司	63.0
36	上海顶通物流有限公司	60.0
	伊藤忠物流（中国）有限公司	60.0
38	山东佳怡物流有限公司	55.0
39	青岛华骏投资集团有限公司	45.7
40	重庆公路运输（运输）集团有限公司	44.0
41	广州市广百物流有限公司	42.0
42	湖北国储物流股份有限公司	40.0
	杭州龙田供应链管理有限公司	40.0
	河南宇鑫物流集团有限公司	40.0
45	广州创智物流有限公司	36.8
46	深圳市盐田港物流有限公司	36.4
47	上海商业储运有限公司	35.0
48	建发物流集团有限公司	33.2
49	深圳市凯东源现代物流股份有限公司	30.0
	福兴祥物流集团有限公司	30.0
	林森物流集团有限公司	30.0
52	江苏莘纳吉物流科技有限公司	28.5
53	天津利通物流有限公司	28.0
	广州广日物流有限公司	28.0

续　表

名次	企业名称	仓库面积（万平方米）
55	安徽徽运物流有限公司	24.0
56	振华物流集团	22.0
57	新杰物流集团股份有限公司	21.0
58	上海有常物流有限公司（唯捷城配）	20.0
	淄博保税物流有限公司	20.0
60	贵州恩煜祥物流有限责任公司	18.5

（中国仓储与配送协会）

2019年全国冷链仓储企业排名

名次	企业名称	仓库容积（万立方米）
1	上海郑明现代物流有限公司	256.0
2	重庆明品福集团有限公司	150.0
3	成都银犁冷藏物流股份有限公司	90.0
	顺丰控股股份有限公司	90.0
	海南罗牛山食品集团有限公司	90.0
6	济南维尔康冷链物流有限公司	80.0
7	希杰荣庆物流供应链有限公司	80.0
8	红星冷链（湖南）股份有限公司	75.0
	沈阳副食集团公司	75.0
10	漯河双汇物流投资有限公司	65.0
11	中外运冷链物流有限公司	63.2
12	杭州餐友供应链管理有限公司	62.0
13	增益冷链（武汉）有限公司	60.0
	山东中凯物流有限公司	60.0
15	北京亚冷国际供应链管理有限公司	57.5
16	河南中原四季水产物流港股份有限公司	54.0
17	大连港毅都冷链有限公司	51.0

续 表

名次	企业名称	仓库容积（万立方米）
18	武汉山绿冷链物流有限公司	47.0
	山绿农产品集团股份有限公司	47.0
20	上海领鲜物流有限公司	43.0
21	德州飞马冷链物流有限公司	38.7
22	南京天环食品（集团）有限公司	36.0
23	辽渔集团有限公司冷藏分公司	33.0
	大连獐子岛中央冷藏物流有限公司	33.0
	天津蓝玺冷链物流有限公司	33.0
26	北京中冷物流股份有限公司	32.0
27	江苏汇鸿冷链物流有限公司	30.0
	重庆万吨冷储物流有限公司	30.0
	重庆农投恒天冷链物流有限公司	30.0
	青岛鲁海丰食品集团物流有限公司	30.0
	山东盖世国际物流集团有限公司	30.0
32	上海广德物流有限公司	25.0
33	粤泰冷链物流股份有限公司	24.0
34	上海有常物流有限公司（唯捷城配）	22.0
35	蓬莱京鲁渔业有限公司	21.8
36	无锡天鹏冷链物流有限公司	21.0
37	江苏苏宁物流有限公司	20.0
38	广州长运冷链服务有限公司	17.5
39	青岛师帅冷链物流股份有限公司	15.0
	深圳小田冷链物流股份有限公司	15.0
	江苏天缘物流集团有限公司	15.0

（中国仓储与配送协会）

2019 年全国仓储地产企业排名

名次	企业名称	仓库面积（万平方米）	覆盖城市（个）
1	普洛斯投资（上海）有限公司	2820.0	43
2	万科物流发展有限公司	1086.0	44
3	上海宇培（集团）有限公司	560.0	45
4	宝湾物流控股有限公司	298.0	23
5	第一创建仓储服务（深圳）有限公司	298.0	12
6	上海龙地物流有限公司	291.0	20
7	深圳市深国际物流发展有限公司	186.5	19
8	新地物流发展有限公司	185.0	13
9	复星国药（香港）物流仓储发展有限公司	102.0	8
10	北京百利威仓储物流有限公司	100.9	7

（中国仓储与配送协会）

2019 年全国金融仓储企业排名

名次	企业名称	年管理担保存货对应的贷款额度（万元）
1	南储仓储管理集团有限公司	2792438
2	华夏易通国际物流有限公司	779000
3	新润源资产管理有限公司	611580
4	湖北谊嘉金融仓储有限公司	462260
5	四川三鼎金融仓储有限公司	453719
6	浙江长运安信仓储服务有限公司	401906
7	湖北襄管物流有限公司	389551
8	宁夏嘉宝信金融仓储有限公司	300031
9	安徽隆泽丰投资管理有限公司	289600
10	青岛道合供应链管理有限公司	283000

（中国仓储与配送协会）

2019年“司机之家”建设项目名单

序号	省份	“司机之家”建设试点项目	“司机之家”建设单位名称
1	北京	G2京沪高速马驹桥（进京方向）“司机之家”	北京派天下信息科技有限公司
2	北京	G5京昆高速韩村河（进京方向）“司机之家”	北京派天下信息科技有限公司
3	天津	G2502滨保高速七里海服务区（滨海新区—保定方向）“司机之家”	天津市高速公路经营开发有限公司
4	河北	G20青银高速公路井陉服务区（石家庄—太原方向）“司机之家”	河北石青高速公路有限公司
5	河北	邢台市隆尧县宝信物流有限公司“司机之家”	河北宝信物流有限公司
6	河北	沧州市黄骅港嘉好粮油有限公司物流园区“司机之家”	河北嘉好粮油有限公司
7	河北	G95张涿高速公路野三坡服务区（张家口—涿州方向）“司机之家”	河北国建高速公路投资管理有限公司
8	河北	石家庄市金隅鼎鑫公司物流园区“司机之家”	河北金隅鼎鑫水泥有限公司
9	河北	沧州传化公路物流园区“司机之家”	沧州传化公路港物流有限公司
10	河北	唐山公路港物流园区“司机之家”	唐山公路港物流有限公司
11	河北	秦皇岛世伏物流有限公司“司机之家”	秦皇岛方坤商贸有限公司

续 表

序号	省份	“司机之家”建设试点项目	“司机之家”建设单位名称
12	河北	石家庄市正定县国药乐仁堂医药有限公司物流园区“司机之家”	国药乐仁堂医药有限公司
13	河北	石家庄市瑞川物流“司机之家”	河北瑞川物流有限公司
14	河北	承德市兴隆县汇丰物流配送有限公司“司机之家”	兴隆县汇丰物流配送有限公司
15	河北	G3 廊沧高速公路永清服务区（廊坊—沧州方向）“司机之家”	廊沧高速公路廊坊管理中心
16	河北	衡水市安平县聚成国际物流公司物流园区“司机之家”	安平县聚成国际物流有限公司
17	河北	衡水鸿鹄货运有限责任公司物流园区“司机之家”	河北衡水鸿鹄货运有限责任公司
18	河北	衡水安华物流有限公司“司机之家”	深州市安华物流有限公司
19	山西	经纬通达综合物流园“司机之家”	山西经纬通达股份有限公司
20	内蒙古	G6 京藏高速呼和浩特西服务区（银川—北京方向）“司机之家”	内蒙古美驿高速服务区开发有限公司
21	内蒙古	G6 京藏高速哈素海服务区“司机之家”	内蒙古美驿高速服务区开发有限公司
22	内蒙古	G6 京藏高速包头服务区（北京—银川方向）“司机之家”	内蒙古美驿高速服务区开发有限公司
23	辽宁	德邻陆港（鞍山）有限责任公司“司机之家”	沈阳万隆华兴物流有限公司
24	辽宁	沈阳万隆华兴物流有限公司“司机之家”	大连升运物流有限公司
25	辽宁	大连升运物流有限公司“司机之家”	德邻陆港（鞍山）有限责任公司
26	辽宁	本溪市华联商厦有限公司物流分公司“司机之家”	本溪市华联商厦有限公司物流分公司
27	辽宁	营口天翔运输有限公司“司机之家”	营口天翔运输有限公司
28	黑龙江	G1011 哈同高速公路得莫利服务区（佳木斯—哈尔滨方向）“司机之家”	黑龙江省高速公路管理局
29	黑龙江	G10 绥满高速公路安达服务区“司机之家”	黑龙江省高速公路管理局

续 表

序号	省份	“司机之家”建设试点项目	“司机之家”建设单位名称
30	黑龙江	G10 绥满高速公路扎龙服务区（大庆—齐齐哈尔方向）“司机之家”	黑龙江省高速公路管理局
31	黑龙江	G10 绥满高速公路甘南服务区（齐齐哈尔—内蒙古方向）“司机之家”	黑龙江省高速公路管理局
32	黑龙江	G12 北黑高速公路龙镇服务区（哈尔滨—黑河方向）“司机之家”	黑龙江省高速公路管理局
33	黑龙江	G1111 伊绥高速公路日月峡服务区（伊春—哈尔滨方向）“司机之家”	黑龙江省高速公路管理局
34	黑龙江	G11 鹤大高速公路共和湖服务区“司机之家”	黑龙江省高速公路管理局
35	黑龙江	G1011 哈同高速公路锦山服务区“司机之家”	黑龙江省高速公路管理局
36	江苏	苏州传化公路港“司机之家”	苏州传化公路港物流有限公司
37	江苏	宝应中众合农产品物流园“司机之家”	扬州中众合农产品市场有限公司
38	浙江	G15 沈海高速公路南岸服务区“司机之家”	宁波市杭州湾大桥发展有限公司
39	浙江	G25 长深高速公路建德服务区“司机之家”	杭州杭千高速公路发展有限公司
40	浙江	义乌红狮智慧物流园区“司机之家”	义乌红狮物流有限公司
41	浙江	台州传化洲锽公路港物流有限公司“司机之家”	台州传化洲锽公路港物流有限公司
42	浙江	G60 沪昆高速公路金华服务区“司机之家”	浙江省交通投资集团实业发展有限公司
43	浙江	G60 沪昆高速公路萧山服务区“司机之家”	浙江省交通投资集团实业发展有限公司
44	浙江	长兴综合物流园区“司机之家”	浙江天跃物流有限公司
45	浙江	S14 杭长高速公路安吉服务区“司机之家”	浙江杭长高速公路有限公司
46	浙江	G25 长深高速公路丽水服务区“司机之家”	浙江省交通投资集团实业发展有限公司

续 表

序号	省份	“司机之家”建设试点项目	“司机之家”建设单位名称
47	浙江	绍兴中国轻纺城国际物流中心“司机之家”	绍兴中国轻纺城国际物流中心
48	浙江	G60 沪昆高速公路长安服务区“司机之家”	浙江省交通投资集团实业发展有限公司
49	浙江	温州传化公路港“司机之家”	温州传化公路港物流有限公司
50	浙江	温州当家物流园“司机之家”	温州市瓯海公路货物托运有限公司
51	浙江	衢州传化公路港“司机之家”	衢州传化公路港物流有限公司
52	安徽	G3 京台高速 760KM 皇藏峪服务区（合肥—徐州方向）“司机之家”	安徽省交控集团驿达高速公路服务区经营管理有限公司
53	安徽	G35 济广高速 425KM 辛集服务区（阜阳—亳州方向）	安徽省交控集团驿达高速公路服务区经营管理有限公司
54	福建	福建福清公路港“司机之家”	福建星泰安物流有限公司
55	福建	G15 沈海高速罗源服务区（福州—宁德方向）“司机之家”	福建罗宁高速公路有限公司
56	福建	G104 国道京福线普通公路管阳服务区（温州—宁德方向）“司机之家”	福建省宁德市公路局福鼎分局
57	福建	G534 福长线普通公路馆前服务区（长汀—福清方向）“司机之家”	福建省龙岩市公路局长汀分局
58	江西	赣州传化南北物流港“司机之家”	赣州传化
59	江西	G70 福银高速昌九段永修服务区	江西畅行高速公路服务区开发经营有限公司
60	江西	G60 沪昆高速梨温段三清山服务区“司机之家”	江西畅行高速公路服务区开发经营有限公司
61	江西	G45 大广高速泰赣段横市服务区“司机之家”	江西畅行高速公路服务区开发经营有限公司
62	山东	浩宇物流“司机之家”	山东浩宇物流有限公司
63	山东	凯达物流港“司机之家”	山东凯达物流有限公司
64	湖北	G70 福银高速公路武当山服务区“司机之家”	湖北交投实业发展有限公司
65	湖北	G70 福银高速公路安陆服务区“司机之家”	湖北交投实业发展有限公司

续 表

序号	省份	“司机之家”建设试点项目	“司机之家”建设单位名称
66	湖北	G70 福银高速公路孝感服务区“司机之家”	湖北交投实业发展有限公司
67	湖北	G50 沪渝高速公路枝江服务区“司机之家”	湖北交投实业发展有限公司
68	湖北	G42 沪蓉高速公路中驿馆服务区“司机之家”	湖北交投实业发展有限公司
69	湖北	G42 沪蓉高速公路白河服务区“司机之家”	湖北荆宜高速公路有限公司
70	湖南	湖南安迅物流运输有限公司“司机之家”	湖南安迅物流有限公司
71	湖南	G60 京港澳高速公路水府庙服务区（上海—昆明方向）“司机之家”	湖南高速广通实业发展有限公司
72	湖南	湖南物流总部“司机之家”	长沙市实泰物流有限公司
73	湖南	郴州惠尔物流中心“司机之家”	湖南惠尔物流有限公司
74	湖南	长沙传化公路港“司机之家”	长沙传化公路港物流有限公司
75	湖南	岳阳市海纳物流有限公司“司机之家”	岳阳市海纳物流有限公司
76	湖南	娄底湘中国际物流园“司机之家”	湖南新合作湘中物流有限公司
77	湖南	G04 京港澳高速公路耒阳服务区（广州—北京方向）“司机之家”	湖南高速广通实业发展有限公司
78	湖南	G04 京港澳高速公路临湘服务区（广州—北京方向）“司机之家”	湖南高速广通实业发展有限公司
79	广东	穗佳物流南溪物流园“司机之家”	广州穗佳物流有限公司
80	广东	德邦物流广州市分拨中心“司机之家”	广州德邦物流服务有限公司
81	广东	G2518 深岑高速公路新城服务区（江门—罗定方向）“司机之家”	广东通驿高速公路服务区有限公司
82	广东	S8 广佛肇高速公路封开服务区（封开—广州方向）“司机之家”	广东通驿高速公路服务区有限公司
83	广东	G0422 武深高速公路谢岗服务区（深圳—博罗方向）“司机之家”	广东通驿高速公路服务区有限公司
84	广东	G1523 甬莞高速公路莲花山服务区（广州—潮州方向）“司机之家”	广东通驿高速公路服务区有限公司

续 表

序号	省份	“司机之家”建设试点项目	“司机之家”建设单位名称
85	广西	G72 泉南高速公路来宾红水河服务区“司机之家”	广西交通实业有限公司
86	广西	G72 泉南高速公路溶江服务区（桂林—兴安方向）“司机之家”	中石化桂林石油销售分公司
87	海南	G98 海南中线高速公路枫木服务区（海口—屯昌方向）“司机之家”	海南省交通投资控股有限公司
88	重庆	G42 沪蓉高速巫山服务区（巫山—重庆方向）“司机之家”	重庆高速集团东北分公司
89	四川	新都传化公路港“司机之家”	新都传化公路港
90	四川	S2 成巴高速公路金堂服务区（成都—金堂方向）“司机之家”	四川成德南高速公路有限责任公司
91	云南	G56 杭瑞高速公路读书铺服务区（昆明—滇西方向）“司机之家”	云南交通投资建设集团有限公司
92	云南	云南盛达物流中心“司机之家”	云南盛达实业集团有限公司
93	陕西	G65 包茂高速公路横山服务区（榆林—西安方向）“司机之家”	陕西省交通建设集团公司
94	陕西	G30 连霍高速渭南西服务区（西安—渭南方向）“司机之家”	陕西高速公路建设集团公司
95	陕西	G5 京昆高速宁陕服务区（西安—汉中方向）“司机之家”	陕西高速公路建设集团公司
96	陕西	G40 沪陕高速公路金丝峡服务区（西安—南阳方向）“司机之家”	陕西省交通建设集团公司
97	甘肃	G30 连霍高速公路定西服务区（定西至兰州方向）“司机之家”	甘肃省高速公路服务有限公司
98	甘肃	G75 兰海高速公路太石服务区（兰州至临洮方向）“司机之家”	甘肃省高速公路服务有限公司
99	甘肃	武威金沙物流园 A 区“司机之家”	武威金沙物流园区
100	青海	G6 京藏高速马场垣服务区（兰州—西宁方向）“司机之家”	青海省交通一卡通有限公司
101	青海	格尔木昆仑物流园“司机之家”	格尔木昆仑物流有限公司
102	青海	北川物流园区“司机之家”	青海物产集团

续 表

序号	省份	“司机之家”建设试点项目	“司机之家”建设单位名称
103	宁夏	G2012 定武高速公路马儿庄服务区“司机之家”	宁夏同元交通资产管理有限公司
104	宁夏	G20 青银高速公路盐池服务区“司机之家”	宁夏同元交通资产管理有限公司
105	新疆	G3014 奎阿高速和什托洛盖服务区“司机之家”	新疆维吾尔自治区公路管理局
106	新疆	G3001 乌鲁木齐绕城高速延安路服务区（乌鲁木齐—阜康方向）“司机之家”	新疆维吾尔自治区公路管理局

（交通运输部运输服务司）

2019 年国家物流枢纽建设名单

（排名不分先后）

所在地	国家物流枢纽名称
天津市	天津港口型国家物流枢纽
山西省	太原陆港型（生产服务型）国家物流枢纽
内蒙古自治区	乌兰察布—二连浩特陆港型（陆上边境口岸型）国家物流枢纽
辽宁省	营口港口型国家物流枢纽
上海市	上海商贸服务型国家物流枢纽
江苏省	南京港口型（生产服务型）国家物流枢纽
浙江省	金华（义乌）商贸服务型国家物流枢纽
江西省	赣州商贸服务型国家物流枢纽
山东省	临沂商贸服务型国家物流枢纽
河南省	郑州空港型国家物流枢纽
湖北省	宜昌港口型国家物流枢纽
湖南省	长沙陆港型国家物流枢纽
广东省	广州港口型国家物流枢纽
广西壮族自治区	南宁陆港型国家物流枢纽
重庆市	重庆港口型国家物流枢纽
四川省	成都陆港型国家物流枢纽
陕西省	西安陆港型国家物流枢纽
甘肃省	兰州陆港型国家物流枢纽
新疆维吾尔自治区	乌鲁木齐陆港型国家物流枢纽

续 表

所在地	国家物流枢纽名称
宁波市、舟山市	宁波—舟山港口型国家物流枢纽
厦门市	厦门港口型国家物流枢纽
青岛市	青岛生产服务型（港口型）国家物流枢纽
深圳市	深圳商贸服务型国家物流枢纽

（国家发展改革委经济贸易司）

物流企业综合评估全国第二十七批、第二十八批 A 级物流企业名单

全国第二十七批 A 级物流企业名单（各项排名不分先后，共 379 家）

5A 级物流企业（18 家）：

北京宏贤达物流集团有限公司
北京顺丰速运有限公司（4A 升 5A）
远孚物流集团有限公司（4A 升 5A）
唐山市双赢物流有限公司
鞍钢汽车运输有限责任公司（4A 升 5A）
镇江海纳川物流产业发展有限责任公司
福州顺丰速运有限公司（4A 升 5A）
国药控股山东有限公司
山东宇佳物流有限公司（4A 升 5A）
国药控股河南股份有限公司（4A 升 5A）
华润河南医药有限公司（4A 升 5A）
驻马店市恒兴运输有限公司
宜昌三峡物流园有限公司（3A 升 5A）
长航货运有限公司
武汉东本储运有限公司（4A 升 5A）
湖南湘钢洪盛物流有限公司（4A 升 5A）
广西桂物储运集团有限公司
延安利源物流有限公司（4A 升 5A）

4A 级物流企业（107 家）：

北京中瑞物流有限公司
北京安信捷达物流有限公司
久海纳（北京）物流有限公司
安信联合物流有限公司
新银豪国际物流（上海）有限公司
上海世权物流有限公司
上海金国物流有限公司
壹米滴答供应链集团有限公司
上海发网供应链管理有限公司
中远海运化工物流有限公司（3A 升 4A）
重庆钢铁集团运输有限责任公司（3A 升 4A）
河钢集团国际物流有限公司
唐山市润驰物流有限公司
山西快成物流科技有限公司
太原德邦物流有限公司（3A 升 4A）
山西聚鑫物云电子科技有限公司
山西晋德帮医药科技有限公司

中化辽宁有限公司
沈阳中外运长航物流发展有限公司
吉林祥涛运输有限公司
长春九州通医药有限公司
江苏省港口集团物流有限公司
苏州梦威物流有限公司
南通中实纺织交易市场有限公司
中国石化集团江苏石油勘探局有限公司
扬州庆峰物流有限公司（3A 升 4A）
徐州市特种气体厂
江苏中卡物流有限公司
浙江协海集团有限公司（3A 升 4A）
温州市统益物流有限公司（3A 升 4A）
浙江双斯供应链管理有限公司
浙江逸承国际货运代理有限公司
慈溪太平鸟物流有限公司（1A 升 4A）
宁波龙星物流有限公司（3A 升 4A）
环集供应链管理股份有限公司
安徽中信货运有限公司
安徽中之环智慧物流集团有限公司
马鞍山市联合运输集团有限责任公司（3A 升 4A）
安徽灵通物流股份有限公司
铜陵市华德实业有限责任公司（3A 升 4A）
安徽中运通物流有限公司
福建青顺物流有限公司
福建鸿雁物流有限公司（3A 升 4A）
厦门嵩屿集装箱码头有限公司
厦门远海集装箱码头有限公司
鹰潭市阿桂物流有限公司
江西省高安汽运集团福豪汽运有限公司
江西省高安汽运集团迅通汽运有限公司
江西仁翔药业有限公司
山东雅利安供应链管理有限公司（3A 升 4A）
山东载信物流有限公司（3A 升 4A）
寿光市信德物流股份有限公司（3A 升 4A）
山东万泽冷链股份有限公司
河南省吉瑞仓储服务有限公司
郑州传化公路港物流有限公司
国药控股平顶山有限公司
河南安棚铁路货运有限公司（3A 升 4A）
河南省进口物资公共保税中心集团有限公司
武汉通利达物流有限公司（3A 升 4A）
武汉风神科创汽车零部件集成有限公司
武汉金宇综合保税发展有限公司
湖北美标康盛动力科技有限公司
襄阳市好邻居连锁超市有限公司
老河口市顺义达物流有限公司（3A 升 4A）
宜昌市老周物流有限责任公司（3A 升 4A）
十堰供销华西国际农商城有限公司（3A 升 4A）
荆门市翔泰贸易有限公司
湖北荆沙物流有限公司（3A 升 4A）
湖北佰昌农业发展有限公司
湖北我家物流服务有限公司
武汉市商业储运有限责任公司
湖北中通吉物流有限公司
武汉东丰物流有限公司（3A 升 4A）
湖北壹加捌供应链科技管理有限公司
岳阳恒阳化工储运有限公司（3A 升 4A）
岳阳金宏物流有限公司
长沙市大唐物流有限公司（3A 升 4A）
湖南融城物通天下物流有限公司（3A 升 4A）
湖南新五丰股份有限公司
湖南大雅食品供应链有限公司

湖南中汉快递服务有限公司
湖南顺捷物流有限公司
长沙市德邦物流有限公司
湖南湘港投资集团有限公司（3A 升 4A）
湖南郴州南方新材料科技有限公司（3A 升 4A）
郴州市联航物流服务有限公司（3A 升 4A）
湖南悦海医药有限公司
湖南德荣医疗器械物流配送服务有限公司
湖南星浩医药物流有限公司
广东时捷物流有限公司（3A 升 4A）
广东吉瑞货运代理有限公司
深圳市大广发物流有限公司
深圳市中通吉物流有限公司
深圳市升蓝物流有限公司（3A 升 4A）
乾龙物流集团有限公司
深圳市海港龙物流有限公司（3A 升 4A）
深圳市锦鑫物流有限公司（3A 升 4A）
深圳市鼎辰国际物流有限公司
广东都市物流科技有限公司
广州中远海运航空货运代理有限公司（3A 升 4A）
湛江中远海运物流有限公司（3A 升 4A）
鲁甸县理世物流有限责任公司
云南速瑞物流有限公司
陕西华秦汽车贸易有限责任公司
西安国际陆港保税物流投资建设有限公司
新疆汇通互联信息科技有限责任公司
新疆汇德物流有限公司

3A 级物流企业（204 家）：

北京嘉里物流有限公司（2A 升 3A）
中通（天津）速递服务有限公司
中远海运工程物流有限公司
上海劲诚供应链管理有限公司
上海统超物流有限公司
上海宝英物流有限公司
上海恒孚物流有限公司
上海宝腾物流有限公司
河北祥瑞物流有限公司
山西苏宁物流有限公司
内蒙古信远物流有限公司
舜德（大连）供应链管理股份有限公司
大连瑞宝食品有限公司
大连集发南岸国际物流有限公司
大连星光德邦物流有限公司
沈阳京东世纪贸易有限公司
沈阳中外运久凌物流发展有限公司
新苏宁物流（沈阳）有限公司
营口成功船舶工程有限公司
吉林省中通吉快递有限公司
长春市鑫驿物流有限公司
长春国际陆港发展有限公司
吉林省华帝盛物流有限公司
长春市恒达李博物流有限公司
黑龙江航瑞道路运输代理有限公司
黑龙江亨通运输有限公司
江苏福达现代物流有限公司
南京淳飞物流有限公司
百成供应链管理江苏股份有限公司
常熟市曹家桥冷链物流有限公司
常熟市优拓吉货运有限公司
常熟市天宏货运有限公司
苏州市锦达国际货运代理有限公司
苏州苏宁物流有限公司
苏州诚源物流有限公司
江苏达美物流有限公司
上海大众祥云仪征物流有限公司
中国邮政速递物流股份有限公司扬州市分

公司

徐州苏烟运输有限公司

新沂市宏昌物流有限公司

徐州鑫旺顺达运输股份有限公司

宿迁市宿豫区机关危险品运输服务有限公司

江苏金豫港物流有限公司

宿迁市远征物流有限公司

宿迁市广运物流有限公司

宿迁市铁龙物流有限公司

江苏健安物流有限公司

宿迁市长发物流有限公司

江苏荣浩物流有限公司

南京汇吉通物流有限公司

无锡鑫飞亚物流有限公司

温州兆翔航空服务有限公司

舟山大恩物流有限公司

杭州中集物流有限公司

盟道供应链服务（杭州）有限公司

浙江童氏物流有限公司

湖州圣远物流有限公司（2A 升 3A）

绍兴上虞兴达物流有限公司

台州市中诚物流有限公司

浙江海大海运有限公司

台州市成辉运输有限公司

台州品信汽车有限公司

浙江中一海运有限公司

台州市东成远海运有限公司

温州市龙湾区联运有限公司

温州市瓯海公路货物托运有限公司

义乌市快捷货物运输有限公司

浙江铁集供应链管理有限公司

浙江皓日供应链管理有限公司

义乌市顺航国际货运代理有限公司

永康市广达物流有限公司

宁波万信全速物流有限公司

宁波中外运物流有限公司

宁波北仑东华集装箱服务有限公司（2A 升 3A）

浙江易鑫国际货运代理有限公司

宁波物产物流有限公司

浙江镇石物流有限公司

宁波腾辉国际物流有限公司

宁波中威国际物流有限公司

安徽润泽船务有限公司

马鞍山市通达物流有限公司

马鞍山市滨江水上运输有限公司

安徽润得物流有限公司

马鞍山市长江物流有限公司（2A 升 3A）

马鞍山市宇环轮船有限公司

马鞍山市广平物流发展有限公司（2A 升 3A）

马鞍山市凯达船务有限公司

马鞍山市联运货运有限责任公司

马鞍山扬子江物流有限公司

马鞍山市朝阳物流有限公司

马鞍山宏顺物流有限公司

马鞍山大洲船务有限公司

当涂县江顺水运有限责任公司

阜阳市和运物流有限公司

阜阳市金运物流有限公司

阜阳多邦供应链管理有限责任公司

阜阳市圆顺通物流有限公司

阜阳大运物流有限公司

中国物流亳州有限公司

阜阳瑞鑫速递服务有限公司

泰州市振陵运输有限公司铜陵分公司

泉州宽网物流有限公司

福建旭丰物流有限公司

泉州市红星物流园管理有限公司

泉州进源运输有限公司
福建鸿溶物流有限公司
福建捷邦物流有限公司
石狮市东方华荣物流有限公司
龙岩昊源物流有限公司
龙岩市昌龙物流有限公司
宁化宏运物流有限公司
福建永腾物流有限公司
厦门神州聚海国际物流股份有限公司
厦门建源荣物流有限公司
江西晟悦联众物流有限公司
上海意洪物流有限公司江西分公司
景德镇旭通物流有限公司
江西金泽物流有限公司
信丰县双佳汽车运输服务有限公司（2A升3A）
山东苏宁物流有限公司
山东振宇物流有限公司
山东汇宝医药有限公司
济南法磊快运有限公司
济南迅华物流有限公司
济南欧亚运输有限公司
寿光冠凯物流有限公司
华润泰安医药有限公司
山东助友物流有限公司
山东江泉铁路货运有限公司
临沂市邦太物流有限公司
河南省远征物流有限公司
河南天海物流有限公司
贰仟家物流有限公司
新乡市宇泽货运有限公司
新县通运达物流有限公司
河南宅急送快运有限公司
河南源森实业有限公司
焦作市宏达运输股份有限公司
武汉新宁物流有限公司
武汉阿凡达物流有限公司
武汉卓航江海贸易有限公司
湖北堰通物流有限公司
襄阳福鑫盛威运输有限公司
湖北鑫中天汽车服务有限公司
襄阳利安捷物流信息有限公司
襄阳恒润物流有限公司
襄阳市一统实业有限责任公司
襄阳乐运物流有限公司
赤壁市磊鑫洪泰商贸有限公司（2A升3A）
湖北圣九隆商贸有限公司
宜昌海源物流有限公司
宜昌市达兴物流有限责任公司
十堰国宾物流有限公司
荆门传化公路港物流有限公司
宜昌晟达物流有限公司
襄阳通江运输有限公司
湖北泽兴物流有限公司
武汉市先行物流有限公司
武汉龙林运贸有限责任公司
湖北迈睿达供应链股份有限公司
武汉家事易农业科技有限公司
乐航国际物流（湖南）有限公司
湖南军行物流有限公司
广州市松井物流有限公司
深圳市众辉达物流有限公司
深圳华力士物联网科技有限公司
深圳联合国际船舶代理有限公司
深圳市旭安物流有限公司
深圳市友利亨通物流有限公司（2A升3A）
深圳市沃德供应链管理有限公司
深圳德威国际货运代理有限公司

深圳市裕鸿达国际货运代理有限公司
深圳市金安物流有限公司
深圳天翼通国际货运代理有限公司
深圳市富顺鑫货运有限公司
深圳市有信达供应链服务有限公司
深圳市东胜物流有限公司
益海嘉里（广州）物流供应链有限公司
广西外运南宁集装箱汽车运输公司
广西外运南宁储运公司
广西吉祥中通快递有限公司
钦州市锦程物流有限公司
泸州浩宇物流有限公司
四川天伦药业有限公司
宜宾天畅物流有限责任公司
四川淳邦化工物流有限公司（2A 升 3A）
四川华逸物流有限责任公司
贵州易林物流有限公司
昭通市永安货运有限公司
大理白塔混凝土有限责任公司
云南省保山市永安货运有限责任公司
楚雄顺通交贸有限责任公司
陕西益海嘉里物流有限公司
陕西安吉华秦物流有限责任公司
陕西延长石油物流集团有限公司
榆林市恒泰汽车运输集团有限公司
陕西融盛圆通速递有限公司
西安虹桥货运有限责任公司（2A 升 3A）
陕西亚投物联股份有限公司
西安物特物流有限公司
西安瑞力实业有限公司
诚域集团陕西雅福康医药有限公司
陕西车联天下物流有限公司
新疆诚通西部物流有限公司

2A 级物流企业（45 家）：

北京东光物流有限公司
哈尔滨北方邮联物流有限公司
宿迁市宝华物流有限公司
嘉兴乐运物流有限公司
杭州大恩供应链管理有限公司
浙江广诚物流有限公司
义乌三松供应链管理有限公司
义乌市超能货运代理有限公司
宁波东佳物流有限公司
马鞍山钢铁建设集团有限公司
马鞍山市交通物流有限公司
北海果业砀山惠丰市场有限公司
福港（平潭）国际港务有限公司
福建栢合冷链仓储管理有限公司
厦门通一物流有限公司
厦门万纬海投冷链物流有限公司
江西中路物流有限公司
贵溪市银禾物流有限公司
贵溪市九九物流有限公司
余干县岭南物流有限公司
德兴市东东商贸有限公司
江西精准物流有限公司
信丰橙盟物流有限公司
兴国县同一首歌物流有限公司
赣州市南康区信桥物流有限公司
赣州鑫旺物流有限公司
武汉福程物流有限公司
通城鑫达物流有限公司
通城县玉立汽车运输有限责任公司
十堰一柱贸易有限公司
荆门市万通物流有限公司
钟祥市阳光船务有限公司
湖北德邦物流有限公司
株洲市一汽运有限责任公司

珠海市宝运通供应链管理有限公司
四川瓯锦物流有限公司
四川鑫锐投资有限公司
西昌美联欣程物流有限公司
红河州银利汽车运输有限公司
云南昌源物流有限公司
云南福运物流有限公司
宣威市链嘉物流有限公司
云南省禄丰县广通联兴物流有限公司
云南安运物流有限公司
西安力通冷藏运输有限责任公司

1A 级物流企业（5 家）：
嘉兴市铭信物流有限公司
松阳县顺达物流有限公司
松阳县乐途运输有限公司
鄂州市农瑞祥农村物流有限公司
广安全顺供应链管理有限公司

2018 年下半年通过复核的 A 级物流企业名单（共 451 家）

5A 级物流企业（27 家）：
东方国际物流（集团）有限公司
西上海（集团）有限公司
港中旅华贸国际物流股份有限公司
重庆公路运输（集团）有限公司
冀中能源峰峰集团邯郸鼎峰物流有限公司
河北好望角物流发展有限公司
内蒙古巴运汽车运输有限责任公司
通辽市第一运输有限公司
明华控股集团有限公司
辽宁红运物流（集团）有限公司
长春欧亚集团股份有限公司
江苏连云港港口股份有限公司
浙江物产物流投资有限公司
浙江顺丰速运有限公司
福建省交通运输集团有限责任公司
福建陆地港集团有限责任公司
福建汇丰物流有限公司
希杰荣庆物流供应链有限公司
山东佳怡物流有限公司
中创物流股份有限公司
青岛中车四方车辆物流有限公司
国药控股湖北有限公司
湖北银丰棉花股份有限公司
襄阳光彩国际物流产业投资有限公司
湖南金霞粮食产业有限公司
广西玉柴物流集团有限公司
陕西鸿盛实业集团有限公司

4A 级物流企业（133 家）：
北京阜康迅驰国际物流有限公司
同方环球（天津）物流有限公司
上海商业储运有限公司
上海中石化工物流股份有限公司
上海市长途汽车运输有限公司
上海东方久信集团有限公司
日立物流（中国）有限公司
西上海汽车服务股份有限公司
上海岳锋国际物流有限公司
上海光明领鲜物流有限公司
上海源洪仓储物流有限公司
上海互赢物流股份有限公司
上海能运物流有限公司
中国石油集团川庆钻探工程有限公司重庆运输总公司
民生物流有限公司

河北邯钢附企巨恒物流有限公司
保定保运物流有限公司
石家庄聚和港物流园区有限公司
营口港吉星物流有限公司
江苏澳洋顺昌股份有限公司
江苏叠石桥物流有限公司
江苏亚东朗升国际物流有限公司
中国张家港外轮代理有限公司
江苏神龙明物流有限公司
江苏长江石油化工有限公司
南通中远海运物流有限公司
南通市汇晟建材市场有限公司
海安正元港务有限公司
江苏旺妮物流有限公司
张家港市金港物流中心有限公司
江苏戚伍水产发展股份有限公司
太仓武港码头有限公司
南通汽运实业集团有限公司川港飞鹤物流分公司
南通江虹信息科技有限公司
江苏忠义物流集团有限公司
淮安市吉韩物流有限公司
江苏新合作常客隆连锁超市有限公司
江苏柏盛国际物流股份有限公司
南通市鑫安大件运输有限公司
统业物流科技集团股份有限公司
浙江中通通信有限公司
浙江山鹰物流集团有限公司
湖州长运汽车运输有限公司
浙江创运物流有限公司
浙江东宇物流有限公司
绍兴港现代物流集团有限公司
义乌德翔物流有限公司
义乌市申通快递有限公司
宁波富邦物流股份有限公司
浙江飞达物流有限公司
宁波余慈物流有限公司
宁波市美家亮国际物流有限公司
宁波黄金物流有限公司
安徽交运集团滁州汽运有限公司
安徽迅捷物流有限责任公司
安徽诚通红四方物流有限公司
福建省宏捷物流有限公司
福建飞跃物流有限公司
福建省交通建设投资有限公司
福建万集物流有限公司
福建九州通医药有限公司
福清盛辉物流有限公司
鸿昌（福建）物流有限公司
福建路成达物流发展有限公司
厦门中贸国际货运代理有限公司
中国邮政速递物流股份有限公司江西省分公司
江西桃源物流有限公司
高安市新瑞物流有限公司
新余中新物流有限公司
江西省赣银物流发展有限公司
广昌县惠昌汽车运输有限公司
江西杨邦物流有限公司
山东高密恒丰粮库有限公司
山东长鑫物流集团有限公司
济南同元泰实业有限公司
青岛裕龙橡胶交易中心有限公司
瑞康医药集团股份有限公司
龙口海达物流有限公司
烟台交运集团货运有限公司
河南宇鑫物流集团有限公司
河南巨洋方圆物流有限公司
宁波郑宜兰能源有限公司
中国邮政速递物流股份有限公司河南省分

公司
河南省甲乙丙丁物流有限公司
武汉长江沙鸥植物油有限公司
武汉钢铁江北集团有限公司武钢汉阳钢厂
湖北盛辉物流有限公司
湖北全诚物流有限公司
湖北晶海物流有限公司
湖北襄阳东国家粮食储备库
湖北省襄阳市新合作物流发展有限公司
中铁物资集团中南有限公司
襄阳市民晟实业有限公司
湖北正英实业集团股份有限公司
湖北鑫园商贸股份有限公司
襄阳芮邦联盟物流股份有限公司
湖北省金属材料总公司
湖北安捷物流有限公司
湖北国储物流股份有限公司
武汉市大道物流有限责任公司
武汉市中南物流配送有限公司
武汉红霞商贸集团有限公司
长沙畅通物流有限公司
伟鸿食品股份有限公司
聚宝金昊农业高科有限公司
岳阳科德商贸有限公司
湖南金叶众望科技股份有限公司
岳阳市海纳物流有限公司
岳阳国联物流发展有限公司
湖南省弘广物流集团有限公司
南储仓储管理集团有限公司
佛山顺丰速运有限公司
汕头市盛辉物流有限公司
广州日报报业经营有限公司
深圳市车夫网物流科技有限公司
广东彩丰物流有限公司
深圳市德邦物流有限公司
深圳市宇达物流有限公司
广州市广百物流有限公司
中捷通信有限公司
广州市盛辉物流有限公司
德阳飞龙运业有限公司
佳欣物流投资有限公司
云南新储物流有限公司
云南天马物流有限公司
云南远泽物流有限责任公司
延安市汽车运输（集团）有限责任公司
陕西贝斯特物流有限公司
陕西铁易达物流有限责任公司
陕西医药控股集团派昂医药有限责任公司
宁夏驰创贸易有限责任公司
新疆天顺供应链股份有限公司
新疆九洲恒昌供应链管理股份有限公司

3A 级物流企业（241 家）：
中国北京外轮代理有限公司
北京中远劳捷斯物资有限公司
中国远洋天津物流有限公司
上海化学工业区物流有限公司
上海百联配送实业有限公司
上海康芸物流发展有限公司
上海晶通化轻发展有限公司
上海外高桥国际物流有限公司
上海中远海运工程物流有限公司
中联运通控股集团有限公司
上海港口化工物流有限公司
上海全胜物流股份有限公司
上海外轮代理浦东有限公司
上海泓明国际货运有限公司
云丰国际物流（上海）有限公司
上海易浦物流有限公司
上海泓明供应链有限公司

上海星亚国际货运有限公司
重庆保时达保税物流有限公司
重庆西南铝运输有限公司
重庆市江津利华贸易有限公司
重庆苏宁物流有限公司
中国唐山外轮代理有限公司
兴隆县汇丰物流配送有限公司
中国邮政速递物流股份有限公司廊坊市物流分公司
内蒙古老哈河粮油工业有限责任公司
通辽市国强物流有限公司
中国大连外轮代理有限公司
大连长兴岛港口有限公司
大连集益物流有限公司
大连港毅都冷链有限公司
大连中铁联合国际集装箱有限公司
华扬国际物流（大连）有限公司
大连国际集装箱服务有限公司
沈阳全程德邦物流有限公司
白山市天天物流有限公司
吉林省恒远物流有限公司
大庆市神舟物流集团有限公司
江苏省沿江物流有限公司
中国连云港外轮代理有限公司
连云港中远物流有限公司
南京中远海运物流有限公司
中国太仓外轮代理有限公司
扬州外轮代理有限公司
镇江中远海运物流有限公司
常熟中远海运物流有限公司
昆山市港航物流有限公司
苏州工业园区航港物流有限公司
日新（常熟）国际物流有限公司
太仓万方国际码头有限公司
南通鑫鑫医药药材有限公司
南通双和食品有限公司
江苏通联现代农业发展有限公司
张家港驰乐汽车配件有限公司
扬州远安物流有限公司
江阴中远海运物流有限公司
南通宸宇物流有限公司
苏州隆力奇东源物流股份有限公司
南通荣程物流有限公司
扬州华伦物流运输有限公司
南京合纵连横供应链管理股份有限公司
苏州中远物流有限公司
无锡恒荣物流有限公司
无锡恒润物流有限公司
昆山宏宇货运有限公司
张家港普悦供应链有限公司
无锡汇海永丰物流有限公司
南通双红快递有限公司
江苏贯虹物流有限公司
徐州丰义物流有限公司
江苏宝通物流发展有限公司
淮安市第二航运公司
浙江欧裕龙物流有限公司
浙江省台州市海门港埠总公司
浙江海悦国际货运代理有限公司
杭州日通物流有限公司
杭州萧邦物流有限公司
浙江中外运有限公司金华分公司
浙江华峰物流有限责任公司
温州市茂富物流有限公司
温州盛辉物流有限公司
温州市大唐物流有限公司
永康市婷婷物流有限公司
长兴兴杰物流有限公司
浙江美顺达石化有限公司
台州兴旺水产有限公司

浙江定远国际货运代理有限公司
义乌市荣庆国际货运代理有限公司
义乌宝通国际货运代理有限公司
宁波海联物流有限公司
宁波恒胜物流有限公司
宁波宏达货柜储运有限公司
宁波芦城国际物流有限公司
宁波市环北物流集团有限公司
浙江万信物流有限公司
浙江兴港国际货运代理有限公司
余姚市姚江物流有限公司
宁波市宇达物流有限公司
宁波安迅达国际物流有限公司
宁波市镇海新世纪运输有限公司
宁波新益物流有限公司
浙江合运物流有限公司
宁波海晖国际物流有限公司
宁波中陆联合物流有限公司
宁波宁电海运有限公司
宁波凯裕物流有限公司
宁波远通物流有限公司
宁波上壹物流有限公司
宁海鼎盛物流有限公司
铜陵港务有限责任公司
巢湖皖维物流有限公司
福建八方迅通物流有限公司
福建金胜物流有限公司
福建嘉丽物流有限公司
石狮市顺裕物流有限公司
万全仓储（福州）有限公司
漳州市鸿发物流有限公司
石狮市富星电子商务物流园开发有限公司
泉州陆达物流有限公司
福州中外运大裕保税仓储有限公司
福建兴顺物流有限公司
福州新港国际集装箱码头有限公司
福建江阴国际集装箱码头有限公司
福建龙岩天和盛物流有限公司
福建泉州市联鑫货运有限公司
泉州四海物流有限公司
福建福祥物流有限公司
福建快通物流有限公司
福建省诚丰胜通物流有限公司
福州博通太平物流有限公司
福建川捷物流服务有限公司
招商局物流集团福建有限公司
泉州外轮代理有限公司
石狮嘉通物流有限公司
福建省羊程冷链物流有限公司
泉州福飞物流有限公司
泉州市鑫辉物流有限公司
石狮市恒星汽车运输有限公司
石狮联兴物流有限公司
石狮市宏达物流快运有限公司
漳州裕恒物流有限公司
福建省三明市烟草物流有限责任公司
三明盛辉物流有限公司
厦门中远海运物流有限公司
厦门象屿太平综合物流有限公司
厦门港务物流保税有限公司
世邦集运（厦门）有限公司
厦门正旸物流有限公司
福建万翔现代物流有限公司
联冠物流（福建）股份有限公司
厦门兆冠物流有限公司
江西大龙物流有限公司
景德镇市安捷物流有限公司
江西中瑞物流有限公司
国营南昌肉类联合加工厂
赣州市友好物流有限公司

赣州市南康区新京九物流有限公司
赣州市南康区华中物流有限公司
赣州市南康区邦大华宇物流有限公司
赣州市南康区永丰利达物流有限公司
赣州力佳物流有限公司
日照中远海运物流有限公司
潍坊联运有限责任公司
青岛联合国际船舶代理有限公司
青岛德邦物流有限公司
青岛西元庄国际物流有限公司
烟台连峰商贸有限公司
中国供销石油烟台有限公司
中海石油（龙口）基地物流有限公司
蓬莱安邦油港有限公司
烟台川大物流有限公司
烟台顺泰植保科技有限公司
湖北泓通达物流发展有限公司
五峰国通物流有限公司
湖北盛丰物流有限公司
湖北金四方物流有限公司
武汉大康物流有限责任公司
武汉石化交通运输有限公司
湖北京和米业有限公司
赤壁路路特物流有限公司
武汉中远物流有限公司
武汉船发国际货运有限公司
武汉竹叶山中环商贸城有限公司
湖北九州舜天国际物流有限公司
武汉金通捷物流有限公司
武汉友谊副食品商业有限责任公司
湖南日安物流有限公司
岳阳运发物流有限公司
湖南临港物流有限公司
湖南中庆物流有限公司
岳阳市名楼物流有限公司
岳阳申阳航运有限公司
岳阳三友物流有限公司
国药控股广东物流有限公司
广东瑞发智慧物流股份有限公司
东莞市盛辉物流有限公司
深圳中远海运物流有限公司
深圳综合信兴物流有限公司
深圳嘉里盐田港物流有限公司
深圳市志诚达物流有限公司
深圳市驰鹏物流有限公司
中国湛江外轮代理有限公司
广州市凯宇物流服务有限公司
广州智德物流有限公司
广州市达特贸易有限公司
广东利通物流有限公司
中国防城外轮代理有限公司
广西桂网物流有限责任公司
广西桂物储运集团桂林有限公司
柳州市桂通货运有限公司
四川君安物流集团有限公司
泸州市天润实业有限责任公司
泸州三友物流运输集团有限公司
四川峨眉山峨胜物流发展有限公司
西昌市鑫叶物流有限公司
成都中浩物流有限公司
成都平捷物流有限公司
成都福港物流有限公司
成都愉越物流有限公司
成都市路遥物流有限公司
成都新旷物流有限公司
成都中道物流有限公司
成都同运昌物流有限公司
成都长运朗勃集装箱运输有限公司
贵州鑫镪物流有限公司
贵州黔和物流有限公司

昆明中远海运工程物流有限公司
云南丰驰物流运输有限公司
大理风庄铁路货场有限公司
云南广大铁路物资储运有限公司
云南陆航物流服务有限公司
咸阳兴源汽车运输有限公司
西安市鑫盛能源物资有限公司
陕西恒仁物流有限公司
西安志成德邦物流有限公司
陕西辉煌物流有限公司
宁夏天鹰电力物资有限公司
中卫市江龙运输有限公司
新疆金属材料有限责任公司
新疆诚通国际物流有限公司
新疆顺丰速运有限公司

2A 级物流企业（46 家）：
北京斌奎物流有限公司
文安县隆兴物流有限公司
内蒙古浩通能源股份有限公司
二连浩特浩通能源有限公司
大连时利和物流有限公司
营口港润物流有限公司
黑龙江省建恒物流有限公司
无锡中远海运物流有限公司
中国南京外轮代理有限公司
中国江阴外轮代理有限公司
常熟外轮代理有限公司
泰州外轮代理有限公司
常州外轮代理有限公司
义乌市倍力货物运输有限公司
中国台州外轮代理有限公司
绍兴市飞马货运有限公司
嘉兴市朝阳油品运输有限公司
宁波鲁甬佳物流有限公司
宁波新盟国际船务有限公司
宁波青峙化工码头有限公司
宁波爱达物流有限公司
宁波国杰物流有限公司
安徽省水利物资股份有限公司
宿州市厚德物流有限责任公司
莆田烟草物流有限公司
石城县易达物流有限公司
赣州市永耀物流有限公司
中国日照外轮代理有限公司
青岛远洋鸿池物流有限公司
湖北国宝桥米有限公司
京山泰昌米业有限公司
湖北庄品健实业（集团）有限公司
湖北省龙感湖帝龙高科技农贸有限公司
天门市龙晟农资物流配送有限责任公司
天门供销华西农商城有限公司
广州广裕仓码有限公司
广西西江物流股份有限公司
成都诚信达物流有限公司
四川回春堂药业连锁有限公司
四川遂宁市全泰堂药业有限公司
广安锦诚物流有限责任公司
云南中盛物流有限公司
汉中群峰工贸有限责任公司
甘肃省物产集团河口物流园有限公司
新疆亚中物流商务网络有限责任公司广汇美居物流园
哈密顺顺通物流有限公司

1A 级物流企业（4 家）：
中国丹东外轮代理有限公司
靖江外轮代理有限公司
宁波保税区金铭国际贸易有限公司
陕西澄城弘方物流有限公司

放弃复核的企业 79 家：

湖南全洲医疗快消品供应链有限公司、天津物产国际物流有限公司、吉林省隆源农业生产资料集团有限公司、长春联运集团有限责任公司、杭州一运集团有限公司、宁波市江北永发运输公司、福建高速物流有限公司、青岛思锐国际物流有限公司、长沙联运物流有限公司、湖南博瑞新特药有限公司、株洲大生冷藏有限公司、湖南时代阳光医药健康产业有限公司、湖南龙骧洪鑫物流集团有限责任公司、宁夏银铁平汝实业有限公司、天津市益民实业集团有限公司、苏州工业园区联合储运有限公司、镇江市纬泰联运有限公司、张家港金安危化押运有限公司、昆山恒莱亦禾供应链管理有限公司、苏州市报关集团昆山有限公司、物联致和供应链管理无锡有限公司、浙江八达仓前物流有限公司、台州宝利经贸有限公司、浙江广迅物流有限公司、慈溪市公铁联运有限公司、宁波英特药业有限公司、宁波陆风国际货运代理有限公司、余姚市集装箱物流有限公司、片仔癀（漳州）医药有限公司、福建施乐农业生产资料有限公司、福建金海湾供应链管理有限公司、晋江市金海运输有限公司、泉州集韵物流有限公司、赣州市南康区小松兴轩物流有限公司、江西省吉诚物流有限公司、江西宏盛物流有限公司、峡江县车友汽车贸易有限公司、诸城长途汽车运输有限公司、山东嘉隆物流有限公司、湖南红星冷冻食品有限公司、株洲千金物流有限公司、株洲金马运输有限责任公司、郴州市辉达物流仓储有限公司、岳阳市海仑国际物流发展有限公司、海南粤海航运物流有限责任公司、泸州唐氏运业有限公司、遂宁中海鹤汇农特产品冷链物流有限公司、西安神州通物流有限公司、银川长城远通物流有限公司、东宁县吉信国际货物运输代理有限责任公司、昆山捷特货运有限公司、昆山一诺三思货运有限公司、昆山市宣昆运输有限公司、昆山台欣货物运输有限公司、昆山沧运物流有限公司、昆山市恒莱报检有限公司、昆山恒莱亦禾物流仓储有限公司、昆山恒莱深港新干线物流有限公司、昆山雅涛物流有限公司、江苏博瑞达物流有限公司、昆山市嘉乐物流综合服务有限公司、昆山市苏闽运输有限公司、昆山市昌恒货运发展有限公司、杭州龙润物流有限公司、浙江凯宇物流有限公司、宁波保税区港龙仓储有限公司、宁波市兴州物流运输有限公司、浙江京博汇通物流有限公司、湖北储备物资管理局五三八处、武汉市民生物流有限公司、海南三叶医药物流管理有限公司、凉山烟草运输有限责任公司、德昌县千里马运输有限公司、泸州隆盛物流有限公司、四川立博物流有限责任公司、四川明宇物流有限公司、四川君诚投资有限公司、绵阳天泰实业集团有限公司、宁波中兴兴通供应链有限公司因物流业务调整、并购重组、经营模式改变、企业被注销等原因，不再保留 A 级企业称号。

全国第二十八批 A 级物流企业名单（各项排名不分先后，共 565 家）

5A 级物流企业（17 家）：

联合运输（天津）有限公司（4A 升 5A）

利丰供应链管理（中国）有限公司（4A 升 5A）

河北顺丰速运有限公司（4A 升 5A）

河北德达物流有限公司（4A 升 5A）

江西正广通供应链管理有限公司（4A 升 5A）

山东佳怡供应链管理有限公司（4A 升

5A）

山东中外运弘志物流有限公司（4A 升 5A）

河南九州通医药有限公司（4A 升 5A）

湖南天士力民生药业有限公司（4A 升 5A）

郴州凯程医药有限公司（4A 升 5A）

深圳越海全球供应链有限公司

深圳德坤供应链有限公司（4A 升 5A）

宏图智能物流股份有限公司（4A 升 5A）

四川顺丰速运有限公司（4A 升 5A）

天驰物流有限责任公司（3A 升 5A）

陕西卡一车物流科技有限公司

新疆九洲恒昌供应链管理股份有限公司（4A 升 5A）

4A 级物流企业（177 家）：

北京百福东方国际物流有限责任公司

中联达控股集团有限公司

北京盛世华人供应链管理有限公司

联宇达方（上海）物流有限公司

上海捷泰物流有限公司（3A 升 4A）

上海海联船务有限公司

上海环东供应链有限公司

上海杰伦圆通快递有限公司

英脉急速物流（上海）有限公司

上海新想物流有限公司

上海领速物流有限公司

上海飞升国际物流有限公司（3A 升 4A）

重庆惠凌实业股份有限公司（3A 升 4A）

重庆弘力物流有限公司

河北华迅物流有限公司（3A 升 4A）

河北盛丰力翔物流有限公司

山西经纬通达股份有限公司（3A 升 4A）

山西国新物流有限公司

山西供销物流产业集团有限公司

山西通宝鑫能物流有限公司

山西斗金物流有限公司

山西小蜜蜂商务服务有限公司

临汾晋临运货运有限公司

辽宁诚通物流有限公司（3A 升 4A）

辽宁京邦达供应链科技有限公司

辽宁长久物流有限公司

营口沿海物流有限公司

营口五洲实业有限公司

吉林省长久联合物流有限公司

吉林省华航实业集团有限公司

长春宏业通达物流有限公司

长春照宝物流有限公司

松原市瑞禾仓储物流服务有限公司

哈尔滨市中天运输有限责任公司

江苏汇海物流有限公司（3A 升 4A）

江苏汇舟物流有限公司（3A 升 4A）

江苏云企供应链管理有限公司

江苏通泽国际货运代理有限公司（3A 升 4A）

吴江瑞达货运有限公司

江苏隆达物流有限公司

扬州泰富港务有限公司

扬州邦勤运输有限公司（3A 升 4A）

江苏宝胜物流有限公司

徐州市龙腾运输处（3A 升 4A）

江苏兴骏物流有限公司（3A 升 4A）

江苏生辉国际物流有限公司

扬州顺丰速运有限公司（3A 升 4A）

常州正广通供应链管理有限公司（3A 升 4A）

南京鹏飞智慧物流股份有限公司（3A 升 4A）

江苏伟运物流有限公司

义乌义港通物流有限公司

中通供应链管理有限公司

浙江泰易达物流科技有限公司（3A 升 4A）

浙江汤氏供应链管理有限公司

浙江越顺物流股份有限公司（3A 升 4A）

浙江佰川物流有限公司

浙江华迅国际货运代理有限公司（3A 升 4A）

浙江夏邦物流有限公司（3A 升 4A）

杭州跨越速运有限公司

浙江合运物流有限公司（3A 升 4A）

宁波太平国际贸易联运有限公司（2A 升 4A）

信风（宁波）海运物流有限公司

宁波市跨越速运有限公司

安徽裕源物流有限公司（3A 升 4A）

合肥维天运通信息科技股份有限公司

安徽宏强物流有限公司

马鞍山市江东航运有限公司（3A 升 4A）

马鞍山市通达物流有限公司（3A 升 4A）

铜陵畅通物流有限公司（3A 升 4A）

铜陵金江海运贸有限责任公司

福州京邦达供应链科技有限公司

福建龙达运输有限公司（3A 升 4A）

福建中通快递有限公司

云仓配供应链管理（厦门）有限公司

厦门集装箱码头集团有限公司

厦门海沧国际货柜码头有限公司

江西行者物流科技有限公司

南昌德邦物流有限公司（3A 升 4A）

江西金砂湾港务有限责任公司

江西赤湾东方物流有限公司

济南高盛物流有限公司

济南鲁豫物流有限公司（3A 升 4A）

济南冠辉物流有限公司（3A 升 4A）

山东诚惠快运有限公司（3A 升 4A）

山东济南中外运有限公司（3A 升 4A）

山东飞跃达医药物流有限公司

淄博天润物流有限公司（3A 升 4A）

山东云之坤物流有限公司（3A 升 4A）

宇佳乡村通物流有限公司

济南中通仓储服务有限公司

山东海洋物产有限公司

栖霞市宏达运输有限公司（3A 升 4A）

烟台齐畅供应链管理有限公司

河南众邦浩运物流有限公司

河南京邦达供应链有限公司

河南诚信物流运输有限公司（3A 升 4A）

河南中原四季水产物流港股份有限公司

郑州港达物流有限公司（3A 升 4A）

河南华驰供应链管理有限公司

湖北云飞梭供应链管理有限公司

黄石鑫泰物流有限公司（3A 升 4A）

黄石市昌龙综合物流有限公司（3A 升 4A）

武汉威伟博超实业有限公司

襄阳和顺祥物流有限公司

襄阳恒德汽车配件有限公司

湖北振华化学股份有限公司

湖北天海益达物流有限公司（3A 升 4A）

十堰宏顺物流经营有限公司

十堰市和谐物流有限公司（3A 升 4A）

湖北北冰洋冷链物流有限公司（3A 升 4A）

湖北国宝桥米有限公司（2A 升 4A）

增益冷链（武汉）有限公司（3A 升 4A）

山绿农产品集团股份有限公司

武汉市圣达物流有限责任公司

湖北九州舜天国际物流有限公司（3A 升

4A）

湖北经纬国际货运有限公司（3A 升 4A）

湖北长捷物流有限公司

湘潭交通发展集团有限公司

湘潭金启航物流有限公司（3A 升 4A）

湘潭电机物流有限公司（3A 升 4A）

湖南广汽商贸日邮物流有限公司

湖南安快顺物流有限公司（3A 升 4A）

湖南国联捷物流有限公司（3A 升 4A）

湖南中强物流管理有限公司

湖南省铸万有实业有限公司

湖南新合作湘中物流有限公司

长沙滴答供应链管理有限公司

广东京邦达供应链科技有限公司

广东圆通速递有限公司

广珠铁路物流发展股份有限公司

广东炬申物流股份有限公司（3A 升 4A）

东莞中外运供应链管理有限公司

一汽物流（佛山）有限公司

爱派克斯国际物流（深圳）有限公司

深圳市跨越速运有限公司

深圳市沃德供应链管理有限公司（3A 升 4A）

深圳市倍通供应链服务有限公司

深圳市诚安通物流配送有限公司（3A 升 4A）

深圳市原飞航物流有限公司

深圳民生捷富凯物流有限公司

侨益物流股份有限公司

佛山市跨越速运有限公司

广州跨越速运有限公司

广西北部湾弘信供应链管理有限公司

广西中外运久运物流有限公司

广西祥祥国际物流有限公司（2A 升 4A）

广西鸿翔船务有限公司

资阳瑞宇物流有限公司（3A 升 4A）

成都一汽新悦物流有限公司

四川省雄峰物流有限公司（3A 升 4A）

四川洪成物流有限责任公司（3A 升 4A）

四川省巴蜀危险品运输有限公司

四川沿森物流集团股份有限公司

西昌市金茂实业有限公司

四川京邦达物流科技有限公司

云南顺丰速运有限公司

大理州紫辰物流有限公司

云南红河实业有限公司

中国诚通供应链服务有限公司

中国航空工业供销西北有限公司（3A 升 4A）

西安中通吉物流有限公司

陕西新贸物流配送连锁有限责任公司

国药控股陕西有限公司

陕西华氏医药有限公司

招商局物流集团西安有限公司（3A 升 4A）

西安志成德邦物流有限公司（3A 升 4A）

陕西医药控股集团兴庆医药有限公司

兰州铁邦物流有限公司（3A 升 4A）

甘肃建投物流集团公司

甘肃通达鑫供应链管理有限公司

甘肃霖磊物流园有限公司

兰州新区商贸物流投资集团有限公司

甘肃凯达物流有限责任公司

武威腾宇物流中心有限公司

甘肃鼎丰物流有限公司

宁夏然尔特实业集团有限公司（3A 升 4A）

宁夏晟晏实业集团星月安顺物流有限公司

3A 级物流企业（301 家）：
北京锦伦国际物流有限公司（2A 升 3A）
天津松昌国际货运有限责任公司
上海昕润物流有限公司
上海亚储物流有限公司
上海心嘉物流有限公司
重庆伟仕通供应链管理有限公司
重庆联川物流有限公司
中都格罗唯视（重庆）物流有限公司
高邑县捷邦汽车运输有限公司
石家庄宝程物流有限公司
石家庄达宇物流有限公司
河北凯通物流有限公司
石家庄市龙威运输有限公司
石家庄中运物流有限公司
石家庄安道达物流有限公司
石家庄超禄运输有限公司
石家庄豪狼物流有限公司
河北富大冷链物流有限公司
石家庄众顺运输有限公司
河北圆通速递有限公司
石家庄苏皖物流有限公司
石家庄佳通物流有限公司
石家庄安邦物流有限公司
石家庄腾飞物流有限公司
唐山海湾物流有限公司
河北九州源物流有限公司
中铁物流集团邢台飞豹物流港有限公司
山西君雁药业有限责任公司
太原安吉天地物流有限公司
山西渊远物流有限公司
太原新宏远国际货运代理有限公司
山西峰凡物流有限公司
山西冠亚物流有限公司
赤峰九州通医药有限公司
辽宁集铁国际物流有限公司
大连鲜悦达冷链物流有限公司
大连佳辉物流有限公司
沈阳中通吉物流有限公司
门到门信息技术有限公司（2A 升 3A）
辽宁三志物流有限公司
辽宁圆通速递有限公司
润邦达美物流股份有限公司
招商局物流集团长春有限公司
吉林省广联物流有限公司
吉林润成物流有限公司
齐齐哈尔车辆集团顺达运业有限责任公司
黑龙江苏宁物流有限公司
哈尔滨三友运输有限公司
哈尔滨三川物流有限公司
徐州九洲物流有限公司
南京宁腾国际物流股份有限公司
江苏思远国际物流有限公司
江苏丰杰物流有限公司
江苏丰洋大件运输有限公司
江苏佳华物流发展有限公司
招商局物流集团镇江有限公司
苏州华亚国际货运代理有限公司
常熟市通盛货运有限公司
常熟市解放物流有限公司
常熟市龙峰物流有限公司
苏州天达圣物流有限公司
苏州中福通物流有限公司
昆山恒亚物流有限公司
昆山顺达隆物流有限公司
昆山南北物流有限公司
苏州祥吉供应链管理有限公司
南通华英物流有限公司
扬州冶春食品生产配送股份有限公司
扬州中外运物流有限公司

徐州象屿供应链管理有限公司
徐州鑫友邦大件运输有限公司
徐州宁泰物流有限公司
新沂市乾正物流有限公司
新沂市平达运输有限公司
连云港新云台码头有限公司
江苏方洋物流有限公司
常州合骏汇大件物流有限公司
江苏排上物流有限公司
江苏广安物流有限公司
常州市鸿翔运输有限公司
常州市天朗物流有限公司
常州市奔腾运输有限公司
泰州统一超商有限公司
宿迁市盛驰物流有限公司
宿迁市坤厚物流有限公司
宿迁市创伟物流有限公司
宿迁市港口发展有限公司
沭阳县四通危险品运输有限公司
泗洪超达物流有限公司
泗阳县鼎鑫货物运输有限公司
江苏通四海物流有限公司
衢州传化公路港物流有限公司
浙江柯香物流有限公司
安吉鑫盛物流有限公司（2A 升 3A）
浙江天畅供应链管理有限公司
嘉兴环洋电商物流服务有限公司
嘉兴华清物流有限公司（2A 升 3A）
绍兴市广通物流有限公司（2A 升 3A）
绍兴市蓝盾物流有限公司
绍兴上虞远程物流有限公司（2A 升 3A）
台州市尊龙物流有限公司
台州东福汽车运输有限公司（2A 升 3A）
温州联翔航空物流有限公司
温州通合快运有限公司
温州市汇川物流有限公司
温州市顺发运输有限公司
温州市鹿通物流有限公司
浙江广诚物流有限公司（2A 升 3A）
宁波和丰物流有限公司
宁波大港货柜有限公司
宁波世邦国际货运代理有限公司
宁波皇兴供应链管理有限公司
宁波卓远启瑞化工物流有限公司
宁波天航国际物流有限公司
宁波久顺国际物流有限公司（2A 升 3A）
安徽中夏供应链科技有限公司
安徽省繁昌县金龙航运有限公司
芜湖上联顺运船务有限公司
马鞍山市大顺水路运输有限责任公司（2A 升 3A）
中国马鞍山外轮代理有限公司
马鞍山市振华物流有限公司
马鞍山市交通物流有限公司（2A 升 3A）
宿州一日达物流有限公司（2A 升 3A）
阜阳市北方联物流有限公司
阜阳市申通快递有限公司
安徽广润物流有限公司
歙县佳惠物流运输有限公司
洋浦隆鑫船务有限公司铜陵分公司
安徽宸运物流有限公司
阜阳市韵达快递有限公司
福建新景程物流有限公司
福建跨境通电子商务有限公司
福建丰利物流有限公司
福州万全货运有限公司
福州海盈港务有限公司
福建省祥通运输有限公司
福建海都物流有限公司
海西物流股份有限公司

石狮市兴隆物流有限责任公司
福建省雄鹰冷链物流有限公司
福建省鸿宝冷链物流有限公司
漳浦县合发汽车运输有限公司
福建华驰物流有限公司
龙岩闽鸿运输有限公司
长汀县顺风物流有限公司（2A 升 3A）
福建大田县汉德物流有限公司
三明市顺畅运输有限责任公司
福建三明群榕物流有限公司
福建省建瓯市红运物流运输有限公司
福建恒冰物流有限公司
厦门市鸿驰物流有限公司
厦门中外运物流有限公司（2A 升 3A）
厦门海隆码头有限公司
厦门海翼供应链管理有限公司
厦门海东辰集装箱服务有限公司
厦门东纶股份有限公司
江西建昌众鑫实业集团有限公司
南城县迅杰物流有限公司
南城县吉成物流有限公司
南昌苏宁物流有限公司
江西菜鸟物流有限公司
济南优选物流有限公司
济南征程物流有限公司
济南佳宝乳业有限公司
山东运丰物流供应链管理有限公司
山东传泰物流供应链管理有限公司
寿光市尔多顺物流有限公司
寿光市中岳物流有限公司
寿光市瑞通运输服务有限公司
寿光嘉特物流有限公司
寿光市昆泰运输有限公司
临沂黑风快运有限公司
临沂市广缘公路港物流有限公司
莒县亿诚物流有限公司
莒县安泰物流有限公司
日照市建华物流有限公司
淄博腾耀物流有限公司
青岛龙达海鑫国际物流有限公司
青岛真诚达物流股份有限公司
青岛凯和航运有限公司
青岛菲尔斯特物流有限公司
青岛平宇物流股份有限公司
山东海洋爱通物流有限公司
青岛鼎世国际货运代理有限公司
许昌鑫安驰汽车销售服务有限公司
河南千万物流有限公司
河南大河速递广告有限公司
河南精益物流有限公司
河南裕通运输有限公司
华润安阳医药有限公司
华润洛阳医药有限公司
周口市通港汽车运输有限公司
华润周口医药有限公司
漯河昌丰物流有限公司
华润三门峡医药有限公司
河南嘟嘟货运有限公司
安阳市广通物流有限公司
周口市豫都汽车运输有限公司
河南省圆通速递有限公司
平顶山苏宁物流有限公司
黄石市金石混凝土制品有限公司
黄石市粮食储备公司
襄阳红泰隆物流有限公司
襄阳国际陆港投资控股有限公司
襄阳新发地农副产品有限公司
武汉玺安物流有限公司
襄阳市瑞凯达运输有限公司
襄阳襄顺达物流有限公司

湖北楚襄源物流有限公司
黄石港务集团有限责任公司
咸宁宏兴物流股份有限公司（2A升3A）
湖北供销宜瑞丰农资大市场有限公司
宜昌市西部通物流有限公司
湖北金瑞物流有限公司
宜昌市泰源运输有限公司
湖北金银丰食品有限公司
天门供销华西农商城有限公司（2A升3A）
潜江传化公路港物流有限公司
襄阳市美标机电设备有限公司
襄阳竹叶山洪沟投资有限公司
枝江市宁港物流有限公司
湖北柳树沟汽车运输有限公司
阳新县棋盘洲国胜物流有限公司
襄阳易捷物流有限公司
襄阳新捷新能源汽车有限公司
宜昌白洋港埠物流有限公司
湖北佳捷物流有限责任公司
咸宁市旭帆物流发展有限公司
武汉穗佳物流有限公司
湖北安鲜达物流科技有限公司
武汉供销农资物流股份有限公司
武汉中运达物流有限责任公司
株洲市正达物流有限公司
株洲兴和物流有限公司
醴陵市隆盛物流有限公司
株洲华顺物流有限公司
郴州市和源物流有限公司
郴州广通物流科技有限公司
资兴湘通物流有限公司
湖南德通物流有限责任公司
常宁市金马有色物流有限责任公司
安仁县成虎商联有限公司
佛山市鼎昊冷链物流有限公司
东莞市华雪食品有限公司
深圳市德信昌实业有限公司
深圳市越海全球电商供应链有限公司
深圳市畅通物流有限公司
深圳市飞龙世纪物流有限公司
汉高货运代理（深圳）有限公司
深圳市鑫国邦物流有限公司
深圳市富仕林物流有限公司
广州市达福物流服务有限公司
韶关市东南盈通物流有限公司
广东互邦物流有限公司
广西凯轮物流有限公司
广西南宁安博物流有限公司
广西西江远驰物流有限公司
广西物产投资发展集团贵港有限公司（2A升3A）
钦州市煜家物流有限公司
雅安誉祥货运有限公司（2A升3A）
雅安市欣睿物流有限责任公司（2A升3A）
雅安腾运物流有限公司（2A升3A）
泸州联众物流有限公司
达州宏瀚物流有限公司
达州源美冷链物流集团有限公司
达州兖福物流有限责任公司
成都广日物流有限公司
四川洋业物流有限公司
贵州三汇金阳商贸有限公司
西南运通公路物流有限公司
云南兄弟物流有限公司
云南省禄丰县广通联兴物流有限公司（2A升3A）
云南金孔雀交通运输集团有限公司
凤庆县亚太商贸有限公司

勐腊天鸿贸易有限公司（2A 升 3A）
西安糖酒冰峰物流有限公司（2A 升 3A）
陕西航空工业物流有限公司
西安远拓物流有限公司
西安鑫鸿兴货运有限公司
西安红杰物流有限公司
陕西新丝路物流有限公司
陕西狮佰硕供应链管理有限公司
陕西米禾供应链管理股份有限公司
西安市正大联运有限公司
陕西医药控股集团恒庆医药有限公司
陕西一统物流有限公司
陕西西域恒邦物流有限公司
西安顺成物流有限公司
西安新纪元供应链管理有限公司
陕西金汇物流有限公司
西安中港智慧物流有限公司
陕西现代医药有限公司
陕西秦邦速运物流有限公司
陕西钜篪物流服务有限公司
甘肃加吉速运有限公司
兰州诚邦物流有限公司
甘肃东部运输实业集团平凉物流有限公司
成县顺通物流园有限公司
宁夏四季鲜果品蔬菜批发市场有限公司
新疆新粮农业发展有限责任公司
新疆安得物流有限公司

2A 级物流企业（67 家）：
重庆立盟运输服务有限公司
唐山锦兴物流有限公司
沧州新远程物流有限公司
遵化市兴运物流有限公司
遵化市起祥物流有限公司
太原万鑫物流有限公司
沈阳鹏瑞合兴冷藏物流有限公司
营口市天程物流有限公司
吉林新景程物流有限公司
哈尔滨新安达物流有限公司
绍兴市上虞盛鑫汽车运输有限公司
绍兴市上虞顺通运输部
台州汇邦物流有限公司
浙江飞速国际货运代理有限公司
浙江万国邮供应链管理有限公司
义乌市诚浩供应链管理有限公司
东阳顺峄物流有限公司
东阳市乾坤物流有限公司
东阳市交通物流有限公司
宁波梅山保税港区中外运国际物流有限公司
余姚市阿强快运有限公司
宁波鼎升物流有限公司
宿州市开云商贸有限公司
安徽壹度品牌运营股份有限公司
福州易鲜冷链物流有限公司
顺恒（福建）冷链物流有限公司
龙岩市鑫龙兴物流有限公司
龙岩市佳吉联运物流有限公司
中盛统一粮油工业（厦门）有限公司
贵溪市天顺物流有限公司
鹰潭国丰物流有限公司
上港物流（江西）有限公司
江西昊邦物流有限公司
江西欣盛集装箱综合物流有限公司
江西鑫超商贸有限公司
江西省凤凰物流运输有限公司
全南县易通综合物流有限公司
寻乌县创业兴物流有限公司
瑞金市赣通物流有限公司
赣州市信立农产品有限公司

赣州红土物流有限公司
江西省同益物流有限公司
赣州俊余物流有限公司
赣州金诚物流有限公司
瑞金市凌宇冷藏物流有限公司
潍坊春鸢供应链管理有限公司
青岛承佳供应链管理有限公司
莱阳新景程物流有限公司
鹤壁万隆电子商务有限公司
武汉市群星明物流股份有限公司
黄梅康宏生态农业发展有限公司
荆州市地方铁路有限公司
五峰赶街物流服务有限公司
十堰圣喜物流有限公司
红安县三顺物流有限责任公司
随州摩根食品有限公司
广州好汉运输有限公司
广西南宁华晨物流有限公司
广西钦州中海物流有限责任公司
四川黑蚁供应链管理有限公司
自贡市通达物流有限责任公司
四川新景程物流有限公司
广安腾扩物流有限公司
陕西新荣程物流有限公司
陕西齐峰果业有限责任公司
兰州华林货运有限公司
新疆金谷恒通贸易有限公司

1A 级物流企业（3 家）：
宁波运派供应链管理有限公司
象山运派物流有限公司
宁波浦港物流有限公司

2019 年上半年通过复核的 A 级物流企业名单（共 642 家）

5A 级物流企业（34 家）：
中通服供应链管理有限公司
北京昌达供应链管理集团有限公司
北京宅急送快运股份有限公司
天津滨海泰达物流集团股份有限公司
上海顺衡物流有限公司
河北冀铁集团有限公司
大连港股份有限公司
中铁铁龙集装箱物流股份有限公司
沈阳铁道物流集团有限公司
中铁物资集团东北有限公司
辽宁联合物流有限公司
长春一汽国际物流有限公司
黑龙江农垦北大荒物流集团有限公司
江苏金陵交运集团有限公司
江苏飞力达国际物流股份有限公司
林森物流集团有限公司
国药控股扬州有限公司
苏州万隆华宇物流有限公司
江苏安达洲沿江国际物流有限公司
中国邮政速递物流股份有限公司浙江省分公司
菜鸟网络科技有限公司
安得智联科技股份有限公司
泉州安通物流有限公司
立晨物流股份有限公司
靖海集团有限公司
河南中原铁道物流有限公司
湖北省农业生产资料控股集团有限公司
武汉港务集团有限公司
湖南星沙物流投资有限公司

云通物流服务有限公司
华润湖南医药有限公司
湖南金煌物流股份有限公司
湖南兴义物流有限公司
中国铁路广州局集团有限公司

4A 级物流企业（199 家）：

中国新兴交通物流有限责任公司
北京辛峰共赢物流有限责任公司
北京市京顺达物资有限公司
安迅物流有限公司
天津安达物流股份有限公司
天津市交通集团滨海有限公司
招商局物流集团（天津）有限公司
天津元顺物流集团有限公司
上海旭富国际物流有限公司
日邮汽车物流（中国）有限公司
上海无忧供应链管理有限公司
上海普天物流有限公司
上海万家物流有限公司
上海新大洲物流有限公司
上海邦达隆飞物流有限公司
上海物贸生产资料物流有限公司
上海厚谊俊捷国际物流发展股份有限公司
上海丹捷国际物流有限公司
上海蒙盛物流有限公司
上海奔祥物流有限公司
保定陆港投资有限公司
唐山长久物流有限公司
山西同元实业集团有限公司
山西万昌商贸有限公司
山西先行经贸有限公司
山西大秦物流有限公司
国药控股山西有限公司
山西孝柳铁路有限责任公司
内蒙古北方风驰物流港有限公司
内蒙古亿阳物流集团有限公司
大连铁越集团有限公司
大连中铁外服国际货运代理有限公司
本溪钢铁（集团）国贸腾达有限公司
中铁铁龙集装箱物流股份有限公司沙鲅铁路分公司
宁波营港利信物流有限公司
营口汇丰物流有限公司
营口鞍钢国际货运代理有限公司
营口金谷物流有限公司
营口弘程集装箱公路运输有限公司
长春京铁物流有限公司
延边长白山物流有限公司
长春市峻德物流有限公司
长春市新悦经贸有限责任公司
南通大地物流有限公司
淮安市翔和翎物流有限公司
常熟威特隆仓储有限公司
吉安供应链管理淮安有限公司
南通江东物流有限公司
南通化学危险品运输有限公司
国药控股盐城有限公司
淮安交运危货运输有限公司
江苏澳翔物流有限公司
诚源港务集团有限公司
中国邮政集团公司江苏省宜兴市分公司
苏州华诚国际物流有限公司
昆山瀚宇国际物流服务有限公司
张家港市盛泰港务有限公司
绿洲物流股份有限公司
海安惠安快运有限公司
南通市远邦石油有限公司
海安通达联运有限公司
海安润思达食品有限公司

海安县欣盛汽车运输有限公司
仪征上汽赛克物流有限公司
大丰海港港口有限责任公司
欧普石油天然气集团有限公司
江苏盐道物流股份有限公司
江苏安邦物流股份有限公司
江苏政成物流股份有限公司
江苏天地纵横物流有限公司
浙江大恩物流有限公司
绍兴信诚物流有限公司
台州市东北物流有限公司
义乌市扬翔国际货运代理有限公司
浙江金斯顿物流有限公司
舟山豪舟物资仓储有限公司
浙江金温铁道开发有限公司
浙江鼎发物流有限公司
浙江九州通医药有限公司
杭州铁集货运股份有限公司
浙江天跃物流有限公司
浙江尊龙物流有限公司
浙江宏旭国际货运代理有限公司
浙江经开物流有限公司
宁波市一洲货运有限公司
中通服供应链管理有限公司安徽分公司
安徽华源物流有限责任公司
安徽皖江物流（集团）股份有限公司
芜湖市海洋物流有限公司
安徽阜阳临沂商城投资发展有限公司
安徽南北快运有限责任公司
铜陵市通达联运有限责任公司
黄山祥驰物流有限公司
安徽港航物流有限公司
福建运杰物流有限公司
中国福州外轮代理有限公司
福建金马物流有限公司
福建省狮鑫物流集团有限公司
厦门诚达运通国际货运代理有限公司
厦门志捷国际物流有限公司
厦门市东万晟贸易有限公司
厦门盛辉物流有限公司
永进（厦门）国际物流股份有限公司
厦门港务运输有限公司
航都（厦门）国际货运代理有限公司
厦门中予物流有限公司
江西江龙集团鸿海物流有限公司
赣州国盛铁路实业有限公司
赣西物流园投资发展有限公司
鹰潭市佳尔物流有限公司
江西佳润物流集团有限公司
江西瑞州汽运集团洪鑫物流有限公司
江西省高安汽运集团福林汽运有限公司
江西江龙集团龙鹏汽运有限公司
景德镇恒达物流有限公司
高安赣粤五星运输有限公司
江西金辉物流有限公司
赣州万吉物流有限公司
山东滨州银河国际物流有限公司
山东大舜医药物流有限公司
沂水县天成物流有限公司
荣成广润水产食品有限公司
荣成市日鑫水产有限公司
济南星光大道物流有限公司
山东捷丰国际储运有限公司
青岛天驰仓储有限公司
烟台交运集团有限责任公司
烟台市农业生产资料总公司
山东康诺盛世医药有限公司
烟台恒邦物流股份有限公司
蓬莱京鲁渔业有限公司
河北星驿智慧物流股份有限公司

洛阳铁路运通集团（上海）贸易有限公司
河南省鸿泰物流有限公司
河南省阳光物流发展有限公司
河南省豫锋物流有限公司
许昌鲜易供应链有限公司
安钢集团汽车运输有限责任公司
湖北国贸集团超市连锁有限公司
荆州市长江物流有限公司
襄阳襄管物流有限公司
东风捷富凯武汉物流有限公司
襄阳捷顺达物流有限公司
湖北锦龙物流园有限公司
葛洲坝集团物流有限公司
湖北爱奔物流产业有限公司
湖北盐业集团有限公司
襄阳弋圆运输有限公司
湖北襄管物流有限公司
黄石天海航运有限公司
当阳市开心物流有限公司
十堰群利物流园有限公司
荆门市民丰科技有限责任公司
湖北周正物流有限公司
武汉兴达汽车物流有限责任公司
长航武汉汽车物流有限公司
中外运湖北有限责任公司
湖南省京阳物流有限公司
湖南鸿胜物流有限公司
株洲中南金属材料有限责任公司
湖南安迅物流运输有限公司
湖南海泰食品有限公司
中都（株洲）物流有限公司
特变电工湖南国际物流科技有限公司
湖南省行行行仓储经营管理有限公司
益阳湘运集团股份有限公司
湖南首邦物流有限公司
湖南九裕物流有限公司
广东精准德邦物流有限公司
东莞市百安石化仓储有限公司
深圳宏伟世通物流股份有限公司
速必达希杰物流有限公司
深圳市凯依克物流有限公司
深圳市中海通物流股份有限公司
深圳欧瑞特供应链管理有限公司
深圳科捷物流有限公司
广州市德邦物流服务有限公司
广州轻出集团有孚供应链管理有限公司
广东粤宁苏宁物流有限公司
中外运物流华南有限公司
广东福地物流有限公司
广西桂物储运集团柳州有限公司
广西北港物流有限公司
广西先飞达物流股份有限公司
海南和宇运贸有限公司
成都双流国际机场航空地面服务有限公司
四川九州通医药有限公司
遂宁市东正物流有限公司
贵州交通物流集团有限公司
贵州山水物流有限公司
贵州省物资现代物流集团有限责任公司
云南中畅物流有限公司
红河州顺通物流有限公司
中国邮政速递物流股份有限公司宁夏回族自治区分公司
国药控股宁夏有限公司
宁夏李旺实业发展有限公司
新疆振坤物流有限公司
新疆昌顺源物流有限公司
招商局物流集团乌鲁木齐有限公司

3A 级物流企业（338 家）：
北京首发物流枢纽有限公司
北京嘉和嘉事医药物流有限公司
北京泛太物流有限公司
北京春溢通物流有限公司
北京环亚兴达物流有限公司
上海成协物流配送有限公司
上海精裕捷星物流有限公司
上海大中物流有限公司
上海吴泾冷藏有限公司
上海精准德邦物流有限公司
上海盛辉物流有限公司
上海鑫益物流有限公司
上海宏通物流有限公司
赛宇国际物流（上海）有限公司
宏通太禾国际物流（上海）有限公司
上海优誉物流有限公司
重庆恒聚物流股份有限公司
重庆风平集团股份有限公司
河北昌裕物流有限公司
河北保成物流有限公司
秦皇岛运通物流有限公司
莫力达瓦达斡尔族自治旗鑫鹏博运输有限公司
大连京大国际货运代理有限公司
辽宁富德国际货运有限公司
大连鑫畅顺运输有限公司
世丰国际货运代理（大连）有限公司
大连山九国际物流有限公司
大连獐子岛中央冷藏物流有限公司
鞍钢矿山汽车运输有限公司
中国外运东北有限公司营口分公司
营口永祥物流有限公司
营口亿成物流有限公司
长春市鑫永昌物流有限公司
吉林省博瑞祥物流有限公司
牡丹江市好运运输有限责任公司
黑龙江省成运储运有限公司
南京大件起重运输集团有限公司
靖江市万事鑫联运服务有限公司
江苏捷成物流有限公司
昆山开发区危险货物运输有限公司
昆山宝湾国际物流有限公司
昆山市钧隆物流有限公司
常熟市常安特种守押保安服务有限公司
南通通强物流有限公司
南通九洲大件起重运输有限公司
无锡中外运物流有限公司
无锡储运有限公司
无锡华邦世捷供应链管理有限公司
常熟市福嘉丽仓储投资有限公司
江苏天合国际物流有限公司
昆山市豪顺物流有限公司
昆山新宁物流有限公司
淮安新运程物流有限公司
扬州市龙腾物流服务有限公司
昆山无水港国际物流发展有限公司
南通科检综合物流有限公司
扬州前进船务运贸有限公司
淮安市好运达运输有限公司
泰兴市双林危险品车辆运输有限公司
徐州市五星大件运输有限公司
无锡市嘉晟物流有限公司
常熟市顺德物流有限公司
昆山山汉物流有限公司
江苏西点物流有限公司
昆山源丰国际货运代理有限公司
扬州新伟仓储有限公司
盐城市东风物流有限公司
徐州苏宁云商物流有限公司

徐州群星大件运输有限公司
江苏润澄航运有限公司
常州市申通物流有限公司
中集苏航（常州）物流有限公司
江苏凯富物流有限公司
浙江富阳口岸国际物流港有限公司
浙江五星物流有限公司
长兴顺达汽运有限公司
义乌国联物流有限公司
浙江鸿汇医药物流有限公司
浙江海盟国际货运代理有限公司
信实物流集团有限公司
浙江台州湾港务有限公司
浙江锦鸿物流有限公司
浙江远东物流有限公司
桐庐大运物流有限公司
义乌市凤翔国际货运代理有限公司
浙江鲁氏物流有限公司
浙江恒逸物流有限公司
华东医药供应链管理（杭州）有限公司
杭州新方向物流有限公司
绍兴万邦国际货运代理有限公司
浙江吉纳物流有限公司
浙江浙中物流有限公司
绍兴申圆物流有限公司
嘉兴市伟盛国际货运代理有限公司
绍兴市交通运输有限责任公司
浙江捷达物流有限公司
温州市闽赢物流有限公司
平阳县长通物流有限公司
温州通豪物流服务有限公司
温州宏泰物流有限公司
温州市联谊物流有限公司
嘉兴镇石物流有限公司
台州市宇航物流有限公司
浙江苏宁物流有限公司
浙江汇丰物流有限公司
温州市飞翔航空货运代理有限公司
湖州久运物流股份有限公司
长兴长顺物流有限公司
桐乡市振东物流园区有限公司
绍兴益盛航运有限公司
绍兴市联诚物流有限公司
绍兴市盛达物流有限公司
绍兴市佳顺特种货物运输有限公司
中宇远洋海运有限公司
浙江银轮物流有限公司
温州市春城货运有限公司
温州市洞头信达物流有限公司
温州市沈海物流有限公司
温州市新恒联物流有限公司
浙江恺颉物流有限公司
宁波保税区高新货柜有限公司
宁波大港新世纪货柜有限公司
浙江定邦全球供应链有限公司
浙江旭日国际货运代理有限公司
宁波金洋化工物流有限公司
宁波兴合货柜有限公司
宁波汉陆物流有限责任公司
宁波恒逸物流有限公司
浙江永升医药物流有限公司
宁波苏宁物流有限公司
宁波新世洋国际物流有限公司
宁波匠神商桥供应链管理有限公司
招商局物流集团宁波有限公司
宁波雷扬物流有限公司
宁波亚细亚集装箱货运有限公司
安徽通华物流有限公司
安徽华运物流（集团）有限责任公司
阜阳市翔达物流有限公司

合肥安运物流有限公司
马鞍山嘉恒储运实业有限公司
明光广大物流城有限公司
安徽军工物流有限责任公司
芜湖惠众物流服务有限公司
安徽海元物流有限公司
阜阳红楼国通快递有限公司
安徽远宏物流有限公司
阜阳市鑫吉物流有限公司
阜阳鑫森物流有限公司
铜陵市北冰洋物流有限责任公司
福州商业储运有限公司
福州大榕树物流有限公司
福建省福州市烟草物流有限公司
福建省泉州市烟草物流有限责任公司
福建星胜丰物流有限公司
宁德市烟草物流有限公司
福建省福鼎市大顺物流有限公司
聚善堂（福建）医药集团有限公司
龙岩烟草物流有限公司
福建东迅储运有限公司
福鼎市盛达物流有限公司
福建龙跃物流有限公司
晋江盛辉物流有限公司
福建省南安市顺丰运输有限公司
泉州市泉港兴通船务有限公司
漳州新南丰商业连锁有限公司
漳州市陆通物流有限公司
龙岩市交通运输有限公司
中邮恒泰药业有限公司
福州盛辉物流有限公司
福建庆丰物流有限公司
宁德白水洋物流有限公司
福鼎市通联物流有限公司
莆田秀屿港口有限公司
福建八方港口发展有限公司
福建康达物流有限公司
福建泰达物流有限公司
泉州中宏物流有限公司
沙县长顺汽车运输有限公司
三明市永达物流有限公司
南平市通达汽车运输有限公司
厦门宏高货运有限公司
厦门福慧达果蔬股份有限公司
厦门捷递物流有限公司
厦门象屿物流配送中心有限公司
厦门中集海投集装箱服务有限公司
正新（厦门）物流有限公司
厦门金龙汽车物流有限公司
厦门盛丰物流有限公司
厦门市烟草物流有限公司
厦门万翔物流管理有限公司
江西长兴物流有限公司
泰和县鑫龙汽车运输有限公司
泰和县鹏辉货物运输有限公司
南城瑞顺物流有限公司
南城县冠海物流有限公司
江西结财物流有限公司
赣州市广渠物流有限公司
赣州三福物流有限公司
江西奇佳肥业股份有限公司
九江市新雪域置业有限公司
江西九星铁运物流有限公司
赣州安盛达货物装卸运输有限公司
潍坊潍柴顺达物流有限公司
潍坊正捷物流有限公司
潍坊瑞亨缘运输有限公司
临沂兴华物流服务有限公司
山东经信国际物流有限公司
华润青岛医药有限公司

即墨市新悦物流有限公司
青岛即东物流有限公司
青岛众和通达物流有限公司
青岛上升天地物流有限公司
烟台联民集团有限公司
烟台交运集团莱阳运输有限公司
烟台交运集团龙口运输有限公司
龙口市港恒仓储有限公司
烟台宏润物流有限公司
山东联合众生医药有限公司
烟台裕顺货运服务有限公司
烟台国际机场集团货运销售有限公司
烟台市八达物流有限公司
招远市金百物流有限公司
平顶山市大路物流有限责任公司
河南天纵供应链管理有限公司
焦作市豫通物流有限公司
河南苏宁物流有限公司
武汉市金潮物流有限公司
湖北元大粮油科技有限公司
襄阳同顺物流有限公司
十堰市畅翔物流有限公司
十堰市远华物流有限公司
十堰黄海宏志工贸有限公司
武汉高承启物流有限公司
黄石中豪国际货运代理有限公司
湖北超捷物流有限公司
湖北新赛农产品物流有限公司
华润十堰医药有限公司
湖北华苑粮油有限公司
国药控股荆州有限公司
国药控股宜昌有限公司
宜都市装卸运输总公司
宜昌金路物流有限公司
湖北安欣物流有限责任公司
武汉天地龙翔货物运输有限公司
武汉愚公货运有限公司
武汉雅元食品集团股份有限公司
招商局物流集团湖北有限公司
武汉景海龙翔物流有限公司
武汉八达通农产品物流有限公司
武汉恒阳化工储运有限公司
武汉肉联食品有限公司
宁乡县辰龙物流有限公司
湖南长株潭国际物流有限公司
衡阳盛泰物流有限公司
衡阳市璐辉物流有限公司
临湘市湘北水陆物流有限公司
湘潭绿丰保鲜蔬菜配送有限公司
衡阳市西园农副产品批发大市场有限公司
醴陵市平安物流有限公司
湖南猴急送物流有限责任公司
湖南天旭实业有限公司
娄底市恒达物流有限公司
娄底市湘中鸿通物流有限公司
江门市万里达物流有限公司
珠海公交信禾物流有限公司
湛江锦程物流有限公司
广东盛丰物流有限公司
苏宁物流（深圳）有限公司
深圳市中海通供应链管理有限公司
深圳市立航货运股份有限公司
深圳市阿雷货运有限公司
深圳市都市物流有限公司
广州特兰富力运输有限公司
广州吉盛储运物流有限公司
广州朴道物流服务有限公司
中通服供应链管理有限公司广西分公司
广西德邦物流有限公司
广西晟宇通物流有限公司

广西盛鑫物流有限公司
广西北投星联国际供应链管理有限公司
洋浦天雨物贸有限公司
海南东源物流股份有限公司
凉山州金叶运输有限责任公司
泸州迎瑞物流有限公司
四川铁通公铁物流股份有限公司
南充恒生仓储物流有限公司
泸州华储物流有限公司
泸州诚通物流有限公司
四川沿森投资管理有限公司
四川汇维物流有限公司
四川乐送物流股份有限公司
四川省德盛物流有限公司
四川德成国际货运代理有限公司
叙永县建强储运有限责任公司
宜宾新成储物流有限公司
内江苏宁物流有限公司
成都蚂蚁物流有限公司
成都正大和协物流有限公司
成都新成储物流有限公司
成都新中意物流有限公司
四川省盛辉物流有限公司
成都翼祥物流有限公司
成都华药物流有限公司
成都锦龙物流有限公司
四川柒鑫物流有限公司
成都速平达物流有限公司
成都安川物流有限公司
贵州金叶物流运输有限公司
贵阳博众物流运输有限公司
贵州七冶物流有限责任公司
贵州大龙宝鼎物流市场有限公司
贵州道坦坦科技股份有限公司
贵阳苏宁物流有限公司
云南昆明交通运输集团有限公司
云南云辉货运有限公司
曲靖福牌实业有限公司
昆明德邦物流有限公司
玉溪市鹏程运输有限公司
大理市泉源商贸有限责任公司
陕西永丰仓储有限公司
陕西速必达冷链物流有限责任公司
西安市新龙药业有限公司
陕西安邦物流有限责任公司
中通服供应链管理有限公司陕西分公司
甘肃陇运现代物流有限责任公司
甘肃黄羊河集团物流有限责任公司
格尔木昆仑物流运业有限公司
银川新华百货东桥电器有限公司
中通服供应链管理有限公司宁夏分公司
新疆顺通物流有限公司
新疆维吾尔自治区棉麻南疆公司
阿克苏银星物流有限公司
新疆维吾尔自治区棉麻公司巴楚棉麻站
新疆宝新恒源物流有限公司
库尔勒银星物流有限责任公司
中通服供应链管理有限公司新疆分公司
乌鲁木齐市众志天宇物流有限公司
新疆中新建现代物流股份有限公司

2A 级物流企业（62 家）：

重庆卡沃物流有限公司
重庆永南物流有限公司
中铁物资重庆有限公司
张家口通泰物流中心有限公司
营口港蓬船务工程有限公司
营口永吉物流有限公司
营口市鲅鱼圈区国丰实业有限公司
昆山市环球货运发展有限公司

江苏金贸世纪国际物流有限公司
泰兴市通达航运有限公司
江苏蒙哥马利物流有限公司
湖州大地物流有限公司
安吉鑫诚物流有限公司
嘉兴市凯港化工储运有限公司
嘉兴市安荣物流有限责任公司
绍兴海盛航运有限公司
绍兴远顺物流有限公司
宁波港东南物流货柜有限公司
宁波保税区广盛物流有限公司
宁波大徐塑料工贸有限公司
砀山申通快递有限公司
灵璧县中粮运输有限公司
灵璧县飞马运输有限公司
莆田市达宇物流有限公司
福建兴业能源有限公司
福建保达物流有限公司
福建浩嘉冷链物流股份有限公司
福建省建瓯市恒运物流有限公司
九江长东仓储物流有限公司
瑞金市瑞泰物流有限公司
青岛长久物流有限公司
中国烟台外轮代理有限公司
河南德众物流配送有限公司
孝昌县管氏茶业有限责任公司
天门市天丰惠农农业发展有限责任公司
湖北东吴物流有限公司
赤壁华顺城乡物流配送有限公司
京港物流湖北有限公司
湖北源丰物流有限公司
天门市盛祥商贸有限责任公司
武汉红日子食品有限公司
武汉日昱物流有限公司
武汉市盛博物流有限公司
武汉市硚口区汉正街客运中心
武汉市双剑物流有限公司
湖南金顺物流仓储有限公司
江门市骏安物流有限公司
四川吉星物流有限公司
四川路威特物流有限公司
四川省同盛物流有限责任公司
四川申力物流有限公司
宜宾县吉安物流有限责任公司
广州山九物流有限公司成都分公司
贵州嘉配达物流有限公司
延安市捷安货物运输有限公司
甘肃省化轻材料有限责任公司
青海省汽车运输集团凯达货物运输有限公司
青海朝阳物流园区开发建设有限公司
青海报业发行物流有限公司
自治区棉麻公司大河沿二级站
新疆维吾尔自治区棉麻公司乌鲁木齐棉麻站
新疆维吾尔自治区棉麻公司博乐棉麻站

1A 级物流企业（9 家）：

营口海博国际船舶代理有限公司
新昌陆海国际物流服务有限公司
浙江恒盛商贸城开发有限公司
宁波亿百华国际物流有限公司
宁波丰盛食品有限公司
厦门裕龙储运有限公司
江西裕民药业有限公司
瑞金市明盛物流服务有限公司
武汉市济阳鸿通国际物流有限公司

放弃复核的企业 95 家：

广东新邦物流有限公司、万和国际物流有

限公司、阳泉市德运昌物流有限公司、大连环东物流有限公司、沈阳铁道煤炭集团有限公司、华能营口港务有限责任公司、营口新港矿石码头有限公司、营口港铁（国际）运输有限公司、营口港务股份有限公司第一分公司、营口港务集团有限公司第五分公司、江苏瀛环国际集团宏海物流有限公司、常熟外贸运输有限责任公司、日梱物流（中国）有限公司、昆山吴淞江物流基地有限公司、江苏中联物流股份有限公司、江苏天赋力现代物流有限公司、中国邮政速递物流股份有限公司厦门市分公司、江西大飞物流有限公司、江西省新博物流股份有限公司、吉安华通物流中心有限公司、青岛中外运联丰国际物流有限公司、襄阳新九天行物流服务有限公司、衡阳衡钢鸿华物流有限公司、衡阳市雁城物流园有限公司、广州市郑铁物流有限公司、海南正盛海运有限公司、海南恒盛海运有限公司、四川佳祥物流有限公司、陕西天润金属物流有限公司、西安朱宏物流有限公司、石家庄安捷联运有限公司、大连乾瀚国际物流有限公司、营口中成物流有限公司、营口港兴仓储有限公司、营口经济技术开发区金懋物流有限公司、营口兴港实业有限公司、辽宁港丰物流有限公司、营口新港集铁物流有限公司、南通鑫泰医药有限公司、昆山华裕供应链管理有限公司、义乌市金隆国际货运代理有限公司、义乌市顺远国际货运代理有限公司、长兴必达物流有限公司、浙江驰骋物流有限公司、宁波市舜发国际物流有限公司、宁波安达危化品国际物流有限公司、宁波恒海航运有限公司、宁波金星港通物流有限公司、福建飞远城市配送有限责任公司、福鼎市振威物流有限公司、福建华泰物流有限公司、濮源汇通供应链（厦门）有限公司、厦门宏象物流科技有限公司、定南县永立物流有限公司、赣州顺丰速运有限公司、赣州沅霖物流有限公司、烟台安民物流有限公司、宜昌市超凡物流有限公司、湖北中禾粮油股份有限公司、襄阳丰骊物流有限公司、武汉中江实业有限责任公司、武汉鄂南永兴货运托运部、中国汕头外轮代理有限公司、广州益嘉物流有限公司、广西江舟物流有限公司、洋浦冠陆物流有限公司、攀钢集团西昌新钢业物流有限公司、陕西天地合和出版物物流发行有限公司、旬阳县捷荣运输有限公司、宁夏陆港物流有限责任公司、新疆生产建设兵团奎屯储运有限公司、中国外运辽宁营口公司、营口海星物流有限公司、营口经济技术开发区华宁储运有限公司、营口金舵手船务有限公司、营口越达通国际物流有限公司、营口益嘉营港物流有限公司、宁波中宁讯威国际货运代理有限公司金华分公司、中国石油天然气股份有限公司华东化工销售余姚仓储分公司、宁波鹏得物流有限公司、江西伟盛国际货运代理有限公司、赣州利友食品有限公司、赣州凯达物流有限公司、石城县永星物流有限公司、青岛超越运输有限公司、四川富强物流有限公司、安岳川渝物流有限公司、泸县顺发汽车运输有限公司、武胜县顺风物流有限公司、泸县兴国运业有限公司、雅安市翔达物流有限公司、辽宁大仓储运有限公司、营口海旗物流有限公司、镇江远港物流有限公司、宁波神化国际物流有限公司因物流业务调整、并购重组、经营模式改变、企业被注销等原因，不再保留 A 级企业资质。

（中国物流与采购联合会物流企业评估工作办公室）

物流企业信用评价 A 级信用企业第二十四批、第二十五批名单

第二十四批物流企业信用评价 A 级信用企业名单（各项排名不分先后，共 49 家，有效期至 2022 年 7 月 11 日）

AAA 级信用企业（38 家）

河北商达物流有限公司

中国葛洲坝集团水泥有限公司荆门物流配送中心

上海青旅国际货运有限公司

山东万和通物流有限公司

山东中外运弘志物流有限公司

河北宝信物流有限公司

上海通贸国际供应链管理有限公司

新疆天顺供应链股份有限公司

唐山百货大楼集团银河物流有限责任公司

郑州铁路经济开发集团有限公司

马鞍山市联合运输集团有限责任公司

沈阳中外运物流有限公司

福建中闽物流有限公司

新疆昌顺源物流有限公司

西部机场集团航空物流有限公司

武汉通利达物流有限公司

江西蓝海物流科技有限公司

江西新华物流有限公司

滕州市农副产品物流中心有限公司

新疆蓝天石油化学物流有限责任公司

四川远成物流发展有限公司

河南宇鑫物流集团有限公司

湖北丰源物流供应链管理有限公司

山东诚惠快运有限公司

安徽通华物流有限公司

中国邮政速递物流股份有限公司湖北省分公司

福建行德物流有限公司

润邦达美物流股份有限公司

江苏超达物流有限公司

云南能投物流有限责任公司

广州发展能源物流集团有限公司

安徽省徽商金属物流有限公司

林安（九江）商贸物流发展有限公司

盛辉物流集团有限公司

马鞍山市联运货运有限责任公司

新疆振坤物流有限公司
江苏中卡物流有限公司
新疆九洲恒昌供应链管理股份有限公司

AA 级信用企业（11 家）
中泰瑞丰企业发展（大连）有限公司
苏州望亭远方物流有限公司
苏州远方物流供应链管理有限公司
西王物流有限公司
常州联运有限公司
山东端信供应链管理有限公司
安徽东南航运有限公司
乾龙物流集团有限公司
中国物流亳州有限公司
宁波港集装箱运输有限公司
江苏方洋物流有限公司

第二十五批物流企业信用评价 A 级信用企业名单（各项排名不分先后，共 39 家，有效期至 2022 年 12 月 15 日）

AAA 级信用企业（24 家）
驻马店市恒兴运输有限公司
武汉威伟机械设备实业有限公司
宁波市汽车运输集团有限公司
中都物流有限公司
永辉物流有限公司
天津港远航矿石码头有限公司
天津丰田物流有限公司
宝特物流集团有限公司
宁波铭仕国际物流有限公司
广州飞梭云供应链有限公司
宁波外运国际货运代理有限公司
陕西延长石油物流集团有限公司
吉林省百川物流有限公司
深圳市车夫网物流科技有限公司
天驰物流有限责任公司
贵州金叶物流运输有限公司
上海顶通物流有限公司
江西省靖安县环宇运输有限公司
宁夏新华百货现代物流有限公司
广西玉柴物流股份有限公司
山东佳怡物流有限公司
湖北金叶储运有限公司
南京长安民生住久物流有限公司
山西汽运集团运城汽车运输有限公司

AA 级信用企业（15 家）
洛阳华晟物流有限公司
百色百矿物流有限公司
烟台裕顺货运服务有限公司
赣州市南康区口岸发展有限责任公司
淮南舜龙煤炭联运有限责任公司
宁波捷金通信息科技有限公司
宁波广博赛灵国际物流有限公司
贵州省物资现代物流集团有限责任公司
重庆联川物流有限公司
济南合达物流有限公司
山东舜天成物流有限公司
济南地润物流有限公司
济南澎贤物流有限公司
济南三合物流有限公司
厦门诚达运通国际货运代理有限公司

（中国物流与采购联合会行业事务部）

2019 年“中国物流实验基地”名单

山东省金乡县鲁西南商贸物流区
山东雅利安供应链管理有限公司
福建中闽物流有限公司
济南振宇物流有限公司
宁夏新华百货现代物流有限公司
百色百矿物流有限公司
湖南衡缘物流园

（中国物流与采购联合会行业事务部）

2019 年中国物流与采购联合会科学技术奖获奖项目主要完成单位及完成人名单

序号	奖种	等级	证书编号	项目编号	项目名称	主要完成单位	主要完成人
1	科技发明奖	二等奖	CFLP－2019－01－02－01	A0022	新石器无人车	新石器慧通(北京)科技有限公司 、北京车和家信息技术有限公司	余恩源、杨哲、王猛、曾文达
2	科技发明奖	三等奖	CFLP－2019－01－03－01	A0043	基于 RFID 的超高频识别双向通道机	北京信息科技大学	胡涵清、李洁
3	科技发明奖	三等奖	CFLP－2019－01－03－02	A0234	食品冷链用软包材	天津冰利蓄冷科技有限公司、天津瀛德冷链技术有限公司	屈泽、李庆山、赵志强、屈晓亮、金真、刘吉舟
4	科技发明奖	三等奖	CFLP－2019－01－03－03	A0189	物流大数据无线传输与云存储安全技术研究	南京邮电大学、南京航空航天大学	孙知信、孟超、骆冰清、郑洪源、宫婧

续 表

序号	奖种	等级	证书编号	项目编号	项目名称	主要完成单位	主要完成人
5	科技发明奖	三等奖	CFLP－2019－01–03–04	A0191	集装箱吊具精准定位系统及装置	淮阴工学院、淮安市京杭物流有限公司、淮安市现代物流学会	范钦满、孙新国、吴亚超、潘俊、庞进亮、梁坤、刘长平
6	科技发明奖	三等奖	CFLP－2019－01–03–05	A0044	模块化拼接式塑料托盘	山东环科塑料有限公司	刘思斌、刘宗威、韩元翠
7	科技进步奖	一等奖	CFLP－2019－02–01–01	A0108	菜鸟数字供应链大脑关键技术与应用	浙江菜鸟供应链管理有限公司	丁宏伟、孙建、裘民民、张璟珏、无问、毕江华、朱永亮、陈征、梁思苗、陈银萍、陈叶芬
8	科技进步奖	一等奖	CFLP－2019－02–01–02	A0243	电子商务基础信息设施技术及应用	清华大学、复旦大学、深圳市众信电子商务交易保障促进中心、北京众签科技有限公司、北京东港瑞宏科技有限公司、慧泽商通（北京）科技有限公司	柴跃廷、于潇、刘义、李银胜、杜佳、廖逸、刘宏、杨泽涛、张安廷
9	科技进步奖	一等奖	CFLP－2019－02–01–03	A0287	顺丰数据灯塔	顺丰科技有限公司	姚小龙、刘航、肖雪峰、陈晓文、周海丽、王桥、蒋志明、成婧怡、周坤、曹杨、韩晓玉
10	科技进步奖	一等奖	CFLP－2019－02–01–04	A0052	苏宁物流共享服务云平台	江苏苏宁物流有限公司、苏宁科技集团	王涛、薛寅光、来彬彬、蒋天翔、王根村、季存阳、徐伟伟、韩非、张彬

续 表

序号	奖种	等级	证书编号	项目编号	项目名称	主要完成单位	主要完成人
11	科技进步奖	一等奖	CFLP－2019－02－01－05	A0231	室内自主物料搬运系统和平台	北京京东乾石科技有限公司、北京京东尚科信息技术有限公司、天津京东深拓机器人科技有限公司	李玮、奚伟、王海鸣、马强、李学军、刘庆华、刘宗帅、刘臣、程辉、魏子航、丁聪
12	科技进步奖	一等奖	CFLP－2019－02－01－06	B0101	超大型物流枢纽和智能分拣中心综合物流效率模拟仿真技术	北京交通大学、顺丰速运有限公司	施先亮、黄安强、兰洪杰、冯晓平、鲁晓春、易华、黄振宇、梁益政、路勋、华国伟、张菊亮
13	科技进步奖	一等奖	CFLP－2019－02－01－07	A0305	基于嵌入式风控技术采购精益管理——集中化、专业化的构建和应用	中国移动通信集团湖南有限公司、上海博科资讯股份有限公司	张坤、唐勇、金毅、夏李灿、纪德桂、尹剑锋、胡剑炜、邓建林
14	科技进步奖	一等奖	CFLP－2019－02－01－08	A0137	海晨物流电子产业智慧物流平台	江苏海晨物流股份有限公司	梁晨、冯后保、刘嘉、李清华
15	科技进步奖	一等奖	CFLP－2019－02－01－09	A0158	废橡胶低温和精准调温力化学再生关键技术及连续化成套装备	青岛科技大学、莒县东盛橡胶有限公司、天宇（山东）橡塑制品有限公司	汪传生、郭磊、刘海超、王京东、张德伟、张续韬、沈波、边慧光、李绍明
16	科技进步奖	一等奖	CFLP－2019－02－01－10	A0198	基于互联网技术和智能硬件技术的汽车物流全链路运输管理协同平台	重庆长安民生物流股份有限公司	谢世康、石井岗、廖家华、叶心如、郅玉文、章静、刘维维、肖贤良、张志晖、彭良浩

续 表

序号	奖种	等级	证书编号	项目编号	项目名称	主要完成单位	主要完成人
17	科技进步奖	一等奖	CFLP－2019－02–01–11	A0308	供应链深度协同与服务平台互联体系建设	中国移动通信集团浙江有限公司、上海博科资讯股份有限公司、普德施（杭州）科技有限公司	王顶、祝瑾华、张征久、陈祖寿、汤劲松、宋赛、黄玮、周静玲、杨艳、项洪波、邓明旺
18	科技进步奖	一等奖	CFLP－2019－02–01–12	B0090	面向静脉产业园的逆向物流网络智能管理体系研究	北京智人天下科技有限公司、北京国商物流有限公司、武汉理工大学	荀卫、杨青、刘星星、何刚、薛军、吴昆、任希、黎兰豪崎、吴喜雁、夏向阳、李进旺
19	科技进步奖	一等奖	CFLP－2019－02–01–13	A0111	基于追溯的智慧供应链协同管控系统	北京交通大学、北京航空航天大学、北京天一高科科技有限公司、北京网路畅想科技发展有限公司、南京万信方达信息科技有限公司、泸州老窖集团有限公司、江苏智信追溯研究院	张润彤、郭炳晖、李锦松、朱晓敏、王树敏、高海伟、斯家华、张铎、栾静、巩思茜、尚小溥
20	科技进步奖	一等奖	CFLP－2019－02–01–14	A0205	B2B+B2C 融合的高密度自动化智能存储方案	中国移动通信集团终端有限公司、中国移动通信集团重庆有限公司、北京科捷物流有限公司	张朝晖、薛君、龚志锋、刘庆华、郝斌、刘秀章、贺辰然、阮婷婷、李恬恬、孟明明、石超
21	科技进步奖	一等奖	CFLP－2019－02–01–15	A0106	基于平台经济的成都卷烟现代营销体系构建	四川省烟草公司成都市公司、西南科技大学、成都诚至诚商务物流有限责任公司	尹健康、贺红梅、陈玉芳、刘宁、杨方燕、陈奕江、胡泉友、胡晓峰、洪海舟、张林、朱绍虎

续　表

序号	奖种	等级	证书编号	项目编号	项目名称	主要完成单位	主要完成人
22	科技进步奖	一等奖	CFLP－2019－02-01-16	A0136	基于循环利用的智慧逆向物流实验平台的研发与应用	上海第二工业大学、上海大学、云丰国际物流（上海）有限公司、上海东福网络科技有限公司、灼石链（北京）科技有限公司	郝皓、林慧丹、镇璐、张继、孙亦辰、董彬、周艳军、黄敏、彭爱华、吕双慧、朱琦
23	科技进步奖	一等奖	CFLP－2019－02-01-17	A0302	基于立体交互框架下的供应链网络研究与应用	中国移动通信集团四川有限公司、深圳市兆航物流有限公司	谭平、白庆、赵磊、田元元、王静、刁溯、肖震、刘曼婷、董家君、李珂、许海峰
24	科技进步奖	一等奖	CFLP－2019－02-01-18	B0029	大规模定制化物流服务模式下物流服务供应链调度理论与方法	天津大学管理与经济学部、国家发展改革委经济运行调节局	刘伟华、刘希龙、杨怡、徐海涛、梁志成、王倩、赵璇
25	科技进步奖	一等奖	CFLP－2019－02-01-19	A0144	超高层建筑模架智能物流协同平台关键技术研究与应用	西安工业大学、泰博混凝土模板与支撑（陕西）有限公司、西安云端工程科技有限公司、北京安德固脚手架工程有限公司、中建七局第四建筑有限公司、江苏揽月工程科技发展股份有限公司、陕西泰博智能化建筑工程系统有限公司	曾凡奎、张健华、翟国政、郭君、侯永强、张志明、李亮、马晓溪、何晖、李耀荣、查志宏

续 表

序号	奖种	等级	证书编号	项目编号	项目名称	主要完成单位	主要完成人
26	科技进步奖	一等奖	CFLP－2019－02-01-20	A0307	基于大数据精准匹配技术的应急物流运力调度系统	中储南京智慧物流科技有限公司、南京大学工程管理学院	李敬泉、刘云飞、袁米雪、黄雅文、王璇、徐扬、彭茵
27	科技进步奖	一等奖	CFLP－2019－02-01-21	A0311	基于大场景图像识别技术的电力物资无人化储检配体系建设与应用	江苏安方电力科技有限公司、国网泰州供电公司	郑建华、宋纪恩、郭伟、李珉、朱云山、罗拥军、丁伟、杨宏彬、曹马星、李泽郁、马进
28	科技进步奖	一等奖	CFLP－2019－02-01-22	A0058	以信息化平台构建物流集中化管理体系	中国移动通信集团河北有限公司、深圳市兆航物流有限公司	程叶、蔡梅、张倩、赵亚雄、李金宝、李丽娟
29	科技进步奖	一等奖	CFLP－2019－02-01-23	A0075	基于信息化的通信产品检测与全生命周期管控供应链协同体系建设	中国移动通信集团陕西有限公司、中国移动通信集团新疆有限公司、江苏中博通信有限公司	柴娅彤、申民、付宇辉、王建伟、杨雄涛、程建宁、范璐、贾瑞君、于丁、蒋震、亓清华
30	科技进步奖	一等奖	CFLP－2019－02-01-24	A0304	基于人工智能的生鲜冷链供应链协同技术研究与应用	宁波工程学院、杭州龙田供应管理有限公司、象山现代物流园区发展有限公司、上海乐龙人工智能软件有限公司、宁波物流产业产学研技术创新战略联盟	唐连生、姚丽娜、唐新贵、刘铁莉、郑飞、翁学成、吴格日乐吐、乔雯、谢行恒

续 表

序号	奖种	等级	证书编号	项目编号	项目名称	主要完成单位	主要完成人
31	科技进步奖	一等奖	CFLP－2019－02-01-25	A0228	链上签：基于区块链的可信物流单据服务平台	北京京东振世信息技术有限公司、北京京东尚科信息技术有限公司	者文明、丛庆、杨文锋、杨伦、马奔、谢瑞、周民荣、曾李发、常向利、阮文君、苗延超
32	科技进步奖	一等奖	CFLP－2019－02-01-26	A0314	基于物联网技术的物流智慧供应链服务平台建设	中国电信股份有限公司广东分公司、中捷通信有限公司	汤艾军、韩明、黄广超、程慧坤、鲍薇、李多、潘清华、魏鑫军、周素华、陈少青
33	科技进步奖	一等奖	CFLP－2019－02-01-27	A0303	跨境电商物流关键技术研究及物流生态系统建设	宁波工程学院、浙江万里学院、宁波海空网企业服务有限公司、宁波国际物流发展股份有限公司、宁波市空运行业协会、宁波物流产业产学研技术创新战略联盟	朱占峰、朱一青、王波、贾春梅、冯玉强、汪保、陆玥、邵颖芳、许燕、李玲、王莹
34	科技进步奖	一等奖	CFLP－2019－02-01-28	A0310	“三转”新形势下，打造精准一体化供应链监督体系	中国移动通信集团湖北有限公司、上海博科资讯股份有限公司、中国移动通信集团设计院有限公司	方树垠、何立刚、韩军、万斌峰、曾芳、尹燕、陈晓洁、方莉、刘丽丽、杜丽洁、谌傲

续 表

序号	奖种	等级	证书编号	项目编号	项目名称	主要完成单位	主要完成人
35	科技进步奖	一等奖	CFLP－2019－02－01－29	A0300	支撑我国现代物流和电子商务发展的标准体系架构及关键标准研发成果	北京交通大学、中国物流与采购联合会、中国标准化研究院、北京科技大学、交通运输部公路科学研究院、中国仓储与配送协会、北京国邮科讯发展有限责任公司、国富通信息技术发展有限公司	崔忠付、李红梅、王沛、曾毅、唐英、张会娜、李燕、冯立虎、丁强、张晓东、曹俐莉
36	科技进步奖	一等奖	CFLP－2019－02－01－30	A0313	基于“五化”的供应链运营体系研究与应用	中国移动通信集团安徽有限公司采购物流部、中捷通信有限公司	荣勇、王蕾、张瑀、韦巍、屈绍峰、蒲亚平、金小川、马昌荣、潘清华、魏鑫军、周素华
37	科技进步奖	一等奖	CFLP－2019－02－01－31	A0230	物流园区装备服役性能保障关键技术研发及应用	北京建筑大学、太原理工大学、北京印刷学院	杨建伟、姚德臣、李欣、寇子明、窦水海、王金海、张骄、王传涛、化凤芳、朱磊、杨荣
38	科技进步奖	一等奖	CFLP－2019－02－01－32	A0298	鹏鸟“最后一公里”物流运营管理平台	村鸟网络科技有限责任公司	赵宏、姬国清、朱玲、张少婷、王舟、许爱永、熊国星、邱舰
39	科技进步奖	一等奖	CFLP－2019－02－01－33	A0011	面向采购知识场景标准化服务体系的搭建与应用	中国移动通信集团陕西有限公司、上海博科资讯股份有限公司	柴娅彤、申民、王建伟、李丽洁、常静、童芳芳、田琛、李莉萍、陈兵、霍庆霄、高征

续 表

序号	奖种	等级	证书编号	项目编号	项目名称	主要完成单位	主要完成人
40	科技进步奖	一等奖	CFLP－2019－02-01-34	B0061	基于安全便利的危险货物道路运输关键技术研究及应用	交通运输部公路科学研究院、交通运输部科学研究院	张国胜、彭建华、任春晓、张会娜、范文姬、周炜、刘宏利、杜林森、姜慧夫、晋杰、车霄宇
41	科技进步奖	二等奖	CFLP－2019－02-02-01	A0039	特大型煤炭港口智慧物流系统集成与创新	河北港口集团有限公司	曹子玉、杨文胜、侯贵宾、贾婷、赵谓博、杨鹏南、徐恒、张冬梅、牛辰、白跃辉、韩丽
42	科技进步奖	二等奖	CFLP－2019－02-02-02	A0269	海康威视“千亿”安防产业智能制造基地	杭州海康机器人技术有限公司、杭州海康威视电子有限公司、杭州海康威视数字技术股份有限公司	吴永海、李生凯、朱可平、杨冠威、吴剑进、孔祥亮、袁宝成、强永洁
43	科技进步奖	二等奖	CFLP－2019－02-02-03	A0183	图书智能搬运关键技术研发及应用	北京印刷学院、北京建筑大学、福建新华图书发行有限公司、北京六部工坊科技有限公司	杜艳平、张媛、李宏峰、高振清、白堂博、徐国恩、刘群鹰、程明智、刘冠一
44	科技进步奖	二等奖	CFLP－2019－02-02-04	A0232	京东物流智能规划与运营系统	北京京东振世信息技术有限公司、北京京东尚科信息技术有限公司、北京京东世纪贸易有限公司	吴盛楠、武海龙、董红宇、张峰、顾佳婧、陈以衡、唐晶晶、杨细平、陈雪芳

续 表

序号	奖种	等级	证书编号	项目编号	项目名称	主要完成单位	主要完成人
45	科技进步奖	二等奖	CFLP－2019－02-02-05	A0147	集运物流仓储的全流程智能化行业解决方案的研究与应用	青岛盈智科技有限公司	李承涛、陈小二、王向阳、王营、薄帅、王正、于尚民、陈登虎、马海龙
46	科技进步奖	二等奖	CFLP－2019－02-02-06	A0067	中信梧桐港数字供应链综合服务平台	中信梧桐港供应链管理有限公司	李海月、苏磊、梁辉、朱大鹏、胡淑莉、郑炜、王奇、李硕、童望凉
47	科技进步奖	二等奖	CFLP－2019－02-02-07	A0007	多规格单元物料配送订单包件自动包装系统	云南财经大学、昆明腾威机电有限公司	冉文学、宋志兰、刘森、徐帮辉、王家鹏、马锐瑾、赵俊丽、李子悦、杨礼凡
48	科技进步奖	二等奖	CFLP－2019－02-02-08	A0233	京东物流物联网车联网应用平台项目	北京京东振世信息技术有限公司、北京京东世纪贸易有限公司	谢瑞、李志金、周民荣、李亚曼、宋晓昕、吴昱、姚古斌、邱健、王嘉宾
49	科技进步奖	二等奖	CFLP－2019－02-02-09	A0082	危险货物运输车辆碰撞事故主动防控	交通运输部公路科学研究院、东风商用车有限公司、河南护航实业股份有限公司、北京理工大学、北汽福田汽车股份有限公司	周炜、李文亮、曹琛、李阳、李臣、张长宇、刘智超、高金、许书权
50	科技进步奖	二等奖	CFLP－2019－02-02-10	A0129	中国铁路现代物流经营体系构建及应用	中国铁道科学研究院集团有限公司	刘启钢、周凌云、张晓东、李辰中、李博、叶飞、丁小东、李鹤、陈诚

续 表

序号	奖种	等级	证书编号	项目编号	项目名称	主要完成单位	主要完成人
51	科技进步奖	二等奖	CFLP－2019－02－02－11	A0049	基于地理信息技术的港航物流空间组织技术研究	宁波工程学院、中国科学院南京地理与湖泊研究所、宁波大学、宁波港船务货运代理有限公司、宁波市交通运输协会、宁波大赢家物流技术有限公司	傅海威、曹有挥、葛浩然、王任祥、梁双波、潘坤友、蒋自然、邵万清、梅川磊
52	科技进步奖	二等奖	CFLP－2019－02－02－12	A0099	面向大规模智能制造供应链的智慧质量管控关键技术研究及应用	重庆市质量和标准化研究院、中国科学院绿色智能技术研究院、重庆精耕企业管理咨询有限公司	陈震宇、黄东、杨涌、田伟、龙华、韩树文、范荣妹、唐飞、刘曙光
53	科技进步奖	二等奖	CFLP－2019－02－02－13	A0217	基于供应链视角的物流企业线路与仓储优化	临沂大学、武汉理工大学、山东金兰现代物流发展有限公司	李锋、傅尊伟、周建伟、李信利、马振明、陈伟、栾旭国、王聃、孙洪春
54	科技进步奖	二等奖	CFLP－2019－02－02－14	A0018	省际邮件处理中心柔性能力提升建设方案	邮政科学研究规划院	魏俊荣、孟硕、朱晓忠、仲岑泓、徐道程、李璐、韩松、钟谆谆、陈刚
55	科技进步奖	二等奖	CFLP－2019－02－02－15	A0281	圆形底座液体黏合剂储运 IBC 圆罐	大连中集特种物流装备有限公司、辽沈工业集团有限公司、辽宁省交通运输事业发展中心	回凤娜、李永哲、李维佳、周瑞峰、李志刚、李波、李泰华、王高青、贾佃精

续 表

序号	奖种	等级	证书编号	项目编号	项目名称	主要完成单位	主要完成人
56	科技进步奖	二等奖	CFLP－2019－02-02-16	A0242	巡检机器人	北京京东尚科信息技术有限公司、北京京东乾石科技有限公司	富源振、马国彪、张磊、邢玉明、阚常凯、燕迎春、邵连、郑杰、于明涛
57	科技进步奖	二等奖	CFLP－2019－02-02-17	A0112	面向道路交通环境的高级辅助驾驶系统关键技术装备研发与测评方法	交通运输部公路科学研究院、天津所托瑞安汽车科技有限公司	杜林森、周炜、刘宗刚、晋杰、张国胜、肖伟、刘智超、刘宏利、姜慧夫
58	科技进步奖	二等奖	CFLP－2019－02-02-18	A0086	具有防护涂层的液体危化品运输罐车	山东明珠专用汽车制造有限公司	杨伟昌、张鹏飞、姜兴顺
59	科技进步奖	二等奖	CFLP－2019－02-02-19	A0167	危险货物道路运输车辆“查验智库”开发应用项目	公安部道路交通安全研究中心、济南市公安局交警支队车辆管理所	舒强、周文辉、韩军庆、王艺帆、曾祥凯、尚健、马明月、周芬、赵光明
60	科技进步奖	二等奖	CFLP－2019－02-02-20	B0102	营运货车安全技术条件第1部分：载货汽车	交通运输部公路科学研究院、国家机动车质量监督检验中心（重庆）、北京中公高远汽车试验有限公司、重庆车辆检测研究院有限公司、国家汽车质量监督检验中心（襄阳）、长春汽车检测中心、济南汽车检测中心有限公司	董金松、张浩、张红卫、高博、宗成强、区传金、张学礼、李强、晋杰
61	科技进步奖	二等奖	CFLP－2019－02-02-21	A0120	新型智能化、轻量化、国际化LNG罐式集装箱	南通中集能源装备有限公司	周小翔、海航、吴霄婷、张云凯、沈卫东、蒋平安、雷体平、陈来生、金小龙

续 表

序号	奖种	等级	证书编号	项目编号	项目名称	主要完成单位	主要完成人
62	科技进步奖	二等奖	CFLP－2019－02－02－22	A0153	柴油机高效后处理系统关键技术及应用	潍柴动力股份有限公司、山东大学、无锡威孚环保催化剂有限公司、潍柴动力空气净化科技有限公司	王意宝、白书战、韩峰、王刚、张晓丽、张军、王东升、李建文、栗明
63	科技进步奖	二等奖	CFLP－2019－02－02－23	A0168	评标过程精益管控体系研究与应用	中国移动通信集团安徽有限公司、中国移动通信集团有限公司采购共享服务中心、国信招标集团股份有限公司	徐原、荣勇、郑宏、余力、陈善玉、许剑锋、龚力、李国军、王蕾
64	科技进步奖	二等奖	CFLP－2019－02－02－24	A0092	汽车生产物流 KIT 胶箱中小件的自动投料技术应用研究	风神物流有限公司	彭圆圆、罗春龙、游周易、张明月、陈超、刘永奇
65	科技进步奖	二等奖	CFLP－2019－02－02－25	A0274	“两客一危”车辆主动安全智能防控系统项目	江苏驭道数据科技有限公司、南京三宝科技股份有限公司	张颖、刘民、蒋学辉、马亚宁、周志兵、范胜
66	科技进步奖	二等奖	CFLP－2019－02－02－26	A0019	中国邮政省际邮件处理中心安检流程优化及设备配置	邮政科学研究规划院	魏俊荣、孟硕、朱晓忠、仲岑泓、李华、钟谆谆、岳恒昌、黄河山、韩松
67	科技进步奖	二等奖	CFLP－2019－02－02－27	A0159	发动机零部件智能物联系统建设及产业化	潍柴动力股份有限公司	谭磊、巨杨妮、崔佩羽、金钊、王德成、吴昊明、孙腾、姚学庆、于超

续 表

序号	奖种	等级	证书编号	项目编号	项目名称	主要完成单位	主要完成人
68	科技进步奖	二等奖	CFLP－2019－02-02-28	A0211	面向医药流通的机器人货到人拣选系统	国药物流有限责任公司、北京极智嘉科技有限公司、北京邮电大学	邵伟、李洪波、刘凯、沈沐、郑勇、翁迅、朱伟娜、安艳、李青锋
69	科技进步奖	二等奖	CFLP－2019－02-02-29	A0282	基于多层穿梭车式智能化密集仓储实验平台的研发与应用	安徽工商职业学院、湖南工业职业技术学院、东莞职业技术学院、云南财经大学、深圳市鑫海腾邦资讯科技有限公司、宜宾学院	范生万、窦志武、任志、高本河、颜汉军、胡建淼、邓云飞、杨煜舟、李平
70	科技进步奖	二等奖	CFLP－2019－02-02-30	A0207	中外运大宗商品综合物流管理系统	青岛中外运供应链管理有限公司	王玉忠、郑红军、徐文、李成光、李梅、陈一鸣
71	科技进步奖	二等奖	CFLP－2019－02-02-31	A0074	基于电子签章及电子影像识别技术的智慧化采购系统应用	中国移动通信集团重庆有限公司、成都信新数码科技有限公司	薛君、刘庆华、赵亮、宋渝、王毅、黄国强、张琳悦、费波、蒋明
72	科技进步奖	二等奖	CFLP－2019－02-02-32	A0088	智能物资统筹，构建品类长效管理机制	中国移动通信集团湖北有限公司、中国移动通信集团设计院有限公司、上海博科资讯股份有限公司	何立刚、韩军、万斌峰、万俊涛、白光辉、彭申夏、张扬眉、包瑞洪、方媛
73	科技进步奖	二等奖	CFLP－2019－02-02-33	B0098	国家货运体系总体框架与内容研究	交通运输部公路科学研究院	李思聪、李冉、焦雯雯、蔡翠、丁大川、高晓云、顾梦雨、宿硕、袁俊丽

续 表

序号	奖种	等级	证书编号	项目编号	项目名称	主要完成单位	主要完成人
74	科技进步奖	二等奖	CFLP－2019－02－02－34	A0021	物流园区安全智能监控系统关键技术研究与工程应用	青岛科技大学、青岛霖海智视信息科技有限公司、宜春学院	徐凌伟、李辉、王涵、张淑军、王传旭、崔雪红、刘云、施威、许灿辉
75	科技进步奖	二等奖	CFLP－2019－02－02－35	A0090	FedEx 联邦快递中国区转运中心	中国中元国际工程有限公司	赵习习、蒋清、施春燕、郝猷猷、滕永刚、徐红、樊红征、赵莹莹、侯娜
76	科技进步奖	二等奖	CFLP－2019－02－02－36	A0055	社区物流服务系统规划设计研究与应用	北京物资学院、北京中农富通园艺有限公司、北京信息科技大学	王成林、亓德明、王红军、刘宇、谷芸芸、徐燕、郝洪涛、郑颖、贾美慧
77	科技进步奖	二等奖	CFLP－2019－02－02－37	A0033	面向物流可视化的全息感知关键技术及应用	徐州工程学院	黄忠东、姜代红、代月明、党向盈、孙天凯、周宏生、李莹、赵忠戈
78	科技进步奖	二等奖	CFLP－2019－02－02－38	A0193	基于创新管理模式的汽车智慧物流仓储管理研究与应用	重庆长安民生物流股份有限公司	谢世康、石井岗、廖家华、叶心如、郅玉文、高翔、张前祎、魏芳龄
79	科技进步奖	二等奖	CFLP－2019－02－02－39	A0103	长输管道企业物资集成化管理智能信息平台的开发与应用	中国石油天然气股份有限公司西部管道分公司	曹子龙、许建超、张倩、王晔、王宝山、李远明、陈曦、李成标、孟魁
80	科技进步奖	二等奖	CFLP－2019－02－02－40	A0206	SIM 盾电子签名在智慧供应链运作中的应用	中国移动通信集团山东有限公司、中捷通信有限公司	刘松森、王文亮、韩佑臻、刘慈、满文倩、徐笑尘、潘清华、林云智、罗集峰

续 表

序号	奖种	等级	证书编号	项目编号	项目名称	主要完成单位	主要完成人
81	科技进步奖	二等奖	CFLP－2019－02–02–41	A0148	基于 AI 技术的主动感知仓储安全管理系统	中国移动通信集团甘肃有限公司、中国科学院近代物理研究所 CUDA 研究中心、深圳市兆航物流有限公司、深圳市驰通和信科技有限公司	赵建民、郭亮、肖建明、邴志桐、石青松、朵建峰、王梦珂、郑祝良、李佳佳
82	科技进步奖	二等奖	CFLP－2019－02–02–42	B0058	交通运输促进生产性服务业发展思路研究	交通运输部科学研究院	李彦林、张改平、董娜、华光、冯淑贞、王亚楠、关志勇、安然、王硕
83	科技进步奖	二等奖	CFLP－2019－02–02–43	A0012	基于物联网技术在物流管理中的深度应用探索	中国移动通信集团重庆有限公司	薛君、刘庆华、周冀、赵辰、刘博、何易、黄斌
84	科技进步奖	二等奖	CFLP－2019－02–02–44	B0006	河南省邮政业发展“十三五”规划研究	华北水利水电大学、河南省邮政管理局、河南省交通规划设计研究院股份有限公司	郭福利、赵冉、梁营力、时宗琦、王闪、李赛赛
85	科技进步奖	二等奖	CFLP－2019－02–02–45	A0047	数字经济背景下城市智慧配送供应链高质量运作系统及技术研究	宁波工程学院、哈尔滨工业大学、宁波康恩士传感技术有限公司、宁波天运国际物流有限公司、宁波亚集物流有限公司、宁波华顺永瑞国际物流有限公司、宁波物流产业产学研技术创新战略联盟	朱耿、程刚、闫森、郭跃、郭熙铜、虞凌宏、呼格吉勒、杨帆、章伟达

续 表

序号	奖种	等级	证书编号	项目编号	项目名称	主要完成单位	主要完成人
86	科技进步奖	二等奖	CFLP－2019－02－02－46	B0087	海洋经济战略下临港物流转型升级的路径创新与政策取向研究	浙江万里学院	李秋正、王琦峰、李肖钢、马燕强、陈彩祥、王绍卜、王路帮、吴桥、戴东生
87	科技进步奖	二等奖	CFLP－2019－02－02－47	A0024	基于精益管理的协同使用与系统集成的推广	中国移动通信集团吉林有限公司、深圳市兆航物流有限公司	曲锐锋、韦琦、杨育柏、金英浩、牟余鑫
88	科技进步奖	二等奖	CFLP－2019－02－02－48	B0020	“互联网+”背景下浙江省危化品物流政府监管模式创新与长效机制构建研究	浙江万里学院	王琦峰、黄永斌、赵娜、钟晓军、李肖钢、吴桥、周廉东、潘栋辉、孙海宁
89	科技进步奖	二等奖	CFLP－2019－02－02－49	A0031	基于地理围栏技术的物流模块化运输配送监控装置研究与应用	国网上海市电力公司物资公司、上海久隆企业管理咨询有限公司	牛凯、吕振辉、洪芳华、朱利军、葛长宏、费冬、虞振凌、蒋越、肖锋
90	科技进步奖	二等奖	CFLP－2019－02－02－50	A0010	基于企业微信的采购服务平台搭建与推广应用	中国移动通信集团陕西有限公司、中国移动通信集团陕西有限公司西安分公司	申民、程建宁、薛伟、薛烨、陆彬、唐向军、贾瑞君、任锦萍、王颖花
91	科技进步奖	二等奖	CFLP－2019－02－02－51	B0016	基于 O2O 的农畜产品冷链物流运作机理研究	徐州工程学院	何旭东、张中强、宋效红、张媛媛、赵然、张晶、孙颖、陈丰照
92	科技进步奖	二等奖	CFLP－2019－02－02－52	A0215	基于港口特色的智能网络货运平台	曹妃甸港物联科技有限公司	李进禄、张博、苑国栋、吕运龙、张颖、姚立彬、刘迎洁

续　表

序号	奖种	等级	证书编号	项目编号	项目名称	主要完成单位	主要完成人
93	科技进步奖	二等奖	CFLP－2019－02–02–53	A0356	军用装备保障数据资源建设	中国人民解放军空军勤务学院航材四站系	崔崇立、俞魁、何定养、倪彬、罗广旭、朱臣、余震、程鑫、张磊
94	科技进步奖	二等奖	CFLP－2019－02–02–54	A0138	德邻陆港智慧园区平台	德邻陆港（鞍山）有限责任公司	吴浩、张伟、于艳君、吴迪、于长远、宋扬、魏嘉临、赵天舒、尚金飞
95	科技进步奖	二等奖	CFLP－2019－02–02–55	B0088	产业链视角下我国物流企业发展的战略研究	临沂大学、武汉理工大学、山东金兰现代物流发展有限公司	卢中华、陈伟、王玉春、岳耀亮、张明、王聃、姚振波、潘桂荣、高文文
96	科技进步奖	二等奖	CFLP－2019－02–02–56	A0061	通信企业供应链协同的研究与实践	中国移动通信集团湖南有限公司、华为技术有限公司、深圳市兆航物流有限公司	张坤、唐勇、金毅、夏李灿、郑祝良、刘秀章、纪德桂、尹剑锋、胡剑炜
97	科技进步奖	二等奖	CFLP－2019－02–02–57	A0143	数字化构建行业专网的探索与实践	上海能运物流有限公司	杨瑛、陈佳伟、戴书珍、孟祥宇、徐忠云
98	科技进步奖	二等奖	CFLP－2019－02–02–58	A0142	德邻陆港物流公共服务平台	德邻陆港（鞍山）有限责任公司	杜延辉、杨雪峰、张蔚芳、王凯、朱荣涛、陈九旭、梁君、刘洋、王艺珊
99	科技进步奖	二等奖	CFLP－2019－02–02–59	A0262	安全、绿色、高效的多式联运一体化管理技术研究与应用	大连海事大学、大连因泰化工品物流有限公司、家通电子商务（大连）公司、大连楼兰科技股份有限公司	计明军、孙家庆、唐丽敏、祝慧灵、于丰杰、张洪朋、孙倩雯、谷峰、苍柏

续 表

序号	奖种	等级	证书编号	项目编号	项目名称	主要完成单位	主要完成人
100	科技进步奖	二等奖	CFLP－2019－02-02-60	A0222	基于人工智能的物流机器人研发与应用	湖南现代物流职业技术学院、浙江经济职业技术学院、深圳第二高级技工学校、清华大学深圳研究生院、江苏商贸职业学院、惠州城市职业学院、深圳若步智能科技有限公司	陈建华、姚文斌、郭伟、戚铭尧、张祎、张玲雅、顾明国、刘新全、梁乃锋
101	科技进步奖	二等奖	CFLP－2019－02-02-61	B0093	区域物流协同模式创新及应用研究	浙江万里学院、宁波富邦物流股份有限公司、浙江九龙国际物流有限公司	王艳玲、郑紫微、王鲸航、林建华、李立三
102	科技进步奖	二等奖	CFLP－2019－02-02-62	A0141	德邻陆港智慧云仓系统	德邻陆港（鞍山）有限责任公司	张丽莉、张安生、邵林、杨楠、王鹤、陈哲、马建鑫、关鹏、王丹彤
103	科技进步奖	二等奖	CFLP－2019－02-02-63	A0059	构建一体化协同供应管理体系	中国移动通信集团陕西有限公司	柴娅彤、申民、付宇辉、王建伟、杨雄涛、高利杰、严晓春、王敬之、段出颖
104	科技进步奖	二等奖	CFLP－2019－02-02-64	A0084	L4级智能化纯电动港口集装箱运输重卡研发及应用	中国重型汽车集团有限公司	徐伟刚、田磊、孙磊、朱宝黎、陈冲、赵玉超、陈伟、冯洋、孙凯
105	科技进步奖	二等奖	CFLP－2019－02-02-65	B0060	国家多式联运骨干网络建设思路与对策研究	交通运输部科学研究院	刘凌、杨勇、李彦林、王娟、王肖文、庞晓宇、白炜、赵辉、李玮

续 表

序号	奖种	等级	证书编号	项目编号	项目名称	主要完成单位	主要完成人
106	科技进步奖	二等奖	CFLP－2019－02–02–66	A0296	智能语音客服	圆通速递有限公司	谭书华、石丹丹、张俊、花曼、易芬
107	科技进步奖	二等奖	CFLP－2019－02–02–67	A0026	多种空间组合及报警等安全系统的城市物流车开发及应用	安徽江淮汽车集团股份有限公司	刘军、何敬梅、周列新、迟玉华、左印波、周懿、胡杰、金伟明、刘天伍
108	科技进步奖	二等奖	CFLP－2019－02–02–68	A0219	冷链物流平台设计建设方案	中国联合网络通信有限公司研究院	张云勇、钱蓓力、冯伟斌、张园、王炯、苏利普、许峰、闫丽娜
109	科技进步奖	二等奖	CFLP－2019－02–02–69	B0018	甩挂运输与多式联运规划管理关键技术及运用	北京航空航天大学、山东省交通运输厅	李红启、高洪涛、李嫣然、常馨玉、吕潭、张禄、袁俊丽、王博
110	科技进步奖	二等奖	CFLP－2019－02–02–70	A0156	运脉云化工（危险品）物流管理社区平台	广州嘉轼轩物联科技有限公司	杨臣、蔡延安、李晓慧、吴丹、黄俊浩、吴雪梅、张杰、廖麟筝、周婕
111	科技进步奖	二等奖	CFLP－2019－02–02–71	B0064	当前提高电力物资生产计划与控制有效措施分析	国网黑龙江省电力有限公司绥化供电公司变电运维工区	苏业超
112	科技进步奖	二等奖	CFLP－2019－02–02–72	A0277	基于精准数据还原与实时数据推演的车辆任务指派方案	顺丰科技有限公司	樊哲宇、李文军、许颖聪、陈斌辉、金晶、周英云、刘国岭

续　表

序号	奖种	等级	证书编号	项目编号	项目名称	主要完成单位	主要完成人
113	科技进步奖	二等奖	CFLP－2019－02－02－73	A0040	基于两化融合思想的智慧化物流技术在汽车产前零部件物流领域的应用	长春一汽国际物流有限公司	贾科、祁国华、王欢、李帅、武红、姜军、张时润、张义、刘佳
114	科技进步奖	二等奖	CFLP－2019－02－02－74	A0032	基于“大、云、物、移”技术的端到端供应链统一物资调配模式研究	国网上海市电力公司物资公司	洪芳华、施鸣达、顾逸峰、朱思达、林燕云、朱炯、郭秋实、徐丽、肖锋
115	科技进步奖	三等奖	CFLP－2019－02－03－01	A0278	基于混合整数规划和启发式算法的多层级同城高速网络方案	顺丰科技有限公司	李珂、雷紫霖、张骞丹、金晶、刘凇瑞、黄一潇、朱光远
116	科技进步奖	三等奖	CFLP－2019－02－03－02	A0259	模块式摆轮分拣机	科捷智能装备有限公司	孙旭、刘鹏、唐兵
117	科技进步奖	三等奖	CFLP－2019－02－03－03	A0246	争渡物流城市共同配送平台	长沙争渡网络科技有限公司	郭钺、孙浩、方樱花、邹序文、刘月凤、石宇东、龙露
118	科技进步奖	三等奖	CFLP－2019－02－03－04	A0227	京东物流 GIS 智能装车分单系统	北京京东振世信息技术有限公司、北京京东尚科信息技术有限公司	王梓晨、白鑫、郭雪亮、吴瑨、者文明、李司钤
119	科技进步奖	三等奖	CFLP－2019－02－03－05	A0212	产业链背景下智慧物流信息平台的设计与建设	临沂大学、武汉理工大学	高希龙、王聃、岳耀亮、陈伟、姚振波、李信利、王玉春

续 表

序号	奖种	等级	证书编号	项目编号	项目名称	主要完成单位	主要完成人
120	科技进步奖	三等奖	CFLP－2019－02-03-06	A0077	高效率航空食品自动化立体仓储管理及作业调度和设备监控系统	兰州交通大学、广州南联航空食品有限公司	马殷元、雷斌、孟建军、王焕民、齐金平、胥如迅、王文杰
121	科技进步奖	三等奖	CFLP－2019－02-03-07	B0055	中国跨境电商保税仓物流服务质量研究	浙江万里学院	孙琪、王钰祥、孙靖
122	科技进步奖	三等奖	CFLP－2019－02-03-08	A0268	圆通动态五面 DWS 项目	杭州海康机器人技术有限公司	张文聪、王川艳、吕郁文、曲亚楠、康暾暾
123	科技进步奖	三等奖	CFLP－2019－02-03-09	A0169	汽车零部件物流可循环包装共享的动态模型研究	武汉东本储运有限公司、华中科技大学	蒋晖、王琳、徐贤浩、巴清、刘安琦、刘玲、石璐璐
124	科技进步奖	三等奖	CFLP－2019－02-03-10	A0089	大型枢纽机场智能化五级安检行李处理系统研发	昆明船舶设备集团有限公司、昆明昆船逻根机场系统有限公司、云南昆船电子设备有限公司	谢军华、王崇杰、罗俊斌、吴刚、甘丽琴、曾学、普永金
125	科技进步奖	三等奖	CFLP－2019－02-03-11	A0096	高速密集存储系统研究与开发应用	昆明昆船物流信息产业有限公司	闵定勇、丁兴、邹海林、王响雷、许华、刘强、高晟
126	科技进步奖	三等奖	CFLP－2019－02-03-12	A0161	北京外运宜家配送智能调度算法项目	中国外运股份有限公司	孙利强、邓承志、王珊、王轩、高代轩、孙浩、刘立春
127	科技进步奖	三等奖	CFLP－2019－02-03-13	A0163	危险化学品道路运输风险评价、预警及应急技术研究	江苏警官学院	卜全民、杨萌萌、马加民、杨世伟、钱汉伟、黄超、殷磊
128	科技进步奖	三等奖	CFLP－2019－02-03-14	A0170	快件处理场所设计指南	中国标准化研究院、北京城市系统工程研究中心	曾毅、曹俐莉、王立、赵鹏霞、靳宗振、程永红、侯非

续 表

序号	奖种	等级	证书编号	项目编号	项目名称	主要完成单位	主要完成人
129	科技进步奖	三等奖	CFLP－2019－02－03－15	A0251	智通三千物联信息服务平台	江苏零浩网络科技有限公司	蒋明辉
130	科技进步奖	三等奖	CFLP－2019－02－03－16	A0115	一汽物流智慧安全园区建设项目	一汽物流有限公司	李智昊、祁英、高跃峰、位鹏、及盛永
131	科技进步奖	三等奖	CFLP－2019－02－03－17	A0299	货速运物联网平台	万和通物流有限公司	张丽、孙庆金、明哲
132	科技进步奖	三等奖	CFLP－2019－02－03－18	B0097	大数据驱动的复杂单件产品生产运行模式与决策方法研究	湖北汽车工业学院	何波、殷旅江、杨立君、王江华、付雅琴、王欢、贾静
133	科技进步奖	三等奖	CFLP－2019－02－03－19	B0053	道路运输车辆综合性能检验与技术等级评定	交通运输部公路科学研究院	仝晓平、刘元鹏、张浩、区传金、宗成强、王平、孟秋
134	科技进步奖	三等奖	CFLP－2019－02－03－20	B0030	供给侧结构性改革视阈下跨境电商物流服务优化研究	广东交通职业技术学院	李旭东、廖毅芳、李淑艳、王龙、刘如意、钱晓如、任蕊
135	科技进步奖	三等奖	CFLP－2019－02－03－21	A0076	专业危险货物场站安全生产管理信息化管理体系	大连集发南岸国际物流有限公司	章冬岩、唐传斌、庞德群、强雷、迟玉章、连世聪
136	科技进步奖	三等奖	CFLP－2019－02－03－22	B0077	军民融合物流理论与应用研究	陆军勤务学院军事物流系	王丰、安建勇、姜玉宏、汪贻生、刘洪娟、郭立卿、林勇

续 表

序号	奖种	等级	证书编号	项目编号	项目名称	主要完成单位	主要完成人
137	科技进步奖	三等奖	CFLP－2019－02-03-23	A0190	细标一体卷烟智能高速分拣系统	普天物流技术有限公司	李子毅、黄国厚、李国波、钟士赢、许伟佳、陈华、赵鹏飞
138	科技进步奖	三等奖	CFLP－2019－02-03-24	A0078	政府涉密采购管理制度研究——安全价值和物有所值的博弈和均衡	中国标准化研究院	尹彦、张晓瑞、冯永琴、曾凌云、李文昭、刘乐、宋黎
139	科技进步奖	三等奖	CFLP－2019－02-03-25	B0083	水上突发事件应急资源配置优化与仿真	武汉理工大学、贵州财经大学	杨家其、赵光辉、涂敏、刘清、王海燕、王丽铮、张文芬
140	科技进步奖	三等奖	CFLP－2019－02-03-26	A0301	建筑废土砂石综合管控平台	厦门卫星定位应用股份有限公司	赖增伟、江培舟、苏敏咸、罗明生、许尚能、李志扬、林建勋
141	科技进步奖	三等奖	CFLP－2019－02-03-27	A0240	北京宇卫科技有限公司“SCMsafe 链四方”涉药物流质量风控平台	北京宇卫科技有限公司	王维康、王霖岩、李诺哲
142	科技进步奖	三等奖	CFLP－2019－02-03-28	A0016	中国邮政寄递网省级核心节点信息中心建设优化方案	邮政科学研究规划院	辛琪、马雪鹏、钟谆谆、何阳、陈刚、李强、韩晴晴
143	科技进步奖	三等奖	CFLP－2019－02-03-29	B0047	汽车备件（西南区域）运输和配送网络优化研究	成都富晟新悦物流有限公司	李强、吴思宏、高嵩山、闫奎

续 表

序号	奖种	等级	证书编号	项目编号	项目名称	主要完成单位	主要完成人
144	科技进步奖	三等奖	CFLP－2019－02-03-30	B0085	道路客货运输驾驶员素质教育知识体系与教材研究及应用	交通运输部公路科学研究院、江苏省交通运输厅运输管理局、安徽省道路运输管理局、北京中公高远汽车试验有限公司、人民交通出版社股份有限公司	曾诚、蔡凤田、吴初娜、孟兴凯、顾敏、施溢源、赵侃
145	科技进步奖	三等奖	CFLP－2019－02-03-31	A0118	“互联网+”农产品现代物流供应关键技术研究	广州城建职业学院	劳健、王媚莎、李灿彬、邱漠河、袁仁喜
146	科技进步奖	三等奖	CFLP－2019－02-03-32	A0196	西藏医药冷链物流	国药西藏医药有限公司	周春林、史云龙、冯刚、张智凯、周挺、江松涛
147	科技进步奖	三等奖	CFLP－2019－02-03-33	A0213	面向大票零担物流的智能调度与服务关键技术研究与应用	浙江专线宝网阔物联科技有限公司、浙江工商大学	戚晓明、琚春华、鲍福光、杨军、李芳超、吴功兴
148	科技进步奖	三等奖	CFLP－2019－02-03-34	B0100	“一带一路”甘肃黄金段通道物流发展战略规划研究	兰州交通大学、甘肃省物流与信息技术研究院	王久梗、闫军、向万里、胡永宁、韩燕、钱晓东、王雪薇
149	科技进步奖	三等奖	CFLP－2019－02-03-35	A0160	基于 RFID 纸滑托盘在卷烟工商联运中的应用	龙岩烟草工业有限责任公司	林郁、吴少军、黄维新、苏振东、李政敏、郭天文、黄许立
150	科技进步奖	三等奖	CFLP－2019－02-03-36	A0045	“云上营家”供应链平台	云南建投物流有限公司	蒋兴祥、张大林、杨庆、赵军、徐鹏、宁志军、廖丽仙

续 表

序号	奖种	等级	证书编号	项目编号	项目名称	主要完成单位	主要完成人
151	科技进步奖	三等奖	CFLP－2019－02–03–37	A0110	即时物流时空数据建设与智能调度升级关键技术研发与应用	浙江仟和网络科技有限公司	赵剑锋、谢新宇、堵成杰、常征、胡睿、白森、吴纲维
152	科技进步奖	三等奖	CFLP－2019－02–03–38	A0125	舰船、岛礁食品安全保障的可移动气调保鲜集装箱	中天瀚森（天津）科技发展有限公司	苏莹、程步军、尹敬诚
153	科技进步奖	三等奖	CFLP－2019－02–03–39	B0076	军事供应链复杂系统涌现的对偶路径研究	海军勤务学院	蒋丽华、王洪达、胡平、师新强
154	科技进步奖	三等奖	CFLP－2019－02–03–40	A0197	安盛船务智能管理平台	泉州安盛船务有限公司	郭东圣、王海源、吴勇进、洪建荣、刘焕阳
155	科技进步奖	三等奖	CFLP－2019－02–03–41	A0250	大宗商品供应链管理与服务集成创新平台	西安交通大学、陕西卡一车物流科技有限公司	冯耕中、张益铭、刘祺、郭庆源、徐金鹏、田坤、赵东月
156	科技进步奖	三等奖	CFLP－2019－02–03–42	A0273	基于智能数据校验与逻辑审核的进出口通关系统	苏州工业园区报关有限公司	吴祥、张勇
157	科技进步奖	三等奖	CFLP－2019－02–03–43	A0113	基于滑托盘为载体的工商企业卷烟整托盘联运研究及应用	福建中烟工业有限责任公司、中国烟草总公司福建省公司、中烟商务物流有限公司	范建治、郑小超、郑成大、黄建平、张志锋、卢元哲、李政敏
158	科技进步奖	三等奖	CFLP－2019－02–03–44	A0178	电商包裹封装用工作平台	湖南现代物流职业技术学院、长沙搜购进出口贸易有限公司	龚芳、戴蓉、李一辉、刘香丽

续 表

序号	奖种	等级	证书编号	项目编号	项目名称	主要完成单位	主要完成人
159	科技进步奖	三等奖	CFLP－2019－02-03-45	A0253	物流源电子回单货物智能追踪签收设备	上海南软信息科技有限公司、湖南南软信息科技有限公司	徐荣翔、郭红亮、黄伟、王璨、张威、张琛、谈恒
160	科技进步奖	三等奖	CFLP－2019－02-03-46	B0017	集装箱港口的生产与管理	大连大学	鲁渤、汪寿阳、刘晓冰、张令荣
161	科技进步奖	三等奖	CFLP－2019－02-03-47	A0134	运盟集运平台	圆通全球集运有限公司、圆通速递有限公司	葛程捷、易超、杨润华、任美慧、姜晓宇、韦巧玉、袁福振
162	科技进步奖	三等奖	CFLP－2019－02-03-48	B0095	CDP在国内电子商务包裹交付中的应用研究	安庆师范大学	徐俊杰、李亦亮、姜凌、黄先军、洪亮
163	科技进步奖	三等奖	CFLP－2019－02-03-49	A0065	一种新型牵引式AGV自动脱挂装置的设计与研究	郑州风神物流有限公司	王庆超、丁少杰、赵梨雪、丁晓龙
164	科技进步奖	三等奖	CFLP－2019－02-03-50	B0082	日本物流	北京物资学院	姜旭
165	科技进步奖	三等奖	CFLP－2019－02-03-51	B0034	商务部流通行业标准《预拌混凝土物流管理规范》制定及其应用研究	中国建材检验认证集团股份有限公司、河南省散装水泥管理办公室、三一重工股份有限公司、芜湖海螺投资有限公司、洛阳海中环保科技有限责任公司	陈璐、张雪中、王养正、刘飞、王雪、李晓洁、赵敦

续　表

序号	奖种	等级	证书编号	项目编号	项目名称	主要完成单位	主要完成人
166	科技进步奖	三等奖	CFLP－2019－02－03－52	A0087	智能线路编排系统	南京长安民生住久物流有限公司	曹锐、邱云、毛德寿、张瑞
167	科技进步奖	三等奖	CFLP－2019－02－03－53	A0272	中国中铁采购电子商务平台	中铁物贸集团有限公司、鲁班（北京）电子商务科技有限公司	房灵国、张宇超、王新建、任毅、刘鸿鹏、田朝辉、李凯
168	科技进步奖	三等奖	CFLP－2019－02－03－54	A0290	全过程信息集成的汽车自动化智能装备	湖北国瑞智能装备股份有限公司、湖北汽车工业学院	王科学、谢习斌、张红亮、胡明茂、陈鑫、廖子文、田省洋
169	科技进步奖	三等奖	CFLP－2019－02－03－55	A0306	安全检查系统	北京华力兴科技发展有限责任公司	丁海涛、卢荣涛、丁瑞
170	科技进步奖	三等奖	CFLP－2019－02－03－56	A0266	“互联网+”与供应链物流的智能融合	广西中烟工业有限责任公司、中国烟草总公司职工进修学院	赵冰、任海艳、胡红春、李江宁、袁奕、陈棠富、谭文琦
171	科技进步奖	三等奖	CFLP－2019－02－03－57	A0173	智慧物流循环取货	青岛中车四方车辆物流有限公司	宫宝琦、夏一平、王顺、吕自超、唐君、朱振鹏、李冠华
172	科技进步奖	三等奖	CFLP－2019－02－03－58	A0063	智能拆垛装车机器人系统关键技术及应用	山东省科学院自动化研究所	李倩、赵永国、朱琳、张艳芳、吴昊、闫九祥、刘广亮
173	科技进步奖	三等奖	CFLP－2019－02－03－59	A0283	SUV专用多式联运汽车运输架	大连中集特种物流装备有限公司	纪宇博、代海岩、张晓军、宋兆春、刘东海、雷炎祥、万里新

续　表

序号	奖种	等级	证书编号	项目编号	项目名称	主要完成单位	主要完成人
174	科技进步奖	三等奖	CFLP－2019－02-03-60	A0210	专线联合云平台	百城同配有限公司、江西正广通供应链管理有限公司	吴鹏、郭梁、郑剑辉、李启雄、杨文华、丁兵、郑国军
175	科技进步奖	三等奖	CFLP－2019－02-03-61	A0187	医药流通企业集成化智能物流系统的研发与应用	兰剑智能科技股份有限公司	吴耀华、张小艺、蒋霞、沈长鹏、刘鹏、张贻弓
176	科技进步奖	三等奖	CFLP－2019－02-03-62	A0181	物流运输车系列化防爆免充气轮胎关键技术研发	江苏江昕轮胎有限公司	王明江、段玉岗、杨万泰、汪若尘、王峰、卢猛、冯旭
177	科技进步奖	三等奖	CFLP－2019－02-03-63	B0022	海洋经济可持续发展下区域港口战略协同模式与机制研究	浙江万里学院、梅山保税港区管委会、浙江纺织服装职业技术学院	赵娜、陈利科、支晓艳、潘栋辉
178	科技进步奖	三等奖	CFLP－2019－02-03-64	A0100	传化大千物联网平台	浙江数链科技有限公司	代荣华、张永强、卢皓、陶玉锋、田仲达、黄建金、冯昌鑫
179	科技进步奖	三等奖	CFLP－2019－02-03-65	A0008	基于多组织协同物资供应链管理关键技术研究与应用	安徽建工集团控股有限公司	吴红星、郑啸、戴良军、方木云、张键、巢良存、章龙
180	科技进步奖	三等奖	CFLP－2019－02-03-66	A0275	一种可降解防伪快递包装袋生产技术集成示范	广东天元实业集团股份有限公司、中山精诚物流科技有限公司、浙江天之元物流科技有限公司、河北普令特印刷有限公司	陈楚鑫、周孝伟、何祖兵、幸勇、杨原智、席宏伟、胡菊芬

续 表

序号	奖种	等级	证书编号	项目编号	项目名称	主要完成单位	主要完成人
181	科技进步奖	三等奖	CFLP－2019－02–03–67	A0166	长久物流位置服务平台项目	北京长久物流股份有限公司	于尊祥、侯兵兵、李妹玲、王全义、刘昆、李凯、闫敏
182	科技进步奖	三等奖	CFLP－2019－02–03–68	B0057	关系稳定性、联盟绩效与跨境农产品供应链优化:以广西—东盟为例	北部湾大学	隋博文
183	科技进步奖	三等奖	CFLP－2019－02–03–69	B0086	不确定环境下城市生活垃圾收运干扰管理研究	上海电机学院、上海理工大学	马慧民、符俊波、张爽、雷悦、王瑞明、罗长见、李可
184	科技进步奖	三等奖	CFLP－2019－02–03–70	B0071	烟草物流精益管理“1245 船形工作法”	中国烟草总公司河南省公司、河南省烟草公司许昌市公司	张国华、李剑秋、杨宇、杨旭初、王楠、李灵玉、赵安飞
185	科技进步奖	三等奖	CFLP－2019－02–03–71	A0025	新骏铃 V9 系列中型载货汽车	安徽江淮汽车集团股份有限公司	樊振兴、唐赓、刘诚、李正胜、苏杰、党菲、刘朋朋
186	科技进步奖	三等奖	CFLP－2019－02–03–72	A0263	美团超脑即时配送系统	上海三快智送科技有限公司	孙致钊、郝井华、何仁清、王圣尧
187	科技进步奖	三等奖	CFLP－2019－02–03–73	A0261	场站智能管理系统	中创物流股份有限公司	李承涛、薄帅、张超
188	科技进步奖	三等奖	CFLP－2019－02–03–74	A0195	供应链物流协同平台	广州广日物流有限公司	成铨、刘伯彦、彭煜榕、张世良、徐丹生
189	科技进步奖	三等奖	CFLP－2019－02–03–75	A0265	紫云货安宝无车承运人平台	河南紫云云计算股份有限公司	罗建辉、杨晓慧、于海力

续 表

序号	奖种	等级	证书编号	项目编号	项目名称	主要完成单位	主要完成人
190	科技进步奖	三等奖	CFLP－2019－02－03－76	B0031	采购与供应管理	上海第二工业大学、同济大学、上海邦达隆飞供应链管理有限公司	李荷华、刘亚晖、魏国辰、张静、蔡卫卫、严兴伯
191	科技进步奖	三等奖	CFLP－2019－02－03－77	A0244	高速滑块分拣机的技术改良	宝开(上海)智能物流科技有限公司	杨军、徐丹、汪鹏、王彬
192	科技进步奖	三等奖	CFLP－2019－02－03－78	B0066	“引进、改造、输出”：物流管理专业现代学徒制标准体系构建的研究与实践	广西职业技术学院、广西物流职业教育教学指导委员会、广西德邦物流有限公司	杨清、吴立鸿、李建春、尚书山、李飞诚、李俊峰、农小晓
193	科技进步奖	三等奖	CFLP－2019－02－03－79	A0034	基于物联网技术的港口货物管控系统	龙口港集团有限公司	付述智、丁乐朋、遇江、张守星
194	科技进步奖	三等奖	CFLP－2019－02－03－80	A0005	衢州市危化品道路运输综合监管信息共享系统	浙江巨化物流有限公司	林金元、吴晓辉、吴靖琳、姚宏伟、郑英
195	科技进步奖	三等奖	CFLP－2019－02－03－81	A0038	基于“互联网+”的环卫设备智能化监控平台系统开发与应用研究	徐州工程学院、徐州天大信息科技发展有限公司	陈丰照、蒋秀莲、陈文文、朱瑶、王远利、戚学东、陈力
196	科技进步奖	三等奖	CFLP－2019－02－03－82	A0080	免装卸托盘研发及推广应用	太极集团重庆塑胶有限公司	冯建国、谭迅、黄晋辉、陈福兴、朱梯、曾波、姜茂
197	科技进步奖	三等奖	CFLP－2019－02－03－83	A0069	快兔物流智能信息服务平台	广州快兔物流科技有限公司	周鲲、李兴辉、郑艳林、贺龙、庄东滨
198	科技进步奖	三等奖	CFLP－2019－02－03－84	A0162	中国外运股份有限公司华北空运仓库自动化项目	中国外运股份有限公司	曾锴、刘旭、赵炯轶、张星、杨宏伟、高世增、董建鹏

续 表

序号	奖种	等级	证书编号	项目编号	项目名称	主要完成单位	主要完成人
199	科技进步奖	三等奖	CFLP－2019－02-03-85	B0036	河北港群绿色增长发展模式研究	大连海事大学	赵宇哲、匡海波、周晶淼、贾鹏、韩兵
200	科技进步奖	三等奖	CFLP－2019－02-03-86	A0226	京东云仓智能供应链系统	北京京邦达贸易有限公司	龚剑、贾宁、张俊华
201	科技进步奖	三等奖	CFLP－2019－02-03-87	A0179	LNG 气瓶器具	北京普田物流有限公司	任庆生、沈骏峰、赵书涛、张熙睿、步嘉骏
202	科技进步奖	三等奖	CFLP－2019－02-03-88	A0245	基于车位感应器的物联网轿运车数字化运输管理系统	吉林省掌控物流科技有限公司	郭磊、沈弘悦、钟伟、李超、崔健勇、佟铁铮、姜春昊
203	科技进步奖	三等奖	CFLP－2019－02-03-89	B0039	企业供应链碳减排协调机制研究	河海大学常州校区	庞庆华、石常峰、张丽娜、李涵
204	科技进步奖	三等奖	CFLP－2019－02-03-90	B0023	徐州物流企业发展价值链高端的模式及途径研究	徐州工程学院	宋效红、胡晶、孙颖、张晶、何旭东
205	科技进步奖	三等奖	CFLP－2019－02-03-91	A0051	重载四向托盘车技术在汽车物流行业的应用	长春一汽富晟大众物流有限公司	陈勇、高飞、李万海、赵冬华
206	科技进步奖	三等奖	CFLP－2019－02-03-92	A0095	适应于驮背运输的公路货运车辆关键技术研究与装备研发	交通运输部公路科学研究院、眉山中车物流装备有限公司、北京驮丰高新科技股份有限公司	周炜、李臣、许书权、林武、李文亮、晋杰、张学文
207	科技进步奖	三等奖	CFLP－2019－02-03-93	B0044	基于大数据理念构建“供应链管理”网络教学平台及应用实践	盐城工业职业技术学院	施建华、韦亚洲、周伟、曹林峰

续 表

序号	奖种	等级	证书编号	项目编号	项目名称	主要完成单位	主要完成人
208	科技进步奖	三等奖	CFLP－2019－02－03－94	B0062	集简供应链：烟草物流体系重构的实践	重庆交通大学、中国烟草总公司重庆市公司、重庆中烟工业有限责任公司	许茂增、张子健、方涌、周翔、谌微微、崔利刚、李顺勇
209	科技进步奖	三等奖	CFLP－2019－02－03－95	A0164	基于物联网技术的仓储管控一体化	北京物资学院	刘军、赵东杰、杨玺、阎芳、王乐乐、徐燕、马廷伟
210	科技进步奖	三等奖	CFLP－2019－02－03－96	B0063	基于生命周期的湖南省物流产业集聚研究	湖南工商大学	王松、黄福华、周敏、欧阳小迅、赵中平、邓胜前
211	科技进步奖	三等奖	CFLP－2019－02－03－97	A0071	共享云仓的发展优化研究	希杰荣庆物流供应链有限公司	郑全军、李文娇、袁伟、王洪伟、崔沂峰、张少云、韩虎
212	科技进步奖	三等奖	CFLP－2019－02－03－98	A0264	智能运输优化产品开发	上海杉数网络科技有限公司	葛冬冬、王子卓、向达、郑建松
213	科技进步奖	三等奖	CFLP－2019－02－03－99	A0079	智控三维节能技术在商超组合柜上的应用	青岛海容商用冷链股份有限公司	马洪奎、殷善民、相修华、张永军、王统治、李庆波、高阳
214	科技进步奖	三等奖	CFLP－2019－02－03－100	B0080	“互联网+物流”发展机理与路径研究——基于价值链理论视角	武汉纺织大学、武汉工商学院、湖北物资流通技术研究所、武汉交通职业学院、湖北晓葱供应链管理有限公司	周兴建、蔡丽华、周建亚、艾振、杨晋、张聪

续 表

序号	奖种	等级	证书编号	项目编号	项目名称	主要完成单位	主要完成人
215	科技进步奖	三等奖	CFLP－2019－02-03-101	B0028	质检机构能力建设与评价方法研究	中国物品编码中心	林强、张楠、穆同娜、杜景荣、王玉娟、耿健强、罗晓轩
216	科技进步奖	三等奖	CFLP－2019－02-03-102	B0008	基于大数据技术有效提升配农网物资供应能力	国网江苏省电力有限公司物资分公司	李玮、陈琦、李金霞、许斌、徐承松、沈键、周晓宇
217	科技进步奖	三等奖	CFLP－2019－02-03-103	A0151	家庭宽带终端物资“实物流、数据流、资金流”三流合一闭环管理的研究与实践	中国移动通信集团四川有限公司、北京思诺博信息技术有限公司	谭平、赵磊、胡平、刁溯、汪玲玲、左玉辉、赵红梅
218	科技进步奖	三等奖	CFLP－2019－02-03-104	B0074	河南加快发展枢纽经济的对策建议	郑州轻工业大学	仝新顺、刘建秀、赵文明、赵江利、张改娥、郅英武、仝子萱
219	科技进步奖	三等奖	CFLP－2019－02-03-105	A0203	一体化自动化仓储物流系统	网赢如意仓供应链有限公司	王汇昌、方成良、陈宝辉、于帅、林子平、闫祺晟
220	科技进步奖	三等奖	CFLP－2019－02-03-106	A0199	国际生易圈·外贸综合服务管理平台项目	浩通国际货运代理有限公司、湖南浩通科技有限公司、湖南生易圈供应链有限公司	郑璧双、向罗生、马明、谢卫东、孙榕茜、刘岚、谭海燕
221	科技进步奖	三等奖	CFLP－2019－02-03-107	A0070	新型智能硬件供应生态协同管理研究	中国移动通信集团重庆有限公司	薛君、刘庆华、付霖、唐丽、张弋戈
222	科技进步奖	三等奖	CFLP－2019－02-03-108	B0049	集成场理论：两业联动发展模式及机制	长安大学	董千里

续　表

序号	奖种	等级	证书编号	项目编号	项目名称	主要完成单位	主要完成人
223	科技进步奖	三等奖	CFLP－2019－02-03-109	A0416	重点区域物流发展相关情况分析与指数研究	北京诚联博达供应链技术有限公司	王宏亮、蔡执阳、胡岚、程博、朱珊、王廷、李阳
224	科技进步奖	三等奖	CFLP－2019－02-03-110	A0186	无人值守型车用尿素智能物联加注零售系统应用创新	河南心连心蓝色环保科技有限公司、河南心连心化学工业集团股份有限公司、新乡心连心化工设备有限公司	黄建利、陈昱昕、赵伟朋、王建勋、史慧林
225	科技进步奖	三等奖	CFLP－2019－02-03-111	A0312	医院地空一体物资配送与管理平台	中国联合网络通信有限公司网络技术研究院、浙江瑞华康源科技有限公司	盛煜、黄维、张勍、李野、冯毅、石丹杰、杨斌
226	科技进步奖	三等奖	CFLP－2019－02-03-112	A0116	轮胎生产物流组装与检测自动一体化工业线	襄阳风神物流有限公司、志研自动化湖北有限公司	杨亚雄、周思梦、姜博伟、高坤、刘庆、周磊、冯康
227	科技进步奖	三等奖	CFLP－2019－02-03-113	B0081	液体化学品码头装卸作业管理	江苏海企化工仓储股份有限公司	史先召、孙承莉、黄福光、李岩、丁辉
228	科技进步奖	三等奖	CFLP－2019－02-03-114	B0043	江苏省交通运输产业碳排放测度影响因素与政策优化仿真研究	常州工学院	曹国、沈利香、杨蕾、曹杰
229	科技进步奖	三等奖	CFLP－2019－02-03-115	B0054	物流园区建设项目综合评价研究	辽宁省交通高等专科学校	孔月红、章良、张冰华、皇甫艳东、张宇、刘文博、李政凯
230	科技进步奖	三等奖	CFLP－2019－02-03-116	B0024	电子商务物流配送问题及优化	长春工业大学人文信息学院	宋殿辉

续 表

序号	奖种	等级	证书编号	项目编号	项目名称	主要完成单位	主要完成人
231	科技进步奖	三等奖	CFLP－2019－02-03-117	A0208	卷烟成品仓储管理机制创新研究与实践	广东中烟工业有限责任公司、中国烟草总公司职工进修学院	梅海青、胡红春、苏志纯、黄迈、戚剑辉、霍启明、敖向雄

（中物联科技奖励工作办公室）

2019 年中国物流十大年度人物

（按姓氏笔画排序）

序号	姓名及职务
1	王洪涛　北京宅急送快运股份有限公司董事长兼 CEO
2	冯　雷　合肥维天运通信息科技股份有限公司董事长
3	汤鲁飞　浙江汤氏供应链管理有限公司总裁
4	杨兴运　壹米滴答供应链集团有限公司创始人兼 CEO、优速快递 CEO
5	杨道明　重庆公路运输（集团）有限公司总经理
6	张志杰　山西穗华物流园有限公司董事长
7	宋　嵘　中国外运股份有限公司总经理
8	徐水波　上海天地汇供应链科技有限公司董事长
9	翟学魂　北京汇通天下物联科技有限公司 CEO
10	魏　巍　美团配送（上海三快智送科技有限公司）总经理

（《中国物流与采购》杂志社）

2019 年中国物流业十件大事

（1）中共中央、国务院印发《交通强国建设纲要》，提出到 2035 年基本建成交通强国。基本形成“全国 123 出行交通圈”（都市区 1 小时通勤、城市群 2 小时通达、全国主要城市 3 小时覆盖）和“全球 123 快货物流圈”（国内 1 天送达、周边国家 2 天送达、全球主要城市 3 天送达）。河北雄安新区等 13 个区域入选首批交通强国建设试点地区。

（2）中共中央政治局就区块链技术发展现状和趋势进行集体学习。习近平总书记提出关于“要加快推动区块链技术和产业创新发展，积极推进区块链和经济社会融合发展”的重要指示，对于区块链技术在物流与供应链领域的应用具有重要指导作用。

（3）国家发展改革委等 24 部门印发《关于推动物流高质量发展促进形成强大国内市场的意见》，提出推动物流高质量发展的 25 条政策措施。《国务院办公厅转发交通运输部等部门关于加快道路货运行业转型升级促进高质量发展意见的通知》，部署 14 项重点工作任务。

（4）国家发展改革委、交通运输部联合印发《关于做好 2019 年国家物流枢纽建设工作的通知》，共有 23 个国家物流枢纽入选 2019 年国家物流枢纽建设名单。

（5）由商务部牵头，中国物流与采购联合会等八部门和单位联合推动的全国供应链创新与应用工作进展顺利，相关试点成果展示推广，《供应链服务企业分类及评估指标》团体标准批准发布，供应链创新发展进入新阶段。

（6）交通运输部门积极推动 2019 年年底前取消全国高速公路省界收费站。全国高速公路省界收费站正线改造总计划全部完工，年内 ETC 用户数量超一亿，高速公路不停车快捷收费实现历史性跨越。

（7）物流管理被教育部列入首批“1+X”证书制度试点领域，355 所院校成为首批试点院校。

（8）“百家骨干物流园区互联互通工程”列入国家发展改革委等 24 个部门“2019 年推动物流高质量发展 10 项重点工作”之一。中国物流与采购联合会主导的《中国物流园区图谱》上线运行，“入图”物流园区近 600 家。

（9）2019 年 1 月 1 日起，全国全面供应符合国六标准的车用汽、柴油，停止销售低于国六标准的汽、柴油，重点区域提前实施机动车国六排放标准。多部门发文对纯电动轻型货车原则上不得限行，物流业积极参与污染防治攻坚战。

（10）无锡高架桥发生重大侧翻事故，各地开展“百吨王”超限超载治理专项行动。12月16日起，全国统一实施封闭高速公路收费站入口不停车称重检测，拒绝违法超载货车驶入高速公路。

（中国物流与采购联合会）

2019年“宝供物流奖”及“宝供物流奖奖学金”获奖名单

经中国物流发展专项基金“宝供物流奖”评审委员会分析，评审出“宝供物流奖”及“宝供物流奖奖学金”获奖名单。现将2019年“宝供物流奖奖学金”及“宝供物流奖”获奖名单公示。

一、“宝供物流奖”获奖名单

获奖等级	获奖项目	获奖者	工作单位
一等奖	《潜伏式AGV与WMS在汽车智慧仓储中的集成应用》	陈程、高翔	重庆长安民生物流股份有限公司
	《北京市网购食品安全及监管研究》	杨浩雄	北京工商大学
二等奖	《车辆智能风控管理系统》	王芳	北京中交兴路车联网科技有限公司
	《微仓配》	刘子诚	小码大众（北京）技术有限公司
	《生产物流仿真评估公共服务平台》	张泽建	湖北物资流通技术研究所
	《基于服务外包的售后逆向物流管理研究——理论分析与汽保行业实践》	郝皓	上海第二工业大学
	《非冷链运输荔枝包装箱开发及应用》	梁乃锋	惠州城市职业学院
	《我国化解港口产能过剩的对策研究》	鲁渤	大连理工大学经济管理学院

续 表

获奖等级	获奖项目	获奖者	工作单位
三等奖	《宝象智慧供应链云平台》	—	云南宝象物流集团有限公司
	《运盟集运平台》	葛程捷	圆通全球集运有限公司
	《构建营销类物资全生命周期管理体系的探索与实践》	—	中国移动通信集团四川有限公司
	《京博智慧物流供应链一体化平台项目》	—	山东京博物流有限公司
	《物联网打造物流新业态》	—	北京长久物流股份有限公司
	《面向大票零担物流的智能调度与服务关键技术研究与应用》	—	浙江专线宝网阔物联科技有限公司
	《云南现代物流产业发展研究》	李严锋	云南财经大学物流学院
	《细标一体卷烟智能高速分拣系统》	李子毅等	普天物流技术有限公司
	《港口专业危险货物站场信息化平台》	章冬岩	大连集发南岸国际物流有限公司
	《推动全供应链高质量发展的钢铁物流标准化体系建设》	侯海云	鞍钢股份物流管理中心

二、“宝供物流奖奖学金”获奖名单

序号	学校名称	申请人姓名
1	北京交通大学	孙鸣谦、王秋鉴
2	上海对外贸易大学	肖逸飞、王婧
3	浙江工商大学	许东东、刘鹏
4	华中科技大学	叶锡娟、徐礼平（硕士研究生）
5	南京财经大学	顾思露、方雪琳（硕士研究生）
6	东南大学	刘丽萍（博士研究生）、刘利君
7	北京邮电大学	术洪祥、黄清梅
8	国防大学联合勤务学院	郭亚军（硕士研究生）、刘宁（博士研究生）
9	华东交通大学	翁亚、付晨（硕士研究生）
10	武汉理工大学	何俊俊、段晶晶

续 表

序号	学校名称	申请人姓名
11	南开大学	刘侠（硕士研究生）、周文科（研究生）
12	北京物资学院	麻云超、皇甫宜龙（硕士研究生）、李泽萍（硕士研究生）
13	西南财经大学	邓真义、曹梦凡
14	天津大学	宋满金、陈佳媛（硕士研究生）
15	山东交通学院	韩璐、董森
16	北京工商大学	万瑶、陈嘉轶
17	上海海事大学	罗天（博士研究生）、王楠茜（硕士研究生）、周瑜琳
18	安徽大学	李晓雪、孙红（硕士研究生）
19	中南财经政法大学	王惠源、彭跃辉
20	广东财经大学	余美婷、姚景
21	山东大学	田彬（硕士研究生）、冯继尧
22	华南理工大学	姜勇（研究生）、陶志文（硕士研究生）
23	中南林业科技大学	罗华丽（硕士研究生）、郑茜予（硕士研究生）
24	江西财经大学	吴贞、戴云晶
25	东北财经大学	朱慧颍、穆楠
26	同济大学	白慧雯、高绎檬
27	湖南工商大学	周伟、林欢
28	武汉大学	贺康成（研究生）、李君翊（研究生）

（中国物流发展专项基金“宝供物流奖”办公室）

2019 年美国物流业①

2019 年，美国国民经济稳定发展，实现了 2.3%的年增长率，国内生产总值达到 21.43 万亿美元。物流业继续支持经济增长，截至 2019 年年底，美国商业物流成本达到了 1.63 万亿美元。

一、美国物流业整体概况

2019 年，美国商业物流成本（United States Business Logistics Costs，USBLC）增长了 0.6%，达到 1.63 万亿美元，相当于 2019 年 GDP 的 7.6%。2008—2019 年美国商业物流成本发展情况如图 1 所示。

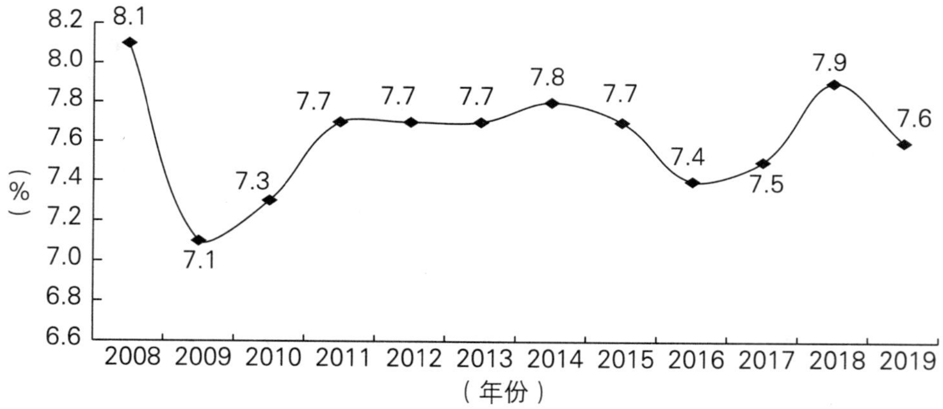

图 1　2008—2019 年美国商业物流成本发展情况

注：修改或更新的数据来源可能会产生与以前报告不同的数字。

资料来源：科尔尼分析（Kearney Analysis）。

① 本文选自《第 31 次美国物流年报》，该报告由供应链管理专业协会（CSCMP）发布，由 A. T. 科尔尼公司及众多业内专家参与编写。该报告的中文版由 CSCMP 北京代表处组织翻译，本文有删减。版权归 CSCMP 及相关著作人所有，如引用请注明出处。

2019 年，美国运输成本增长了 2.5%，仍低于其 3.2% 的 5 年复合年增长率（Compound Annual Growth Rate，CAGR）。库存持有成本下降 4.6%，下降的主要原因是加权平均资本成本下降了 16%。

公路运输、包裹配送、水路运输和管道运输成本上升。其中，公路运输成本增长了 3%，成本上升主要是由于 2018 年的服务合约延续到了 2019 年年初，而承运人也继续按原合同执行定价；包裹配送成本上涨 8.5%，主要是被电子商务激增的推动；水路运输成本增长 3.1%；管道运输成本上涨 9.5%，主要是受定价滞后和油气生产所带来的产量增加两方面因素的影响。

铁路运输和航空运输成本下降，一方面是经济放缓导致货运量下降；另一方面是承运人出售过剩产能导致价格趋缓。其中，航空运输成本下降了 9.7%，面临着需求放缓的局面；铁路运输成本下降了 1.4%，主要是由于货运量下降导致的。

托运人的管理成本上升 8.5%，主要原因是整体劳动力市场需求大于供给，工资待遇水平不断升高。

2019 年美国商业物流成本的构成和变化情况如表 1 所示。

表 1　2019 年美国商业物流成本的构成和变化情况

美国商业物流成本（十亿美元）		2019 年	同比	5 年复合年增长率
运输成本	——满载卡车	306.7	1.4%	2.1%
	——零担运输	65.4	1.3%	1.9%
	——私人或者专用	308.2	5.0%	3.5%
	公路	680.4	3.0%	2.7%
	包裹	114.4	8.5%	8.8%
	——汽车运输	61.4	-0.2%	-2.3%
	——多式联运	22.5	-4.3%	3.7%
	铁路	83.9	-1.4%	-0.9%
	航空	75.2	-9.7%	2.8%
	水路	47.9	3.1%	1.3%
	管道	57.4	9.5%	11.4%
	小计	1059.1	2.5%	3.2%

续 表

美国商业物流成本（十亿美元）		2019 年	同比	5 年复合年增长率
库存持有成本	仓储	149.6	6.6%	5.2%
	财务成本（WACC×企业存货总额）	168.6	-12.7%	2.6%
	其他（报废、缩水、保险、装卸、其他）	136.4	-4.6%	3.8%
	小计	454.6	-4.6%	3.8%
其他成本	运营商赞助的活动	59.7	1.9%	5.0%
	托运人的管理成本	56.4	8.5%	5.7%
	小计	116.1	5.0%	5.3%
美国商业物流成本总额		1629.77	0.6%	3.5%

注：WACC 为加权平均资本成本。成本总额数据因计算过程中的取舍产生差别，可以忽略。

资料来源：CSCMP《第三十届年度物流状况报告》；科尔尼分析（Kearney Analysis）。

二、物流行业细分分析

2019 年，美国物流业发展基本良好。物流成本占 GDP 的比重有所下降（从 2018 年的 7.9% 下降到 7.6%），美国物流业整体效率有所提高。

（一）包裹配送："最后一英里"的细分市场

1. 电子商务快速发展

2019 年，美国电子商务销售额增长近 15%，达到 6000 亿美元（占美国零售总额的 11%，比 2018 年增长了 11%）。电子商务的快速发展，带动美国包裹快递业市场规模增长了近 9%，达到 1140 亿美元。2011—2019 年美国电子商务销售额增长变化情况如图 2 所示。

2. 客户期望值提高

客户期望值的提高促使"最后一英里"的交付场景发生改变，三至五个工作日内发货的时代已经结束。例如，杂货配送和提货（2019 年市场规模达 334 亿美元，按年增长 28%）的时效性要求正朝着同日配送、超快速处理（从下单到配送在两小时内完成）的方向发展。客户期望值不断升高，促使托运人实施应对性的策略，以实现在降低每单配送成本的同时确保服务水平得到提升。例如，2019 年 9 月，沃尔玛以其 1600 余家实体店铺为基础，推出了无限制配送服务。用户每年支付 98 美元后，即可在网上采购生鲜商品，并享受同日送达的配送服务。2019 年 11 月，亚马逊进一步取消了每月 14.99 美元的生鲜商品服务费，并将时效一至两小时送达的配送服务范围进一步扩大。

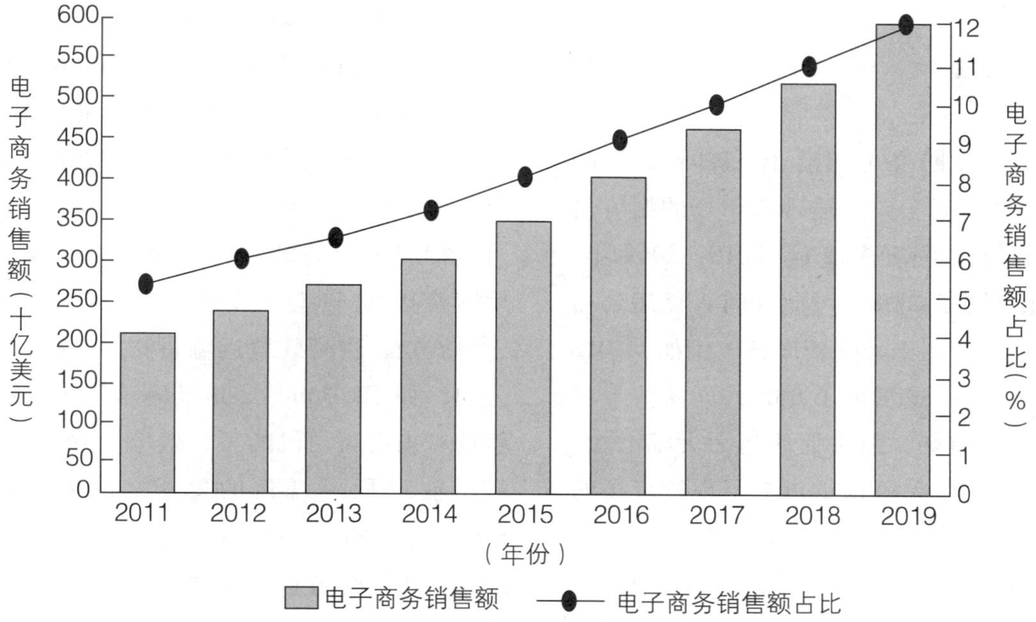

图 2　2011—2019 年美国电子商务销售额增长变化情况

资料来源：科尔尼分析（Kearney Analysis）。

在整个配送领域，零售商和发货人都在为客户提供多种配送时效和配送方式的不同选择（如夜间或周末配送、自提）。例如，联邦快递和 UPS 在 2019 年推出了全年无休的配送服务。此外，亚马逊和沃尔玛也分别推出了缩短配送时间和“直接送到冰箱”的试运营服务；亚马逊在 2019 年还提供了更多配送方案供客户选择，包括亚马逊与 RiteAid、GNC 和 Kohl’s 等零售商的伙伴关系（Amazon Counter，以零售柜台为服务场景），以及亚马逊日（Amazon Day，整合顾客在一周内的所有订单，并在选定的一天进行单次配送）；2019 年 7 月，UPS 在 6000 多个 CVS 药房设置了服务网点，其目前为止已经在全球拥有了 48000 个服务网点，因为这一网络有助于 UPS 提高配送网络的覆盖度，UPS 向客户提供最高可达 35 美元的奖励，以促使其尝试使用此类服务。

客户的要求除了时效以外，还有针对产品和购买者的个性化需求。因此，大型零售商应该根据行业需求对产品和客户进行细分，并根据货物和收货人的具体要求调整配送模式，在保证客户满意度的情况下尽量节约成本，协调资源。

客户不断提升的需求促使发货人与运营商合作的更加紧密，使第三方物流供应商成为当地的配送中心，共同建立移动交付中心的轴辐式配送网络，将关键库存和提前备货配置到离交付目的地更近的地方。此外，灵活多样的配送方式（自提柜、零售店、集中配货等）可以增加配送服务的覆盖率。还可以寻求采用城市地区的轻资产模式——如亚马逊在纽约市试行的通过步行或骑自行车进行配送。而承运方要通过不断加大投入构建和提升实时异常管理，应用自动化实时配送资源调配与路线设计、实时客户端货物交付可视化系统、针对非常规住宅区的自主无人机与车辆配送解决方案，拥有基于实时交通数据的即时路线变更等方面的能力。

（二）公路运输：运力过剩有利于货物托运方

根据货运数据公司网站 Truckstop. com 的数据，2019 年 6 月公路运输现货市场的报价与 2018 年同期相比下降了 22%。2018—2019 年，年度总货量下降了 27%。与此同时，货运公司将 2018 年的利润用于采购新设备。例如，2018 年 8 级卡车的订单量增加了 66%，而这些卡车在 2019 年进入市场，最终促使运力大幅增加。可利用运力的一个关键衡量指标是现货市场的货量与卡车运力比。2018 年运输价格处于最高点时，货量与卡车运力比超过了 60%。此后，该指标在 2019 年的大部分时间都低于 30%。2017—2019 年美国卡斯货运指数如图 3 所示。

为提升卡车运输的效率，越来越多的企业选择投资各种自动驾驶汽车（AV）和电动汽车（EV）初创公司（如 Waymo、Embark、TuSimple 等），AV 和 EV 时代已越来越近。这一投资策略的目的就在于希望随着技术的成熟，可以确保自己获得先进技术和应用的能力，特别是相关的新兴领域（如“最后一英里”交货）。同时，逐步采用 AV 技术将有助于更安全、更高效地运输货物。一些大型货运公司，如 JB Hunt、Schneider 等，已经采用了新技术来提高司机的工作效率，并满足了客户对运输过程可视化的要求。诸如 FourKites、Shipwell 和 Project44 等科技公司已经开发了支持客户和驾驶员直接沟通的信息平台，可以帮助托运人更好地规划线路，并使其与承运商的业务往来更加便捷。

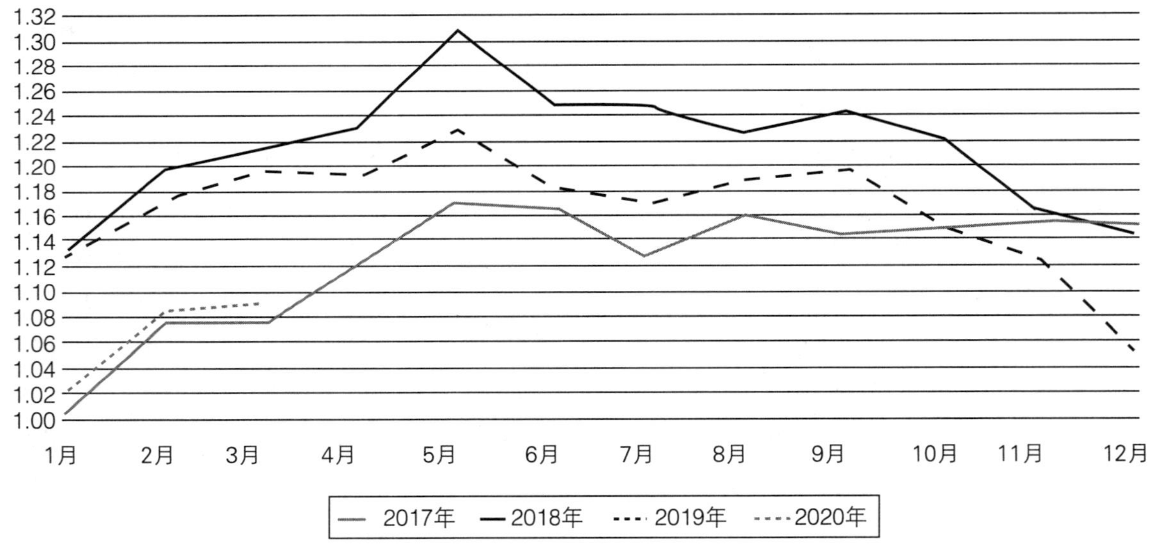

图 3　2017—2019 年美国卡斯货运指数

资料来源：卡斯运输指数；科尔尼分析（Kearney Analysis）。

在整个物流活动过程中，承运商处于危机之中。2019 年公路运输承运商的盈利能力下降。据《华尔街日报》报道，仅在 2019 年上半年就有 640 家公路运输公司倒闭，是 2018 年全年的两倍多。主要原因包括运价和需求下降、贸易对立局面紧张、保险费用增加、司机劳动力成本增加等。为解决以上问题，建议货运公司从以下几个方面进行改进。

1. 资产利用率

一是基于已有的运输网络来尽力满足托运人的要求，实现付费里程数增加的同时确保司机的满意度。通过对客户优先级别的分类分析，将自身运输网络与托运目的地进行最优分配，以获取最大利润；二是利用货运市场应用程序（如 JB Hunt 的 Carrier 360、CoyoteGO 和 Uber freight），将空载里程货币化，减少收益损失。

2. 成本

承运商成熟的技术战略和对技术进行投资的承诺对成本控制至关重要。此外，技术为提高运营效率所带来的改进可对控制传统高“固定”成本（如驾驶员招聘和驾驶员流动相关）带来有益的连锁反应。

3. 收入来源多样化

细分客户群体，业务侧重流动性强、需要快速响应的电子商务行业，减少对传统、计划性强的零售行业客户的依赖。此外，也可以通过建立专用车队，与客户建立更牢固的合作关系。例如，JB Hunt 长期致力于优化业务组合的举措，包括增加客户专属业务相关服务，使其在传统卡车运输业务萎靡不振的情况下，2019 年的收入和利润仍实现了双增长。

（三）铁路运输：货量下降，亟待业务新增长点

2019 年，铁路货运的整体收入下降，由于采取了短期措施来管理盈利能力，大多数铁路公司仍能够继续保持营业收入的增长。工业衰退是 2019 年美国铁路货运收入下降的主要原因，煤炭行业铁路货运量降幅较大，产生负面影响，多式联运的货量下降也影响了收入。近年来，大量的操作要求和较低的自动化水平使得多式联运已经成为铁路运输利润较低的业务之一，而这也使得铁路公司很难通过降价来保证货运业务的规模。事实上，多式联运市场的结构特性会使其货运量在卡车运力紧张时实现了双倍增长，而在条件缓解时则会带来双重的负面影响。2019 年美国大多数铁路公司的表现如图 4 所示，按商品类型划分对铁路收入的影响情况如图 5 所示。

2018—2019 年大多数铁路公司在速度和终端驻留等关键运营指标上取得了进展。例如，CSX 公司继续通过传统的精确计划铁路运行（PSR）网络优化系统，在降低运营比率方面取得了重大进展。尽管早期实施 PSR 引发了客户的服务投诉，但在 2019 年，在诸如准时到达和准时离港等关键指标方面都得到了改善。铁路公司已经开始注重技术的投资。在国会授权下，通过主动列车控制系统（Positive Train Control，PTC）自动驾驶车辆在铁路运输方面的应用已见雏形，迫使铁路公司将资金投入到了大规模通信线路铺设以及路边基础设施升级改造方面，用于打造自动化程度较高的、覆盖全国铁路网络的服务平台。

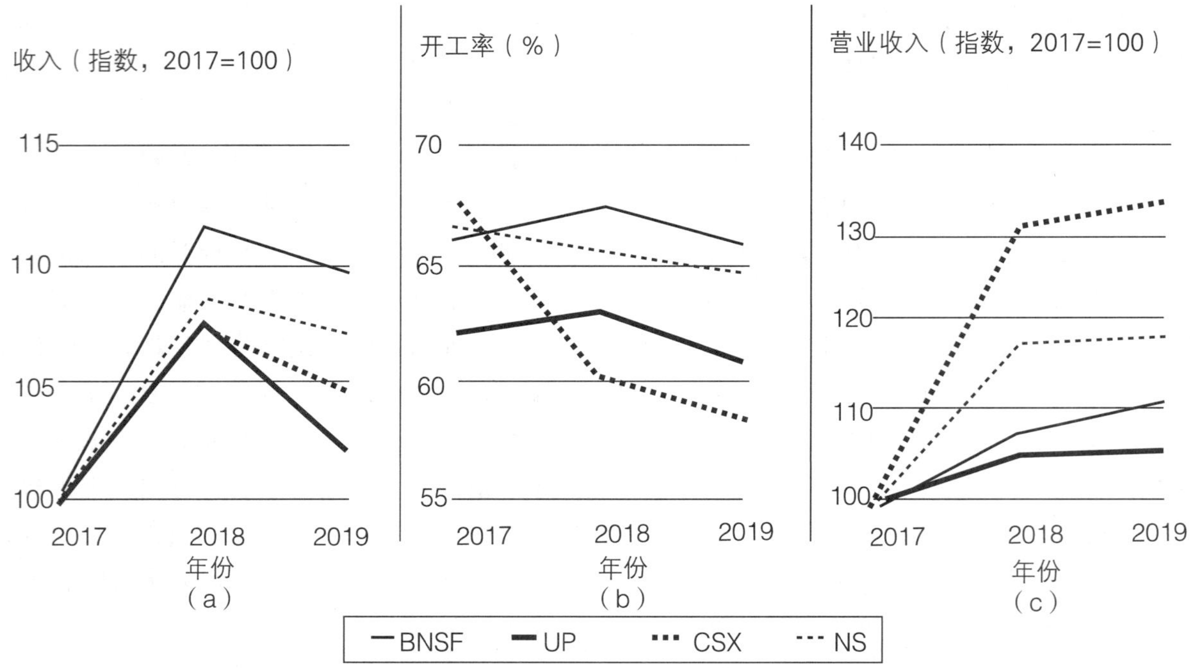

图 4　2019 年美国大多数铁路公司的表现

资料来源：《铁路 10K 报告》；科尔尼分析（Kearney Analysis）。

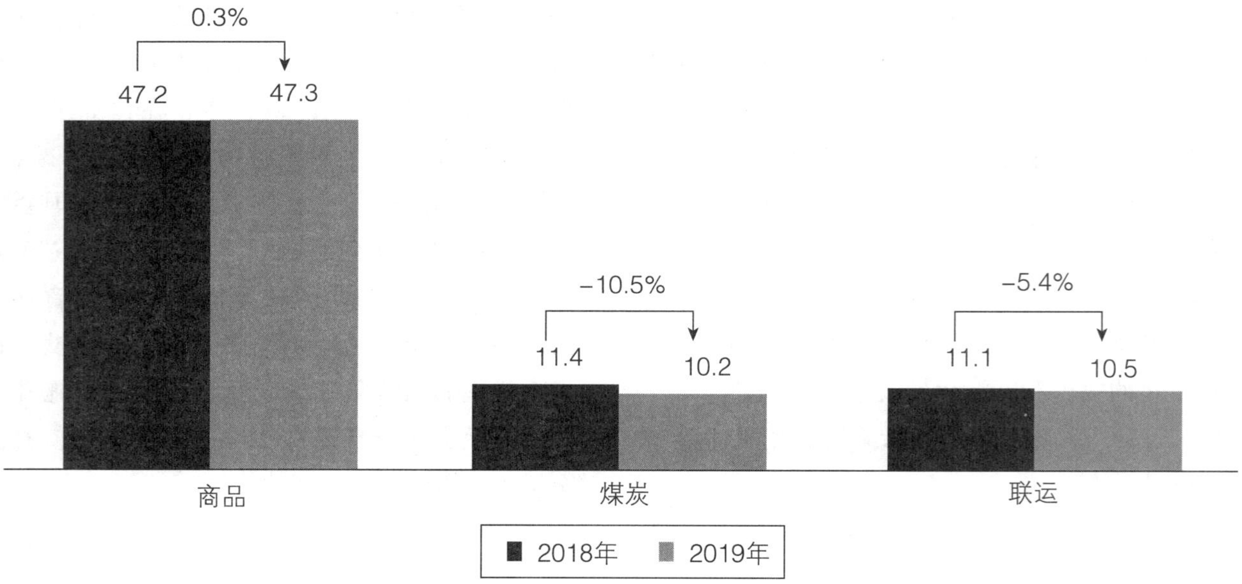

图 5　按商品类型划分对铁路收入的影响情况

资料来源：《铁路 10K 报告》；科尔尼分析（Kearney Analysis）。

（四）水路运输：适者生存

2019 年，美国水运市场始终面临着外部干扰。全国的货物进口额比 2018 年下降了 0.6%。为了避免贸易战，各方在 2018 年年末增加了货物进口额，避免可能的关税打击。因此，货主在进入2019年时库存充足，从而减少了水路货运量。

自2011年以来，美国的水运市场一直在与运能过剩作斗争。即便是在2019年，多家水运公司仍然订购了新的集装箱船，因此它们也亟须扩大市场份额以支持其扩张的战略。市场萎缩和需求减少，导致了承运商之间的零和博弈。而由于托运人对降价的期望，即使是在机会平平的时候，水运公司也有打价格战的倾向，港口方面，自2016年Hanjin破产以来，美国港口的集装箱吞吐量一直以较高的个位数稳步增长，但2019年前九大港口的集装箱吞吐量仅增长了0.8%。其中西海岸主要港口吞吐量有所下降，东海岸港口吞吐量有所上升。形成这样格局的原因主要是巴拿马运河拓宽工程、纽约和新泽西之间巴约纳大桥（Bayonne Bridge）升级改造以及东海岸港口基础设施升级等因素。此外，西海岸港口由于拥挤和罢工而变得相对缺乏吸引力。2018—2019年美国集装箱吞吐量由西海岸向东海岸转移示意如图6所示（标准箱是20英尺的当量；不包括国内运输）。

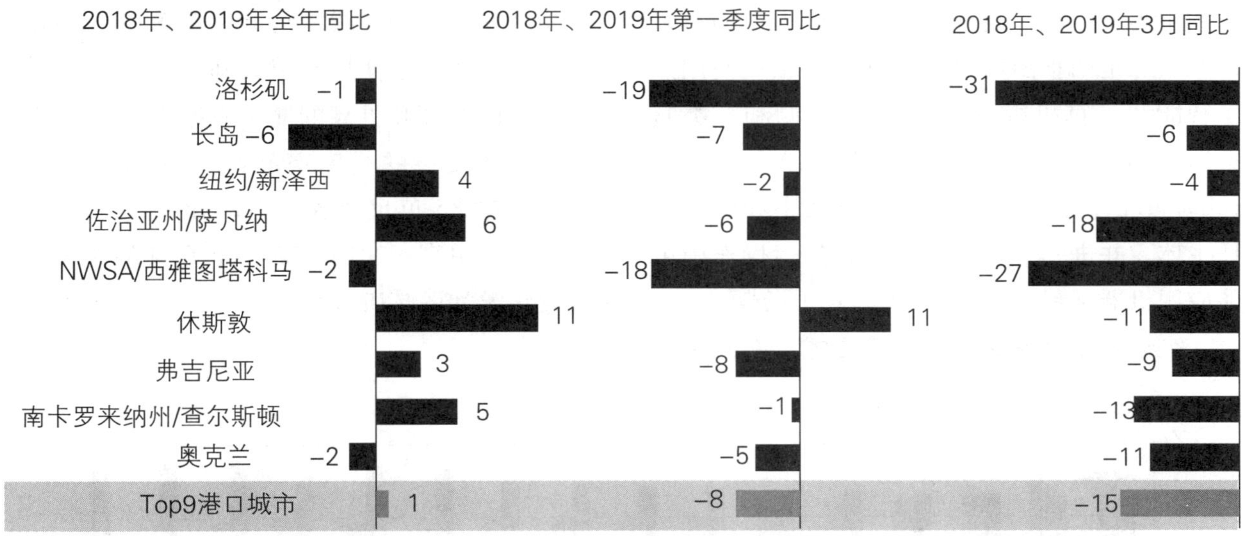

图6　2018—2019年美国集装箱吞吐量由西海岸向东海岸转移示意（所处理的全部标准箱的百分比变化1）

资料来源：个别港口统计；科尔尼分析（Kearney Analysis）。

（五）航空运输：不确定性增加

由于航空货运需求下降，2019年是自2009年全球金融危机以来最糟糕的一年。以航空货运吨公里（Cargo Tonne Kilometer，CTK）计算的货运量较2018年下降3.3%。影响主要来自两方面，一方面是汽车行业的需求放缓，各大汽车制造商均大幅削减了生产目标；另一方面是中国经济放缓、美国对欧洲制造的飞机和农产品征收关税，以及英国脱欧带来的潜在经济和政治影响。

目前，正在测试中的航空货运无人机可以运载250磅的货物，能力远远超过有效载荷低于20磅的用于“最后一英里”配送业务的无人机。非军用无人机市场蓬勃发展，2019年市场价值55亿美元。从事货运无人机制造的公司（包括Elroy Air、波音和Pablo Air）在不断地进行研发和试飞，着力打造这一领域的“空中卡车”。

在数字化及相关技术应用方面，整个行业在稳步推进中，一是根据国际航空运输协会（IATA）的数据显示，2019 年，电子航空货运单（eAWB）使用率从 59% 增加到 68%。科技手段的应用为航空货运业的发展提供了能量。二是尽管货物管理系统仍然高度碎片化，但研发方面仍取得了一定进展。来自德国的 cargo. one 系统允许货运代理预订七家成员航空公司的航班；英国 Hermes Logistics Technologies 推出的 H5 解决方案是一个基于云的应用程序，可用于提升空港、航空公司及地勤人员的运营效率。三是西雅图塔科马国际机场正在使用人工智能和计算机视觉（CV）来检测和分类其空运货物区内的各种物体。其 2019 年的 PlaneInsight 试点项目旨在提高运营效率和明确责任主体，并进一步确定了未来在货运操作中可能应用机器学习（ML）技术的若干场景。

空运是最具灵活性的运输方式，因此在许多供应链中，空运是必不可少的环节之一。

（六）仓储：稳定增长

2019 年，美国仓储市场稳定发展。租金继续上涨，空置率保持在历史低点附近。电子商务继续推动仓储业的发展，尤其是促进了对规模较小、便利度较高的城市仓储设施的需求。2019 年净吸纳面积达 2. 338 亿平方英尺；新增供应量增长快速，建筑面积达 3 亿平方英尺，较 2018 年增长了 7%。但随着租赁需求的增加，空置率仍保持在 4. 8% 不变。

2019 年第四季度共有 1 亿平方英尺的仓储面积，创下了单季度完成面积的最高纪录。租户主要是传统和在线零售商以及第三方物流供应商，都倾向于使用新建设施，特别是可以提供更高的净高和更高的能源效率等便利条件的仓库。新交付的仓库空间高度达到 48 英尺，与传统的 35 英尺相比，自动化程度更高、空间利用率更高。2016—2019 年美国仓储空置率变化情况如图 7 所示。

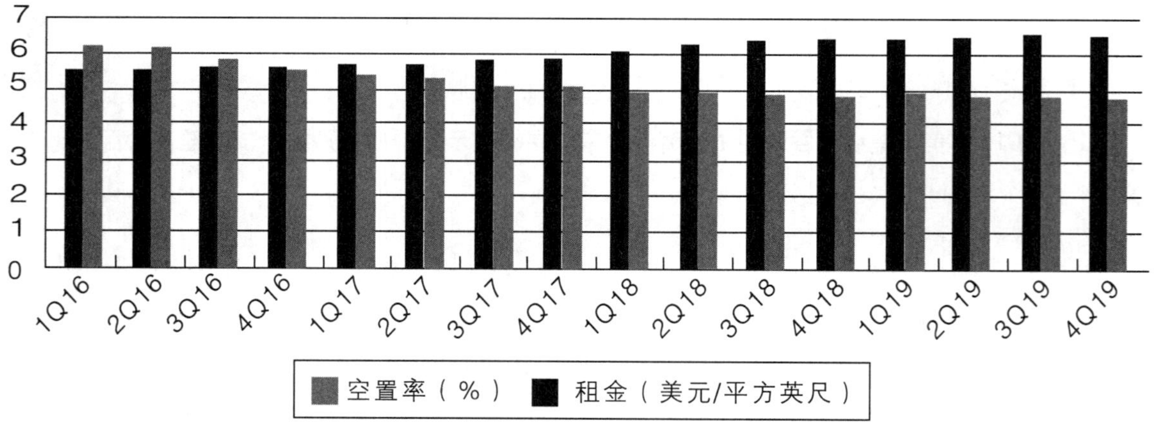

图 7 2016—2019 年美国仓储空置率变化情况

资料来源：高纬物业（Cushman & Wakefield）；科尔尼分析（Kearney Analysis）。

美国目前正在建设的仓库具有以下三大特点。

1. 投机性建设

正在建设的仓储与配送空间达到3亿平方英尺。在前三大建筑市场中（得克萨斯州的达拉斯、得克萨斯州的休斯敦和加利福尼亚州的内陆帝国都市区），超过80%的在建空间都属于投机性质。大约40%的投机性建筑是预先租赁的，剩余部分可以为租户的业务增长提供额外选择，但不足以大幅改变空置率、阻碍租金增长或削弱资产价值。

2. 劳动力市场的限制

除了实体空间，仓储供应也受到劳动力市场的限制。随着复杂现代化技术在仓库运作中的应用，对拥有高技能的劳动力的需求日益增加。仓储需求的季节性波动意味着劳动力的需求也是临时的。虽然物流员工的平均小时工资高于全国平均水平，但低于其他相关行业，这也导致了劳动力供应不足。许多企业正在实施一些新举措来尽力吸引、留住和激励员工。为了解决劳动力不足的问题，运营商必须在有竞争力的工资、员工福利和企业文化的基础上，采取一些创新的措施，才有可能在这个供需失衡的市场上留住劳动力，这对于那些自动化技术应用程度较低的企业来说尤其重要。因此，运营商可以利用一些在工作日程和技能等方面具有互补性的人力资源，比如消防员、公共汽车司机和军人。其他策略还包括发放“留职”奖金，以减少业务旺季时的人员流失。

3. 后疫情时代加速实施“库存前置”战略

像沃尔玛、艾伯森、Stop & Shop、Meijer和Hy-Vee等零售商，越来越多地使用超市配套的库房。这些离顾客较近的超市（实际上，它们通常是已经停业的店面），用于预先配置库存。这一想法的另一个扩展应用是共享网络，即多个公司使用同一配送资源为共同的客户提供服务。尽管它们通常包含多种运输和操作职能的协作，但一个主要的动机是通过资源共享为库存前置战略的实施来节省仓库空间的租赁费用。

（七）货运代理：经验的价值

2019年，美国许多货运代理企业实现了收入和利润的双增长。

货运代理企业凭借更强的运力管理能力和利润率的持续提升，在较低的燃料价格和企业提前备货战略的支持下，应对中美贸易摩擦。DHL和Kuehne + Nagel等公司通过在东南亚和东欧等新兴制造业中心拓展业务，实现了业绩的强劲增长。相比之下，增速较慢的竞争对手（Expeditors、UPS等），则更依赖北美市场。面对2019年复杂国际形势的挑战，众多货运代理企业通过更广泛而深入地应用技术创新来实现业务转型，提升自身的竞争力

现代化技术正逐步改变货运代理行业的本质。新涌现出的竞争对手，如Flexport和FreightHub，以及拥有强大内部物流能力的电子商务巨头，如亚马逊和阿里巴巴，都在利用不断增长的移动计算能力、日益增加的云基础设施以及更快捷的通信体系。这些参与者拥有的新IT基础设施，可以使客户快速、自主地查看其发货信息。2018年，Flexport的收入几乎比2017年翻了一番，达到4.4亿美元。2019年2月，Flexport获得了软银远景基金10亿美元的投资。

越来越多的企业采用新技术以寻求新的发展空间。

Damco的母公司马士基一直在通过内部开发（Twill用于服务报价，TradeLens用于实现海运的无纸化交易）、外部合作（Stargo用于

由机器学习驱动的航线和价格优化）和投资（FreightHub 用于数字货运代理）等方式来构建数字货运能力。Kuehne + Nagel 成功开发了 FreightNet 系统来生成实时空运海运拼箱业务的报价，包括最先进的、与法国航空公司的 API 集成。Kuehne + Nagel 还在 Sea Explorer 中使用大数据和预测分析支持 1200 个港口的货运规划，通过 myKN 建立了基于网络的控制中心，并将这些整合到平台 eTouch 中，为客户提供无缝衔接的服务体验。

UPS 升级了它的 Flex Global View 系统，这是一个跨货运模式的、对货运和采购订单进行跟踪的可视化平台。此次升级的新特性包括：供应链仪表板视图，更易于快速访问供应链数据；使用最新的数据可视化工具生成分析报告；支持西班牙语、法语和中文等。

DB Schenker 推出了它的数字化平台 Connect 4.0，实现了整箱和拼箱发货的即时报价、船期选择和实时客户支持。

这些货运代理企业都采取了一种优先化的、机会主义的、总是以客户为中心的方式来推行数字化，而且基本上效果都很好。现有企业利用这些举措，结合针对特定行业的定制化业务以及强大的增值服务产品组合，成功地应对了来自技术驱动的同业竞争者的挑战。在未来，能够以最敏捷的速度进行应对的货运代理企业将成为行业的领头羊。

（八）第三方物流：创新引领发展

2019 年，所有第三方物流企业的营收都出现了下滑或增长减速，这一时期受到了各种外部因素的影响，主要是受美国的罢工、存储和劳动力成本上升、电子商务巨头的对抗等因素影响。

1. 资产所有权

各主要的第三方物流公司的财务报表显示，业务量的减少导致轻资产公司的盈利能力下降，如 C. H. Robinson 和 Landstar。而 XPO 物流等资产密集型企业通过对资产的智能管理，提升了 2019 年的盈利能力。

轻资产的第三方物流企业本质上是通过代理模式实现盈利，即将客户需求与可选用资源相匹配，同时提供与速度、灵活性和可视性相关的配套服务。亚马逊名下的资产从 2018 年的 618 亿美元飙升至 2019 年的 978 亿美元。除了扩大仓储面积外，亚马逊航空在 2019 年还通过租赁飞机以及延长与 Cargojet 和 Sun Country Airlines 的合作进行了大幅扩张。亚马逊继续降低对 UPS 和 FedEx 的依赖度，到 2019 年年底，亚马逊为第三方卖家提供服务获得的收入（主要包括订单履行和仓储费用）达到 538 亿美元，成为美国主要的重资产运输商之一。

2. 托运人与第三方物流公司之间的冲突

由于第三方物流公司人员缺少对自身业务的系统性了解，以及无法提供定制化程度足够的服务，托运人倾向于同时签约若干家供应商。许多财富 500 强公司会拥有数十家第三方物流服务供应商：例如，宝洁有 53 家，雀巢有 42 家，联合利华有 36 家，通用汽车有 51 家。因为多元化的物流供应商体系可以降低独家合作的风险，所以这些大公司会通过举办第三方物流采购活动来持续测试物流成本和运营绩效。

一些大型企业会使用创新技术对内部物流运营进行管理。综合性的运输管理系统（TMS）解决方案，包括对仓库管理系统的改进和与企业资源规划系统的连接，其中包含多项内容，既有数据管理、定价、网络建模和路线优化的单独方案，也包含基于云的、提供 API 链接的集成平台。例如，SAP 物流业务网络（SAP Logistics Business Network）与 Project44 和 Uber Freight 的合作，以及 Oracle 物流云（Oracle Logsitics Cloud）与 Loadsmart 的合作。

第三方物流通过加强与技术公司的合作，提升了其数字化能力。例如，Transplace 通过与 Noodle. ai 公司合作改进了内部的运输管理系统（将需求信息与实时的车队动态信息相匹配）；与 Riskpulse 合作减少操作的不确定性；与 Descartes 合作实现了实时货物跟踪。其他第三方物流公司也通过使用智能化、集成化、专业化的平台来赢得市场份额，例如 C. H. Robinson 的内部物流系统 Navisphere 以及 Redwood 的 Connect 2. 0。

第三方物流公司与技术公司的合作伙伴关系（如 XPO 与 Blue Yonder，DHL 与 Oracle 的合作），可以使它们在专注各自的核心竞争力的同时结合双方的优势，为共同的客户提供服务。

3. 托运人与第三方物流公司的合作

2019 年，宜家宣布在纽约开设一家委托 CEVA 进行管理的电子商务配送中心。与之类似，一家业内知名的包装消费品生产商已经成功地将供应链要素（计划、采购、包装加工和产品交付等）外包给第三方物流公司。

托运人和第三方物流服务供应商是互补的伙伴关系，持续性地共同在技术、运营能力和客户体验方面进行投资，双方都将获得更大的成功。

（九）5G：新的竞争赛道

5G 技术可以加强设备、车辆和基础设施之间的自主通信能力，进而提升所有物流操作环节的自动化水平。5G 的全面应用将更好地满足终端客户对操作流程透明度、可靠性和速度的需求，而其基于数据驱动的智能技术也将为物联网的可靠运作提供重要支持。

基于 5G 标准的增强化移动宽带网络将数据传输速度提高了 20 倍，具有更低延迟和更高容量等特性。5G 技术将初步应用于增强的移动宽带、超高清视频工具等应用、带有触觉反馈的增强现实（AR）和虚拟现实（VR）操作等。

5G 的持续高速数据传输连接可以构建安全的无线控制体系，为实现工业 4. 0 提供技术辅助。同时，5G 在可靠性和延迟方面的性能提升可以实现车辆之间（V2V）以及车辆与基础设施之间（V2I）的无缝通信。

5G 可以为不同类型的物流公司带来诸多裨益。

1. 公路、航空、铁路等基于资产的承运商将从自动驾驶车辆和物联网设备的使用中获益。5G 可以辅助自动驾驶车辆进行交流，而且运营这些车辆比人工驾驶车辆更节省成本。物联网设备可以实时跟踪产品，并甄别敏感货物可能带来的环境风险。物联网设备还可以跟踪承运商的自有资产，以便实施预见性维护。

2. 拥有小规模资产的货运代理和经纪人可以通过资产跟踪来改进计划和调度工作。它们不会像重资产公司那样获得资本支出收益，但能从精确的信息和改善的成本效益中获益。5G 技术将主要从以下三方面来推动这些公司开发新的、高价值的物流服务，即来自物联网设备的更丰富的数据、功能增强的实时视频监控、运营中心自动化赋能的快速响应。

3. 仓储设施供应商和第三方物流服务供应商可以在仓库中部署物联网设备的集成系统。通过获取的大量实时数据来改善运营决策的流程，例如智能化库存管理、更高的资产利用率、预测性维护、降低的工作事故率等。5G 为 AR 和 VR 提供通信技术支持，让人员佩戴

AR 眼镜完成取货等。5G 还将助力“最后一英里”配送提供新的解决方案，包括无人机和配送机器人等。

4. 物流生态系统的参与者，如设备制造商、信息通信技术供应商和软件解决方案供应商等，逐渐意识到，客户对以 5G 为技术支撑的产品的需求正日益增加。

5G 以不同的方式使不同类型的物流公司受益情况如图 8 所示。

图 8　5G 以不同的方式使不同类型的物流公司受益情况

资料来源：行业报告和新闻稿；科尔尼分析（Kearney Analysis）。

三、物流行业发展方向：科技之重

先进的技术正在整个物流行业得到应用，并对物流行业的发展起到了重要作用。科技在物流行业中的应用及效果如表 2 所示。

表 2　　科技在物流行业中的应用及效果

AI 和 ML	Evans Distribution Systems 是第三方物流和供应链解决方案的提供商，该公司正在利用来自 ADLINK Technology 的机器视觉解决方案改造其仓库包装线。该公司部署了 ADLINK EdgeSmart Pallets 解决方案，以提高准确性和效率；包装内容会随着包装线移动而被记录并分类，基于规则的分析能够识别任何不正确的内容
	旧金山无人机初创公司正在使用无人机和复杂的软件来处理仓库行业的库存跟踪。该软件解决方案使用无人机捕捉仓库中的图像，然后使用机器学习算法来处理图像
机器人学	Unbox Robotics 是一家初创公司，正在建立一个物流自动化系统，该系统能够使物流参与者更好地利用有限的占地面积和资本，收到 55 万美元的种子基金
	DHL 在美国 10 个仓库部署了约 100 个由 Focus 机器人公司制造的仓库机器人。轨迹机器人的功能是在仓库里运送货物，它们装备塑料箱，穿过过道，从货架上取下商品的工人那里收集商品
AR 和 VR	新奥尔良港推出了数字学习工具箱，旨在教育路易斯安那州的学生了解当地海运业和港口在他们日常生活中所扮演的角色。此工具箱为各种年龄组提供资源，包括 20 分钟的“港口 101”展示视频和 360 度虚拟现实视频，展示了港口斯卡戈码头的日常运营情况
	联邦快递在员工培训中使用 SVR，力求更好地准备和留住员工。联邦快递与虚拟现实培训系统公司 Strivr 合作开发了该项目，该项目使用沉浸式数字环境和传感器来指导和监控工人完成模拟
物联网和 5G	MHS（材料处理自动化和软件供应商）推出了 DMHS Insights，这是一种基于状态的维护解决方案，通过物联网传感器和系统数据监控资产，提供及时的维护建议和战略健康评估
	Aeler technologies 利用 Foundries．io 的基于 IoT 的软件平台，开发了一个 20 英尺的集装箱，使租赁集装箱的公司不仅可以查看货物的位置，还可以查看环境状况
	诺基亚和泽布吕赫港完成了 5G 就绪、工业级专用无线网络部署的第一阶段。该网络现在被用于与拖船、空气污染探测器和安全摄像机的连接

续 表

可再生能源	CNG 燃料公司在欧洲新建了两个加油站，提供可再生的生物燃料压缩天然气。位于沃林顿和北安普顿的新加油站每天能够提供超过 1000 千瓦时的燃油。 英国联合港口公司在赫尔港投资了一支电动叉车车队，作为对减少排放和更多利用港口产生的可再生能源的持续努力的一部分
	日本运通公司计划投资高达 1000 亿日元（约 10 亿美元），建立一个区块链运输网络，用于制药。该公司打算从 2021 年开始开发自己的系列药物，这将需要通过仓库和质量控制团队的状态更新来实时跟踪产品
区块链	以色列港口公司已开始试运行使用区块链技术的提货单转移系统。这项技术有望防止伪造和文件延误
	海运公司达飞达（CMA CGM）、中远航运（COSCO Shipping）、赫伯罗特（Hapag-Lloyd）和东方海外（OOCL）已同意与港口运营商合作，建立一个区块链驱动的数据交换平台，向供应链上的所有利益相关者开放

资料来源：科尔尼分析（Kearney analysis）。

（一）人工智能与机器学习

人工智能（Artificial Intelligence，AI）与机器学习（Machine learning，ML）两者都是很宽泛的类别，AI 与 ML 帮助企业将现有数据转化为更好的商业洞察力和竞争优势。人工智能 100 强中有 20% 涉足物流领域。

AI 与 ML 的在物流领域的应用场景包括，一是预测市场波动，制定更优的计划决策；二是预测高需求的产品，以便仓库可以将其存放在容易存取货的库位；三是根据实时交通与天气情况优化配送路线；四是在实施配送前即可识别已破损货物；五是办公自动化以减少文书工作、提高工作效率、降低出错概率。

即使 AI 和 ML 的应用可以带来的巨大好处，但是很难获取可用的、干净的数据，因此在推动其广泛应用方面遇到了极大阻碍。随着可清洗数据的人工智能技术的兴起，AI 和 ML 的应用进程将被加速推进。

（二）机器人技术

物流行业近年来面临的两大挑战是如何应对电子商务销售所带来的巨大需求增长和如何解决发达国家的劳动力成本上涨。机器人技术（Robotics）为辅助解决这两方面的挑战提供了可能。

机器人技术与自动化技术整体可以分为两类，即货物搬运和货物装卸。

1. 货物搬运

自动驾驶卡车的发展将会分阶段进行，首先是卡车列队行驶（Platooning），然后是无人驾驶卡车的列队行驶，最后是真正概念的无人驾驶汽车运输（从装货到配送全程不需要司机操作）。无人驾驶技术同样可以应用到其他行业（铁路、航空、仓库无人机等），但影响力较低。

自动驾驶车辆在真正投入使用前还需要解决安全和监管方面的问题，因此需要众多的利益相关方团结一致共同构建“无人驾驶世界”

这一愿景。首先在3~5年实现列队行驶，然后争取利用十年左右的时间实现真正意义上的车辆全自动驾驶。

2. 货物装卸

在仓库里，机器人货架可以将货物直接运送到拣选点，拣选系统可以使用带有传感器的机器人手臂有效地抓取不同形状的货物，自动码垛机可以将货物单品或装货箱打包成托盘。

专注于拣货、分拣和码垛操作的装卸技术已经全面投入商业运营。亚马逊等公司在机器人技术方面的投资走在了时代的前面，并获取了丰厚的回报。在亚马逊遍布全球的仓库中，有超过20万台移动机器人正与其员工一同工作。这使得其物流运营成本削减了近20%，并为拓展在供应链领域的投资创造了有利条件。

（三）增强现实与虚拟现实

增强现实（AR）和虚拟现实（VR）可以提高流程效率，从而提高生产率，特别是在仓储和配送方面。最初的应用是通过在智能眼镜上显示可视物品的使用说明来帮助仓库拣货，可以为员工执行维修任务提供指导，还可以帮助员工在装卸卡车时找到正确的托盘，减少交货时间、错误率和工作培训需求。还有一个应用场景是在汽车挡风玻璃上使用相关技术帮助投递人员提高效率，甚至可以显示包裹的预定收件人的照片。

在AR和VR的具体应用方面，还有许多细节需要认真考量。因此在短期内，AR和VR可能仍将局限于货物拣选和仓储员工培训这两个场景。

（四）5G与物联网

新的5G无线标准可以应用在以下三个场景。

1. 端到端可视性。5G将使企业能够部署更多的设备，通过创建一个工业物联网（Industrial Internet of Things，IIoT），获取集装箱、卡车甚至SKU级别的实时跟踪数据。

2. 增强的路线与时间规划。更为有效的跟踪技术将帮助企业避免运输延误，消除不必要的配送路径，并能够实时优化路线与时间表。

3. 改进的维护。5G网络将支持VR和AI技术，以改善在途和非在途期间的车辆维护工作。

5G网络将很快得到普及。然而，除了可支持大量设备进行同时通信的5G基础设施之外，工业互联网完全发挥作用，还需要满足两个前提条件，一是容易获取的低成本设备；二是完善的跨网络通信标准。

制定和实施这些标准需要时间，但这并不意味着静观其变。5G的应用将是一个长期的、持续的过程，需要基础设施、设备以及应用程序的不断建设及完善。而这个过程的逐渐深入，则依赖于早期应用者不断探索并取得成功实践的基础之上。

（五）可再生能源

物流公司能够从可再生能源的使用中受益，节省燃料和能源方面的支出；减少碳排放以满足客户端要求；通过使用电动车队来增加送货频率。创新可以分为三个方面，一是电动卡车依赖与电池相关技术的创新，控制和减少电池的充电时间（如可更换电池）。沃尔沃（Volvo）、Navistar、特斯拉（Tesla）和雷神（Thor）的混合动力或全电动卡车预计将在未来3~5年上市。二是“最后一英里”电动车辆，包括手推车、三轮车或中型货车。在德国和其他一些欧洲国家，像DHL Cubicycle这样的货运自行车已经可以用来执行很多市内配送的任务。三是绿色仓库通过屋顶太阳能电池板、减少照明需求的智能传感器以及高峰时段的叉车充电来减少碳足迹。

需要注意的是，当大部分电力来自化石燃料，电动汽车本身就不可能是应用可再生能源的范例。然而，电动汽车的应用可以推动能源使用模式转化为更为依靠可再生能源这一路线上。

同时，在实践中完全应用这些技术存在着一些障碍，一是电动车辆的配套设施建设不完善，几乎没有得到政府政策法规的支持；二是制造商数量有限而且规模普遍较小。

（六）区块链

区块链技术具有的去中心化和透明度的特性，可以改善货物跟踪流程，提高物流操作效率。但是，区块链在得到全面应用前还需要解决数字化的一些基础问题。例如，如果收货端没有网络连接导致货物配送完成的信息无法上传，则智能合同不会自动执行；如果网络中的数据对所有用户透明，则可能会破坏商业机密。

面对这些存在的问题，一些企业已经成功进行了一些实践。例如，加拿大的沃尔玛在2019年实施了基于区块链技术的货运发票和支付对账解决方案。沃尔玛及其货运商得以协调利益：沃尔玛获得了信息透明度，而货运商则及时得到付款以及更好的对账周期。所有的参与者都提升了效率，增加了信任，唯一的不足就是这些仅局限于小规模的网络内。如果想扩大应用范围、获取更多收益，就需要所有参与者团结一致，共同应对挑战，形成合力。

无论是人工智能、机器人技术、5G技术还是其他技术，物流公司都需要尽快与科技公司携手，用科技提升行业竞争力，在市场中立于不败之地。

总之，2019年，美国物流业依然是美国经济发展中的重要一员，无论在多么复杂的世界经济和政治环境下，物流业都在积极地寻找更优发展路径，为美国的经济发展而努力。

（高珉、王国文译，王国文校）

日本救灾应急物流体系

素有“地震国”之称的日本，平均每天有4次地震发生。全世界里氏震级6.0级以上的地震，20%发生在日本，日本为此在应急管理方面投入巨大，居发达国家首位。2011年3月11日，日本宫城县牡鹿半岛东南发生9.0级地震。地震后数周内救援组织松散，救援行动效率低，导致物资缺乏、受灾群众挨冻受饿情况普遍发生。东日本大地震的发生反映出日本救灾不力的严重问题，由此衍生出了救灾应急物流管理方面的课题。

一、日本应急物流问题

（一）东日本大地震的物流特征

2011年3月11日14时46分18秒（东京时间），日本宫城县牡鹿半岛东南发生9.0级地震，是自有记录以来全世界里氏震级第五高的地震①。地震导致15897人死亡、2533人失踪②，造成直接经济损失达25兆亿日元。与此同时，由于地震引发了海啸和福岛核泄漏事故，到2019年，仍有5.2万人不得不过着疏散在外的生活。

1. 受灾地大多远离物流主干线

海啸波及的三陆海岸和福岛东部太平洋沿岸，远离日本东北重要干线——东北公路和国道4号线，给救援和重建工作带来了很大困难。

2. 受灾信息大规模不畅

东日本大地震中通信联系大规模受阻，且通信功能短时间内未能得到恢复。地震、海啸、火灾毁坏了电话局、电话线和信号发射塔。有的地区建筑物全毁，有的地区用于防灾的无线通信设备、卫星通信设备以及备用电源均被海啸冲走。即使通信设施没有受到破坏，由于长时间停电，也已经不能正常使用。这些原因使得不能及时向外部传送灾情。

另外，海啸将损毁的建筑物、汽车、船舶等冲到了公路上，阻断了交通。通信中断与交

① 世界历史上里氏震级前四高的地震：1960年智利瓦尔迪维亚地震（9.5级）、1964年美国阿拉斯加州威廉王子湾地震（9.2级）、1957年美国阿拉斯加州安德烈亚诺夫群岛地震（9.1级）、2004年印度尼西亚苏门答腊岛（9.3级）。

② 日本警察厅2019年数据。

通不畅加大了灾情信息采集与传送的难度。

3. 日本生产停工范围超过灾区范围

东日本大地震造成的生产停工范围超出了灾区范围，波及日本全国，甚至蔓延到了海外，其主要原因有以下三个。

第一，东北地区的制造业源头产业除本地企业外，其他关联加工企业已分散到了以关东为主的各个地区，依靠长途运输大范围采购产品的企业较多。供应链上游受阻，使远离东北地区的企业也受到了影响，停工波及全国乃至世界。

第二，由于日本经济长期增长缓慢，中小企业淘汰出局，使得一些特定产品的生产逐步集中到了少数拥有先进技术的企业，再加上产品的差异化，使得特定企业所生产的特定产品无法被替代。此时供应链受阻，其他相关企业受到影响导致停工。

第三，Just in Time 生产方式的发展，造成供应链上下游原材料、零部件的库存极少。地震后，供应链的多个节点无法保证供应，造成大范围的生产停顿。

（二）灾后物流问题

1. 物流信息无法及时获取

物流就是"物资的流动"，如果不能获取"何时""何地""何物""多少"等基本运送信息，物资就不能顺利而有效地流动。东日本大地震由于通信和交通长时间中断，造成了信息长时间传递不畅，日本政府不能及时掌握灾情，也无法获取灾区对赈灾物资的需求信息。

东日本地震中各受灾县设立了赈灾总部，很多救援物资也被快速运到了赈灾总部。但由于信息不畅，受灾范围和灾区的物资需求信息不详、物资集散地的选址和规模无法及时确定，继而影响了高效运输计划的制订和执行。

赈灾物资源源不断地被运到赈灾总部，却因交通不畅、司机短缺而无法及时将物资运出去。同时，由于汽油、柴油等燃料供给不稳定，无法制订详细的卡车运输计划。

2. 救灾物资的物流管理问题

常态物流系统和应急物流系统有很大不同。地震等灾害发生后的不同时间段，对物流系统的需求也不同。灾害发生时，首先要用最短的时间估算受灾地区最低限度的必需物资，并迅速按照"推式"供应链系统进行供给（见图1）。在各类最基本的物资供给达到稳定之后，再依次为受灾者满足其余需求，进行相对应的"拉式"供应链系统供给（见图2）。

日本将集货点与避难所相关联，对救灾物资进行物流管理，由受灾地之外的地区，提供"整套"物资供给，极大地缩短了最低限度必需物资的供给时间。

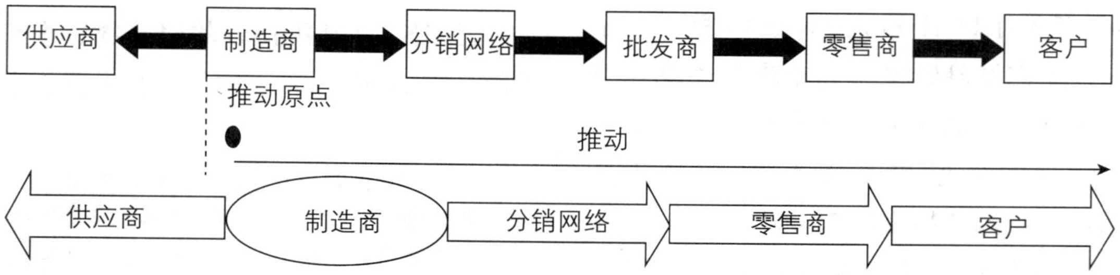

图1 应急物流（第一阶段）——"推式"物流管理

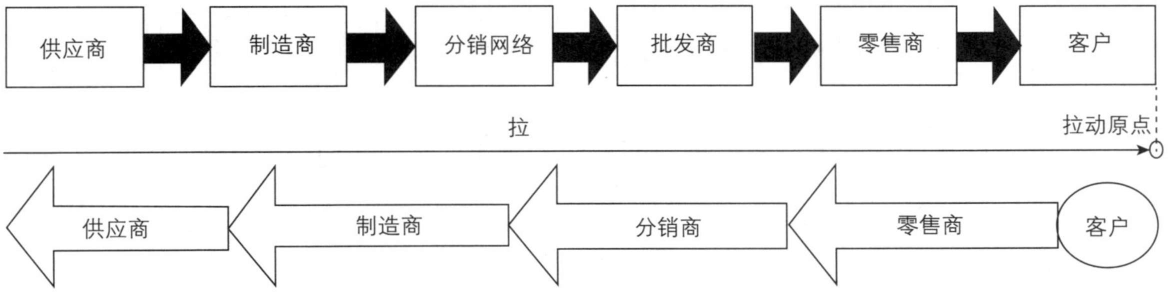

图 2　应急物流（第二阶段）——“拉式”物流管理

灾害发生时，通常在受灾地区以外的区域进行救灾物资的调配。首选相邻地区，但因相邻地区很多工厂受到灾害波及，物资供给也出现了困难。因此，中部以西地区成为东日本大地震后救灾物资的供给中心。

但是，随着运输距离的增长，运输时间也有所增加。在燃料不足的情况下，无法确保配送救灾物资的车辆从受灾地回程的燃料供应。

救灾物资的物流管理如果不把救援地与受灾地、1 级区域集货地、2 级市镇村集货地以及各级避难所等各个节点相互连接起来，形成推式供应链系统——“救援地→受灾地→1 级区域集货地→2 级市镇村集货地→各级避难所”体系，物流管理将失去意义。

从受灾区域的 1 级区域集货地向 2 级市镇村集货地以及各级避难所进行物资配送时，由于各市镇村的政府机关本身也遭受了灾害影响，导致其在震后初期不能很好地发挥作用。当外地向受灾地进行物资供应时，没有专业的物流管理人员在集货地进行出入库及库存管理，极有可能出现大量物资堆积的问题，同时也会无法及时配送到避难所；即使能够配送到受灾地区一部分物资，也会存在物资分类的问题。

震后初期，虽然把各政府部门的办公楼等公共设施作为救灾物资集货地进行使用，但是由于物资接收后管理不善，出现了物资堆积以及空间使用不足等问题。为缓解这种情况，民营物流企业的物流设施被征用，根据不同救灾物资的品种接受管理。区域救灾物资集货地也从最初的 4 处增加到 24 处（22 家企业），存货面积增加到了 8000 平方米。

在地震发生前，没有形成市镇村的政府与物流企业协同合作的体制。地震发生后，市镇村政府机关受灾同样严重。

综合以上应急救灾物资物流管理问题，主要涉及推式物流系统和拉式物流系统、现代物流的管理、集货地功能的强化、供给物资的配套问题、受灾地和受灾地以外区域的联系合作——分担关系、公共部门与民间部门的联合合作——工作分工、救灾物资供给的确保、普通流通渠道的并用（见图 3）。

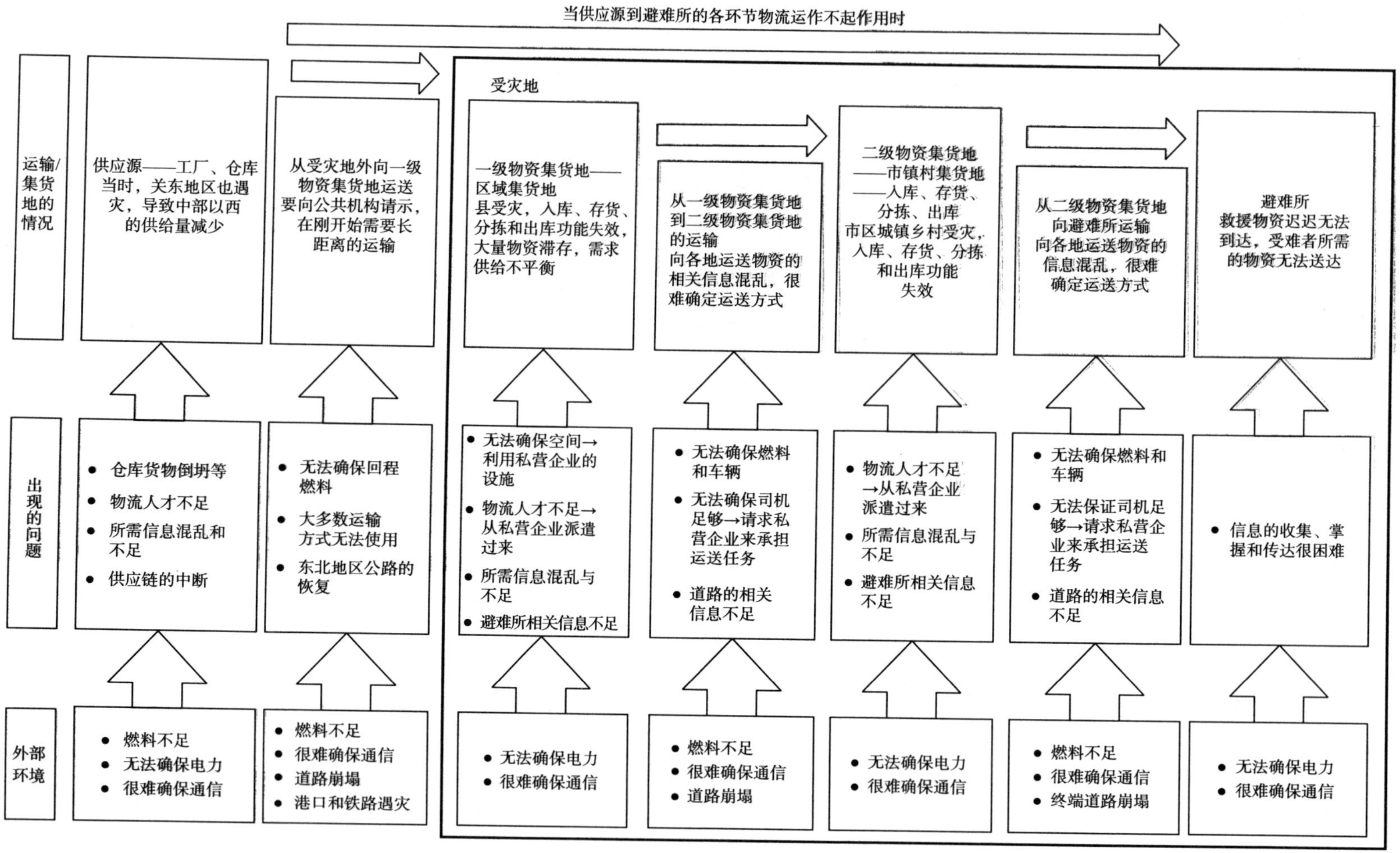

图3　应急救灾物资供给问题

注：自卫队在运输环节和集货地现场，都发挥了重要的作用，但在图中不能描述。根据地区的不同，情况会有很大的差异。只记述有代表性的问题。

二、日本救灾应急供应链管理体系构建

（一）应急物流预估体系

总结东日本大地震震后救灾经验可知，当大范围受灾且通信不畅时，最好的方法是构建一种应急物流预估体系，在灾区向外部传达灾情以及对赈灾物资的需求信息之前，就按预估灾情和需求组织救援物资的供应。

关于构建应急物流预估体系，日本的专家提出以下措施。一是通过卫星定位和高空拍摄掌握受灾状况；二是通过 GIS（地理信息系统）估计受灾群众的属性及人数；三是通盘考虑受灾规模、时间及天气状况，估计最低限度生命救援必需品的需求量。

该体系的运作设想是，通过卫星定位和高空摄影初步掌握情况，结合从 GIS 和国土数据信息等渠道得到的数据，分析受灾规模、时间，预先估计受灾地区状况和受灾群众属性（性别、年龄等）及大致人数，在考虑天气状况的基础上，大致确定受灾群众的物资需求量（以生命救援所必需的物资如水、粮食、被褥等为主）并及时供应。

以预估的需求信息为基础，制订供应清单并传送给储备救援物资的自治体或企业，通知其发货。通过此方法，即使灾后通信不畅，在受灾的早期阶段也能迅速进行有效的救灾运作。

在灾前预先确定好多处救灾物资集散地的备选地点，将救灾物资登记在系统里，并做到信息共享，当地震发生时，赈灾总部就可以协同物流业者快速确定合适的物资集散地，使救灾物流体系尽早运作起来。如果该体系还能提供加油站状况、ITS（Intelligent Transportation System，智能交通系统）公路通行状况、直升机起降备选地、港口的抗震泊位等信息，那么运输方式和渠道多样化就可以得到保证，赈灾物资就能够更迅速且准确地被送到受灾群众手中。通过构建上述应急物流体系，即使灾后通信中断，赈灾总部在无法获知受灾地区状况和需求的情况下，也能够依据预估结果组织救援物资并及时供应，确保受灾群众的生命救援和情绪稳定。

（二）生活日用品供应链管理

1. 生活日用品物流系统持续性的保障

（1）企业“零库存”环境下的应对措施。

由于企业过度追求“零库存”，当灾难发生时，物资的供给将无法得到保障。因此，需要从三个方面进行改善：一是对物流系统进行重新评估，合理安排库存；二是对于多个物流节点的库存，实行运输一体化管理，并进行可视化管理；三是灾害初期，首先要确保救灾时，最低限度的必需生活物资以及医药的安全库存。

为了实现这一目标，需要对公共储备仓库的功能进行重新评估。

（2）企业物流节点过度集中时的应对措施。

企业物流节点过度集中，将给救灾物资的供给带来障碍，需要从以下六个方面进行改善：一是重新评估物流节点的设置，进行分散化布局，对于过度集中的物流节点，采取局部分散化的布局方式；二是对生产体系进行重新评估，实施分散化生产；三是从经营效率的角度不可大范围地实行分散化；四是物流节点之间构建可替代的物流系统，推进物流流程的标准化，构建物流系统、信息系统的备用系统；

五是供应链管理的可视化；六是采购节点的分散化。

2. 生活日用品供应链管理的措施

一是工厂生产商品的体制再评估；二是可替代性生产系统的构建；三是超过生产制造企业框架范围的协作（例如，日冷与伊藤忠的冷冻食品协作）；四是在整个业界范围内，建立物资采购系统；五是实现供应链的可视化管理；六是零部件及包装材料的标准化（如塑料瓶的盖子）；七是实施全球采购。

（三）高效率应急物流体系

在由东日本大地震产生的应急救灾物流中，可以总结出以下4点经验。一是紧急救济物资的供给，需要公私联合进行，分工协作；二是需要考虑构筑公共物流园区救灾应对系统（布局、耐震性、燃料、信息通信手段的保障等），合并储备仓库，发挥救灾时集货地的功能；三是多种运输方式协作；四是道路通行的限制。

同时，要应对大规模自然灾害，应急物流体系的高效率运作是关键。现阶段应该改善的地方有两点：一是建立有物流专业人员参与的应急信息一元化管理的相关制度；二是编撰最低限度的应急物流体系的标准化手册，并对自治体公务员或自卫队人员进行培训。

为了提高风险应对能力，快速构筑起具有替代性的、具有恢复能力的物流系统非常重要。不但要追求精益供应链管理所提供的高效率，还要追求敏捷柔性供应链对抗风险的能力。特别是物流效率与风险应对存在二律背反，更要综合考虑，进而制订出可应对风险的最优高效率应急物流体系。

（四）业务持续计划

在救灾时，事前制订计划非常重要。在这些事前计划中，业务持续性计划（Business Continuity Planning，BCP）越来越被重视，无论是国家、地方政府还是企业，要确保快速恢复业务，BCP建设是必不可少的。

1. BCP

经历过2004年新潟县中越地震、2009年H1N1甲型流感病毒风波后，货主对物流企业提出“物流企业是否有应对突发事件的BCP”“受灾后恢复物流业务需要的时间”“即使受灾，如何能够确保燃料和车辆的持续提供”等问题。

对于物流企业来说，把业务停顿的责任归于自然灾害已行不通。

BCP是一套基于业务运行规律的管理要求和规章流程，可使一个组织在突发事件面前能够迅速做出反应，以确保关键业务功能的持续性，而不造成业务中断或业务流程本质的改变。BCP最主要的目标是确定并减少危险可能带来的损失，有效地保障业务的连续性。

在突发事件发生时，企业的业务能力会突然下滑并持续一段时间，BCP的作用就是尽量缩短这个时间。比如，企业有10辆卡车，如果未制订业务持续计划，10辆卡车可能全部不可用，如果事前制订了相关计划，其中3辆车可以正常使用，因而可确保30%的业务持续，在此期间，企业可抓紧时间尽快恢复全部业务。

2. 危险评估和计划可行性

危险评估就是认识并分析各种潜在危险。所有危险都应纳入企业的危险评估范围，并且应对各种危险的可能来源进行较准确的定位。企业评估各种危险时，按程度可将危险分成“无法应对的危险”“可应对的危险”“暂时不用应对的危险”等类别，对相应的危险制订相应的计划。除了企业自身的危险外，如果是物流企业，还要考虑供应链上可能存在的危险。

企业所制定的BCP应该同时兼顾预防和控制两个方面。而应用系统的错误则可以通过对软件的有效评测来预防。危险评估后应开具一份有关危险效益分析的详细陈述报告，要有对危险的精确描述、对可能发生哪些危险的预估，以及需要采取的保障业务连续性和缓和危险的措施，同时要有因为克服了危险而带来的收益分析。这份报告还应描述清楚任何现有的前提或者限制因素。

BCP 制订后要确保其可执行，所以日常的业务持续管理（Business Continuity Management，BCM）非常重要。企业的经营者要经常思考 BCP 是否完备，比如，经常考虑洪灾造成仓库损害或者地震造成高速公路不通时的 A 方案、B 方案和 C 方案，看到其他企业因突发事件停产时，要联想到自己的企业，并将相应的对策补充到 BCP 里。此外，要定期或不定期模拟突发事件的发生情况，训练员工的应对能力和检验 BCP 的执行程度。

3. 制订 BCP 的要点

制订 BCP 就是要把握各企业的现状和预估各种危险，应按照如下顺序进行。

第一，避险转移；第二，通知灾害发生；第三，人身安全确认；第四，把握灾情（建筑物、车辆）；第五，企业报告；第六，召集员工；第七，通知行政部门、行业团体以及客户；第八，恢复业务，并针对“谁、何时、何地”等逐项予以定位。同时，还要预先确定企业各职能部门的分工协作和可替代顺序等。

（1）灾前的防灾减灾对策。

各自治体针对自然灾害的突发情况，绘制各地洪水发生可能性等的“危险预估地图”，企业可依据最新版的危险预估地图评估本企业存在的危险情况，根据危险程度，制订如“增加仓库等建筑物的抗震强度”“购置发电机以备不时之需”“经常备份电脑数据”等对策。另外，企业还有必要制订关于办公场所、仓库、车辆等重要资产的安全保障措施，同时制订预防有可能造成严重损失的减灾措施，确保灾难发生时将灾害损失降到最低。

（2）避险、安全确认、救灾活动。

根据地震警报、气象警报，迅速准确地收集灾害信息，认为危险时迅速通知员工避险。当灾害发生时，首先确认员工及其家属的安全情况，并立刻进行救灾抢险活动，防止火灾等次生灾害的发生。另外，要做好救灾器材和紧急物资的储备工作，确保自然灾害最低 3 天、公共卫生灾害最低 2 周的物资储备量。救灾抢险时，不能只顾本企业的利益，还要兼顾周边地区的利益。

（3）恢复措施。

物流企业的恢复措施涉及面较广，比如受灾设施设备和车辆的替代品、通信的保障措施等。对于物流企业来说，要特别留意燃料保障和资金周转安全。

要确保供应链的正常运行，燃料的保障工作非常重要，东日本大地震中储油罐发挥了很大作用。不过，储油罐的设置需要提交经营危险物品的许可申请、派专人管理和定期检查，如果发生泄漏将污染周边环境，而清理污染时有可能花费高额费用。

每天车辆返回车库时，要确保油箱处在灌满状态，以保证第二天发车的燃料需用量。另外，经常配备 50cc① 的摩托车，发生紧急情况时，3~4 升汽油就可行驶 100 公里，不仅能确保紧急情况时的联络和紧急物品的运送，还可利用点烟器给手机充电，保证通信畅通。

对于中小物流企业而言，保证资金周转安全也相当重要，如果客户受灾，货款就不可能马上收回，所以要尽量确保相当于两三个月货

① cc：毫升，是指汽缸排气量。

款的流动资金，以备不时之需。为了确保能收回货款，不能疏忽对发票等重要凭证的保管，应做好备份并异地保管，防止受灾时票据凭证尽失。由于卡车协会、仓储协会对国家、商工会所以及地方公共团体的援助措施比较熟悉，因此，如果发生资金周转困难，企业可咨询相关部门。

三、日本救灾应急供应链管理发展方向

（一）生产采购体系发展方向

由于日本经济、社会结构日渐成熟，出生率偏低、老年化问题严重，以及就业环境差、国民收入提高难等问题，使日本国内市场规模缺少更大的发展空间，为此，很多企业把眼光放到了一些增长较快的新兴国家，以求得企业的生存和发展。

1. 采购和生产向其他地区或海外转移

对灾后日本东北地区的企业，进行了生产、采购向外部转移意愿及动因的调查统计，显示出东北地区一定数量的企业已经开始进行生产及采购外部布局。地震的发生或将成为日本企业生产或采购地向国外转移的导火索。

关于生产地点布局，从行业情况来看，电动机械制造业向日本国内其他地区或海外转移部分（或全部）生产意愿较强。

关于采购地点布局，从行业分布来看，电动机械制造业和化学工业中有向海外转移意向的企业较多。从主要转移目的地国家或地区来看，中国最多，其次是韩国、美国、东南亚地区等。随着日本国内电力不足等问题的出现，今后将采购地点向国外转移的趋势可能会增强。

2. 供应链管理（采购物流）发展方向

（1）采购地的可视化。

某汽车制造厂对1级采购地的要求是供应商要提供包括工厂、生产产品及品种的数据等详细内容。不仅共享1级供应商，还包括2级、3级供应商的信息，甚至要追溯到6级、7级供应商的各种信息。另外，对所有车型的零部件模具的设计图都实行数据库化管理，为构筑可迅速替代的生产体系打下基础。

某电子元件制造厂，对库存信息实施数据库化管理，为在灾害发生时建立可替代零部件的供应渠道打下基础。

对于零售企业销售的自主品牌商品，也有推进可视化物流管理的案例。在某便利店，工作人员为供应商品的各个供应商建立了信息档案，有效避免供应链断链问题。

（2）采购地的分散化、多渠道化。

某汽车制造厂，从先前的单一采购模式向多渠道采购模式发展。目前，虽然1级采购实施分散采购，但2级、3级采购仍然存在集中采购的问题。为改善此状况，今后将要求2级、3级采购在至少2个地方的工厂制作零部件。

在某汽车配件制造厂，全部零配件的采购地都建立从集中厂家采购向分散厂家采购的转化体系。

（3）零部件的共通化、标准化。

某汽车制造厂，变更特殊的零部件设计，并尽可能向通用品转换。将全球零部件设计的共通化作为一项重要的工作。另外，从3家供应商实施零部件集中购买的采购改革，推进零部件的标准化。

汽车制造厂等各个公司，致力于生产标准化的半导体、计算机。以前，各制造厂生产每种车型，都需要供应商供应特别定制的商品（车载半导体、计算机），种类达10万种。功

能类似的车载计算机的配置具有共通化特点。如果某工厂地处受灾地区，其他同类型工厂马上可以生产能替代的产品。

（4）当地采购率的提高。

某汽车制造企业在日本以外的制造厂中止了来自日本国内的原材料、零部件的供应，全部从当地采购原材料、零部件，这极大地提高了当地原材料、零部件的单元采购率。

（5）采购地库存量的增加。

某汽车制造厂，对于难以替代生产的一部分电子元件、铸件，要求供应商提供一定的库存量。例如，汽车导航用的IC芯片等要求确保2个月左右的库存。

3. 生产体系重新评估后的发展方向

（1）生产工厂的分散化。

对于制造企业而言，其生产工厂大多集中分布。即使减少工厂的数量，也会出现在同一地区有多个工厂集中存在的情况。还存在虽然该地区有多个工厂，但每家工厂只生产1种产品的情况。

东日本大地震后，制造企业开始分散布局其生产工厂。特别是当主要商品的生产集中在1处工厂时，制造企业便开始在日本的其他地区设置分厂。

在与医疗器械、医药相关的生产中，为了避免出现生产停滞的情况，企业开始重建生产体系。一些医疗器械制造厂在日本国内原有的生产节点集中在特定区域，为了实现生产分散化，开始计划建新厂。

日本的一些游戏机制造厂在震前由于生产节点的集中，实现了生产的效率化战略。震后开始建立神奈川县和兵库县的生产节点，随着生产部分功能的转移，生产得以向神奈川县、兵库县、爱知县进行了分散。

日本的一些精密机器制造厂在日本国内的东西部地区开始建立新的生产节点，实现了生产体系的转变。同时，与有资本互补效应关系的德国制造厂之间建立起了生产互补体制。

日本的一些便利店，原来商品的生产过度集中在1家工厂，现在增加了盒饭生产工厂以及物流节点数。随着生产、销售便利店盒饭等的工厂、物流节点数量的增加，提高了盒饭的生产数量、质量、速度，改善了其生产设备。

日本企业不仅在日本国内推行生产工厂的分散化，也在国外不断推行生产工厂的分散化。日本某医药品制造厂，为了规避日本国内以及海外生产地过于集中的风险，开始计划在越南建立新的生产节点。

日本的一些轮胎制造厂，震前在日本国内优先生产高性能产品，地震后不仅在日本国内至少2处生产节点处生产，也开始考虑在海外生产，以规避风险。

（2）其他工厂的替代生产

东日本大地震发生时，由于有生产替代体制的存在，即使日本东北的工厂受灾，也有其他地区的工厂支持，很快可以重新开始进行生产。因此，替代生产体制开始出现。

（3）企业内部生产化

除了实施生产功能分散化的企业以外，还有实施生产功能的企业内部生产化的实例。例如某文具制造厂，在东日本大地震时，由于大多数产品是外包生产，震后供应链断链。在该公司的工厂得到快速修复后，该公司迅速开展分散生产，改善在日本国内的生产体系，在工厂实施企业内部生产，进而降低风险。

（4）重新评估生产工厂布局

以前，生产工厂的生产节点、物流节点主要集中分布在日本的沿海港口城市。在东日本大地震发生时，这些节点受灾极其严重。因此，生产节点、物流节点的布局，出现了从沿海地区向内陆地区转移的趋势。

以日本的一些汽车制造厂为例，震前在日本国内生产节点主要集中在静冈县内，震后开始讨论工厂的迁移以规避灾害风险。同样其他制造厂也开始推行向内陆城市布局工厂的迁移计划。

（二）物流体系发展方向

1. 物流节点的分散化

过去为了追求效率，物流节点通常集中分布，这降低了整个物流系统应对灾害的能力。因此，地震以后，日本首都经济圈范围内，许多位于东京市内及周边的大型物流节点为了降低风险，开始向日本内陆地区布局，出现了物流节点分散化的趋势。

此外，也有重新评估合并计划的企业。一些批发企业把原来的 2 家物流节点合并为 1 家物流节点。在风险管理方面，重新评估了合并的计划。

2. 其他物流节点的替代性

在东日本大地震中，如果物流节点受灾，从邻县或者关东地区的物流节点向受灾地区提供救灾物资的企业开始变多。

快速建设起其他的物流节点，并能发挥其替代作用的物流体系非常重要。如果出现物流节点功能停止，或超过其最大处理量时，在其他的物流节点要建立具有替代功能的体系，并制订业务持续性计划，设定替代物流节点的功能。

日本的一些食品批发企业拥有 300 处物流节点，如果一些物流节点的部分功能受到影响，或订单数量超过最大处理量时，提前建设的拥有替代功能的物流节点便可以发挥作用。

一些便利店开始迁移物流节点并进行扩张。如果总部物流节点受到影响，通过这些迁移和扩张的物流节点，可以承担起向全国店铺发送货物的替代功能。

3. 库存量的增加

对于不可替代又比较重要的商品，从应对风险的角度，需要对其库存量进行重新评估并改进。特别是医药产品库存量的重要性日益显著。

向供应商提出增加库存的要求时，同时增加企业内库存。零售业中有物流节点内增加商品库存后改善商品库存结构的实例。

日本的一些医药制造厂，在震后重建期间重新评估库存基准，将全产品库存提高为以前的 2 倍。这样，从灾害发生到生产线再构造的时间内，也能继续供给医药产品。

日本的一些零部件制造厂对重要零部件进行精细化管理，将重要零部件分成 4 级，增加重要等级高的零部件库存量。最重要的零部件库存提升到以前库存量的 1. 5~2 倍。

日本的一些化学制造厂增强了工厂的储备能力；日本的一些食品制造厂将库存集中在东西 2 处大型物流节点，对存储在其他地方物流节点中的库存进行转移。

4. 机械化、自动化的重新评估

东日本大地震发生后，原有的机械化、自动化的物流节点，由于机器的故障，发生了自动仓库中商品掉落、运行停止的问题。因此有必要重新评估机械化、自动化的物流节点并进行改进。在日本的一些食品制造厂仓库内，出现了叉车和人的联合作业。此外，对于重要的商品，一些物流企业开始采用平车装载方式进行运输。

5. 运输系统的重新评估

关于运输方式，不仅要保障卡车运输和其他运输方式的正常开展，同时要求保障多种运输方式的开展。为了应对风险，应鼓励企业采用共同运输和多种运输方式协同的方式进行配送。

卡车数量难以保障时，可以通过共同配送

降低风险。日本的一些啤酒制造厂，在地震发生后由于卡车的燃料供给不足，卡车运输能力难以满足客户需求，因此增加了铁路运输。

6. 强化信息系统备用体系

灾后物流系统、信息系统的修复不可缺少，备用体制的强化尤其重要。此处指的不仅是信息的备用，还有数据中心物流管理系统的数据，以及其他中心备份系统，这些都极其重要。

在东日本大地震后，日本的一些日用杂货制造厂在宫城县的基干系统的服务器由于停电停止运行，便立即启动兵库县的备用服务器，随即便可以接收到客户的订货信息。日本的一些汽车制造厂，总社的信息大楼受灾不能使用，便开启信息系统备用体系，以避免灾害对于集团公司正常业务的冲击。

（三）销售体系发展方向

在东日本大地震时，一部分便利店即使无法保障其他食材的供给，也可以通过店内烹调继续销售盒饭；即使在受灾地区内，也可以从本公司物流节点，以冷冻、冷藏的形式运送日式饭团食材，通过店内烹调制作，满足灾后消费者对日式饭团的需求。

随着便利店内烹调模式的不断改善，便利店在突发灾难的环境中可以快速应对消费者需求。

地震等自然灾害的发生不可避免，但通过应急物流将设备、药品和食品等赈灾物资快速高效地运送到灾区可以将损失降到最低，这就是应急物流的目的。因此，在有限的时间内、有限的资源限制下，如何构建最优救灾应急物流体系，值得我们思考。

（北京物资学院物流学院院长、教授　姜旭）

企业网上法务部
请个法律顾问？——No，一个律师，专业有限，应付不了！
公司设立法务部？——No，太浪费！
合同谈判、文件起草、法律风险防范、仲裁诉讼……怎么办？
Yes！我的法务网
www.myfawu.com
中小企业的网上法务部
在线法律服务管家
◇ 企业法务自助：定制/浏览类型化法规、案例
◇ 专家在线服务：法务咨询，在线申请/回复
◇ 在线法务管家：拟订、签署、执行法务过程，跟踪管理
◇ 在地化服务：绑定在地法务专员，定期访谈服务
法务资讯平台
法务管理系统

园区拥有独具特色的平台

京广铁路、石长铁路、京港澳高速、湘渝高速、107国道、319国道等与园区内59条市政道路，交织成一张四通八达的交通网络。园区拥有国家多式联运示范工程，长沙国际铁路港是中南地区多式联运综合枢纽，长沙新港是上海港的内河喂给港，长沙传化公路港是湖南规模较大、服务功能齐全的现代化城市物流中心。同时，长株潭城市群中国石化油品管道运输的枢纽也布局在园区。长沙金霞保税物流中心是湖南省先进海关特殊监管场所。金霞口岸区域2019年（含保税中心、长沙新港、长沙国际铁路港）实现进出口货值50.79亿美元，征收税款24.18亿元人民币。

园区拥有独具特色的平台

园区拥有长沙立足“一带一部”区域定位，融入“一带一路”，连接湘、粤、港、澳不可缺少的对外开放大通道。长沙新港远期年吞吐量达1200万吨，外贸出口集装箱占湖南省的60%以上。长沙国际铁路港年货物吞吐量近期为1670万吨，远期（2020年）将达到3000万吨。园区启用了“无水港”，开通了稳居国内一线班列的“中欧（长沙）班列”。金霞联检大厅实现了“一次报关、一次验收、一次放行”。海外人士外贸基地为湖南省搭建了与30多个国家的贸易往来“桥梁”。

园区拥有活力迸发的产业

园区肩负开放与创新使命，“一主（智能物流）一特（智能制造）”产业体系成熟，产业集聚效应明显。开放型经济生态圈构建有力，湖南省跨境电商产业园建成、湖南省跨境产贸城项目营业、湖南省跨境电商生态产业园落户，可用于跨境电商直购出口、保税备货进口的跨境电商监管中心和公共查验中心的“双中心”建成，开放型经济产业中的人才、企业、商品、金融、渠道、平台等要素集聚，产业生态品牌、生态容量、生态收益持续提升。智能物流产业绝对优势凸显，有5A级物流企业总部2家、4A级物流企业7家，形成了医药物流、能源物流、粮食物流三大“百亿级”板块。

园区拥有“优”无止境的营商环境

园区坚持以企业为中心、以企业家为中心、以创新创业者为中心，致力于营造国际化、法治化、便利化营商环境。通过良好的产业生态、便捷的政务服务、完善的配套设施为企业降低运营成本、时间成本和生产成本，为人才降低生活成本，以稳定的法治环境为企业增强预期，切实做到“随叫随到、不叫不到、服务周到、说到做到”。

联系电话：0731–88482510
HTTP://CSJXKFQ.CHANGSHA.GOV.CN

企业介绍

东风柳州汽车有限公司（以下简称“东风柳汽”）创立于1954年，是由东风汽车集团股份有限公司（以下简称“东风集团”）持股75%、广西柳州市产业投资发展集团有限公司持股25%的国有全资控股公司，东风柳汽占地面积约5180亩（345.3万平方米），现有员工5700余人，是东风集团在南方的商用车生产基地、乘用车生产基地、自主品牌研发基地和东南亚出口基地。东风柳汽旗下拥有乘龙、东风风行商乘两大品牌;商用车涵盖牵引车、载货车、自卸车、专用车、纯电动物流车、纯电动环卫车等系列产品，乘用车涵盖MPV、SUV、轿车、纯电动MPV和纯电动轿车等系列产品。

东风柳汽具有完备的四大汽车生产制造工艺及配套设施，拥有柳东商用车、乘用车两大新生产基地,具备年产10万辆商用车、40万辆乘用车生产能力。已投建的B+发动机项目主要生产EW系列2.0、1.8T排量发动机，当前已形成了10万台/年的生产能力，可满足东风集团内及其他主机厂的车型搭载需求。

东风柳汽在国内拥有近2500个营销服务网点，覆盖全国30多个省、直辖市、自治区,销售区域遍布大江南北;海外拥有近200个营销服务网点，产品远销美洲、非洲、东南亚等近40个国家和地区，连续多年保持销量领先。

东风柳汽努力把握产业发展趋势，加快创新转型，正在向为消费者提供全方位汽车产品和出行服务的综合供应商发展。目前，正积极推进新能源汽车、互联网汽车的发展，并开展智能驾驶等技术研究和产业化探索。

放眼未来，东风柳汽将继续坚持创新转型,深入探索新能源、互联网、人工智能等新兴技术与汽车产业的深度融合，加快形成核心技术，打造差异化竞争优势，不断推动自主品牌做大做强。

乘龙行天下
创富赢未来

长久物流
CHANGJIU LOGISTICS
股票代码【603569】
CR 中欧班列
express
CHINA RAILWAY Express
中甫航运
强大公路运输能力+高效资源整合能力
硬实力
公路网络：近90条干线对流线路，超70个区域小循环线路
公路运力：自有中置轴运输车辆超2000辆，总可控运输车辆超10000辆
铁路网络：20个操作站点，依托于中铁特货网络
水路网络：9艘专属船，20多条航线，“一横多纵”水运网络
仓储场地：近50个仓储场地，可用仓储面积近300万平方米
发展力
汽车全产业链布局整合能力
仓干配一体化汽车物流服务网络整合能力
公、铁、水多种运输方式整合能力
产业扩张与规模化效应的资本整合能力
科技赋能与智慧物流的信息平台整合能力
微信公众号
电话：010-57355999
官方客服热线：4008185959
网址：www.changjiulogistics.com
地址：北京市朝阳区石各庄路99号

运汽车 找韵车
韵车物流
YUNCHE LOGISTICS
滁州市韵车物流有限公司（以下简称“韵车物流”）是北京长久物流股份有限公司（以下简称“长久物流”）的核心子公司之一，由长久物流业务细分后组建而成，主要承接二手车运输、电商平台车辆运输、高端车运输、私家车运输及周边衍生业务。
依托长久物流的整车物流网络和20余年的整车物流服务经验，韵车物流拥有丰富的线下网络运力资源以及完善的汽车运输管理体系，在长久物流自营中置轴车队的基础上，完成了近万辆合规运力的整合，为客户开拓了一条全新、安全的车辆交易运输渠道。
一站式汽车运输平台
自 一键自助下单
结 线上快速结算
查 在途实时查询
赠 赠送10万元保险
服 7×24小时人工客服
1. 关注微信公众号【韵车物流】，点击App下载
2. 各大应用商店搜索“韵车用户端”下载
HOWO
韵车小程序
滁州市韵车物流有限公司
官方客服热线：4009-199-266
网址：www.yunchelogistics.com
地址：北京市朝阳区石各庄路99号长久大厦
微信公众号

临港工业与国际物流园区
管理服务中心

临港工业与国际物流园区管理服务中心（以下简称“园区”）作为宁波市委、宁波市政府在“十一五”期间出台的《宁波市现代物流发展规划》中明确的“一主六副”七大物流园区的“一主”，于2007年开始规划，2009年5月正式成立，总面积为3.5平方千米。作为北仑物流枢纽的特殊区域、宁波“三位一体”港航物流服务体系的重要载体之一和推进“海上宁波”建设、“物流节点城市”建设的重要举措，在“十三五”期间相继列入《宁波市城市总体规划（2006－2020年）（2015年修订）》《宁波市国民经济和社会发展第十三个五年规划纲要》《宁波市“十三五”物流业发展规划》。

园区的建设一直得到相关部门的高度重视和大力支持，2011年，被宁波市政府确定为宁波市十大服务业产业基地之一；2012年，被浙江省政府评定为服务业集聚示范区，并在全国物流园区范围内率先向原国家质检总局申报“全国知名品牌创建示范区”；2013年，正式挂牌成立宁波市“进出口商品采购贸易改革示范区”；2014年，被浙江省政府认定为浙江省港口物流贸易产业园；2015年，创建成为“全国港口物流服务产业知名品牌创建示范区”；2017年，被浙江省政府评定为示范物流园区；2018年，被国家发展改革委、原国土资源部、住房和城乡建设部联合评定为“全国示范物流园区”，同年获得“2018年优秀物流园区”荣誉称号。

经过几年开发建设，园区已建成46万平方米高标准物流仓库、15万立方米冷链仓库，建成550亩集卡运输综合服务基地，整合2万辆运输车辆，搭建了10余个物流信息服务平台。相继引进普洛斯、中外运、万纬VX物流园等国内外知名大型物流企业落户，集聚天翔货柜、东南物流、铃与物流等以运输、仓储、集装箱场站为主要形式的120多家中小型物流仓储企业；同时依托进出口采购贸易示范区平台实现540家商贸企业入驻备案，对宁波市贸易增长贡献值达10%；建成宁波冷链产品贸易配送基地，成为宁波口岸通关十分便利的区域。

依托得天独厚的港口优势和区位优势，园区规划建成集仓储运输服务、生产服务、国际国内贸易服务于一体的综合型物流园区，吸引国内外著名的经营高端、高附加值货物物流的第三方物流企业落户园区，提供包括货物仓储、运输、包装、流通加工、分拨、配送和货运代理在内的现代物流服务。

园区积极顺应宁波港从“物流大港”向“贸易大港”转变潮流，努力打造成为“环境优美、功能完备、配置合理、辐射动力强”的港口物流功能标志性区块，成为浙江省海洋经济发展以及宁波市国际强港实施战略中重要“引擎”，成为浙江乃至华东地区有影响力的现代国际物流中心之一、浙江全省乃至全国物流网络的重要节点。

临港工业与国际物流园区管理服务中心

地址：浙江省宁波市北仑区永定河路7号
电话：0574-86787511
招商电话：0574-86787137
0574-86787525

CJ 荣庆物流
Rokin Logistics
CHINA'S SMART CONTRACT LOGISTICS LEADER
全国120家分支机构，运营网络覆盖全国
仓储面积80余万平方米，货物年吞吐量1000余万吨
CJ荣庆物流以尖端的物流技术TES为基础
为客户定制优质物流方案

FedEx
Express
FedEx®

推动世界 共同向前
全球为阻止新冠肺炎疫情扩散所做的举措
已经改变了世界和您开展业务的方式。
我们随时为您和您的客户开展业务提供服务。
fedex.com/zh-cn/coronavirus.html

秀山（武陵）现代物流园区

XIU SHAN (WULING) MODERN LOGISTICS PARK

凤凰山旅游区

中国微电影城

居然之家秀山店

搭建方便、快捷、低成本的现代物流网络

依托“城乡配送、区域分拨、全国直达”三级物流体系，构建起方便、快捷、低成本的现代物流网络。城乡配送，组建云智速递，研发物流平台“村哥货的”，在县域农村建成200多个武陵生活馆等乡村电商物流网点，形成了“T+1”进村入户和“1+T”发往全国的“工业品下乡、农产品进城”双向流通体系。区域分拨，建成武陵山区快递物流分拨中心，投用电商云仓和武陵山区快递分拨中心——韵达快递秀山分拨中心，智能化、自动化水平国内领先。引进、培育了传化、安能、“四通一达”等80多家物流快递企业，开通秀山17条武陵物流专线。全国直达，武陵山区铁路物流中心综合运力达到600万吨/年，带动多式联运以及区城配送、中转物流业务快速发展。武陵山区化工品物流中心投用11千米化工品铁路专线，年周转化工品135万吨。投用货运调度中心，开通秀山—重庆、秀山—长沙快递专线，秀山快递单票全程时效达到51.4小时，时效创西部地区新高。

电商大厦

民生会展中心

农村电商成为助推经济社会发展的新引擎

依托功能完善的物流园区，建设运营秀山电商产业园，逐步构建起物流快递、人才培养、农产品上行、电商平台和电商服务“五大体系”。深入实施“电商+”融合发展战略，推动电商扶贫。每年签订农产品包销订单3万亩以上，带动全县2000余个电商扶贫产业基地蓬勃发展，农村电商产业链覆盖全县100%的贫困村、80%的贫困户，秀山跻身《2020 阿里农产品电商报告》贫困县农产品电商销售前十强。利用电商大数据带动工业集群发展。开发“武陵遗风”“边城故事”公共品牌及94个自有品牌，上线本土特色商品830余款，投用鲜果、自热火锅等44条电商产品加工线。成立云智电商学校，开设普及、技能、创业递进式培训班。“流水席”式开展电子商务进农村普及培训4.7万人次，全县电商从业人员达到2.6万人，全县共有电商主体1760家、网络店铺16500余个。秀山“互联网+三农”发展模式成为“全国农村电商十大模式”之一，两次纳入“国家电子商务进农村综合示范县”建设，连续两年在全市电子商务示范基地考核中位居前列。

铁路集装箱站满负荷运转

物流配送加工中心（在建）

武陵山仓储物流枢纽（在建）

大数据中心

直播带货周

新浪官方微博 @秀山物流园

微信朋友圈 秀山物流园

物流园区 官方微信公众号

秀山物流园 官方网站

招商热线：023+76895888　023+76895123(传真)

地址：秀山土家族苗族自治县秀山（武陵）现代物流园区

青海省物产集团有限公司

保税物流园国际商务区

朝阳物流园

推动新旧动能转换 做优做强三大园区

青海省物产集团有限公司（以下简称“青海物产”）是1995年经青海省政府批准，由青海省物资管理局成建制转体为青海省物资产业集团总公司后，于2017年12月完成公司制改制的国有独资公司。所属二级子公司10户、三级子公司15户，占地面积近3000亩，拥有4.3公里铁路专用线，100多万平方米经营办公场所，入围“中国服务业企业500强”和“青海企业50强”，在2019年分别位列第395名和第10名。

青海物产“三大板块”主要由现代物流、内外贸易、工业生产组成。现代物流主要包括仓储物流、商贸物流、货运物流、冷链物流、保税物流、金融物流、信息物流、传媒物流；内外贸易主要包括生产货物经销贸易、商品货物购销贸易、境外货物转口贸易、进出口货物国际贸易；工业生产主要包括铝及铝加工产业链、混装炸药产业链。

青海物产“三大园区”主要由朝阳物流园、北川工业物流园、曹家堡保税物流园组成。

朝阳物流园：园区位于青海省西宁市城北区朝阳东路，占地面积为363亩，拥有铁路专用线2.5公里。主要由朝阳物流交易中心、青藏物流商务中心、物产家美广场、城市快消品仓储分拨中心、机电市场、钢材市场、木材市场，以及民爆器材、剧毒危化、网络货运、文体产业等商贸物流业态组成。该园区正转型升级为青海省大型现代生活物流园区。

北川工业物流园：园区位于西宁市以北宁张公路15公里处，占地面积为1152亩，建有10万余平方米厂房、库房和4.5万平方米办公楼宇及场所，拥有1.8公里铁路专用线。主要业态有：多式联运、司机之家、甩挂运输、应急物流以及电解铝产业链等。园区依托现代生产型服务业基地，正大力推进现代制造业与现代服务业融合发展，努力打造百亿产值的北川多式联运物流园区。

曹家堡保税物流园：园区位于海东河湟新区，青海曹家堡机场西侧4公里处，毗邻青藏铁路、京藏高速、民小公路、国道109线，占地面积524亩，总建筑面积50余万平方米。主要由曹家堡保税物流中心（B型）、保税物流国际商务区、青藏高原全球商品保税直销中心、陆港口岸服务中心、青海昆仑国际会议中心、丝绸之路绿色博览中心组成。该项目作为青海省在“一带一路”国家重要物流节点布局建设的重大项目，是连接中亚、南亚、西亚以及欧洲地区经济带的重要国际物流平台，是全方位、多层次、宽领域提升青海开放型经济发展速度，打造现代物流国际化水平的重要支撑平台。

地址：青海省西宁市朝阳东路34-2号青海物产大厦 电话：0971-5501020 传真：0971-5512498

www.qhwcjt.com

甘肃省物产集团

Gansu Province Materials & Industry Group

甘肃省物产集团有限责任公司（以下简称“甘肃物产集团”）是 2001 年 9 月经甘肃省人民政府批准，由原省物资局机关及所属企业改制组建的甘肃省省属国有大型物资流通企业集团，是国家 4A 级综合服务型物流企业和 3A 级信用企业。甘肃物产集团及下属公司先后获得“中国物流创新奖”“中国跨境电商物流模式创新奖”“2018 年度中国大宗商品现代流通十佳企业”“2019 年甘肃省生产性服务业功能示范区”等荣誉称号及奖项。

甘肃物产集团现有 10 家全资子公司、1 家控股子公司，托管改制歇业企业 4 家、托管 1 户事业单位。各子公司主要分布在兰州、天水、张掖、陇西等丝绸之路经济带甘肃黄金段的重要商贸节点城市，主要从事物资流通代理销售，生产资料和生活资料的仓储、运输、加工、配送，报废汽车拆解等再生资源回收利用，农副产品批发零售，房地产开发，城市供暖，物业管理，白酒生产等业务。截至 2019 年年底，集团总资产 41.6 亿元，拥有土地 5100 亩，铁路专用线 22 条共 15.5 公里。

近年来，甘肃物产集团以习近平新时代中国特色社会主义思想为指引，充分发挥企业党组织“把方向、管大局、保落实”政治核心和领导核心作用，认真贯彻落实中共中央和甘肃省委、甘肃省政府的决策部署，充分发挥甘肃物产集团省属大型国有物流平台型企业、主要节点城市物流园区群、开展公铁联运业务雄厚软硬件设施设备、参与陆海新通道建设以及 60 年大宗物资物流服务渠道和团队优势，按照甘肃物产集团“6+3+1”建设规划，加快线上信息平台组网融合、线下园区改造提升，打造全新生产和生活资料供应链综合物流服务平台，降低物流服务成本，提高物流服务效率，为甘肃经济发展提供供应链集成服务保障。

今后，甘肃物产集团将继续秉承“拼搏、创新、诚信、务实”的企业精神和“及时、专业、高效、快捷”的服务理念，忠诚履行“为客户创利益、为员工谋幸福、实现企业价值、承担社会责任”的企业使命，紧紧围绕高质量发展要求，推进改革创新、提高经济效益、加快出城入园、防范化解风险，不断提高经济运行质量和发展水平。通过三到五年发展，将甘肃物产集团打造成为营业收入上百亿元、综合物流收入 10 亿元以上，综合实力强、有影响力、能参与国际业务的大型现代物流企业集团。

及时 专业 高效 快捷

拼搏 创新 诚信 务实

国家 4A 级综合服务型物流企业

3A 级信用企业

6+3+1
发展战略

电话：0931–8466429
传真：0931–8466633

WWW.GSMI.CN

中国物流年鉴

2020（上册）

CHINA LOGISTICS YEARBOOK 2020

CFLP

中国物流与采购联合会编

中国财富出版社有限公司
CHINA FORTUNE PRESS CO., LTD.

图书在版编目（CIP）数据

中国物流年鉴．2020：全2册/中国物流与采购联合会编．—北京：中国财富出版社有限公司，2020.11
ISBN 978-7-5047-7316-6

Ⅰ．①中…　Ⅱ．①中…　Ⅲ．①物流—中国—2020—年鉴　Ⅳ．①F259.22-54

中国版本图书馆CIP数据核字（2020）第203244号

策划编辑　郑欣怡　　**责任编辑**　邢有涛　张宁静
责任印制　梁　凡　　**责任校对**　杨小静　　**责任发行**　敬　东

出版发行	中国财富出版社有限公司		
社　址	北京市丰台区南四环西路188号5区20楼	**邮政编码**	100070
电　话	010-52227588转2098（发行部）		010-52227588转321（总编室）
	010-52227588转100（读者服务部）		010-52227588转305（质检部）
网　址	http://www.cfpress.com.cn	**排　版**	义春秋
经　销	新华书店	**印　刷**	北京文良精锐印刷有限公司
书　号	ISBN 978-7-5047-7316-6/F·3232		
开　本	880mm×1230mm　1/16	**版　次**	2020年11月第1版
印　张	43.25　　**彩　页** 2.5	**印　次**	2020年11月第1次印刷
字　数	1138千字	**定　价**	480.00元（全2册）

《中国物流年鉴》（2020）编委会

赵希和　江西新华发行集团有限公司副总经理、江西蓝海物流科技有限公司总经理
赵沪湘　中国国际货运代理协会会长
钟荣钦　台湾物流协会秘书长
姜超峰　中国物资储运协会名誉会长
徐　群　霞浦街道党工委委员、物流园区管理服务中心常务副主任
徐胜明　四川安吉物流集团有限公司党委书记、董事长
黄有方　上海海事大学原校长、教授、博士生导师
韩　骏　中远海运物流有限公司董事长、党委书记
董国银　上海光明领鲜物流有限公司董事长
雷钧友　秀山华渝物流投资有限公司总经理
裴　亮　中国连锁经营协会会长
薄世久　北京长久物流股份有限公司董事长

特别支持单位

中远海运物流有限公司

长沙金霞经济开发区

北京长久物流股份有限公司

希杰荣庆物流供应链有限公司

联邦快递（中国）有限公司

《中国物流年鉴》（2020）

主　　　办　中国物流与采购联合会
承　　　办　《中国物流与采购》杂志社
主　　　编　何黎明
副　主　编　崔忠付　蔡　进　贺登才
编辑部主任　刘乃杰
编　　　辑　崔　冬　朱贝特　杜　林　贾　丽
发　　　行　高　威
广告设计　阳光设计工作室

编辑部电话　010-83772509　010-63738995（兼传真）
邮　　　箱　gwrshk@ 126. com
发　　　行　010-63738995
传　　　真　010-63738995

《中国物流年鉴》（2020）供稿者

（按姓氏笔画排序）

马增荣　王　沛　王国文　王国清　王思雨　王继祥　文德华　田　征　白　甜　冯耕中　刘长庆
刘汉才　刘伟华　刘宇航　刘陶然　孙熙军　闫　鸣　李　鹏　李红梅　李新波　吴洋洋　张　伟
张　洁　张晋姝　张晓东　张嘉慧　金妲颖　周增宝　赵培源　侯家和　姜　旭　秦玉鸣　秦华侨
耿祥伟　贾若浩　顾宁军　晏庆华　徐　勇　高　珉　郭肇明　戚丽丽　韩兆轩　焦　飞　谢文卿
谢雨蓉　谢宝贵　樊一江　薛尚泉　穆宏志

国家发展改革委、国家发展改革委综合运输研究所、黑龙江省发展改革委、河南省发展改革委、湖南省发展改革委、四川省发展改革委、山西省工业和信息化厅、江苏省工业和信息化厅、福建省工业和信息化厅、甘肃省工业和信息化厅、青海省工业和信息化厅、河南省统计局、四川省统计局、黑龙江省商务厅、郴州市发展改革委、扬州市工业和信息化局、郴州市统计局、铜陵市交通运输局、青岛市交通运输局、襄阳市交通物流发展局、武汉市物流局、宜昌市物流局、中国粮食行业协会、河北省现代物流协会、内蒙古物流协会、黑龙江省物流与供应链商会、江苏省现代物流协会、安徽省物流协会、浙江省物流协会、河南省物流与采购联合会、海南省物流与采购联合会、四川省现代物流协会、重庆市物流与供应链协会、宁夏现代物流协会、中国仓储与配送协会、郴州市物流与采购联合会、宜昌市物流业发展中心、西安市道路货物运输行业协会、中国物流信息中心、中物联网络事业部、中物联行业事业部、中物联教育培训部、中物联标准化工作部、中物联评估办、中国物流发展专项基金“宝供物流奖”办公室、中物联汽车物流分会、中物联危化品物流分会、中物联绿色物流分会、中物联冷链委、中物联托盘委、中国汽车技术研究中心、中国工程机械工业协会工业车辆分会、上海国际航运研究中心、蜂网投资、武汉现代物流研究院、北京物资学院、上海海事大学、西安交通大学、大连海事大学、天津大学、北京交通大学、《物流技术与应用》杂志社、《中国出版传媒商报》社、北京兰格电子商务有限公司、供应链管理专业协会（CSCMP）

《中国物流年鉴》（2020）
广告提供单位

上册

我的法务
长沙金霞经济开发区管理委员会
东风柳州汽车有限公司
北京长久物流股份有限公司
鞍钢汽车运输有限责任公司
临港工业与国际物流园区管理服务中心
希杰荣庆物流供应链有限公司
联邦快递（中国）有限公司
秀山华渝物流投资有限公司
四川安吉物流集团有限公司
中铁物资集团有限公司
青海省物产集团有限公司
甘肃省物产集团有限责任公司
上海光明领鲜物流有限公司
江西蓝海物流科技有限公司

下册

玖隆钢铁物流有限公司
中国铁路广州局集团有限公司
济南铁路经营集团有限公司
《中国物流与采购》杂志社
中物联物流信息服务平台分会
《中国储运》杂志社
万联网
赤峰商贸物流城
中远海运物流有限公司
北京长久物流股份有限公司
临港工业与国际物流园区管理服务中心
广西玉柴物流股份有限公司
广东秦粤物流有限公司

编辑说明

一、《中国物流年鉴》（以下简称《年鉴》）是中国物流与采购联合会主办、《中国物流与采购》杂志社承办的大型文献性工具书。自2002年创办至今，已经出版发行十九年。十九年来《年鉴》的编纂质量不断提升，赢得了业界广泛好评。《年鉴》具有的权威性、可读性和资料性，使其成为业界人士查询、引用、论证、存档不可或缺的工具书。

二、2019年，是中华人民共和国成立70周年，也是我国物流业稳中有进、变中求新的一年。全行业深化结构调整，攻坚克难，推进物流业与制造业深度融合，助力我国产业迈向全球产业链中高端；全行业积极推进规模化、集约化发展，在仓储、运输、冷链、快递、汽车等细分领域一批实力较强、带动作用较大的骨干企业加速成长；多式联运加快发展，运输结构调整初见成效；首批23个国家物流枢纽确定，百家骨干物流园区互联互通取得进展，物流基础设施网络建设有序推进；全行业坚持创新驱动，稳中求进，新技术、新模式、新业态持续发力，新旧动能加快转换；物流互联网全面在线化，无人机、无人车、无人仓、无人码头等应用场景多元发展；区块链技术受到关注，在物流与供应链领域深化应用；网络货运管理办法正式出台，无车承运模式进入全面发展期；“互联网+”物流全面普及，产业互联网使传统物流焕发出新的活力；在商务部等有关部门推动下，供应链创新与应用试点成果展示推广，供应链服务企业标准批准发布，供应链创新与应用取得重大进展；在人才教育领域，物流管理被教育部列入首批“1+X”证书制度试点领域；物流标准、统计、企业评估、人才培养和理论研究等各项行业基础性工作稳步推进；政府部门统筹谋划，形成合力，2019年上半年，国家发展改革委等24部门印发《关于推动物流高质量发展促进形成强大国内市场的意见》，提出了25条推动物流高质量发展的政策措施，《国务院办公厅转发交通运输部等部门关于加快道路货运行业转型升级促进高质量发展意见的通知》中，部署14项重点工作任务；2019年下半年，中共中央、国务院印发《交通强国建设纲要》，提出到2035年基本建成交通强国，形成“全国123出行交通圈”和“全球123快货物流圈”。在政府、企业和行业协会合力推动下，取消高速公路省界收费站、取消4.5吨及以下车辆营运证和从业资格证、挂车车辆购置税减半征收、货车异地年审、大件运输并联审批等重大政策相继落地实施。

2019年我国继续坚持以供给侧结构性改革为主线，积极推动高质量发展，国民经济运行总体平稳，发展质量稳步提升，主要预期目标较好实现。全国物流行业以习近平新时代中国特色社会主义思想为指导，坚持新发展理念，坚持稳中求进工作总基调，深入推进供给侧结构性改革，取得了来之不易的成绩。为全面建成小康社会、实现“六稳”目标、建设高质量物流服务新体系而努力。

三、2020版《年鉴》的组稿、编纂工作得到了国家发展改革委、商务部、交通运输部、国家统计局等中央部委和部分省（直辖市、自治区）政府部门，物流行业团体，相关行业协会，中国物流信息中心、全国物流标准化技术委员会等机构，以及中远海运物流有限公司、中铁物资集团有限公司、长沙金霞经济开发区、中国铁路广州局集团有限公司、济南铁路经营集团有限公司、希杰荣庆物流供应链有限公司、联邦快递（中国）有限公司、北京长久物流股份有限公司、鞍钢汽车运输有限责任公司、上海光明领鲜物流有限公司、宁波市经济技术开发区临港工业与物流园区管理中心、青海省物资产业集团有限公司、四川安吉物流集团有限公司、秀山华渝物流投资有限公司等企业的大力支持，对此我们表示衷心的感谢。

四、对不符合《年鉴》编辑要求的来稿，编辑人员做了谨慎认真的删改，由于时间原因这部分稿件来不及请作者核校，希予见谅。

五、因编辑部人员水平有限，如有不妥之处，恳请批评指正。

六、2020版《年鉴》在框架结构和主体内容上将继续2019版的风格，力求真实地展示行业发展变化的全貌，继续加大数据和图表的内容，继续扩充地区物流的篇幅，使《年鉴》更具可读性、资料性，成为社会了解行业发展的窗口。

欢迎大家继续对2021版《年鉴》的组稿和编辑工作给予支持！

《中国物流年鉴》编辑部

二〇二〇年八月三十日

前　　言

2019 年，是中华人民共和国成立 70 周年，也是我国物流业稳中有进、变中求新的一年。面对国内外风险挑战明显上升的复杂局面，我国物流行业以习近平新时代中国特色社会主义思想为指导，坚持新发展理念，坚持稳中求进工作总基调，继续深入结构调整和加快新旧动能转换，降本增效取得阶段性成果，营商环境持续改善，物流业主要经济指标在合理区间运行，为实现“六稳”目标作出了应有贡献。

一、总体运行缓中趋稳

社会物流需求增速持续放缓。2019 年，我国人均 GDP 突破 1 万美元。2019 年我国社会物流总额达到 298. 0 万亿元，可比增长 5. 9%，增速比上年回落 0. 5 个百分点。社会物流总额增速已连续多年低于 GDP 增速。据工业和信息化部统计，全年全国规模以上工业增加值增长 5. 7%，增速较上年下降 0. 5 个百分点左右。据商务部统计，2019 年社会消费品零售总额 41. 2 万亿元，同比名义增长 8%，较上年降低 1 个百分点左右。受上游需求不振影响，社会物流供给增速有所放缓。2019 年社会物流总费用 14. 6 万亿元，同比增长 7. 3%，增速比上年回落 2. 5 个百分点。社会物流总费用与 GDP 的比率为 14. 7%，比上年下降 0. 1 个百分点。据交通运输部统计，2019 年全国完成货运量 534. 0 亿吨，同比增长 5. 5%；全年完成营业性货运量 471 亿吨，增速较上年有所放缓。公路货运、水路货运等各类运价指数低位徘徊，均低于 2018 年平均水平。受业务量增速放缓、价格走低挤压，物流行业整体盈利水平进一步走弱，企业生存压力持续加大，一批竞争力不足的企业退出市场。

二、供需结构加速调整

（一）消费品物流

2019 年，社会消费品零售总额达到 41. 2 万亿元，同比名义增长 8. 0%，增速较上年降低 1 个百分点左右，总体保持平稳增长。单位与居民物品物流总额达到 8.4 万亿元，同比增长 16.1%，依然保持两位数增长。

全年快递业务量超过 630 亿件，人均 45 件。冷链物流、电商物流、即时物流、同城速递等与居民消费生活相关的领域成为市场增长热点。

（二）工业品物流

目前，我国已成为在全世界拥有全部工业门类的制造大国，工业品物流仍然是也将长期是社会物流需求主要来源。

2019 年，全年工业品物流总额达到 269.6 万亿元，同比增长 5.7%，占社会物流总额的 90% 左右。高技术产业、战略性新兴产业物流需求增速快于高耗能物流、大宗商品物流，服务型制造与制造型服务相互渗透，为社会化、专业化物流提供新的空间。

（三）物流供给结构稳步升级

1. 市场集中度稳步提升

大型骨干物流企业逆势而上，市场集中度进一步增强。全国 A 级物流企业总数已达 6132 家，其中 5A 级物流企业有 334 家。中国物流企业 50 强的主营业务收入总额超过 1 万亿元，入围“门槛”提高到 30 亿元。在快递、铁路物流、港航物流、合同物流、仓储园区、汽车物流等细分市场优胜劣汰洗牌加速，细分市场中前八名的快递与包裹服务企业品牌集中度指数超过八成。

2. 运输结构调整取得成效

2019 年国家铁路完成货物发送量 34.4 亿吨，同比增长 7.8%。环渤海地区、长三角地区沿海主要港口如唐山港、黄骅港等港口的矿石、焦炭等大宗货物疏港比例，出现了铁路运输和水路运输回升、公路运输占比下降的趋势。大型工矿企业和物流园区铁路专用线接入比例、大宗货物铁路运输比例、商品车铁路及水路运输比例稳步增加。随着运输结构调整，物流成本持续优化。2019 年全年运输费用 7.7 万亿元，同比增长 7.2%，运输费用占社会物流总费用的 52.74%。

三、科技赋能物流数智化、平台化

科技应用引领数智化转型。2019 年，物联网、云计算、大数据等新一代信息技术在物流领域加快应用，物流业务实现全链路在线化和数字化，为企业智能化转型奠定重要基础。无人机、无人车、无人仓、无人码头等智能装备及设施使用场景增多，人工智能技术在物流领域逐步得以推广。中共中央政治局就区块链技术发展现状和趋势进行集体学习，区块链技术受到重视。中国物流与采购联合会区块链分会推出的《2019 中国物流与供应链产业区块链应用白皮书》显示，区块链在物流与供应链领域应用扩大到六大场景。平台经济日益兴起，在整车运输、城市配送、航运货代等领域涌现了一批大量整合零散资源、活跃用户数领先的平台型企业。交通运输部公布的 229 家无车承运人试点企业整合货运车辆 211 万辆，以政府监管平台、平台整合车辆为特点，市场集约化、规模化明显增强。

四、现代供应链成为新亮点

供应链创新发展进入新阶段。中共十九大报告提出，在现代供应链等领域培育新增长点、形成新动能。2019 年，为推进商务部、工业和信息化部、生态环境部、农业农村部、中国人民银行、市场监管总局、银保监会和中国物流与采购联合会 8 部门（单位）联合开展的供应链创新与应用试点工作，11 月 28—29 日，在厦门进行了全国供应链创新与应用试点成果展示，集中展现了一年来试点工作的突出成果。试点企业正在形成彼此包容、彼此开放、彼此共享的供应链思维，逐步由传统拼速度、拼规模、拼价格的竞争，转变为上下游协作，共同搭建供应链协同共赢的生态圈，有效推进供应链成本降低和效率提升。为规范供应链金融发展，银保监会发布《中国银保监会办公厅关于推动供应链金融服务实体经济的指导意见》，引导供应链金融服务实体经济。数字化供应链积极探索，一批先进制造企业结合工业互联网，强化全球数字化供应链体系建设，抢占数字经济新高地。中国物流与采购联合会主持起草的团体标准《供应链服务企业分类与评估指标》正式发布，新兴的供应链服务企业向标准化发展迈出了重要一步。

五、物流枢纽网络助力枢纽经济

物流基础设施网络加快升级。2019 年，我国新设立 6 个自由贸易试验区，长三角区域一体化、粤港澳大湾区、西部陆海新通道等重大战略规划出台，区域协调发展新格局正在形成，对物流基础设施网络升级更替提出了新要求。目前，我国综合交通运输体系初具规模，高速铁路、高速公路里程数以及港口万吨级泊位数等指标均位居世界第一，机场数量和管道里程居世界前列，“五纵五横”综合运输大通道基本贯通。2019 年全年完成交通固定资产投资超 3.2 万亿元，新增铁路 8000 公里、公路 33 万公里、高等级航道 385 公里、民用运输机场 5 个。根据中国物流与采购联合会调查统计，我国规模以上物流园区超过 1600 个，还有大量的物流中心、分拨中心，末端配送网络发达。物流枢纽凭借区位、产业、金融、信息等多方资源优势，与区域产业联动融合日益深化。按照国家有关部门规划，到 2025 年计划布局建设 150 个左右国家物流枢纽。2019 年，国家发展改革委和交通运输部公布了国家物流枢纽建设名单，物流枢纽网络建设进入实质性推进阶段。

六、国际物流打开对外开放新局面

物流“走出去”空间加大。2019 年，面对日趋错综复杂的外部环境，我国对外投资合作和对外援助执行保持平稳有序健康发展。我国全行业对外直接投资 1171. 2 亿美元，制造业等实体经济领域对外投资稳步增长。对外承包工程业务完成营业额 1729 亿美元，主要集中在交通运输、一般建筑和电力工程建设行业。对外投资和工程建设带动物流发展，物流企业与工程制造企业深化国际合作，跨境电商、快递快运、物流平台等一批国内领先的骨干企业加速布局新兴物流市场。海外仓库、港口码头、公路、铁路等物流基础设施和成熟运营主体成为投资重点，“一带一路”物流体系建设稳步推进。2019 年我国对“一带一路”沿线国家非金融类直接投资 150. 4 亿美元，占比进一步提高；“一带一路”国际物流保持较快增长势头，全年中欧班列开行 1. 8 万列，联通 110 多个城市。民航新开通“一带一路”航线 409 条。中国与白俄罗斯、蒙古国签署国际道路运输合作文件，国际道路运输向便利化发展迈出重要一步。《西部陆海新通道总体规划》正式印发，有望开辟“一带一路”国际陆海贸易新通道。

七、绿色物流配合污染防治攻坚战

绿色环保对行业影响深远。2019 年，污染防治攻坚战取得关键进展，主要污染物排放量持续减少，未达标城市的细颗粒物（PM2. 5）浓度继续下降，生态环境质量总体改善。柴油货车污染治理攻坚行动正式启动，多地出台环保限行和老旧柴油货车淘汰政策，各地老旧柴油货车淘汰数量有望超过任务量的 40%。全面供应符合国六排放标准的车用汽、柴油，北京、天津等重点区域提前实施机动车国六排放标准。在用车环保监督执法力度加大，清洁能源物流车辆得到政府支持，电动船舶蓄势待发。第二批绿色货运配送城市名单公布，多地出台针对清洁能源物流车的便利通行政策。有关部门发文要求，除特殊区域外，原则上对纯电动轻型货车不得限行。氢燃料电池汽车开始起步，各地加氢示范站逐步落地。多部门联动共同推进船舶靠港使用岸电，长江沿线 11 省市联合加快港口岸电全覆盖进程。国家邮政局开展绿色采购试点和可循环中转袋应用试点，为行业生态环保工作积累经验。快递、物流企业纷纷探索可回收包装和可循环材料，托盘循环共用、挂车交换共享、仓库太阳能屋顶日益普及，绿色、可持续物流取得新进展。

八、政策环境持续改善

2019 年也是物流政策“落地年”。中共中央、国务院印发《交通强国建设纲要》，提出到 2035 年基本建成交通强国，形成“全国 123 出行交通圈”和“全球 123 快货物流圈”。国家发展改革委等 24 部门印发《关于推动物流高质量发展促进形成强大国内市场的意见》，提出了 25 条推动物流高质量发展的政策措施。交通运输部、商务部、国家邮政局等有关部门从各自职能出发提出了高质量发展的任务措施。物流降本增效政策措施大面积落地，交通运输业增值税税率降低 1 个百分点，物流辅助服务享受加计扣减政策；高速公路省界收费站全面取消，全国 ETC 客户累计达到 1.92 亿名；正式取消总质量 4.5 吨及以下普通货运车辆道路运输证和驾驶员从业资格证；货运车辆全面实现“三检合一”和异地年审；物流企业大宗商品仓储设施土地使用税、挂车车辆购置税实现减半征收；网络平台道路货物运输企业代开增值税专用发票试点工作启动；货车安装尾板检验登记制度正式出台。这些政策措施落地使物流企业获得感增加，从业人员稳定性增强，物流营商环境得到持续改善。

《中国物流年鉴》是中国物流与采购联合会主办、《中国物流与采购》杂志社承办的大型文献性工具书。十几年来，《中国物流年鉴》坚持用数据和事实反映物流业发展变化的轨迹、记录我国物流业发展的历程，赢得了业界好评。面对我国物流业不断发展变化的新形势，《中国物流年鉴》将继续以求真务实、严谨负责的态度做好资料收录工作。同时，真诚地希望业界同人提出宝贵意见，使其越做越精、越做越好。

二〇二〇年八月三十日

目　录

上　册

第一部分　物流政策法规

国务院和国务院办公厅发文

部委发文

第二部分 物流统计

第三部分 物流产业

第四部分 行业物流

下 册

第五部分 地区物流

第九部分　物流综合

第一部分

物流政策法规

国务院和国务院办公厅发文

国务院办公厅转发交通运输部等部门关于加快道路货运行业转型升级促进高质量发展意见的通知

（国办发〔2019〕16号）

各省、自治区、直辖市人民政府，国务院各部委、各直属机构：

交通运输部、发展改革委、教育部、工业和信息化部、公安部、财政部、人力资源社会保障部、生态环境部、住房城乡建设部、应急部、税务总局、市场监管总局、全国总工会《关于加快道路货运行业转型升级促进高质量发展的意见》已经国务院同意，现转发给你们，请认真贯彻执行。

国务院办公厅

2019年4月21日

（此件公开发布）

关于加快道路货运行业转型升级促进高质量发展的意见

交通运输部　国家发展改革委　教育部　工业和信息化部　公安部　财政部　人力资源社会保障部　生态环境部　住房城乡建设部　应急部　税务总局　市场监管总局　全国总工会

为深入贯彻落实党中央、国务院决策部署，加快道路货运行业转型升级，切实改善市场环境，促进行业健康稳定发展，现提出以下意见：

一、总体要求

以习近平新时代中国特色社会主义思想为指导，全面贯彻党的十九大和十九届二中、三中全会精神，牢固树立和贯彻落实新发展理念，以供给侧结构性改革为主线，坚持远近结合、标本兼治、改革引领、创新驱动、综合治理，加快建设安全稳定、经济高效、绿色低碳的道路货运服务体系，促进道路货运行业高质量发展。

二、深化货运领域“放管服”改革

（一）持续推进货运领域简政放权。进一步推动普通货车跨省异地安全技术检验、尾气排放检验和综合性能检测有关要求严格落实。2019 年实现普通货运车辆年度审验网上办理。（交通运输部、公安部、市场监管总局、生态环境部负责）优化道路货运企业登记注册、经营许可办理手续及流程，推广互联网物流平台企业代开增值税专用发票政策，进一步规范港口涉及道路货运的经营服务性收费，不得违规加收任何价外费用。（交通运输部、市场监管总局、税务总局负责）

（二）改革危险货物道路运输管理制度。加快制定危险货物道路运输安全管理办法，研究改革完善危险货物道路运输押运员管理制度。加快修订常压液体危险货物运输罐车罐体相关国家标准，明确罐体介质兼容要求。（交通运输部、公安部、工业和信息化部、生态环境部、应急部、市场监管总局负责）

（三）便利货运车辆通行。进一步完善城市交通运输部门配送运力需求管理与公安交通管理部门车辆通行管控的联动机制，优化车辆通行管控，对符合标准的新能源城市配送车辆给予通行便利，除特殊区域外，对纯电动轻型货车原则上不得限行。（各省级人民政府、交通运输部、公安部负责）鼓励货运车辆电子道路运输证和 ETC 卡“两卡合一”，加快推广货车不停车收费。（交通运输部负责）

三、推动新旧动能接续转换

（四）加快运输组织模式创新。深入推进多式联运示范工程、城乡交通运输一体化示范工程、城市绿色货运配送示范工程，推广应用先进运输组织模式。指导行业协会、企业联盟研究推广挂车互换标准协议，创新普通货车租赁、挂车共享、长途接驳甩挂、集装单元化等新模式。（交通运输部、国家发展改革委负责）

（五）推进规模化、集约化发展。以冷链物流、零担货运、无车承运等为重点，加快培育道路货运龙头骨干示范企业，引导小微货运企业开展联盟合作，鼓励提供优质干线运力服务的大车队模式创新发展。已经取得道路运输经营许可的普通货运企业设立分支机构、增设经营网点无须再办理报备手续。（交通运输部负责）

（六）鼓励规范“互联网+”新业态发展。大力发展无车承运人等道路货运新业态，支持道路货运企业加强信息系统建设，提高线上线下一体化服务能力。（交通运输部、发展改革委、工业和信息化部负责）加快制定出台网络平台道路货物运输经营管理办法，建立货运信用信息共享交换联动机制，规范“互联网+”车货匹配平台经营活动，依法查处平台企业排除和限制竞争、损害货车司机合法权益等垄断行为。（市场监管总局、国家发展改革委、交

通运输部、工业和信息化部、税务总局负责）

四、加快车辆装备升级改造

（七）积极稳妥淘汰老旧柴油货车。开展常压液体危险货物运输罐车专项治理。鼓励各地制定营运柴油货车和燃气车辆提前淘汰更新目标及实施计划，对提前淘汰中重型柴油货车、高耗低效非标准汽车列车及罐车等老旧柴油货车的，给予适当补助。研究对重点区域提前淘汰老旧柴油货车给予支持。（交通运输部、公安部、生态环境部、工业和信息化部、财政部、应急部、市场监管总局、各省级人民政府负责）

（八）推广应用先进货运车型。全面推广高速公路差异化收费，鼓励发展符合国家标准的中置轴汽车列车、厢式半挂车。积极推进货运车型标准化，加快推动城市建成区轻型物流配送车辆使用新能源或清洁能源汽车，鼓励物流园区、产业园、配送中心等地集中规划建设专用充电设施。（交通运输部、公安部、工业和信息化部、住房城乡建设部负责）

（九）加强货车超限超载治理。严格执行全国统一的超限超载认定标准和超限检测站联合执法工作流程，杜绝重复罚款、只罚款不卸载等行为，明确并公布各区域超限检测站点的联合执法模式，严格落实“一超四罚”。在普通公路超限检测站全面安装电子抓拍系统。建立健全依法打击冲关闯卡违法行为长效机制和应急管控措施，加快推进车辆信息、执法信息共享。将规范治超执法纳入地方政府年度考核目标，加强执法监督考核，拓宽投诉举报渠道。（交通运输部、公安部、工业和信息化部、各省级人民政府负责）

五、改善货运市场从业环境

（十）加强从业人员职业教育培训。推进落实普通货运驾驶员线上线下及异地从业考试，2019年实现普通货运驾驶员从业资格证诚信考核网上办理。实行差异化道路货运驾驶员继续教育制度，鼓励道路货运企业组织开展货车司机继续教育，支持地方为转岗货车司机提供再就业培训。按照相关规定支持道路货运企业推行新型学徒制。（交通运输部、人力资源社会保障部、教育部负责）

（十一）切实维护货车司机权益。道路货运企业要依法与其雇佣的货车司机签订劳动合同并缴纳社会保险费，完善职工代表大会制度和工会组织，保障货车司机劳动权益。（人力资源社会保障部、交通运输部、全国总工会负责）引导道路货运企业、货车司机建立互帮互助机制。鼓励各地加大政策支持力度，加快建设一批功能实用、经济实惠、服务便捷的“司机之家”。指导货主企业、道路货运企业合理制定运输方案，保障货车司机充分休息。（交通运输部、全国总工会负责）

六、提升货运市场治理能力

（十二）依法打击车匪路霸。部署全国公安机关严厉打击车匪路霸，重点加强高速公路服务区、国省道沿线停车场等区域治安管理，严厉打击黑恶势力收取“保护费”和偷盗车辆燃油及货物等违法行为。指导各地高速公路服务区经营管理单位完善停车广场照明设施、公共场所监控设施等配置，为货车司机创造更加安全的工作环境。（中央政法委、公安部、交通运输部负责）

（十三）推进分类分级管理。建立货运企业分类分级监管体系，推进道路货运企业及其车辆、驾驶人的交通违法、安全事故等相关信息跨部门共享，加大对违法失信经营主体的惩戒和定向监管力度，实现“一处违法、处处受限”，情节严重的淘汰退出道路货运市场。（交通运输部、公安部、国家发展改革委、市场监管总局负责）

（十四）加强运行动态监测。利用大数据等信息化手段提高道路货运市场运行监测分析能力。指导行业协会、科研机构等加强市场运行监测，定期向社会公告道路货运市场供需状况等信息，及时引导、合理调控市场运力，实现供求基本平衡。（交通运输部、国家发展改革委、市场监管总局负责）

国务院办公厅关于印发深化收费公路制度改革取消高速公路省界收费站实施方案的通知

（国办发〔2019〕23 号）

各省、自治区、直辖市人民政府，国务院各部委、各直属机构：

《深化收费公路制度改革取消高速公路省界收费站实施方案》已经国务院同意，现印发给你们，请结合实际，认真组织实施。

国务院办公厅

2019 年 5 月 16 日

（此件公开发布）

深化收费公路制度改革取消高速公路省界收费站实施方案

为贯彻落实党中央、国务院决策部署，进一步深化收费公路制度改革，加快取消全国高速公路省界收费站，实现不停车快捷收费，制定本方案。

一、总体要求

深化收费公路制度改革，提高综合交通运输网络效率，降低物流成本，两年内基本取消全国高速公路省界收费站，实现不停车快捷收费。按照“远近结合、统筹谋划，科学设计、有序推进，安全稳定、提效降费”的原则，明确技术路线，加快工程建设，力争 2019 年年底前基本取消全国高速公路省界收费站，提升人民群众的获得感、幸福感、安全感。

二、工作任务

（一）加快建设和完善高速公路收费体系。按照实现电子不停车快捷收费、辅以车牌图像识别、多种支付手段融合应用的技术路线，制定印发总体技术方案、工程建设方案、运营和服务规则、网络安全防护制度。（交通运输部负责，2019 年 5 月底前完成）推进中央与地方两级运营管理等系统升级，收费站、收费车道、电子不停车收费系统（ETC）门架系统硬件及软件标准化建设改造，加强系统网络安全保障。（交通运输部、财政部、省级人民政府负责，2019 年 10 月底前完成）开展系统联调联试，基本具备系统切换条件。（交通运输部、省级人民政府负责，2019 年 12 月底前完成）适时实现新旧系统切换，基本取消全国高速公路省界收费站。（交通运输部、省级人民政府负责）

（二）加快电子不停车收费系统推广应用。制定印发加快推进高速公路电子不停车快捷收费应用服务实施方案。（国家发展改革委、交通运输部负责，相关部门配合，2019 年 5 月底前完成）拓展服务功能，鼓励 ETC 在停车场等涉车场所应用。（交通运输部牵头）加快现有车辆免费安装 ETC 车载装置。组织发行单位开展互联网发行、预约安装、上门安装等服务。依托商业银行网点以及汽车主机厂、4S 店、高速公路服务区和收费站出入口广场等车辆集中场所，增加安装网点，方便公众就近便捷免费安装。组织基层政府及相关部门，深入居民小区和村镇，开展宣传和安装服务，2019 年年底前各省（区、市）高速公路入口车辆使用 ETC 比例达到 90% 以上，同时实现手机移动支付在人工收费车道全覆盖。完善结算系统，提供便捷高效服务。（人民银行、省级人民政府负责）推动汽车预置安装。2019 年底前完成 ETC 车载装置技术标准制定工作，从 2020 年 7 月 1 日起，新申请批准的车型应在选装配置中增加 ETC 车载装置。（工业和信息化部负责，交通运输部配合）升级优化 ETC 车载装置，研究推动 ETC 与新技术融合发展。（交通运输部负责，公安部、工业和信息化部配合）实现机动车注册登记信息共享，便利车辆安装 ETC 车载装置。（公安部、交通运输部负责）

（三）加快修订完善法规政策。加快推进公路法、收费公路管理条例等相关法律法规修订工作。（司法部负责，交通运输部配合）清理规范地方性通行费减免政策，出台优化重大节假日小型客车免费通行、鲜活农产品运输“绿色通道”等通行费减免政策的具体实施意见。（交通运输部、国家发展改革委、财政部负责，2019 年 6 月底前完成）修订《收费公路车辆通行费车型分类》标准。（交通运输部负责）调整货车通行费计费方式，从 2020 年 1 月 1 日起，统一按车（轴）型收费，并确保不增加货车通行费总体负担，同步实施封闭式高速公路收费站入口不停车称重检测。全面推广高速公路差异化收费，引导拥堵路段、时段车辆科学分流，进一步提升高速公路通行效率。（省级人民政府负责）研究统一危险化学品运输车辆、摩托车高速公路通行管理政策。（交通运输部、公安部负责）完善高速公路信用体系，对偷逃车辆通行费等失信行为实施联合惩戒。（交通运输部、国家发展改革委负责，人民银行等配合）

（四）推动政府收费公路存量债务置换。允许地方政府债券置换截至 2014 年底符合政策规定的政府收费公路存量债务，优化债务结构，减轻债务利息负担，防范化解债务风险，为取消高速公路省界收费站创造有利条件。（财政部、人民银行、银保监会、省级人民政府负责）

三、保障措施

（一）加强组织领导。成立交通运输部牵头，发展改革委、工业和信息化部、公安部、司法部、财政部、人力资源社会保障部、人民银行、国资委、银保监会等参加的深化收费公路制度改革取消高速公路省界收费站工作领导小组，统筹指导协调相关工作，定期汇总分析工作进展情况，重大问题及时报告国务院。（交通运输部牵头）各地成立由省级人民政府

牵头、相关部门参加的工作领导小组，按照应急工程简化基建程序加快推进项目建设。（省级人民政府负责）

（二）细化工作方案。坚持以人民为中心，更多从用户角度出发，深入调查研究，摸清基本情况，完善政策措施。要明确时间表和路线图，层层压实责任，积极稳妥推进各项工作，确保地方债务管理平稳有序。（国务院有关部门、省级人民政府负责）

（三）强化资金支持。中央财政和地方财政要对取消高速公路省界收费站工作给予资金支持。部级系统建设资金纳入年度部门预算，从车辆购置税资金中列支。（交通运输部、财政部负责）各地 ETC 车载装置安装、系统和设施建设改造资金由省级人民政府统筹负责，采用通行费收入列支、财政补助等方式解决，鼓励各地通过市场机制筹集资金。（省级人民政府负责）中央财政通过结构调整安排车辆购置税资金，对各地相关设施和系统建设改造予以适当补助。（交通运输部、财政部负责）

（四）强化安全管理。加强相关设施和系统建设改造期间施工管理，加强后期运营管理，加强系统和网络安全保障。拆除高速公路省界正线收费设施，保障正线公路畅通；对正线外的设施，要统筹应急、养护、服务、监督检查和公安查控等工作需要综合利用。（省级人民政府负责）

（五）妥善分流安置收费人员。各地要坚持属地负责和转岗不下岗的原则，结合本地区实际，按照国家法律法规和政策，制定收费人员安置工作方案，以内部择优转岗为主，多渠道分流安置收费人员，依法妥善处理职工人事劳动关系，保障收费人员合法权益。财政部门要给予必要支持。（省级人民政府负责，交通运输部、财政部、国资委、人力资源社会保障部指导）

（六）加强宣传引导。加强对取消高速公路省界收费站、实现不停车快捷收费相关政策的宣传解读，正确引导社会预期，及时回应公众关切，营造良好舆论氛围。及时妥善处置突发事件，确保社会稳定。（交通运输部、省级人民政府负责）

国务院关于印发 6 个新设自由贸易试验区总体方案的通知

（国发〔2019〕16 号）

各省、自治区、直辖市人民政府，国务院各部委、各直属机构：

现将《中国（山东）自由贸易试验区总体方案》、《中国（江苏）自由贸易试验区总体方案》、《中国（广西）自由贸易试验区总体方案》、《中国（河北）自由贸易试验区总体方案》、《中国（云南）自由贸易试验区总体方案》、《中国（黑龙江）自由贸易试验区总体方案》印发给你们，请认真贯彻执行。

国务院

2019 年 8 月 2 日

（此件公开发布）

中国（山东）自由贸易试验区总体方案

建立中国（山东）自由贸易试验区（以下简称自贸试验区）是党中央、国务院作出的重大决策，是新时代推进改革开放的战略举措。为高标准高质量建设自贸试验区，制定本方案。

一、总体要求

（一）指导思想。以习近平新时代中国特色社会主义思想为指导，全面贯彻党的十九大和十九届二中、三中全会精神，统筹推进“五位一体”总体布局和协调推进“四个全面”战略布局，坚持稳中求进工作总基调，坚持新发展理念，坚持高质量发展，以供给侧结构性改革为主线，主动服务和融入国家重大战略，更好服务对外开放总体战略布局，解放思想、大胆创新，把自贸试验区建设成为新时代改革开放的新高地。

（二）战略定位及发展目标。以制度创新为核心，以可复制可推广为基本要求，全面落实中央关于增强经济社会发展创新力、转变经济发展方式、建设海洋强国的要求，加快推进新旧发展动能接续转换、发展海洋经济，形成对外开放新高地。经过三至五年改革探索，对标国际先进规则，形成更多有国际竞争力的制度创新成果，推动经济发展质量变革、效率变革、动力变革，努力建成贸易投资便利、金融服务完善、监管安全高效、辐射带动作用突出的高标准高质量自由贸易园区。

二、区位布局

（一）实施范围。自贸试验区的实施范围119.98平方公里，涵盖三个片区：济南片区37.99平方公里，青岛片区52平方公里（含青岛前湾保税港区9.12平方公里、青岛西海岸综合保税区2.01平方公里），烟台片区29.99平方公里（含烟台保税港区区块二2.26平方公里）。

自贸试验区土地开发利用须遵守土地利用、生态环境保护、城乡规划法律法规，符合土地利用总体规划和城乡规划，并符合节约集约用地的有关要求；涉及海洋的，须符合《中华人民共和国海域使用管理法》、《中华人民共和国海洋环境保护法》等法律法规有关规定。

（二）功能划分。济南片区重点发展人工智能、产业金融、医疗康养、文化产业、信息技术等产业，开展开放型经济新体制综合试点试验，建设全国重要的区域性经济中心、物流中心和科技创新中心；青岛片区重点发展现代海洋、国际贸易、航运物流、现代金融、先进制造等产业，打造东北亚国际航运枢纽、东部沿海重要的创新中心、海洋经济发展示范区，助力青岛打造我国沿海重要中心城市；烟台片区重点发展高端装备制造、新材料、新一代信息技术、节能环保、生物医药和生产性服务业，打造中韩贸易和投资合作先行区、海洋智能制造基地、国家科技成果和国际技术转移转化示范区。

三、主要任务和措施

（一）加快转变政府职能。

1. 打造国际一流营商环境。深化商事制度改革，推进“证照分离”改革全覆盖。山东省能够下放的经济社会管理权限全部下放给自贸试验区。推行“极简审批”“不见面审批（服务）”，深化“一次办好”改革。全面开展工程建设项目审批制度改革。应用人工智能技术，提高社会治理水平。建立健全以信用监管为核心、与负面清单管理方式相适应的事中事后监管体系。强化竞争政策的基础性地位。配合做好外商投资安全审查工作。

（二）深化投资领域改革。

2. 深入推进投资自由化便利化。全面落实外商投资准入前国民待遇加负面清单管理制度。探索建立外商投资信息报告制度。支持外商投资企业参与氢能源汽车标准制定。支持外商独资设立经营性教育培训和职业技能培训机构。支持外商投资设立航空运输销售代理企业。统一内外资人才中介机构投资者资质要求，由自贸试验区管理机构负责审批，报省级人力资源社会保障部门备案。允许注册在自贸试验区内的符合条件的外资旅行社从事除台湾地区以外的出境旅游业务。

3. 完善投资促进和保护机制。建立健全外商投资服务体系，完善外商投资促进、项目跟踪服务和投诉工作机制。鼓励自贸试验区在法定权限内制定外商投资促进政策。试点建设面向中小企业的双向投资促进公共服务平台。完善企业“走出去”综合服务体系。支持“走出去”企业以境外资产和股权、采矿权等权益为抵押获得贷款。

（三）推动贸易转型升级。

4. 提升贸易便利化水平。探索食品农产品等检验检疫和追溯标准国际互认机制，扩大第三方检验结果采信商品和机构范围。创新出口货物专利纠纷担保放行方式。大力发展过境贸易。集中开展境内外货物中转、集拼和国际分拨配送业务。在海关特殊监管区域全面实施货物状态分类监管。对注册在自贸试验区海关特殊监管区域内的融资租赁企业进出口飞机、船舶、海洋工程结构物等大型设备涉及跨关区的，在确保有效监管和执行现行税收政策的前提下，实行海关异地委托监管。探索取消自贸试验区海关特殊监管区域内企业从事贸易经纪与代理的经营许可或改为备案，法律法规另有规定的除外。对符合国家环保要求允许进口的高附加值数控机床、工程设备、电子设备、通信设备等旧机电设备的进口、加工后再出口，海关给予通关便利。支持在自贸试验区符合条件的片区设立综合保税区。

5. 培育贸易新业态新模式。支持自贸试验区内企业开展跨境电商进出口业务，逐步实现自贸试验区内综合保税区依法依规全面适用跨境电商零售进口政策。在风险可控、依法依规前提下，积极开展飞机零部件循环再制造。支持自贸试验区的汽车整车进口口岸建设。支持青岛片区适时增加汽车平行进口试点企业数量。加快发展数字化贸易。促进文物及文化艺术品在自贸试验区内综合保税区存储、展示等。

6. 持续优化贸易结构。根据石油天然气体制改革进程和产业需要，研究赋予自贸试验区内符合条件的企业原油进口资质。允许自贸试验区内注册企业开展不同税号下保税油品混兑调和。支持具备相关资质的船舶供油企业开展国际航行船舶保税油供应业务。支持依托现有交易场所依法依规开展棉花等大宗商品交易。支持设立食品农产品进口指定监管作业场地，打造食品农产品、葡萄酒进出口集散中心。对海关特殊监管区域外有条件企业开展高附加值、高技术含量、符合环保要求的“两头在外”检测、维修和再制造业态实行保税监管。

（四）深化金融领域开放创新。

7. 扩大人民币跨境使用。探索通过人民币资本项下输出贸易项下回流方式，重点推动贸易和投资领域的人民币跨境使用。支持符合条件的跨国公司按规定开展跨境人民币资金池业务。支持自贸试验区内银行按规定发放境外人民币贷款。探索自贸试验区内金融机构按规定开展跨境资产转让等业务时使用人民币计价结算，并纳入全口径跨境融资宏观审慎管理。

8. 促进跨境投融资便利化。开展资本项目收入支付便利化改革试点。自贸试验区内货物贸易外汇管理分类等级为A类的企业货物贸易收入可直接进入经常项目结算账户。研究开展合格境内有限合伙人（QDLP）试点工作。支持在自贸试验区依法依规设立外商投资金融机构。探索设立专业从事境内股权投资类基金公司。支持外资股权投资管理机构、外资创业投资管理机构在自贸试验区发起管理人民币股权投资和创业投资基金。

9. 探索实施金融创新。在严格监管前提下审慎有序进行金融综合经营试点。支持本地法人银行开展股债联动业务试点。探索发展私募股权投资二级交易基金。鼓励创新知识产权保险业务，开展基金管理服务专项改革创新。支持自贸试验区内保险法人机构依法依规开展境外投资。支持符合条件的融资租赁公司在自贸试验区内设立专业子公司。根据期货保税交割业务需要，允许拓展仓单质押融资功能，推动完善仓单质押融资所涉及的仓单确权等工作。加强对重大风险的识别和系统性金融风险的防范。强化反洗钱、反恐怖融资、反逃税工作。

（五）推动创新驱动发展。

10. 加强创新能力建设。支持建设海外创新孵化中心、海外人才离岸创新创业基地等创新平台。支持企业联合金融机构、高校、科研院所建设产业创新平台。支持建设山东产业技术研究院。鼓励外国著名高校来华开展合作办学。推动双元制职业教育发展，设立智能制造技师学院。支持青岛片区开展高水平中德合作办学。

11. 推进医疗医药行业发展。在相关制度安排框架下，允许港澳服务提供者按规定设立独资医疗机构。支持整形美容、先进医疗技术研发和孵化等行业发展。自贸试验区内医疗机构可按有关规定开展干细胞临床前沿医疗技术研究。加快创新药品审批上市，对抗癌药、罕见病用药等临床急需创新药品实施优先审评审批。优化生物医药全球协同研发试验用特殊物品的检疫查验流程。开展医疗器械注册人制度试点，允许自贸试验区内医疗器械注册人委托山东省医疗器械生产企业生产产品。允许引入和创建国际医学组织，承办国际医学会议。给予医疗人才、先进医疗技术优先准入。鼓励在符合条件的人员在医疗机构提供中医治未病服务、医疗机构中医治未病专职医师职称晋升等方面先行先试。

12. 健全知识产权保护和运用体系。建立知识产权争端解决与快速维权机制。支持建立知识产权运营中心。完善知识产权评估机制、质押融资风险分担机制和方便快捷的质物处置机制。探索人才和技术资本化评估机制，实现知识产权可作价、成果转化能估价、人才团队有身价。放宽对专利代理机构股东和合伙人的条件限制。

13. 优化外籍及港澳台人才发展环境。支持港澳台专业人才和符合条件的外籍专业人才到自贸试验区工作。进一步为来自贸试验区开展商务、旅游等活动的外国人提供入出境便利。开展外国高端人才服务“一卡通”试点。在国际会议、对外邀请、使节来访等需审核审批事项上，建立外事审核审批直通车制度。

（六）高质量发展海洋经济。

14. 加快发展海洋特色产业。建设东北亚水产品加工及贸易中心。推进海洋工程装备研究院及重大研发、试验验证平台和智慧码头建设，发展涉海装备研发制造、维修、服务等产业。支持探索建设现代化海洋种业资源引进中转基地，加快优质水产苗种的检疫准入。优化海洋生物种质及其生物制品进口许可程序，加强海洋生物种质和基因资源研究及产业应用。推进国家海洋药物中试基地、蓝色药库研发生产基地建设，将海洋药物按规定纳入国家医保目录。支持自贸试验区内有条件的金融机构提供各类涉海金融服务。

15. 提升海洋国际合作水平。发挥东亚海洋合作平台作用，区内区外联动，深化开放合作。支持涉海高校、科研院所、国家实验室、企业与国内外机构共建海洋实验室和海洋研究中心。支持国际海洋组织在山东省设立分支机构。搭建国际海洋基因组学联盟，开展全球海洋生物基因测序服务。支持涉海企业参与国际标准制定。

16. 提升航运服务能力。建设航运大数据综合信息平台。探索依托现有交易场所依法依规开展船舶等航运要素交易。支持青岛国际海洋产权交易中心试点开展国际范围船舶交易。支持设立国际中转集拼货物多功能集拼仓库。逐步开放中国籍国际航行船舶入级检验。支持开展外籍邮轮船舶维修业务。发挥港口功能优势，建立以“一单制”为核心的多式联运服务体系，完善山东省中欧班列运营平台，构建东联日韩、西接欧亚大陆的东西互联互通大通道。加强自贸试验区与海港、空港联动，推进海陆空邮协同发展。

（七）深化中日韩区域经济合作。

17. 探索三国地方经济合作。强化优势互补，探索共同开拓第三方市场。高标准建设中韩（烟台）产业园，创新“两国双园”合作模式。支持合作建设医养健康中心。推动建立国际化科技成果转移转化平台。支持依规开展人民币海外基金业务。允许国外交易所在自贸试验区内设立办事机构。

18. 推进区域合作交流便利化。加强中日、中韩海关间“经认证的经营者（AEO）”互认合作，构建信息互换、监管互认、执法互助以及检验检疫、标准计量等方面高效顺畅的合作机制。与日本、韩国合作确定鲜活农副产品目录清单，加快开通快速通关绿色通道。创新自由贸易协定缔约方之间班轮卫生检疫“电讯申报、无疫通行”监管模式。

四、保障机制

坚持和加强党对改革开放的领导，把党的领导贯穿于自贸试验区建设的全过程。强化底线思维和风险意识，完善风险防控和处置机制，实现区域稳定安全高效运行，切实维护国家安全和社会安全。在国务院自由贸易试验区工作部际联席会议统筹协调下，充分发挥地方和部门积极性，抓好各项改革试点任务落实，高标准高质量建设自贸试验区。山东省要完善工作机制，构建精简高效、权责明晰的自贸试验区管理体制，加强人才培养，打造高素质管理队伍；要加强地方立法，建立公正透明、体系完备的法治环境。自贸试验区各片区要把工作做细，制度做实，严格监督，严格执纪执法。各有关部门要及时下放相关管理权限，给予充分的改革自主权。本方案提出的各项改革政策措施，凡涉及调整现行法律或行政法规的，按规定程序办理。重大事项及时向党中央、国务院请示报告。

中国（江苏）自由贸易试验区总体方案

建立中国（江苏）自由贸易试验区（以下简称自贸试验区）是党中央、国务院作出的重大决策，是新时代推进改革开放的战略举措。为高标准高质量建设自贸试验区，制定本方案。

一、总体要求

（一）指导思想。以习近平新时代中国特色社会主义思想为指导，全面贯彻党的十九大和十九届二中、三中全会精神，统筹推进“五位一体”总体布局和协调推进“四个全面”战略布局，坚持稳中求进工作总基调，坚持新发展理念，坚持高质量发展，以供给侧结构性改革为主线，主动服务和融入国家重大战略，更好服务对外开放总体战略布局，解放思想、大胆创新，把自贸试验区建设成为新时代改革开放的新高地。

（二）战略定位及发展目标。以制度创新为核心，以可复制可推广为基本要求，全面落实中央关于深化产业结构调整、深入实施创新驱动发展战略的要求，推动全方位高水平对外开放，加快“一带一路”交汇点建设，着力打造开放型经济发展先行区、实体经济创新发展和产业转型升级示范区。经过三至五年改革探索，对标国际先进规则，形成更多有国际竞争力的制度创新成果，推动经济发展质量变革、效率变革、动力变革，努力建成贸易投资便利、高端产业集聚、金融服务完善、监管安全高效、辐射带动作用突出的高标准高质量自由贸易园区。

二、区位布局

（一）实施范围。自贸试验区的实施范围119.97平方公里，涵盖三个片区：南京片区39.55平方公里，苏州片区60.15平方公里（含苏州工业园综合保税区5.28平方公里），连云港片区20.27平方公里（含连云港综合保税区2.44平方公里）。

自贸试验区土地开发利用须遵守土地利用、生态环境保护、城乡规划法律法规，符合土地利用总体规划和城乡规划，并符合节约集约用地的有关要求；涉及海洋的，须符合《中华人民共和国海域使用管理法》、《中华人民共和国海洋环境保护法》等法律法规有关规定。

（二）功能划分。南京片区建设具有国际影响力的自主创新先导区、现代产业示范区和对外开放合作重要平台；苏州片区建设世界一流高科技产业园区，打造全方位开放高地、国际化创新高地、高端化产业高地、现代化治理高地；连云港片区建设亚欧重要国际交通枢纽、集聚优质要素的开放门户、“一带一路”沿线国家（地区）交流合作平台。

三、主要任务和措施

（一）加快转变政府职能。

1. 打造国际一流营商环境。推进“证照分离”改革全覆盖，持续推动“多证合一”。推进“2个工作日内开办企业、3个工作日内获得不动产登记、30个工作日内取得工业建设项目施工许可证”改革。加强商事审判队伍建设，发展国际商事仲裁、调解等司法替代性解决机制。强化竞争政策的基础性地位。

2. 推进行政管理职能与流程优化。江苏省能够下放的经济社会管理权限，全部下放给自贸试验区。推进综合行政执法体制改革。全面推行“互联网+政务服务”模式。深化“不见面审批（服务）”改革和办税缴费便利化改革。探索高新技术企业认定流程和方式改革。

3. 创新事中事后监管体制机制。建立健全以信用监管为核心、与负面清单管理方式相适应的事中事后监管体系。配合做好外商投资安全审查工作。落实市场主体首负责任制，在安全生产、资源节约、环境保护等领域建立市场主体社会责任报告制度和责任追溯制度。

（二）深化投资领域改革。

4. 深入推进投资自由化便利化。全面落实外商投资准入前国民待遇加负面清单管理制度。探索建立外商投资信息报告制度。深入实施公平竞争审查制度，实现各类市场主体依法平等准入。对符合条件的外资创业投资企业和股权投资企业开展境内投资项目，探索实施监管新模式。探索允许外商投资企业将资本项目收入划转或结汇并依法用于境内股权投资。支持外商独资设立经营性教育培训和职业技能培训机构。支持外商投资设立航空运输销售代理企业。统一内外资人才中介机构投资者资质要求，由自贸试验区管理机构负责审批，报省级人力资源社会保障部门备案。

5. 完善投资促进和保护机制。建立健全外商投资服务体系，完善外商投资促进、项目跟踪服务和投诉工作机制。鼓励自贸试验区在法定权限内制定外商投资促进政策。推广市场化招商模式，成立企业化招商机构。实施重大外资项目“直通车”制度。建立完善地方政府招商引资诚信制度。

6. 提高境外投资合作水平。创新境外投资管理，将自贸试验区建设成为企业“走出去”的窗口和综合服务平台。支持建设国家级境外投资服务中心。投资境外非贸易类实体项目的自贸试验区内企业因外保内贷履约形成对外债务时，应办理外债登记，并纳入全口径跨境融资宏观审慎管理。支持依法依规开展人民币海外基金业务。

7. 大力发展总部经济。进一步完善总部经济促进政策，打造总部经济群。推进企业跨境财务结算中心集聚发展，开展跨国公司总部外汇资金集中运营管理。跨境财务结算中心经批准可以进入境内银行间外汇市场交易。支持符合条件的跨国企业集团设立跨境人民币资金池，集中管理集团内人民币资金。

（三）推动贸易转型升级。

8. 提升贸易便利化水平。加快建设具有国际先进水平的国际贸易“单一窗口”。推动数据协同、简化和标准化，实现铁路、海关、口岸等相关部门的信息互换、监管互认和执法互助。探索食品、农产品检验检疫和追溯标准国际互认机制。扩大第三方检验结果采信商品和机构范围。优化口岸通关流程，推进货物平均放行和结关时间体系化建设。创新出口货物专利纠纷担保放行方式。支持银行为真实合法的贸易结算提供优质服务。

9. 创新贸易综合监管模式。探索与自贸试验区外机场、港口、铁路以及海关特殊监管区域的联动发展。支持自贸试验区内企业开展跨境电商进出口业务，逐步实现自贸试验区内综合保税区依法依规全面适用跨境电商零售进口政策。支持国际邮件互换局（交换站）和国际快件监管中心建设。完善进口商品质量安全风险预警与快速反应监管体系。支持自贸试验区的汽车整车进口口岸建设。支持依法依规建设首次进口药品和生物制品口岸。搭建生物医药集中监管和公共服务平台。开展进境生物材料风险评估，优化对细胞、组织切片等基础性原料的检疫准入流程。优化生物医药全球协同研发的试验用特殊物品的检疫查验流程。支持在海关特殊监管区域和保税监管场所设立大宗商品期货保税交割库，开展期货保税交割、仓单质押融资等业务。允许海关接受软件报关。

10. 推动服务贸易创新发展。建立完善服务贸易创新发展跨部门协调机制，探索服务贸易行政审批及服务事项集中办理改革。探索建设服务贸易境外促进中心，构建中小微服务贸易企业融资担保体系。打造以数字化贸易为标志的新型服务贸易中心。推动中医药服务贸易创新发展。推进人民币在服务贸易领域的跨境使用。

（四）深化金融领域开放创新。

11. 扩大金融领域对内对外开放。支持依法依规设立中外合资银行、民营银行、保险、证券、公募基金、持牌资产管理机构等法人金融机构。支持设立保险资产管理公司。支持发展离岸保险业务。探索投融资汇兑便利化。探索自贸试验区内上市公司外资股东直接参与上市公司配售增发业务，支持外籍员工直接参与境内上市公司股权激励计划。加强对重大风险的识别和系统性金融风险的防范。强化反洗钱、反恐怖融资、反逃税工作。

12. 强化金融对实体经济的支撑。在有效防范风险的基础上，稳妥有序开展供应链金融业务，探索债券、股权融资支持工具试点。支持开展外债注销登记下放给银行办理试点。扩大资本项目收入结汇支付便利化试点规模。依法依规创新绿色金融产品和服务。鼓励保险公司创新产品和服务，为能源、化工等提供保障。

13. 推进金融支持科技创新。研究设立跨境双向股权投资基金。支持开展政府投资基金投向种子期、初创期科技企业的退出试点，探索政府投资基金退出机制和让利机制。研究开展合格境内投资企业（QDIE）政策试点。支持自贸试验区内基金小镇依法依规开展私募投资基金服务。

（五）推动创新驱动发展。

14. 支持制造业创新发展。发展前瞻性先导性产业。建设下一代互联网国家工程中心。建设国家集成电路设计服务产业创新平台、国家健康医疗大数据中心。推进5G试商用城市建设，打造国家级车联网先导区。在风险可控、依法依规前提下，积极开展高技术、高附加值、符合环保要求的旧机电产品维修和再制造，探索开展高端装备绿色再制造试点。开展医疗器械注册人制度试点，允许自贸试验区内医疗器械注册人委托江苏省医疗器械生产企业生产产品。

15. 推动现代服务业集聚发展。打造健康服务发展先行区。在相关制度安排框架下，允许港澳台服务提供者按规定设立独资医疗机构。加快质子放射治疗系统、手术机器人等大型创新医疗设备和创新药物审批。探索开展前沿医疗技术研究项目、重大新药创制国家科技重大专项成果转移转化试点。推动邮轮、游艇等旅游出行便利化。促进文物及文化艺术品在自贸试验区内的综合保税区存储、展示等。打造品牌化、市场化、国际化的展会平台。

16. 构建开放创新载体。建设高水平产业创新平台，鼓励外资设立研发中心，建设国别合作创新园区、协同创新中心、海外创新机构，构建开放创新生态系统。推进国家级开发区等开放创新平台与自贸试验区互动发展。

17. 完善知识产权保护和运用体系。推进知识产权保护中心建设。完善知识产权金融创新体系，创新知识产权融资产品。完善知识产权评估机制、质押融资风险分担机制和方便快捷的质物处置机制。探索推进职务发明创造所有权、处置权和收益权改革。支持国外知识产权服务机构在自贸试验区依法探索设立办事机构，开展相关业务。

18. 优化创新要素市场配置机制。探索国际人才管理改革试点，为在自贸试验区工作和创业的外国人提供入出境、居留和永久居留便利。开辟外国人才绿色通道，探索开展职业资格国际互认，探索放宽自贸试验区聘雇高层次和急需紧缺外籍专业人才条件限制。开展外国高端人才服务“一卡通”试点，建立住房、子女入学、就医社保服务通道。允许外籍及港澳台地区技术技能人员按规定在自贸试验区工作。支持完善人才跨境金融服务。创新国有建设用地开发利用及监管模式。

（六）积极服务国家战略。

19. 推动“一带一路”交汇点建设。支持在自贸试验区内建立多式联运中心，探索建立以“一单制”为核心的便捷多式联运体系。授予自贸试验区铁路对外开放口岸资质。支持规划建设铁路集装箱中心站。建设大宗商品集散中心。促进国际运输便利化，加快海外物流基地建设。搭建新亚欧大陆桥陆海联运电子数据交换通道。加强与“一带一路”沿线国家（地区）口岸执法机构的机制化合作。推动将中欧班列（连云港）纳入中欧安全智能贸易航线试点计划。将外资经营国际船舶管理业务备案下放至江苏省。加强“一带一路”国际产能合作，支持自贸试验区内企业与相关国家的机构合作，参与建设境外经贸合作区、产能合作区等。

20. 推动长江经济带和长江三角洲区域一体化发展。加强与长江经济带和长江三角洲有关省市合作。加快建设扬子江生态文明创新中心。支持完善长江“生态眼”多源感知系统。在自贸试验区打造高水平国际化协同创新共同体，共同培育先进制造业集群和科创高地。加快建设现代产业集聚区，主动服务长江三角洲区域重点产业的优化布局和统筹发展。

四、保障机制

坚持和加强党对改革开放的领导，把党的领导贯穿于自贸试验区建设的全过程。强化底线思维和风险意识，完善风险防控和处置机制，实现区域稳定安全高效运行，切实维护国家安全和社会安全。在国务院自由贸易试验区工作部际联席会议统筹协调下，充分发挥地方和部门积极性，抓好各项改革试点任务落实，高标准高质量建设自贸试验区。江苏省要完善工作机制，构建精简高效、权责明晰的自贸试验区管理体制，加强人才培养，打造高素质管理队伍；要加强地方立法，建立公正透明、体系完备的法治环境。自贸试验区各片区要把工作做细，制度做实，严格监督，严格执纪执法。各有关部门要及时下放相关管理权限，给予充分的改革自主权。本方案提出的各项改革政策措施，凡涉及调整现行法律或行政法规的，按规定程序办理。重大事项及时向党中央、国务院请示报告。

中国（广西）自由贸易试验区总体方案

建立中国（广西）自由贸易试验区（以下简称自贸试验区）是党中央、国务院作出的重大决策，是新时代推进改革开放的战略举措。为高标准高质量建设自贸试验区，制定本方案。

一、总体要求

（一）指导思想。以习近平新时代中国特色社会主义思想为指导，全面贯彻党的十九大和十九届二中、三中全会精神，统筹推进“五位一体”总体布局和协调推进“四个全面”战略布局，坚持稳中求进工作总基调，坚持新发展理念，坚持高质量发展，以供给侧结构性改革为主线，主动服务和融入国家重大战略，更好服务对外开放总体战略布局，解放思想、大胆创新，把自贸试验区建设成为新时代改革开放的新高地。

（二）战略定位及发展目标。以制度创新为核心，以可复制可推广为基本要求，全面落实中央关于打造西南中南地区开放发展新的战略支点的要求，发挥广西与东盟国家陆海相邻的独特优势，着力建设西南中南西北出海口、面向东盟的国际陆海贸易新通道，形成21世纪海上丝绸之路和丝绸之路经济带有机衔接的重要门户。经过三至五年改革探索，对标国际先进规则，形成更多有国际竞争力的制度创新成果，推动经济发展质量变革、效率变革、动力变革，努力建成贸易投资便利、金融服务完善、监管安全高效、辐射带动作用突出、引领中国—东盟开放合作的高标准高质量自由贸易园区。

二、区位布局

（一）实施范围。自贸试验区的实施范围119.99平方公里，涵盖三个片区：南宁片区

46.8平方公里（含南宁综合保税区2.37平方公里），钦州港片区58.19平方公里（含钦州保税港区8.81平方公里），崇左片区15平方公里（含凭祥综合保税区1.01平方公里）。

自贸试验区土地开发利用须遵守土地利用、生态环境保护、城乡规划法律法规，符合土地利用总体规划和城乡规划，并符合节约集约用地的有关要求；涉及海洋的，须符合《中华人民共和国海域使用管理法》、《中华人民共和国海岛保护法》、《中华人民共和国海洋环境保护法》等法律法规有关规定。

（二）功能划分。南宁片区重点发展现代金融、智慧物流、数字经济、文化传媒等现代服务业，大力发展新兴制造产业，打造面向东盟的金融开放门户核心区和国际陆海贸易新通道重要节点；钦州港片区重点发展港航物流、国际贸易、绿色化工、新能源汽车关键零部件、电子信息、生物医药等产业，打造国际陆海贸易新通道门户港和向海经济集聚区；崇左片区重点发展跨境贸易、跨境物流、跨境金融、跨境旅游和跨境劳务合作，打造跨境产业合作示范区，构建国际陆海贸易新通道陆路门户。

三、主要任务和措施

（一）加快转变政府职能。

1. 打造国际一流营商环境。推进“证照分离”改革全覆盖。深化“一事通办”改革。对标国际标准，在开办企业、办理建筑许可、登记财产等方面加大改革力度。推进重要工业产品生产许可制度改革。探索建立普通注销登记制度和简易注销登记制度相互配套的市场主体退出制度。强化竞争政策的基础性地位。配合做好外商投资安全审查工作。

2. 深入推进行政管理职能与流程优化。调整完善省级管理权限下放内容和方式。推行“极简审批”改革。实施相对集中行政许可权改革试点。优化经营范围登记改革试点。探索实施投资项目先建后验管理新模式。全面开展工程建设项目审批制度改革，实现“一口受理”“两验终验”，推行“函证结合”“容缺后补”等改革。全面推行“互联网+政务服务”模式，涉企政务服务事项实现“应上尽上、全程在线”。继续探索创新公共部门绩效管理模式。建立企业信用修复制度。

（二）深化投资领域改革。

3. 深入推进投资自由化便利化。全面落实外商投资准入前国民待遇加负面清单管理制度。探索建立外商投资信息报告制度。支持外商独资设立经营性教育培训和职业技能培训机构。统一内外资人才中介机构投资者资质要求，由自贸试验区管理机构负责审批，报省级人力资源社会保障部门备案。支持外商投资设立航空运输销售代理企业。支持将无船承运、外资经营国际船舶管理业务备案下放给广西。深化国际文化创意和体育赛事合作，依托现有交易场所开展演艺及文化创意知识产权交易。

4. 完善投资促进和保护机制。建立健全外商投资服务体系，完善外商投资促进、项目跟踪服务和投诉工作机制。鼓励自贸试验区在法定权限内制定外商投资促进政策。推动准入前和准入后管理措施的有效衔接，实施公平竞争审查制度。

5. 提高境外投资合作水平。完善企业“走出去”综合服务和风险防控体系。鼓励企业“走出去”在周边国家开展农业合作。鼓励金融机构提高对境外资产或权益的处置能力，支持“走出去”企业以境外资产和股权、采矿权等权益为抵押获得贷款。

（三）推动贸易转型升级。

6. 提升贸易便利化水平。加快建设国际贸易“单一窗口”，依托“单一窗口”标准版，探索与东盟国家“单一窗口”互联互通。试行“两步申报”通关监管新模式。探索对自贸试验区海关特殊监管区域内企业取消工单核销和单耗管理。依照自由贸易协定安排，推动实施原产地自主声明制度和原产地预裁定制度。优化生物医药全球协同研发的试验用特殊物品的检疫查验流程。优先审理自贸试验区相关口岸开放项目。支持依法依规建设首次进口药品和生物制品口岸。研究开展贸易调整援助试点。

7. 培育贸易新业态新模式。逐步实现自贸试验区内综合保税区依法依规全面适用跨境电商零售进口政策。支持在自贸试验区的海关特殊监管区域开展现货交易、保税交割、融资租赁业务。开展平行进口汽车试点。支持发展国际贸易、现代金融等总部经济。在综合保税区内开展高技术、高附加值、符合环保要求的保税检测和全球维修业务，试点通信设备等进口再制造。促进文物及文化艺术品在自贸试验区内综合保税区存储、展示等。

（四）深化金融领域开放创新。

8. 打造面向东盟的金融开放门户。深化以人民币面向东盟跨区域使用为重点的金融改革。推动人民币与东盟国家货币通过银行间市场区域挂牌交易。完善货币现钞跨境调运机制。支持符合规定的私募基金管理人、证券公司、商业银行、金融资产投资公司等机构，依法依规发起设立民营企业股权融资支持工具。支持在自贸试验区依法发起设立民营银行等金融机构。培育融资租赁主体。研究设立中国—东盟金融合作学院。

9. 促进跨境投融资便利化。支持自贸试验区内银行按规定发放境外人民币贷款。支持金融机构和企业赴境外发行人民币债券并回流使用。在宏观审慎管理框架下，探索自贸试验区内金融股权交易平台向境外银行开展不良资产转让业务。放宽跨国公司外汇资金集中运营管理准入条件。拓宽企业资本项下外币资金结汇用途。支持企业境外母公司按照有关规定在境内发行人民币债券。支持符合条件的跨境电子商务企业在宏观审慎管理框架下开展人民币境外借款业务。鼓励跨境电子商务活动中使用人民币计价结算。加强对重大风险的识别和系统性金融风险的防范。强化反洗钱、反恐怖融资、反逃税工作。

（五）推动创新驱动发展。

10. 强化科技创新支撑引领。优化新兴行业经营范围登记工作。探索进口研发样品、设备等进出自贸试验区海关特殊监管区域的便利监管措施。支持为创新创业企业提供股权和债权相结合的融资方式。支持与东盟国家共建联合实验室、创新平台、科技园区。支持建立面向东盟的国际科技合作组织。充分发挥中国—东盟技术转移中心作用。探索建立知识产权快速维权机制。完善知识产权交易体系与交易机制。完善知识产权评估机制、质押融资风险分担机制和方便快捷的质物处置机制。

11. 推进人力资源领域改革。深入实施外国人来华工作许可制度。开辟外籍及港澳台人才绿色通道。开展外国高端人才服务“一卡通”试点。为在自贸试验区工作和创业的外籍及港澳台人才提供入出境、居留和永久居留便利。探索建立科技创新引才引智计点积分制度。为来自贸试验区开展商务、旅游等活动的外国人提供入出境便利。

（六）构建面向东盟的国际陆海贸易新通道。

12. 畅通国际大通道。支持广西与中西部省（自治区、直辖市）及国际陆海贸易新通道沿线国家和地区建立完善合作机制，实现物流资源整合和高效匹配。支持开通和加密北部湾港国际海运航线。支持北部湾港开行至中西部地区的海铁联运班列，与中欧班列无缝衔接。加快构建经西部地区联通“一带一路”的大能力铁路货运通道。加密中国—中南半岛跨境货运班列、国际道路运输线路。强化南宁空港、南宁国际铁路港的服务支撑能力。支持建设南宁临空经济示范区。支持更多航空公司设立运行基地和分（子）公司。支持加密南宁至东南亚、南亚的客货运航空航线。

13. 创新多式联运服务。建设以海铁联运为主干的多式联运体系，支持开展多式联运“一单制”改革。探索建立国际陆海贸易新通道班列全程定价机制。探索在东盟国家主要港口设立铁路集装箱还箱点。加快推进跨境运输便利化，推进实施中欧安全智能贸易航线试点计划。探索“跨境电子商务+国际联运”新模式。

14. 打造对东盟合作先行先试示范区。依托现有交易场所依法依规开展面向东盟的大宗特色商品交易。支持在中国—马来西亚“两国双园”间形成更加高效便利的国际产业链合作关系。推动中国—马来西亚全球电子商务平台落户自贸试验区。加强与东盟国家在通关、认证认可、标准计量等方面合作，大力推进“经认证的经营者（AEO）”互认合作。支持发展面向东盟的临港石化产业，延伸产业链，提升产业精细化水平。支持在自贸试验区内发展新能源汽车产业，加强与东盟国家在汽车产业的国际合作，符合条件的新能源汽车投资项目按照《汽车产业投资管理规定》办理。支持发展以东盟国家中草药为原料的医药产业。支持自贸试验区内医疗机构与东盟国家依法同步开展重大疾病新药临床试验。自贸试验区内医疗机构可根据自身的技术能力，按照有关规定开展干细胞临床前沿医疗技术研究项目。加快推进中国—东盟信息港建设。与东盟国家加强北斗导航、大数据、人工智能等产业合作。支持中国—东盟博览会服务区域从中国—东盟向“一带一路”沿线国家（地区）延伸。在国际会展检验检疫监管模式下，支持博览会扩大原产于东盟国家农产品的展示。支持中西部地区在自贸试验区设立面向东盟的开放型园区。

（七）形成“一带一路”有机衔接的重要门户。

15. 打造西部陆海联通门户港。加快建设服务西南中南西北的国际陆海联运基地。深化泛北部湾次区域合作，加快推进中国—东盟港口城市网络建设。支持钦州港提升集装箱干线运输水平。支持北部湾港重大港航及公共项目用海用地。支持设立航运、物流区域总部或运营中心，开展国际中转、中转集拼、航运交易等服务。探索依托现有交易场所依法依规开展船舶等航运要素交易。支持开展北部湾港至粤港澳大湾区的内外贸集装箱同船运输。探索建立更加开放的国际船舶登记制度。

16. 建设中国—中南半岛陆路门户。深度参与澜沧江—湄公河次区域合作，加快推进中国—中南半岛经济走廊建设。推动经友谊关口岸的中越直通车范围延伸至西部重要节点城市。创新边境口岸出入境车辆电讯检疫监管制度。加快推进跨境运输车辆牌证互认。鼓励发展中国—东盟跨境汽车自驾游。积极推动车辆、人员自助通关。支持边境小额贸易创新发展和转型升级。探索边境贸易管理更加便利化，推进企业信用管理。充分发挥中国—东盟边境贸易凭祥检验检疫试验区作用。探索开展跨境动物疫病区域化管理工作。开展跨境劳务谈判，规范边境地区外籍劳务人员试点工作。

四、保障机制

坚持和加强党对改革开放的领导，把党的领导贯穿于自贸试验区建设的全过程。强化底线思维和风险意识，完善风险防控和处置机制，实现区域稳定安全高效运行，切实维护国家安全和社会安全。在国务院自由贸易试验区工作部际联席会议统筹协调下，充分发挥地方和部门积极性，抓好各项改革试点任务落实，高标准高质量建设自贸试验区。广西壮族自治区要完善工作机制，构建精简高效、权责明晰的自贸试验区管理体制和用编用人制度，加强人才培养，打造高素质管理队伍；要加强地方立法，建立公正透明、体系完备的法治环境。自贸试验区各片区要把工作做细，制度做实，严格监督，严格执纪执法。各有关部门要及时下放相关管理权限，给予充分的改革自主权。本方案提出的各项改革政策措施，凡涉及调整现行法律或行政法规的，按规定程序办理。重大事项及时向党中央、国务院请示报告。

中国（河北）自由贸易试验区总体方案

建立中国（河北）自由贸易试验区（以下简称自贸试验区）是党中央、国务院作出的重大决策，是新时代推进改革开放的战略举措。为高标准高质量建设自贸试验区，制定本方案。

一、总体要求

（一）指导思想。以习近平新时代中国特色社会主义思想为指导，全面贯彻党的十九大和十九届二中、三中全会精神，统筹推进“五位一体”总体布局和协调推进“四个全面”战略布局，坚持稳中求进工作总基调，坚持新发展理念，坚持高质量发展，以供给侧结构性改革为主线，主动服务和融入国家重大战略，更好服务对外开放总体战略布局，解放思想、大胆创新，把自贸试验区建设成为新时代改革开放的新高地。

（二）战略定位及发展目标。以制度创新为核心，以可复制可推广为基本要求，全面落实中央关于京津冀协同发展战略和高标准高质量建设雄安新区要求，积极承接北京非首都功能疏解和京津科技成果转化，着力建设国际商贸物流重要枢纽、新型工业化基地、全球创新高地和开放发展先行区。经过三至五年改革探索，对标国际先进规则，形成更多有国际竞争力的制度创新成果，推动经济发展质量变革、效率变革、动力变革，努力建成贸易投资自由便利、高端高新产业集聚、金融服务开放创新、政府治理包容审慎、区域发展高度协同的高标准高质量自由贸易园区。

二、区位布局

（一）实施范围。自贸试验区的实施范围119.97平方公里，涵盖四个片区：雄安片区33.23平方公里，正定片区33.29平方公里（含石家庄综合保税区2.86平方公里），曹妃甸片区33.48平方公里（含曹妃甸综合保税区4.59平方公里），大兴机场片区19.97平方公里。

自贸试验区土地开发利用须遵守土地利用、生态环境保护、城乡规划法律法规，符合土地利用总体规划和城乡规划，并符合节约集约用地的有关要求；涉及海洋的，须符合《中华人民共和国海域使用管理法》、《中华人民共和国海洋环境保护法》等法律法规有关规定。

（二）功能划分。雄安片区重点发展新一代信息技术、现代生命科学和生物技术、高端现代服务业等产业，建设高端高新产业开放发展引领区、数字商务发展示范区、金融创新先行区。正定片区重点发展临空产业、生物医药、国际物流、高端装备制造等产业，建设航空产业开放发展集聚区、生物医药产业开放创新引领区、综合物流枢纽。曹妃甸片区重点发展国际大宗商品贸易、港航服务、能源储配、高端装备制造等产业，建设东北亚经济合作引领区、临港经济创新示范区。大兴机场片区重点发展航空物流、航空科技、融资租赁等产业，建设国际交往中心功能承载区、国家航空科技创新引领区、京津冀协同发展示范区。

三、主要任务和措施

（一）加快转变政府职能。

1. 打造国际一流营商环境。推进“证照分离”改革全覆盖。调整完善省级管理权限下放内容和方式。全面开展工程建设项目审批制度改革，实现“一口受理”、“两验终验”，推行“函证结合”“容缺后补”等改革。探索实施投资项目先建后验管理新模式。对环境影响小、环境风险不高的建设项目探索推行环境影响评价承诺备案制，对建设项目环境许可、现场勘察实施同类豁免或简化模式。搭建知识产权服务工作站。建立完善知识产权评估机制、质押登记制度、质押融资风险分担机制以及方便快捷的质物处置机制。强化竞争政策的基础性地位。配合做好外商投资安全审查工作。

（二）深化投资领域改革。

2. 深入推进投资自由化便利化。全面落实外商投资准入前国民待遇加负面清单管理制度。探索建立外商投资信息报告制度。允许取得我国一级注册建筑师或一级注册结构工程师资格的境外专业人士作为合伙人，按相应资质标准要求设立建筑工程设计事务所。支持外商独资设立经营性教育培训和职业技能培训机构。支持外商投资设立航空运输销售代理企业。统一内外资人才中介机构投资者资质要求，由自贸试验区管理机构负责审批，报省级人力资源社会保障部门备案。

3. 完善投资促进和保护机制。建立健全外商投资服务体系，完善外商投资促进、项目跟踪服务和投诉工作机制。鼓励自贸试验区在法定权限内制定外商投资促进政策。完善“走出去”综合服务和风险防控体系。支持“走出去”企业以境外资产和股权、采矿权等权益为抵押获得贷款。

（三）推动贸易转型升级。

4. 提升贸易便利化水平。在海关特殊监管区域深入实施货物状态分类监管。探索以企业为单元的税收担保制度。允许展会展品提前备案，以担保方式放行展品，展品展后结转进入海关特殊监管区域予以核销。支持在雄安片区设立综合保税区。支持曹妃甸开展平行进口汽车试点。支持曹妃甸片区建设国际海运快件监管中心。研究开展贸易调整援助试点。

5. 支持开展国际大宗商品贸易。依托现有交易场所，依法依规开展矿石、钢铁、煤炭、木材、天然气、粮食、食糖等大宗商品现货交易。支持建立大宗商品期货保税交割仓库、跨境交易平台。支持开展矿石混配业务，完善仓储、分销、加工及配送体系。发展国际能源储配贸易，允许商储租赁国有企业商业油罐，支持开展成品油和保税燃料油交割、仓储，允许自贸试验区内企业开展不同税号下保税油品混兑调和。支持建设液化天然气（LNG）储运设施，完善配送体系。

6. 建设国际商贸物流重要枢纽。支持设立多式联运中心。培育发展航运企业。支持设立航运保险机构。支持曹妃甸片区设立国际船舶备件供船公共平台、设备翻新中心和船舶配件市场。在对外航权谈判中，在平等互利基础上，积极争取石家庄正定国际机场航空枢纽建设所需的包括第五航权在内的国际航权。在符合省内统一规划前提下，研究推进在正定片区按相关规定申请设立A类低空飞行服务站。支持北京大兴国际机场申请设立水果、种子种苗、食用水生动物、肉类、冰鲜水产品等其他特殊商品进出口指定监管作业场地。加强北京大兴国际机场临空经济区与自贸试验区的改革联动、发展联动。支持正定片区设立进口钻石指定口岸。

（四）深化金融领域开放创新。

7. 增强金融服务功能。支持符合条件的商业银行注册设立金融资产投资子公司。支持设立直销银行、征信机构等。支持试点设立健康保险等外资专业保险机构。研究开展合格境外有限合伙人（QFLP）和合格境内投资企业（QDIE）业务试点，放宽项目投资限制，提高基金持股比例。加强对重大风险的识别和系统性金融风险的防范。强化反洗钱、反恐怖融资、反逃税工作。

8. 深化外汇管理体制改革。放宽跨国公司外汇资金集中运营管理准入条件。探索研究符合条件的融资租赁公司和商业保理公司进入银行间外汇市场。允许货物贸易外汇管理分类等级为A类的企业货物贸易收入无须开立待核查账户。

9. 推动跨境人民币业务创新。支持自贸试验区内银行按规定发放境外人民币贷款，探索开展境内人民币贸易融资资产跨境转让业务，并纳入全口径跨境融资宏观审慎管理。支持企业境外母公司按照有关规定在境内发行人民币债券。

（五）推动高端高新产业开放发展。

10. 支持生物医药和生命健康产业开放发展。优化生物医药全球协同研发的试验用特殊物品的检疫查验流程。建立新药研发用材料、试剂和设备进口绿色通道，免除企业一次性进口药品通关单，实行一次审批、分次核销。适度放宽医药研发用小剂量特殊化学制剂的管理，支持在自贸试验区内建立备货仓库。简化一公斤以内的药物样品、中间体出境空运手续。支持石家庄依法依规建设进口药品口岸，条件成熟时设立首次进口药品和生物制品口岸。建立基因检测技术应用示范中心和公共技术平台，支持开展基因测序技术临床应用，支持开展感染微生物、罕见病等基因质谱试点。支持自贸试验区内符合条件的医疗卫生机构，按照有关规定开展干细胞临床前沿医疗技术研究项目，建立项目备案绿色通道。开展医疗器械注册人制度试点。优化二类医疗器械审批流程。支持开展医疗器械跨区域生产试点。设立医药知识产权维权援助分中心。

11. 支持装备制造产业开放创新。支持建设国家进口高端装备再制造产业示范园区。试点数控机床、石油钻采产品等高附加值大型成套设备及关键零部件进口再制造。放宽高端装备制造产品售后维修进出口管理，适当延长售后维修设备和备件返厂期限。对符合条件的入境维修复出口免于实施装运前检验。完善装备制造出口产品退换货制度，允许出口企业按照“先出口后回收”方式办理境外用户退换货业务。允许进口入境期限不超过一年的二手研发专用关键设备。简化对非民用进口机电设备免3C认证手续。

（六）引领雄安新区高质量发展。

12. 建设金融创新先行区。在依法依规前提下，探索监管“沙盒机制”。推进绿色金融第三方认证计划，探索开展环境信息强制披露试点，建立绿色金融国际标准。加快培育排污权、节能量、水权等环境权益交易市场，依托现有交易场所开展碳排放权、水权、新能源现货交易。支持股权众筹试点在雄安股权交易所先行先试。

13. 建设数字商务发展示范区。发展大数据交易、数据中心和数字内容等高端数字化贸易业态。支持建立数字化贸易综合服务平台。探索符合国情的数字化贸易发展规则，参与数据资产国际贸易规则和协议制定。探索兼顾安全和效率的数字化贸易监管模式。推进公共数据利用改革试点。建立大数据资产评估定价、交易规则、标准合约等政策体系。依托现有交易场所开展数据资产交易。推进基于区块链、电子身份（eID）确权认证等技术的大数据可信交易。支持开展数据资产管理、安全保障、数据交易、结算、交付和融资等业务。

建设从雄安片区到国际通信业务出入口局的直达数据链路。支持发展数据服务外包业务。在数字商务发展示范区内探索建立影视、游戏和音乐等数字内容加工与运营中心，依法依规开展数字内容加工与运营服务。针对数字商务发展示范区内数字内容相关行业企业，建立健全事中事后监管机制，通过内容审查、行业自律、守信激励、黑白名单等方式实现监管全覆盖。引导企业加强个人隐私信息保护，及时公布和更新企业收集使用个人信息的策略等。建立数据泄露事件报告制度。

14. 推进生命科学与生物技术创新发展。鼓励企业进行免疫细胞治疗、单抗药物、基因治疗、组织工程等新技术研究，允许企业依法依规开展新型生物治疗业务。建立人类遗传资源临床试验备案制度。支持雄安片区建设基因数据中心。

（七）推动京津冀协同发展。

15. 推动区域产业协同创新。支持北京中关村、天津滨海新区等与自贸试验区深度合作创新发展。支持建立总部设在雄安片区的国际科学共同体或科技组织。

16. 促进要素跨区域流动。支持北京非首都功能优先向自贸试验区疏解转移。已在北京、天津取得生产经营资质、认证的企业搬迁到自贸试验区后，经审核继续享有原有资质、认证。允许符合条件的北京、天津企业将注册地变更到自贸试验区后，继续使用原企业名称。建立人才跨区域资质互认、双向聘任等制度，在待遇、职称评定等方面根据个人意愿予以保留或调整。

四、保障机制

坚持和加强党对改革开放的领导，把党的领导贯穿于自贸试验区建设的全过程。强化底线思维和风险意识，完善风险防控和处置机制，实现区域稳定安全高效运行，切实维护国家安全和社会安全。在国务院自由贸易试验区工作部际联席会议统筹协调下，充分发挥地方和部门积极性，抓好各项改革试点任务落实，高标准高质量建设自贸试验区。河北省要完善工作机制，构建精简高效、权责明晰的自贸试验区管理体制，加强人才培养，打造高素质管理队伍；要加强地方立法，建立公正透明、体系完备的法治环境。自贸试验区各片区要把工作做细，制度做实，严格监督，严格执纪执法。各有关部门要及时下放相关管理权限，给予充分的改革自主权。本方案提出的各项改革政策措施，凡涉及调整现行法律或行政法规的，按规定程序办理。重大事项及时向党中央、国务院请示报告。

中国（云南）自由贸易试验区总体方案

建立中国（云南）自由贸易试验区（以下简称自贸试验区）是党中央、国务院作出的重大决策，是新时代推进改革开放的战略举措。为高标准高质量建设自贸试验区，制定本方案。

一、总体要求

（一）指导思想。以习近平新时代中国特色社会主义思想为指导，全面贯彻党的十九大和十九届二中、三中全会精神，统筹推进“五位一体”总体布局和协调推进“四个全面”战略布局，坚持稳中求进工作总基调，坚持新发展理念，坚持高质量发展，以供给侧结构性改革为主线，主动服务和融入国家重大战略，更好服务对外开放总体战略布局，解放思想、大胆创新，把自贸试验区建设成为新时代改革开放的新高地。

（二）战略定位及发展目标。以制度创新为核心，以可复制可推广为基本要求，全面落实中央关于加快沿边开放的要求，着力打造“一带一路”和长江经济带互联互通的重要通道，建设连接南亚东南亚大通道的重要节点，推动形成我国面向南亚东南亚辐射中心、开放前沿。经过三至五年改革探索，对标国际先进规则，形成更多有国际竞争力的制度创新成果，推动经济发展质量变革、效率变革、动力变革，努力建成贸易投资便利、交通物流通达、要素流动自由、金融服务创新完善、监管安全高效、生态环境质量一流、辐射带动作用突出的高标准高质量自由贸易园区。

二、区位布局

（一）实施范围。自贸试验区的实施范围119.86平方公里，涵盖三个片区：昆明片区76平方公里（含昆明综合保税区0.58平方公里），红河片区14.12平方公里，德宏片区29.74平方公里。

自贸试验区土地开发利用须遵守土地利用、生态环境保护、城乡规划法律法规，符合土地利用总体规划和城乡规划，并符合节约集约用地的有关要求。

（二）功能划分。昆明片区加强与空港经济区联动发展，重点发展高端制造、航空物流、数字经济、总部经济等产业，建设面向南亚东南亚的互联互通枢纽、信息物流中心和文化教育中心；红河片区加强与红河综合保税区、蒙自经济技术开发区联动发展，重点发展加工及贸易、大健康服务、跨境旅游、跨境电商等产业，全力打造面向东盟的加工制造基地、商贸物流中心和中越经济走廊创新合作示范区；德宏片区重点发展跨境电商、跨境产能合作、跨境金融等产业，打造沿边开放先行区、中缅经济走廊的门户枢纽。

三、主要任务和措施

（一）加快转变政府职能。

1. 推进行政管理职能与流程优化。推进

"证照分离"改革全覆盖，突出"照后减证"。调整完善省级管理权限下放内容和方式。全面推进行政审批和行政服务标准化，推行"互联网+政务服务"模式，拓展"一部手机办事通"一网通办功能。全面开展工程建设项目审批制度改革。精简投资项目准入手续，实施先建后验管理新模式。

2. 优化外籍及港澳台人才发展环境。探索将有关外籍及港澳台人才省级管理权限赋予自贸试验区。探索开展职业资格国际互认，允许外籍及港澳台技术技能人员按规定在自贸试验区就业，允许在中国高校毕业的优秀留学生在自贸试验区就业和创业，向其发放工作许可。开展外国高端人才服务"一卡通"试点。建设澜湄职业教育培训基地。

3. 创新事中事后监管体制机制。建立健全以信用监管为核心、与负面清单管理方式相适应的事中事后监管体系。强化竞争政策的基础性地位。配合做好外商投资安全审查工作。

（二）深化投资领域改革。

4. 深入推进投资自由化便利化。全面落实外商投资准入前国民待遇加负面清单管理制度。探索建立外商投资信息报告制度。支持外商独资设立经营性教育培训和职业技能培训机构。支持外商投资设立航空运输销售代理企业。统一内外资人才中介机构投资者资质要求，由自贸试验区管理机构负责审批，报省级人力资源社会保障部门备案。

5. 完善投资促进和保护机制。建立健全外商投资服务体系，完善外商投资促进、项目跟踪服务和投诉工作机制。鼓励自贸试验区在法定权限内制定外商投资促进政策。加强外商投资合法权益保护。建立健全国际商事调解、仲裁机制。推动知识产权运营服务体系建设。实施公平竞争审查制度。

（三）推动贸易转型升级。

6. 提升贸易便利化水平。加快建设具有国际先进水平的国际贸易"单一窗口"，探索拓展至技术贸易、服务外包、维修服务等服务贸易领域，待条件成熟后，逐步将服务出口退（免）税申报纳入"单一窗口"管理。大力发展检验检测、标准、认证等第三方服务，扩大第三方检验结果采信商品和机构范围。创新出口货物专利纠纷担保放行方式。研究开展贸易调整援助试点。

7. 创新贸易监管模式。实施"一口岸多通道"监管创新。支持对海关特殊监管区域外的"两头在外"航空维修业态实行保税监管，打造一站式航空维修基地。试行动植物及其产品检疫审批负面清单制度。优化生物医药全球协同研发的试验用特殊物品的检疫查验流程。做好国际会议、赛事、展演、展览监管，简化展品检疫审批管理。

8. 创新推进跨境电子商务发展。鼓励建设出口产品公共海外仓和海外运营中心。依法依规开展跨境电商人民币结算，推动跨境电商线上融资及担保方式创新。试点航空快件国际中转集拼业务。加快河口、瑞丽国际快件监管中心建设。支持在红河片区、德宏片区建设边境仓。支持复制跨境电商综合试验区探索形成的成熟经验做法。

9. 培育新业态新模式。加快构建 5G 产业体系，推动互联网、大数据、人工智能与实体经济深度融合。加快推进面向南亚东南亚的离岸呼叫中心业务。对海关特殊监管区域外有条件企业开展高附加值、高技术含量、符合环保要求的"两头在外"检测、维修业态实行保税监管。促进文物及文化艺术品在自贸试验区内的综合保税区存储、展示等。支持云南设立汽车整车进口口岸，开展平行进口汽车试点。探索先进技术装备、关键零部件及其他机电产品（医疗器械等高风险产品除外）等平行进口。医疗机构可按照规定开展干细胞临床前沿医疗技术研究项目。大力发展中医药服务贸易，推动中医药海外创新发展。支持开展全球动植物种质资源引进和中转等业务。

（四）深化金融领域开放创新。

10. 扩大金融领域对外开放。支持符合条件的南亚东南亚等国家金融机构设立外资金融分支机构（证券期货经营机构除外）。鼓励自贸试验区内符合条件的保理企业开展跨地区的保理业务。拓展“银税互动”受惠面。推进与南亚东南亚国家签订保险业双边监管合作协议，优化跨境保险规则，实现理赔查勘相互委托或结果互认。加强对重大风险的识别和系统性金融风险的防范。支持加强与周边国家的金融监管协作，强化反洗钱、反恐怖融资、反逃税工作。

11. 推动跨境人民币业务创新发展。推动人民币作为跨境贸易和投资计价、结算货币。研究推动金融机构参与人民币与周边国家非主要国际储备货币银行间市场区域交易。支持企业境外母公司按照有关规定在境内发行人民币债券。支持金融机构和企业按规定从境外融入人民币资金。支持依法依规开展人民币海外基金业务。

12. 促进跨境投融资便利化。支持银行业金融机构按规定开展跨境融资业务。允许银行和已获相应业务许可的非银行支付机构通过具备合法资质的清算机构与境外银行、支付机构开展跨境支付合作。放宽跨国公司外汇资金集中运营管理准入条件。支持金融租赁公司和融资租赁公司在符合相关规定前提下，开展境内外租赁业务。

（五）创新沿边经济社会发展新模式。

13. 创新沿边跨境经济合作模式。依托跨境经济合作区、边境经济合作区开展国际产能合作。适时出台姐告边境贸易区管理条例，完善政策法规体系。与周边国家推动实施“一次认证、一次检测、一地两检、双边互认”通关模式。推动机动车牌和驾驶证互认，简化临时入境车辆牌照手续，允许外国运输车辆进入红河片区、德宏片区。深入推进跨境动物疫病区域化管理试点。对毗邻国家输入的农产品、水产品、种子种苗及花卉苗木等产品实行快速检验检疫模式。支持建设境外农业经贸合作区，稳步解决跨境农业合作返销农产品检验检疫准入。支持“走出去”企业以境外资产和股权、林权、采矿权等权益为抵押获得贷款。

14. 探索推进边境地区人员往来便利化。积极推进与毗邻国家签署跨境人力资源合作协议，探索建立外籍务工人员管理长效机制。研究外籍员工办理就业许可、签证及居留许可便利措施。进一步为来自贸试验区开展商贸、旅游等活动的外国人提供入出境便利。开辟境外人员入境就医紧急救助通道。自贸试验区经贸、科技人员可向审批机关申请办理一次审批、一年多次有效出国任务批件。简化内地人员办理《中华人民共和国出入境通行证》提交的资料和手续。在国际会议、对外邀请、使节来访等需审核审批事项上，建立外事审核审批直通车制度。

15. 加大科技领域国际合作力度。引导各类创新主体在“一带一路”沿线国家（地区）共建创新平台，鼓励企业设立海外研发中心。支持云南与周边国家共建科技成果孵化基地和科技企业孵化器。按市场化方式，设立一批专业化投资基金。

（六）加快建设我国面向南亚东南亚辐射中心。

16. 构建连接南亚东南亚的国际开放大通道。加快推动孟中印缅经济走廊、中国—中南半岛经济走廊陆路大通道建设，构建区域运输大动脉。建设昆明国际航空枢纽和空港型国家物流枢纽，在对外航权谈判中，在平等互利基础上，积极争取昆明航空枢纽建设所需的包括第五航权在内的国际航权。支持昆明长水国际机场开展航班时刻改革试点。完善昆明区域性国际通信业务出入口局功能，扩容国际通信出口带宽。依托昆明电力交易中心，进一步丰富现货产品种类，逐步建成面向南亚东南亚跨境电力合作交易平台。

17. 打造区域跨境物流中心。支持开展面向南亚东南亚国家的国际多式联运试点，推进国际道路运输便利化进程。支持创新发展现代供应链。加强冷链基础设施网络建设。加快建设面向南亚东南亚的跨境物流公共信息平台。加快推进中缅、中越、中老、中老泰等国际物流大通道建设，允许企业在周边国家运营（或参与运营）的货运车辆进入云南境内停靠和装卸货。拓展昆明长水国际机场“空空+空地”货物集疏模式，鼓励发展全货机航班、腹舱货运，构建面向南亚东南亚航空物流集散中心。

18. 建设沿边资源储备基地。支持建设成品油与天然气储备库。试点牛肉、天然橡胶等产品储备制度改革，支持红河片区、德宏片区建立大宗产品储备基地。推动碳排放权交易资源储备。依托现有交易场所依法依规开展有色金属、咖啡、橡胶、畜产品等优势产品交易，设立农产品、有色金属拍卖中心。

19. 全力打造世界一流的健康生活目的地。支持引进国内外高端医疗资源，建设区域性国际诊疗保健合作中心。加快创新药品审批上市，对抗癌药、罕见病用药等临床急需的创新药品实施优先审评审批。建立仿制药研发公共平台，加大对仿制药政策支持力度，引进境外仿制药公司和技术人员。支持建设现代化中药研发平台。支持云南疫苗产品开展世界卫生组织预认证和国际注册。开展医疗器械注册人制度试点。建立孟中印缅经济走廊旅游合作机制，支持打通连接多国的边境旅游环线，推出自驾游等跨境旅游产品，鼓励设立边境旅游试验区和跨境旅游合作区。

四、保障机制

坚持和加强党对改革开放的领导，把党的领导贯穿于自贸试验区建设的全过程。强化底线思维和风险意识，完善风险防控和处置机制，实现区域稳定安全高效运行，切实维护国家安全和社会安全。在国务院自由贸易试验区工作部际联席会议统筹协调下，充分发挥地方和部门积极性，抓好各项改革试点任务落实，高标准高质量建设自贸试验区。云南省要完善工作机制，构建精简高效、权责明晰的自贸试验区管理体制，加强人才培养，打造高素质管理队伍；要加强地方立法，建立公正透明、体系完备的法治环境。自贸试验区各片区要把工作做细，制度做实，严格监督，严格执纪执法。各有关部门要及时下放相关管理权限，给予充分的改革自主权。本方案提出的各项改革政策措施，凡涉及调整现行法律或行政法规的，按规定程序办理。重大事项及时向党中央、国务院请示报告。

中国（黑龙江）自由贸易试验区总体方案

建立中国（黑龙江）自由贸易试验区（以

下简称自贸试验区）是党中央、国务院作出的重大决策，是新时代推进改革开放的战略举措。为高标准高质量建设自贸试验区，制定本方案。

一、总体要求

（一）指导思想。以习近平新时代中国特色社会主义思想为指导，全面贯彻党的十九大和十九届二中、三中全会精神，统筹推进“五位一体”总体布局和协调推进“四个全面”战略布局，坚持稳中求进工作总基调，坚持新发展理念，坚持高质量发展，以供给侧结构性改革为主线，主动服务和融入国家重大战略，更好服务对外开放总体战略布局，解放思想、大胆创新，把自贸试验区建设成为新时代改革开放的新高地。

（二）战略定位及发展目标。以制度创新为核心，以可复制可推广为基本要求，全面落实中央关于推动东北全面振兴全方位振兴、建成向北开放重要窗口的要求，着力深化产业结构调整，打造对俄罗斯及东北亚区域合作的中心枢纽。经过三至五年改革探索，对标国际先进规则，形成更多有国际竞争力的制度创新成果，推动经济发展质量变革、效率变革、动力变革，努力建成营商环境优良、贸易投资便利、高端产业集聚、服务体系完善、监管安全高效的高标准高质量自由贸易园区。

二、区位布局

（一）实施范围。自贸试验区的实施范围119.85平方公里，涵盖三个片区：哈尔滨片区79.86平方公里，黑河片区20平方公里，绥芬河片区19.99平方公里（含绥芬河综合保税区1.8平方公里）。

自贸试验区土地开发利用须遵守土地利用、生态环境保护、城乡规划法律法规，符合土地利用总体规划和城乡规划，并符合节约集约用地的有关要求。

（二）功能划分。哈尔滨片区重点发展新一代信息技术、新材料、高端装备、生物医药等战略性新兴产业，科技、金融、文化旅游等现代服务业和寒地冰雪经济，建设对俄罗斯及东北亚全面合作的承载高地和联通国内、辐射欧亚的国家物流枢纽，打造东北全面振兴全方位振兴的增长极和示范区；黑河片区重点发展跨境能源资源综合加工利用、绿色食品、商贸物流、旅游、健康、沿边金融等产业，建设跨境产业集聚区和边境城市合作示范区，打造沿边口岸物流枢纽和中俄交流合作重要基地；绥芬河片区重点发展木材、粮食、清洁能源等进口加工业和商贸金融、现代物流等服务业，建设商品进出口储运加工集散中心和面向国际陆海通道的陆上边境口岸型国家物流枢纽，打造中俄战略合作及东北亚开放合作的重要平台。

三、主要任务和措施

（一）加快转变政府职能。

1. 打造国际一流营商环境。推进“证照分离”改革全覆盖和政务服务“最多跑一次”。调整完善省级管理权限下放内容和方式。深入探索地方营商环境法治化体系建设。探索建立普通注销登记制度和简易注销登记制度相互配套的市场主体退出制度。完善知识产权评估机制、质押融资风险分担机制和方便快捷的质物处置机制。加强国际商事仲裁交流合作，提高商事纠纷仲裁国际化水平。建立健全以信用监管为核心、与负面清单管理方式相适应的事中事后监管体系。强化竞争政策的基础性地位。配合做好外商投资安全审查工作。

（二）深化投资领域改革。

2. 深入推进投资自由化便利化。全面落实外商投资准入前国民待遇加负面清单管理制度。探索建立外商投资信息报告制度。探索允许外商投资企业将资本项目收入划转或结汇依法用于境内股权投资。支持外商独资设立经营性教育培训和职业技能培训机构。支持外商投资设立航空运输销售代理企业。统一内外资人才中介机构投资者资质要求，由自贸试验区管理机构负责审批，报省级人力资源社会保障部门备案。

3. 完善投资促进和保护机制。建立健全外商投资服务体系，完善外商投资促进、项目跟踪服务和投诉工作机制。鼓励自贸试验区在法定权限内制定外商投资促进政策。

4. 提高境外投资合作水平。鼓励金融机构提高对境外资产或权益的处置能力。支持“走出去”企业以境外资产和股权、采矿权等权益为抵押获得贷款。支持自贸试验区内企业开展出口信用保险项下贸易融资，在风险可控、商业可持续前提下，对效益好、资信良好的企业免抵押、免担保。

（三）推动贸易转型升级。

5. 提升贸易便利化水平。加快建设具有国际先进水平的国际贸易“单一窗口”，探索拓展至技术贸易、服务外包、维修服务等服务贸易领域，待条件成熟后，逐步将服务出口退（免）税申报纳入“单一窗口”管理。在海关特殊监管区域全面实施货物状态分类监管。扩大第三方检验结果采信商品和机构范围。创新出口货物专利纠纷担保放行方式。在风险可控的前提下优化鲜活产品检验检疫流程，研究与周边国家确定鲜活农副产品目录清单。优化生物医药全球协同研发的试验用特殊物品的检疫查验流程。支持在自贸试验区符合条件的片区设立综合保税区。

6. 培育贸易新业态新模式。支持跨境电子商务综合试验区建设。支持自贸试验区内企业开展跨境电商进出口业务，逐步实现自贸试验区内综合保税区依法依规全面适用跨境电商零售进口政策。对海关特殊监管区域外有条件企业开展高附加值、高技术含量、符合环保要求的“两头在外”检测、维修业态实行保税监管。支持自贸试验区的汽车整车进口口岸建设，允许自贸试验区内汽车整车进口口岸开展平行进口汽车试点。支持哈尔滨片区申请设立国家文化出口基地。促进文物及文化艺术品在自贸试验区内的综合保税区存储、展示等。

（四）深化金融领域开放创新。

7. 促进跨境投融资便利化。研究开展直接投资、外债和境外上市资本项目外汇收入结汇支付便利化试点。在依法依规前提下，允许非银行支付机构选择自贸试验区内有资质的备付金银行开立跨境人民币备付金账户。扩大人民币跨境使用，允许金融机构和企业从俄罗斯等国家和地区融入人民币资金，并纳入全口径跨境融资宏观审慎管理。探索以第三方担保、境内外资产、境外项目抵押等方式支持企业开展境内外融资。

8. 增强金融服务功能。允许银行业金融机构与俄罗斯商业银行开展卢布现钞跨境调运业务资金头寸清算，完善卢布现钞跨境调运体系。支持自贸试验区内金融机构依法依规参与租赁业境外融资、远期结售汇、人民币对外汇掉期、人民币对外汇期权等涉外业务试点。加强对重大风险的识别和系统性金融风险的防范。强化反洗钱、反恐怖融资、反逃税工作。

（五）培育东北振兴发展新动能。

9. 加快实体经济转型升级。积极扶持高端装备、智能制造、新一代信息技术、新能源、新材料等新兴产业发展。推动国防工业体系与地方工业体系深度融合，积极发展航空航天、海工装备、新材料、新能源、人工智能等军民融合重点和新兴产业。加快国家新药临床试验基地建设。加快创新药品审批上市，对抗癌药、罕见病用药等临床急需的创新药品实施优先审评审批。允许企业生产和出口符合进口国注册产品标准的药品。开展医疗器械注册人制度试点，允许开展免疫细胞研究试点。支持医药企业申请特殊危险化学品运输资质。支持中药材种养殖规范化基地建设，允许委托省级药品监管部门审批中药材进口许可事项。开展国有资本投资、运营公司试点。支持成立股份制电力现货交易机构。鼓励实行工业用地弹性出让和年租政策，允许采用协议方式续期。支持开展无车承运人试点。支持设立哈尔滨临空经济区，加强临空经济区与自贸试验区的改革联动、发展联动。支持开展低空空域管理改革试点。

10. 推进创新驱动发展。支持开展科技成果转化激励政策试点，支持金融机构开展知识产权质押融资。鼓励企事业单位采取科技成果作价入股、股权期权激励、优先购买股份等方式，奖励有突出贡献的科技人才。高校、科研院所科研人员经所在单位同意，按国家有关规定可在科技研发企业兼职并获得报酬。允许高校、科研院所设立一定比例的流动岗位，吸引具有创新实践经验的企业家、科技人才兼职。推进黑龙江与广东对口合作，复制推广粤港澳大湾区先进经验，建设深圳（哈尔滨）产业园区。支持哈尔滨片区设立国家级自主创新示范区。支持新建扩建黑龙江石墨新材料实验室、哈尔滨网络安全实验室等创新平台。

支持开展国际人才管理改革试点。开展海外人才离岸创新创业试点。允许在中国高校毕业的优秀留学生在自贸试验区就业和创业。探索高校国际学生勤工助学管理制度。支持企业设立高寒、边境地区人才津贴。对企业为解决关键技术难题引进海外高层次人才和智力的，按引进境外技术、管理人才项目给予立项支持。

（六）建设以对俄罗斯及东北亚为重点的开放合作高地。

11. 建设面向俄罗斯及东北亚的交通物流枢纽。进一步扩大内贸跨境运输货物范围和进境口岸范围。支持哈尔滨片区设立内陆无水港，根据运输需求及境外铁路建设情况，适时启动绥化至黑河铁路扩能改造，推进绥芬河至俄罗斯格罗杰阔沃区间铁路扩能改造。加快推进哈尔滨国际航空枢纽建设，在对外航权谈判中，在平等互利基础上，积极争取哈尔滨航空枢纽建设所需的包括第五航权在内的国际航权。支持绥芬河片区设立铁路危险化学品办理站。

12. 提升沿边地区开放水平。建设进口能源资源国家储备基地。支持自贸试验区内企业自周边国家进口钾肥，满足本省农业发展需要。支持成立独立法人的对俄罗斯购电运营主体，将俄罗斯电力使用范围扩大到黑河片区。支持自贸试验区内企业“走出去”开展境外农业合作，建设境外农业合作园区，鼓励企业对境外投资合作所得回运产品开展贸易和加工。加快推进对俄罗斯饲草准入进程，支持在一线口岸设立种子种苗、冰鲜水产品等进口指定监管作业场地。建立与口岸贸易额、过货量、鼓励类与限制类产品等综合因素挂钩的边境地区转移支付增长机制。加快发展黑河黑龙江大桥桥头区经济，探索“两国双园”合作新模式。加快黑河寒区国际汽车研发试验基地建设。

13. 畅通交往渠道。进一步为来自贸试验区开展商务、旅游等活动的外国人提供入出境便利。允许注册在自贸试验区内的符合条件的外资旅行社从事除台湾地区以外的出境旅游业务。推进黑河口岸游轮（艇）界江自由行，研究大黑河岛设立国际游艇码头口岸。积极吸引国际高端医疗企业和研发机构集聚，培育康复、健身、养生与休闲旅游融合发展新业态。研究推进中俄博览会永久会址建设。允许展会展品提前备案，以担保方式放行。支持举办大型国际冰雪赛事。

四、保障机制

坚持和加强党对改革开放的领导，把党的领导贯穿于自贸试验区建设的全过程。强化底线思维和风险意识，完善风险防控和处置机制，实现区域稳定安全高效运行，切实维护国家安全和社会安全。在国务院自由贸易试验区工作部际联席会议统筹协调下，充分发挥地方和部门积极性，抓好各项改革试点任务落实，高标准高质量建设自贸试验区。黑龙江省要完善工作机制，构建精简高效、权责明晰的自贸试验区管理体制，加强人才培养，打造高素质管理队伍；要加强地方立法，建立公正透明、体系完备的法治环境。自贸试验区各片区要把工作做细，制度做实，严格监督，严格执纪执法。各有关部门要及时下放相关管理权限，给予充分的改革自主权。本方案提出的各项改革政策措施，凡涉及调整现行法律或行政法规的，按规定程序办理。重大事项及时向党中央、国务院请示报告。

国务院办公厅关于加快发展流通促进商业消费的意见

（国办发〔2019〕42 号　2019 年 8 月 16 日）

各省、自治区、直辖市人民政府，国务院各部委、各直属机构：

党中央、国务院高度重视发展流通扩大消费。近年来，各地区、各部门积极落实中央决策部署，取得良好成效，国内市场保持平稳运行。但受国内外多重因素叠加影响，当前流通消费领域仍面临一些瓶颈和短板，特别是传统流通企业创新转型有待加强，商品和生活服务有效供给不足，消费环境需进一步优化，城乡消费潜力尚需挖掘。为推动流通创新发展，优化消费环境，促进商业繁荣，激发国内消费潜力，更好满足人民群众消费需求，促进国民经济持续健康发展，经国务院同意，现提出以下意见：

一、促进流通新业态新模式发展。顺应商业变革和消费升级趋势，鼓励运用大数据、云计算、移动互联网等现代信息技术，促进商旅文体等跨界融合，形成更多流通新平台、新业态、新模式。引导电商平台以数据赋能生产企业，促进个性化设计和柔性化生产，培育定制消费、智能消费、信息消费、时尚消费等商业新模式。鼓励发展“互联网+旧货”“互联网+资源循环”，促进循环消费。实施包容审慎监管，推动流通新业态新模式健康有序发展。（国家发展改革委、工业和信息化部、生态环境部、商务部、文化和旅游部、市场监管总局、体育总局按职责分工负责）

二、推动传统流通企业创新转型升级。支持线下经营实体加快新理念、新技术、新设计改造提升，向场景化、体验式、互动性、综合型消费场所转型。鼓励经营困难的传统百货店、大型体育场馆、老旧工业厂区等改造为商业综合体、消费体验中心、健身休闲娱乐中心等多功能、综合性新型消费载体。在城市规划调整、公共基础设施配套、改扩建用地保障等方面给予支持。（工业和信息化部、自然资源部、住房城乡建设部、商务部、体育总局按职责分工负责）

三、改造提升商业步行街。地方政府可结合实际对商业步行街基础设施、交通设施、信息平台和诚信体系等新建改建项目予以支持，提升品质化、数字化管理服务水平。在符合公共安全的前提下，支持商业步行街等具备条件的商业街区开展户外营销，营造规范有序、丰

富多彩的商业氛围。扩大全国示范步行街改造提升试点范围。（住房城乡建设部、商务部、市场监管总局按职责分工负责）

四、加快连锁便利店发展。深化“放管服”改革，在保障食品安全的前提下，探索进一步优化食品经营许可条件；将智能化、品牌化连锁便利店纳入城市公共服务基础设施体系建设；强化连锁企业总部的管理责任，简化店铺投入使用、营业前消防安全检查，实行告知承诺管理；具备条件的企业从事书报刊发行业务实行“总部审批、单店备案”。支持地方探索对符合条件的品牌连锁企业试行“一照多址”登记。开展简化烟草、乙类非处方药经营审批手续试点。（住房城乡建设部、商务部、应急部、市场监管总局、新闻出版署、烟草局、药监局按职责分工负责）

五、优化社区便民服务设施。打造“互联网+社区”公共服务平台，新建和改造一批社区生活服务中心，统筹社区教育、文化、医疗、养老、家政、体育等生活服务设施建设，改进社会服务，打造便民消费圈。有条件的地区可纳入城镇老旧小区改造范围，给予财政支持，并按规定享受有关税费优惠政策。鼓励社会组织提供社会服务。（国家发展改革委、教育部、民政部、财政部、住房城乡建设部、商务部、文化和旅游部、卫生健康委、税务总局、体育总局按职责分工负责）

六、加快发展农村流通体系。改造提升农村流通基础设施，促进形成以乡镇为中心的农村流通服务网络。扩大电子商务进农村覆盖面，优化快递服务和互联网接入，培训农村电商人才，提高农村电商发展水平，扩大农村消费。改善提升乡村旅游商品和服务供给，鼓励有条件的地区培育特色农村休闲、旅游、观光等消费市场。（国家发展改革委、工业和信息化部、农业农村部、商务部、文化和旅游部、邮政局按职责分工负责）

七、扩大农产品流通。加快农产品产地市场体系建设，实施“互联网+”农产品出村进城工程，加快发展农产品冷链物流，完善农产品流通体系，加大农产品分拣、加工、包装、预冷等一体化集配设施建设支持力度，加强特色农产品优势区生产基地现代流通基础设施建设。拓宽绿色、生态产品线上线下销售渠道，丰富城乡市场供给，扩大鲜活农产品消费。（国家发展改革委、财政部、农业农村部、商务部按职责分工负责）

八、拓展出口产品内销渠道。推动扩大内外销产品“同线同标同质”实施范围，引导出口企业打造自有品牌，拓展内销市场网络。在综合保税区积极推广增值税一般纳税人资格试点，落实允许综合保税区内加工制造企业承接境内区外委托加工业务的政策。（财政部、商务部、海关总署、税务总局、市场监管总局按职责分工负责）

九、满足优质国外商品消费需求。允许在海关特殊监管区域内设立保税展示交易平台。统筹考虑自贸试验区、综合保税区发展特点和趋势，扩大跨境电商零售进口试点城市范围，顺应商品消费升级趋势，抓紧调整扩大跨境电商零售进口商品清单。（财政部、商务部、海关总署、税务总局按职责分工负责）

十、释放汽车消费潜力。实施汽车限购的地区要结合实际情况，探索推行逐步放宽或取消限购的具体措施。有条件的地方对购置新能源汽车给予积极支持。促进二手车流通，进一步落实全面取消二手车限迁政策，大气污染防治重点区域应允许符合在用车排放标准的二手车在本省（市）内交易流通。（工业和信息化部、公安部、生态环境部、交通运输部、商务

部按职责分工负责）

十一、支持绿色智能商品以旧换新。鼓励具备条件的流通企业回收消费者淘汰的废旧电子电器产品，折价置换超高清电视、节能冰箱、洗衣机、空调、智能手机等绿色、节能、智能电子电器产品，扩大绿色智能消费。有条件的地方对开展相关产品促销活动、建设信息平台和回收体系等给予一定支持。（工业和信息化部、生态环境部、商务部按职责分工负责）

十二、活跃夜间商业和市场。鼓励主要商圈和特色商业街与文化、旅游、休闲等紧密结合，适当延长营业时间，开设深夜营业专区、24小时便利店和“深夜食堂”等特色餐饮街区。有条件的地方可加大投入，打造夜间消费场景和集聚区，完善夜间交通、安全、环境等配套措施，提高夜间消费便利度和活跃度。（住房城乡建设部、交通运输部、商务部、文化和旅游部、应急部按职责分工负责）

十三、拓宽假日消费空间。鼓励有条件的地方充分利用开放性公共空间，开设节假日步行街、周末大集、休闲文体专区等常态化消费场所，组织开展特色促消费活动，探索培育专业化经营管理主体。地方政府要结合实际给予规划引导、场地设施、交通安全保障等方面支持。（住房城乡建设部、交通运输部、商务部、文化和旅游部、应急部、市场监管总局按职责分工负责）

十四、搭建品牌商品营销平台。积极培育形成若干国际消费中心城市，引导自主品牌提升市场影响力和认知度，推动国内销售的国际品牌与发达国家市场在品质价格、上市时间、售后服务等方面同步接轨。因地制宜，创造条件，吸引知名品牌开设首店、首发新品，带动扩大消费，促进国内产业升级。保护和发展中华老字号品牌，对于中华老字号中确需保护的传统技艺，可按相关规定申请非物质文化遗产保护相关资金。（商务部、文化和旅游部、市场监管总局按职责分工负责）

十五、降低流通企业成本费用。推动工商用电同价政策尽快全面落实。各地不得干预连锁企业依法申请和享受总分机构汇总纳税政策。（国家发展改革委、财政部、税务总局按职责分工负责）

十六、鼓励流通企业研发创新。研究进一步扩大研发费用税前加计扣除政策适用范围。加大对国内不能生产、行业企业急需的高性能物流设备进口的支持力度，降低物流成本；研究将相关领域纳入《产业结构调整指导目录》“鼓励类”，推动先进物流装备产业发展，加快推进现代物流发展。（国家发展改革委、科技部、财政部、商务部、税务总局按职责分工负责）

十七、扩大成品油市场准入。取消石油成品油批发仓储经营资格审批，将成品油零售经营资格审批下放至地市级人民政府，加强成品油流通事中事后监管，强化安全保障措施落实。乡镇以下具备条件的地区建设加油站、加气站、充电站等可使用存量集体建设用地，扩大成品油市场消费。（国家发展改革委、自然资源部、生态环境部、住房城乡建设部、交通运输部、商务部、应急部、海关总署、市场监管总局按职责分工负责）

十八、发挥财政资金引导作用。统筹用好中央财政服务业发展资金等现有专项资金或政策，补齐流通领域短板。各地可因地制宜，加强对创新发展流通、促进扩大消费的财政支持。（财政部、商务部按职责分工负责）

十九、加大金融支持力度。鼓励金融机构创新消费信贷产品和服务，推动专业化消费金融组织发展。鼓励金融机构对居民购买新能源汽车、绿色智能家电、智能家居、节水器具等绿色智能产品提供信贷支持，加大对新消费领域金融支持力度。（人民银行、银保监会按职责分工负责）

二十、优化市场流通环境。强化消费信用体系建设，加快建设覆盖线上线下的重要产品追溯体系。严厉打击线上线下销售侵权假冒商品、发布虚假广告等违法行为，针对食品、药品、汽车配件、小家电等消费品，加大农村和城乡结合部市场治理力度。修订汽车、平板电视等消费品修理更换退货责任规定。积极倡导企业实行无理由退货制度。（国家发展改革委、工业和信息化部、公安部、农业农村部、商务部、应急部、海关总署、市场监管总局、药监局按职责分工负责）

各地区、各有关部门要充分认识创新发展流通、推动消费升级、促进扩大消费的重要意义，切实抓好各项政策措施的落实落地。各地区要结合本地实际完善政策措施，认真组织实施。各有关部门要落实责任，加强协作，形成合力，确保推动各项政策措施落实到位。

中共中央　国务院关于推进贸易高质量发展的指导意见

（2019 年 11 月 19 日）

推进贸易高质量发展，是党中央面对国际国内形势深刻变化作出的重大决策部署，是奋力推进新时代中国特色社会主义事业的必然要求，是事关经济社会发展全局的大事。为加快培育贸易竞争新优势，推进贸易高质量发展，现提出如下意见。

一、总体要求

以习近平新时代中国特色社会主义思想为指导，全面贯彻党的十九大和十九届二中、三中、四中全会精神，坚持新发展理念，坚持推动高质量发展，以供给侧结构性改革为主线，加快推动由商品和要素流动型开放向规则等制度型开放转变，建设更高水平开放型经济新体制，完善涉外经贸法律和规则体系，深化外贸领域改革，坚持市场化原则和商业规则，强化科技创新、制度创新、模式和业态创新，以共建“一带一路”为重点，大力优化贸易结构，推动进口与出口、货物贸易与服务贸易、贸易与双向投资、贸易与产业协调发展，促进国际国内要素有序自由流动、资源高效配置、市场深度融合，促进国际收支基本平衡，实现贸易高质量发展，开创开放合作、包容普惠、共享共赢的国际贸易新局面，为推动我国经济社会发展和构建人类命运共同体作出更大贡献。

到 2022 年，贸易结构更加优化，贸易效益显著提升，贸易实力进一步增强，建立贸易高质量发展的指标、政策、统计、绩效评价体系。

二、加快创新驱动，培育贸易竞争新优势

（一）夯实贸易发展的产业基础。发挥市场机制作用，促进贸易与产业互动，推进产业国际化进程。加快发展和培育壮大新兴产业，推动重点领域率先突破。优化升级传统产业，提高竞争力。加快发展现代服务业，特别是生产性服务业，推进先进制造业与现代服务业深度融合。加快建设现代农业。培育具有全球影响力和竞争力的先进制造业集群。

（二）增强贸易创新能力。构建开放、协同、高效的共性技术研发平台，强化制造业创

新对贸易的支撑作用。推动互联网、物联网、大数据、人工智能、区块链与贸易有机融合，加快培育新动能。加强原始创新、集成创新。充分利用多双边合作机制，加强技术交流与合作。着力扩大知识产权对外许可。积极融入全球创新网络。

（三）提高产品质量。加强质量管理，积极采用先进技术和标准，提高产品质量。推动一批重点行业产品质量整体达到国际先进水平。进一步完善认证认可制度，加快推进与重点市场认证和检测结果互认。完善检验检测体系，加强检验检测公共服务平台建设。健全重要产品追溯体系。

（四）加快品牌培育。大力培育行业性、区域性品牌。在重点市场举办品牌展览推介，推动品牌产品走向世界。加强商标、专利等知识产权保护和打击假冒伪劣工作，鼓励企业开展商标和专利境外注册。强化品牌研究、品牌设计、品牌定位和品牌交流，完善品牌管理体系。加强商标、地理标志品牌建设，提升中国品牌影响力。

三、优化贸易结构，提高贸易发展质量和效益

（五）优化国际市场布局。继续深耕发达经济体等传统市场。着力深化与共建“一带一路”国家的贸易合作，拓展亚洲、非洲、拉美等市场。逐步提高自贸伙伴、新兴市场和发展中国家在我国对外贸易中的占比，扩大与周边国家贸易规模。综合考虑市场规模、贸易潜力、消费结构、产业互补、国别风险等因素，引导企业开拓一批重点市场。

（六）优化国内区域布局。以“一带一路”建设、京津冀协同发展、长江经济带发展、长江三角洲区域一体化发展、粤港澳大湾区建设、黄河流域生态保护和高质量发展、推进海南全面深化改革开放等重大战略为引领，推动区域间融通联动。推动东部地区新旧动能转换，实现贸易高质量发展。支持中西部和东北地区加快发展，承接国内外产业转移，提高开放型经济比重。提升边境经济合作区、跨境经济合作区发展水平。

（七）优化经营主体。鼓励行业龙头企业提高国际化经营水平，逐步融入全球供应链、产业链、价值链，形成在全球范围内配置要素资源、布局市场网络的能力。支持推动中小企业转型升级，聚焦主业，走“专精特新”国际化道路。

（八）优化商品结构。大力发展高质量、高技术、高附加值产品贸易。不断提高劳动密集型产品档次和附加值。优化资本品、消费品贸易结构，扩大中间品贸易规模，发展和保护全球产业链。加快推动智能制造发展，逐步从加工制造环节向研发设计、营销服务、品牌经营等环节攀升，稳步提高出口附加值。

（九）优化贸易方式。做强一般贸易，增强议价能力，提高效益和规模。提升加工贸易，鼓励向产业链两端延伸，推动产业链升级；推进维修、再制造、检测等业务发展；利用互联网、大数据等信息技术完善监管。发展其他贸易，加快边境贸易创新发展和转型升级，探索发展新型贸易方式。

四、促进均衡协调，推动贸易可持续发展

（十）积极扩大进口。适时进一步降低进口关税和制度性成本，激发进口潜力，优化进口结构。扩大先进技术、设备和零部件进口。

鼓励国内有需求的资源性产品进口。支持日用消费品、医药和康复、养老护理等设备进口。促进研发设计、节能环保、环境服务等生产性服务进口。

（十一）大力发展服务贸易。深化服务贸易领域改革和开放，持续推进服务贸易创新发展试点，完善促进服务贸易发展的管理体制和政策体系。加快数字贸易发展。推进文化、数字服务、中医药服务等领域特色服务出口基地建设。完善技术进出口管理制度，建立健全技术贸易促进体系。探索跨境服务贸易负面清单管理制度。加强服务贸易国际合作，打造“中国服务”国家品牌。

（十二）推动贸易与双向投资有效互动。持续放宽外资市场准入，鼓励外资投向新兴产业、高新技术、节能环保、现代服务业等领域，充分发挥外资对产业升级和外贸高质量发展的带动作用。深化国际产能和装备制造合作，培育一批产业定位清晰、发展前景好的境外经贸合作区。大力发展对外工程承包，带动装备、技术、标准、认证和服务走出去。

（十三）推进贸易与环境协调发展。发展绿色贸易，严格控制高污染、高耗能产品进出口。鼓励企业进行绿色设计和制造，构建绿色技术支撑体系和供应链，并采用国际先进环保标准，获得节能、低碳等绿色产品认证，实现可持续发展。

五、培育新业态，增添贸易发展新动能

（十四）促进贸易新业态发展。推进跨境电子商务综合试验区建设，复制推广成熟经验做法。完善跨境电子商务零售进出口管理模式，优化通关作业流程，建立全口径海关统计制度。在总结试点经验基础上，完善管理体制和政策措施，推进市场采购贸易方式试点。完善外贸综合服务企业发展政策，推动信息共享和联合监管。鼓励发展其他贸易新业态。

（十五）提升贸易数字化水平。形成以数据驱动为核心、以平台为支撑、以商产融合为主线的数字化、网络化、智能化发展模式。推动企业提升贸易数字化和智能化管理能力。大力提升外贸综合服务数字化水平。积极参与全球数字经济和数字贸易规则制定，推动建立各方普遍接受的国际规则。

（十六）加快服务外包转型升级。健全服务外包创新机制，培育创新环境，促进创新合作。加快服务外包向高技术、高附加值、高品质、高效益方向发展。发挥服务外包示范城市创新引领作用，促进服务外包产业向价值链中高端转型升级。积极发展设计、维修、咨询、检验检测等领域服务外包，促进生产性服务贸易发展。

六、建设平台体系，发挥对贸易的支撑作用

（十七）加快培育各类外贸集聚区。推进国家外贸转型升级基地建设，依托产业集聚区，培育一批产业优势明显、创新驱动突出、公共服务体系完善的基地。加快加工贸易转型升级示范区、试点城市和梯度转移重点承接地发展。推进国家级新区、经济技术开发区、高新技术产业开发区、海关特殊监管区域等各类开放平台建设，创新管理制度。

（十八）推进贸易促进平台建设。办好中国国际进口博览会，不断提升其吸引力和国际影响力。拓展中国进出口商品交易会（广交会）、中国国际服务贸易交易会（京交会）等

综合性展会功能，培育若干国际知名度高、影响力大的境内外展会。培育国家进口贸易促进创新示范区，创新监管制度、服务功能、交易模式，带动周边地区增强进口能力。

（十九）推进国际营销体系建设。鼓励企业针对不同市场、不同产品建设营销保障支撑体系，促进线上线下融合发展。完善售后服务标准，提高用户满意度，积极运用物联网、大数据等技术手段开展远程监测诊断、运营维护、技术支持等售后服务。推进国际营销公共平台建设。

（二十）完善外贸公共服务平台建设。加强对重点市场相关法律、准入政策、技术法规、市场信息等收集发布。支持各级政府、行业组织及企业建设不同层级、不同领域的公共服务平台，加强公共服务供给。

（二十一）构建高效跨境物流体系。推进跨境基础设施建设与互联互通，共同推动运输便利化安排和大通关协作。加快发展智能化多式联运。加快智慧港口建设。鼓励电商、快递、物流龙头企业建设境外仓储物流配送中心，逐步打造智能物流网络。

七、深化改革开放，营造法治化国际化便利化贸易环境

（二十二）深化管理体制改革。进一步推进外贸体制改革，加强事中事后监管。完善政策协调机制，加强财税、金融、产业、贸易等政策之间衔接。推动世界贸易组织《贸易便利化协定》在国内实施。优化通关、退税、外汇、安全、环保管理方式，推进国际贸易“单一窗口”建设和应用，落实减税降费政策，加快打造国际一流、公平竞争的营商环境。

（二十三）充分发挥自由贸易试验区示范引领作用，高水平建设中国特色自由贸易港。以制度创新为核心，推动自由贸易试验区先行先试，开展首创性、差别化改革探索，加快形成法治化国际化便利化的营商环境和公平开放统一高效的市场环境。探索实施国际通行的货物、资金、人员出入境等管理制度。积极复制推广改革试点经验。加快探索建设自由贸易港，打造开放层次更高、营商环境更优、辐射作用更强的开放新高地。

（二十四）加强知识产权保护和信用体系建设。加大对侵权违法行为的惩治力度。加强知识产权保护国际合作，积极参与相关国际规则构建。完善海外知识产权维权援助机制。推进商务、知识产权、海关、税务、外汇等部门信息共享、协同执法的监管体系建设。建立经营主体信用记录，实施失信联合惩戒。

八、坚持共商共建共享，深化“一带一路”经贸合作

（二十五）深化贸易合作。拓宽贸易领域，推动优质农产品、制成品和服务进口，促进贸易平衡发展。发展特色服务贸易。推进中欧班列、西部陆海新通道等国际物流和贸易大通道建设。发展“丝路电商”，鼓励企业在相关国家开展电子商务。积极开展促贸援助。推进商建贸易畅通工作机制。

（二十六）创新投资合作。拓宽双向投资领域，推动绿色基础设施建设、绿色投资，推动企业按照国际规则标准进行项目建设和运营。鼓励合作建设境外经贸合作区、跨境经济合作区等产业园区，促进产业集群发展。推动新兴产业合作。推进商建投资合作工作机制。

（二十七）促进贸易投资自由化便利化。积极开展共建“一带一路”经贸领域合作、三

方合作、多边合作，推进合作共赢的开放体系建设，加强贸易和投资领域规则标准对接。推动削减非关税壁垒，提高技术性贸易措施透明度，提升贸易投资便利化水平。

九、坚持互利共赢，拓展贸易发展新空间

（二十八）建设性参与全球经济治理，推动区域、次区域合作。维护以规则为基础的开放、包容、透明、非歧视性等世界贸易组织核心价值和基本原则，反对单边主义和保护主义，推动对世界贸易组织进行必要改革。积极参与多边贸易规则谈判，维护多边贸易体制的权威性和有效性。深入参与二十国集团、金砖国家、亚太经合组织、湄公河次区域经济合作、大图们倡议等多边和区域、次区域合作机制，积极贡献更多中国倡议、中国方案。

（二十九）加快高标准自由贸易区建设。不断扩大自由贸易区网络覆盖范围，加快形成立足周边、辐射“一带一路”、面向全球的高标准自由贸易区网络。推动与世界重要经济体商建自由贸易区进程，努力提高开放水平，扩大市场准入，提高规则标准。

十、加强组织实施，健全保障体系

（三十）加强党对推进贸易高质量发展工作的全面领导。建立推进贸易高质量发展工作机制，整体推进贸易高质量发展，工作机制办公室设在商务部。商务部会同有关部门，加强协调指导，制定行动计划。

（三十一）健全法律法规体系。落实全面依法治国基本方略，不断完善贸易及相关领域国内立法，为贸易高质量发展提供法治保障。促进国内经贸立法与国际经贸规则的良性互动。加强贸易政策合规工作。

（三十二）加大政策支持力度。在符合世界贸易组织规则前提下，发挥财政资金对贸易发展的促进作用。结合增值税改革和立法，逐步完善出口退税机制。在依法合规、风险可控、商业可持续前提下，支持金融机构有序开展金融创新，提供多样化、综合化金融服务。进一步发挥进出口信贷和出口信用保险作用。稳步提高跨境贸易人民币结算比例，扩大经常项目人民币跨境使用，拓宽人民币跨境投融资渠道。

（三十三）加强贸易领域风险防范。加快出口管制体系建设，强化最终用户最终用途管理。继续敦促相关国家放宽对华出口管制。建立出口管制合规体系。完善对外贸易调查制度。健全产业损害预警体系。妥善应对贸易摩擦。提升运用贸易救济规则能力和水平。研究设立贸易调整援助制度。加强风险监测分析预警，引导企业防范风险。

（三十四）完善中介组织和智力支撑体系。加强与国际组织、各国各地区相关机构和工商业界交流合作，充分发挥行业组织、贸促机构在贸易促进、信息交流、标准体系建设、行业自律、应对摩擦等方面的作用，助力外贸高质量发展。设立推进贸易高质量发展专家咨询委员会。强化外贸发展人才支撑。

中央和国家机关有关部门要按照职能分工，研究具体政策措施，加强协同配合，形成工作合力。各级党委和政府要切实加强组织领导，强化责任担当，结合本地区实际进一步明确重点任务，抓好相关工作落实。

国务院关于同意在石家庄等24个城市设立跨境电子商务综合试验区的批复

（国函〔2019〕137号　2019年12月15日）

河北省、山西省、内蒙古自治区、辽宁省、吉林省、黑龙江省、江苏省、浙江省、安徽省、福建省、江西省、山东省、河南省、湖北省、湖南省、广东省、四川省、青海省、宁夏回族自治区人民政府，商务部：

你们关于设立跨境电子商务综合试验区的请示收悉。现批复如下：

一、同意在石家庄市、太原市、赤峰市、抚顺市、珲春市、绥芬河市、徐州市、南通市、温州市、绍兴市、芜湖市、福州市、泉州市、赣州市、济南市、烟台市、洛阳市、黄石市、岳阳市、汕头市、佛山市、泸州市、海东市、银川市等24个城市设立跨境电子商务综合试验区，名称分别为中国（城市名）跨境电子商务综合试验区，具体实施方案由城市所在地省级人民政府分别负责印发。

二、跨境电子商务综合试验区（以下简称综合试验区）建设要以习近平新时代中国特色社会主义思想为指导，全面贯彻党的十九大和十九届二中、三中、四中全会精神，统筹推进“五位一体”总体布局，协调推进“四个全面”战略布局，坚持新发展理念，按照党中央、国务院决策部署，持续深化“放管服”改革，积极适应产业革命新趋势，复制推广前三批综合试验区成熟经验做法，对跨境电子商务零售出口试行增值税、消费税免税等相关政策，积极开展探索创新，推动产业转型升级，开展品牌建设，推动国际贸易自由化、便利化和业态创新，为推动全国跨境电子商务健康发展探索新经验、新做法，推进贸易高质量发展。同时，要保障国家安全、网络安全、交易安全、国门生物安全、进出口商品质量安全和有效防范交易风险，坚持在发展中规范、在规范中发展，为各类市场主体公平参与市场竞争创造良好的营商环境。

三、有关省（自治区）人民政府要切实加强对综合试验区建设的组织领导，健全机制、明确分工、落实责任，有力有序有效推进综合试验区建设发展。要按照试点要求，因地制宜，突出本地特色和优势，尽快完善具体实施方案并抓好组织实施。要进一步细化先行先试任务，突出重点，创新驱动，充分发挥市场配置资源的决定性作用，有效引导社会资源，合理配置公共资源，扎实推进综合试验区建设。

要建立健全跨境电子商务信息化管理机制，根据有关部门的管理需要，及时提供相关电子信息。要定期向商务部等部门报送工作计划、试点经验和成效，努力在健全促进跨境电子商务发展的体制机制、推动配套支撑体系建设等方面取得新进展、新突破。各综合试验区建设涉及的重要政策和重大建设项目要按规定程序报批。

四、国务院有关部门要按照职能分工，加强对综合试验区的协调指导和政策支持。按照鼓励创新、包容审慎的原则，坚持问题导向，深入调查研究，创新政策措施，加强沟通协作，进一步为综合试验区发展营造良好的环境。对具备监管条件的综合试验区，研究纳入跨境电子商务零售进口试点范围。商务部要牵头做好统筹协调、跟踪分析和督促检查，适时对各综合试验区试点成果进行评估，会同有关部门及时总结推广试点经验，重大问题和情况及时报告国务院。

部委发文

交通运输部办公厅　公安部办公厅　商务部办公厅关于加强城市绿色货运配送示范工程动态管理工作的通知

（交办运函〔2019〕59 号）

根据交通运输部办公厅、公安部办公厅、商务部办公厅《关于组织开展城市绿色货运配送示范工程的通知》（交办运〔2017〕191 号）和《关于公布城市绿色货运配送示范工程创建城市的通知》（交办运〔2018〕75 号）有关工作部署，为加强城市绿色货运配送示范工程动态管理，保障城市绿色货运配送示范工程建设有力有序推进并取得实效，经交通运输部、公安部、商务部同意，现将有关事项通知如下：

一、工作目的

以建设“集约、高效、绿色、智能”的城市货运配送服务体系为导向，以摸清底数、明晰问题、总结经验、推动发展为目标，通过自查抽查、跟踪督导、绩效考评等形式，准确把握城市绿色货运配送示范工程建设进展情况，客观评估建设成效，查找分析突出问题，总结推广经验模式，加快落实城市绿色货运配送示范工程建设各项工作，切实推动我国城市货运配送绿色高效发展。

二、工作重点

针对各创建城市绿色货运配送示范工程实施方案中确定的工作任务，加强实时跟踪和动态监管。主要包括以下八个方面：

（一）工作机制建设运行情况。主要包括：城市绿色货运配送示范工程创建领导小组和部门协同联动机制建设运行情况，城市人民政府在示范工程创建中的主体作用发挥情况以及支持投入情况等。

（二）节点网络规划建设情况。主要包括：干支衔接型货运枢纽（物流园区）、公共配送中心、末端共同配送站等城市配送物流基础设施规划数量、建设进度、实现功能情况等。

（三）通行政策制定执行情况。主要包括：城市货运配送需求调查和运力调控制度制定情况，配送车辆分时、错时、分类通行和停放措施优化情况，新能源物流配送车辆便利化通行政策制定情况等。

（四）新能源车辆推广应用情况。主要包括：城市配送新能源车辆购置和运营情况，城市配送新能源车辆充电桩等配套设施建设情况，冷藏保温配送车辆等专业化装备配备情况等。

（五）信息资源交互共享情况。主要包括：货运配送公共信息服务平台建设情况，交通、公安、商务等部门信息资源整合情况，城市配送企业信息上传情况，地市级平台与省级平台、部级平台对接情况等。

（六）组织模式优化创新情况。主要包括：统一配送、集中配送、共同配送等先进配送组织模式推广应用情况；干线甩挂运输与城市共同配送一体化运作情况等。

（七）货运配送运行绩效情况。主要包括：城市配送服务效率、服务质量变化与提升情况，货物在途实时监控、安全准时配送等服务提升情况，城市绿色货运配送对节能减排、物流业降本增效贡献情况等。

（八）城市创建目标执行情况。主要包括：城市绿色货运配送示范工程创建实施方案既定目标的执行情况，以及参照《城市绿色货运配送示范工程绩效考核评分细则》（见附件 1），对创建效果进行阶段性总结、量化评估的情况。

三、组织安排

动态管理工作采取“城市自查、省级督导、部级抽查”相结合的方式开展。创建城市要围绕工作重点进行全面自查，省级交通运输、公安、商务等主管部门要对本辖区内的示范工程进行全面督导，交通运输部、公安部和商务部将组织专家进行重点抽查并对考核评估结果予以通报。交通运输部规划研究院作为技术支持单位，负责定期编写城市绿色货运配送示范工程监测分析报告。动态管理工作贯穿示范工程建设全过程。

（一）全面自查。请各示范工程创建城市围绕工作机制建设运行、节点网络规划建设、通行政策制定执行、新能源车辆推广应用、信息资源交互共享、组织模式优化、货运配送运行绩效和创建目标执行等八个方面内容，系统总结已开展的工作、取得的阶段成效、存在的主要问题，提出下步思路和工作举措，形成书面总结报告（报告格式见附件 2）。同时，示范工程创建城市对照《城市绿色货运配送示范工程绩效考核评分细则》，对本地区评价周期内的城市绿色货运配送发展各项指标进行自我评价、计算评价分值，与书面总结报告一并报送省级交通运输主管部门。2018 年度报告请于 2019 年 1 月 30 日前报送，以后每年 12 月 15 日前报送。

（二）集中督导。各有关省份交通运输、公安和商务主管部门组织专家，集中两周左右时间，对本辖区内城市绿色货运配送示范工程建设运行情况开展全面督导，结合各创建城市提交的书面总结报告和绩效考核评价情况，开展实地查验，完善示范工程总结报告，并与本省份年度推进城市绿色货运配送发展所编制或发布的相关规划、政策文件、标准规范、典型案例、创新成果等材料，一并报送交通运输部。2018 年度报告及相关材料请于 2019 年 2 月 28 日前报送交通运输部，以后每年 12 月 31 日前报送。

（三）重点抽查。交通运输部会同公安部、商务部，根据各有关省份审核报送的示范工程创建城市年度总结报告和绩效考核评价情况，适时组织有关专家，赴相关创建城市，通过明察暗访相结合的形式进行实地抽查。通过现场调研、指标复核、交流研讨等形式，深入了解示范工程建设实施方案的落实情况指导和督促各有关地区加快落实城市绿色货运配送示范工程建设各项工作任务。

（四）考核通报。交通运输部将根据各地示范工程创建情况，分年度组织对各地创建工作开展绩效考评，并组织编写城市绿色货运配送示范工程创建监测分析报告，考核评估结果和监测分析情况于次年 7 月底前，通报各有关省级交通运输、公安、商务主管部门，并抄送各创建城市人民政府，指导示范工程创建工作顺利推进。

四、工作要求

（一）加强组织领导。加强城市绿色货运配送示范工程建设动态管理，是务实推进示范工程创建工作、保障示范工程建设成效的重要途径。各有关地区要高度重视示范工程动态管理工作，充分发挥城市人民政府在示范工程建设中的主体作用，强化组织领导，认真制定每年度的动态管理工作方案，明确全面自查、集中督导、绩效考核等各项工作目标、任务清单和时间节点，确保动态管理工作取得预期效果。

（二）务实有序推进。各有关地区要加强督导检查和指导，采取实地查看、听取汇报、座谈交流、专题研讨、明察暗访等灵活多样的形式务实有序开展工作，各地交通运输、公安、商务等部门，要进一步加大对城市绿色货运配送的支持力度，密切部门间的业务协同与工作联动，及时协调解决示范工程建设中遇到的困难问题，形成工作合力，确保实施方案既定的任务目标顺利完成。

（三）强化推广应用。各有关地区要以开展动态管理工作为契机，认真排查解决突出问题，充分对标先进水平，及时总结经验做法，加快成果转化和复制推广，切实将动态管理工作转化为示范工程创建工作的推动力，为推进城市绿色货运配送发展提供典型案例和鲜活样本。交通运输部、公安部、商务部将根据各有关地区报送的阶段性总结报告和绩效考核情况，编制印发城市绿色货运配送工作情况通报，并组织开展主题宣传活动。城市绿色货运配送示范工程动态管理工作结果，将作为示范工程最终考核验收的重要依据。

联系人及联系方式：

交通运输部运输服务司 吴伟，010－65293432、65292764（传真）；电子邮箱，162053855@qq.com。

交通运输部规划研究院 甘家华，010－59629482、59629221（传真）；电子邮箱，ganjh@tpri.org.cn。

附件：1. 城市绿色货运配送示范工程绩效考核评分细则

2. 城市绿色货运配送示范工程年度报告格式及要求

交通运输部办公厅　公安部办公厅　商务部办公厅

2019 年 1 月 4 日

附件 1：

城市绿色货运配送示范工程绩效考核评分细则

序号	指标分类	指标内容	分值	计分标准
1	体制机制保障	城市配送多部门协同工作机制建设情况	55	（1）创建领导小组。城市人民政府成立创建领导小组，成员单位包括交通运输、公安、商务等市政府有关部门，得 10 分。 （2）协同推进工作。示范建设期内，市政府主要负责同志主持会议，研究部署示范工程创建工作事项，得 5 分；领导小组每半年召开 1 次会议研究示范工程推进工作事项，部门之间沟通协调顺畅，形成责任分工明确的协同联动工作机制（交通运输主管部门负责运力调控，商贸流通主管部门负责配送需求引导，公安交通管理部门负责通行管理等），每半年得 5 分（共计 25 分）。 （3）推进效果显著。示范建设期内，领导小组每年制定工作进度计划，明确责任分工和保障措施，监督示范工程创建工作有序推进，并取得积极成效的，每年得 5 分（共计 10 分）。 （4）实行考核机制。示范建设期内，将城市绿色货运配送示范工程创建纳入政府对领导小组各成员单位年度绩效考核，并每年实施考核评价的，每年得 5 分（共计 10 分）。
2		行业主管部门制定城市配送企业考核管理办法	45	（1）制定考核管理办法。市级行业主管部门制定并实施城市配送企业考核管理办法，办法中明确考核评价的内容、标准、方法及周期等，得 20 分。 （2）建立快递车辆规范管理制度。得 5 分。 （3）定期开展考核评估。市级行业主管部门以管理办法为依据每年对从事城市配送的企业开展一次考核评估，并结合考核评价结果实行相应的奖惩措施，如调整企业配送运力、收回年度安全管理考核不合格及车辆交通违法行为较多的配送运输企业的车辆通行证等，每年得 10 分（共计 20 分）。

续　表

序号	指标分类	指标内容	分值	计分标准
3	体制机制保障	省、市政府在新能源车辆购置与营运、配送中心建设、先进组织模式推广应用、市场主体培育等方面出台相关扶持政策	30	（1）建立资金投入机制。建立相对稳定的城市绿色货运配送发展资金投入机制，并纳入年度财政预算，得 10 分。 （2）设立专项资金。设立专项资金支持城市绿色货运配送发展，在新能源车辆购置与营运、配送中心建设、先进组织模式推广应用、公共信息平台建设等方面给予资金支持的，每个方面得 5 分（共计 20 分）。
4	城市配送物流基础设施	干支衔接型货运枢纽（物流园区）	80	（1）考核评价内容： ①建设数量：城区常住人口 500 万以上的城市，投入运营的干支衔接型货运枢纽（物流园区）数量应≥4 个；城区常住人口 300 万—500 万的城市，投入运营的干支衔接型货运枢纽（物流园区）数量应≥3 个；城区常住人口 100 万—300 万的城市，投入运营的干支衔接型货运枢纽（物流园区）数量应≥2 个；城区常住人口 100 万以下的城市，投入运营的干支衔接型货运枢纽（物流园区）数量应≥1 个。 ②完成进度：按照相关文件（立项批复、工可批复、初步设计批复、竣工验收）要求的时间节点完成建设计划。 ③功能实现：投入运营的干支衔接型货运枢纽（物流园区）作为城市货运配送一级节点，应具备仓储、分拨、配载、配送、信息服务、中转换装等功能，突出干线甩挂运输、多式联运与末端城市共同配送有机衔接，实现干线规模化运输与支线集散分拨一体化操作。 （2）计分方法： ①投入运营的干支衔接型货运枢纽（物流园区）数量达到要求的，得 20 分，未达到的，按内插法计算得分。 ②枢纽的完成进度及功能实现满分 40 分，对每个枢纽项目平均设定满分值并量化评分标准，其中完成进度占 50%，按照每个阶段平均分配分值，功能实现占 50%（实现干支衔接得 20%，实现干线甩挂运输得 10%、实现多式联运得 10%、实现支线集散分拨得 10%）。 ③示范工程验收阶段，抽查枢纽均投入使用的，得 5 分。抽查枢纽达标情况较好的，得 15 分；达标情况一般的，得 5 分；均未达标的，不得分。

续 表

序号	指标分类	指标内容	分值	计分标准
5	城市配送物流基础设施	公共配送中心	80	（1）考核评价内容： ①建设数量：城区常住人口500万以上的城市，投入运营的公共配送中心数量应达到7—9个；城区常住人口300万—500万的城市，投入运营的公共配送中心数量应达到5—7个；城区常住人口100万—300万的城市，投入运营的公共配送中心数量应达到3—5个；城区常住人口100万以下的城市，投入运营的公共配送中心数量应达到1—2个。 ②完成进度：按照相关文件（立项批复、工可批复、初步设计批复、竣工验收）要求的时间节点完成建设计划。 ③功能实现：投入运营的公共配送中心作为连接一级节点与末端共同配送站的城市货运配送二级节点，应具备统一存储、集中分拣、共同配送的集约组织等功能。 （2）计分方法： ①投入运营的公共配送中心数量达到要求的，得20分，未达到的，按内插法计算得分。 ②公共配送中心的完成进度及功能实现满分40分，对每个公共配送中心项目平均设定满分值并量化评分标准，其中完成进度占50%，按照每个阶段平均分配分值，功能实现占50%（实现统一存储得15%，实现集中分拣得15%，实现共同配送得20%）。 ③示范工程验收阶段，抽查配送中心均投入使用的，得5分。抽查配送中心达标情况较好的，得15分；达标情况一般的，得5分；均未达标的，不得分。
6		末端共同配送站	80	（1）考核评价内容： ①建设数量：城区常住人口500万以上的城市，投入运营的末端共同配送站数量应≥200个；城区常住人口300万—500万的城市，投入运营的末端共同配送站数量应≥150个；城区常住人口100万—300万的城市，投入运营的末端共同配送站数量应≥80个；城区常住人口100万以下的城市，投入运营的末端共同配送站数量应≥50个。 ②功能实现：投入运营的末端共同配送站应包括货物装卸点、货物集散点，能够为终端客户提供停靠、装卸、分拣等服务，满足社区、高校、商务区等末端商品配送需求。 （2）计分方法： ①投入运营的末端共同配送站数量达到要求的，得20分，未达到的，按内插法计算得分。

续 表

序号	指标分类	指标内容	分值	计分标准
6	城市配送物流基础设施	末端共同配送站	80	②末端共同配送站的功能实现满分 40 分，对每个末端共同配送站项目平均设定满分值，实现停靠、装卸、分拣功能得 100%，有一项功能未实现的，不得分。 ③示范工程验收阶段，抽查共同配送站达标情况较好的，得 20 分；达标情况一般的，得 8 分；均未达标的，不得分。
7	城市配送车辆及配套设施	新增新能源城市配送营运车辆	80	（1）考核评价内容： ①城市新增新能源城市配送营运车辆数量应不少于示范建设期初（2018 年 6 月）城市新能源配送车辆保有量的 20%。指标所指新能源城市配送车辆是指在城市市区内从事货物运输（包括快件接送）服务，采用新型动力系统，完全或主要依靠新型能源驱动的厢式货车和封闭式货车，主要包括纯电动货车、插电式混合动力货车、燃料电池货车以及达到国六排放标准的清洁能源货车。 ②城市建成区新增新能源城市配送营运车辆数量占示范建设期内全部新增和更新城市配送营运车辆数量的比例应≥50%。 （2）计分方法： 对考核评价内容①、②点分别计分，每项内容满分 40 分，计分标准如下： ①达到考核评价内容要求值的，得 40 分； ②达到考核评价内容要求值的 90% 及以上，得 25 分； ③达到考核评价内容要求值的 80% 及以上，得 10 分； ④未达到考核评价内容要求值的 80% 的，不得分。
8		城市配送新能源纯电动货车及插电式混合动力货车与充电桩的配置比例	40	（1）考核评价内容： ①计算方法： 指标 = $\frac{\text{城市配送新能源纯电动货车及插电式混合动力货车保有量}}{\text{可用于新能源物流配送车辆的充电桩总量}}$ ②标准要求：城市配送新能源纯电动货车保有量及插电式混合动力货车保有量之和与可用于新能源物流配送车辆的充电桩总量的比值应≤4∶1。 （2）计分方法： ①达到标准要求值的，得 40 分； ②达到标准要求值的 80% 及以上，得 25 分； ③未达到标准要求值的 80% 的，不得分。

续 表

序号	指标分类	指标内容	分值	计分标准
9	城市配送车辆及配套设施	冷藏保温配送车辆占城市配送车辆比重	40	（1）考核评价内容： ①计算方法： $指标=\frac{冷藏保温配送车辆保有量}{全部城市配送车辆保有量}\times 100\%$ ②标准要求：符合《道路货物运输及站场管理规定》（交通运输部令2016年第35号）、《城市物流配送汽车选型技术要求》（GB/T 29912）、《营运货车安全技术条件 第1部分：载货汽车》（JT/T 1178.1—2018）及《保温车、冷藏车技术条件及试验方法》（QC/T 449—2010）等要求，从事冷藏保温运输的城市配送车辆数占全部城市配送车辆保有量的比例应≥0.5%。 （2）计分方法： ①达到标准要求值的，得40分； ②达到标准要求值的90%及以上，得25分； ③达到标准要求值的80%及以上，得10分； ④未达到标准要求值的80%的，不得分。
10	便利通行政策	新能源物流配送车辆便利通行政策	40	（1）顶层制度保障。城市人民政府制定促进城市绿色货运配送发展，鼓励推广使用新能源城市配送车辆的综合性政策，得10分。 （2）通行便利政策。与传统燃油城市配送车辆相比，为新能源物流配送车辆制定并实施更加优惠和便利的通行政策，如放宽新能源配送车辆通行时间限制、给予新能源配送车辆通行费用优惠等，得20分。 （3）停车便利政策。与传统燃油城市配送车辆相比，为新能源物流配送车辆制定并实施更加优惠的停车政策，如在城市公共停车场、货物装卸点等停车场地给予新能源配送车辆停车费用优惠等，得10分。

续 表

序号	指标分类	指标内容	分值	计分标准
11	便利通行政策	城市货运配送需求调查预测制度	40	开展城市配送运输需求调查工作。城市有关管理部门结合城市配送发展实际情况及未来发展趋势，组织开展城市配送运输需求调查工作，强化城市配送运力需求管理并形成城市货运配送需求现状及未来发展分析报告，满分 40 分，根据完成情况进行打分。
12		配送车辆分时、错时、分类通行和停放措施出台情况	80	（1）考核评价内容： ①城市有关管理部门应根据城市配送需求现状分布特征及行业未来发展趋势，制定出台城市配送车辆分时、错时、分类通行及停放的调整优化措施，如科学合理制定货运配送车辆禁止、限制通行的区域和时间、制定城市配送车辆通行证发放规定及办理的条件和程序等。 ②城市有关部门应合理设置中心城区商业区、居住区、生产区、大型公共活动场地等区域专用卸货场地和道路范围内配送车辆的临时停车泊位。 设置数量要求：城区常住人口 500 万以上的城市，城市货运配送车辆临时停靠点数量应≥200 个；城区常住人口 300 万—500 万的城市，城市货运配送车辆临时停靠点数量应≥150 个；城区常住人口 100 万—300 万的城市，城市货运配送车辆临时停靠点数量应≥80 个；城区常住人口 100 万以下的城市，城市货运配送车辆临时停靠点数量应≥50 个。 （2）计分方法： 对考核评价内容①、②点分别计分，每项内容满分 40 分。 考核评价内容①的计分标准如下： ①出台调整优化措施，且切实可行的，得 40 分。 ②出台调整优化措施，实施效果一般的，得 15 分。 ③未出台调整优化措施或实施效果较差的，不得分。 考核评价内容②的计分标准如下： ①设置城市货运配送车辆临时停靠点数量达到要求的，得 20 分，未达到的，按内插法计算得分。 ②城市货运配送车辆临时停靠点位置设置科学合理并满足城市货运配送需求的，得 20 分。

续 表

序号	指标分类	指标内容	分值	计分标准
13	先进配送组织模式	中心区大型超市（卖场）、连锁店等商贸流通企业采用共同（集中、夜间）配送的比例	50	（1）考核评价内容： ①计算方法： $指标=\frac{采取共同（集中、夜间）配送的货运量}{全部商品配送总货运量}\times 100\%$ ②标准要求：通过共同（集中、夜间）配送模式，配送至中心城区商贸流通企业门店的货运量占中心城区全部商品配送货运总量的比例应≥50%。 （2）计分方法： ①达到标准要求值的，得50分； ②达到标准要求值的90%及以上，得35分； ③达到标准要求值的80%及以上，得15分； ④未达到标准要求值的80%的，不得分。
14	信息化建设	货运配送公共信息服务平台	60	（1）考核评价内容： ①建设数量：城市建成货运配送公共信息服务平台数量应≥1个（最多不超过3个）。 ②功能实现：运行监测功能：能够整合交通、公安、商务等部门政务信息，并与城市配送企业的信息平台有效对接，满足政府对企业的日常监管、绩效考核以及企业对政务信息服务的需求；服务功能：能够为货主和配送企业提供信息查询、车辆监管、交通诱导、数据分析等基本服务； ③接入要求：能够与省级平台、部级平台对接，实现在线填报和运营数据动态接入。 （2）计分方法： 对考核评价内容①②③点分别计分。考核评价内容①②的计分标准如下： ①建成1个及以上公共信息服务平台，且功能完备的，得40分。 ②建成1个及以上公共信息服务平台，功能实现完成要求85%及以上的，得25分。 ③建成1个及以上公共信息服务平台，功能实现完成要求70%及以上的，得10分。 ④未建成或功能实现未达到要求70%的，不得分。 考核评价内容③的计分标准如下： ⑤公共信息服务平台能够与省级平台、部级平台实现数据实时对接的，得20分；否则不得分。

续 表

序号	指标分类	指标内容	分值	计分标准
15	市场主体培育	运作高效、服务规范的专业城市配送企业	60	（1）考核评价内容： ①培育数量：城区常住人口500万以上的城市，AAA级（含）以上城市配送企业数量应≥8家；城区常住人口300万—500万的城市，AAA级（含）以上城市配送企业数量应≥5家；城区常住人口100万—300万的城市，AAA级（含）以上城市配送企业数量应≥3家；城区常住人口100万以下的城市，AAA级（含）以上城市配送企业数量应≥1家。 ②标准要求：运作高效、服务规范的专业城市配送企业应满足《物流企业分类与评估指标》（GB/T 19680—2013）中对AAA级（含）以上的物流企业标准要求。 （2）计分方法： 城市AAA级（含）以上的专业城市配送企业数量达到要求的，得80分，未达到的，按内插法计算得分。
16	物流降本增效	城市配送成本较示范建设期初降低的比例	50	（1）考核评价内容： ①配送运输成本应按照《社会物流统计指标体系》（GB/T 24361—2009）的要求核算，计算方法： $指标=\left(\frac{期初平均吨公里配送运输成本}{期末平均吨公里配送运输成本}-1\right)\times100\%$ ②标准要求：城市配送吨公里运输成本较示范建设期初（2018年6月）降低的比例应≥10%。 （2）计分方法： ①达到标准要求值的，得50分； ②达到标准要求值的90%及以上，得35分； ③达到标准要求值的80%及以上，得15分； ④未达到标准要求值的80%的，不得分。
17		城市配送车辆利用效率较示范建设期初提高的比例	50	（1）考核评价内容： ①计算方法： $指标=\left(\frac{期末平均日单车行驶里程}{期初平均日单车行驶里程}-1\right)\times100\%$ ②标准要求：城市配送车辆平均日单车行驶里程较示范建设期初（2018年6月）提高的比率应≥20%。 （2）计分方法： ①达到标准要求值的，得50分； ②达到标准要求值的90%及以上，得35分； ③达到标准要求值的80%及以上，得15分； ④未达到标准要求值的80%的，不得分。

续 表

序号	指标分类	指标内容	分值	计分标准
18	节能减排	城市配送车辆单位周转量能耗较示范建设期初降低的比例	40	（1）考核评价内容： ①计算方法： $指标=\left(\frac{期初百吨公里燃料消耗量}{期末百吨公里燃料消耗量}-1\right)\times100\%$ ②标准要求：城市配送车辆百吨公里周转量燃料消耗较示范建设期初（2018 年 6 月）降低的比例应≥3%。 （2）计分方法： ①达到标准要求值的，得 40 分； ②达到标准要求值的 90% 及以上，得 25 分； ③达到标准要求值的 80% 及以上，得 10 分； ④未达到标准要求值的 80% 的，不得分。

附件 2：

城市绿色货运配送示范工程年度报告格式及要求

一、创建工作总体情况

（一）发展现状。概括本年度城市绿色货运配送发展情况。

（二）主要工作。简述本年度创建工作开展情况。

二、考核评价指标自评

（一）考核评价指标测算。按照《城市绿色货运配送示范工程绩效考核评分细则》测算年度考核评价指标值。

（二）对比分析。结合示范工程创建实施方案既定目标和年度计划确定的发展目标，对比分析考核指标水平和执行情况。

三、实施方案执行情况

（一）工作机制建设运行情况。主要包括：城市绿色货运配送示范工程创建领导小组和部门协同联动机制建设运行情况；城市人民政府在示范工程创建中的主体作用发挥情况，在新能源车辆购置与营运、配送中心建设、先进组织模式推广应用、市场主体培育等方面支持投入情况，在强化市场监管、规范城市配送市场和安全秩序，引导行业健康有序发展方面的推进落实情况等。

（二）节点网络规划建设情况。主要包括：干支衔接型货运枢纽（物流园区）、公共配送中心、末端共同配送站等城市配送物流基础设施规划数量、建设进度、实现功能情况等。

（三）通行政策制定执行情况。主要包括：城市货运配送需求调查和运力调控制度制定情况，配送车辆分时、错时、分类通行和停放措施优化情况，新能源物流配送车辆便利化通行政策制定情况等。

（四）新能源车辆推广应用情况。主要包括：城市配送新能源车辆购置和运营情况，城市配送新能源车辆充电桩等配套设施建设情况，冷藏保温配送车辆等专业化装备配备情况等。

（五）信息资源交互共享情况。主要包括：

货运配送公共信息服务平台建设情况，交通、公安、商务等部门信息资源整合情况，城市配送企业信息上传情况，地市级平台与省级平台、部级平台对接情况等。

（六）组织模式优化创新情况。主要包括：统一配送、集中配送、共同配送等先进配送组织模式推广应用情况；干线甩挂运输与城市共同配送一体化运作情况等。

（七）货运配送运行绩效情况。主要包括：城市配送服务效率、服务质量变化与提升情况，货物在途实时监控、安全准时配送等服务提升情况，城市绿色货运配送对节能减排、物流业降本增效贡献情况等。

（八）资金投入和落实情况。主要包括：年度投资总量、主要来源及使用情况。

四、创建工作经验和建议

（一）主要成效与经验。年度创建工作取得的成效和经验。

（二）存在问题及不足。总结创建工作中出现的问题，并提出针对性解决措施。

（三）创建工作建议。提出进一步推进城市绿色货运配送创建工作的相关建议。

五、下一年度工作计划

（一）年度目标。结合年度重点工作，提出年度创建目标，设定考核评价指标年度目标值。

（二）规划政策制订计划。计划出台的城市绿色货运配送相关政策、法规、条例和标准，计划编制或修编相关规划。

（三）重点工作推进计划。在基础设施建设、通行政策优化、新能源配送车辆更新购置、信息平台建设、引导企业优化组织模式和节能减排技术改造等方面的工作计划。

（四）资金保障计划。资金投入计划及投融资渠道。

商务部 教育部 交通运输部 卫生健康委 国管局 国家邮政局 国家知识产权局 国务院扶贫办 中华全国供销合作总社 中国邮政集团公司 10 部门关于印发《多渠道拓宽贫困地区农产品营销渠道实施方案》的通知

（商建函〔2019〕25 号 2019 年 1 月 23 日）

为深入贯彻落实《中共中央 国务院关于打赢脱贫攻坚战三年行动的指导意见》和《国务院办公厅关于深入开展消费扶贫助力打赢脱贫攻坚战的指导意见》，多渠道拓宽贫困地区农产品营销渠道，助力脱贫攻坚，商务部等 10 部门制定了《多渠道拓宽贫困地区农产品营销渠道实施方案》。现印发给你们，请认真贯彻执行，并结合实际制定本地区实施方案。

多渠道拓宽贫困地区农产品营销渠道实施方案

为深入贯彻《中共中央 国务院关于打赢脱贫攻坚战三年行动的指导意见》和《国务院办公厅关于深入开展消费扶贫助力打赢脱贫攻坚战的指导意见》精神，多渠道拓宽农产品营销渠道，动员引导社会各方力量加强农产品产销对接，帮助具备条件的贫困地区（832 个贫困县和 12.8 万个贫困村）农产品销售，推动建立长期稳定的产销关系，促进贫困地区产业发展，助力脱贫攻坚和乡村振兴，特制定本实施方案。

一、总体要求

（一）指导思想

全面贯彻党的十九大和十九届二中、三中全会精神，以习近平新时代中国特色社会主义思想为指导，坚持以人民为中心的发展思想，按照中央统筹、省负总责、市县抓落实的工作机制，聚焦多渠道、聚焦贫困地区，开展多种形式的农产品产销对接活动，搭建各种类型的展示对接平台，推动各类市场主体与贫困地区共同构建便捷、畅通、长期、稳定、紧密的农产品营销渠道，促进贫困地区产业发展，助力脱贫攻坚和乡村振兴。

（二）基本原则

因地制宜，科学谋划。根据不同地区农产品品种结构、生产布局、产出能力等生产性因素，地理位置、交通状况等区位性因素，初加工、储藏和运输设施等流通性因素，市场需求规模、消费品种结构、购买力水平等消费因素，选择适销产品与各类流通、加工和消费渠道进行对接。

政府引导，多方参与。充分发挥市场配置资源的决定性作用，强化政府责任，引导企业、机构等积极履行社会责任，整合资源，协同发力，不断增强拓宽贫困地区农产品营销渠道的工作合力，构建大扶贫格局。

精准施策，提高质量。坚持精准扶贫精准脱贫基本方略，着力提高贫困户收入和获得感，找准扶持对象，精准安排对接项目，提高帮扶质量，做到扶真贫、真扶贫，脱真贫、真脱贫。

（三）主要目标

到2020年，贫困地区农产品营销渠道不断拓宽，农产品产销对接更加紧密、稳定，农村物流配送体系和农产品冷链物流设施逐步完善，对贫困地区产业发展的带动作用得到增强，服务脱贫攻坚的能力和水平进一步提升。

二、重点任务

（四）推动流通企业与贫困村建立长期稳定的产销关系。推动批发市场、电商企业、大型超市等农产品流通企业深入贫困地区，开展多种形式的产销对接活动，与具备农业产业发展基础的贫困县（乡、村）建立长期稳定的产销关系。发挥市场资源优势，积极探索农产品产销对接方式，支持对贫困户增收有带动作用的农民专业合作社、家庭农场、农业产业化龙头企业发展，培育贫困地区农产品品牌，引导贫困地区发展特色、优势农产品产业。支持和鼓励农产品批发市场、零售企业和农产品电商企业设立贫困地区农产品销售专区、专档、专柜和电商扶贫频道。发挥好东西部扶贫协作、对口支援和中央单位定点扶贫工作机制的作用，帮助贫困地区拓宽农产品营销渠道。有条件的地区应建立扶贫产品集体商标的注册、管理制度，加强对扶贫产品的宣传和推广，推动扶贫产品销售。（商务、知识产权、扶贫主管部门，供销合作社按职责分工负责）

（五）组织开展贫困地区农产品定向直供直销活动。推广以购代捐的扶贫模式，推动学校、医院、机关食堂和交易市场等从贫困地区直接采购农产品。教育部门要在质量安全可控的前提下，鼓励高校加大面向贫困地区采购农产品的力度，使其成为高校食堂原材料采购的重要渠道；指导推动高校食堂开设精准扶贫窗口。卫生健康部门要推动医院等场所开设扶贫产品专柜，加大宣传和销售力度，推动符合采购要求的贫困地区产品进医院。机关事务管理部门要发动机关食堂与贫困地区建立全方位采购通道关系，建立机关后勤采购基地；组织贫困地区产品进机关、进家庭、进直属宾馆招待所等经营性场所；各省（区、市）驻京办事处可结合实际开设扶贫展厅展销本地区扶贫产品。商务部门在组织各类产销对接活动时，会同教育、卫生健康、机关事务管理部门组织学校、医院、机关参与对接。（教育、商务、卫生健康、机关事务主管部门按职责分工负责）

（六）完善贫困地区农村物流配送体系。加快推进“快递下乡”工程，进一步提高乡镇快递网点覆盖率。支持供销、邮政及各类企业把服务网点延伸到贫困村，推动实现建制村直接通邮，提升网点电商服务功能。加大电子商务进农村综合示范工作对贫困地区农村邮政、快递等物流配送设施的支持力度，完善协同发展机制。推动供销、邮政、快递、交通运输企业在农村地区扩展合作范围、合作领域和服务内容，逐步建立互利共赢、服务规范的合作机制，探索开展农村渠道共建、设施共享、业务代理合作。（交通运输、商务、邮政主管部门，供销合作社、邮政集团公司按职责分工负责）

（七）加强特色优势农产品生产基地冷链设施建设。根据贫困地区产品特点，建设适度规模的产地型冷库、预冷库、移动预冷库、具有冷藏功能的产地加工集配中心等冷链设施，提升预冷和储藏保鲜能力，补齐“最先一公里”冷链物流短板，延长农产品货架期，提高错峰销售能力。配备标准化的清洗、烘干、分级、包装等商品化处理设施，提升农产品初加工和产销对接能力，提高农产品附加值和市场竞争力。（商务、邮政主管部门，供销合作社、邮政集团公司按职责分工负责）

三、工作要求

（八）提高思想认识，强化责任落实。多渠道拓宽贫困地区农产品营销渠道是党中央、国务院打赢脱贫攻坚战的重要决策部署和交办的政治任务。按照中共中央办公厅、国务院办公厅印发的《脱贫攻坚责任制实施办法》要求，商务部会同有关部门建立部门工作协调机制，统筹协调解决跨区域问题、共性问题。省级政府相应部门负总责，研究制定本地区政策措施，根据脱贫目标任务制定省级滚动规划和年度计划并组织实施。市级政府相应部门结合本地区实际加强协调指导，落实各项具体政策和工作任务。县级政府相应部门，指导乡、村组织实施精准扶贫政策，重点面向对贫困户增收有直接带动作用的农民专业合作社、家庭农场等做好精准对接服务，在产销对接活动中对覆盖贫困户数量和带动增收情况进行精准识别。

（九）加强组织领导，密切分工协作。多渠道拓宽贫困地区农产品营销渠道需要政府、企业和社会各界的资源和力量。各地商务主管部门要牵头建立工作联系机制，组建工作队伍，加强合作，定期沟通交流，解决工作推进中存在的问题。各有关部门要将工作纳入部门扶贫工作计划和方案中，在政策制定、资金分配、项目安排上加大支持力度，形成工作合力，要聚焦建档立卡贫困户增加收入并建立精准扶贫工作台账。贫困地区相应部门要担负起主体责任，主动走出去多渠道拓展农产品营销渠道。其他地区，特别是有东西部扶贫协作和对口支援任务的地区相应部门，要切实负起扶贫协作和对口帮扶责任，帮助贫困地区拓宽农产品营销渠道。要注重发挥有关行业组织作用，调动社会各界力量参与脱贫攻坚工作。

（十）严格监督管理，营造良好环境。检验拓宽贫困地区农产品营销渠道工作的成效，重点是对营销渠道拓展、长期稳定产销对接关系建立、贫困户增收脱贫等方面的量化评估。各地各部门各单位要建立工作动态管理和监督制度，及时、准确掌握工作开展情况，特别是精准到村到户到人的扶贫信息和扶贫成效，定期统计上报。统筹做好组织实施、日常调度、跟踪检查工作，对年度重点工作实行台账管理。对落实不力、进度滞后的进行挂牌督办，对真抓实干、成效明显的给予表扬激励，确保方案顺利推进。及时梳理工作开展过程中出现的典型案例和先进经验，加大宣传推广，营造社会各界关心支持多渠道拓宽贫困地区农产品营销渠道工作的良好环境。每年 1、4、7、10 月 15 日前，由省级商务主管部门牵头，统计汇总上季度各地工作进展、成效、典型案例和经验、存在问题等情况，形成工作进展报告联合报送商务部等部门。

商务部办公厅关于复制推广城市共同配送试点经验的通知

（商办流通函〔2019〕48号）

为贯彻落实《国务院关于深化流通体制改革加快流通产业发展的意见》（国发〔2012〕39号）、《国务院办公厅关于促进物流业健康发展政策措施的意见》（国办发〔2011〕38号），提高城市物流效率，降低物流成本，2012年至2014年，商务部会同财政部在南京、武汉、厦门、成都等22个城市开展城市共同配送试点。自试点工作开展以来，各地积极探索创新共同配送模式，构建布局合理、运行有序、绿色环保的城市共同配送服务体系，取得了积极成效，形成了5个方面共16条典型经验。现就复制推广试点经验有关事项通知如下：

一、可复制推广的主要内容

（一）完善组织机制。主要包括加强组织领导等方面的做法和经验。

（二）优化政策环境。主要包括制定发展规划、完善支持政策、完善标准体系等方面的做法和经验。

（三）提升管理水平。主要包括便利通行停靠、推动绿色发展、加强宣传培训等方面的做法和经验。

（四）完善配送网络。主要包括构建三级配送体系、构建冷链物流体系等方面的做法和经验。

（五）优化配送模式。主要包括物流园区落地模式、连锁经营统一配送模式、商圈便利店共同配送模式、专业市场商户共同配送模式、末端资源共享模式、统仓统配模式、信息平台整合资源模式等方面的做法和经验。

二、复制推广工作要求

复制推广上述典型经验，对于健全城乡配送服务体系、提升服务能力、促进降本增效具有重要意义，同时也为进一步推进《城乡高效配送专项行动计划（2017—2020年）》落实提供经验借鉴和有力指导。各地要把复制推广工作作为推进商贸流通发展的重要举措，并结合本地实际进一步完善城乡高效配送实施方案和具体举措，保证经验推广落到实处，取得实效。各地工作推进过程中的创新举措和好的做法请及时报送我部。

联系方式：流通业发展司010-85093777

附件：城市共同配送试点典型经验

商务部办公厅

2019年2月1日

附件：

城市共同配送试点典型经验

类型	典型经验	地方主要做法及成效	代表性地区
一、完善工作机制	（一）加强组织领导	成都市将市口岸与物流办公室升格为市政府组成部门，建立口岸与物流办公室统一协调、商务等多部门统一规划、持续推进全领域统一标准和引入第三方专业机构统一服务的“四统一”工作机制；郑州市设立市物流与口岸办公室，将城市共同配送试点纳入市商贸物流和对外开放领导小组主要工作，成立由相关企业组成的“城市共同配送联盟”；广州市组建广州市发展现代物流领导小组办公室，统筹全市现代物流行业发展工作；南京、南宁、贵阳、海口、乌鲁木齐、厦门市成立由分管市领导任组长、各相关部门参加的领导小组，建立各司其职、各尽其责、通力配合的工作机制；长春市建立市政府统一领导、市商务局牵头抓总、市区齐抓共管、各相关部门有机配合的领导体制；青岛市建立由分管市长为召集人，22 个部门和各区（市）政府共同参与的联席会议制度。	成都、郑州、广州、南京、南宁、贵阳、海口、乌鲁木齐、厦门、长春、青岛
二、优化政策环境	（二）制定发展规划	广州市出台《现代物流发展布局规划（2012—2020）》，实现物流规划、城市总体规划和土地利用规划“三规合一”，确保规划落地实施；南京市出台《城市共同配送专项规划》；石家庄市出台《城市共同配送体系建设规划》；南宁市出台《区域性国际物流基地建设规划（2015—2020 年）》和《现代物流业发展三年行动计划（2015 年—2017 年）》；兰州市出台《商贸物流规划》；厦门市出台《城市/城际配送物流发展规划》、《现代物流业千亿产业链（群）2014—2018 年发展规划》；襄阳市出台《现代物流业中长期发展规划》。	广州、南京、石家庄、南宁、兰州、厦门、襄阳

续 表

类型	典型经验	地方主要做法及成效	代表性地区
二、优化政策环境	（三）完善支持政策	长春市发布《关于支持城市物流共同配送的意见》，在车辆管理、运输许可、车辆通行、车辆停靠、税费优惠、财政补贴、土地保障等方面，对试点企业及在城区、开发区使用标准化配送车辆进行共同配送的物流企业给予支持；南宁市出台《物流用地公开出让管理暂行办法》，设立专项资金，重点支持市级物流园区基础设施建设、配送中心建设、重点物流项目建设、物流人才培训、物流标准体系建设以及航空物流业发展；武汉市出台营改增过渡性扶持政策，出台《物流园区（中心）新增建设用地计划管理办法》，完善用地计划申报、指标使用、土地供应、跟踪评估等制度；厦门市将社区物流配送站纳入社区公共服务设施，规划建设配送末端用房。出台营改增过渡性扶持政策，支持有条件的物流企业申报高新技术企业资格认定，享受减按 15% 税率征收企业所得税；东莞市按 1∶1 比例安排配套资金，支持相关项目建设；唐山市探索银企对接，为试点企业争取银行资金支持、增加授信额度。	长春、南宁、武汉、厦门、东莞、唐山
	（四）完善标准体系	成都市发布实施《生鲜农产品城市冷链物流技术规范第 1 部分：果蔬》《生鲜农产品城市冷链物流技术规范第 2 部分：畜禽肉》两个地方标准；海口市制定《海口市城市共同配送车辆管理规范》等 6 项地方规范和标准；厦门市编制实施《厦门食品冷链系列标准》；太原市制定《城乡配送图形标识使用要求》《城乡配送管理规范》等地方标准。	成都、海口、厦门、太原
三、提升管理水平	（五）便利车辆通行停靠	成都市出台配送车辆通行管理规定，探索标准化集中配送车辆与普通入城货运车辆增减挂钩机制，推广新能源车，建立车辆优先通行与停靠的绿色通道；贵阳市给予城市配送车辆优先通行权，除早晚高峰和主要拥堵路段，配送货车白天可入城配送；乌鲁木齐市在通行、停靠等方面给予城市配送车辆优惠政策，在城市大型商业中心以及其他货物集散地设置城市配送车辆停靠点，为城市配送车辆提供停车位，解决车辆卸货停放难题；海口市根据商贸领域配送需求，积极向主管部门协调通行证，探索城市配送车辆通行证发放与绩效挂钩，实施分类管理；厦门市在城市大型商业中心以及其他货物集散地设置配送车辆停靠点，提供装卸场地；长春市成立城市配送车队，统一外观标识、统一车辆要求、统一车辆调度、统一信息服务、统一通行管理；太原市探索“货的”模式，借鉴出租车计程打票，实行专用号段，规范管理运营。	成都、贵阳、乌鲁木齐、海口、厦门、长春、太原

续　表

类型	典型经验	地方主要做法及成效	代表性地区
三、提升管理水平	（六）推动绿色发展	成都市出台支持新能源汽车推广应用若干政策，对购置新车给予补贴，加大充电基础设施建设力度，优化新能源汽车使用环境等；太原市推广以新能源车辆为支撑的车联网应用，坚持使用清洁能源和新能源车辆，统一使用专段号牌、停靠场站，实现规模化经营、信息化管理、规范化运作。	成都、太原
	（七）加强宣传培训	太原市协调人民网、山西新闻网，山西电视台、太原电视台、太原新闻广播、山西日报、太原日报、太原晚报、科学导报、山西青年报、生活晨报、三晋都市报等媒体多次对试点工作进行报道，提升社会影响力；合肥市充分利用广播、电视、报纸、网络等媒体大力宣传共同配送模式和试点成果，促进全市物流资源的有效整合和共同利用。	太原、合肥
四、完善配送网络	（八）构建三级配送体系	南京市建立“物流分拨中心、公共配送中心和末端配送节点”三级网络，构建市域范围高效衔接的“1 小时城市物流、24 小时区域物流、48 小时国际物流”三重物流圈；郑州市以“重点商贸物流园区（物流分拨中心）—公共配送中心—末端配送点”为支撑，形成点面结合、干支衔接、便捷通畅的三级城市配送体系；海口市依托“一带双核三轴”物流发展战略，规划建设城市共同配送三级网络布局。	南京、郑州、海口
	（九）构建冷链物流体系	潍坊市积极构建冷链物流体系，开通潍坊至昆明铁路冷链班列；海口市建设海南罗牛山冷链物流园等一批冷链物流基地，打造安全、环保、节能、高效的冷链物流载体；厦门市以多温层标准立体化冷库、全自动货架、移动式穿梭车、标准托盘等先进设施设备为重点，应用专业冷藏运输、蓄冷板（棒）、多温层管理、全程温湿度监控等先进技术，加快冷链物流体系建设，促进冷链产业转型升级；银川市实施“互联网+生鲜流动直通车”项目，实现农产品“直采、直通、直销”，服务民生消费，解决“卖难买贵”问题。	潍坊、海口、厦门、银川
五、优化配送模式	（十）物流园区落地配模式	郑州、兰州市对物流园区入驻商户干线支线货物进行集中、分类，开通定时、定线、定点的货运公交班车；石家庄市引导企业提升服务功能，统筹社会货运资源，为干线运输企业提供“落地”短配服务，降低专线公司的末端配送成本。	郑州、兰州、石家庄

续 表

类型	典型经验	地方主要做法及成效	代表性地区
五、优化配送模式	（十一）连锁经营统一配送模式	太原、南京市支持大型连锁超市优化配送组织方式，提供专业化、网络化、全流程的物流服务，发展集采分销、“中央+区域”多级配送、县乡协同等统一配送模式；武汉市引导发展连锁经营多级分拨配送模式、生鲜农产品流通的生态供应链模式、医药流通的“三级物流体系+智慧化集中配送”模式。	太原、南京、武汉
	（十二）商圈便利店共同配送模式	银川市指导企业结合快消品代理、经销的业务优势，为终端超市、便利店提供同城调拨服务，为小微客户提供共同配送服务；合肥市推动连锁超市、卖场、百货店、食品店等按片区配送；郑州市在城市公交巴士的基础上，实施“绿巴计划”，货运公交巴士每天定时定班，按照既定线路，对城市物流市场形成全覆盖；厦门、太原、哈尔滨市推动第三方物流企业将货物统一配送到各个门店，改变供应商直送门店方式，减少进城车辆，实现配送集约化。	银川、合肥、郑州、厦门、太原、哈尔滨
	（十三）专业市场商户共同配送模式	石家庄、南宁市对农产品、食品批发市场商户的货源和服务客户，进行统一采购运输、统一配送到门，优化运输线路，降低货损率；广州、长春市推动物流与商贸业融合发展，发展面向专业市场、门店及团体单位的共同配送，提高车辆满载率。	石家庄、南宁、广州、长春
	（十四）末端资源共享模式	太原市发挥连锁便利店网点优势，推广“网订店取”“网购自提”服务，将连锁便利店打造成全天候实物交付基站，实现一店多能、一店多用；广州市整合社区便利店、物业、邮政等终端资源，拓展网订店取（送）、前置仓服务，集中送达网购商品；潍坊市打造集便利消费、便民服务功能于一体的末端网络体系，鼓励连锁企业与配送企业、电子商务企业等合作，开展“网订店取”“网购自提”“网购宅配”等一对多的服务模式；南京、厦门、武汉市整合“末端智能快递柜”网点，推动智能自助提货柜“进社区、进院校、进机关、进商圈”，促进便利、安全消费，解决“最后一公里”配送难题。	太原、广州、潍坊、南京、厦门、武汉
	（十五）统仓统配模式	成都、青岛、武汉、长春、潍坊市为上游生产商、供应商及下游经销商、代理商提供统一仓储和配送服务，通过系统平台对接实时共享库存、销售等信息，解决传统流通的多级库存、重复运输等问题；合肥市推动实施统仓共配，将仓储和送货计费相分离，提高仓储利用率，加快库存周转率，降低仓储费用。	成都、青岛、武汉、长春、潍坊、合肥

续　表

类型	典型经验	地方主要做法及成效	代表性地区
五、优化配送模式	（十六）信息平台整合资源模式	南京市建设城市共同配送管理平台，提供包括货运信息发布、车源信息管理、交易撮合、运输业务管理、智能调度、信用担保、融资支持等一体化综合服务；成都市建设城市配送信息管理平台，充分发挥信息平台在城市配送运力调整、交通引导、供给调节和市场服务等方面的作用，实现城市配送车辆通行有序顺畅；厦门市重点推进区域性物流综合信息服务平台、园区公共服务平台和企业信息化建设，形成多层级信息化服务平台；潍坊市建立集物流信息查询、运载实时监测、远程派单管理等多种功能于一体的物流公共信息平台，推动货物运输需求与车辆运输服务供给的实时对接，在快速消费品、生鲜食品、药品、家电等消费领域创新发展共同配送模式。	南京、成都、厦门、潍坊

商务部　科技部　工业和信息化部　财政部　自然资源部　住房城乡建设部　人民银行　海关总署　税务总局　市场监督管理总局　银保监会　证监会　12部门关于推进商品交易市场发展平台经济的指导意见

（商建函〔2019〕61号　2019年2月12日）

平台经济是利用互联网、物联网、大数据等现代信息技术，围绕集聚资源、便利交易、提升效率，构建平台产业生态，推动商品生产、流通及配套服务高效融合、创新发展的新型经济形态。近年来，发展平台经济成为商品交易市场（以下简称商品市场）转型升级的重要方向，也是我国流通领域深化供给侧结构性改革、推动经济高质量发展的一项重要举措。为落实党中央、国务院有关决策部署，加快推进商品市场以发展平台经济为重点开展优化升级，现提出以下意见。

一、总体要求

（一）指导思想。

以习近平新时代中国特色社会主义思想为指导，全面贯彻党的十九大和十九届二中、三中全会精神，坚持稳中求进的工作总基调，牢固树立和落实新发展理念，以供给侧结构性改革为主线，根据《中共中央 国务院关于完善促进消费体制机制进一步激发居民消费潜力的若干意见》等文件精神，围绕现代化经济体系建设要求，坚持深化市场化改革、扩大高水平开放，加快推进商品市场发展平台经济，进一步优化营商环境，以流通创新促进商产融合和消费升级，带动全产业链升级和效率提升，实现大中小企业协同发展，构建多层级现代市场体系，推动经济高质量发展。

（二）基本原则。

1. 坚持市场主导。充分发挥市场资源配置的决定性作用，更好发挥政府作用，以平台经济促进市场规则、模式与管理高效统一，优化资源配置，提高全要素生产率。

2. 服务实体经济。更好满足实体经济发展需要，增强市场服务功能，推动一二三产融合，打通生产、流通、消费循环，形成国内大市场和生产主体、经济增长和就业扩大、金融和实体经济良性循环。

3. 推动创新融合。加快现代信息技术应用，发展平台经济生态，提升流通创新能力，以流通创新带动产业升级，为经济发展提供新动能。

4. 引导有序发展。深化“放管服”改革，建立公平竞争的法制化营商环境，构建企业自治、行业自律、社会监督和政府监管相结合的共治体系，严守防范风险底线，引导合规有序发展。

（三）总体目标。

按照国家战略布局要求，结合区位优势、资源禀赋和产业特色，力争到2020年，培育一批发展平台经济成效较好的千亿级商品市场，推动上下游产业和内外贸融合，形成适应现代化经济体系要求的商品流通体系，更好服务供给侧结构性改革。

二、构建平台生态，激发市场活力

（四）强化市场主体。鼓励商品市场适应数字经济发展要求，建立新型组织方式和体系架构，搭建开放平台与中小商户共享，发挥平台企业“以大带小”作用，促进上下游企业协同发展，逐步形成集成服务、协同产业的平台经济生态。支持有条件的商品市场联合高校和科研院所，建设平台经济研究中心，加强平台经济理论研究，促进市场主体适应平台化发展要求。

（五）夯实支撑体系。支持商品市场加大信息基础设施投入，完善数字化交易配套和服务设施，为平台化发展提供支撑。鼓励商品市场立足平台经济发展，依法合规创新大数据、云计算、物联网、区块链等信息技术应用，强化平台数据整合和资源配置能力，加快传统交易场景的数字化重构，推动商品生产、流通和服务信息实时交互，实现上下游企业和周边服务企业的智能互联，推动中小企业向专、精、尖转型发展。

（六）发挥实体优势。支持商品市场根据区域优势和产业特色，制定符合平台化发展趋势的经营规划、评价指标、服务规范和招商政策。推动具有示范效应的电商功能区、展贸平台、创意中心和品牌专区建设，汇聚高端品牌和设计师资源，统一市场营销，更好发挥实体市场的渠道、展会和品牌等优势。

（七）创新发展模式。鼓励商品市场转变传统经营模式，在依法合规的前提下探索交易模式和规则创新，稳步推进平台经济发展。不断强化市场交易、仓储物流、加工配送等配套功能，优化数据共享、分析、引流等信息服务，建立重要商品价格指数，完善市场价格发现功能。推动商品生产、流通及配套服务高效融合、创新发展，带动产业升级和效率提升。

（八）完善信用体系。推动商品市场以信用数据的信息化、标准化、指标化为导向，完善信用记录、发布、披露、风险预警等制度，构建以市场信用评价为核心的平台经济共治体系，建立守信联合激励和失信联合惩戒机制，增强市场自我约束和风险抵御能力，营造商品市场平台化发展的良好环境。

三、加强分类引导，促进商产融合

（九）引导农产品市场强化产销对接。支持农产品市场加强现代信息技术在农产品生产、流通和消费全过程应用，搭建线上线下融合的产销对接平台，多渠道拓宽农产品产销对接渠道。依托平台发展订单农业、产销一体、股权合作等，提高农民在农产品流通和加工环节的参与程度，更好链接农户、市场和消费者，构建长期稳定的农产品流通模式，促进一二三产业融合。

（十）推动工业消费品市场跨界融合。鼓励工业消费品市场依托大数据分析和智能化应用，增强对消费需求变动研判，健全重要产品追溯体系，引导生产企业更好满足居民消费升级和多样化、个性化需求。推动汽车、家电等耐用消费品市场加快“互联网+”应用，完善商品购买、使用、维修、保养、报废等全周期服务，全面提升智慧消费体验。鼓励建材家居、服装鞋帽、日用百货等与群众生活密切相关的市场，积极探索与文旅休闲、创意体验等融合发展，更好服务消费升级。

（十一）促进生产资料市场向上下游延伸。推动生产资料市场与企业开展供需对接，优化采购、生产、销售、物流等资源配置，培育形成一批开放、高效、绿色的供应链平台。加快技术应用和管理创新，发展“市场+平台+服务”模式，增强定制化生产、一体化服务功能，构建线上线下融合、上下游协作的生产资料流通体系，促进生产资料更好服务产业发展。

四、发挥集聚优势，推动协同发展

（十二）引导市场集群联动发展。落实京津冀协同发展、长江经济带、长江三角洲区域一体化、粤港澳大湾区等国家战略，完善区域协调发展机制，发挥平台集聚优势，推动跨行业跨地域的商品市场互联互通、资源共享，推进区域市场一体化建设，促进市场和产业集群协同发展。鼓励商品市场以数据共享为纽带，探索“城区展示交易+远郊仓储物流”或“大型市场批发+中小市场就近配送”的发展模式，促进实体市场合理布局、功能优化，提高土地资源利用效率，降低物流仓储成本。

（十三）推动内外贸融合发展。统筹国际国内两个市场两种资源，促进重点商品市场与“一带一路”沿线国家核心市场互联互通，打造特色鲜明的区域或国际商品集散中心。扎实推进市场采购贸易方式试点，推动边境地区商品市场建设。支持在自贸试验区依法合规建设国际贸易平台，创新海关监管模式，优化通关流程，促进跨境贸易便利化发展，实现优进优出，提升国内供给体系质量。

五、保障措施

（十四）加强组织领导。各级商务主管部门要准确把握平台经济发展规律，提高认识，做好统筹衔接，建立推动商品市场发展平台经济跨部门协调机制，不断完善各项促进政策。鼓励有条件的地方建立商品市场优化升级发展基金，根据不同类别商品市场的特点，制定具体实施方案，加强对商品市场平台化发展的分类指导、精准施策。

（十五）健全培育机制。各地要结合国家战略和经济高质量发展要求，发挥自身区位和资源优势，加强规划引导，强化行业管理和重点联系。鼓励各地为民营商户参与平台经济提供职业培训和多方位服务保障，建立平台经济人才提升多渠道激励机制。支持内外贸结合好、信息化应用水平高的地区，培育一批商产融合产业集群和平台经济龙头企业。加大对商品市场开展互联网、物联网、大数据、云计算和区块链等信息技术研究与应用支持，引导符合条件的商品市场向高新技术企业转型。

（十六）强化用地保障。各地在组织编制

国土空间规划和相关专项规划时，要加强对商品市场优化升级和区域联动发展的空间统筹协调。各地自然资源主管部门要积极保障商品市场优化升级用地，对利用存量房产或土地资源发展“互联网+”、电子商务等新业态、创新商业模式、开展线上线下融合业务的，可享受在一定年限内继续按原用途和土地权利类型使用土地的 5 年过渡期政策。

（十七）加大金融支持。推动各类金融机构在风险可控、商业可持续的前提下，积极创新金融产品，加大对民营、小微商户信贷支持力度，完善担保、质押、保险和征信等服务，更好为商品市场平台化发展提供金融支持。鼓励结算规模大、频次高的商品市场，通过兼并重组等方式获得第三方支付牌照，提升市场支付结算现代化水平。

（十八）规范管理运营。坚持商品市场服务实体经济的根本目标，严格规范管理，加强风险防控，严防脱实向虚。依法依规落实平台经营者在安全生产、质量安全等方面的主体责任，维护市场秩序和消费者合法权益。充分发挥政府部门、行业组织和社会监督的作用，聚焦市场主体关切，创新管理服务，建立以商务信用共治为核心的管理服务体系，推动行业自律、标准制定、风险防范、服务监督等工作落实，促进中小民营市场主体健康发展。

国家邮政局　商务部　海关总署关于促进跨境电子商务寄递服务高质量发展的若干意见（暂行）

（国邮发〔2019〕17号　2019年2月23日）

邮政业是推动流通方式转型、促进消费升级的现代化先导性产业，在国民经济中发挥着重要的基础性作用。近年来，随着互联网普及及应用和邮政业高速发展，跨境寄递服务在促进中小企业产品出口、为人民群众提供商品进口等方面发挥了巨大作用，已经成为助推对外贸易增长和产业转型升级的新动力。但在快速发展中，用户体验、权益保护、安全监管、国际规则等方面也存在明显短板。为打造更多跨境寄递服务通道平台，促进跨境寄递服务高质量发展，保障寄递安全，改进用户体验，降低物流成本，维护公平竞争，形成线上线下协同发展新格局，现提出以下意见：

一、深化放管服改革，激发市场活力

（一）支持寄递服务企业主体多元化。支持邮政企业、进出境快件经营人等各类跨境寄递服务企业利用互联网平台，发挥信息系统优势，依法提供跨境包裹、商业快件等寄递服务，依法纳入行业监督管理和服务统计。

（二）支持外资企业依法进入市场。支持外商在境内依法申请设立快递企业，提供跨境包裹、商业快件等寄递服务。全面落实准入前国民待遇加负面清单管理制度，以开放促改革、促发展、促创新。

（三）支持建立跨境寄递服务企业信用体系。推进邮政、商务、海关等政府部门之间信用信息共享和联合奖惩机制建设，加强跨境寄递服务企业信用管理。邮政、商务、海关等政府部门按照有关规定对各部门共享的高资信企业落实便利措施，对失信企业实施严密监管措施。

二、坚持创新驱动发展，构建保障机制

（四）加快创新跨境寄递服务模式。鼓励跨境寄递服务企业发挥优势拓展渠道，加强重点区域的国际多边和双边合作，创新丰富

寄递产品，优化流程缩短时限，增强核心竞争力。鼓励跨境寄递服务企业通过投资并购、战略联盟、业务合作等方式整合境内外收寄、投递、国际运输、通关、境外预检视、境外预分拣、海外仓等资源，提供面向全球的一体化、综合性跨境包裹、商业快件等寄递服务。支持跨境寄递服务企业在重要节点区域设置海外仓，发展境外寄递服务网络，符合条件的，可以按规定程序申报外经贸发展专项资金支持。

（五）加快完善跨境寄递服务体系。鼓励跨境寄递服务企业创建品牌，提供跨境包裹、商业快件等寄递服务。支持跨境寄递服务企业与跨境电商共商共建团体标准，提高服务可靠性，提供全程跟踪查询、退换货、丢损赔偿、拓展营销、融资、仓储等增值服务。鼓励数据共享应用，赋能上下游中小微企业，实现行业间、企业间开放合作、互利共赢，以跨境寄递服务新形态支撑贸易新业态。

（六）加快建立数据交换机制。依托国际贸易“单一窗口”平台，逐步实现跨境寄递服务企业向邮政、商务、海关等政府部门报送数据和相关信息交换。各政府部门要尽快完善自身业务管理系统，明确跨境寄递服务企业传输跨境包裹、商业快件等面单电子数据的内件品名、数量、价格（含币种）、收寄件人名称、进出口国别（地区）等内容，为企业提供网上“一站式”服务，实时掌握跨境寄递服务各环节数据信息。跨境寄递服务企业要完善自身业务操作系统，尽快实现与政府部门的系统对接。跨境寄递服务企业、跨境电子商务企业、支付企业要与消费者建立信息验证机制，确保物流、交易和支付等信息真实、准确。

三、优化行业发展环境，促进协同共进

（七）提升跨境寄递服务网络能力。邮政部门要研究制定跨境寄递国际运输网络布局规划，鼓励跨境寄递服务企业开辟国际货运航线，加快完善跨境寄递国际航空运输网络。推动中欧班列运输跨境邮件快件常态化，支持边贸寄递发展。支持跨境电子商务综合试验区所在地城市建设国际邮件互换局和快件监管中心，鼓励自由贸易试验区、跨境电商综合试验区和重点口岸大胆探索物流、仓储、通关新模式，提升跨境寄递的通关、换装、多式联运能力。

（八）提升跨境寄递服务全程通关便利。海关、邮政等政府部门应当建立协作机制，完善跨境寄递信息通报等配套管理政策。推动实现与跨境寄递目的地国（起运地国），特别是“一带一路”沿线国家和地区，以及北美、欧洲等跨境电商重点出口国海关的对接，推进跨境寄递服务企业实现境外信息化通关。支持跨境寄递服务企业依法在跨境电商重点国家申请相关资质，提升跨境寄递全程综合通关服务能力。

（九）提升参与国际治理能力建设。邮政部门要深度参与万国邮联规则制定，稳妥推进万国邮联在服务产品、终端费等关键领域的改革，维护多边机制稳定发展；推动与亚太、欧洲等重点地区建立跨境电商及邮政业的次区域合作模式，有效应对跨境寄递领域的国际摩擦，维护我国正当利益和跨境寄递企业合法权益。商务部门要在世贸组织、自贸协定等多双边谈判中，探索制定跨境电商领域的国际规则。海关要加大与世界海关组织以及重点国家

相关部门交流合作力度，推动世界海关组织跨境电商标准完善与实施，建立跨境电商寄递物品安全与便利化机制。

四、加强全过程监管，坚持依法行政

（十）规范跨境寄递服务企业经营行为。按照国务院“双随机一公开”有关要求，对跨境寄递服务企业依法监管。外商和境外邮政运营商不得在中华人民共和国境内提供邮政服务，任何单位和个人不得为违反上述规定的运营商提供生产经营场所、运输、保管和仓储等条件。境内企业提供商业快件（包裹）等跨境寄递服务的，应当依法取得快递业务经营许可，依法向海关办理注册登记或信息登记，并提交身份、地址、联系方式、行政许可等真实信息。境内企业不得以境外邮政运营商名义开展邮政服务活动。境内企业与境外邮政运营商合作推出的跨境包裹和商业快件服务产品，在出境前不得贴用境外邮政单式。

（十一）规范跨境电商相关企业经营行为。跨境电商经营者不得与未取得相关行政许可或提供的寄递服务违反法律法规规定的物流企业合作。跨境寄递服务企业申请在电子商务平台上提供跨境包裹、商业快件等寄递服务的，应当向电子商务平台经营者提交身份、地址、联系方式、行政许可等真实信息，电子商务平台经营者应当进行核验，并定期更新。

（十二）落实寄递渠道安全管理规定。经营跨境邮件快件寄递服务的企业应当建立健全并有效实施安全管理制度，认真落实实名收寄、收寄验视、过机安检“三项制度”，严格遵守禁止寄递或者限制寄递物品的有关规定。

各级邮政、商务、海关等部门要充分认识促进跨境寄递服务发展的重要性和紧迫性，按照职能分工落实管理与服务责任，不断强化部门间协调配合，开展联合调研和检查工作，确保支持措施和便利政策落实到位，督促跨境寄递服务企业切实落实本意见内容和要求，完善自身条件，提升服务品质，共同推进我国跨境寄递服务可持续、健康、高质量发展。

关于推动物流高质量发展促进形成强大国内市场的意见

（发改经贸〔2019〕352 号）

各省、自治区、直辖市及计划单列市发展改革、网信、工业和信息化、公安、财政、自然资源、生态环境、住房城乡建设、交通运输、农业农村、商务、应急管理部门，中国人民银行上海总部，各分行、营业管理部，各省会（首府）城市中心支行，各副省级城市中心支行，海关总署广东分署、各直属海关，市场监管、统计、气象、银保监、证监、能源部门，各地区铁路监督管理局，民航各地区管理局，邮政管理局，各铁路局集团公司：

物流业是支撑国民经济发展的基础性、战略性、先导性产业。物流高质量发展是经济高质量发展的重要组成部分，也是推动经济高质量发展不可或缺的重要力量。为巩固物流降本增效成果，增强物流企业活力，提升行业效率效益水平，畅通物流全链条运行，按照党中央、国务院关于推动高质量发展的要求和中央经济工作会议精神，现提出以下意见。

一、深刻认识物流高质量发展的重要意义

物流是实体经济的有机组成部分，加快解决物流发展不平衡不充分问题，推动物流高质量发展是推进物流业发展方式转变、结构优化和动力转换，实现物流业自身转型升级的必由之路；是降低实体经济特别是制造企业物流成本水平，增强实体经济活力的必然选择；是深化供给侧结构性改革，增强经济发展内生动力，提升社会经济运行效率的迫切需要；是促进形成强大国内市场，构建现代化经济体系，实现国民经济高质量发展的内在要求。物流业发展的贡献不仅在于行业企业本身创造的税收、就业等，更在于支撑和促进区域内各相关产业产生更多的税收和就业，有力推动区域经济较快增长。要把推动物流高质量发展作为当前和今后一段时期改善产业发展和投资环境的重要抓手，培育经济发展新动能的关键一招，以物流高质量发展为突破口，加快推动提升区域经济和国民经济综合竞争力。

二、构建高质量物流基础设施网络体系

（一）推动国家物流枢纽网络建设。围绕“一带一路”建设、京津冀协同发展、长江经

济带发展、粤港澳大湾区建设、长三角一体化发展等重大战略实施，依据国土空间规划，在国家物流骨干网络的关键节点，选择部分基础条件成熟的承载城市，启动第一批 15 个左右国家物流枢纽布局建设，培育形成一批资源整合能力强、运营模式先进的枢纽运营企业，促进区域内和跨区域物流活动组织化、规模化、网络化运行。（发展改革委、交通运输部负责，列第一位的为牵头部门，下同）

（二）加强联运转运衔接设施短板建设。发挥政府投资的示范带动作用，引导各类社会资本加大对公铁、铁水、空陆等不同运输方式的转运场站和“不落地”装卸设施等的投入力度，提高一体化转运衔接能力和货物快速换装便捷性，破解制约物流整体运作效率提升的瓶颈。推动具备条件的物流园区引入铁路专用线。加强入港铁路专用线等基础设施短板建设，支持铁路专用线进码头，打通公铁水联运衔接“最后一公里”，实现铁路货运场站与港口码头、前方堆场等的无缝衔接。（发展改革委、交通运输部、财政部、自然资源部、铁路局、民航局、铁路总公司按职责分工负责）

（三）完善城乡消费物流体系。实施城乡高效配送专项行动，完善城乡配送网络，鼓励企业在城乡和具备条件的村建立物流配送网点，加强公用型城市配送节点和社区配送设施建设，将末端配送设施纳入社区统一管理，推进设施共享共用，支持试点城市和企业加快构建城乡双向畅通的物流配送网络。实施“邮政在乡”工程，完善县乡村三级邮政农村物流配送体系建设。升级“快递下乡”工程，加快农村物流快递公共取送点建设，提升乡镇快递网点覆盖率。深入开展电子商务进农村综合示范，提升农村物流服务质量和效率，2019 年力争对具备条件的国家级贫困县全覆盖。通过合资合作等方式发展面向乡镇（村）的农村物流服务体系。（商务部、交通运输部、住房城乡建设部、财政部、农业农村部、邮政局按职责分工负责）

（四）建立资源共享的物流公共信息平台。推进国家交通运输物流公共信息平台完善工作，鼓励和引导城市共同配送公共信息平台加强与国家交通运输物流公共信息平台有效衔接，促进相关部门、大型市场主体的物流公共数据互联互通和开放共享。在保障信息安全的情况下，扩大物流相关信息公开范围和内容，为物流企业和制造业企业查询提供便利。依托骨干物流信息平台试点单位，探索市场化机制下物流信息资源整合利用的新模式，推动建立国家骨干物流信息网络，畅通物流信息链，加强社会物流活动全程监测预警、实时跟踪查询。依托行业协会实施全国百家骨干物流园区“互联互通”工程，促进信息匹配、交易撮合、资源协同。（交通运输部、公安部、发展改革委、商务部、中央网信办、住房城乡建设部、自然资源部、铁路局、民航局、气象局、铁路总公司、中国物流与采购联合会按职责分工负责）

三、提升高质量物流服务实体经济能力

（五）促进现代物流业与制造业深度融合。加强生产服务型国家物流枢纽建设，利用枢纽聚集的大量物流资源，为制造企业提供高效快捷的物流服务，降低制造企业物流成本，提升区域制造企业竞争力，支撑制造业高质量集群化发展。以深化实施“互联网+”高效物流和物流降本增效专项行动为突破口，促进物流业与制造业深度融合创新发展。研究出台促进物

流业与制造业深度融合发展的政策措施，鼓励物流企业为制造企业量身定做供应链管理库存、“线边物流”、供应链一体化服务等物流解决方案。实施服务型制造示范遴选，支持物流企业开展服务化转型。增加开行面向大型厂矿、制造业基地等的“点对点”直达货运列车，提高协议制运输比重，扩大大宗物资运量运能互保协议范围，2019年力争达到25亿吨左右。加快发展面向集成电路、生物制药、高端电子消费产品等高附加值制造业的航空货运服务，加大“卡车航班”开行力度，构建高价值商品的快捷物流服务网络。（发展改革委、交通运输部、工业和信息化部、民航局、铁路总公司负责）

（六）积极推动物流装备制造业发展。加大重大智能物流技术研发力度，加强物流核心装备设施研发攻关，推动关键技术装备产业化。开展物流智能装备首台（套）示范应用，推动物流装备向高端化、智能化、自主化、安全化方向发展。研究推广尺寸和类型适宜的内陆集装箱，提高集装箱装载和运送能力。在适宜线路开展铁路双层集装箱运输，推广铁路重载运输技术装备，提升铁路运能。（工业和信息化部、交通运输部、铁路总公司按职责分工负责）

（七）提升制造业供应链智慧化水平。鼓励物流和供应链企业在依法合规的前提下开发面向加工制造企业的物流大数据、云计算产品，提高数据服务能力，协助制造企业及时感知市场变化，增强制造企业对市场需求的捕捉能力、响应能力和敏捷调整能力。鼓励发展以个性化定制、柔性化生产、资源高度共享为特征的虚拟生产、云制造等现代供应链模式，提升全物流链条的价值创造水平。（发展改革委、工业和信息化部、商务部、人民银行按职责分工负责）

（八）发挥物流对农业的支撑带动作用。加强农产品物流骨干网络和冷链物流体系建设。聚焦农产品流通“最先一公里”，加强农产品产地冷链物流体系建设，鼓励企业利用产地现有常温仓储设施改造或就近新建产后预冷、贮藏保鲜、分级包装等冷链物流基础设施，开展分拣、包装等流通加工业务。鼓励企业创新冷链物流基础设施经营模式，开展多品种经营和“产销双向合作”，提高淡季期间设施利用率。加强邮政、快递物流与特色农产品产地合作，畅通农产品“上行”通道。发展第三方冷链物流全程监控平台，加强全程温度、湿度监控，减少“断链”隐患，保障生鲜农产品品质和消费安全。鼓励和引导大型农产品流通企业拓展社区服务网点，减少中间环节，降低农产品物流成本。发展“生鲜电商+冷链宅配”“中央厨房+食材冷链配送”等冷链物流新模式，改善消费者体验。推动地方全面落实冷链物流企业用水、用电、用气与工业同价政策。（商务部、农业农村部、发展改革委、邮政局按职责分工负责）

四、增强物流高质量发展的内生动力

（九）发展物流新服务模式。健全完善相关法规制度和标准规范，推动以网络为依托的货运新业态规范有序发展。大幅提高铁路企业开行班列化货物列车数量。优化铁路班列运行组织方案，推动铁路“门到门”运输全程可追踪，提供信息查询服务。探索开行国内冷链货运班列和“点对点”铁路冷链运输。发展铁路危化品运输。发展“端到端”的物流模式。鼓励和支持云仓等共享物流模式、共同配送、集中配送、夜间配送、分时配送等先进物流组织方式发展，在具备条件的地区探索发展无人机配送等创新模式。（交通运输部、铁路总公司、商务部、公安部、民航局、发展改革委按职责分工负责）

（十）实施物流智能化改造行动。大力发展数字物流，加强数字物流基础设施建设，推进货、车（船、飞机）、场等物流要素数字化。加强信息化管理系统和云计算、人工智能等信息技术应用，提高物流软件智慧化水平。支持物流园区和大型仓储设施等应用物联网技术，鼓励货运车辆加装智能设备，加快数字化终端设备的普及应用，实现物流信息采集标准化、处理电子化、交互自动化。发展机械化、智能化立体仓库，加快普及“信息系统+货架、托盘、叉车”的仓库基本技术配置，推动平层仓储设施向立体化网格结构升级。鼓励和引导有条件的乡村建设智慧物流配送中心。鼓励各地为布局建设和推广应用智能快（邮）件箱提供场地等方面的便利。（发展改革委、工业和信息化部、商务部、中央网信办、交通运输部、农业农村部、民航局、邮政局按职责分工负责）

（十一）推进多式联运发展。总结多式联运示范工程工作经验，研究制定统一的多式联运服务规则，完善多式联运转运、装卸场站等物流设施标准，力争在货物交接、合同运单、信息共享、责任划分、货损理赔等方面实现突破。加快建设多式联运公共信息平台，促进货源与公铁水空等运力资源有效匹配，降低车船等载运工具空驶率。依托国家物流枢纽网络开发“一站式”多式联运服务产品，加快实现集装箱多式联运“一单制”。研究在适宜线路开展驮背运输。发展海铁联运班列。在保障安全的前提下，积极推动 LNG 罐箱多式联运。（交通运输部、发展改革委、能源局、铁路局、民航局、铁路总公司负责）

（十二）促进物流供应链创新发展。充分发挥物流供应链系统化组织、专业化分工、协同化合作和敏捷化调整的优势，发展符合中国特色的供应链企业，提高生产、流通资源的配置效率，提升企业综合运行效率效益。支持具备条件的物流企业做大做强，发展基于核心企业的“链主型”供应链，将上下游小微企业整合嵌入生产经营过程，强化资源系统整合与优化能力；发展基于现代信息技术的“平台型”供应链，重点解决信息不对称问题，提高资源整体配置效率；发展依托专业化分工的“互补型”供应链，实现资源和渠道的优势互补，提高企业协同发展水平；发展基于区域内分工协作的“区块型”供应链，促进区域内企业高效协同和集聚化发展，提升区域整体竞争优势；发展基于存货控制的“共享型”供应链，打通与整合生产、分销等各环节的库存管理，促进供应商与零售商之间的统仓共配。（发展改革委、商务部、工业和信息化部按职责分工负责）

（十三）加快国际物流发展。深入推进通关一体化改革，建立现场查验联动机制，推进跨部门协同共管，鼓励应用智能化查验设施设备，推动口岸物流信息电子化，压缩整体通关时间，提高口岸物流服务效率，提升通道国际物流便利化水平。加强陆上边境口岸型物流枢纽建设，完善境外沿线物流节点、渠道网络布局。积极推动中欧班列枢纽节点建设，打造一批具有多式联运功能的大型综合物流基地，促进大型集结中心建设。加大中欧班列组织协调和品牌宣传力度，利用进口博览会等平台引导班列运营公司加强与中亚、欧洲沿线各国的大型生产制造企业的对接，针对大型企业打造

"量身定做"的班列物流服务产品，促进中欧班列双向均衡运行，提升中欧班列国际物流服务能力与质量。（海关总署、发展改革委、商务部、铁路总公司按职责分工负责）

（十四）加快绿色物流发展。持续推进柴油货车污染治理力度。研究推广清洁能源（LNG）、无轨双源电动货车、新能源（纯电动）车辆和船舶，加快岸电设施建设，推进靠港船舶使用岸电。加快车用LNG加气站、内河船舶LNG加注站、充电桩布局，在批发市场、快递转运中心、物流园区等建设充电基础设施。鼓励企业使用符合标准的低碳环保配送车型。落实新能源货车差别化通行管理政策，提供通行便利，扩大通行范围，对纯电动轻型货车少限行甚至不限行。发展绿色仓储，鼓励和支持在物流园区、大型仓储设施应用绿色建筑材料、节能技术与装备以及能源合同管理等节能管理模式。以绿色物流为突破口，带动上下游企业发展绿色供应链，使用绿色包材，推广循环包装，减少过度包装和二次包装，推行实施货物包装和物流器具绿色化、减量化。（生态环境部、交通运输部、住房城乡建设部、发展改革委、能源局、工业和信息化部、公安部、邮政局、商务部按职责分工负责）

（十五）促进标准化单元化物流设施设备应用。精简货运车型规格数量，严查严处货车非法改装企业。研究制定常压液体危险货物罐车专项治理工作方案，稳步开展超长平板半挂车、超长集装箱半挂车等非标货运车辆治理工作。合理设置过渡期，通过既有政策措施加快淘汰存量非标货运车辆和鼓励应用中置轴厢式货车等标准厢式货运车辆，推动货运车辆市场平稳过渡和转型升级。推动城市配送车辆结构升级，逐步建立以新能源配送车辆为主体、小型末端配送车辆为补充的配送车辆体系。支持集装箱、托盘、笼车、周转箱等单元化装载器具循环共用以及托盘服务运营体系建设，推动二手集装箱交易流转。鼓励和支持公共"挂车池""运力池""托盘池"等共享模式和甩挂运输等新型运输发展。鼓励企业使用智能化托盘等集装单元化技术，研发使用适应生鲜农产品网络销售的可重复使用的冷藏箱或保冷袋，提升配送效率。鼓励企业使用1200mm×1000mm的标准托盘。加快物流信息、物流设施、物流装备等标准对接。（交通运输部、工业和信息化部、财政部、公安部、商务部、市场监管总局、铁路局、民航局、铁路总公司按职责分工负责）

五、完善促进物流高质量发展的营商环境

（十六）深化物流领域"放管服"改革。按照"只进一扇门""最多跑一次"原则，简化物流企业开展业务的行政审批手续，最大程度减少对物流企业业务创新的制约。规范、简化铁路专用线接轨审查手续、压缩审查时间。在简化住所（经营场所）登记手续的基础上，支持地方在物流领域开展"一照多址"改革。精简快递分支机构办理手续，2019年内将快递业务经营许可审批时间缩短至法定时限一半以内，全面实施快递末端网点备案管理。加快推动道路货运车辆异地审验工作，2019年12月底前全面实现普通货运车辆全国跨省异地审验。深入推进治理车辆超限超载联合执法常态化制度化工作，严格执行全国统一的公路货运车辆超限超载认定标准。（交通运输部、公安部、市场监管总局、海关总署、邮政局、铁路总公司等按职责分工负责）

（十七）推进铁路货运服务提质增效。清

理规范铁路运输企业开展专用线、专用铁路、自备货车、自备机车等铁路运输设备代维护、维修及运用环节相关服务收费。进一步开放专用线代运营代维护、自备车检修、铁路运输两端短驳等市场，允许工程施工、装备制造、社会物流企业等参与并提供相关服务，促进降低铁路物流成本水平。支持铁路运输企业开展载运工具共管共用试点，降低企业自备载运工具运用成本。完善铁路运价灵活调整机制，进一步清理规范铁路货运经营服务性收费，推动货物运输由公路向铁路转移。研究推动160公里时速的新型货运列车投入使用，完善相关技术标准和运行图。实施铁路货运增量行动，2019年国家铁路货物发送量达到33.68亿吨。（铁路局、铁路总公司、市场监管总局、交通运输部、发展改革委按职责分工负责）

（十八）降低车辆通行和港口物流成本。深化收费公路制度改革，加快修订出台《收费公路管理条例》。全面推广高速公路差异化收费，完善货车使用ETC非现金支付等优惠政策。深入推动取消高速公路省界收费站试点工作，总结经验，逐步扩大取消高速公路省界收费站的范围。降低水路运输过闸费。进一步清理港口收费，合理降低收费标准，规范收费行为，严格执行收费目录清单和公示制度，严禁违规收费。（交通运输部、发展改革委、市场监管总局按职责分工负责）

（十九）提升城市物流管理水平。科学制定城市物流政策，指导城市提高配送车辆通行管理的精细化水平，合理规划城市货运通道，避免“一刀切”限行。实行分车型、分时段、分路段通行管控，有效释放货运通行路权，保障城市生产生活的必要需求。鼓励地方政府在城市中心区建设一批公共物流配送中心，通过租赁等方式为服务居民生活的物流企业提供必要经营场所。完善城市物流配送装卸、停靠作业设施。指导企业按照新近发布的《物流建筑设计规范》等标准要求，建设大型物流仓储设施，应用大型分拣作业流水线，便利企业经营。在符合相关法规标准要求并保障安全生产的基础上，允许在物流仓储设施内从事再包装等流通加工业务。在货物来源可追溯、流向可追踪的情况下，研究出台允许动检证变更目的地的操作规范，为冷链物流跨区域分拨提供便利。（交通运输部、公安部、商务部、应急部、住房城乡建设部、农业农村部按职责分工负责）

六、建立物流高质量发展的配套支撑体系

（二十）完善现代物流业统计制度。加快研究建立物流行业统计分类标准。研究完善反映物流重点领域、重点环节高质量发展的监测指标体系。加大对物流统计体系建设的支持力度，推动落实社会物流统计制度，加快企业样本库扩容提质，加强对物流重点企业运营成本、效率的监测。利用骨干物流平台开展公路物流监测。（发展改革委、统计局、中国物流与采购联合会负责）

（二十一）健全物流标准规范体系。完善物流标准体系，对不适应国民经济运行和行业发展需要的标准进行修订、转化或废止。深入推进物流标准化试点示范和供应链体系建设试点等工作，加强已发布物流标准在物流领域相关试点示范中的应用，提升物流标准化水平。支持具备条件的物流企业标准上升为行业标准、国家标准。（市场监管总局、发展改革委、交通运输部、商务部、财政部、农业农村部负责）

（二十二）构建物流高质量发展评价体系。研究编制并适时发布“中国物流发展指数”，从物流发展质量、效率、动力、贡献等方面，对我国物流发展质量水平进行客观、全面、可量化的综合性评价，为有针对性地研究制定政策措施提供可量化的参考依据。（发展改革委、中国物流与采购联合会负责）

（二十三）健全完善物流行业信用体系。研究出台运输物流行业失信联合惩戒对象“黑名单”管理办法，明确严重失信企业标准，构建政府层面失信惩戒机制。充分发挥行业组织和社会信用机构作用，组织建立物流企业信用联盟，鼓励开发针对物流行业的信用产品，推动信用信息市场化应用，强化守信激励和失信惩戒效果。（发展改革委负责）

七、健全物流高质量发展的政策保障体系

（二十四）创新用地支持政策。加强城市物流发展规划与国土空间规划的协同衔接。指导地方加大土地政策支持力度，鼓励地方政府利用有效载体和多种渠道整合盘活存量闲置土地资源，用于物流用途。探索政府负责土地平整并建设道路、管网等基础设施，企业负责建设经营性物流基础设施，约定土地物流用途并长期租赁的新型物流用地供应保障模式。研究利用工业企业旧厂房、仓库和存量土地资源建设物流设施或提供物流服务的支持政策。铁路划拨用地用于物流相关设施建设，从事长期租赁等物流经营活动的，可在五年内实行继续按原用途和土地权利类型使用土地的过渡期政策，期满及涉及转让需办理相关用地手续的，按新的用途、权利类型和市场价格以协议方式办理。对企业利用原有土地进行物流基础设施建设的，在办理规划条件、规划许可等方面予以支持。（自然资源部、铁路总公司负责）

（二十五）加强投融资支持方式创新。按照“扶优做强”原则，研究设立国家物流枢纽中央预算内投资专项，支持国家物流枢纽的物流基础设施建设。鼓励符合条件的金融机构或大型物流企业集团等发起物流产业发展投资基金，按照市场化原则运作，加强重要节点物流设施建设。支持符合条件的物流企业发行各类债务融资工具，拓展市场化主动融资渠道，稳定企业融资链条。鼓励持牌金融机构在相应的金融业务资质范围内开发基于供应链的金融产品，引导和支持资金流向实体企业，加大对小微企业融资支持力度。（发展改革委、财政部、人民银行、银保监会、证监会负责）

各地区有关部门要认真贯彻落实党中央、国务院决策部署，结合本地区实际，加强组织领导，明确任务分工，强化协调配合，加大政策创新和支持力度，扎实推进物流高质量发展各项工作。国家发展改革委将会同有关部门加强工作指导和督促检查，及时协调解决政策实施中存在的问题，推动各项政策措施落地实施。

附件：2019 年推动物流高质量发展 10 项重点工作

国家发展改革委
中央网信办
工业和信息化部
公安部
财政部
自然资源部
生态环境部
住房城乡建设部
交通运输部
农业农村部
商务部

应急部
人民银行
海关总署
市场监管总局
统计局
气象局
银保监会
证监会
能源局
铁路局
民航局
邮政局
铁路总公司
2019 年 2 月 26 日

附件：

2019 年推动物流高质量发展 10 项重点工作

序号	重点工作	部门分工
1	开展国家物流枢纽布局建设。制定国家物流枢纽网络建设实施方案，启动第一批 15 个左右国家物流枢纽选址建设，促进区域内和跨区域物流活动组织化、规模化、网络化运行。	发展改革委、交通运输部负责
2	实施城乡高效配送专项行动和电子商务进农村综合示范。完善城乡配送网络，加强公用型城市配送节点和社区配送设施建设，将末端配送设施纳入社区统一管理，推进设施共享共用，支持试点城市和企业加快构建城乡双向流通的物流配送网络。提升农村物流服务质量和效率，2019 年力争对具备条件的国家级贫困县全覆盖。	商务部、交通运输部、住房城乡建设部、财政部、农业农村部、邮政局按职责分工负责
3	实施“邮政在乡”工程、升级“快递下乡”工程。完善县乡村三级邮政农村物流配送体系建设。加快农村物流快递公共取送点建设，提升乡镇快递网点覆盖率。	邮政局、商务部、农业农村部、交通运输部负责

续　表

序号	重点工作	部门分工
4	实施物流智能化改造行动。加强物流数字基础设施建设。支持物流园区和大型仓储设施等应用物联网技术，鼓励货运车辆加装智能设备。发展机械化、智能化立体仓库。鼓励各地为布局建设和推广应用智能快（邮）件箱提供场地等方面的便利。	发展改革委、工业和信息化部、商务部、中央网信办、交通运输部、民航局、邮政局按职责分工负责
5	实施全国百家骨干物流园区“互联互通”工程。加强园区信息互联建设，促进信息匹配、交易撮合、资源协同。	发展改革委、交通运输部、中国物流与采购联合会负责
6	实施服务型制造示范遴选。支持物流企业开展服务化转型。	工业和信息化部、发展改革委负责
7	实施铁路货运增量行动。2019 年国家铁路货物发送量达到 33.68 亿吨。增加开行“点对点”直达货运列车，提高协议制运输比重，2019 年力争达到 25 亿吨左右。	铁路总公司负责
8	精简快递分支机构办理手续。2019 年内将快递业务经营许可审批时间缩短至法定时限一半以内，全面实施快递末端网点备案管理。	邮政局负责
9	降低铁路运价水平。清理规范铁路运输企业开展专用线、专用铁路、自备货车、自备机车等铁路运输设备代维护、维修及运用环节相关服务收费。完善铁路运价灵活调整机制，进一步清理规范铁路货运经营服务性收费，推动货物运输由公路向铁路转移。	发展改革委、铁路局、铁路总公司负责
10	创新物流用地支持政策。研究利用工业企业旧厂房、仓库和存量土地资源建设物流设施或提供物流服务的支持政策。	自然资源部负责

交通运输部办公厅关于印发《2019年交通运输信用体系建设工作要点》的通知

（交办政研函〔2019〕474号　2019年4月3日）

各省、自治区、直辖市、新疆生产建设兵团交通运输厅（局、委），部属各单位，部内各司局：

经交通运输部同意，现将《2019年交通运输信用体系建设工作要点》印发给你们，请遵照执行。

交通运输部办公厅

2019年4月3日

（此件公开发布）

2019年交通运输信用体系建设工作要点

2019年是新中国成立70周年，是决胜全面建成小康社会的关键之年，做好2019年交通运输信用体系建设工作的总体要求是：以习近平新时代中国特色社会主义思想为指导，全面贯彻落实党的十九大和十九届二中、三中精神，贯彻党中央、国务院关于社会信用体系建设的决策部署，坚持新发展理念，坚持推动高质量发展，以“信用交通省”创建为载体，聚焦信用信息归集和应用，加强信用法规制度和标准规范建设，推进信用数据共享公开，推动信用评价、联合奖惩和信用修复，开展诚信教育和诚信文化建设，加快建立以信用为核心的新型监管机制，进一步提升行业治理能力和治理水平，为建设交通强国、建设信用中国提供坚实支撑。

一、持续推进“信用交通省”创建

1. 会同国家发展改革委编制印发《“信用交通省”建设指标体系（2019年版）》。（部政研室牵头，省级交通运输主管部门配合）

2. 加强对各地交通运输主管部门的统筹指导、推动落实，适时组织开展创建成效阶段性评估工作。（部政研室牵头，部公路局、水运局、运输服务司、安质司、海事局和省级交通运输主管部门配合）

3. 推动各地交通运输主管部门在公路水运工程建设、运输服务、安全生产等领域加强归集共享、信用应用和诚信宣传。（部政研室牵头，部公路局、水运局、运输服务司、安质司和省级交通运输主管部门配合）

4. 指导有关省份积极开展交通运输安全生产信用体系建设试点工作。（部安质司牵头，部公路局、水运局、运输服务司、海事局和省级交通运输主管部门配合）

5. 鼓励各地根据行业发展的客观需要和本地实际，创新开展创建工作，积极总结好的经验做法，适时在全国交流推广。（部政研室牵头，省级交通运输主管部门配合）

6. 召开全国信用交通省创建阶段总结暨推进会，发布创建成效评估结果，公布“信用交通省”创建典型省份。（部政研室牵头，省级交通运输主管部门配合）

7. 选择部分城市试点事前信用承诺、事中信用监管、事后信用奖惩的全链条信用治理模式，打造“信用交通省”城市范例。（部政研室牵头，省级交通运输主管部门配合）

二、进一步推动联合奖惩和信用治理

8. 全面落实《交通运输守信联合激励和失信联合惩戒对象名单管理办法（试行）》，完善交通运输各领域红黑名单制度以及认定、发布、奖惩、修复和移除等程序。（部政研室牵头）

9. 推动印发《关于对水路运输与水上安全严重违法失信主体实施联合惩戒的合作备忘录》《关于界定内河船舶非法从事海上运输等严重违法失信行为和相关责任主体有关事项的通知》《关于水路运输领域失信联合惩戒有关工作的通知》。研究制定《水运建设领域失信联合惩戒对象名单管理实施细则》。（部海事局、水运局、政研室牵头）

10. 推动印发《关于对出租汽车行业失信市场主体及其有关人员实施联合惩戒的合作备忘录》《关于加强和规范出租汽车失信联合惩戒对象名单管理工作的通知》。研究在“两客一危”等领域开展联合惩戒工作。（部政研室、运输服务司牵头，通信信息中心配合）

11. 研究在高速公路针对特定失信主体进行适当限制的意见。研究制定交通运输统计信用管理规定。探索研究交通运输科研诚信管理相关制度。启动海事领域守信联合激励和失信联合惩戒对象名单管理研究工作，明确海事红黑名单制度。（部政研室、规划司、公路局、科技司、海事局牵头）

12. 持续组织开展公路严重违法失信超限超载名单报送和应用工作，及时在“信用交通”网站和“信用中国”网站向社会公开。研究制定信用治超管理工作制度，实施分级分类管理，加快推进治超信息化建设。（部公路局、政研室牵头）

13. 配合国家发展改革委、公安部对交通出行领域存在的严重失信行为开展专项治理工作。（部政研室牵头）

14. 推动行业深化落实国家层面已发布的守信联合激励和失信联合惩戒合作备忘录。进一步建立联合奖惩的发起、响应、反馈机制，完善部省两级对象清单、措施清单和成效清单。鼓励和支持在行政审批、公共服务工作流程以及监管、服务等环节应用联合奖惩信用信息。（部政研室牵头）

15. 适时曝光一批交通运输领域严重失信的联合惩戒案例，发挥联合惩戒的威慑作用。（部政研室牵头）

三、加快推进信用数据归集共享公开及实际应用

16. 充分发挥全国交通运输信用信息共享平台的“总枢纽”作用，依托部数据资源交换共享平台，进一步归集整合行业信用信息资源。全面对接全国信用信息共享平台和“信用中国”网站，持续加大信用信息共享力度。（部政研室、科技司牵头）

17. 按照国家社会信用体系建设要求，结合各省份交通运输部门机构改革情况，及时更新完善部省两级交通运输信用信息目录和信用信息共享需求目录。（部政研室牵头）

18. 加强信用信息归集和数据共享，有效整合行业信用记录，完善行业企业和从业人员一户式信用档案，有效推进行业信用信息互联互通，力争实现全国交通运输信用信息共享平台数据归集量提升至30亿条。（部政研室牵头）

19. 推动行业现有各类信用信息系统的升级改造与对接融合，加强信息安全保障建设。推动各级交通运输信息系统在办理业务时全面应用统一社会信用代码。（部政研室牵头）

20. 进一步完善“信用交通分”模型，加强行业信用舆情监测，优化行业信用指数和地区信用指数模型，为交通运输主管部门实施市场监管提供重要参考。（部政研室牵头）

21. 将“信用交通”网站作为行业信用信息公开的“总窗口”，及时公示行业行政许可、行政处罚等信用信息，进一步提升在行业和社会中的影响力。（部政研室牵头）

22. 推动建设海事信用信息归集公示应用平台。加快推进交通运输安全生产信用管理系统试运行。（部海事局、安质司牵头，部规划司、科技司配合）

四、加强行业信用评价工作

23. 组织开展2018年度公路建设市场、水运工程建设市场、公路水运工程试验检测等领域的信用评价工作，启动行业企业安全生产信用评价，及时向社会公布评价结果。评选并发布2018年度安全诚信公司和安全诚信船舶、安全诚信船长。（部公路局、水运局、安质司、海事局牵头）

24. 研究制定《公路建设市场信用管理办法》，整合修订公路施工、设计、监理信用评价规则（办法）。研究制定《水运建设市场信用评价办法》，统一水运建设设计、施工、监理企业信用评价办法。（部公路局、水运局牵头，政研室、法制司、科技司配合）

25. 加强信用信息系统与行政审批、业务办理和办公信息系统的对接共享，发挥行业内信用评价的支撑作用。（部政研室牵头，省级交通运输主管部门负责）

26. 在行政许可、政府采购、招标投标等行政管理领域中，推广使用信用信息和信用产品。鼓励支持第三方信用服务机构和行业协会参与信用考核评价，引导评价机构依法开展活动。（部政研室牵头）

五、开展诚信教育和诚信文化建设

27. 开展“信用交通宣传月”活动，充分发挥电视、广播、报纸、网络等媒体的宣传引导作用，组织交通运输主管部门、行业协会、行业企业和从业人员学信用、懂信用、用信用、守信用。树立行业诚信典范，讲好交通“诚信故事”。（部政研室牵头）

28. 充分发挥“信用交通”网站群和各级交通运输政府部门网站作用，部省联动加强信用舆论引导，发布行业信用政策信息，宣传诚信典型、曝光失信案例，及时向社会公示行业信用信息。（部政研室牵头）

29. 结合社会主义核心价值观主题实践教育月、诚信春运、诚信兴商宣传月等主题活动，加强交通运输信用体系建设成效宣传，在交通运输行业积极营造诚实守信的良好氛围。（部政研室牵头）

30. 围绕交通运输信用体系建设方向需求，组织开展行业信用政策标准、信用技术、信用监管等方面研究，加强对行业信用管理人员的培训。（部政研室牵头）

六、推动交通运输政务诚信建设

31. 全面推进交通运输领域政务公开工作，坚持以公开为常态、不公开为例外，增强政府公信力。依法公开与信用信息相关的政府信息。主动公开 2019 年交通运输更贴近民生实事项目和进展情况。（部办公厅、国家铁路局综合司、中国民用航空局综合司、国家邮政局办公室牵头）

32. 坚持依法行政，严格执法程序，提高行政执法科学化、制度化和规范化水平。（部法制司牵头）

33. 加强公务员诚信教育，提升公务员法律意识和诚信意识，带动全行业树立诚信意识、提高诚信水平。（部人教司牵头）

七、增强信用体系建设工作合力

34. 充分发挥部信用体系建设领导小组及其办公室作用，建立畅通有效的工作机制，加强对行业信用体系建设的统筹指导、推动落实。（部信用体系建设领导小组办公室牵头）

35. 各地交通运输主管部门要切实加强组织领导，建立年度工作台账，落实信用体系建设相关人员和经费保障，确保各项任务有效落实。（部信用体系建设领导小组办公室牵头，省级交通运输主管部门负责）

抄送：铁路局、民航局、邮政局。

交通运输部关于修改《港口经营管理规定》的决定

（中华人民共和国交通运输部令　2019 年第 8 号）（已被修订）

《关于修改〈港口经营管理规定〉的决定》已于 2019 年 4 月 4 日经第 7 次部务会议通过，现予公布，自公布之日起施行。

交通运输部部长　李小鹏

2019 年 4 月 9 日

交通运输部关于修改《港口经营管理规定》的决定

交通运输部决定对《港口经营管理规定》（交通运输部令 2018 年第 10 号）作如下修改：

一、删去第三条第（一）项第 5 目，并增加“港口理货业务经营人，是指为委托人提供货物交接过程中的点数和检查货物表面状况的理货服务的组织和个人”作为第（三）项。

二、在第五条的“港口经营人”后增加“港口理货业务经营人”。

三、删去第七条中的“港口理货”。

四、删去第八条、第十一条、第十二条第二款、第十四条、第二十条、第三十九条第一款第（二）项和第二款。

五、删去第十三条第一款中的“申请从事港口理货除外”。

六、第十七条改为第十四条，将其中的“工商部门”修改为：“市场监督管理部门”。

七、增加一条作为第十七条：“为船舶提供岸电、燃物料、生活品供应、水上船员接送及船舶污染物（含油污水、残油、洗舱水、生活污水及垃圾）接收、围油栏供应服务等船舶港口服务的单位，港口设施设备和机械租赁维修业务的单位以及港口理业务经营人，应当向港口行政管理部门办理备案手续。港口行政管理部门应当建立备案情况档案。

从事船舶港口服务、港口设施设备和机械租赁维修的经营人以及港口理货业务经营人名称、固定经营场所、法定代表人、经营范围等事项发生变更或者终止经营的，应当在变更或者终止经营之日起 15 个工作日内办理变更备案。”

八、增加一条作为第十八条：“港口理货业务经营人不得兼营港口货物装卸经营业务和仓储经营业务。”

九、在第二十一条第二款、第三十条、第

三十二条第二款和第三款、第三十四条、第四十三条、第四十四条、第四十六条中的“港口经营人”后增加“港口理货业务经营人以及从事船舶港口服务、港口设施设备和机械租赁维修的经营人”。

十、在第二十七条、第四十二条的“港口经营人”后增加“港口理货业务经营人”。

十一、第二十八条改为第二十六条，修改为：“港口经营人、港口理货业务经营人以及从事船舶港口服务、港口设施设备和机械租赁维修的经营人从事港口经营和理货等业务，应当遵守有关法律、法规、规章以及相关服务标准和规范的规定，依法履行合同约定的义务，公正、准确地办理港口经营和理货等业务，为客户提供公平、良好的服务。”

十二、在第二十九条的“港口经营人”后增加“港口理货业务经营人以及从事船舶港口服务的经营人”。

十三、增加一条作为第三十七条：“港口经营人、港口理货业务经营人以及从事船舶港口服务、港口设施设备和机械租赁维修的经营人有违反本规定行为的，依照有关法律、行政法规的规定纳入信用记录，并予以公示。”

十四、第四十条改为第三十九条，并增加一款作为第二款：“港口理货业务经营人以及从事船舶港口服务、港口设施设备和机械租赁维修的经营人未按规定进行备案的，由港口行政管理部门责令改正，并处1万元以上3万元以下罚款。”

十五、在第四十二条中的“《港口经营许可证》”后增加“港口理货业务经营人除外”。

条文序号和个别文字作相应调整。

本决定自公布之日起施行。

《港口经营管理规定》根据本决定作相应修正，重新发布。

港口经营管理规定

（2009年11月6日交通运输部发布 根据2014年12月23日交通运输部《关于修改〈港口经营管理规定〉的决定》第一次修正 根据2016年4月19日交通运输部《关于修改〈港口经营管理规定〉的决定》第二次修正 根据2018年7月31日交通运输部《关于修改〈港口经营管理规定〉的决定》第三次修正 根据2019年4月9日交通运输部《关于修改〈港口经营管理规定〉的决定》第四次修正）

第一章 总 则

第一条 为规范港口经营行为，维护港口经营秩序，依据《中华人民共和国港口法》和其他有关法律、法规，制定本规定。

第二条 本规定适用于港口经营及相关活动。

第三条 本规定下列用语的含义是：

（一）港口经营，是指港口经营人在港口区域内为船舶、旅客和货物提供港口设施或者服务的活动，主要包括下列各项：

1. 为船舶提供码头、过驳锚地、浮筒等设施；

2. 为旅客提供候船和上下船舶设施和服务；

3. 从事货物装卸（含过驳）、仓储、港区内驳运；

4. 为船舶进出港、靠离码头、移泊提供顶推、拖带等服务。

（二）港口经营人，是指依法取得经营资格从事港口经营活动的组织和个人。

（三）港口理货业务经营人，是指为委托人提供货物交接过程中的点数和检查货物表面状况的理货服务的组织和个人。

（四）港口设施，是指为从事港口经营而建造和设置的建（构）筑物。

第四条 交通运输部主管全国港口经营行政管理工作。

省、自治区、直辖市人民政府交通运输（港口）主管部门负责本行政区域内的港口经营行政管理工作。

省、自治区、直辖市人民政府、港口所在地设区的市（地）、县人民政府确定的具体实施港口行政管理的部门负责该港口的港口经营行政管理工作。本款上述部门统称港口行政管理部门。

第五条 国家鼓励港口经营性业务实行多家经营、公平竞争。港口经营人、港口理货业务经营人不得实施垄断行为。任何组织和部门不得以任何形式实施地区保护和部门保护。

第二章 资质管理

第六条 从事港口经营，应当申请取得港口经营许可。

实施港口经营许可，应当遵循公平、公正和公开透明的原则，不得收取费用，并应当接受社会监督。

第七条 从事港口经营（港口拖轮经营除外），应当具备下列条件：

（一）有固定的经营场所。

（二）有与经营范围、规模相适应的港口设施、设备，其中：

1. 码头、客运站、库场、储罐、污水处理设施等固定设施应当符合港口总体规划和法律、法规及有关技术标准的要求；

2. 为旅客提供上、下船服务的，应当具备至少能遮蔽风、雨、雪的候船和上、下船设施，并按相关规定配备无障碍设施；

3. 为船舶提供码头、过驳锚地、浮筒等设施的，应当有相应的船舶污染物、废弃物接收能力和相应污染应急处理能力，包括必要的设施、设备和器材。

（三）有与经营规模、范围相适应的专业技术人员、管理人员。

（四）有健全的经营管理制度和安全管理制度以及生产安全事故应急预案，应急预案经专家审查通过；依法设置安全生产管理机构或者配备专职安全管理人员。

第八条 从事港口拖轮经营，应当具备下列条件：

（一）在申请经营的港口所在地注册并具备企业法人资格。

（二）有满足拖轮停靠的自有泊位或者租用泊位。

（三）在沿海港口从事拖轮经营的，应当至少自有并经营 2 艘沿海拖轮；在内河港口从事拖轮经营的，应当至少自有并经营 1 艘内河拖轮。

（四）海务、机务管理人员数量满足附件的要求，海务、机务管理人员具有不低于大副、大管轮的从业资历且在申请经营的港口从事拖轮服务满 1 年以上。

（五）有健全的经营管理制度和符合有关规定的安全与防污染管理制度。

第九条 港口工程试运行期间从事经营的，应当具备以下条件：

（一）有固定的经营场所。

（二）有与经营范围、规模相适应的港口设施、设备，其中：

1. 码头、客运站等固定设施应当符合港口总体规划；

2. 为旅客提供上、下船服务的，应当具备至少能遮蔽风、雨、雪的候船和上、下船设施，并按相关规定配备无障碍设施；

3. 为船舶提供码头、过驳锚地、浮筒等设施的，应当有相应的船舶污染物、废弃物接收能力和相应污染应急处理能力，包括必要的设施、设备和器材；

4. 码头、装卸设备、港池、航道、导助航设施及其他配套设施等港口设施主体工程已按批准的初步设计文件建成，并经交工验收合格，具有交工验收报告；主要装卸设备空载联动调试合格；

5. 港口工程的环境保护设施、安全设施、职业病防护设施、消防设施等已按要求与港口主体工程同时建设完成，且已通过安全设施验收和消防设施验收或者备案，环境保护设施和职业病防护设施符合国家有关法律、法规、规章、标准规定的试运行要求。

（三）有与经营规模、范围相适应的专业技术人员、管理人员。

（四）有健全的经营管理制度和安全管理制度，依法设置安全生产管理机构或者配备专职安全管理人员；已制定试运行方案和应急预案，并经专家审查通过。

第十条 申请从事港口经营，应当提交下列相应文件和资料：

（一）港口经营业务申请书；

（二）经营管理机构的组成及其办公用房的所有权或者使用权证明；

（三）港口码头、库场、储罐、污水处理等固定设施符合国家有关规定的竣工验收合格证明；

（四）使用港口岸线的，港口岸线的使用批准文件；

（五）提供拖轮服务的，拖轮的有效船舶证书及停靠泊位的相关证明材料；

（六）依法设置安全生产管理机构或者配备安全生产管理人员的相关证明材料，其中从事拖轮经营的，提供海务、机务管理人员的相关证明材料；

（七）证明符合第七条规定条件的其他文件和资料。

从事港口拖轮经营的，应当提供上述（一）（二）（五）（六）项规定的材料和证明符合第八条规定条件的其他文件和材料。

港口工程试运行期间从事经营的，应当提供上述第（一）（二）（四）（六）项规定的材料和证明符合第九条规定条件的其他文件和材料。

第十一条 申请从事港口经营，申请人应当向港口行政管理部门提出书面申请和第十条第一款、第二款规定的相关文件资料。港口行政管理部门应当自受理申请之日起 30 个工作日内作出许可或者不许可的决定。符合资质条件的，由港口行政管理部门给《港口经营许可证》，并通过信息网络或者报刊公布；不符合条件的，不予行政许可，并应当将不予许可的决定及理由书面通知申请人。《港口经营许可证》应当明确港口经营人的名称与办公地址、法定代表人、经营项目、经营地域、主要设施备、发证日期、许可证有效期和证书编号。

《港口经营许可证》的有效期为 3 年。港口设施需要试运行经营的，所持有的《港口经营许可证》的有效期为试运行经营期，并在证书上注明。试运行经营期原则上不超过 6 个月；确需延期的，试运行经营期累计不得超过 1 年。

第十二条 省级交通运输主管部门和港口行政管理部门对申请人提出的港口经营许可申请，应当根据下列情况分别做出处理：

（一）申请事项依法不需要取得行政许可

的，应当即时告知申请人不受理；

（二）申请事项依法不属于省级交通运输主管部门或者港口行政管理部门职权范围的，应当即时告知申请人向有关行政机关申请；

（三）申请材料存在可以当场更正的错误的，应当允许申请人当场更正；

（四）申请材料不齐全或者不符合法定形式的，应当当场或者在5日内一次告知申请人需要补正的全部内容，逾期不告知的，自收到申请材料之日起即为受理；

（五）申请事项属于省级交通运输主管部门或者港口行政管理部门职权范围，申请材料齐全、符合法定形式，或者申请人按照要求提交全部补正申请材料的，应当受理经营业务许可申请。

受理或者不受理经营业务许可申请，应当出具加盖许可机关专用印章和注明日期的书面凭证。

第十三条 港口经营人应当按照港口行政管理部门许可的经营范围从事港口经营活动。

第十四条 港口经营人变更经营范围的，应当就变更事项按照本规定第十一条规定办理许可手续，并到市场监督管理部门办理相应的变更登记手续。

港口经营人变更企业法定代表人或者办公地址的，应当向港口行政管理部门备案并换发《港口经营许可证》。

第十五条 港口经营人应当在《港口经营许可证》有效期届满之日30日以前，向《港口经营许可证》发证机关申请办理延续手续。

申请办理《港口经营许可证》延续手续，应当提交下列材料：

（一）《港口经营许可证》延续申请；

（二）除本规定第十条第一款第（一）（二）项之外的其他证明材料。

第十六条 港口经营人停业或者歇业，应当提前30个工作日告知原许可机关。原许可机关应当收回并注销其《港口经营许可证》，并以适当方式向社会公布。

第三章 经营管理

第十七条 为船舶提供岸电、燃物料、生活品供应、水上船员接送及船舶污染物（含油污水、残油、洗舱水、生活污水及垃圾）接收、围油栏供应服务等船舶港口服务的单位，港口设施设备和机械租赁维修业务的单位以及港口理货业务经营人，应当向港口行政管理部门办理备案手续。港口行政管理部门应当建立备案情况档案。

从事船舶港口服务、港口设施设备和机械租赁维修的经营人以及港口理货业务经营人名称、固定经营场所、法定代表人、经营范围等事项发生变更或者终止经营的，应当在变更或者终止经营之日起15个工作日内办理变更备案。

第十八条 港口理货业务经营人不得兼营港口货物装卸经营业务和仓储经营业务。

第十九条 港口行政管理部门及相关部门应当保证港口公用基础设施的完好、畅通。

港口经营人、港口理货业务经营人以及从事船舶港口服务、港口设施设备和机械租赁维修的经营人应当按照核定的功能使用和维护港口经营设施、设备，并使其保持正常状态。

为国际航线船舶服务的码头（包括过驳锚地、浮筒），应当具备对外开放资格。

第二十条 港口经营人变更或者改造码头、堆场、仓库、储罐和污水垃圾处理设施等固定经营设施，应当依照有关法律、法规和规章的规定履行相应手续。依照有关规定无须经港口行政管理部门审批的，港口经营人应当向港口行政管理部门备案。

第二十一条 从事港口旅客运输服务的经营人，应当采取必要措施保证旅客运输的安全、快捷、便利，保证旅客基本生活用品的供应，保持良好的候船条件和环境。

在港区内从事水上船员接送服务的，应当使用符合相关要求的船舶。

第二十二条 港口经营人应当优先安排抢险、救灾和国防建设急需物资的港口作业。

政府在紧急情况下征用港口设施，港口经营人应当服从指挥。港口经营人因此而产生费用或者遭受损失的，下达征用任务的机关应当依法给予相应的经济补偿。

第二十三条 在旅客严重滞留或者货物严重积压阻塞港口的紧急情况下，港口行政管理部门应当采取措施进行疏港。港口所在地的市、县人民政府认为必要时，可以直接采取措施，进行疏港。港口内的单位、个人及船舶、车辆应当服从疏港指挥。

第二十四条 港口行政管理部门应当依法制定可能危及社会公共利益的港口危险货物事故应急预案、重大生产安全事故的旅客紧急疏散和救援预案以及预防自然灾害预案，建立健全港口重大生产安全事故的应急救援体系。

港口行政管理部门按照前款规定制定的各项预案应当予以公布，并报送省级交通运输（港口）主管部门备案。

第二十五条 港口经营人、港口理货业务经营人应当依照有关法律、法规和交通运输部有关港口安全作业的规定，加强安全生产管理，完善安全生产条件，建立健全安全生产责任制等规章制度，加强落实，确保安全生产。

港口经营人、港口理货业务经营人应当依法制定本单位的危险货物事故应急预案、重大生产安全事故的旅客紧急疏散和救援预案以及预防自然灾害预案，并保障组织实施。

港口经营人、港口理货业务经营人按照前款规定制定的各项预案应当报送港口行政管理部门和港口所在地海事管理机构备案。

第二十六条 港口经营人、港口理货业务经营人以及从事船舶港口服务、港口设施设备和机械租赁维修的经营人从事港口经营和理货等业务，应当遵守有关法律、法规、规章以及相关服务标准和规范的规定，依法履行合同约定的义务，公正、准确地办理港口经营和理货等业务，为客户提供公平、良好的服务。

第二十七条 港口经营人、港口理货业务经营人以及从事船舶港口服务的经营人应当遵守国家有关港口经营价格和收费的规定，应当在其经营场所公布经营服务收费项目和收费标准，使用国家规定的港口经营票据。

第二十八条 港口经营人、港口理货业务经营人以及从事船舶港口服务、港口设施设备和机械租赁维修的经营人不得采取不正当手段，排挤竞争对手，限制或者妨碍公平竞争；不得对具有同等条件的服务对象实行歧视；不得以任何手段强迫他人接受其提供的港口服务。

第二十九条 从事港口拖轮业务的经营人，应当公布所经营拖轮的实时状态，供船舶运输经营人自主选择。

第三十条 港口经营人应当按照有关规定及时足额交纳港口行政性收费。

港口经营人、港口理货业务经营人以及从事船舶港口服务、港口设施设备和机械租赁维修的经营人的合法权益受法律保护。任何单位和个人不得向港口经营人、港口理货业务经营人以及从事船舶港口服务、港口设施设备和机械租赁维修的经营人摊派或者违法收取费用。

港口经营人、港口理货业务经营人以及从事船舶港口服务、港口设施设备和机械租赁维修的经营人有权拒绝违反规定收取或者摊派的各种费用。

第三十一条 港口行政管理部门应当依法做好港口行政性收费的征管工作，保证港口行政性收费征收到位，并及时足额解缴。

港口行政性收费实行专户管理，专款专用。

第三十二条 港口经营人、港口理货业务经营人以及从事船舶港口服务、港口设施设备和机械租赁维修的经营人应当按照国家有关规定，及时向港口行政管理部门如实提供港口统计资料及有关信息。

各级交通运输（港口）主管部门和港口行政管理部门应当按照有关规定向交通运输部和上级交通运输（港口）主管部门报送港口统计资料和相关信息，并结合本地区的实际建设港口管理信息系统。

上述部门的工作人员应当为港口经营人、港口理货业务经营人以及从事船舶港口服务、港口设施设备和机械租赁维修的经营人保守商业秘密。

第四章　监督检查

第三十三条 港口行政管理部门应当依法对港口安全生产情况和本规定执行情况实施监督检查，并将检查的结果向社会公布。港口行政管理部门应当对旅客集中、货物装卸量较大或者特殊用途的码头进行重点巡查。检查中发现安全隐患的，应当责令被检查人立即排除或者限期排除。

各级交通运输（港口）主管部门应当加强对港口行政管理部门实施《中华人民共和国港口法》和本规定的监督管理，切实落实法律规定的各项制度，及时纠正行政执法中的违法行为。

第三十四条 港口行政管理部门的监督检查人员依法实施监督检查时，有权向被检查单位和有关人员了解情况，并可查阅、复制有关资料。

监督检查人员应当对检查中知悉的商业秘密保密。

监督检查人员实施监督检查，应当两个人以上，并出示执法证件。

第三十五条 监督检查人员应当将监督检查的时间、地点、内容、发现的问题及处理情况作出书面记录，并由监督检查人员和被检查单位的负责人签字；被检查单位的负责人拒绝签字的，监督检查人员应当将情况记录在案，并向港口行政管理部门报告。

第三十六条 被检查单位和有关人员应当接受港口行政管理部门依法实施的监督检查，如实提供有关情况和资料，不得拒绝检查或者隐匿、谎报有关情况和资料。

第三十七条 港口经营人、港口理货业务经营人以及从事船舶港口服务、港口设施设备和机械租赁维修的经营人有违反本规定行为的，依照有关法律、行政法规的规定纳入信用记录，并予以公示。

第五章　法律责任

第三十八条 有下列行为之一的，由港口行政管理部门责令停止违法经营，没收违法所得；违法所得 10 万元以上的，并处违法所得 2 倍以上 5 倍以下罚款；违法所得不足 10 万元的，处 5 万元以上 20 万元以下罚款：

（一）未依法取得港口经营许可证，从事

港口经营的；

（二）港口理货业务经营人兼营货物装卸经营业务、仓储经营业务的。

第三十九条 经检查或者调查证实，港口经营人在取得经营许可后又不符合本规定第七、八、九条规定一项或者几项条件的，由港口行政管理部门责令其停止经营，限期改正；逾期不改正的，由作出行政许可决定的行政机关吊销《港口经营许可证》，并以适当方式向社会公布。

港口理货业务经营人以及从事船舶港口服务、港口设施设备和机械租赁维修的经营人未按规定进行备案的，由港口行政管理部门责令改正，并处 1 万元以上 3 万元以下罚款。

第四十条 港口经营人不优先安排抢险物资、救灾物资、国防建设急需物资的作业的，由港口行政管理部门责令改正；造成严重后果的，吊销《港口经营许可证》，并以适当方式向社会公布。

第四十一条 港口经营人、港口理货业务经营人违反本规定第二十五条关于安全生产规定的，由港口行政管理部门或者其他依法负有安全生产监督管理职责的部门依法给予处罚；情节严重的，由港口行政管理部门吊销《港口经营许可证》（港口理货业务经营人除外）；构成犯罪的，依法追究刑事责任。

第四十二条 港口经营人、港口理货业务经营人以及从事船舶港口服务、港口设施设备和机械租赁维修的经营人违反本规定第二十七条、第二十八条规定，港口行政管理部门应当进行调查，并协助相关部门进行处理。

第四十三条 港口经营人、港口理货业务经营人以及从事船舶港口服务、港口设施设备和机械租赁维修的经营人违反本规定第三十二条规定不及时和不如实向港口行政管理部门提供港口统计资料及有关信息的，由港口行政管理部门按照有关法律、法规的规定予以处罚。

第四十四条 港口行政管理部门不依法履行职责，有下列行为之一的，对直接负责的主管人员和其他直接责任人员依法给予行政处分；构成犯罪的，依法追究刑事责任：

（一）对不符合法定条件的申请人给予港口经营许可的；

（二）发现取得经营许可的港口经营人不再具备法定许可条件而不及时吊销许可证的；

（三）不依法履行监督检查职责，对未经依法许可从事港口经营的行为，不遵守安全生产管理规定的行为，危及港口作业安全的行为，以及其他违反本法规定的行为，不依法予以查处的。

第四十五条 港口行政管理部门违法干预港口经营人、港口理货业务经营人以及从事船舶港口服务、港口设施设备和机械租赁维修的经营人的经营自主权的，由其上级行政机关或者监察机关责令改正。向港口经营人、港口理货业务经营人以及从事船舶港口服务、港口设施设备和机械租赁维修的经营人摊派财物或者违法收取费用的，责令退回；情节严重的，对直接负责的主管人员和其他直接责任人员依法给予行政处分。

第六章 附 则

第四十六条 《港口经营许可证》的式样由交通运输部统一规定，由省级交通运输（港口）主管部门负责印制。

第四十七条 港口行政管理部门按照《中华人民共和国港口法》制定的港口章程应当在公布的同时送上级交通运输（港口）主管部门和交通运输部备案。

第四十八条 港口引航适用《船舶引航管理规定》（交通部令2001年第10号）。从事危险货物港口作业的，应当同时遵守《港口危险货物安全管理规定》（交通运输部令2017年第27号）。

第四十九条 本规定自2010年3月1日起施行。2003年12月26日交通部发布的《港口经营管理规定》（交通部令2004年第4号）同时废止。

附件：海务、机务管理人员最低配额表（略）

交通运输部办公厅　中华全国总工会办公厅关于进一步做好“司机之家”建设和验收工作的通知

（交办运函〔2019〕552号）

各省、自治区、直辖市、新疆生产建设兵团交通运输厅（局、委）、总工会：

为贯彻落实《交通运输部等十四个部门关于印发促进道路货运行业健康稳定发展行动计划（2017—2020年）的通知》（交运发〔2017〕141号）有关要求，改善货车司机工作休息环境和条件，2018年交通运输部、中华全国总工会在全国联合开展了“司机之家”建设试点工作，取得良好的效果，受到货运行业和货车司机的普遍欢迎。经交通运输部、中华全国总工会同意，拟在全国范围内全面推广“司机之家”建设经验，2019年推进建设100个“司机之家”。现将有关事项通知如下：

一、全面部署开展“司机之家”建设

各省级交通运输主管部门、工会组织要按照2019年交通运输更贴近民生实事推进“司机之家”建设的有关要求，结合本地区货车司机集散特点和公路沿线服务设施，从发挥服务效能出发，指导“司机之家”建设运营单位合理选择地点开展“司机之家”建设，及时了解掌握并汇总本省份“司机之家”建设情况，于2019年4月30日前报送至交通运输部。要加强对建设运营单位的督促指导，确保于2019年年底前完成“司机之家”建设。

二、不断提升“司机之家”服务质量

各省级交通运输主管部门、工会组织要指导“司机之家”建设运营单位按照《“司机之家”建设指南》（见附件，以下简称《指南》）要求，充分考虑货车司机实际需求，合理设置各功能区位置和面积，开展“司机之家”建设运营。要加强对“司机之家”建设运营的跟踪监测，指导“司机之家”建设运营单位不断健全完善运营服务管理制度，提升运营服务水平。

三、做好“司机之家”试点验收工作

河北、辽宁、吉林、江苏、浙江、江西、广东、山东、河南、贵州等“司机之家”试点省份交通运输主管部门、工会组织，要组织行业专家对2018年“司机之家”建设试点项目进行现场考评验收，验收结果请于2019年5月10日前报送至交通运输部。各省级交通运输主管部门、工会组织要于2019年11月30日前，完成2019年“司机之家”建设项目的验收工作，并将验收结果报送至交通运输部。

四、加强“司机之家”建设保障

（一）加大政策支持力度。各省级交通运输主管部门、工会组织要共同研究制定相关鼓励支持政策，对“司机之家”建设运营给予政策支持和经费补助，积极引导社会资金持续投入。要结合高速公路服务区文明服务创建、普通公路服务站建设改造、道路客运接驳点建设等工作，对符合相关要求的“司机之家”建设项目，优先予以支持。有条件的省份要加大对“司机之家”建设运营的政策支持和经费补贴。

（二）建立工作推进机制。各省级交通运输主管部门、工会组织要按照本省份“司机之家”建设任务，制定工作实施计划，明确工作目标、责任单位，细化工作任务，做好组织实施，有条件的省份可在民生实事建设任务的基础上，增加“司机之家”建设数量。交通运输部公路科学研究院、中国公路学会作为“司机之家”建设技术支持单位，要配合做好相关技术研究和评估验收工作。

（三）及时总结推广经验。各省级交通运输主管部门、工会组织在“司机之家”建设过程中要根据市场运营实际和货车司机需求，不断优化完善“司机之家”服务功能和运营模式，总结形成“司机之家”典型建设、运营、服务经验并推广应用。要充分利用报刊、互联网、微信等多种媒体和形式，广泛宣传“司机之家”服务功能，让更多的货车司机感受到“司机之家”的建设服务成效。

联系方式：交通运输部运输服务司 孟文戟，电话：010-65293400；中国海员建设工会刘鸿志，电话：010-68591458。

交通运输部办公厅　中华全国总工会办公厅

2019年4月19日

（此件公开发布）

附件：

“司机之家”建设指南

一、“司机之家”定义

“司机之家”是指主要为道路运输车辆及驾驶人员提供公共服务的场所和建筑设施，一般具有餐饮、休息、停车安保、宣传教育等服务功能。

二、“司机之家”建设总体要求

“司机之家”应在高速公路服务区、普通国省干线公路服务区（站）、物流通道货物集散地或者物流园区等地建设，并符合以下要求：

（一）遵循“经济实用、布局合理、节能环保、整洁美观”的原则，综合考虑道路运输车辆驾驶员集散特点、服务设施基础条件、行车安全和环境影响等因素确定建设规模。

（二）提供餐饮、休息、停车、安保、宣传教育及淋浴、洗衣、如厕等基本服务，鼓励提供便利店、加油（气、电）站、住宿、汽车维修、道路救援等多样化服务。

（三）符合消防、卫生、节能、环保等国家相关法律法规的要求。

（四）在服务场所的显著位置设置监督公示栏，公开服务承诺、服务内容、经营性服务项目及收费标准、监督电话等信息。

（五）鼓励结合当地自然和人文环境特色，加强主题和特色服务建设。

三、“司机之家”服务功能布局要求

（一）合理划分服务功能区，做到功能分区明确、布局合理、使用方便、流线简捷。

（二）设立“司机之家”标志标识，标志标识符合相关要求（见附图）。

（三）服务功能区设立指示标志和标线，并满足以下要求：

1. 标志和标线简洁、醒目；

2. 道路和停车场地设置清晰且符合《道路交通标志和标线》（GB5768）要求的标志和标线；

3. 引导类标志和标线保持连续性。

四、服务功能建设要求

（一）基本服务功能要求。

1. 餐饮服务。

（1）餐饮服务有相应的经营资质。

（2）餐厅保持整洁通风，照明良好，空气清新，温度适中，设施设备齐全、完好；卫生条件符合国家相关标准要求。

（3）在餐厅的显著位置设置“禁止酒后驾驶”的警示标识。

（4）设置具有24小时开水供应能力的设施设备。

2. 休息服务。

（1）设置独立休息场所，休息场所内设置供人员坐或躺靠的设施设备。

（2）休息场所安静整洁、通风良好、温度适中，设施设备齐全、完好。

3. 停车服务。

（1）停车场内用标牌标明区域，用标线指明行驶路线，车位以标线划分并编号。

（2）停车场内路面进行硬化处理。

（3）停车场内设置照明设施设备，设施设备应完好。

（4）鼓励停车场利用绿化带进行分隔或进行物理隔离。

4. 安保服务。

（1）配置安保人员，对停车场等重点区域建立24小时值守和巡检制度。

（2）在停车场、服务场所等区域设置视频监控，停车场视频监控应无盲区。视频监控系统采集图像的分辨率不低于352×288ppi，图像监视或回放显示清晰、稳定；具有信号丢失报警功能，监控室能对前端视频信号进行检测；视频存储时间不少于30天。

5. 宣传教育服务。

（1）配备党建文化、安全教育、工会建设、法律法规等相关资料。鼓励配备视频播放设备、视频宣传资料。

（2）宣传内容应文明、规范，符合国家法律法规的规定。

6. 配套服务。

（1）提供洗漱、淋浴服务，符合以下要求：

a. 设置洗漱、淋浴等设施设备，设施设备应齐全、完好，水温适宜；

b. 淋浴间应通风、温度适中、照明良好、地面防滑；

c. 鼓励配备储物柜等设施。

（2）设置洗衣机等洗衣服务设备，符合以下要求：

a. 设备齐全、完好；

b. 鼓励配置具有烘干功能的洗衣机。

（3）提供如厕服务，符合以下要求：

a. 卫生间男用和女用标识清晰、醒目；

b. 鼓励卫生间使用自动冲水设施，并满足节水要求；

c. 卫生间干净整洁、通风良好、地面防滑，设施设备齐全、完好。

（二）辅助服务功能要求。

1. 住宿服务。

（1）住宿服务有相应的经营资质。

（2）房间保持整洁通风，设施配置齐全、完好，卫生条件符合国家标准要求。

（3）单个房间内的铺位数量不宜多于4个。

2. 便利店服务。

（1）便利店有相应的经营资质，店内环境应整洁、卫生、明亮。

（2）商品在保质期内、明码标价，商品价格争取实现“同城同价”。

（3）鼓励配备满足24小时服务的自动售卖机等设备。

3. 加油（气、电）站服务。

（1）加油（气、电）站营业取得相应的经营资质。

（2）鼓励提供24小时加油（气）服务。

4. 汽车维修服务。

（1）汽车维修服务有相应的经营资质。

（2）汽车维修场所满足轮胎维修、应急故障检修等简易维修服务。

（3）提供洗车服务的，洗车房配备水循环设施，鼓励使用再生水作为清洗用水。

5. 其他配套服务。

鼓励提供信息服务、道路救援等多样化服务，鼓励配备手机充电设备、应急药箱、微波炉、WiFi等服务设备，鼓励设置与驾驶员从业、生活相关的行政事务处理终端服务设施。

（三）管理要求。

1. 根据服务功能需求设置相应的岗位及管理制度，并配备管理和服务人员。

2. 针对恶劣天气条件及突发事件，制定相应的应急措施。

附图：

“司机之家”标志标识技术要求

图1　比例要求

图2　最小比例限定

C=78，M=30，Y=63，K=0
PANTONE 7723C

C=3，M=28，Y=71，K=0
PANTONE 141C

图3 颜色值要求

国家发展改革委关于进一步加强社会物流统计工作的通知

（发改运行〔2019〕758号　2019年4月24日）

各省、自治区、直辖市及计划单列市发展改革委，山西省、江苏省、福建省、甘肃省、青海省工信厅，云南省、宁夏回族自治区商务厅，中国物流与采购联合会：

为深入学习贯彻习近平新时代中国特色社会主义思想和党的十九大精神，推动物流高质量发展，根据部门统计有关规定，国家发展改革委对《社会物流统计调查制度》（以下简称《制度》）进行了修订。现将修订后的《制度》印发你们，请认真组织实施，有关要求通知如下。

一、高度重视物流统计工作。物流统计是推动物流高质量发展的基础性工作，是研判物流运行情况和发展趋势的重要依据，也是服务宏观调控的重要内容。各地区物流统计工作牵头部门要进一步增强对物流统计工作重要性的认识，切实发挥牵头组织和综合协调作用，在统计等相关部门支持下，会同行业协会全面做好重点企业调查和物流统计核算工作。已开展物流统计工作但尚未明确牵头部门的地区，由各地区按职能分工于2019年6月底前确定，难以确定的原则上由发展改革部门牵头。尚未开展物流统计工作的地区，要积极借鉴其他地区经验，于2019年年底前启动物流统计工作。具备条件的省份要积极将物流统计工作向市级延伸。

二、提升物流统计质量水平。各地区要严格依据《制度》进行核算，确保全国核算方法的统一，建立年度统计数据专家评审机制，做好与历史数据的衔接，加强对异常数据的审核把关。加快调查企业样本库的提质扩容，增加工业和批发零售企业的样本数量，增强物流企业样本的稳定性。提高统计工作的时效性，增加统计频次，从2020年开始，各地区均要按照季度发布统计数据。

三、加强物流行业监测分析。按照推动物流高质量发展的要求，在全国范围内选择若干大型物流企业、物流园区、物流平台作为监测点，及时发现物流业发展的苗头性、倾向性问题，研究建立反映物流重点领域、重点环节高质量发展的运行监测体系。鼓励各地区结合实际，创新方式方法，对物流成本、效率开展监测。

四、扩大统计成果宣传应用。各地区要积

极扩展物流统计数据发布渠道，做好数据解读，利用统计数据多发布高质量的分析报告，提高统计工作影响力。国家发展改革委在门户网站开设物流统计专栏，汇总发布全国和各地区物流统计信息。建立第三方物流绩效评价体系，综合反映物流需求、基础设施、经营成本、政策环境等方面的情况。

五、强化物流统计支持保障。各地区物流统计工作牵头部门要进一步加强物流统计工作经费保障，积极争取将物流统计纳入政府部门预算，可委托有能力的行业协会或企事业单位等承担具体统计工作；大力培养物流统计专业人才队伍，加强统计核算培训，着力提高统计人员和企业填报人员专业水平。支持中国物流信息中心进一步完善全国物流统计信息系统，提高数据处理能力和服务水平，为各地区开展物流统计提供信息服务。国家层面建立动态的重点样本企业名录。鼓励各地区创新激励方式，对表现突出的调查企业在工作协调、政策支持等方面予以倾斜。

六、确保统计数据真实可靠。各地区要严格落实《关于深化统计管理体制改革提高统计数据真实性的意见》，全面防范和严肃惩治物流统计造假、弄虚作假，健全落实统计机构领导责任制，保障统计数据质量。各地区不得自行修改统计人员依法搜集、整理的统计资料，不得以任何方式要求统计人员伪造、篡改统计资料。

七、加强物流统计指导考核。国家发展改革委会同中国物流与采购联合会建立物流统计工作评价制度，对各地区工作情况定期进行通报，推动完善物流统计工作体系。中国物流与采购联合会要加强对物流统计工作的指导培训，每年组织物流统计有关部门、协会，以座谈会、工作会、培训会等多种形式，广泛听取意见，交流工作经验，提供智力支持。

附件：社会物流统计调查制度（略）

财政部办公厅　商务部办公厅关于推动农商互联完善农产品供应链的通知

（财办建〔2019〕69号　2019年5月5日）

各省、自治区、直辖市、计划单列市财政、商务主管部门：

为深入贯彻党的十九大精神，认真落实《中共中央 国务院关于坚持农业农村优先发展做好“三农”工作的若干意见》要求及中央经济工作会议和中央农村工作会议的部署，进一步加强农商互联，完善农产品供应链，提高农产品流通效率，促进农民增收和乡村振兴，满足农产品消费升级需求，财政部、商务部决定开展农商互联工作。现将有关事项通知如下：

一、工作思路和目标

以习近平新时代中国特色社会主义思想为指导，坚持新发展理念，落实高质量发展要求，以供给侧结构性改革为主线，按照乡村振兴战略总体要求，通过政策引导、市场参与的方式，推动农商互联，促进农产品流通企业与新型农业经营主体进行全面、深入、精准对接，重点加强农产品产后商品化处理等流通设施建设，不断提高订单农业、产销一体、股权合作等长期稳定农产品流通模式在农产品流通中的比重，实现联产品、联设施、联标准、联数据、联市场，打造上联生产、下联消费，利益紧密联结、产销密切衔接、长期稳定的新型农商关系，构建符合新时代农产品流通需求的农产品现代供应链体系，提升农产品供给质量和效率。

二、支持对象

（一）订单农业主体。是指签订长期（2年以上）农产品采购协议，发展订单农业的农产品流通企业或新型农业经营主体。

（二）产销一体主体。包括通过建立自有、合作生产基地等方式，向生产环节延伸产业链条，实现“销+产”一体化经营的农产品流通企业；通过直接设立销售门店或在批发市场、超市、菜市场等场所设立销售专档、专柜、专区等各种方式，向销售环节延伸产业链条，实现“产+销”一体化经营的新型农业经营主体。

（三）股权投资合作主体。是指农产品流通企业和新型农业经营主体通过参股控股、兼并收购等多种方式形成产销优势互补、风险利益共担共享的股权投资合作企业。

三、支持内容

支持采取订单农业、产销一体、股权投资合作经营模式的农产品流通企业或新型农业经营主体结合自身实际情况，重点围绕本地特色优势农产品供应链体系的短板和薄弱环节，不断完善基础设施，创新应用新模式、新技术，推动农商互联互动，提升农产品供应链质量和效率。

（一）加强产后商品化处理设施建设。在产地就近建设改造具有产后商品化处理功能的产地集配中心、冷库、产地仓等设施，配备产后清洗、加工、预冷、烘干、质检、分级、包装、冷藏等设备，补齐农产品供应链“最初一公里”短板，提高农产品商品化处理和错峰销售能力。鼓励新型农业经营主体、农产品流通企业加强产地移动型、共享型商品化处理设施建设，提高商品化处理设施设备使用效率。

（二）发展农产品冷链物流。支持农产品流通企业或新型农业经营主体推广现代冷链物流管理理念、标准和技术，建设具有集中采购和跨区域配送能力的农产品冷链物流集散中心，配备预冷、低温分拣加工、冷藏运输、温度监控等冷链设施设备，建立覆盖农产品加工、运输、储存、销售等环节的全程冷链物流体系。

（三）提升供应链末端惠民服务能力。支持农产品流通企业或新型农业经营主体建设或改造农贸市场、菜市场、社区菜店等农产品零售市场，完善末端销售网络，发展联合采购、统仓统配等模式，降低流通成本，提升便民惠民服务功能。

（四）提升标准化和品牌化水平。建立覆盖本地特色优势农产品种养加工、检验检测、质量分级、标识包装、冷链物流、批发零售等各环节，国标、地标、团标、企标有机结合的全产业链标准体系，推动标准推广应用，打造一批地域特色突出、产品特性鲜明的区域公用品牌，开展品牌推广，提升标准化、品牌化水平。

（五）优化重点步行街的农产品供应链产销对接功能。建设智慧街区，优化农商互联对接，提升步行街展示和产销对接功能，引进与农产品供应链相关的经营主体，扩大农产品品牌影响。

四、中央财政支持政策

（一）支持原则。中央财政资金支持，主要立足于弥补市场失灵，做好基础性、公共性工作，发挥中央财政资金对社会资本引导作用，支持农产品供应链体系的薄弱环节和重点领域。各地中央财政资金支持农产品产后商品化处理设施和冷链物流的比例不得低于 70%。

（二）支持标准。对确定支持的省（区、市），每个省（区、市）支持 2 亿元。资金分两年安排，2019 年每省（区、市）支持 1 亿元，2020 年根据工作开展情况再拨付剩余资金。

（三）支持方式。各地可采用《中央财政服务业发展资金管理办法》（财建〔2019〕50 号）规定方式对符合要求的企业和单位予以支持，鼓励按照“菜单式、全公开、可追溯、问绩效”的方式管理，强化绩效评价结果运用，更多采用以事后绩效评价结果为依据的“以奖代补”方式。有条件的省（区）可根据本地实际，以市、县或生产消费集中连片区域为范围统筹组织开展工作，打造覆盖农产品分级、预冷、包装、运输、销售等各环节，产销密切衔接、利益紧密联结农产品供应链条。鼓励创新财政政策，支持跨区域联动项目，对在外地注册法人但在本地有实体的非法人机构，及在本地注册法人但在周边地区建设实体的机构，可在本地申报项目。省级主管部门要加强项目管理，杜绝同一项目重复申报、重复支持。

五、有关工作要求

（一）高度重视，切实加强组织领导。省级主管部门要充分认识推动农商互联、完善农产品供应链工作的重要意义，切实加强组织领导和顶层设计，建立财政、商务等多部门参与的工作协调机制，结合地方实际细化目标任务，明确责任分工，制定详细的实施步骤和时间进度安排，加强统筹协调，确保工作顺利推进。

（二）科学谋划，尽快编报实施方案。有意愿省（区、市）结合本地情况，制定实施方案，于5月15日前报商务部、财政部。实施方案应思路清晰、重点突出、目标明确、措施有效、责任明确、数字详实，具体包括以下内容：一是农产品供应链发展现状；二是绩效目标表（格式见附件2）、任务内容、资金支持重点、资金管理、时间进度安排、工作机构及保障措施等内容。三是其他认为有必要、符合实际的事项。各省上报实施方案时应同步上报分区域绩效目标，并确保目标清晰、指标科学可衡量。商务部、财政部组织开展评审，以竞争性择优方式确定支持的省（区、市）。确定支持的省份按照本通知要求和制定的实施方案组织开展工作。

（三）落实责任，严格资金项目监管。各级主管部门应按照全面实施预算绩效管理的要求，做好事前绩效评估、绩效目标管理和绩效监控、绩效评价等全过程绩效管理工作。省级主管部门是农商互联工作的责任主体，要严格落实主体责任，认真履行对本地区有关项目申报、评审、执行、验收、绩效自评等职能，建立健全资金及项目管理制度，完善事前、事中和事后全过程预算绩效管理体系，切实保障财政资金的安全和效率。支持对象要有较强实力、较好基础，社会责任感强，带动作用大。省级主管部门要及时上报工作进展情况，于每个季度首月10个工作日前将上季度资金拨付及项目进展情况表（见附件1）报财政部、商务部，于2020年3月31日前将工作中期进展情况进行自评，形成自评报告报商务部、财政部。省级主管部门应在工作结束后进行综合绩效自评，并于3个月内形成绩效评价报告报商务部、财政部。商务部、财政部将适时委托第三方机构对工作开展情况和成果进行绩效评价（绩效评价指标体系见附件3）

（四）强化总结，做好宣传引导工作。省级主管部门要及时跟进工作进展情况，总结发现工作推进过程中出现的先进经验和典型案例，重点总结机制创新、政策创新、模式创新等经验成果，加大典型案例宣传和推广力度，扩大政策效果，推动工作成效由点到面扩展。

附件：1. 资金拨付及项目进展情况表（略）

2. 区域绩效目标表（略）

3. 绩效评价指标体系（略）

国家邮政局　商务部关于规范快递与电子商务数据互联共享的指导意见

（国邮发〔2019〕54号　2019年6月12日）

各省、自治区、直辖市邮政管理局、商务主管部门，各计划单列市及新疆生产建设兵团商务主管部门：

电子商务与快递数据互联互通和有序共享，是促进电子商务与快递协同发展的重要条件。为贯彻落实《国务院办公厅关于推进电子商务与快递物流协同发展的意见》，建立完善电子商务与快递数据互联共享规则，促进电子商务经营者、经营快递业务的企业数据管理和自身治理能力的全面升级，按照《中华人民共和国电子商务法》《中华人民共和国网络安全法》《快递暂行条例》等法律法规的规定，现提出以下指导意见。

一、保障电子商务与快递数据正常传输

（一）电子商务经营者提供寄递数据

电子商务当事人约定采用快递方式交付商品的，支持电子商务经营者通过约定的信息传输方式及时将必要的寄递数据（包括但不限于寄件人和收件人姓名、地址、联系电话、内件等数据）提供给经营快递业务的企业。电子商务平台经营者不得通过限制数据互联共享，阻碍电子商务当事人自由选择快递服务。鼓励为电子商务经营者提供快递信息服务的平台企业履行与电子商务平台经营者同等的数据互联共享义务。

（二）经营快递业务的企业提供快件数据

支持经营快递业务的企业提供电子商务寄递服务时，通过约定的信息传输方式及时将必要的快件数据（包括但不限于快件收寄、分拣、运输、投递等节点和轨迹数据）提供给电子商务经营者。经营快递业务的企业不得通过限制数据互联共享，阻碍电子商务经营者获取为消费者提供服务所必需的快件数据。

二、加强电子商务与快递数据管控

（三）依法采集共享用户数据

通过电子商务平台使用快递服务的用户应当严格遵守邮件快件实名收寄相关规定，按照规范要求如实填写必要的用户信息。电子商务

经营者和经营快递业务的企业采集、共享用户信息时，应当遵守法律、行政法规有关信息保护的规定，不得用于与其提供寄递服务无关的用途。

（四）妥善存储使用用户数据

电子商务经营者和经营快递业务的企业应当妥善存储用户数据。开展数据挖掘时，应当采用加密、脱敏等方式保护用户数据安全。利用用户大数据进行增值应用的，应当经过用户同意，并不得将具有个人隐私特征的数据提供给其他单位和个人。涉及数据跨境流动的，依照相关法律法规规定。

三、加强电子商务与快递数据互联共享管理

（五）建立完善的数据互联共享机制

在确保用户信息安全的前提下，鼓励电子商务经营者与经营快递业务的企业之间依据相关标准开展数据互联共享，共同提升配送效率。支持电子商务经营者与经营快递业务的企业加强系统互联和业务联动，推动作业流程、数据交换有效衔接。

四、建立电子商务与快递数据中断通知报告制度

（六）建立数据中断风险评估制度

鼓励电子商务经营者和经营快递业务的企业建立数据中断风险评估制度，实现数据互联自动检查、全程监控。电子商务经营者、经营快递业务的企业不得恶意中断数据传输。

（七）完善提前通知和事先报告制度

电子商务经营者和经营快递业务的企业因约定期满等正当理由中断数据传输的，应当提前通知对方。通知后，双方应当就数据传输进行充分协商，对后续事项做出妥善安排。双方不能协商一致且可能对用户和消费者造成重大影响的，应事先将有关情况及时报告商务主管部门和邮政管理部门。电子商务经营者和经营快递业务的企业应当及时将相关情况向用户、平台内经营者等主体公示。

五、提高电子商务与快递数据安全防护水平

（八）加强数据安全保障

电子商务经营者和经营快递业务的企业应当完善自身数据管理体系和安全保障体系，采取技术手段和其他必要措施保证数据安全，建立健全信息安全风险评估和应急工作机制，完善安全防护体系。双方要高度重视数据传输中的安全隐患和不规范问题，增强电子商务与快递数据传输的安全技术保障能力，严格系统安全管理，确保用户信息安全。

（九）加强数据安全应急管理

电子商务经营者和经营快递业务的企业要制定网络安全事件应急预案，有效应对网络安全事件，防范网络违法犯罪活动。发生危害网络安全事件时，电子商务经营者和经营快递业务的企业应当立即依法启动应急预案，采取相应的补救措施，并向有关主管部门报告。

六、加强电子商务与快递数据政府监管

（十）完善相关标准

商务主管部门和邮政管理部门推动制定电子商务和快递数据采集、传输、使用、共享、安全风险防范等相关标准，提高电子商务和快

递数据互联共享效率，保障数据安全。

（十一）依法加强监管

商务主管部门和邮政管理部门利用大数据等技术，优化电子商务与快递业监管，客观评估数据互联共享状况，加强行业监测分析，提高政府科学决策和风险预判能力，加强对市场主体的事中事后监管。

（十二）协调化解纠纷

电子商务经营者和经营快递业务的企业就数据互联共享发生纠纷，并可能引发市场风险的，商务主管部门和邮政管理部门可采取约谈等方式，协调处理相关纠纷，并视情况将相关处理情况向社会公示。

智能快件箱寄递服务管理办法

（中华人民共和国交通运输部令　2019年第16号）

《智能快件箱寄递服务管理办法》已于2019年6月12日经第12次部务会议通过，现予公布，自2019年10月1日起施行。

部长　李小鹏

2019年6月20日

智能快件箱寄递服务管理办法

第一条　为了维护快递市场秩序，保护用户合法权益，加强寄递安全管理，规范和便利智能快件箱寄递服务，根据《中华人民共和国邮政法》《快递暂行条例》等法律、行政法规，制定本办法。

第二条　智能快件箱寄递服务的提供、使用等活动及对其实施监督管理，适用本办法。

本办法所称智能快件箱，是指提供快件收寄、投递服务的智能末端服务设施，不包括自助存取非寄递物品的设施、设备。

第三条　国务院邮政管理部门和省、自治区、直辖市邮政管理机构以及省级以下邮政管理机构（以下统称邮政管理部门）依法对智能快件箱寄递服务实施监督管理。

第四条　提供智能快件箱寄递服务，应当保护用户合法权益，切实保障寄递安全。

邮政管理部门实施监督管理，应当遵循公开、公平、公正以及鼓励竞争、促进发展的原则。

第五条　支持将智能快件箱纳入公共服务设施相关规划和便民服务、民生工程等项目，在住宅小区、高等院校、商业中心、交通枢纽等区域布局智能快件箱。

第六条　运营智能快件箱提供寄递服务的企业（以下简称智能快件箱运营企业）和使用智能快件箱提供寄递服务的企业（以下简称智能快件箱使用企业）应当具备与快件收寄、投递业务相适应的服务能力。

智能快件箱运营企业、智能快件箱使用企业符合快递业务经营许可条件的，可以按照有关规定申请快递业务经营许可。

第七条　智能快件箱运营企业应当自智能快件箱提供寄递服务之日起20日内，向智能快件箱所在地省级以下邮政管理机构为智能快件箱办理快递末端网点备案。

第八条 智能快件箱运营企业应当在箱体外表显著位置标明该智能快件箱的名称、地址等基本情况；智能快件箱有编号的，应当标明编号。

第九条 智能快件箱具备接收交寄物品功能的，智能快件箱运营企业应当为实名收寄提供技术条件和技术服务；智能快件箱具备投递快件功能的，智能快件箱运营企业应当为收件人验收、拒收快件提供技术条件。

智能快件箱运营企业应当保存交寄、收寄、投递、领取和拒收退件等操作记录；通过智能快件箱查验寄件人身份的，应当保存查验结果。

鼓励智能快件箱运营企业设置快件包装回收装置和设施，提供快件包装回收服务。

第十条 智能快件箱运营企业应当安装监控设备，监控交寄、收寄、投递、领取等操作的全过程和智能快件箱周围环境。

第十一条 智能快件箱运营企业收寄快件的，应当告知寄件人相关保价规则和保险服务项目，并通过智能快件箱提醒寄件人阅读快递服务合同条款、遵守禁止寄递和限制寄递物品的有关规定。

第十二条 智能快件箱运营企业应当保证智能快件箱正常使用，对其已投入运营的智能快件箱进行维护，及时处理异常情况。

智能快件箱运营企业应当采取有效技术措施保障数据安全，维护数据采集、存储、处理、传输等正常运行。发生或者可能发生服务异常、中断等情况的，智能快件箱运营企业应当立即采取补救措施，并告知智能快件箱使用企业。

第十三条 智能快件箱运营企业应当依法保护用户的信息安全，防止信息泄露、毁损、丢失。除法律另有规定外，未经用户同意，不得向任何组织或者个人提供用户使用智能快件箱寄递服务的信息。

第十四条 智能快件箱运营企业撤除已备案的智能快件箱的，按照快递末端网点撤销备案的规定办理。

第十五条 智能快件箱运营企业、智能快件箱使用企业为不同主体的，应当书面明确各方在服务人员管理、快件寄递、注意事项通知、数据管理、快件安全、信息安全、纠纷处理等方面的责任。

智能快件箱运营企业与智能快件箱使用企业中止合作的，应当协商并采取措施保护用户的合法权益。

第十六条 智能快件箱运营企业不得向智能快件箱使用企业以外的组织或者个人授予使用智能快件箱收寄或者投递快件的权限。

智能快件箱使用企业及其分支机构应当准确记录向快递从业人员分配智能快件箱使用权限的情况并及时更新。

第十七条 智能快件箱使用企业应当建立智能快件箱使用管理制度，明确收寄验视、实名收寄等操作规范，以及服务时限、服务质量、安全保障等事项。

第十八条 寄件人使用智能快件箱交寄快件的，应当依法如实提供寄递详情单信息，接受身份查验；通过查验后，将未封装的交寄物品放至智能快件箱的箱体内。

第十九条 有下列情形之一的，智能快件箱运营企业不得开放智能快件箱接收交寄物品的功能：

（一）监控设备未运行或者被遮挡的；

（二）交寄物品、交寄行为被遮挡的；

（三）国家规定涉及安全保障的其他情形。

第二十条 智能快件箱使用企业取出寄件人使用智能快件箱交寄的物品时，应当比对交寄记录，确认无误后，依法当场验视并封装。

智能快件箱使用企业委托智能快件箱运营企业查验寄件人身份、登记寄件人身份信息和交寄物品信息的，不免除智能快件箱使用企业实名收寄的义务。

智能快件箱使用企业应当对通过智能快件箱收寄的快件作出标识，并重点进行安全检查。

第二十一条 有下列情形之一的，智能快件箱使用企业不得收寄，当场将交寄物品退回至智能快件箱，并告知智能快件箱运营企业：

（一）交寄物品与交寄信息不一致的；

（二）寄件人身份未经查验或者未登记身份信息的；

（三）国家规定涉及安全保障的其他情形。

第二十二条 智能快件箱使用企业使用智能快件箱投递快件，应当征得收件人同意；收件人不同意使用智能快件箱投递快件的，智能快件箱使用企业应当按照快递服务合同约定的名址提供投递服务。寄件人交寄物品时指定智能快件箱作为投递地址的除外。

第二十三条 快件出现外包装明显破损、重量与寄递详情单记载明显不符等情况的，智能快件箱使用企业不得使用智能快件箱投递。

寄递详情单注明快件内件物品为生鲜产品、贵重物品的，智能快件箱使用企业不得使用智能快件箱投递，与寄件人另有约定的除外。

第二十四条 智能快件箱使用企业按照约定将快件放至智能快件箱的，应当及时通知收件人取出快件，告知收件人智能快件箱名称、地址、快件保管期限等信息。

智能快件箱使用企业委托智能快件箱运营企业通知收件人取出快件的，不免除前款规定的智能快件箱使用企业的义务。

第二十五条 智能快件箱运营企业应当合理设置快件保管期限，保管期限内不得向收件人收费。

第二十六条 快件延误、损毁、内件短少的，收件人可以当场拒绝签收，并按照智能快件箱运营企业的提示将快件退回智能快件箱。

第二十七条 智能快件箱使用企业使用智能快件箱提供寄递服务过程中，发现禁止寄递或者限制寄递物品的，应当依法处理。

第二十八条 邮政管理部门应当使用信息技术加强对智能快件箱运营企业经营活动的日常监督检查，可以依法要求智能快件箱运营企业报告以下经营情况：

（一）智能快件箱布放位置、数量；

（二）智能快件箱寄递快件数量、种类；

（三）智能快件箱寄递服务操作记录、监控信息；

（四）邮政管理部门要求报送的其他信息。

对邮政管理部门依法进行的监督检查，智能快件箱运营企业应当予以协助、配合，不得拒绝、阻挠。

第二十九条 智能快件箱运营企业未按照本办法第七条规定向邮政管理部门备案的，由邮政管理部门依照《快递暂行条例》第四十条第二款的规定予以处罚。

第三十条 智能快件箱运营企业未按照本办法第八条规定标明智能快件箱有关信息的，由邮政管理部门责令改正；逾期未改正的，处5000元以上1万元以下的罚款。

智能快件箱运营企业未按照本办法第九条第二款规定保存操作记录、查验结果的，由邮政管理部门责令改正，可以处5000元以上1万元以下的罚款。

第三十一条 智能快件箱运营企业违反本办法第十六条第一款规定向智能快件箱使用企

业以外的组织或者个人授予使用权限的，邮政管理部门可以处5000元以上1万元以下的罚款；情节严重的，处1万元以上3万元以下的罚款。

第三十二条 智能快件箱运营企业违反本办法第十九条规定开放智能快件箱接收交寄物品功能的，邮政管理部门可以处5000元以上3万元以下的罚款。

第三十三条 交寄物品与交寄信息不一致，智能快件箱使用企业仍予收寄的，邮政管理部门可以处5000元以上3万元以下的罚款。

第三十四条 运营、使用智能末端服务设施提供邮政普遍服务的，参照本办法执行；法律、法规、规章及强制性标准对邮政普遍服务另有规定的，从其规定。

第三十五条 本办法自2019年10月1日起施行。

交通运输部关于修改《道路货物运输及站场管理规定》的决定

（中华人民共和国交通运输部令　2019年第17号）

《交通运输部关于修改〈道路货物运输及站场管理规定〉的决定》已于2019年6月12日经第12次部务会议通过，现予公布，自公布之日起施行。

交通运输部部长　李小鹏

2019年6月20日

交通运输部关于修改《道路货物运输及站场管理规定》的决定

交通运输部决定对《道路货物运输及站场管理规定》（交通运输部令2016年第35号）作如下修改：

一、将第六条第二项第三目修改为："经设区的市级道路运输管理机构对有关道路货物运输法规、机动车维修和货物及装载保管基本知识考试合格，并取得从业资格证（使用总质量4500千克及以下普通货运车辆的驾驶人员除外）。"

二、将第八条、第九条、第十五条中的"工商行政"修改为"市场监督"。

三、增加一条，作为第十四条："使用总质量4500千克及以下普通货运车辆从事普通货运经营的，无须按照本规定申请取得《道路运输经营许可证》及《道路运输证》。"

四、将第二十一条改为第二十二条，第一款修改为："道路货物运输经营者应当要求其聘用的车辆驾驶员随车携带按照规定要求取得的《道路运输证》。"

五、将第二十二条改为第二十三条，修改为："道路货物运输经营者应当聘用按照规定要求持有从业资格证的驾驶人员。"

六、将第二十三条改为第二十四条，修改为"营运驾驶员应当按照规定驾驶与其从业资格类别相符的车辆。驾驶营运车辆时，应当随身携带按照规定要求取得的从业资格证。"

七、将第二十九条改为第三十条，第二款修改为："鼓励道路货物运输经营者采用电子合同、电子运单等信息化技术，提升运输管理水平。"

八、将第四十八条改为第四十九条，将其中的"货运车辆"修改为"配发《道路运输证》的货运车辆”。

九、将第五十三条改为第五十四条、第五十九条改为第六十条，将其中的“道路货物运输经营者”修改为“取得道路货物运输经营许可的道路货物运输经营者”。

十、将第五十六条改为第五十七条，第一项修改为“未按规定取得道路货物运输经营许可，擅自从事道路货物运输经营的。”

十一、删去第六十七条。

条文序号和个别文字作相应调整。

本决定自公布之日起施行。

《道路货物运输及站场管理规定》根据本决定作相应修正，重新发布。

道路货物运输及站场管理规定

（2005 年 6 月 16 日交通部发布 根据 2008 年 7 月 23 日交通运输部《关于修改〈道路货物运输及站场管理规定〉的决定》第一次修正 根据 2009 年 4 月 20 日交通运输部《关于修改〈道路货物运输及站场管理规定〉的决定》第二次修正 根据 2012 年 3 月 14 日交通运输部《关于修改〈道路货物运输及站场管理规定〉的决定》第三次修正 根据 2016 年 4 月 11 日交通运输部《关于修改〈道路货物运输及站场管理规定〉的决定》第四次修正 根据 2019 年 6 月 20 日交通运输部《关于修改〈道路货物运输及站场管理规定〉的决定》第五次修正）

第一章 总 则

第一条 为规范道路货物运输和道路货物运输站（场）经营活动，维护道路货物运输市场秩序，保障道路货物运输安全，保护道路货物运输和道路货物运输站（场）有关各方当事人的合法权益，根据《中华人民共和国道路运输条例》及有关法律、行政法规的规定，制定本规定。

第二条 从事道路货物运输经营和道路货物运输站（场）经营的，应当遵守本规定。

本规定所称道路货物运输经营，是指为社会提供公共服务、具有商业性质的道路货物运输活动。道路货物运输包括道路普通货运、道路货物专用运输、道路大型物件运输和道路危险货物运输。

本规定所称道路货物专用运输，是指使用集装箱、冷藏保鲜设备、罐式容器等专用车辆进行的货物运输。

本规定所称道路货物运输站（场）（以下简称“货运站”），是指以场地设施为依托，为社会提供有偿服务的具有仓储、保管、配载、信息服务、装卸、理货等功能的综合货运站（场）、零担货运站、集装箱中转站、物流中心等经营场所。

第三条 道路货物运输和货运站经营者应当依法经营，诚实信用，公平竞争。

道路货物运输管理应当公平、公正、公开和便民。

第四条 鼓励道路货物运输实行集约化、网络化经营。鼓励采用集装箱、封闭厢式车和多轴重型车运输。

第五条 交通运输部主管全国道路货物运输和货运站管理工作。

县级以上地方人民政府交通运输主管部门负责组织领导本行政区域的道路货物运输和货运站管理工作。

县级以上道路运输管理机构具体实施本行政区域的道路货物运输和货运站管理工作。

第二章 经营许可

第六条 申请从事道路货物运输经营的，

应当具备下列条件：

（一）有与其经营业务相适应并经检测合格的运输车辆：

1. 车辆技术要求应当符合《道路运输车辆技术管理规定》有关规定。

2. 车辆其他要求：

（1）从事大型物件运输经营的，应当具有与所运输大型物件相适应的超重型车组；

（2）从事冷藏保鲜、罐式容器等专用运输的，应当具有与运输货物相适应的专用容器、设备、设施，并固定在专用车辆上；

（3）从事集装箱运输的，车辆还应当有固定集装箱的转锁装置。

（二）有符合规定条件的驾驶人员：

1. 取得与驾驶车辆相应的机动车驾驶证；

2. 年龄不超过60周岁；

3. 经设区的市级道路运输管理机构对有关道路货物运输法规、机动车维修和货物及装载保管基本知识考试合格，并取得从业资格证（使用总质量4500千克及以下普通货运车辆的驾驶人员除外）。

（三）有健全的安全生产管理制度，包括安全生产责任制度、安全生产业务操作规程、安全生产监督检查制度、驾驶员和车辆安全生产管理制度等。

第七条 申请从事货运站经营的，应当具备下列条件：

（一）有与其经营规模相适应的货运站房、生产调度办公室、信息管理中心、仓库、仓储库棚、场地和道路等设施，并经有关部门组织的工程竣工验收合格；

（二）有与其经营规模相适应的安全、消防、装卸、通信、计量等设备；

（三）有与其经营规模、经营类别相适应的管理人员和专业技术人员；

（四）有健全的业务操作规程和安全生产管理制度。

第八条 申请从事道路货物运输经营的，应当依法向市场监督管理机关办理有关登记手续后，向县级道路运输管理机构提出申请，并提供以下材料：

（一）《道路货物运输经营申请表》（见附件1）；

（二）负责人身份证明，经办人的身份证明和委托书；

（三）机动车辆行驶证、车辆技术等级评定结论复印件；拟投入运输车辆的承诺书，承诺书应当包括车辆数量、类型、技术性能、投入时间等内容；

（四）聘用或者拟聘用驾驶员的机动车驾驶证、从业资格证及其复印件；

（五）安全生产管理制度文本；

（六）法律、法规规定的其他材料。

第九条 申请从事货运站经营的，应当依法向市场监督管理机关办理有关登记手续后，向县级道路运输管理机构提出申请，并提供以下材料：

（一）《道路货物运输站（场）经营申请表》（见附件2）；

（二）负责人身份证明，经办人的身份证明和委托书；

（三）经营道路货运站的土地、房屋的合法证明；

（四）货运站竣工验收证明；

（五）与业务相适应的专业人员和管理人员的身份证明、专业证书；

（六）业务操作规程和安全生产管理制度文本。

第十条 道路运输管理机构应当按照《中华人民共和国道路运输条例》《交通行政许可

实施程序规定》和本规定规范的程序实施道路货物运输经营和货运站经营的行政许可。

第十一条 道路运输管理机构对道路货运经营申请予以受理的，应当自受理之日起20日内作出许可或者不予许可的决定；道路运输管理机构对货运站经营申请予以受理的，应当自受理之日起15日内作出许可或者不予许可的决定。

第十二条 道路运输管理机构对符合法定条件的道路货物运输经营申请作出准予行政许可决定的，应当出具《道路货物运输经营行政许可决定书》（见附件3），明确许可事项。在10日内向被许可人颁发《道路运输经营许可证》在《道路运输经营许可证》上注明经营范围。

道路运输管理机构对符合法定条件的货运站经营申请作出准予行政许可决定的，应当出具《道路货物运输站（场）经营行政许可决定书》（见附件4），明确许可事项。在10日内向被许可人颁发《道路运输经营许可证》，在《道路运输经营许可证》上注明经营范围。

对道路货物运输和货运站经营不予许可的，应当向申请人出具《不予交通行政许可决定书》。

第十三条 被许可人应当按照承诺书的要求投入运输车辆。购置车辆或者已有车辆经道路运输管理机构核实并符合条件的，道路运输管理机构向投入运输的车辆配发《道路运输证》。

第十四条 使用总质量4500千克及以下普通货运车辆从事普通货运经营的，无须按照本规定申请取得《道路运输经营许可证》及《道路运输证》。

第十五条 道路货物运输经营者设立子公司的，应当向设立地的道路运输管理机构申请经营许可；设立分公司的，应当向设立地的道路运输管理机构报备。

第十六条 从事货运代理（代办）等货运相关服务的经营者，应当依法到市场监督管理机关办理有关登记手续，并持有关登记证件到设立地的道路运输管理机构备案。

第十七条 道路货物运输和货运站经营者需要终止经营的，应当在终止经营之日30日前告知原许可的道路运输管理机构，并办理有关注销手续。

第十八条 道路货物运输经营者变更许可事项、扩大经营范围的，按本章有关许可规定办理。

道路货物运输和货运站经营者变更名称、地址等，应当向作出原许可决定的道路运输管理机构备案。

第三章 货运经营管理

第十九条 道路货物运输经营者应当按照《道路运输经营许可证》核定的经营范围从事货物运输经营，不得转让、出租道路运输经营许可证件。

第二十条 道路货物运输经营者应当对从业人员进行经常性的安全、职业道德教育和业务知识、操作规程培训。

第二十一条 道路货物运输经营者应当按照国家有关规定在其重型货运车辆、牵引车上安装、使用行驶记录仪，并采取有效措施，防止驾驶人员连续驾驶时间超过4个小时。

第二十二条 道路货物运输经营者应当要求其聘用的车辆驾驶员随车携带按照规定要求取得的《道路运输证》。

《道路运输证》不得转让、出租、涂改、伪造。

第二十三条 道路货物运输经营者应当聘

用按照规定要求持有从业资格证的驾驶人员。

第二十四条 营运驾驶员应当按照规定驾驶与其从业资格类别相符的车辆。驾驶营运车辆时，应当随身携带按照规定要求取得的从业资格证。

第二十五条 运输的货物应当符合货运车辆核定的载质量，载物的长、宽、高不得违反装载要求。禁止货运车辆违反国家有关规定超限、超载运输。

禁止使用货运车辆运输旅客。

第二十六条 道路货物运输经营者运输大型物件，应当制定道路运输组织方案。涉及超限运输的应当按照交通运输部颁布的《超限运输车辆行驶公路管理规定》办理相应的审批手续。

第二十七条 从事大型物件运输的车辆，应当按照规定装置统一的标志和悬挂标志旗；夜间行驶和停车休息时应当设置标志灯。

第二十八条 道路货物运输经营者不得运输法律、行政法规禁止运输的货物。

道路货物运输经营者在受理法律、行政法规规定限运、凭证运输的货物时，应当查验并确认有关手续齐全有效后方可运输。

货物托运人应当按照有关法律、行政法规的规定办理限运、凭证运输手续。

第二十九条 道路货物运输经营者不得采取不正当手段招揽货物、垄断货源。不得阻碍其他货运经营者开展正常的运输经营活动。

道路货物运输经营者应当采取有效措施，防止货物变质、腐烂、短少或者损失。

第三十条 道路货物运输经营者和货物托运人应当按照《合同法》的要求，订立道路货物运输合同。

鼓励道路货物运输经营者采用电子合同、电子运单等信息化技术，提升运输管理水平。

第三十一条 国家鼓励实行封闭式运输。道路货物运输经营者应当采取有效的措施，防止货物脱落、扬撒等情况发生。

第三十二条 道路货物运输经营者应当制定有关交通事故、自然灾害、公共卫生以及其他突发公共事件的道路运输应急预案。应急预案应当包括报告程序、应急指挥、应急车辆和设备的储备以及处置措施等内容。

第三十三条 发生交通事故、自然灾害、公共卫生以及其他突发公共事件，道路货物运输经营者应当服从县级以上人民政府或者有关部门的统一调度、指挥。

第三十四条 道路货物运输经营者应当严格遵守国家有关价格法律、法规和规章的规定，不得恶意压价竞争。

第四章 货运站经营管理

第三十五条 货运站经营者应当按照经营许可证核定的许可事项经营，不得随意改变货运站用途和服务功能。

第三十六条 货运站经营者应当依法加强安全管理，完善安全生产条件，健全和落实安全生产责任制。

货运站经营者应当对出站车辆进行安全检查，防止超载车辆或者未经安全检查的车辆出站，保证安全生产。

第三十七条 货运站经营者应当按照货物的性质、保管要求进行分类存放，危险货物应当单独存放，保证货物完好无损。

第三十八条 货物运输包装应当按照国家规定的货物运输包装标准作业，包装物和包装技术、质量要符合运输要求。

第三十九条 货运站经营者应当按照规定的业务操作规程进行货物的搬运装卸。搬运装卸作业应当轻装、轻卸，堆放整齐，防止混杂、撒漏、破损，严禁有毒、易污染物品与食品混装。

第四十条　货运站经营者应当严格执行价格规定，在经营场所公布收费项目和收费标准。严禁乱收费。

第四十一条　进入货运站经营的经营业户及车辆，经营手续必须齐全。

货运站经营者应当公平对待使用货运站的道路货物运输经营者，禁止无证经营的车辆进站从事经营活动，无正当理由不得拒绝道路货物运输经营者进站从事经营活动。

第四十二条　货运站经营者不得垄断货源、抢装货物、扣押货物。

第四十三条　货运站要保持清洁卫生，各项服务标志醒目。

第四十四条　货运站经营者经营配载服务应当坚持自愿原则，提供的货源信息和运力信息应当真实、准确。

第四十五条　货运站经营者不得超限、超载配货，不得为无道路运输经营许可证或证照不全者提供服务；不得违反国家有关规定，为运输车辆装卸国家禁运、限运的物品。

第四十六条　货运站经营者应当制定有关突发公共事件的应急预案。应急预案应当包括报告程序、应急指挥、应急车辆和设备的储备以及处置措施等内容。

第四十七条　货运站经营者应当建立和完善各类台账和档案，并按要求报送有关信息。

第五章　监督检查

第四十八条　道路运输管理机构应当加强对道路货物运输经营和货运站经营活动的监督检查。

道路运输管理机构工作人员应当严格按照职责权限和法定程序进行监督检查。

第四十九条　县级以上道路运输管理机构应当定期对配发《道路运输证》的货运车辆进行审验，每年审验一次。审验内容包括车辆技术等级评定情况、车辆结构及尺寸变动情况和违章记录等。

审验符合要求的，道路运输管理机构在《道路运输证》审验记录中或者 IC 卡注明；不符合要求的，应当责令限期改正或者办理变更手续。

第五十条　道路运输管理机构及其工作人员应当重点在货运站、货物集散地对道路货物运输、货运站经营活动实施监督检查。此外，根据管理需要，可以在公路路口实施监督检查，但不得随意拦截正常行驶的道路运输车辆，不得双向拦截车辆进行检查。

第五十一条　道路运输管理机构的工作人员实施监督检查时，应当有 2 名以上人员参加，并向当事人出示交通运输部统一制式的交通行政执法证件。

第五十二条　道路运输管理机构的工作人员可以向被检查单位和个人了解情况，查阅和复制有关材料。但是，应当保守被调查单位和个人的商业秘密。

被监督检查的单位和个人应当接受道路运输管理机构及其工作人员依法实施的监督检查，如实提供有关情况或者资料。

第五十三条　道路运输管理人员在货运站、货物集散地实施监督检查过程中，发现货运车辆有超载行为的，应当立即予以制止，装载符合标准后方可放行。

第五十四条　取得道路货物运输经营许可的道路货物运输经营者在许可的道路运输管理机构管辖区域外违法从事经营活动的，违法行为发生地的道路运输管理机构应当依法将当事人的违法事实、处罚结果记录到《道路运输证》上，并抄告作出道路运输经营许可的道路运输管理机构。

第五十五条 道路货物运输经营者违反本规定的，县级以上道路运输管理机构在作出行政处罚决定的过程中，可以按照行政处罚法的规定将其违法证据先行登记保存。作出行政处罚决定后，道路货物运输经营者拒不履行的，作出行政处罚决定的道路运输管理机构可以将其拒不履行行政处罚决定的事实通知违法车辆车籍所在地道路运输管理机构，作为能否通过车辆年度审验和决定质量信誉考核结果的重要依据。

第五十六条 道路运输管理机构的工作人员在实施道路运输监督检查过程中，对没有《道路运输证》又无法当场提供其他有效证明的货运车辆可以予以暂扣，并出具《道路运输车辆暂扣凭证》（见附件5）。对暂扣车辆应当妥善保管，不得使用，不得收取或者变相收取保管费用。

违法当事人应当在暂扣凭证规定时间内到指定地点接受处理。逾期不接受处理的，道路运输管理机构可依法作出处罚决定，并将处罚决定书送达当事人。当事人无正当理由逾期不履行处罚决定的，道路运输管理机构可申请人民法院强制执行。

第六章　法律责任

第五十七条 违反本规定，有下列行为之一的，由县级以上道路运输管理机构责令停止经营；有违法所得的，没收违法所得，处违法所得2倍以上10倍以下的罚款；没有违法所得或者违法所得不足2万元的，处3万元以上10万元以下的罚款；构成犯罪的，依法追究刑事责任：

（一）未按规定取得道路货物运输经营许可，擅自从事道路货物运输经营的；

（二）使用失效、伪造、变造、被注销等无效的道路运输经营许可证件从事道路货物运输经营的；

（三）超越许可的事项，从事道路货物运输经营的。

第五十八条 违反本规定，道路货物运输和货运站经营者非法转让、出租道路运输经营许可证件的，由县级以上道路运输管理机构责令停止违法行为，收缴有关证件，处2000元以上1万元以下的罚款；有违法所得的，没收违法所得。

第五十九条 违反本规定，取得道路货物运输经营许可的道路货物运输经营者使用无道路运输证的车辆参加货物运输的，由县级以上道路运输管理机构责令改正，处3000元以上1万元以下的罚款。

违反本规定，道路货物运输经营者不按照规定携带《道路运输证》的，由县级以上道路运输管理机构责令改正，处警告或者20元以上200元以下的罚款。

第六十条 违反本规定，取得道路货物运输经营许可的道路货物运输经营者、货运站经营者已不具备开业要求的有关安全条件、存在重大运输安全隐患的，由县级以上道路运输管理机构限期责令改正；在规定时间内不能按要求改且情节严重的，由原许可机关吊销《道路运输经营许可证》或者吊销其相应的经营范围。

第六十一条 违反本规定，道路货物运输经营者有下列情形之一的，由县级以上道路运输管理机构责令改正，处1000元以上3000元以下的罚款；情节严重的，由原许可机关吊销道路运输经营许可证或者吊销其相应的经营范围：

（一）强行招揽货物的；

（二）没有采取必要措施防止货物脱落、扬撒的。

第六十二条 违反本规定，有下列行为之一的，由县级以上道路运输管理机构责令停止经营；有违法所得的，没收违法所得，处违法所得2倍以上10倍以下的罚款；没有违法所得或者违法所得不足1万元的，处2万元以上5万元以下的罚款；构成犯罪的，依法追究刑事责任：

（一）未取得货运站经营许可，擅自从事货运站经营的；

（二）使用失效、伪造、变造、被注销等无效的道路运输经营许可证件从事货运站经营的；

（三）超越许可的事项，从事货运站经营的。

第六十三条 违反本规定，货运站经营者对超限、超载车辆配载，放行出站的，由县级以上道路运输管理机构责令改正，处1万元以上3万元以下的罚款。

第六十四条 违反本规定，货运站经营者擅自改变道路运输站（场）的用途和服务功能，由县级以上道路运输管理机构责令改正；拒不改正的，处3000元的罚款；有违法所得的，没收违法所得。

第六十五条 违反本规定，有下列行为之一的，由县级以上道路运输管理机构责令限期整改，整改不合格的，予以通报：

（一）没有按照国家有关规定在货运车辆上安装符合标准的具有行驶记录功能的卫星定位装置的；

（二）大型物件运输车辆不按规定悬挂、标明运输标志的；

（三）发生公共突发性事件，不接受当地政府统一调度安排的；

（四）因配载造成超限、超载的；

（五）运输没有限运证明物资的；

（六）未查验禁运、限运物资证明，配载禁运、限运物资的。

第六十六条 道路运输管理机构的工作人员违反本规定，有下列情形之一的，依法给予相应的行政处分；构成犯罪的，依法追究刑事责任：

（一）不依照本规定规定的条件、程序和期限实施行政许可的；

（二）参与或者变相参与道路货物运输和货运站经营的；

（三）发现违法行为不及时查处的；

（四）违反规定拦截、检查正常行驶的道路运输车辆的；

（五）违法扣留运输车辆、《道路运输证》的；

（六）索取、收受他人财物，或者谋取其他利益的；

（七）其他违法行为。

第七章 附 则

第六十七条 道路货物运输经营者从事国际道路货物运输经营、危险货物运输活动，除一般行为规范适用本规定外，有关从业条件等特殊要求应当适用交通运输部制定的国际道路运输管理规定、道路危险货物运输管理规定。

第六十八条 道路运输管理机构依照规定发放道路货物运输经营许可证件和《道路运输证》，可以收取工本费。工本费的具体收费标准由省级人民政府财政、价格主管部门会同同级交通运输主管部门核定。

第六十九条 本规定自2005年8月1日起

施行。交通部1993年5月19日发布的《道路货物运输业户开业技术经济条件（试行）》（交运发〔1993〕531号）、1996年12月2日发布的《道路零担货物运输管理办法》（交公路发〔1996〕1039号）、1997年5月22日发布的《道路货物运单使用和管理办法》（交通部令1997年第4号）、2001年4月5日发布的《道路货物运输企业经营资质管理规定（试行）》（交公路发〔2001〕154号）同时废止。

交通运输部关于印发《数字交通发展规划纲要》的通知

（交规划发〔2019〕89号）

各省、自治区、直辖市、新疆生产建设兵团及计划单列市交通运输厅（局、委），部属各单位，部内各司局：

为贯彻落实党中央、国务院关于推进数字经济发展的决策部署，促进先进信息技术与交通运输深度融合，有力支撑交通强国建设，现将《数字交通发展规划纲要》印发给你们，请结合实际认真贯彻落实。

交通运输部

2019年7月25日

抄送：国家铁路局、中国民用航空局、国家邮政局，中央纪委国家监委驻交通运输部纪检监察组、审计署交通运输审计局。

数字交通发展规划纲要

数字交通是数字经济发展的重要领域，是以数据为关键要素和核心驱动，促进物理和虚拟空间的交通运输活动不断融合、交互作用的现代交通运输体系。为贯彻落实党中央、国务院关于促进数字经济发展的决策部署，有力支撑交通强国建设，制定本规划纲要。

一、指导思想

以习近平新时代中国特色社会主义思想为指导，全面贯彻党的十九大和十九届二中、三中全会精神，落实习近平总书记关于加快建设数字中国的重要指示，统筹推进“五位一体”总体布局，协调推进“四个全面”战略布局，按照“巩固、增强、提升、畅通”八字方针，抓住新一轮科技革命和产业变革的机遇，坚持推动高质量发展，坚持以人民为中心，坚持以创新为第一动力，促进先进信息技术与交通运输深度融合，以“数据链”为主线，构建数字化的采集体系、网络化的传输体系和智能化的应用体系，加快交通运输信息化向数字化、网络化、智能化发展，为交通强国建设提供支撑。

二、基本原则

创新引领，数据赋能。以数据为关键要

素，赋能交通运输及关联产业，推动模式、业态、产品、服务等联动创新，提升出行和物流服务品质，让数字红利惠及人民，增强人民获得感。

共建共享，融合发展。充分发挥统筹规划、协同推进的制度优势，推动政企、行业、部省间协同发力。发挥市场主体作用，科学配置各类资源要素，构建跨界融合、共创共享的数字交通产业生态。以数据链促进多种运输方式高效衔接，促进政企间数据双向转化运用。

防范风险，保障安全。兼顾创新发展和安全发展，防范化解数字化转型带来的信息安全风险，提升网络安全和数据安全保障能力，保障公共安全和国家利益。

勇于探索，试点先行。坚持世界眼光、国际标准、中国特色，以开放包容的态度，适应技术发展趋势，以试点为重要手段，汇聚技术、智力、产业等资源，通过典型引路，逐步形成数字交通发展的“中国经验”和“中国方案”。

三、发展目标

到2025年，交通运输基础设施和运载装备全要素、全周期的数字化升级迈出新步伐，数字化采集体系和网络化传输体系基本形成。交通运输成为北斗导航的民用主行业，第五代移动通信（5G）等公网和新一代卫星通信系统初步实现行业应用。交通运输大数据应用水平大幅提升，出行信息服务全程覆盖，物流服务平台化和一体化进入新阶段，行业治理和公共服务能力显著提升。交通与汽车、电子、软件、通信、互联网服务等产业深度融合，新业态和新技术应用水平保持世界先进。

到2035年，交通基础设施完成全要素、全周期数字化，天地一体的交通控制网基本形成，按需获取的即时出行服务广泛应用。我国成为数字交通领域国际标准的主要制订者或参与者，数字交通产业整体竞争能力全球领先。

四、构建数字化的采集体系

（一）推动交通基础设施全要素、全周期数字化。

推动交通基础设施规划、设计、建造、养护、运行管理等全要素、全周期数字化。构建覆盖全国的高精度交通地理信息平台，完善交通工程等要素信息，实现对物理设施的三维数字化呈现，支撑全天候复杂交通场景下自动驾驶、大件运输等专业导航应用。针对重大交通基础设施工程，实现基础设施全生命周期健康性能监测，推广应用基于物联网的工程质量控制技术。

（二）布局重要节点的全方位交通感知网络。

推动铁路、公路、水路领域的重点路段、航段，以及隧道、桥梁、互通枢纽、船闸等重要节点的交通感知网络覆盖。推动交通感知网络与交通基础设施同步规划建设，深化高速公路ETC门架等路侧智能终端应用，建立云端互联的感知网络，让“哑设施”具备多维监测、智能网联、精准管控、协同服务能力。注重众包、手机信令等社会数据融合应用。构建载运工具、基础设施、通行环境互联的交通控制网基础云平台。加快北斗导航在自由流收费、自动驾驶、车路协同、海上搜救、港口自动化作业和集疏运调度等领域应用。

（三）推动载运工具、作业装备智能化。

鼓励具备多维感知、高精度定位、智能网联功能的终端设备应用，提升载运工具远程监测、故障诊断、风险预警、优化控制等能力。

推动自动驾驶与车路协同技术研发，开展专用测试场地建设。鼓励物流园区、港口、铁路和机场货运站广泛应用物联网、自动驾驶等技术，推广自动化立体仓库、引导运输车（AGV）、智能输送分拣和装卸设备的规模应用。推动自动驾驶船舶、自动化码头和堆场发展，加强港航物流与上下游企业信息共享和业务协同。

五、构建网络化的传输体系

推动交通运输基础设施与信息基础设施一体化建设，促进交通专网与“天网”“公网”深度融合，推进车联网、5G、卫星通信信息网络等部署应用，完善全国高速公路通信信息网络，形成多网融合的交通信息通信网络，提供广覆盖、低时延、高可靠、大带宽的网络通信服务。

六、构建智能化的应用体系

（一）打造数字化出行助手。

促进交通、旅游等各类信息充分开放共享，融合发展。鼓励平台型企业深化多源数据融合，整合线上和线下资源，鼓励各类交通运输客票系统充分开放接入，打造数字化出行助手，为旅客提供“门到门”的全程出行定制服务。倡导“出行即服务（MaaS）”理念，以数据衔接出行需求与服务资源，使出行成为一种按需获取的即时服务，让出行更简单。打造旅客出行与公务商务、购物消费、休闲娱乐相互渗透的“智能移动空间”，带来全新出行体验。推动“互联网+”便捷交通发展，鼓励和规范发展定制公交、智能停车、智能公交、汽车维修、网络预约出租车、互联网租赁自行车、小微型客车分时租赁等城市出行服务新业态。

（二）推动物流全程数字化。

大力发展“互联网+”高效物流新模式、新业态，加快实现物流活动全过程的数字化，推进铁路、公路、水路等货运单证电子化和共享互认，提供全程可监测、可追溯的“一站式”物流服务。鼓励各类企业加快物流信息平台差异化发展，推进城市物流配送全链条信息共享，完善农村物流末端信息网络。依托各类信息平台，加强各部门物流相关管理信息互认，构建综合交通运输物流数据资源开放共享机制。

（三）推动行业治理现代化。

完善国家综合交通运输信息平台，提高决策支持、安全应急、指挥调度、监管执法、政务服务、节能环保等领域的大数据运用水平，实现精确分析、精准管控、精细管理和精心服务。完善资源目录与信息资源管理体系，实现行业信息资源的汇聚融合，提升信息资源共享交换和开放服务能力。建立大数据支撑的决策与规划体系，推动部门间、政企间多源数据融合，提升交通运输决策分析水平。采用数据化、全景式展现方式，提升综合交通运输运行监测预警、舆情监测、安全风险分析研判、调度指挥、节能环保在线监测等支撑能力。进一步推进交通运输领域“互联网+政务服务”，实现政务服务同一事项、同一标准、同一编码。延长网上办事链条，推动政务服务向“两微一端”等延伸拓展。加快完善运政、路政、海事等政务信息系统，推进交通运输综合执法、治超联网等系统建设，提高执法装备智能化水平，推进在线识别和非现场执法。

七、培育产业生态体系

聚焦基础设施和载运工具数字化的关键环

节与核心技术，鼓励优势企业整合电子、软件、通信、卫星、装备制造、信息服务等领域资源，构建强强联合、优势互补、高效适配的协同创新体系。加强测试、检测、认证综合能力建设，促进新技术成果转化。加快北斗导航、卫星通信、高分辨率对地观测等技术行业应用。鼓励建立协同创新产业联盟，积极开展产业化应用示范，促进各类主体合作，打造具有国际竞争力的产业生态体系。

八、健全网络和数据安全体系

贯彻落实《中华人民共和国网络安全法》以及国家关于数据安全的要求，落实各级交通运输管理部门及相关机构的网络安全职责，健全信息通报、监测预警、应急处置、预案管理等工作机制，建立专家库。落实网络安全等级保护制度，确保各级安全防护合规达标。加强网络安全与信息系统同步建设，提高交通运输关键信息基础设施和重要信息系统的网络安全防护能力。推进重要信息系统国产密码应用、重要软硬件设备国产化应用。加强对交通数据全生命周期的管控，保护国家秘密、商业秘密和个人隐私。完善适应新技术发展的行业网络安全标准。

九、完善标准体系

加快完善面向数字交通应用的交通基础设施工程建设标准，推动信息基础设施与交通基础设施同步规划、同步设计、同步建设、同步运维。按照交通运输信息化标准体系，持续完善相关标准。加快自动驾驶国家及行业标准体系建设，完善生产制造、测试评价、网络安全、数据共享、运行使用等标准。推动建立跨行业、跨领域、跨部门数字交通标准协同发展机制，发挥企业在标准研究方面的作用，积极参与国际标准制修订的协调、交流与合作。

十、完善支撑保障体系

（一）营造发展环境。

探索有利于数字交通创新发展的行业监管模式，推动完善相关法律法规体系，在规范发展、安全发展的前提下，营造有利于创新发展的政策环境。积极推进企业间、政企间的数据资源融合应用，鼓励市场主体提供丰富的数字交通服务，激发创新活力和潜在价值，提供更好的服务体验。

（二）多渠道筹措资金。

发挥中央财政资金的引导作用，加大对创新试点支持力度，强化过程指导，加强绩效评估。各级交通运输主管部门积极争取财政性资金、专项资金等支持数字交通建设。探索政府和社会资本合作模式。

（三）促进创新应用。

坚持试点先行，带动全面发展，围绕“一带一路”建设、京津冀协同发展、长江经济带发展、粤港澳大湾区发展、长江三角洲区域一体化发展等国家重要区域发展战略，开展区域性数字交通综合试点。系统开展数字交通发展配套政策研究。在保障国家安全、维护国家利益的前提下，促进资源跨境流动，实现引资、引智、引技相结合。

（四）加强人才支持。

建立跨领域、多层次人才培养体系，提升行业数字化思维和应用能力。建立多层次专家库，发挥高端智库、院校等机构的智力支持作用，鼓励建立产学研金的对接平台。

国家发展改革委关于印发《西部陆海新通道总体规划》的通知

（发改基础〔2019〕1333 号　2019 年 8 月 2 日）

内蒙古自治区、广西壮族自治区、海南省、重庆市、四川省、贵州省、云南省、西藏自治区、陕西省、甘肃省、青海省、宁夏回族自治区、新疆维吾尔自治区人民政府，国务院各部委、各直属机构，中国国家铁路集团有限公司：

根据《国务院关于西部陆海新通道总体规划的批复》（国函〔2019〕67 号），现将《西部陆海新通道总体规划》（以下简称《规划》）印发你们，并就有关事项通知如下。

一、西部陆海新通道位于我国西部地区腹地，北接丝绸之路经济带，南连 21 世纪海上丝绸之路，协同衔接长江经济带，在区域协调发展格局中具有重要战略地位。要认真贯彻落实国务院的批复精神，把《规划》实施作为深化陆海双向开放、推进西部大开发形成新格局的重要举措，加快通道和物流设施建设，提升运输能力和物流发展质量效率，深化国际经济贸易合作，促进交通、物流、商贸、产业深度融合，为推动西部地区高质量发展、建设现代化经济体系提供有力支撑。

二、请相关省（区、市）人民政府切实加强组织领导，制定实施方案，深化细化配套政策措施，加强省际协商合作，确保目标任务如期完成。切实加强地方政府债务管理，防范化解重大风险。《规划》实施中涉及的重大事项、重大政策和重大项目按规定程序报批。

三、请国务院有关部门和单位按照职能分工，研究制定支持西部陆海新通道沿线发展的具体政策措施，在重大项目建设、体制机制创新等方面给予积极支持，协调解决遇到的困难和问题。

四、我委将按照国务院批复精神，会同有关部门加强对《规划》实施情况的跟踪分析，适时组织开展实施情况督查评估，研究新情况，总结新经验，解决新问题。重大问题及时向国务院报告。

交通运输部　国家邮政局　中国邮政集团公司关于深化交通运输与邮政快递融合推进农村物流高质量发展的意见

（交运发〔2019〕107号　2019年8月12日）

为贯彻落实党中央、国务院关于打赢脱贫攻坚战决策部署，健全完善贫困地区农村物流服务体系，推动交通运输与邮政快递在农村地区融合发展，提高农村物流服务覆盖率，全面推进农村物流高质量发展，为打赢脱贫攻坚战、实施乡村振兴战略提供更加坚实的服务保障，提出如下意见：

一、总体要求

以习近平新时代中国特色社会主义思想为指导，全面贯彻落实党的十九大和十九届二中、三中全会精神，以深化供给侧结构性改革为主线，以交邮融合、推进农村物流高质量发展为目的，坚持市场主导、政府统筹，多方协同、资源整合，因地制宜、融合创新，通过节点网络共享、运力资源共用、标准规范统一、企业融合发展，加快构建畅通便捷、经济高效、便民利民的县、乡、村三级物流服务体系，促进农产品、农村生产生活物资、邮政快递寄递物品等高效便捷流通，为农村地区脱贫攻坚、乡村振兴提供有力支撑。

二、推动网络节点共建共享

1. 支持县级公路客货运站拓展建设邮政快递作业设施。在有效保障客运服务和满足安全管理要求的基础上，促进物流资源集聚整合，因地制宜、根据实际需求拓展县级客运站物流服务功能，合理规划客、货分流线路，设立仓储、分拣、泊车等设施，为邮政、快递企业提供邮件快件的中转装卸、运输配送等服务。引导县域内邮政、快递企业入驻县级客运站，共享场站资源和设施。引导县域内快递企业通过联盟、合资等方式，开展县域内快递业务的共同揽收、分拣、运输、派送。充分利用县域内货运场站、邮件快件处理场所、电子商务物流配送中心、农资配送中心等资源，打造功能集约、服务高效、资源整合的县级农村物流节点。

2. 积极拓展乡镇客运站邮政快递中转及收投服务功能。按照《中华人民共和国道路运输条例》《道路旅客运输及客运站管理规定》等相关法规规章要求，在确保安全的前提下，可根据邮政快递等相关物流服务需求，对经营困难、运营效率不高的乡镇客运站进行改造，视情增设邮件快件作业区、电商服务区、货物堆存中转区，拓展邮件快件的中转分拣及收投、电商产品展示及代销代购、农村居民缴费购票等服务，提高乡镇客运站综合利用效率和乡镇快递网点覆盖率。鼓励在交通便利、人员相对集中的区域规划建设集客运、货运、邮政、快递于一体的乡镇运输服务站，引导和支持邮政、快递、电商、供销等企业入驻乡镇运输服务站，实现站场资源集约利用。

3. 依托邮政乡村服务点延伸农村物流服务网络。充分发挥农村地区邮政网点健全、配送网络通达的优势，积极拓展邮政乡镇网点、村邮站的服务功能，以互利互惠为原则，提供邮件快件收投、信息收集发布、电商及农产品代销代购、普惠金融、便民缴费等服务，健全乡到村工业品下行“最后一公里”和农产品上行“最初一公里”的物流服务网络，全面提高农村物流服务村级覆盖率。

三、支持运力资源互用互补

4. 鼓励推广农村客运车辆代运邮件快件。加强建制村通客车与建制村直接通邮工作的协同联动，鼓励邮政、快递企业与农村客运经营者开展合作，更新符合相关标准、满足农村客货运输需求的农村客运车辆，在保障农村旅客乘车需求和安全的前提下，依托农村客运车辆代送已经安检的邮件快件包裹、党报党刊、信件（国务院规定范围内的信件除外）等服务，降低邮政快递的末端配送成本，提高农村客运经营者运营效益。

5. 支持开展农村邮件快件货运服务。鼓励县级物流企业在统筹当地商贸、农资、电商等货源的基础上，结合邮政快递对配送线路、频次和时效的要求，合理规划运输网络，开展“定时、定点、定线”的货运服务，利用沿途取送、循环配送等模式，为农村地区邮政快递、电子商务、农资销售、连锁商超等企业提供共同配送、集中配送服务，提高农村物流服务的直接通达和覆盖能力。

6. 大力发展“互联网+”农村物流新业态。支持农村物流企业建设互联网物流信息平台，并实现与农村电子商务平台的对接，发展网络货运、车货匹配等新型运营服务模式，实现人、车、货、站、线等要素的精准匹配，提高农村物流组织效率。

7. 鼓励新技术新设备普及应用。推广应用条形码、射频识别技术、车载卫星定位装置等先进技术，加强物流运输动态监控和数字化管理，实现农村物流信息化运作，提高运营管理效率。支持邮政快递、运输企业推广标准化托盘、集装篮和笼车循环共用，降低农产品运输损耗。

四、推进融合规范运作

8. 建立融合发展工作对接机制。积极联合农业、商务、供销等部门建立推进农村物流体系建设工作协调机制，通过签订合作协议、联合出台政策性文件、定期召开联席会议等方式，破除市场主体在融合发展中的体制机制障碍，为农村地区各方资源的充分整合创造良好的外部环境。

9. 制定融合发展服务规范。按照职责指导运输、邮政、快递企业围绕节点规划布局、运载工具、收寄交付、仓储保管、中转分拨、时效要求、安全管理、信息查询、结算方式、纠纷处理及赔偿等方面按需制定交邮融合的服务规范，结合各地农村物流实际，鼓励企业在特色农产品外销、家电产品下乡、县域内邮政快递集中配送等领域推出定制化的服务产品，打造交邮融合服务品牌。

五、推动多方协作联动

10. 依托邮政网点开展道路运输便民政务服务。积极利用乡镇邮政营业场所为广大农村居民提供高效便捷的便民政务服务。协调乡镇邮政营业场所设置互联网道路运输便民政务服务自助终端、联网售票等服务终端，为农村地区客货运输经营者提供相关道路运输证照代办便民服务，方便农村地区客货运输经营者在“家门口”办理相关业务。省级交通运输主管部门要会同邮政管理部门建立完善乡镇邮政营业场所道路运输证照代办工作协商机制，规范代办场所、窗口和设施，打造标准化的样板网点。

11. 打造产运销一体化农村物流服务体系。鼓励交通运输、邮政、快递企业与农业生产企业、商超、电商、农产品经销商等跨行业联营合作或组建产业联盟，以电子商务平台及商贸流通企业为载体，以物流运输为纽带，建立“种植基地+生产加工+商贸流通+物流运输+邮政金融服务”一体化的供应链体系，积极推广“寄递+电商+农特产品+金融”产业扶贫模式，实现产、运、销一体化的农村物流服务，畅通农产品产销衔接机制，支撑农村地区经济发展。

六、协同抓好落地实施

12. 建立健全工作机制。把推进农村物流发展作为打赢脱贫攻坚战的重要任务，建立工作协调机制，研究解决交邮融合发展中的具体问题，健全完善交邮融合促进农村物流发展工作方案。要充分发挥交通运输、邮政快递龙头骨干企业的示范引领作用，鼓励企业积极拓展乡村物流网点、完善服务网络、创新运营模式、健全服务标准，促进农村物流资源的高效集约配置。

13. 加大政策支持力度。跟踪研究农村物流发展中面临的用地难、效益差等实际问题，积极争取地方各级人民政府、各行业主管部门对农村物流发展的政策支持，对站场设施建设改造、邮政和快递网点建设、车辆装备淘汰更新、运输组织模式创新、信息系统建设等给予引导扶持。

14. 加强经验总结推广。在全国推广农村物流服务创新品牌，编制典型案例集，总结交邮融合、促进农村物流发展的典型模式和成功经验，加强宣传推广力度，通过示范引领，指导各地深化交通运输、邮政快递融合，创新发展模式、提高农村物流服务水平。

交通运输部办公厅　公安部办公厅　工业和信息化部办公厅关于进一步加强车辆运输车超长违法运输行为治理的通知

（交办运函〔2019〕1198号）

各省、自治区、直辖市、新疆生产建设兵团交通运输厅（局、委）、公安厅（局）、工业和信息化主管部门：

按照交通运输部、公安部、工业和信息化部等五部门联合印发的《车辆运输车治理工作方案》（交办运〔2016〕107号）总体部署，2018年7月1日起全面禁止不合规车辆运输车通行。一年来，在各级交通运输、公安、工业和信息化主管部门的共同努力下，在各乘用车制造企业、整车物流企业、行业协会的积极支持下，整车物流市场秩序逐步规范。但同时，个别地区仍存在车辆运输车违法运输现象，主要表现为半挂车辆运输车在用于装卸的渡板上超长装载乘用车（行业俗称“6+2”“7+2”，示意图见附件1），严重扰乱了整车物流市场秩序。为持续规范车辆运输车装载，巩固治理成效，维护健康规范有序的市场环境，现就进一步加强车辆运输车超长违法运输治理工作通知如下：

一、强化源头装载监管

各乘用车制造企业要加强对本企业乘用车装车点的管理，使用符合国家标准要求的车辆运输车合规装载运输（示意图见附件2），并利用信息化手段，加强对乘用车在途运输管理，严禁超长装载运输；要合理制定乘用车运输合同和价格，抵制整车物流企业明显低于运输成本价格的恶意投标行为。各地交通运输主管部门要加强对本辖区整车物流企业的监督检查，督促辖区内整车物流企业合法装载运输，对违法次数多、违法行为严重的企业要进行重点监管；要强化对乘用车集中装车点、物流场站、乘用车制造企业生产厂区的源头监管，严禁不符合装载要求的车辆运输车出厂上路；对于指使、强令车辆运输车驾驶人超长装载运输乘用车的，要按照《公路安全保护条例》相关规定，依法责令改正，处三万元以下的罚款。

二、严格路面执法检查

各地公安交通管理部门、交通运输主管部门要按照《关于深入推进车辆运输车治理工作的通知》（交办运函〔2018〕702号）的要求，强化路面执法检查，重点加强对车辆运输车“6+2”“7+2”超长违法运输行为的查处，一经发现，严格依据《中华人民共和国道路交通安全法》《中华人民共和国道路交通安全法实施条例》《机动车登记规定》相关规定进行处罚。对于非法改装的车辆运输车，责令恢复原状，并处警告或五百元以下罚款；对于装载超出车厢范围的车辆运输车，责令卸载违规装载的乘用车。各地交通运输主管部门要按照有关规定要求，采取有效措施，禁止“6+2”“7+2”等违法装载的车辆运输车驶入高速公路。

三、加强违法信息共享

各地公安交通管理部门要重点加强车辆运输车违法信息的收集汇总，包括运载乘用车品牌、发货单位、运输企业和驾驶人等信息，定期报送至公安部交通管理局。公安部交通管理局及时将相关违法信息通报交通运输部运输服务司，交通运输部运输服务司将定期公布严重违法装载的运输企业和驾驶人信息以及运载的乘用车品牌等，并将相关违法信息转发至各地交通运输主管部门。各地交通运输主管部门要按照《公路安全保护条例》相关规定，对1年内违法超限运输超过3次的车辆运输车，吊销其车辆营运证；对1年内违法超限运输超过3次的车辆运输车驾驶人，责令其停止从事营业性运输；整车物流企业1年内违法超限运输的车辆运输车超过本单位货运车辆总数10%的，责令整车物流企业停业整顿；情节严重的，吊销其道路运输经营许可证，并向社会公告。各地交通运输主管部门要及时将处罚结果逐级报送至交通运输部运输服务司，交通运输部运输服务司将定期通报公安部交通管理局、工业和信息化部装备工业司。中国物流与采购联合会等行业协会要积极发挥行业自律作用，建立行业监督举报机制，收集分析整车物流企业相关违法举报信息并予以公布，引导行业规范发展。

四、实施信用联合惩戒

各省级交通运输主管部门要按照《交通运输部办公厅关于界定严重违法失信超限超载运输行为和相关责任主体有关事项的通知》（交办公路〔2017〕8号）的要求，将严重违法超限超载运输失信的车辆运输车、驾驶人、整车物流企业以及指使、强令车辆运输车驾驶人违法运输乘用车的企业纳入严重违法超限超载运输失信当事人名单，按照《交通运输守信联合激励和失信联合惩戒对象名单管理办法（试行）》（交政研发〔2018〕181号）要求，组织做好本区域失信名单的认定、发布、惩戒、修复和移除等工作，并按规定向交通运输部上报失信当事人信息。交通运输部将通过全国信用信息共享平台提供失信当事人信息，由相关部门依法依规对当事人实施联合惩戒。

附件：1. 车辆运输车“6+2”“7+2”违法装载示意图

2. 车辆运输车合规装载示意图

交通运输部办公厅　公安部办公厅　工业和信息化部办公厅

2019年8月19日

附件 1：

车辆运输车“6+2”“7+2”违法装载示意图

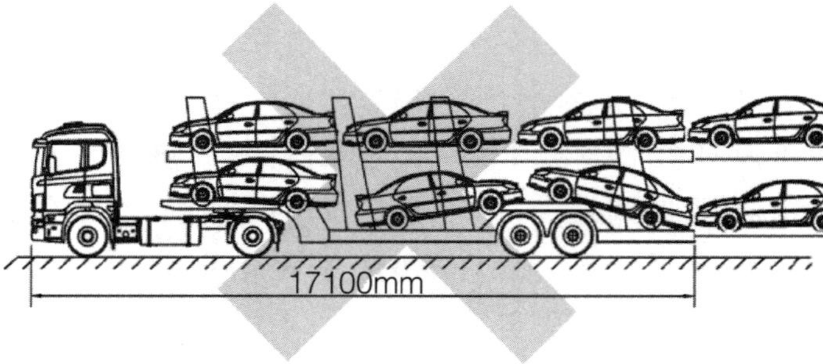

车辆运输车“6+2”违法装载

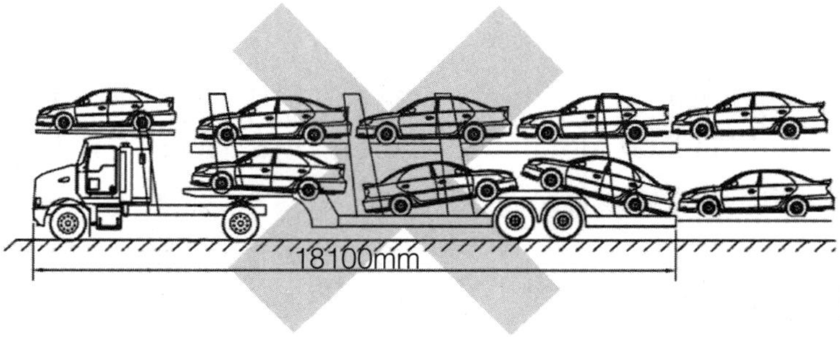

车辆运输车“7+2”违法装载

附件 2：

车辆运输车合规装载示意图

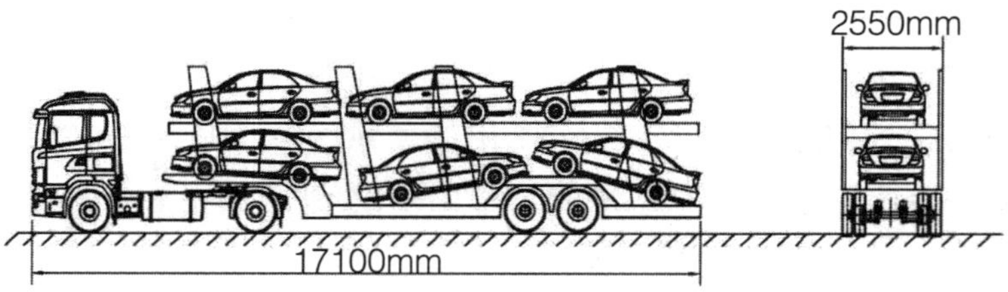

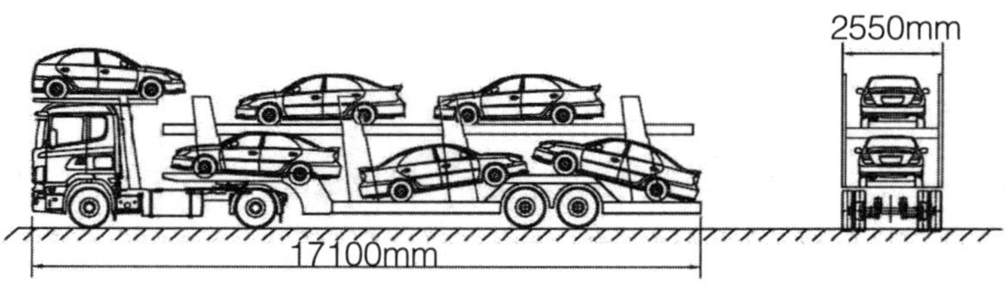

平头铰接车辆运输车

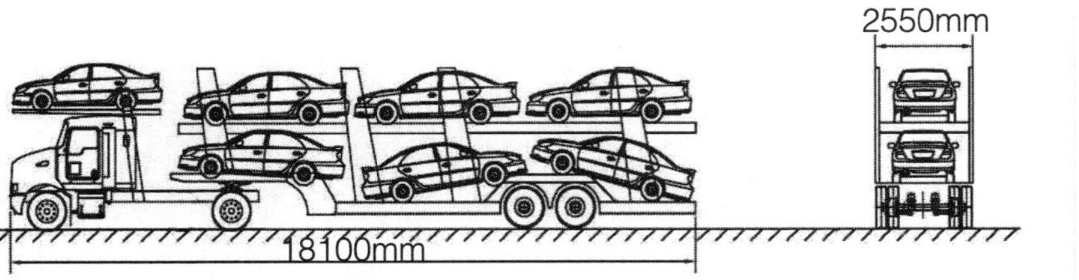

长头铰接车辆运输车

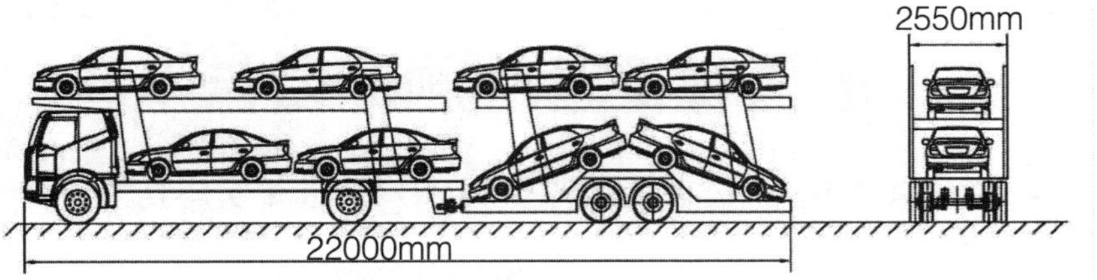

中置轴车辆运输车

国家税务总局关于国内旅客运输服务进项税抵扣等增值税征管问题的公告[①]

（国家税务总局公告 2019 年第 31 号 2019 年 9 月 16 日）

现将国内旅客运输服务进项税抵扣等增值税征管问题公告如下：

一、关于国内旅客运输服务进项税抵扣

（一）《财政部 税务总局 海关总署关于深化增值税改革有关政策的公告》（财政部 税务总局 海关总署公告 2019 年第 39 号）第六条所称“国内旅客运输服务”，限于与本单位签订了劳动合同的员工，以及本单位作为用工单位接受的劳务派遣员工发生的国内旅客运输服务。

（二）纳税人购进国内旅客运输服务，以取得的增值税电子普通发票上注明的税额为进项税额的，增值税电子普通发票上注明的购买方“名称”“纳税人识别号”等信息，应当与实际抵扣税款的纳税人一致，否则不予抵扣。

（三）纳税人允许抵扣的国内旅客运输服务进项税额，是指纳税人 2019 年 4 月 1 日及以后实际发生，并取得合法有效增值税扣税凭证注明的或依据其计算的增值税税额。以增值税专用发票或增值税电子普通发票为增值税扣税凭证的，为 2019 年 4 月 1 日及以后开具的增值税专用发票或增值税电子普通发票。

二、关于加计抵减

（一）《财政部 税务总局 海关总署关于深化增值税改革有关政策的公告》（财政部 税务总局 海关总署公告 2019 年第 39 号）第七条关于加计抵减政策适用所称“销售额”，包括纳税申报销售额、稽查查补销售额、纳税评估调整销售额。其中，纳税申报销售额包括一般计税方法销售额，简易计税方法销售额，免税销售额，税务机关代开发票销售额，免、抵、退办法出口销售额，即征即退项目销售额。

稽查查补销售额和纳税评估调整销售额，

① 条款第五条废止。参见《国家税务总局关于取消增值税扣税凭证认证确认期限等增值税征管问题的公告》（国家税务总局公告 2019 年第 45 号）。

计入查补或评估调整当期销售额确定适用加计抵减政策；适用增值税差额征收政策的，以差额后的销售额确定适用加计抵减政策。

（二）2019 年 3 月 31 日前设立，且 2018 年 4 月至 2019 年 3 月期间销售额均为零的纳税人，以首次产生销售额当月起连续 3 个月的销售额确定适用加计抵减政策。

2019 年 4 月 1 日后设立，且自设立之日起 3 个月的销售额均为零的纳税人，以首次产生销售额当月起连续 3 个月的销售额确定适用加计抵减政策。

（三）经财政部和国家税务总局或者其授权的财政和税务机关批准，实行汇总缴纳增值税的总机构及其分支机构，以总机构本级及其分支机构的合计销售额，确定总机构及其分支机构适用加计抵减政策。

三、关于部分先进制造业增值税期末留抵退税

自 2019 年 6 月 1 日起，符合《财政部 税务总局关于明确部分先进制造业增值税期末留抵退税政策的公告》（财政部 税务总局公告 2019 年第 84 号）规定的纳税人申请退还增量留抵税额，应按照《国家税务总局关于办理增值税期末留抵税额退税有关事项的公告》（国家税务总局公告 2019 年第 20 号）的规定办理相关留抵退税业务。《退（抵）税申请表》（国家税务总局公告 2019 年第 20 号附件）修订并重新发布（附件 1）。

四、关于经营期不足一个纳税期的小规模纳税人免税政策适用

自 2019 年 1 月 1 日起，以 1 个季度为纳税期限的增值税小规模纳税人，因在季度中间成立或注销而导致当期实际经营期不足 1 个季度，当期销售额未超过 30 万元的，免征增值税。《国家税务总局关于全面推开营业税改征增值税试点有关税收征收管理事项的公告》（国家税务总局公告 2016 年第 23 号发布，国家税务总局公告 2018 年第 31 号修改）第六条第（三）项同时废止。

五、关于货物运输业小规模纳税人申请代开增值税专用发票

适用《货物运输业小规模纳税人申请代开增值税专用发票管理办法》（国家税务总局公告 2017 年第 55 号发布，国家税务总局公告 2018 年第 31 号修改并发布）的增值税纳税人、《国家税务总局关于开展互联网物流平台企业代开增值税专用发票试点工作的通知》（税总函〔2017〕579 号）规定的互联网物流平台企业为其代开增值税专用发票并代办相关涉税事项的货物运输业小规模纳税人，应符合以下条件：

提供公路货物运输服务的（以 4.5 吨及以下普通货运车辆从事普通道路货物运输经营的除外），取得《中华人民共和国道路运输经营许可证》和《中华人民共和国道路运输证》；提供内河货物运输服务的，取得《国内水路运输经营许可证》和《船舶营业运输证》。

六、关于运输工具舱位承包和舱位互换业务适用税目

（一）在运输工具舱位承包业务中，发包方以其向承包方收取的全部价款和价外费用为销售额，按照“交通运输服务”缴纳增值税。

承包方以其向托运人收取的全部价款和价外费用为销售额，按照“交通运输服务”缴纳增值税。

运输工具舱位承包业务，是指承包方以承运人身份与托运人签订运输服务合同，收取运费并承担承运人责任，然后以承包他人运输工具舱位的方式，委托发包方实际完成相关运输服务的经营活动。

（二）在运输工具舱位互换业务中，互换运输工具舱位的双方均以各自换出运输工具舱位确认的全部价款和价外费用为销售额，按照“交通运输服务”缴纳增值税。

运输工具舱位互换业务，是指纳税人之间签订运输协议，在各自以承运人身份承揽的运输业务中，互相利用对方交通运输工具的舱位完成相关运输服务的经营活动。

七、关于建筑服务分包款差额扣除

纳税人提供建筑服务，按照规定允许从其取得的全部价款和价外费用中扣除的分包款，是指支付给分包方的全部价款和价外费用。

八、关于取消建筑服务简易计税项目备案

提供建筑服务的一般纳税人按规定适用或选择适用简易计税方法计税的，不再实行备案制。以下证明材料无须向税务机关报送，改为自行留存备查：

（一）为建筑工程老项目提供的建筑服务，留存《建筑工程施工许可证》或建筑工程承包合同；

（二）为甲供工程提供的建筑服务、以清包工方式提供的建筑服务，留存建筑工程承包合同。

九、关于围填海开发房地产项目适用简易计税

房地产开发企业中的一般纳税人以围填海方式取得土地并开发的房地产项目，围填海工程《建筑工程施工许可证》或建筑工程承包合同注明的围填海开工日期在2016年4月30日前的，属于房地产老项目，可以选择适用简易计税方法按照5%的征收率计算缴纳增值税。

十、关于限售股买入价的确定

（一）纳税人转让因同时实施股权分置改革和重大资产重组而首次公开发行股票并上市形成的限售股，以及上市首日至解禁日期间由上述股份孳生的送、转股，以该上市公司股票上市首日开盘价为买入价，按照“金融商品转让”缴纳增值税。

（二）上市公司因实施重大资产重组多次停牌的，《国家税务总局关于营改增试点若干征管问题的公告》（国家税务总局公告2016年第53号发布，国家税务总局公告2018年第31号修改）第五条第（三）项所称的“股票停牌”，是指中国证券监督管理委员会就上市公司重大资产重组申请作出予以核准决定前的最后一次停牌。

十一、关于保险服务进项税抵扣

（一）提供保险服务的纳税人以实物赔付方式承担机动车辆保险责任的，自行向车辆修理劳务提供方购进的车辆修理劳务，其进项税额可以按规定从保险公司销项税额中抵扣。

（二）提供保险服务的纳税人以现金赔付方式承担机动车辆保险责任的，将应付给被保险人的赔偿金直接支付给车辆修理劳务提供方，不属于保险公司购进车辆修理劳务，其进项税额不得从保险公司销项税额中抵扣。

（三）纳税人提供的其他财产保险服务，比照上述规定执行。

十二、关于餐饮服务税目适用

纳税人现场制作食品并直接销售给消费者，按照“餐饮服务”缴纳增值税。

十三、关于开具原适用税率发票

（一）自 2019 年 9 月 20 日起，纳税人需要通过增值税发票管理系统开具 17%、16%、11%、10%税率蓝字发票的，应向主管税务机关提交《开具原适用税率发票承诺书》（附件 2），办理临时开票权限。临时开票权限有效期限为 24 小时，纳税人应在获取临时开票权限的规定期限内开具原适用税率发票。

（二）纳税人办理临时开票权限，应保留交易合同、红字发票、收讫款项证明等相关材料，以备查验。

（三）纳税人未按规定开具原适用税率发票的，主管税务机关应按照现行有关规定进行处理。

十四、关于本公告的执行时间

本公告第一条、第二条自公告发布之日起施行，本公告第五条至第十二条自 2019 年 10 月 1 日起施行。此前已发生未处理的事项，按照本公告执行，已处理的事项不再调整。《货物运输业小规模纳税人申请代开增值税专用发票管理办法》（国家税务总局公告 2017 年第 55 号发布，国家税务总局公告 2018 年第 31 号修改并发布）第二条第（二）项、《国家税务总局关于开展互联网物流平台企业代开增值税专用发票试点工作的通知》（税总函〔2017〕579 号）第一条第（二）项、《国家税务总局关于简化建筑服务增值税简易计税方法备案事项的公告》（国家税务总局公告 2017 年第 43 号发布，国家税务总局公告 2018 年第 31 号修改）自 2019 年 10 月 1 日起废止。

特此公告。

附件：1. 退（抵）税申请表（略）

2. 开具原适用税率发票承诺书（略）

交通运输部关于公布第一批交通强国建设试点单位的通知

（交规划函〔2019〕738 号　2019 年 10 月 15 日）

为加快建设交通强国，经研究，决定开展第一批交通强国建设试点工作。现将有关事项通知如下：

一、同意河北雄安新区、辽宁省、江苏省、浙江省、山东省、河南省、湖北省、湖南省、广西壮族自治区、重庆市、贵州省、新疆维吾尔自治区、深圳市开展第一批交通强国建设试点工作，力争用 1—2 年时间取得试点任务的阶段性成果，用 3—5 年时间取得相对完善的系统性成果，打造一批先行先试典型样板，并在全国范围内有序推广。

二、试点地区交通运输主管部门要按照试点工作要求，聚焦落实《交通强国建设纲要》重点任务，围绕重点领域、优势领域、急需领域或关键环节，大胆创新、积极探索，牵头组织地方铁路、民航、邮政等相关部门和企业、高校、科研机构等单位，抓紧完善试点实施方案和试点任务申请书。预期成果要具备一定的行业领先地位和特色，确保预期成果可量化、可考核，形成良好的示范效应。

试点地区交通运输主管部门请于 2019 年 10 月 31 日前将有关材料报送交通运输部（3 份纸质材料，1 份电子光盘）。联系人及电话：交通运输部综合规划司左天立、刘东，010-65292652、010-65293102。

交通运输部办公厅关于深化交邮融合推广农村物流服务品牌的通知

（交办运函〔2019〕1359号　2019年9月19日）

为深入贯彻落实党中央、国务院关于实施乡村振兴战略、推进脱贫攻坚的决策部署，按照《交通运输部 国家邮政局 中国邮政集团公司关于深化交通运输与邮政快递融合推进农村物流高质量发展的意见》（交运发〔2019〕107号）要求，进一步深化交邮融合，引领农村物流高质量发展，现将组织开展农村物流服务品牌推广工作有关事项通知如下：

一、总体要求

以深化农村物流供给侧结构性改革为主线，以促进交邮融合、产业联动、脱贫攻坚为主攻方向，以农村物流站场资源共享、运力资源共用、信息资源融合为重点，以体制机制、运输组织、合作模式、技术变革等创新为途径，进一步发挥企业市场主体作用和创新积极性，不断完善县、乡、村三级节点服务网络，努力提高农村物流网络覆盖率和整体服务水平，为服务乡村振兴、助力脱贫攻坚提供有力支撑。

通过持续开展此项工作，在全国范围内着力打造一批网络覆盖健全、资源整合高效、运营服务规范、产业支撑明显的农村物流服务品牌，引导培育一批市场竞争能力强、服务品牌知名度高、引领带动作用好的龙头骨干企业，推动建设一批精品线路、精品站点、精品项目，总结形成一批可复制、可推广的经验，推进农村物流发展的体制机制更加顺畅，市场环境不断优化，产业融合、脱贫攻坚支撑能力显著增强，市场主体活力进一步释放，充分发挥品牌引领带动作用，推动构建模式创新、运营高效、安全绿色的农村物流服务新体系。

二、主要模式

鼓励支持各地结合农村经济发展特点和物流实际需求，引导企业因地制宜培育农村物流服务品牌，包括但不限于以下服务模式。

1. “客运+货运两网合一”服务模式。充分利用农村客运班线网络和运力资源，支持和鼓励客车代运邮件快件业务，降低配送成本。引导企业开通城乡货运物流专线，不断提高线路通达深度和覆盖广度。

2. “交通运输+邮政快递融合”服务模式。交通运输企业通过战略联盟、资本合作等方式加强与邮政、快递企业的深度合作。交通运输企业积极承接县、乡、村三级快件运输业务；改造既有县、乡客货运站场，拓展邮件快件中转分拨、运输配送等服务功能；利用农村客运线路和资源，建设村级快递公共取送点；支持对具有农村货运和电子商务配送需求的邮政快递等基础设施进行改造升级，提高站场、线路、运力等资源共建共享。

3. “网络平台货运+农村物流”服务模式。充分利用互联网等现代信息技术，积极搭建集供需发布、网上交易、精准匹配、运力整合、交易结算、诚信评价等功能为一体的网络货运综合服务平台，实现线下实体网络和线上平台网络协同联动、一体化运营，促进供需精准对接。

4. “电子商务+农村物流”服务模式。充分利用电子商务进农村综合示范建设成果，鼓励电子商务平台经营企业发挥自身货源和销售渠道优势，或与物流企业深入合作，进一步延伸拓展仓储、分拨、流通加工、配送等物流服务功能，促进商流、信息流、资金流和物流多流合一，实现“以商养运、以运促贸”。

5. “特色产业+农村物流”服务模式。围绕农业产业化和现代化发展需求，特色农产品经销企业、电商企业、物流企业等市场主体加强业务协同、实施跨界经营，促进订单农业、农产品直采直供等新型农业产业模式，发展现代农业产业一体化供应链。大力支持面向广大贫困地区和偏远山区农村物流项目培育，助力精准扶贫、产业脱贫。

各地要结合实际，鼓励引导骨干企业加强联动合作，整合特色产业、电子商务、商贸供销、邮政快递、站场运力、金融资本等农村物流市场各类要素，不断延伸产业链，不断丰富和完善农村物流发展新业态、新模式、新服务。

三、基本条件

各地推荐的品牌原则上应符合以下条件：

1. 地方各级人民政府特别是县（区）人民政府高度重视，出台用地、财政、技术更新、人才培养等相关支持政策，形成良好的市场发展环境和政策支撑保障体系。

2. 县（区）人民政府交通运输、邮政、商务、农业、供销等管理部门密切配合，形成协同联动的工作机制。

3. 实施主体企业参与积极性高，具有较强的发展实力和成熟的运营管理经验，在完善农村物流服务网络、拓展农村物流市场等方面具有较强的发展潜力和创新能力。

4. 在农村物流发展、完善三级节点网络、推进模式创新、改进提升服务方面已开展了积极实践探索，并取得了较好成效，形成可复制、可推广的经验。

四、组织实施

1. 品牌申报。县级交通运输主管部门与邮政管理机构（如有）按照本通知要求组织申报，经县级人民政府和市级交通运输主管部门、市级邮政管理部门审核同意后，报送省级交通运输主管部门。

2. 品牌推荐。省级交通运输主管部门与邮政管理部门组织对本省份申报单位提交的材料进行审核，将品牌申报材料及推荐意见一并报送交通运输部。

3. 公示发布。交通运输部会同国家邮政局组织行业相关专家，对各省申报的品牌进行评审，经公示后向全国发布。

4. 总结推广。交通运输部和国家邮政局将及时总结各地经验，形成一批可复制、可推广的典型运营模式和管理经验，指导各地进一步完善农村物流发展的体制机制、政策和标准规划体系，逐步建立健全推进农村物流可持续发展的长效机制。

为做好今年的品牌推广工作，请各省级交通运输部门于 2019 年 10 月 31 日前将品牌申报材料及推荐意见一并报送交通运输部，每个省份原则上不超过 3 个。

联系人：交通运输部运输服务司，电话：010-65293432 010-65292764（传真）。

附件：农村物流服务品牌申报材料要求（略）

交通运输部 国家发展改革委关于深化道路运输价格改革的意见

（交运规〔2019〕17号 2019年10月30日）

各省、自治区、直辖市、新疆生产建设兵团交通运输厅（局、委）、发展改革委：

为贯彻落实《中共中央 国务院关于推进价格机制改革的若干意见》和《国务院办公厅关于深化改革推进出租汽车行业健康发展的指导意见》（国办发〔2016〕58号）等有关部署，深化道路运输价格市场化改革，促进行业高质量发展，现提出以下意见。

一、总体要求

（一）指导思想。

以习近平新时代中国特色社会主义思想为指导，全面贯彻党的十九大和十九届二中、三中全会精神，坚持以供给侧结构性改革为主线，按照党中央、国务院决策部署和高质量发展要求，深化道路运输价格市场化改革，完善道路运输价格管理方式，使市场在资源配置中起决定性作用，更好发挥政府作用，促进道路运输转型升级、提质增效，更好满足人民日益增长的美好生活需要。

（二）基本原则。

——坚持市场导向。充分发挥价格调节市场供求关系的杠杆作用，加快完善主要由市场决定价格的机制，凡是能由市场形成价格的都交给市场，激发市场活力，提高资源配置效率。对暂不具备放开条件的道路运输价格，建立健全科学反映成本、体现质量效率、灵活动态调整的政府定价机制。

——坚持保障民生。牢固树立以人民为中心的发展思想，坚持在发展中保障和改善民生，妥善处理提高市场效率和保障社会公平的关系，保持基本公共服务领域运输服务价格基本稳定，防止春运、节假日等运输旺季价格大起大落，保障人民群众基本出行和合法价格权益，努力满足人民群众个性化、多样化、高品质出行需求。

——坚持包容审慎。落实新发展理念，对道路运输新业态新模式实施包容审慎的价格政策。按照放管结合的要求，加强价格行为事中事后监管和市场价格水平监测，保障市场稳定，促进公平竞争。

——坚持统筹推进。把价格改革放在道路

运输“放管服”改革、优化完善市场准入和事中事后监管体系的大局中统筹谋划，坚持正确方向，把握好时机、节奏和力度，妥善处理政府和市场、短期和长期、供给和需求的关系，因地制宜，稳慎推进，以进促稳，以稳保进。

（三）改革目标。

到2020年，道路运输竞争性领域和环节价格基本放开，确需保留的实行政府定价、政府指导价的道路运输价格动态调整机制有效建立，道路客运、出租汽车等领域经营者价格行为更加规范，主要由市场决定的道路运输价格形成机制和科学、规范、透明的道路运输价格监管制度基本健全，价格机制引导资源配置、促进行业高质量发展、满足人民群众出行需求的作用明显增强。

二、主要任务

（一）深化道路客运价格市场化改革。除农村客运外，由三家及以上经营者共同经营线路、与高铁动车组线路平行线路等竞争充分的班车客运，原则上实行市场调节价；同一方向上运输方式单一且同业竞争不充分的班车客运，可实行政府指导价（最高上限价格）管理。取得道路客运经营许可、按照固定线路运行或者实行区域经营的农村客运，原则上实行政府指导价（最高上限价格）管理。完善事前公告要求，取消班车客运价格确定、调整的事前备案。

（二）完善汽车客运站收费分类管理。汽车客运站提供的可由班车客运经营者、旅客自主选择的服务收费，应实行市场调节价。汽车客运站提供的客运代理、客车发班、车辆安全例行检查等车辆站务基本服务，以及退票、站务等旅客基本服务收费，原则上实行政府指导价。各地也可结合实际，部分实行或者全部实行市场调节价。

（三）健全巡游出租汽车运价形成机制。对于巡游出租汽车价格实行政府定价或者政府指导价管理的，各地要按照国办发〔2016〕58号文件要求，加快健全运价形成机制，建立完善运价动态调整机制，并定期评估完善。要根据本地实际情况，综合考虑出租汽车运营成本、居民和驾驶员收入水平、交通状况、服务质量等因素，按照规定程序，及时调整巡游出租汽车运价水平和结构。鼓励各地逐步建立完善运价调整机制，对运价调整机制进行听证，达到启动条件时应及时实施运价调整并向社会公告，实现运价调整工作机制化、动态化，增强价格时效性、灵活性。

（四）规范道路运输新业态新模式价格管理。规范网络预约出租汽车（以下简称网约车）价格行为，对网约车实行市场调节价，城市人民政府认为确有必要的可实行政府指导价。网约车平台公司应主动公开定价机制和动态加价机制，通过公司网站、移动互联网应用程序（APP）等方式公布运价结构、计价加价规则，保持加价标准合理且相对稳定，保障结算账单清晰、规范、透明，并接受社会监督。道路客运定制服务（含预约响应式的农村客运服务）实行市场调节价。在农村地区开通的公共汽电车客运，原则上纳入公共交通价格管理。

（五）健全特殊旅客权益保障。班车客运经营者和汽车客运站应对持《中华人民共和国残疾军人证》的伤残军人、持《中华人民共和国伤残人民警察证》的伤残人民警察、持国家综合性消防救援队伍残疾人员证件的残疾消防救援人员执行客票半价优待，具体按照所乘班次执行票价的50%计算。除9座及以下客车外，符合条件的儿童享受免费乘车或者客票半价优待。具体条件为：每一成人旅客可携带1名6周岁（含6周岁）以下或者身高1.2米（含1.2米）以下、且不单独占用座位的儿童免费乘车，需单独占用座位或者超过1名时超过的人数执行客票半价优待，并提供座位；6~14周岁或者身高为1.2~1.5米的儿童乘车执行客票半价优待，并提供座位。证明儿童年龄的有效身份证件包括中华人民共和国居民身份证、中华人民共和国临时居民身份证、港澳台居民居住证、港澳居民来往内地通行证、台湾居民来往大陆通行证、护照、外国人永久居留身份证等。在客车满载情况下免费乘车儿童数量不得超过核定载客人数的10%（舍去小数位取整）。

三、相关措施

（一）规范政府定价行为。对实行政府定价、政府指导价的道路运输价格和汽车客运站收费，要依法纳入地方定价目录。定价机关制定或者调整价格，应依法开展定价成本监审或者成本调查，并广泛听取社会各方面意见。春运和节假日期间，班车客运票价不得在正常的政府指导价规定范围或者政府定价水平以外实行特殊的加价政策。

（二）规范经营者自主定价行为。非定线旅游客运、包车客运、道路货物运输继续实行市场调节价。道路运输经营者应实行明码标价，公示服务项目及价格，并保持价格基本稳定。班车客运经营者应至少提前7日在汽车客运站、售票渠道等向社会公布执行票价；班车客运实行政府指导价的，还应在客票（含电子客票）标注或者通过售票渠道公示上限票价。鼓励汽车客运站、班车客运经营者向旅客免费提供改签服务。道路运输经营者按照价格政策规定制定或者调整价格、网约车平台公司调整定价机制或者动态加价机制，应至少提前7日向社会公布。

（三）加强价格监测和信用体系建设。各地价格、交通运输等主管部门，应建立健全道路运输价格监测分析预警机制，密切跟踪分析本地区道路运输价格总体水平和重要领域价格走势，着重加强春运、节假日等重点时段价格监测，完善价格异常波动应对预案，及时提出调控建议，保持价格水平处于合理区间。要推动建立道路运输价格信用监管机制，依法依规对相关失信责任主体实施失信联合惩戒。

（四）推进完善行业治理体系。各级交通运输主管部门要会同相关部门，持续深化道路运输简政放权、放管结合、优化服务改革，完善道路运输管理和经营服务的法规规章和标准规范，创新运输组织方式，优化准入条件、许可程序和许可事项，为价格改革营造良好的市场环境。鼓励道路运输经营者依法加强行业自律，规范价格行为。

四、工作要求

（一）加强组织。各地交通运输、价格主管部门要充分认识推进道路运输价格改革的重要意义，认真贯彻落实改革措施，充实工作力量，加强统筹协调，明确责任分工，因地制宜、因时制宜，深入调研、科学论证，充分考虑社会承受能力，依法依规推动本地道路运输价格改革工作，确保改革稳妥有序。

（二）务求实效。各省级交通运输、价格主管部门要统筹推进本地区道路运输“放管服”改革和价格改革，加强督促指导和评估工作，加强制度“立改废”工作，坚持分类指导，确保改革落到实处，精准有效。

（三）加强宣传。各地交通运输、价格主管部门要深入开展宣贯培训、政策解读工作，将改革举措及时、准确地传达到相关经营者。要加强宣传报道和社会沟通，及时回应社会关切，合理引导社会舆论和市场预期，确保改革推进过程中行业和社会稳定。要深入总结改革取得的成效和经验，宣传价格改革对推动行业转型升级、满足人民美好生活需要的作用，营造道路运输价格改革良好舆论氛围。

本意见自2020年1月1日起施行，1996年3月18日《交通部 国家计划委员会关于发布〈汽车客运站收费规则〉的通知》（交公路发〔1996〕263号）和2009年6月19日《交通运输部 国家发展和改革委员会关于印发〈汽车运价规则〉和〈道路运输价格管理规定〉的通知》（交运发〔2009〕275号）同时废止。

交通运输部关于修改《港口经营管理规定》的决定

（中华人民共和国交通运输部令　2019 年第 36 号）

《交通运输部关于修改〈港口经营管理规定〉的决定》已于 2019 年 11 月 20 日经第 26 次部务会议通过，现予公布，自公布之日起施行。

交通运输部部长　李小鹏

2019 年 11 月 28 日

交通运输部关于修改《港口经营管理规定》的决定

交通运输部决定对《港口经营管理规定》（交通运输部令 2019 年第 8 号）作出如下修改：

一、删去第九条。

二、删去第十条第一款第二项和第三款。

三、删去第十一条第二款中的“港口设施需要试运行经营的，所持有的《港口经营许可证》的有效期为试运行经营期，并在证书上注明。试运行经营期原则上不超过 6 个月；确需延期的，试运行经营期累计不得超过 1 年。”

条文序号作相应调整。

本决定自公布之日起施行。

《港口经营管理规定》根据本决定作相应修正，重新发布。

港口经营管理规定

（2009 年 11 月 6 日交通运输部发布 根据 2014 年 12 月 23 日《交通运输部关于修改〈港口经营管理规定〉的决定》第一次修正 根据 2016 年 4 月 19 日《交通运输部关于修改〈港口经营管理规定〉的决定》第二次修正 根据 2018 年 7 月 31 日《交通运输部关于修改〈港口经营管理规定〉的决定》第三次修正 根据 2019 年 4 月 9 日《交通运输部关于修改〈港口经营管理规定〉的决定》第四次修正 根据 2019 年 11 月 28 日《交通运输部关于修改〈港口经营管理规定〉的决定》第五次修正）

第一章　总　　则

第一条　为规范港口经营行为，维护港口经营秩序，依据《中华人民共和国港口法》和其他有关法律、法规，制定本规定。

第二条 本规定适用于港口经营及相关活动。

第三条 本规定下列用语的含义是：

（一）港口经营，是指港口经营人在港口区域内为船舶、旅客和货物提供港口设施或者服务的活动，主要包括下列各项：

1. 为船舶提供码头、过驳锚地、浮筒等设施；

2. 为旅客提供候船和上下船舶设施和服务；

3. 从事货物装卸（含过驳）、仓储、港区内驳运；

4. 为船舶进出港、靠离码头、移泊提供顶推、拖带等服务。

（二）港口经营人，是指依法取得经营资格从事港口经营活动的组织和个人。

（三）港口理货业务经营人，是指为委托人提供货物交接过程中的点数和检查货物表面状况的理货服务的组织和个人。

（四）港口设施，是指为从事港口经营而建造和设置的建（构）筑物。

第四条 交通运输部主管全国港口经营行政管理工作。

省、自治区、直辖市人民政府交通运输（港口）主管部门负责本行政区域内的港口经营行政管理工作。

省、自治区、直辖市人民政府、港口所在地设区的市（地）、县人民政府确定的具体实施港口行政管理的部门负责该港口的港口经营行政管理工作。本款上述部门统称港口行政管理部门。

第五条 国家鼓励港口经营性业务实行多家经营、公平竞争。港口经营人、港口理货业务经营人不得实施垄断行为。任何组织和部门不得以任何形式实施地区保护和部门保护。

第二章 资质管理

第六条 从事港口经营，应当申请取得港口经营许可。

实施港口经营许可，应当遵循公平、公正和公开透明的原则，不得收取费用，并应当接受社会监督。

第七条 从事港口经营（港口拖轮经营除外），应当具备下列条件：

（一）有固定的经营场所。

（二）有与经营范围、规模相适应的港口设施、设备，其中：

1. 码头、客运站、库场、储罐、污水处理设施等固定设施应当符合港口总体规划和法律、法规及有关技术标准的要求；

2. 为旅客提供上、下船服务的，应当具备至少能遮蔽风、雨、雪的候船和上、下船设施，并按相关规定配备无障碍设施；

3. 为船舶提供码头、过驳锚地、浮筒等设施的，应当有相应的船舶污染物、废弃物接收能力和相应污染应急处理能力，包括必要的设施、设备和器材。

（三）有与经营规模、范围相适应的专业技术人员、管理人员。

（四）有健全的经营管理制度和安全管理制度以及生产安全事故应急预案，应急预案经专家审查通过；依法设置安全生产管理机构或者配备专职安全管理人员。

第八条 从事港口拖轮经营，应当具备下列条件：

（一）在申请经营的港口所在地注册并具备企业法人资格；

（二）有满足拖轮停靠的自有泊位或者租用泊位；

（三）在沿海港口从事拖轮经营的，应当

至少自有并经营 2 艘沿海拖轮；在内河港口从事拖轮经营的，应当至少自有并经营 1 艘内河拖轮；

（四）海务、机务管理人员数量满足附件的要求，海务、机务管理人员具有不低于大副、大管轮的从业资历且在申请经营的港口从事拖轮服务满 1 年以上；

（五）有健全的经营管理制度和符合有关规定的安全与防污染管理制度。

第九条 申请从事港口经营，应当提交下列相应文件和资料：

（一）港口经营业务申请书；

（二）港口码头、库场、储罐、污水处理等固定设施符合国家有关规定的竣工验收合格证明；

（三）使用港口岸线的，港口岸线的使用批准文件；

（四）提供拖轮服务的，拖轮的有效船舶证书及停靠泊位的相关证明材料；

（五）依法设置安全生产管理机构或者配备安全生产管理人员的相关证明材料，其中从事拖轮经营的，提供海务、机务管理人员的相关证明材料；

（六）证明符合第七条规定条件的其他文件和资料。

从事港口拖轮经营的，应当提供上述（一）（四）（五）项规定的材料和证明符合第八条规定条件的其他文件和材料。

第十条 申请从事港口经营，申请人应当向港口行政管理部门提出书面申请和第九条规定的相关文件资料。港口行政管理部门应当自受理申请之日起 30 个工作日内作出许可或者不许可的决定。符合资质条件的，由港口行政管理部门发给《港口经营许可证》，并通过信息网络或者报刊公布；不符合条件的，不予行政许可，并应当将不予许可的决定及理由书面通知申请人。《港口经营许可证》应当明确港口经营人的名称与办公地址、法定代表人、经营项目、经营地域、主要设施设备、发证日期、许可证有效期和证书编号。

《港口经营许可证》的有效期为 3 年。

第十一条 省级交通运输主管部门和港口行政管理部门对申请人提出的港口经营许可申请，应当根据下列情况分别做出处理：

（一）申请事项依法不需要取得行政许可的，应当即时告知申请人不受理；

（二）申请事项依法不属于省级交通运输主管部门或者港口行政管理部门职权范围的，应当即时告知申请人向有关行政机关申请；

（三）申请材料存在可以当场更正的错误的，应当允许申请人当场更正；

（四）申请材料不齐全或者不符合法定形式的，应当当场或者在 5 日内一次告知申请人需要补正的全部内容，逾期不告知的，自收到申请材料之日起即为受理；

（五）申请事项属于省级交通运输主管部门或者港口行政管理部门职权范围，申请材料齐全、符合法定形式，或者申请人按照要求提交全部补正申请材料的，应当受理经营业务许可申请。

受理或者不受理经营业务许可申请，应当出具加盖许可机关专用印章和注明日期的书面凭证。

第十二条 港口经营人应当按照港口行政管理部门许可的经营范围从事港口经营活动。

第十三条 港口经营人变更经营范围的，应当就变更事项按照本规定第十条规定办理许可手续，并到市场监督管理部门办理相应的变更登记手续。

港口经营人变更企业法定代表人或者办公

地址的，应当向港口行政管理部门备案并换发《港口经营许可证》。

第十四条 港口经营人应当在《港口经营许可证》有效期届满之日30日以前，向《港口经营许可证》发证机关申请办理延续手续。

申请办理《港口经营许可证》延续手续，应当提交下列材料：

（一）《港口经营许可证》延续申请；

（二）除本规定第九条第一款第（一）项之外的其他证明材料。

第十五条 港口经营人停业或者歇业，应当提前30个工作日告知原许可机关。原许可机关应当收回并注销其《港口经营许可证》，并以适当方式向社会公布。

第三章　经营管理

第十六条 为船舶提供岸电、燃物料、生活品供应、水上船员接送及船舶污染物（含油污水、残油、洗舱水、生活污水及垃圾）接收、围油栏供应服务等船舶港口服务的单位，港口设施设备和机械租赁维修业务的单位以及港口理货业务经营人，应当向港口行政管理部门办理备案手续。港口行政管理部门应当建立备案情况档案。

从事船舶港口服务、港口设施设备和机械租赁维修的经营人以及港口理货业务经营人名称、固定经营场所、法定代表人、经营范围等事项发生变更或者终止经营的，应当在变更或者终止经营之日起15个工作日内办理变更备案。

第十七条 港口理货业务经营人不得兼营港口货物装卸经营业务和仓储经营业务。

第十八条 港口行政管理部门及相关部门应当保证港口公用基础设施的完好、畅通。

港口经营人、港口理货业务经营人以及从事船舶港口服务、港口设施设备和机械租赁维修的经营人应当按照核定的功能使用和维护港口经营设施、设备，并使其保持正常状态。

为国际航线船舶服务的码头（包括过驳锚地、浮筒），应当具备对外开放资格。

第十九条 港口经营人变更或者改造码头、堆场、仓库、储罐和污水垃圾处理设施等固定经营设施，应当依照有关法律、法规和规章的规定履行相应手续。依照有关规定无须经港口行政管理部门审批的，港口经营人应当向港口行政管理部门备案。

第二十条 从事港口旅客运输服务的经营人，应当采取必要措施保证旅客运输的安全、快捷、便利，保证旅客基本生活用品的供应，保持良好的候船条件和环境。

在港区内从事水上船员接送服务的，应当使用符合相关要求的船舶。

第二十一条 港口经营人应当优先安排抢险、救灾和国防建设急需物资的港口作业。

政府在紧急情况下征用港口设施，港口经营人应当服从指挥。港口经营人因此而产生费用或者遭受损失的，下达征用任务的机关应当依法给予相应的经济补偿。

第二十二条 在旅客严重滞留或者货物严重积压阻塞港口的紧急情况下，港口行政管理部门应当采取措施进行疏港。港口所在地的市、县人民政府认为必要时，可以直接采取措施，进行疏港。港口内的单位、个人及船舶、车辆应当服从疏港指挥。

第二十三条 港口行政管理部门应当依法制定可能危及社会公共利益的港口危险货物事故应急预案、重大生产安全事故的旅客紧急疏散和救援预案以及预防自然灾害预案，建立健全港口重大生产安全事故的应急救援体系。

港口行政管理部门按照前款规定制定的各

项预案应当予以公布，并报送省级交通运输（港口）主管部门备案。

第二十四条 港口经营人、港口理货业务经营人应当依照有关法律、法规和交通运输部有关港口安全作业的规定，加强安全生产管理，完善安全生产条件，建立健全安全生产责任制等规章制度，加强落实，确保安全生产。

港口经营人、港口理货业务经营人应当依法制定本单位的危险货物事故应急预案、重大生产安全事故的旅客紧急疏散和救援预案以及预防自然灾害预案，并保障组织实施。

港口经营人、港口理货业务经营人按照前款规定制定的各项预案应当报送港口行政管理部门和港口所在地海事管理机构备案。

第二十五条 港口经营人、港口理货业务经营人以及从事船舶港口服务、港口设施设备和机械租赁维修的经营人从事港口经营和理货等业务，应当遵守有关法律、法规、规章以及相关服务标准和规范的规定，依法履行合同约定的义务，公正、准确地办理港口经营和理货等业务，为客户提供公平、良好的服务。

第二十六条 港口经营人、港口理货业务经营人以及从事船舶港口服务的经营人应当遵守国家有关港口经营价格和收费的规定，应当在其经营场所公布经营服务收费项目和收费标准，使用国家规定的港口经营票据。

第二十七条 港口经营人、港口理货业务经营人以及从事船舶港口服务、港口设施设备和机械租赁维修的经营人不得采取不正当手段，排挤竞争对手，限制或者妨碍公平竞争；不得对具有同等条件的服务对象实行歧视；不得以任何手段强迫他人接受其提供的港口服务。

第二十八条 从事港口拖轮业务的经营人，应当公布所经营拖轮的实时状态，供船舶运输经营人自主选择。

第二十九条 港口经营人应当按照有关规定及时足额交纳港口行政性收费。

港口经营人、港口理货业务经营人以及从事船舶港口服务、港口设施设备和机械租赁维修的经营人的合法权益受法律保护。任何单位和个人不得向港口经营人、港口理货业务经营人以及从事船舶港口服务、港口设施设备和机械租赁维修的经营人摊派或者违法收取费用。

港口经营人、港口理货业务经营人以及从事船舶港口服务、港口设施设备和机械租赁维修的经营人有权拒绝违反规定收取或者摊派的各种费用。

第三十条 港口行政管理部门应当依法做好港口行政性收费的征管工作，保证港口行政性收费征收到位，并及时足额解缴。

港口行政性收费实行专户管理，专款专用。

第三十一条 港口经营人、港口理货业务经营人以及从事船舶港口服务、港口设施设备和机械租赁维修的经营人应当按照国家有关规定，及时向港口行政管理部门如实提供港口统计资料及有关信息。

各级交通运输（港口）主管部门和港口行政管理部门应当按照有关规定向交通运输部和上级交通运输（港口）主管部门报送港口统计资料和相关信息，并结合本地区的实际建设港口管理信息系统。

上述部门的工作人员应当为港口经营人、港口理货业务经营人以及从事船舶港口服务、港口设施设备和机械租赁维修的经营人保守商业秘密。

第四章 监督检查

第三十二条 港口行政管理部门应当依法

对港口安全生产情况和本规定执行情况实施监督检查，并将检查的结果向社会公布。港口行政管理部门应当对旅客集中、货物装卸量较大或者特殊用途的码头进行重点巡查。检查中发现安全隐患的，应当责令被检查人立即排除或者限期排除。

各级交通运输（港口）主管部门应当加强对港口行政管理部门实施《中华人民共和国港口法》和本规定的监督管理，切实落实法律规定的各项制度，及时纠正行政执法中的违法行为。

第三十三条 港口行政管理部门的监督检查人员依法实施监督检查时，有权向被检查单位和有关人员了解情况，并可查阅、复制有关资料。

监督检查人员应当对检查中知悉的商业秘密保密。

监督检查人员实施监督检查，应当两个人以上，并出示执法证件。

第三十四条 监督检查人员应当将监督检查的时间、地点、内容、发现的问题及处理情况作出书面记录，并由监督检查人员和被检查单位的负责人签字；被检查单位的负责人拒绝签字的，监督检查人员应当将情况记录在案，并向港口行政管理部门报告。

第三十五条 被检查单位和有关人员应当接受港口行政管理部门依法实施的监督检查，如实提供有关情况和资料，不得拒绝检查或者隐匿、谎报有关情况和资料。

第三十六条 港口经营人、港口理货业务经营人以及从事船舶港口服务、港口设施设备和机械租赁维修的经营人有违反本规定行为的，依照有关法律、行政法规的规定纳入信用记录，并予以公示。

第五章 法律责任

第三十七条 有下列行为之一的，由港口行政管理部门责令停止违法经营，没收违法所得；违法所得10万元以上的，并处违法所得2倍以上5倍以下罚款；违法所得不足10万元的，处5万元以上20万元以下罚款：

（一）未依法取得港口经营许可证，从事港口经营的；

（二）港口理货业务经营人兼营货物装卸经营业务、仓储经营业务的。

第三十八条 经检查或者调查证实，港口经营人在取得经营许可后又不符合本规定第七、八条规定一项或者几项条件的，由港口行政管理部门责令其停止经营，限期改正；逾期不改正的，由作出行政许可决定的行政机关吊销《港口经营许可证》，并以适当方式向社会公布。

港口理货业务经营人以及从事船舶港口服务、港口设施设备和机械租赁维修的经营人未按规定进行备案的，由港口行政管理部门责令改正，并处1万元以上3万元以下罚款。

第三十九条 港口经营人不优先安排抢险物资、救灾物资、国防建设急需物资的作业的，由港口行政管理部门责令改正；造成严重后果的，吊销《港口经营许可证》，并以适当方式向社会公布。

第四十条 港口经营人、港口理货业务经营人违反本规定第二十四条关于安全生产规定的，由港口行政管理部门或者其他依法负有安全生产监督管理职责的部门依法给予处罚；情节严重的，由港口行政管理部门吊销《港口经营许可证》（港口理货业务经营人除外）；构成犯罪的，依法追究刑事责任。

第四十一条 港口经营人、港口理货业务经营人以及从事船舶港口服务、港口设施设备和机械租赁维修的经营人违反本规定第二十六条、第二十七条规定，港口行政管理部门应当进行调查，并协助相关部门进行处理。

第四十二条 港口经营人、港口理货业务经营人以及从事船舶港口服务、港口设施设备和机械租赁维修的经营人违反本规定第三十一条规定不及时和不如实向港口行政管理部门提供港口统计资料及有关信息的，由港口行政管理部门按照有关法律、法规的规定予以处罚。

第四十三条 港口行政管理部门不依法履行职责，有下列行为之一的，对直接负责的主管人员和其他直接责任人员依法给予行政处分；构成犯罪的，依法追究刑事责任：

（一）对不符合法定条件的申请人给予港口经营许可的；

（二）发现取得经营许可的港口经营人不再具备法定许可条件而不及时吊销许可证的；

（三）不依法履行监督检查职责，对未经依法许可从事港口经营的行为，不遵守安全生产管理规定的行为，危及港口作业安全的行为，以及其他违反本法规定的行为，不依法予以查处的。

第四十四条 港口行政管理部门违法干预港口经营人、港口理货业务经营人以及从事船舶港口服务、港口设施设备和机械租赁维修的经营人的经营自主权的，由其上级行政机关或者监察机关责令改正。向港口经营人、港口理货业务经营人以及从事船舶港口服务、港口设施设备和机械租赁维修的经营人摊派财物或者违法收取费用的，责令退回；情节严重的，对直接负责的主管人员和其他直接责任人员依法给予行政处分。

第六章 附 则

第四十五条 《港口经营许可证》的式样由交通运输部统一规定，由省级交通运输（港口）主管部门负责印制。

第四十六条 港口行政管理部门按照《中华人民共和国港口法》制定的港口章程应当在公布的同时送上级交通运输（港口）主管部门和交通运输部备案。

第四十七条 港口引航适用《船舶引航管理规定》（交通部令 2001 年第 10 号）。从事危险货物港口作业的，应当同时遵守《港口危险货物安全管理规定》（交通运输部令 2019 年第 34 号）。

第四十八条 本规定自 2010 年 3 月 1 日起施行。2003 年 12 月 26 日交通部发布的《港口经营管理规定》（交通部令 2004 年第 4 号）同时废止。

交通运输部关于修改《港口危险货物安全管理规定》的决定

（中华人民共和国交通运输部令 2019年第34号）

《交通运输部关于修改〈港口危险货物安全管理规定〉的决定》已于2019年11月20日经第26次部务会议通过，现予公布，自公布之日起施行。

交通运输部部长 李小鹏

2019年11月28日

交通运输部关于修改《港口危险货物安全管理规定》的决定

交通运输部决定对《港口危险货物安全管理规定》（交通运输部令2017年第27号）作如下修改：

删去第二十四条第二款。

本决定自公布之日起施行。

《港口危险货物安全管理规定》根据本决定作相应修正，重新发布。

港口危险货物安全管理规定

（2017年9月4日交通运输部发布 根据2019年11月28日《交通运输部关于修改〈港口危险货物安全管理规定〉的决定》修正）

第一章 总 则

第一条 为了加强港口危险货物安全管理，预防和减少危险货物事故，保障人民生命、财产安全，保护环境，根据《港口法》《安全生产法》《危险化学品安全管理条例》等有关法律、行政法规，制定本规定。

第二条 在中华人民共和国境内，新建、改建、扩建储存、装卸危险货物的港口建设项目和进行危险货物港口作业，适用本规定。

前款所称危险货物港口作业包括在港区内装卸、过驳、仓储危险货物等行为。

第三条 港口危险货物安全管理坚持安全第一、预防为主、综合治理的方针，强化和落实危险货物港口建设项目的建设单位和港口经营人安全生产主体责任。

第四条 交通运输部主管全国港口危险货物安全行业管理工作。

省、自治区、直辖市交通运输主管部门主管本辖区的港口危险货物安全监督管理工作。

省、市、县级港口行政管理部门在职责范围内负责具体实施港口危险货物安全监督管理工作。

第二章 建设项目安全审查

第五条 新建、改建、扩建储存、装卸危险货物的港口建设项目（以下简称危险货物港口建设项目），应当由港口行政管理部门进行安全条件审查。

未通过安全条件审查，危险货物港口建设项目不得开工建设。

第六条 省级港口行政管理部门负责下列港口建设项目的安全条件审查：

（一）涉及储存或者装卸剧毒化学品的港口建设项目；

（二）沿海 50000 吨级以上、长江干线 3000 吨级以上、其他内河 1000 吨级以上的危险货物码头；

（三）沿海罐区总容量 100000 立方米以上、内河罐区总容量 5000 立方米以上的危险货物仓储设施。

其他危险货物港口建设项目由项目所在地设区的市级港口行政管理部门负责安全条件审查。

第七条 危险货物港口建设项目的建设单位，应当在可行性研究阶段按照国家有关规定委托有资质的安全评价机构对该建设项目进行安全评价，并编制安全预评价报告。安全预评价报告应当符合有关安全生产法律、法规、规章、国家标准、行业标准和港口建设的有关规定。

第八条 涉及危险化学品的港口建设项目，建设单位还应当进行安全条件论证，并编制安全条件论证报告。安全条件论证的内容应当包括：

（一）建设项目内在的危险和有害因素对安全生产的影响；

（二）建设项目与周边设施或者单位、人员密集区、敏感性设施和敏感环境区域在安全方面的相互影响；

（三）自然条件对建设项目的影响。

第九条 建设单位应当向危险货物建设项目所在地港口行政管理部门申请安全条件审查，并提交以下材料：

（一）建设项目安全条件审查申请书；

（二）建设项目安全预评价报告；

（三）建设项目安全条件论证报告（涉及危险化学品的提供）；

（四）依法需取得的建设项目规划选址文件。

所在地港口行政管理部门应当核查文件是否齐全，不齐全的告知申请人予以补正。对材料齐全的申请应当予以受理；对不属于本级审查权限的，应当在受理后 5 日内将申请材料转报有审查权限的港口行政管理部门。转报时间应当计入审查期限。

第十条 负责安全条件审查的港口行政管理部门应当自受理申请之日起 45 日内作出审查决定。

有下列情形之一的，安全条件审查不予通过：

（一）安全预评价报告存在重大缺陷、漏项的，包括对建设项目主要危险、有害因素的辨识和评价不全面或者不准确的；

（二）对安全预评价报告中安全设施设计提出的对策与建议不符合有关安全生产法律、法规、规章和国家标准、行业标准的；

（三）建设项目与周边场所、设施的距离

或者拟建场址自然条件不符合有关安全生产法律、法规、规章和国家标准、行业标准的；

（四）主要技术、工艺未确定，或者不符合有关安全生产法律、法规、规章和国家标准、行业标准的；

（五）未依法进行安全条件论证和安全评价的；

（六）隐瞒有关情况或者提供虚假文件、资料的。

港口行政管理部门在安全条件审查过程中，应当对申请材料进行审查，并对现场进行核查。必要时可以组织相关专家进行咨询论证。

第十一条 港口行政管理部门对符合安全条件的，应当予以通过，并将审查决定送达申请人。对未通过安全条件审查的，应当说明理由并告知申请人。建设单位经过整改后可以重新申请安全条件审查。

第十二条 已经通过安全条件审查的危险货物港口建设项目有下列情形之一的，建设单位应当按照本规定的有关要求重新进行安全条件论证和安全评价，并重新申请安全条件审查：

（一）变更建设地址的；

（二）建设项目周边环境因素发生重大变化导致安全风险增加的；

（三）建设项目规模进行调整导致安全风险增加或者安全性能降低的；

（四）建设项目平面布置、作业货种、工艺、设备设施等发生重大变化导致安全风险增加或者安全性能降低的。

第十三条 建设单位应当在危险货物港口建设项目初步设计阶段按照国家有关规定委托设计单位对安全设施进行设计。

安全设施设计应当符合有关安全生产和港口建设的法律、法规、规章以及国家标准、行业标准，并包括以下主要内容：

（一）该建设项目涉及的危险、有害因素和程度及周边环境安全分析；

（二）采用的安全设施和措施，预期效果以及存在的问题与建议；

（三）对安全预评价报告中有关安全设施设计的对策与建议的采纳情况说明；

（四）可能出现的事故预防及应急救援措施。

第十四条 由港口行政管理部门负责初步设计审批的危险货物港口建设项目，在初步设计审批中对安全设施设计进行审查。

前款规定之外的其他危险货物港口建设项目，由负责安全条件审查的港口行政管理部门进行安全设施设计审查。

建设单位在申请安全设施设计审查时应当提交以下材料：

（一）安全设施设计审查申请书；

（二）设计单位的基本情况及资信情况；

（三）安全设施设计。

港口行政管理部门应当自受理申请之日起20日内对申请材料进行审查，作出审查决定，并告知申请人；20日内不能作出决定的，经本部门负责人批准，可以延长10日，并应当将延长期限的理由告知申请人。

第十五条 有下列情形之一的，安全设施设计审查不予通过：

（一）设计单位资质不符合相关规定的；

（二）未按照有关法律、法规、规章和国家标准、行业标准的规定进行设计的；

（三）对未采纳安全预评价报告中的安全对策和建议，未作充分论证说明的；

（四）隐瞒有关情况或者提供虚假文件、资料的。

安全设施设计审查未通过的，建设单位经过整改后可以重新申请安全设施设计审查。

第十六条 已经通过审查的危险货物港口建设项目安全设施设计有下列情形之一的，建设单位应当报原审查部门重新申请安全设施设计审查：

（一）改变安全设施设计且可能导致安全性能降低的；

（二）在施工期间重新设计的。

第十七条 危险货物港口建设项目的建设单位应当在施工期间组织落实经批准的安全设施设计的有关内容，并加强对施工质量的监测和管理，建立相应的台账。施工单位应当按照批准的设计施工。

第十八条 危险货物港口建设项目的安全设施应当与主体工程同时建成，并由建设单位组织验收。验收前建设单位应当按照国家有关规定委托有资质的安全评价机构对建设项目及其安全设施进行安全验收评价，并编制安全验收评价报告。安全验收评价报告应当符合国家标准、行业标准和港口建设的有关规定。

建设单位进行安全设施验收时，应当组织专业人员对该建设项目进行现场检查，并对安全设施施工报告及监理报告、安全验收评价报告等进行审查，作出是否通过验收的结论。参加验收人员的专业能力应当涵盖该建设项目涉及的所有专业内容。

安全设施验收未通过的，建设单位经过整改后可以再次组织安全设施验收。

第十九条 安全设施验收合格后，建设单位应当将验收过程中涉及的文件、资料存档，并自觉接受和配合安全生产监督管理部门依据《安全生产法》的规定对安全设施验收活动和验收结果进行的监督核查。

第二十条 安全评价机构的安全评价活动应当遵守有关法律、法规、规章和国家标准和行业标准的规定。

港口行政管理部门应当对违法违规开展港口安全评价的机构予以曝光，并通报同级安全生产监督管理部门。

第三章 经营人资质

第二十一条 从事危险货物港口作业的经营人（以下简称危险货物港口经营人）除满足《港口经营管理规定》规定的经营许可条件外，还应当具备以下条件：

（一）设有安全生产管理机构或者配备专职安全生产管理人员；

（二）具有健全的安全管理制度、岗位安全责任制度和操作规程；

（三）有符合国家规定的危险货物港口作业设施设备；

（四）有符合国家规定且经专家审查通过的事故应急预案和应急设施设备；

（五）从事危险化学品作业的，还应当具有取得从业资格证书的装卸管理人员。

第二十二条 申请危险货物港口经营人资质，除按《港口经营管理规定》的要求提交相关文件和材料外，还应当向所在地港口行政管理部门提交以下文件和材料：

（一）危险货物港口经营申请表，包括拟申请危险货物作业的具体场所、作业方式、危险货物品名（集装箱和包装货物载明到“项别”）；

（二）符合国家规定的应急设施、设备清单；

（三）装卸管理人员的从业资格证书（涉及危险化学品的提供）；

（四）新建、改建、扩建储存、装卸危险货物港口设施的，提交安全设施验收合格证明材料（包括安全设施施工报告及监理报告、安全验收评价报告、验收结论和隐患整改报告）；使用现有港口设施的，提交对现状的安全评价报告。

第二十三条 所在地港口行政管理部门应当自受理申请之日起30日内作出许可或者不予许可的决定。符合许可条件的，应当颁发《港口经营许可证》，并对每个具体的危险货物作业场所配发《港口危险货物作业附证》（见附件）。

《港口经营许可证》应当载明危险货物港口经营人的名称与办公地址、法定代表人或者负责人、经营地域、准予从事的业务范围、附证事项、发证日期、许可证有效期和证书编号。

《港口危险货物作业附证》应当载明危险货物港口经营人、作业场所、作业方式、作业危险货物品名（集装箱和包装货物载明到“项别”）、发证机关、发证日期、有效期和证书编号。

所在地港口行政管理部门应当依法向社会公开有关信息，并及时向所在地海事管理机构和同级安全生产监督管理部门、环境保护主管部门、公安机关通报。

第二十四条 《港口经营许可证》有效期为3年，《港口危险货物作业附证》有效期不得超过《港口经营许可证》的有效期。

第二十五条 危险货物港口经营人应当在《港口经营许可证》或者《港口危险货物作业附证》有效期届满之日30日以前，向发证机关申请办理延续手续。

申请办理《港口经营许可证》及《港口危险货物作业附证》延续手续，除按《港口经营管理规定》的要求提交相关文件和材料外，还应当提交下列材料：

（一）除本规定第二十二条第（一）项之外的其他证明材料；

（二）本规定第二十八条规定的安全评价报告及落实情况。

第二十六条 危险货物港口经营人发生变更或者其经营范围发生变更的，应当按照本规定第二十二条的规定重新申请《港口经营许可证》及《港口危险货物作业附证》。

第二十七条 危险货物港口经营人应当在依法取得许可的范围内从事危险货物港口作业，依法提取和使用安全生产经费，聘用注册安全工程师从事安全生产管理工作，对从业人员进行安全生产教育、培训并如实记录相关情况，推进安全生产标准化建设。相关从业人员应当按照《危险货物水路运输从业人员考核和从业资格管理规定》的要求，经考核合格或者取得相应从业资格。

第二十八条 危险货物港口经营人应当在取得经营资质后，按照国家有关规定委托有资质的安全评价机构，对本单位的安全生产条件每3年进行一次安全评价，提出安全评价报告。安全评价报告的内容应当包括对事故隐患的整改情况、遗留隐患和安全条件改进建议。

危险货物港口经营人应当将安全评价报告以及落实情况报所在地港口行政管理部门备案。

第二十九条 出现下列情形之一的，危险货物港口经营人应当重新进行安全评价，并按照本规定第二十八条的规定进行备案：

（一）增加作业的危险货物品种；

（二）作业的危险货物数量增加，构成重大危险源或者重大危险源等级提高的；

（三）发生火灾、爆炸或者危险货物泄漏，导致人员死亡、重伤或者事故等级达到较大事故以上的；

（四）周边环境因素发生重大变化，可能对港口安全生产带来重大影响的。

增加作业的危险货物品种或者数量，涉及变更经营范围的，除应当符合环保、消防、职业卫生等方面相关主管部门的要求外，还应当按照本规定第二十六条的规定重新申请《港口经营许可证》及《港口危险货物作业附证》。

现有设施需要进行改扩建的，除应当履行改扩建手续外，还应当履行本规定第二章安全审查的有关规定。

第四章　作业管理

第三十条　危险货物港口经营人应当根据《港口危险货物作业附证》上载明的危险货物品名，依据其危险特性，在作业场所设置相应的监测、监控、通风、防晒、调温、防火、灭火、防爆、泄压、防毒、中和、防潮、防雷、防静电、防腐、防泄漏以及防护围堤或者隔离操作等安全设施、设备，并保持正常、正确使用。

第三十一条　危险货物港口经营人应当按照国家标准、行业标准对其危险货物作业场所的安全设施、设备进行经常性维护、保养，并定期进行检测、检验，及时更新不合格的设施、设备，保证正常运转。维护、保养、检测、检验应当做好记录，并由有关人员签字。

第三十二条　危险货物港口经营人应当在其作业场所和安全设施、设备上设置明显的安全警示标志；同时还应当在其作业场所设置通信、报警装置，并保证其处于适用状态。

第三十三条　危险货物专用库场、储罐应当符合国家标准和行业标准，设置明显标志，并依据相关标准定期安全检测维护。

第三十四条　危险货物港口作业使用特种设备的，应当符合国家特种设备管理的有关规定，并按要求进行检验。

第三十五条　危险货物港口经营人使用管道输送危险货物的，应当建立输送管道安全技术档案，具备管道分布图，并对输送管道定期进行检查、检测，设置明显标志。

在港区内进行可能危及危险货物输送管道安全的施工作业，施工单位应当在开工的 7 日前书面通知管道所属单位，并与管道所属单位共同制定应急预案，采取相应的安全防护措施。管道所属单位应当指派专门人员到现场进行管道安全保护指导。

第三十六条　危险货物港口作业委托人应当向危险货物港口经营人提供委托人身份信息和完整准确的危险货物品名、联合国编号、危险性分类、包装、数量、应急措施及安全技术说明书等资料；危险性质不明的危险货物，应当提供具有相应资质的专业机构出具的危险货物危险特性鉴定技术报告。法律、行政法规规定必须办理有关手续后方可进行水路运输的危险货物，还应当办理相关手续，并向港口经营人提供相关证明材料。

危险货物港口作业委托人不得在委托作业的普通货物中夹带危险货物，不得匿报、谎报危险货物。

第三十七条　危险货物港口经营人不得装卸、储存未按本规定第三十六条规定提交相关资料的危险货物。对涉嫌在普通货物中夹带危险货物，或者将危险货物匿报或者谎报为普通货物的，所在地港口行政管理部门或者海事管理机构可以依法开拆查验，危险货物港口经营人应当予以配合。港口行政管理部门和海事管理机构应当将查验情况相互通报，避免重复开拆。

第三十八条　发生下列情形之一的，危险货物港口经营人应当及时处理并报告所在地港口行政管理部门：

（一）发现未申报或者申报不实、申报有误的危险货物；

（二）在普通货物或者集装箱中发现夹带危险货物；

（三）在危险货物中发现性质相抵触的危险货物，且不满足国家标准及行业标准中有关积载、隔离、堆码要求。

对涉及船舶航行、作业安全的相关信息，港口行政管理部门应当及时通报所在地海事管理机构。

第三十九条 在港口作业的包装危险货物应当妥善包装，并在外包装上设置相应的标志。包装物、容器的材质以及包装的型式、规格、方法应当与所包装的货物性质、运输装卸要求相适应。材质、型式、规格、方法以及包装标志应当符合我国加入并已生效的有关国际条约、国家标准和相关规定的要求。

第四十条 危险货物港口经营人应当对危险货物包装和标志进行检查，发现包装和标志不符合国家有关规定的，不得予以作业，并应当及时通知或者退回作业委托人处理。

第四十一条 船舶载运危险货物进出港口，应当按照有关规定向海事管理机构办理申报手续。海事管理机构应当及时将有关申报信息通报所在地港口行政管理部门。

第四十二条 船舶危险货物装卸作业前，危险货物港口经营人应当与作业船舶按照有关规定进行安全检查，确认作业的安全状况和应急措施。

第四十三条 不得在港口装卸国家禁止通过水路运输的危险货物。

第四十四条 在港口内从事危险货物添加抑制剂或者稳定剂作业的单位，作业前应当将有关情况告知相关危险货物港口经营人和作业船舶。

第四十五条 危险货物港口经营人在危险货物港口装卸、过驳作业开始 24 小时前，应当将作业委托人以及危险货物品名、数量、理化性质、作业地点和时间、安全防范措施等事项向所在地港口行政管理部门报告。所在地港口行政管理部门应当在接到报告后 24 小时内作出是否同意作业的决定，通知报告人，并及时将有关信息通报海事管理机构。报告人在取得作业批准后 72 小时内未开始作业的，应当重新报告。未经所在地港口行政管理部门批准的，不得进行危险货物港口作业。

时间、内容和方式固定的危险货物港口装卸、过驳作业，经所在地港口行政管理部门同意，可以实行定期申报。

第四十六条 危险货物港口作业应当符合有关安全作业标准、规程和制度，并在具有从业资格的装卸管理人员现场指挥或者监控下进行。

第四十七条 两个以上危险货物港口经营人在同一港口作业区内进行危险货物港口作业，可能危及对方生产安全的，应当签订安全生产管理协议，明确各自的安全生产管理职责和应当采取的安全措施，并指定专职安全生产管理人员进行安全检查与协调。

第四十八条 危险货物港口经营人进行爆炸品、气体、易燃液体、易燃固体、易于自燃的物质、遇水放出易燃气体的物质、氧化性物质、有机过氧化物、毒性物质、感染性物质、放射性物质、腐蚀性物质的港口作业，应当划定作业区域，明确责任人并实行封闭式管理。作业区域应当设置明显标志，禁止无关人员进入和无关船舶停靠。

第四十九条 危险货物应当储存在港区专用的库场、储罐，并由专人负责管理；剧毒化学品以及储存数量构成重大危险源的其他危险货物，应当单独存放，并实行双人收发、双人保管制度。

危险货物的储存方式、方法以及储存数量，包括危险货物集装箱直装直取和限时限量存放，应当符合国家标准、行业标准或者国家有关规定。

第五十条 危险货物港口经营人经营仓储业务的，应当建立危险货物出入库核查、登记制度。

对储存剧毒化学品以及储存数量构成重大危险源的其他危险货物的，危险货物港口经营人应当将其储存数量、储存地点以及管理措施、管理人员等情况，依法报所在地港口行政管理部门和相关部门备案。

第五十一条 危险货物港口经营人应当建立危险货物作业信息系统，实时记录危险货物作业基础数据，包括作业的危险货物种类及数量、储存地点、理化特性、货主信息、安全和应急措施等，并在作业场所外异地备份。有关危险货物作业信息应当按要求及时准确提供相关管理部门。

第五十二条 危险货物港口经营人应当建立安全生产风险预防控制体系，开展安全生产风险辨识、评估，针对不同风险，制定具体的管控措施，落实管控责任。

第五十三条 危险货物港口经营人应当根据有关规定，进行重大危险源辨识，确定重大危险源级别，实施分级管理，并登记建档。危险货物港口经营人应当建立健全重大危险源安全管理规章制度，制定实施危险货物重大危险源安全管理与监控方案，制定应急预案，告知相关人员在紧急情况下应当采取的应急措施，定期对重大危险源进行安全评估。

第五十四条 危险货物港口经营人应当将本单位的重大危险源及有关安全措施、应急措施依法报送所在地港口行政管理部门和相关部门备案。

第五十五条 危险货物港口经营人在重大危险源出现本规定第二十九条规定的情形之一，可能影响重大危险源级别和风险程度的，应当对重大危险源重新进行辨识、分级、安全评估、修改档案，并及时报送所在地港口行政管理部门和相关部门重新备案。

第五十六条 危险货物港口经营人应当制定事故隐患排查制度，定期开展事故隐患排查，及时消除隐患，事故隐患排查治理情况应当如实记录，并向从业人员通报。

危险货物港口经营人应当将重大事故隐患的排查和处理情况及时向所在地港口行政管理部门备案。

第五章 应急管理

第五十七条 所在地港口行政管理部门应当建立危险货物事故应急体系，制定港口危险货物事故应急预案。应急预案应当依法经当地人民政府批准后向社会公布。

所在地港口行政管理部门应当在当地人民政府的领导下推进专业化应急队伍建设和应急资源储备，定期组织开展应急培训和应急救援演练，提高应急能力。

第五十八条 危险货物港口经营人应当制定本单位危险货物事故专项应急预案和现场处置方案，依法配备应急救援人员和必要的应急救援器材、设备，每半年至少组织一次应急救援培训和演练并如实记录，根据演练结果对应急预案进行修订。应急预案应当具有针对性和可操作性，并与所在地港口行政管理部门公布的港口危险货物事故应急预案相衔接。

危险货物港口经营人应当将其应急预案及其修订情况报所在地港口行政管理部门备案，

并向本单位从业人员公布。

第五十九条 危险货物港口作业发生险情或者事故时，港口经营人应当立即启动应急预案，采取应急行动，排除事故危害，控制事故进一步扩散，并按照有关规定向港口行政管理部门和有关部门报告。

危险货物港口作业发生事故时，所在地港口行政管理部门应当按规定向上级行政管理部门、当地人民政府及有关部门报告，并及时组织救助。

第六章 安全监督与管理

第六十条 所在地港口行政管理部门应当采取随机抽查、年度核查等方式对危险货物港口经营人的经营资质进行监督检查，发现其不再具备安全生产条件的，应当依法撤销其经营许可。

第六十一条 所在地港口行政管理部门应当依法对危险货物港口作业和装卸、储存区域实施监督检查，并明确检查内容、方式、频次以及有关要求等。实施监督检查时，可以行使下列职权：

（一）进入并检查危险货物港口作业场所，查阅、抄录、复印相关的文件或者资料，提出整改意见。

（二）发现危险货物港口作业和设施、设备、装置、器材、运输工具不符合法律、法规、规章规定和国家标准、行业标准要求的，责令立即停止使用。

（三）对危险货物包装和标志进行抽查，对不符合有关规定的，责令港口经营人停止作业，及时通知或者退回作业委托人处理。

（四）检查中发现事故隐患的，应当责令危险货物港口经营人立即消除或者限期消除；重大事故隐患排除前或者排除过程中无法保证安全的，应当责令从危险区域内撤出作业人员并暂时停产停业；重大事故隐患排除后，经其审查同意，方可恢复作业。

（五）发现违法违章作业行为，应当当场予以纠正或者责令限期改正。

（六）对应急演练进行抽查，发现不符合要求的，当场予以纠正或者要求限期改正。

（七）经本部门主要负责人批准，依法查封违法储存危险货物的场所，扣押违法储存的危险货物。

港口行政管理部门依法进行监督检查，监督检查人员不得少于2人，并应当出示执法证件，将执法情况书面记录。监督检查不得影响被检查单位的正常生产经营活动。

第六十二条 有关单位和个人对依法进行的监督检查应当予以配合，不得拒绝、阻碍。港口行政管理部门依法对存在重大事故隐患作出停产停业的决定，危险货物港口经营人应当依法执行，及时消除隐患。危险货物港口经营人拒不执行，有发生生产安全事故的现实危险的，在保证安全的前提下，经本部门主要负责人批准，港口行政管理部门可以依法采取通知有关单位停止供电等措施，强制危险货物港口经营人履行决定。

港口行政管理部门依照前款规定采取停止供电措施，除有危及生产安全的紧急情形外，应当提前24小时通知危险货物港口经营人。危险货物港口经营人履行决定、采取相应措施消除隐患的，港口行政管理部门应当及时解除停止供电措施。

第六十三条 所在地港口行政管理部门应当加强对重大危险源的监管和应急准备，建立健全本辖区内重大危险源的档案，组织开展重大危险源风险分析，建立重大危险源安全检查制度，定期对存在重大危险源的港口经营人进行安全检查，对检查中发现的事故隐患，督促港口经营人进行整改。

第六十四条　港口行政管理部门应当建立举报制度，认真落实各类违法违规从事危险货物港口作业的投诉和举报，接受社会监督，及时曝光违法违规行为。

第六十五条　港口行政管理部门应当加强监管队伍建设，建立健全安全教育培训制度，依法规范行政执法行为。

第六十六条　所在地港口行政管理部门应当配备必要的危险货物港口安全检查装备，建立危险货物港口安全监管信息系统，具备危险货物港口安全监督管理能力。

第六十七条　港口行政管理部门应当建立港口危险货物管理专家库。专家库应由熟悉港口安全相关法律法规和技术标准、危险货物港口作业、港口安全技术、港口工程、港口安全管理和港口应急救援等相关专业人员组成。

港口行政管理部门在组织安全条件审查、安全设施设计审查或者其他港口危险货物管理工作时，需要吸收专家参加或者听取专家意见的，应当从专家库中抽取。

第六十八条　所在地港口行政管理部门应当建立健全安全生产诚信管理制度，对危险货物港口经营人存在安全生产违法行为或者造成恶劣社会影响的，应当列入安全生产不良信用记录，并纳入交通运输和相关统一信用信息共享平台。

第七章　法律责任

第六十九条　未经安全条件审查，新建、改建、扩建危险货物港口建设项目的，由所在地港口行政管理部门责令停止建设，限期改正；逾期未改正的，处五十万元以上一百万元以下的罚款。

第七十条　危险货物港口建设项目有下列行为之一的，由所在地港口行政管理部门责令停止建设或者停产停业整顿，限期改正；逾期未改正的，处五十万元以上一百万元以下的罚款，对其直接负责的主管人员和其他直接责任人员处二万元以上五万元以下的罚款：

（一）未按照规定对危险货物港口建设项目进行安全评价的；

（二）没有安全设施设计或者安全设施设计未按照规定报经港口行政管理部门审查同意的；

（三）施工单位未按照批准的安全设施设计施工的；

（四）安全设施未经验收合格，擅自从事危险货物港口作业的。

第七十一条　未依法取得相应的港口经营许可证，或者超越许可范围从事危险货物港口经营的，由所在地港口行政管理部门责令停止违法经营，没收违法所得；违法所得十万元以上的，并处违法所得二倍以上五倍以下罚款；违法所得不足十万元的，处五万元以上二十万元以下的罚款。

第七十二条　危险货物港口经营人未依法提取和使用安全生产经费导致不具备安全生产条件的，由所在地港口行政管理部门责令限期改正；逾期未改正的，责令停产停业整顿。

第七十三条　危险货物港口经营人有下列行为之一的，由所在地港口行政管理部门责令限期改正，可以处五万元以下的罚款；逾期未改正的，责令停产停业整顿，并处五万元以上十万元以下的罚款，对其直接负责的主管人员和其他直接责任人员处一万元以上二万元以下的罚款：

（一）未按照规定设置安全生产管理机构或者配备安全生产管理人员的；

（二）未依法对从业人员进行安全生产教育、培训，或者未如实记录安全生产教育、培训情况的；

（三）未将事故隐患排查治理情况如实记录或者未向从业人员通报的；

（四）未按照规定制定危险货物事故应急救援预案或者未定期组织演练的。

第七十四条 危险货物港口经营人有下列行为之一的，由所在地港口行政管理部门责令限期改正，可以处十万元以下的罚款；逾期未改正的，责令停产停业整顿，并处十万元以上二十万元以下的罚款，对其直接负责的主管人员和其他直接责任人员处二万元以上五万元以下的罚款：

（一）危险货物港口作业未建立专门安全管理制度、未采取可靠的安全措施的；

（二）对重大危险源未登记建档，或者未进行评估、监控，或者未制定应急预案的；

（三）未建立事故隐患排查治理制度的。

第七十五条 危险货物港口经营人有下列情形之一的，由所在地港口行政管理部门责令改正，可以处五万元以下的罚款；逾期未改正的，处五万元以上二十万元以下的罚款，对其直接负责的主管人员和其他直接责任人员处一万元以上二万元以下的罚款；情节严重的，责令停产停业整顿：

（一）未在生产作业场所和安全设施、设备上设置明显的安全警示标志的；

（二）未按照国家标准、行业标准或者国家有关规定安装、使用安全设施、设备并进行经常性维护、保养和定期检测的。

第七十六条 危险货物港口经营人有下列情形之一的，由所在地港口行政管理部门责令改正，可以处五万元以下的罚款；逾期未改正的，处五万元以上十万元以下的罚款；情节严重的，责令停产停业整顿：

（一）未对其铺设的危险货物管道设置明显的标志，或者未对危险货物管道定期检查、检测的；

（二）危险货物专用库场、储罐未设专人负责管理，或者对储存的剧毒化学品以及储存数量构成重大危险源的其他危险货物未实行双人收发、双人保管制度的；

（三）未建立危险货物出入库核查、登记制度的；

（四）装卸、储存没有安全技术说明书的危险货物或者外包装没有相应标志的包装危险货物的；

（五）未在作业场所设置通信、报警装置的。

在港口进行可能危及危险货物管道安全的施工作业，施工单位未按照规定书面通知管道所属单位，或者未与管道所属单位共同制定应急预案、采取相应的安全防护措施，或者管道所属单位未指派专门人员到现场进行管道安全保护指导的，由所在地港口行政管理部门按照前款规定的处罚金额进行处罚。

第七十七条 危险货物港口经营人有下列情形之一的，由所在地港口行政管理部门责令改正，处五万元以上十万元以下的罚款；逾期未改正的，责令停产停业整顿；除第（一）项情形外，情节严重的，还可以吊销其港口经营许可证件：

（一）未在取得从业资格的装卸管理人员现场指挥或者监控下进行作业的；

（二）未依照本规定对其安全生产条件定期进行安全评价的；

（三）未将危险货物储存在专用库场、储罐内，或者未将剧毒化学品以及储存数量构成重大危险源的其他危险货物在专用库场、储罐内单独存放的；

（四）危险货物的储存方式、方法或者储存数量不符合国家标准或者国家有关规定的；

（五）危险货物专用库场、储罐不符合国家标准、行业标准的要求的。

第七十八条 危险货物港口经营人有下列情形之一的，由所在地港口行政管理部门责令改正，可以处一万元以下的罚款；逾期未改正的，处一万元以上五万元以下的罚款：

（一）未将安全评价报告以及落实情况报港口行政管理部门备案的；

（二）未将剧毒化学品以及储存数量构成重大危险源的其他危险货物的储存数量、储存地点以及管理人员等情况报港口行政管理部门备案的。

第七十九条 两个以上危险货物港口经营人在同一港口作业区内从事可能危及对方生产安全的危险货物港口作业，未签订安全生产管理协议或者未指定专职安全管理人员进行安全检查和协调的，由所在地港口行政管理部门责令限期改正，可以处一万元以下的罚款，对其直接负责的主管人员和其他直接责任人员可以处三千元以下的罚款；情节严重的，可以处一万元以上五万元以下的罚款，对其直接负责的主管人员和其他直接责任人员可以处三千元以上一万元以下的罚款；逾期未改正的，责令停产停业整顿。

第八十条 危险货物港口经营人未采取措施消除事故隐患的，由所在地港口行政管理部门责令立即消除或者限期消除；逾期未改正的，责令停产停业整顿，并处十万元以上五十万元以下的罚款，对其直接负责的主管人员和其他直接责任人员处二万元以上五万元以下的罚款。

第八十一条 未按照本规定报告并经同意进行危险货物装卸、过驳作业的，由所在地港口行政管理部门责令改正，并处五千元以上五万元以下的罚款。

第八十二条 危险货物港口经营人有下列行为之一的，由所在地港口行政管理部门责令改正，并处三万元以下的罚款：

（一）装卸国家禁止通过该港口水域水路运输的危险货物的；

（二）未如实记录危险货物作业基础数据的；

（三）发现危险货物的包装和安全标志不符合相关规定仍进行作业的；

（四）未具备其作业使用的危险货物输送管道分布图、安全技术档案的；

（五）未将重大事故隐患的排查和处理情况、应急预案及时向所在地港口行政管理部门备案的；

（六）未按照规定实施安全生产风险预防控制的。

在港口从事危险货物添加抑制剂或者稳定剂作业前，未将有关情况告知相关危险货物港口经营人和作业船舶的，由所在地港口行政管理部门责令改正，并对相关单位处三万元以下的罚款。

第八十三条 港口作业委托人未按规定向港口经营人提供所托运的危险货物有关资料的，由所在地港口行政管理部门责令改正，处五万元以上十万元以下的罚款。港口作业委托人在托运的普通货物中夹带危险货物，或者将危险货物谎报或者匿报为普通货物托运的，由所在地港口行政管理部门责令改正，处十万元以上二十万元以下的罚款，有违法所得的，没收违法所得。

第八十四条 危险货物港口经营人拒绝、阻碍港口行政管理部门依法实施安全监督检查的，由港口行政管理部门责令改正；逾期未改正的，处二万元以上二十万元以下的罚款；对其直接负责的主管人员和其他直接责任人员处一万元以上二万元以下的罚款。

第八十五条 港口行政管理部门的工作人员有下列行为之一的，对直接负责的主管人员和其他直接责任人员给予行政处分；构成犯罪的，依法追究刑事责任：

（一）未按照规定的条件、程序和期限实施行政许可的；

（二）发现违法行为未依法予以制止、查处，情节严重的；

（三）未履行本规定设定的监督管理职责，造成严重后果的；

（四）有其他滥用职权、玩忽职守、徇私舞弊行为的。

第八十六条 违反本规定的其他规定应当进行处罚的，按照《港口法》《安全生产法》《危险化学品安全管理条例》等法律法规执行。

第八章　附　则

第八十七条 本规定所称危险货物，是指具有爆炸、易燃、毒害、腐蚀、放射性等危险特性，在港口作业过程中容易造成人身伤亡、财产毁损或者环境污染而需要特别防护的物质、材料或者物品，包括：

（一）《国际海运危险货物规则》（IMDG code）第 3 部分危险货物一览表中列明的包装危险货物，以及未列明但经评估具有安全危险的其他包装货物；

（二）《国际海运固体散装货物规则》（IMSBC code）附录一 B 组中含有联合国危险货物编号的固体散装货物，以及经评估具有安全危险的其他固体散装货物；

（三）《经 1978 年议定书修订的 1973 年国际防止船舶造成污染公约》（MARPOL73/78 公约）附则 I 附录 1 中列明的散装油类；

（四）《国际散装危险化学品船舶构造和设备规则》（IBC code）第 17 章中列明的散装液体化学品，以及未列明但经评估具有安全危险的其他散装液体化学品，港口储存环节仅包含上述中具有安全危害性的散装液体化学品；

（五）《国际散装液化气体船舶构造和设备规则》（IGC code）第 19 章列明的散装液化气体，以及未列明但经评估具有安全危险的其他散装液化气体；

（六）我国加入或者缔结的国际条约、国家标准规定的其他危险货物；

（七）《危险化学品目录》中列明的危险化学品。

第八十八条 本规定自 2017 年 10 月 15 日起施行。2012 年 12 月 11 日交通运输部发布的《港口危险货物安全管理规定》（交通运输部令 2012 年第 9 号）同时废止。

交通运输部关于修改《中华人民共和国国际海运条例实施细则》的决定

（中华人民共和国交通运输部令 2019 年第 41 号）

《交通运输部关于修改〈中华人民共和国国际海运条例实施细则〉的决定》已于 2019 年 11 月 20 日经第 26 次部务会议通过，现予公布，自公布之日起施行。

交通运输部部长 李小鹏

2019 年 11 月 28 日

交通运输部关于修改《中华人民共和国国际海运条例实施细则》的决定

交通运输部决定对《中华人民共和国国际海运条例实施细则》（交通运输部令 2019 年第 21 号）作如下修改：

一、将第三条第十五项中的“个人履历表须经公证机关公证”修改为“申请人须承诺对所提供从业资历的真实有效性负责”。

二、将第五条第一款第二项中的“商业登记文件”修改为“统一社会信用代码”，第三项、第四项修改为“公司与船舶名称及船舶识别号”。

三、将第六条第一款第二项中的“商业登记文件”修改为“企业统一社会信用代码”。

四、将第七条第一款修改为：“经营国际船舶代理业务的企业，应当在开业后 30 日内向交通运输部报备企业名称、注册地、联系方式、企业统一社会信用代码等信息。交通运输部定期在其政府网站或者授权发布的网站发布国际船舶代理业务经营者名称。”

五、将第二十二条第一款第四项中的“工商登记文件复印件”修改为“企业统一社会信用代码”。

条文序号和个别文字作相应调整。

本决定自公布之日起施行。

《中华人民共和国国际海运条例实施细则》根据本决定作相应修正，重新发布。

中华人民共和国国际海运条例实施细则

（2003 年 1 月 20 日交通部发布 根据 2013 年 8 月 29 日《交通运输部关于修改〈中华人

民共和国国际海运条例实施细则〉的决定》第一次修正 根据2017年3月7日《交通运输部关于修改〈中华人民共和国国际海运条例实施细则〉的决定》第二次修正 根据2019年6月21日《交通运输部关于修改〈中华人民共和国国际海运条例实施细则〉的决定》第三次修正 根据2019年11月28日《交通运输部关于修改〈中华人民共和国国际海运条例实施细则〉的决定》第四次修正）

第一章　总　　则

第一条　根据《中华人民共和国国际海运条例》（以下简称《海运条例》）的规定，制定本实施细则。

第二条　交通运输部和有关地方人民政府交通运输主管部门应当依照《海运条例》和本实施细则的规定，按照公平、高效、便利的原则，管理国际海上运输经营活动和与国际海上运输相关的辅助性经营活动，鼓励公平竞争，禁止不正当竞争。

第三条　《海运条例》和本实施细则中下列用语的含义是：

（一）国际船舶运输业务，是指国际船舶运输经营者使用自有或者经营的船舶、舱位，提供国际海上货物运输和旅客运输服务以及为完成这些服务而围绕其船舶、所载旅客或者货物开展的相关活动，包括签订有关协议、接受订舱、商定和收取客票票款和运费、签发客票和提单及其他相关运输单证、安排旅客上下船舶、安排货物装卸、安排保管、进行货物交接、安排中转运输和船舶进出港等活动。

（二）国际船舶运输经营者，包括中国国际船舶运输经营者和外国国际船舶运输经营者。其中，中国国际船舶运输经营者是指依据《海运条例》和本实施细则规定取得《国际船舶运输经营许可证》经营国际船舶运输业务的中国企业法人；外国国际船舶运输经营者是指依据外国法律设立经营进出中国港口国际船舶运输业务的外国企业。

（三）国际班轮运输业务，是指以自有或者经营的船舶，或者以《海运条例》第十一条第三款规定的方式，在固定的港口之间提供的定期国际海上货物或旅客运输。

（四）无船承运业务，是指《海运条例》第七条第二款规定的业务，包括为完成该项业务围绕其所承运的货物开展的下列活动：

（1）以承运人身份与托运人订立国际货物运输合同；

（2）以承运人身份接收货物、交付货物；

（3）签发提单或者其他运输单证；

（4）收取运费及其他服务报酬；

（5）向国际船舶运输经营者或者其他运输方式经营者为所承运的货物订舱和办理托运；

（6）支付运费或者其他运输费用；

（7）集装箱拆箱、集拼箱业务；

（8）其他相关的业务。

（五）无船承运业务经营者，包括中国无船承运业务经营者和外国无船承运业务经营者。其中中国无船承运业务经营者是指依照《海运条例》和本实施细则规定取得无船承运业务经营资格的中国企业法人；外国无船承运业务经营者是指依照外国法律设立并依照《海运条例》和本实施细则的相关规定取得经营进出中国港口货物无船承运业务资格的外国企业。

（六）国际船舶代理经营者，是指依照中国法律设立从事《海运条例》第二十三条规定业务的中国企业法人。

（七）国际船舶管理经营者，是指依照中国法律设立从事《海运条例》第二十四条规定业务的中国企业法人。

（八）外商常驻代表机构，是指外国企业或者其他经济组织在中国境内依法设立的，为其派出机构开展宣传、推介、咨询和联络活动的非营业性机构。

（九）企业商业登记文件，是指企业登记机关或者企业所在国有关当局签发的企业营业执照或者企业设立的证明文件。境外企业商业登记文件为复印件的，须有企业登记机关在复印件上的确认或者证明复印件与原件一致的公证文书。

（十）班轮公会协议，是指符合联合国《1974 年班轮公会行动守则公约》定义的，由班轮公会成员之间以及班轮公会之间订立的各类协议。

（十一）运营协议，是指两个或者两个以上国际班轮运输经营者为稳定或者控制运价订立的关于在一条或者数条航线上增加或者减少船舶运力协议，以及其他协调国际班轮运输经营者共同行动的协议，包括具有上述性质内容的会议纪要；两个或者两个以上国际班轮运输经营者为提高运营效率订立的关于共同使用船舶、共同使用港口设施及其他合作经营协议和各类联盟协议、联营体协议。

（十二）运价协议，是指两个或者两个以上国际班轮运输经营者之间订立的关于收费项目及其费率、运价或者附加费等内容的协议，包括具有上述内容的会议纪要。

（十三）公布运价，是指国际班轮运输经营者和无船承运业务经营者运价本上载明的运价。运价本由运价、运价规则、承运人和托运人应当遵守的规定等内容组成。

（十四）协议运价，指国际班轮运输经营者与货主、无船承运业务经营者约定的运价，包括运价及其相关要素。协议运价以合同或者协议形式书面订立。

（十五）从业资历证明文件，是指被证明人具有 3 年以上从事国际海上运输或者国际海上运输辅助性经营活动经历的个人履历表。申请人须承诺对所提供从业资历的真实有效性负责。

第二章 国际海上运输及其辅助性业务的经营者

第四条 中国企业法人申请经营国际船舶运输业务，应当符合《海运条例》第五条规定的条件，考虑交通运输部公布的国际海运市场竞争状况和国家关于国际海上运输业发展的政策。

交通运输部应当在其政府网站和其他适当媒体上及时公布国际海运市场竞争状况和国家关于国际海上运输业发展的政策。上述状况和政策未经公布，不得作为拒绝申请的理由。

第五条 中国企业法人申请经营国际船舶运输业务，申请人应当向交通运输部提出申请，报送相关材料或信息，并应同时将申请材料或信息抄报企业所在地的省、自治区、直辖市人民政府交通运输主管部门。申请材料或信息应当包括：

（一）申请书；

（二）申请人的企业统一社会信用代码、公司章程的复印件；

（三）公司与船舶名称及船舶识别号；

（四）提单、客票或者多式联运单证样本；

（五）符合交通运输部规定的高级业务管理人员的从业资格证明。

有关省、自治区、直辖市人民政府交通运输主管部门自收到上述抄报材料或信息后，应当就有关材料或信息进行审核，提出意见，并应当自收到有关材料或信息之日起 10 个工作日内将有关意见报送交通运输部。

交通运输部收到申请人的申请材料或信息后，应当在申请材料或信息完整齐备之日起 30 个工作日内按照《海运条例》第五条和第六条的规定进行审核，作出许可或者不许可的决定。决定许可的，向申请人颁发《国际船舶运输经营许可证》；决定不许可的，应当书面通知申请人并告知理由。

取得《国际船舶运输经营许可证》的企业在经营国际船舶运输业务期间，应当确保本条所列有关材料持续合法有效。

第六条 中国国际船舶运输经营者在中国境内设立分支机构的，适用本实施细则第五条规定的程序。申请材料或信息应当包括：

（一）申请书；

（二）母公司的企业统一社会信用代码、公司章程的复印件；

（三）母公司的《国际船舶运输经营许可证》复印件；

（四）母公司对该分支机构经营范围的确认文件；

（五）符合交通运输部要求的高级业务管理人员的从业资格证明。

中国国际船舶运输经营者的分支机构可为其母公司所有或者经营的船舶提供办理船舶进出港口手续、安排港口作业、接受订舱、签发客票或者提单、收取运费等服务。

第七条 经营国际船舶代理业务的企业，应当在开业后 30 日内向交通运输部报备企业名称、注册地、联系方式、企业统一社会信用代码等信息。交通运输部定期在其政府网站或者授权发布的网站发布国际船舶代理业务经营者名称。

从事国际船舶代理业务的企业变更企业信息或者不再从事国际船舶代理经营活动的，应当在信息变更或者停止经营活动的 15 日内，向交通运输部备案。

第八条 国际船舶运输经营者申请经营进出中国港口国际班轮运输业务，应当向交通运输部提出申请，并报送《海运条例》第十二条规定的材料。交通运输部应当按照《海运条例》第十二条的规定进行审核。予以登记的，颁发《国际班轮运输经营资格登记证》。申请材料不真实、不齐备的，不予登记，应当书面通知申请人并告知理由。

国际船舶运输经营者依法取得经营进出中国港口国际班轮运输业务资格后，交通运输部在其政府网站或者授权发布的网站公布国际班轮运输经营者名称及其提单格式样本。

取得《国际班轮运输经营资格登记证》的企业在经营国际班轮运输业务期间，应当确保有关证书、证明持续合法有效。

第九条 申请办理无船承运业务经营者提单登记的，应当向交通运输部提出提单登记申请，报送相关材料，并应当同时将申请材料抄报企业所在地或者外国无船承运业务经营者指定的联络机构所在地的省、自治区、直辖市人民政府交通运输主管部门。申请材料应当包括：

（一）申请书；

（二）企业商业登记文件复印件；

（三）提单格式样本；

（四）保证金已交存的银行凭证复印件、保证金保函或者保证金责任保险原件。

申请人为外国无船承运业务经营者的，还应当提交本实施细则第二十二条规定的其指定的联络机构的有关材料。

有关省、自治区、直辖市人民政府交通运输主管部门自收到上述抄报材料后，应当就有关材料进行审核，提出意见，并应当自收到抄报的申请材料之日起 7 个工作日内将有关意见报送交通运输部。

交通运输部收到申请人的材料后，应当在申请材料完整齐备之日起 15 个工作日内按照《海运条例》第七条和第八条的规定进行审核。审核合格的，予以提单登记，并颁发《无船承运业务经营资格登记证》；不合格的，应当书面通知当事人并告知理由。

以保证金保函、保证金责任保险取得《无船承运业务经营资格登记证》的企业，资格登记证的有效期限与保函或者责任保险有效期一致。

第十条 外国无船承运业务经营者按照外国法律已取得经营资格且有合法财务责任保证的，在按照《海运条例》和本实施细则申请从事进出中国港口无船承运业务时，可以不向中国境内的银行交存保证金。但为了保证外国无船承运业务经营者清偿因其不履行承运人义务或者履行义务不当所产生的债务以及支付罚款，满足《海运条例》第八条第三款的规定，该外国无船承运业务经营者的政府主管部门与中国政府交通运输主管部门应就财务责任保证实现方式签订协议。

第十一条 没有在中国港口开展国际班轮运输业务，但在中国境内承揽货物、签发提单或者其他运输单证、收取运费，通过租赁国际班轮运输经营者船舶舱位提供进出中国港口国际货物运输服务；或者利用国际班轮运输经营者提供的支线服务，在中国港口承揽货物后运抵外国港口中转的，应当按照本实施细则的有关规定，取得无船承运业务经营资格。但有《海运条例》第十一条第三款规定情形的除外。

第十二条 中国的无船承运业务经营者在中国境内的分支机构，应当按照《海运条例》第八条第二款的规定交纳保证金，或者取得保证金保函、保证金责任保险，并按照本实施细则第九条的规定进行登记，取得《无船承运业务经营资格登记证》。申请登记应当提交下列材料：

（一）申请书；

（二）母公司及分支机构的企业商业登记文件复印件；

（三）母公司的《无船承运业务经营资格登记证》复印件；

（四）母公司确认该分支机构经营范围的确认文件；

（五）保证金已交存的银行凭证复印件、保证金保函或者保证金责任保险原件。

第十三条 无船承运业务经营者申请提单登记时，提单抬头名称应当与申请人名称相一致。

提单抬头名称与申请人名称不一致的，申请人应当提供说明该提单确实为申请人制作、使用的相关材料，并附送申请人对申请登记提单承担承运人责任的书面声明。

第十四条 无船承运业务经营者使用两种或者两种以上提单的，各种提单均应登记。

国际班轮运输经营者和无船承运业务经营者的登记提单发生变更的，应当于新的提单使用之日起 15 日前将新的提单样本格式向交通运输部备案。

第十五条 无船承运业务经营申请者交纳保证金、取得保证金保函或者保证金责任保险并办理提单登记，依法取得无船承运业务经营资格后，交通运输部在其政府网站或者授权发布的网站公布无船承运业务经营者名称及其提单格式样本。

第十六条 无船承运业务经营者应当依法在交通运输部指定的商业银行开设的无船承运业务经营者专门账户上交存保证金，保证金利息按照中国人民银行公布的相应存款利率计息。

第十七条 无船承运业务经营者交存的保证金，受国家法律保护。除下列情形外，保证金不得动用：

（一）因无船承运业务经营者不履行承运人义务或者履行义务不当，根据司法机关已生效的判决或者司法机关裁定执行的仲裁机构裁决应当承担赔偿责任的，而无船承运业务经营者拒不执行的；

（二）被交通运输主管部门依法处以罚款的，而无船承运业务经营者拒不执行的。

有前款（一）、（二）项情形需要从保证金中划拨的，应当依法进行。

无船承运业务经营者的保证金不符合《海运条例》规定数额的，交通运输部应当书面通知其补足。无船承运业务经营者自收到交通运输部书面通知之日起30日内未补足的，交通运输部应当按照《海运条例》第十条的规定取消其经营资格。

第十八条 无船承运业务经营者被交通运输部依法取消经营资格、申请终止经营或者因其他原因终止经营的，可向交通运输部申请退还保证金。交通运输部应将该申请事项在其政府网站上公示30日。

在公示期内，有关当事人认为无船承运业务经营者有本实施细则第十七条第一款第（一）项情形需要对其保证金采取保全措施的，应当在上述期限内取得司法机关的财产保全裁定。自保证金被保全之日起，交通运输部依照《海运条例》对保证金账户的监督程序结束。有关纠纷由当事双方通过司法程序解决。

公示期届满未有前款规定情形的，交通运输部应当通知保证金开户银行退还无船承运业务经营者保证金及其利息，并收缴该无船承运业务经营者的《无船承运业务经营资格登记证》。

第十九条 中国国际船舶运输经营者、中国无船承运业务经营者有下列变更情形之一的，应当向原资格许可、登记机关备案：

（一）变更企业名称；

（二）企业迁移；

（三）变更出资人；

（四）歇业、终止经营；

（五）中国籍船舶终止国际船舶运输业务。

变更企业名称的，由原资格许可、登记机关换发相关经营许可证或者经营资格登记证；企业终止经营的，应当将有关许可、登记证书交回原许可、登记机关。

第三章 国际海上运输及其辅助性业务经营活动

第二十条 国际班轮运输经营者新开或者停开国际班轮运输航线，或者变更国际班轮运输船舶、班期的，应当按照《海运条例》第十四条的规定在交通运输部指定媒体上公告，并按规定报备。

第二十一条 中国国际船舶运输经营者增加运营船舶，包括以光船租赁方式租用船舶增加运营船舶的，应当于投入运营前15日向交通运输部备案，取得备案证明文件。备案材料应当载明公司名称、注册地、船名、船舶国籍、船舶类型、船舶吨位、拟运营航线。

交通运输部收到备案材料后，应当在3个工作日内出具备案证明文件。

第二十二条 在中国港口开展国际班轮运输业务的外国国际船舶运输经营者，以及在中国委托代理人提供进出中国港口国际货物运输服务的外国无船承运业务经营者，应当在中国境内委托一个联络机构，负责代表该外国企业与中国政府有关部门就《海运条例》和本实施细则规定的有关管理及法律事宜进行联络。联络机构可以是该外国企业在中国境内设立的外商投资企业或者常驻代表机构，也可以是其他中国企业法人或者在中国境内有固定住所的其他经济组织。委托的联络机构应当向交通运输部备案，并提交下列文件或信息：

（一）联络机构说明书，载明联络机构名称、住所、联系方式及联系人；

（二）委托书副本或者复印件；

（三）委托人与联络机构的协议副本；

（四）联络机构的企业统一社会信用代码。

联络机构为该外国企业在中国境内的外商投资企业或者常驻代表机构的，不须提供本条第一款第（二）项、第（三）项文件。

联络机构或者联络机构说明书所载明的事项发生改变的，应当自发生改变之日起 15 日内向交通运输部备案。

第二十三条 任何单位和个人不得擅自使用国际班轮运输经营者和无船承运业务经营者已经登记的提单。

第二十四条 无船承运业务经营者需要委托代理人签发提单或者相关单证的，应当委托依法取得经营资格或者办理备案的国际船舶运输经营者、无船承运业务经营者和国际海运辅助业务经营者代理上述事项。

前款规定的经营者不得接受未办理提单登记并交存保证金或者取得保证金保函、保证金责任保险的无船承运业务经营者的委托，为其代理签发提单。

第二十五条 国际班轮运输经营者与货主和无船承运业务经营者协议运价的，应当采用书面形式。协议运价号应当在提单或者相关单证上显示。

第二十六条 国际船舶运输经营者不得接受未办理提单登记并交纳保证金或者取得保证金保函、保证金责任保险的无船承运业务经营者提供的货物或者集装箱。

第二十七条 国际班轮运输经营者和无船承运业务经营者应当将其在中国境内的船舶代理人、签发提单代理人在交通运输部指定的媒体上公布。公布事项包括代理人名称、注册地、住所、联系方式。代理人发生变动的，应当于有关代理协议生效前 7 日内公布上述事项。

国际班轮运输经营者、无船承运业务经营者应当及时将公布代理事项的媒体名称向交通运输部备案。

第二十八条 国际船舶运输经营者之间订立的涉及中国港口的班轮公会协议、运营协议、运价协议等，应当自协议订立之日起 15 日内，按下列规定向交通运输部备案：

（一）班轮公会协议，由班轮公会代表其所有经营进出中国港口海上运输的成员备案。班轮公会备案时，应当同时提供该公会的成员名单。

（二）国际船舶运输经营者之间订立的运营协议、运价协议，由参加订立协议的国际船舶运输经营者分别备案。

第二十九条 国际船舶管理经营者应当根据合同的约定和国家有关规定，履行有关船舶安全和防止污染的义务。

第三十条 国际海运业及辅助业经营者，应当按照有关统计报表制度的要求，真实、准确、完整、及时地报送相关统计信息。

第三十一条 国际船舶代理经营者、国际船舶管理经营者，不得有下列行为：

（一）以非正常、合理的收费水平提供服务，妨碍公平竞争；

（二）在会计账簿之外暗中给予客户回扣，

以承揽业务；

（三）滥用优势地位，限制交易当事人自主选择国际海运辅助业务经营者，或者以其相关产业的垄断地位诱导交易当事人，排斥同业竞争；

（四）其他不正当竞争行为。

第三十二条 外国国际船舶运输经营者以及外国国际海运辅助企业的常驻代表机构不得从事经营活动，包括不得：

（一）代表其境外母公司接受订舱，签发母公司提单或者相关单证；

（二）为母公司办理结算或者收取运费及其他费用；

（三）开具境外母公司的票据；

（四）以托运人身份向国际班轮运输经营者托运货物；

（五）以外商常驻代表机构名义与客户签订业务合同。

第三十三条 国际集装箱班轮运输经营者在报备运价时，应当报备中国港口至外国基本港的出口集装箱的海运运价和附加费。

第三十四条 班轮公会、运价协议组织在中国开展业务应当遵守我国缔结或者参加的国际公约和我国的法律法规、规章及相关规定，不得损害国际海运市场公平竞争秩序。

班轮公会和运价协议组织应当与中国境内的托运人组织建立有效的协商机制。

第四章 监督检查

第三十五条 交通运输部和有关地方人民政府交通运输主管部门依照有关法律、法规和本规定，对国际海运市场实施监督检查和调查。国际海上运输业务经营者、国际海运辅助业务经营者应当配合监督检查和调查，如实提供有关凭证、文件及其他相关资料。

第三十六条 国际船舶运输经营者和无船承运业务经营者应当执行生效的备案运价。国务院交通运输主管部门根据利害关系人的请求或自行决定，组织或授权地方交通运输主管部门开展运价备案执行情况检查。

第三十七条 利害关系人认为国际海上运输业务经营者、国际海运辅助业务经营者有《海运条例》第二十八条和本实施细则第三十一条规定情形的，可依照《海运条例》第二十八条的规定请求交通运输部实施调查。请求调查时，应当提出书面调查申请，并阐述理由，提供必要的证据。

交通运输部对调查申请应当进行评估，在自收到调查申请之日起 60 个工作日内作出实施调查或者不予调查的决定：

（一）交通运输部认为调查申请理由不充分或者证据不足的，决定不予调查并通知调查申请人。申请人可补充理由或者证据后再次提出调查申请。

（二）交通运输部根据评估结论认为应当实施调查或者按照《海运条例》第二十八条规定自行决定调查的，应当将有关材料和评估结论通报国务院市场监督管理部门。

第三十八条 调查的实施由交通运输部会同国务院市场监督管理部门（以下简称调查机关）共同成立的调查组进行。

调查机关应当将调查组组成人员、调查事由、调查期限等情况通知被调查人。被调查人应当在调查通知送达后 30 日内就调查事项作出答辩。

被调查人认为调查组成员同调查申请人、被调查人或者调查事项有利害关系的，有权提出回避请求。调查机关认为回避请求成立的，应当对调查组成员进行调整。

第三十九条 被调查人接受调查时，应当根据调查组的要求提供相关数据、资料及文件等。属于商业秘密的，应当向调查组提出。调查组应当以书面形式记录备查。

调查机关和调查人员对被调查人的商业秘密应当予以保密。

被调查人发现调查人员泄露其商业秘密并有充分证据的，有权向调查机关投诉。

第四十条 调查机关对被调查人“低于正常、合理水平运价”的认定，应当考虑下列因素：

（一）同一行业内多数经营者的运价水平以及与被调查人具有同等规模经营者的运价水平；

（二）被调查人实施该运价水平的理由，包括成本构成、管理水平和盈亏状况等；

（三）是否针对特定的竞争对手并以排挤竞争对手为目的。

第四十一条 调查机关对“损害公平竞争”或者“损害交易对方”的认定，应当考虑下列因素：

（一）对旅客或者托运人自由选择承运人造成妨碍；

（二）影响旅客或者货物的正常出行或者出运；

（三）以账外暗中回扣承揽货物，扭曲市场竞争规则。

第四十二条 调查机关作出调查结论前，可举行专家咨询会议，对“损害公平竞争”或者“损害交易对方”的程度进行评估。

聘请的咨询专家不得与调查申请人、被调查人具有利害关系。

第四十三条 调查结束时，调查机关应当作出调查结论，并书面通知调查申请人和被调查人：

（一）基本事实不成立的，调查机关应当决定终止调查；

（二）基本事实存在但对市场公平竞争不造成实质损害的，调查机关可决定不对被调查人采取禁止性、限制性措施；

（三）基本事实清楚且对市场公平竞争造成实质损害的，调查机关应当根据《海运条例》的规定，对被调查人采取限制性、禁止性措施。

第四十四条 调查机关在作出采取禁止性、限制性措施的决定前，应当告知当事人有举行听证的权利；当事人要求举行听证的，应当在自调查机关通知送达之日起 10 日内，向调查机关书面提出；逾期未提出听证请求的，视为自动放弃请求听证的权利。

第四十五条 就本实施细则第三十一条所列情形实施调查的，调查组成员中应当包括对被调查人的业务实施管理的有关交通运输主管部门的人员。

对有本实施细则第三十一条第（三）项所列违法行为并给交易当事人或者同业竞争者造成实质损害的，调查机关可采取限制其在一定时期内扩大业务量的限制性措施。

第五章 法律责任

第四十六条 违反《海运条例》和本实施细则的规定应当予以处罚的，交通运输部或授权的省、自治区、直辖市人民政府交通运输主管部门应当按照《海运条例》第六章和本章的规定予以处罚。

交通运输部或者有关省、自治区、直辖市人民政府交通运输主管部门应当将国际海上运输及其辅助性业务经营者违反《海运条例》和本实施细则有关规定的违法行为记入信用记录，并依照有关法律、行政法规的规定予以公示。

第四十七条 外商常驻代表机构有本实施细则第三十二条规定情形的，交通运输部或者有关省、自治区、直辖市人民政府交通运输主管部门可将有关情况通报有关市场监督管理部门，由市场监督管理部门按照《海运条例》第四十四条的规定处罚。

第四十八条 班轮公会协议、运营协议和运价协议未按规定向交通运输部备案的，由交通运输部依照《海运条例》第四十条的规定，对本实施细则第二十八条规定的备案人实施处罚。班轮公会不按规定报备的，可对其公会成员予以处罚。

第四十九条 调查人员违反规定，泄露被调查人保密信息的，依法给予行政处分；造成严重后果，触犯刑律的，依法追究刑事责任。

第六章 附 则

第五十条 《海运条例》和本实施细则规定的许可、登记事项，申请人可委托代理人办理。代理人办理委托事项的，应当提供授权委托书。外国申请人或者投资者提交的公证文书，应当由申请人或者投资者所在国公证机关或者执业律师开出。

本实施细则所要求的各类文字资料应当用中文书写，如使用其他文字的，应随附中文译文。

第五十一条 对《海运条例》和本实施细则规定的备案事项的具体要求、报备方式和方法应当按照交通运输部的规定办理。

第五十二条 香港特别行政区、澳门特别行政区和台湾地区的投资者在内地投资从事国际海上运输和与国际海上运输相关的辅助性业务，比照适用《海运条例》的有关规定。

第五十三条 《海运条例》第十五条规定的公布运价和协议运价备案的具体办法，由交通运输部另行规定。

第五十四条 本实施细则自2003年3月1日起施行。交通部1985年4月11日发布的《交通部对从事国际海运船舶公司的暂行管理办法》、1990年3月2日发布的《国际船舶代理管理规定》、1990年6月20日发布的《国际班轮运输管理规定》、1992年6月9日发布的《中华人民共和国海上国际集装箱运输管理规定实施细则》、1997年10月17日发布的《外国水路运输企业常驻代表机构管理办法》同时废止。

交通运输部办公厅　公安部办公厅　商务部办公厅关于公布第二批城市绿色货运配送示范工程创建城市的通知

（交办运函〔2019〕1803 号　2019 年 12 月 10 日）

按照《交通运输部办公厅 公安部办公厅 商务部办公厅关于组织开展第二批城市绿色货运配送示范工程申报工作的通知》（交办运函〔2019〕1332 号），经城市申报、各省（区市）审查推荐和专家评审，并经交通运输部、公安部、商务部研究同意，确定唐山、秦皇岛、南京、无锡、徐州、南通、温州、台州、芜湖、临沂、郑州、济源、黄石、咸宁、岳阳、怀化、珠海、佛山、达州、西安、宝鸡、安康、乌鲁木齐、石河子等 24 个城市为第二批城市绿色货运配送示范工程创建城市。现将有关事项通知如下：

一、进一步提高对开展示范工程重要意义的认识

推进城市绿色货运配送发展是《交通强国建设纲要》以及《国务院办公厅关于印发推进运输结构调整三年行动计划（2018—2020 年）的通知》（国办发〔2018〕91 号）确定的重要任务，是推进运输结构调整、打赢蓝天保卫战的重要内容，是落实国家新型城镇化战略、缓解交通拥堵、促进城市可持续健康发展的客观要求，是促进物流业降本增效、破解城市配送“三难”问题、更好保障和改善民生的重要途径。已开展示范工程创建工作省份的省级交通运输、公安、商务主管部门要指导创建城市认真研究谋划，按照示范工程实施方案逐项抓好推进落实工作。北京、辽宁、吉林、黑龙江、上海、江西、广西、海南、重庆、云南、西藏、青海等尚未申报的省份要进一步提高思想认识，站在加快建设交通强国打赢蓝天保卫战的高度，加快推进城市绿色货运配送体系建设，全面打造绿色高效的现代物流系统。

二、进一步细化完善示范工程实施方案

有关省级交通运输、公安、商务主管部门要加强对创建城市的支持和指导，督促各创建城市对照城市绿色货运配送示范工程创建要求，根据评审过程中专家提出的意见建议，进

一步完善示范工程实施方案，细化目标任务和考核指标、明确各项任务项目载体、科学制定工作进度计划、落实责任分工和保障措施。实施方案经省级交通运输、公安、商务主管部门审核同意后，于2020年1月10日前报交通运输部，电子版发送至联系人邮箱。

三、加快推进示范工程建设有关工作

有关省级交通运输、公安、商务主管部门要切实加强城市绿色货运配送示范工程的组织领导，进一步完善示范工程建设领导机构和部门联动工作机制，强化统筹协调和业务指导，督促创建城市加快建立完善推动城市绿色货运配送发展的体制机制和保障措施，确保示范工程建设取得实效；要指导各创建城市人民政府发挥示范工程建设主体作用，按照实施方案工作安排，围绕完善城市货运配送基础设施、推广应用新能源物流车辆、优化配送车辆便利通行政策、推广先进运输组织模式、推进信息互联共享、落实支持政策和保障措施等重点任务，加大改革创新力度，积极探索城市绿色货运配送发展新举措、新经验，按期保质完成各项工作任务。

四、加大示范工程支持力度

有关省级交通运输、公安、商务主管部门要对创建城市给予必要的政策扶持，指导创建城市人民政府积极完善配套政策，从货运配送节点建设、新能源物流配送车辆推广、配送车辆通行便利政策、土地、财税、融资保险等方面对示范工程相关项目给予扶持和倾斜，切实落实各项保障措施，确保实现创建工作目标，全面提升城市绿色货运配送的服务质量和服务水平。

五、加强示范工程建设动态管理

有关省级交通运输、公安、商务主管部门要加强对创建城市的跟踪督导和绩效评估，按照《交通运输部办公厅 公安部办公厅 商务部办公厅关于加强城市绿色货运配送示范工程动态管理工作的通知》（交办运〔2019〕59号）任务要求，以半年为周期，开展自评打分，并编写示范工程总结报告，于每年7月10日和次年1月10日前，报省级交通运输、公安、商务主管部门审核，省级交通运输、公安、商务主管部门结合集中督导情况进一步完善报告，并于每年7月25日和次年1月25日前报交通运输部，报送情况将作为对示范城市验收考核的内容之一。交通运输部将会同公安部、商务部适时组织专家对示范工程建设情况进行重点抽查和评估。

示范工程创建时间为2年（2019年12月至2021年12月），示范建设期末，交通运输部将会同公安部、商务部适时组织专家按照（交办运〔2019〕59号）文确定的《城市绿色货运配送示范工程绩效考核评分细则》等相关要求，结合各创建城市实施方案确定的工作目标，对创建城市进行验收考核。

为进一步加强沟通联络，请各有关省级交通运输、公安、商务部门及创建城市人民政府，于2019年12月20日前报送本单位一名处级干部作为示范工程创建工作联系人。

联系人及联系方式：交通运输部运输服务司 吴伟，010－65293432、65292764（传真），wuwei@.mot.gov.cn

附件：城市绿色货运配送示范工程联系人报名表（略）

第二部分

物流统计

2019 年中国物流运行情况

2019 年，我国全社会物流总额保持基本平稳增长，社会物流总费用与 GDP 的比率为 14.7%，比上年下降 0.1 个百分点。

一、社会物流总额保持平稳增长

2019 年，我国社会物流总额 298.0 万亿元，按可比价格计算，同比增长 5.9%，增速比上年同期回落 0.5 个百分点，其中第一季度增长 6.4%，上半年增长 6.1%，前三季度增长 5.7%，全年社会物流总额呈缓中趋稳，第四季度小幅回升。

从构成看，工业品物流总额 269.6 万亿元，按可比价格计算，同比增长 5.7%，增速比上年回落 0.5 个百分点；进口货物物流总额 14.3 万亿元，增长 4.7%，比上年提高 1 个百分点；农产品物流总额 4.2 万亿元，增长 3.1%，比上年回落 0.4 个百分点；单位与居民物品物流总额 8.4 万亿元，增长 16.1%；再生资源物流总额 1.4 万亿元，增长 13.3%。

二、社会物流总费用与 GDP 的比率小幅回落

2019 年，我国社会物流总费用 14.6 万亿元，同比增长 7.3%，增速比上年回落 2.5 个百分点。社会物流总费用与 GDP 的比率为 14.7%，比上年下降 0.1 个百分点。

其中，运输费用 7.7 万亿元，同比增长 7.2%；保管费用 5.0 万亿元，同比增长 7.4%；管理费用 1.9 万亿元，同比增长 7.0%。

三、物流业总收入保持较快增长

2019 年，我国物流业总收入 10.3 万亿元，同比增长 9.0%（见下表）。

2019 年物流统计数据　　单位：万亿元

	本期	同比增长（%）
一、社会物流总费用	14.6	7.3
运输费用	7.7	7.2

续 表

	本期	同比增长（%）
保管费用	5.0	7.4
管理费用	1.9	7.0
二、社会物流总额	298.0	5.9
其中：农产品物流总额	4.2	3.1
工业品物流总额	269.6	5.7
进口货物物流总额	14.3	4.7
再生资源物流总额	1.4	13.3
单位与居民物品物流	8.4	16.1
三、物流业总收入	10.3	9.0

（国家发展改革委　中国物流与采购联合会）

2019 年中国物流运行情况分析

2019 年，全球经济增长持续放缓，经济下行压力加大。面对纷繁复杂的国际国内形势，我国物流运行保持总体平稳、稳中有进的运行态势，物流需求规模不断扩大，经济结构调整优化，物流业运行效率有所改善。

一、物流运行再上新台阶

（一）社会物流需求进入中高速发展阶段

社会物流需求总体保持平稳增长，但增速有所趋缓，进入中高速发展阶段。从规模总量看，2019 年我国社会物流总额达到 298.0 万亿元，从增速看，全年社会物流总额可比增长 5.9%，增速比上年回落 0.5 个百分点；从年内走势看，第一季度、上半年增速仍维持 6% 以上，前三季度回落至 6% 以内，年底两个月小幅回升。2011—2019 年我国社会物流总额情况如图 1 所示。

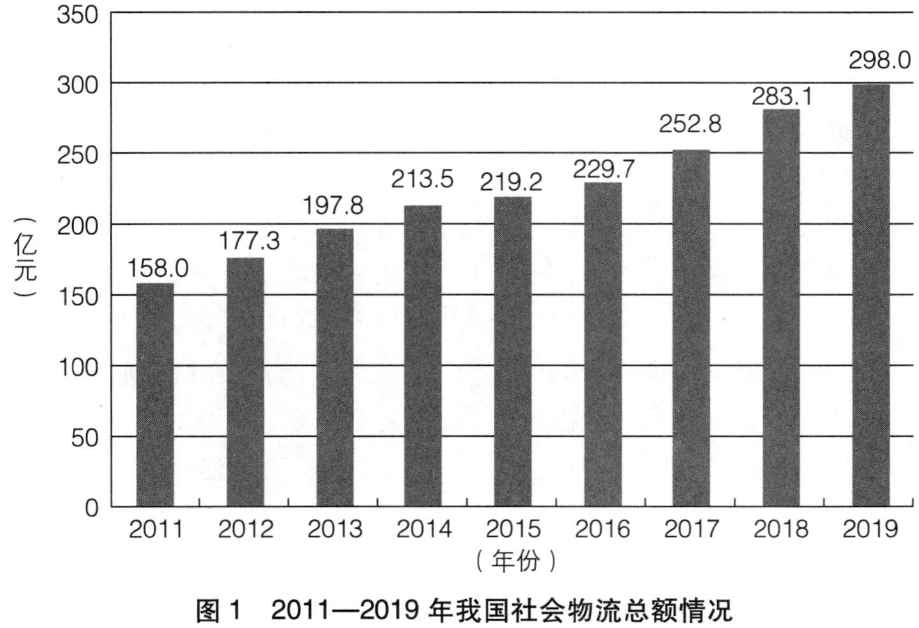

图 1　2011—2019 年我国社会物流总额情况

从"十三五"时期来看，2016—2018年社会物流总额增速均高于6.0%，保持在6.1%～6.7%，2019年回落至6%以内。与同期GDP相比，"十三五"以来社会物流总额已连续多年低于GDP增长，显示当前经济增长方式已从物化劳动为主向服务化活劳动为主转变。2010—2019年社会物流总额与GDP可比增长情况如图2所示。

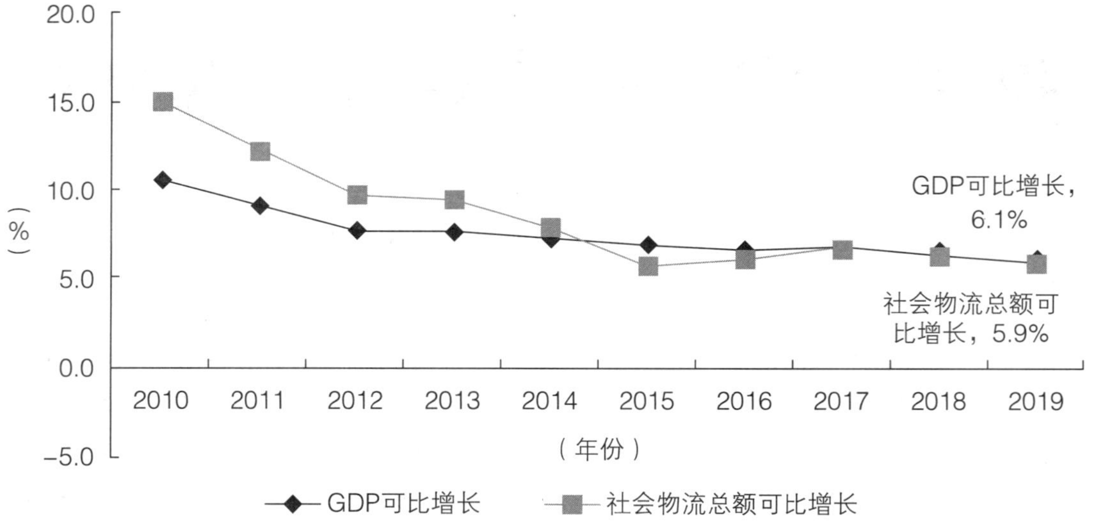

图2　2010—2019年社会物流总额与GDP可比增长情况

（二）物流需求结构优化调整，消费物流新动能不断壮大

从2019年变化趋势看，工业物流需求贡献率进一步趋缓，内需对物流需求增长的拉动继续增强，进口、消费相关等新动能物流需求贡献率继续提升，转型升级态势持续发展。以新产业、新业态、新模式为主要内容的新动能正在快速集聚，持续发展壮大，成为支撑物流需求结构调整的重要力量。

单位与居民物流总额保持较快增长，新业态、新模式仍是重要引擎。2019年消费相关物流需求仍保持平稳较快增长，单位与居民物品物流总额同比增长16.1%，增速比社会物流总额的增速高出10.2个百分点。其中，新业态、新模式仍是拉动增长的重要引擎。2019年，直播电商、社交电商、生鲜电商等新业态快速壮大，相关物流需求继续保持快速增长。全国实物商品网上零售额比上年增长19.5%，增速比社会消费品零售总额的增速高出11.5个百分点，实物商品网上零售额的贡献率超过45%。快递业务量完成630亿件，同比增长24%。

全球产业链地位继续巩固，进口物流量质齐升。2019年我国货物贸易规模迈上新台阶，全年货物进出口总额31.5万亿元，增长3.4%，出口占国际市场份额稳步提升，根据世界贸易组织统计，2019年前三季度我国出口增速比全球高2.8个百分点，国际市场份额比2018年提高0.3个百分点至13.1%。在此背景下，我国全球产业链的地位继续巩固，进口物流需求形势总体良好，逐季回升，特别是12月进口总值更是创下月度历史峰值。据海关数据显示，部分原材料和能源产品进口持续增加。2019年，我国进口铁矿砂10.7亿吨，增长0.5%；进口原油5.06亿吨，增长9.5%；

进口天然气9656万吨，增长6.9%；进口大豆8851万吨，增长0.5%。此外，消费品、医药品进口分别增长19%和25.8%。2018—2019年进口物流量及增长情况如图3所示。

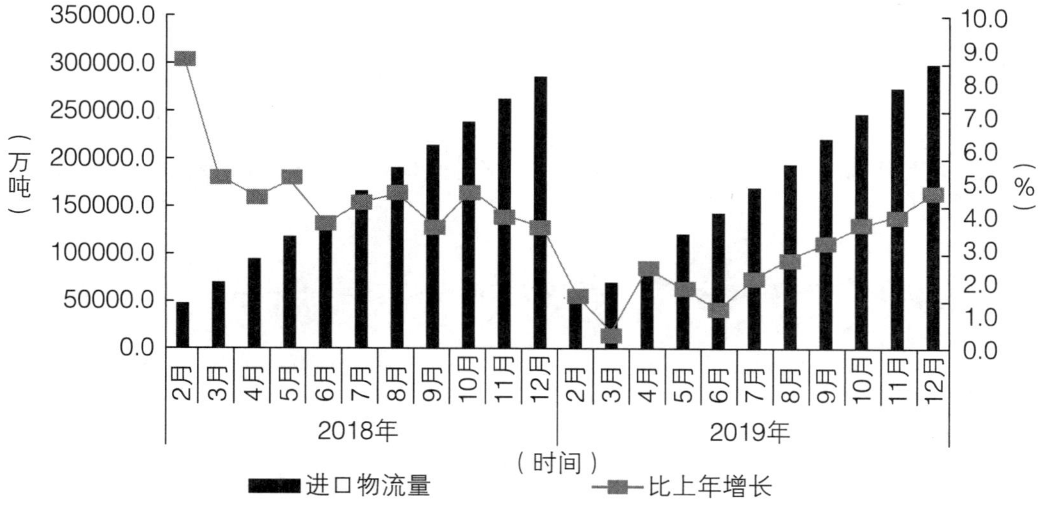

图3　2018—2019年进口物流量及增长情况

工业品物流总额增速放缓，但仍是物流需求的主要力量。全年工业物流需求基本平稳，但增速比上年同期均有所回落；从年内走势看，第二季度、第三季度下行压力较大，第四季度明显回升，全年工业品物流总额比上年增长5.7%。从需求结构看，战略性新兴产业、高技术制造业继续保持较快增长，支撑作用进一步增强，结构调整优化态势进一步显现。全年战略性新兴产业物流需求增长8.4%，增速高于工业品物流总额增速的2.7个百分点。高端制造业物流需求比上年增长8.8%，增速高于工业品物流总额增速的3.1个百分点。高端制造业占比达到14.4%，较上年提高0.5个百分点。

（三）物流市场主体规模扩大，吸纳就业能力不断增强

物流单位数快速增长，企业规模持续扩大。第四次全国经济普查数据显示，2018年年末全国交通运输、仓储和邮政快递企业法人单位54.0万个，比2013年年末增长126.2%，增速高于第二产业和第三产业活动的法人单位数量增速26个百分点。物流市场规模持续增长，2019年物流业总收入10.3万亿元，同比增长9.0%。

物流业吸纳就业能力不断增强，从业人员快速增长。物流相关行业从业人员数由2016年的1000万人增至2018年的1100万人。其中，快递业从业人员数达310万人，占全国就业人员0.7%，年均增长12%，高于同期城镇就业人员增长10个百分点。2019年上半年物流从业人员水平有所趋缓，但第三季度以来指数持续回升，行业吸纳就业能力持续回暖。12月，物流业景气指数中的从业人员指数为50.4%，中国仓储指数中的企业员工指数为52.0%，均保持在扩张区间，显示物流从业人员保持增长，行业吸纳就业力度依然较强。

（四）物流景气保持活跃，企业盈利能力增强

2019年中国物流业景气指数平均为53.5%，

与上年同期基本持平；中国仓储指数平均为52.5%，比上年提高1.2个百分点，两指数均处于扩张区间。显示物流活动总体较为活跃，企业业务量水平均保持较好增长。

物流供需趋平衡，物流服务价格企稳。2019年物流业景气指数中的物流服务价格指数平均为50%，比上年略有回升。从年内走势看，价格指数呈现逐步回暖，年末逐步回升至年内最高水平。各环节价格均有不同程度回升。其中，运输环节中公路物流价格指数为98.3点，比上年回升0.59%；仓储环节中收费价格指数为51.8%，比上年提高1.1个百分点。2018—2019年物流业景气指数、中国仓储指数、中国公路物流价格指数走势如图4所示。

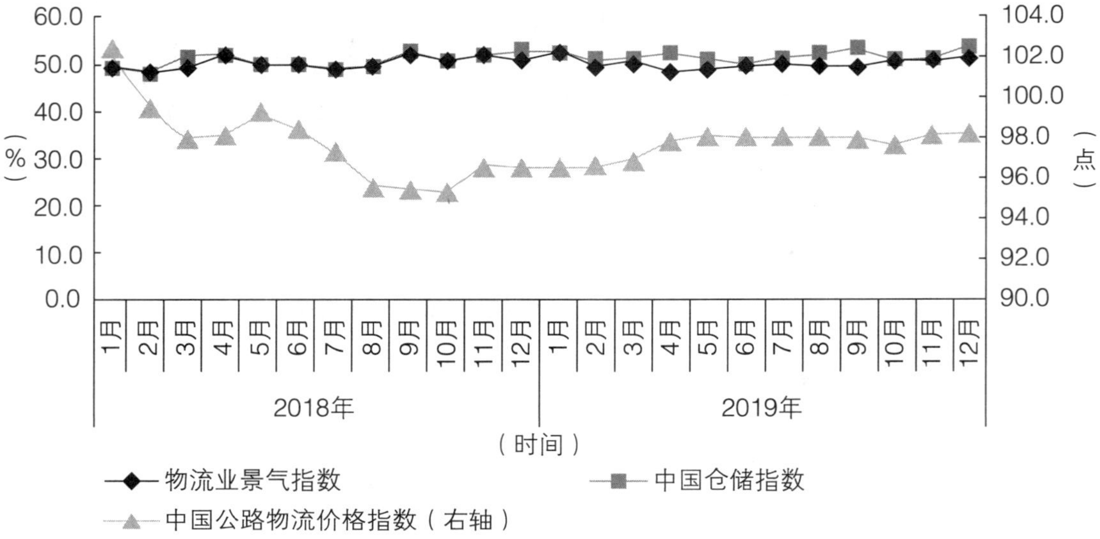

图4 2018—2019年物流业景气指数、中国仓储指数、中国公路物流价格指数走势

物流企业经营状况向好，效益稳中趋升。2019年12月物流业景气指数中的主营业务利润指数回升0.8个百分点，至52.6%；中国仓储指数中的业务利润指数回升3.1个百分点，至54.5%。

（五）物流成本增势趋缓，物流效率有所改善

2019年社会物流总费用比上年增长7.3%，增速比上年回落2.5个百分点，比年初回落1.2个百分点。社会物流总费用与GDP的比率为14.7%，比上年同期下降0.1个百分点。其中，运输物流效率持续改善。物流运输系统更为高效，铁路、管道运输费用占比均有提高，相对费率较高的道路运输比率有所下降，显示当前运输费用结构更趋合理。各种交通方式向一体化融合发展转变，运输结构进一步优化，铁水、公铁、公水、空陆等联运发展迅速，多式联运及运输代理等高效连接方式占比提高1.1个百分点。

但从近年走势来看，物流成本由快速下降期转而进入平台期。2017年之前，社会物流总费用与GDP的比率连续下降，2018—2019年则有所提高。2018—2019年社会物流总费用与GDP的比率情况如图5所示。

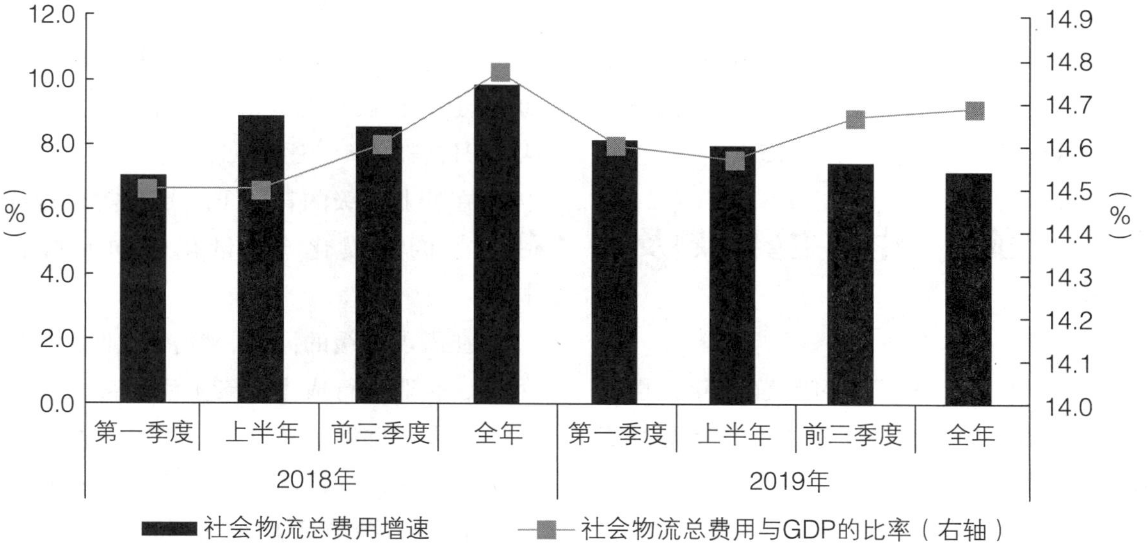

图 5　2018—2019 年社会物流总费用与 GDP 的比率情况

（六）物流政策更趋完善，营商环境趋好

2019 年物流业政策引领行业发展，顺应行业需求，政策前瞻性、针对性和有效性持续提升，政策体系更趋完善。从政策数量看，2019 年出台物流相关政策近 60 条，相关政策密集出台对物流高质量发展起到良好的促进作用；从政策分布看，政策聚焦物流领域降本增效、现代供应链创新应用、农村农业物流等一系列重点问题，既与往年相比具有较好的延续性，又突出了高质量发展的重点，有助于行业更好实现转型升级，帮助物流企业健康、良性发展。2018—2019 年物流相关政策数量情况如图 6 所示。

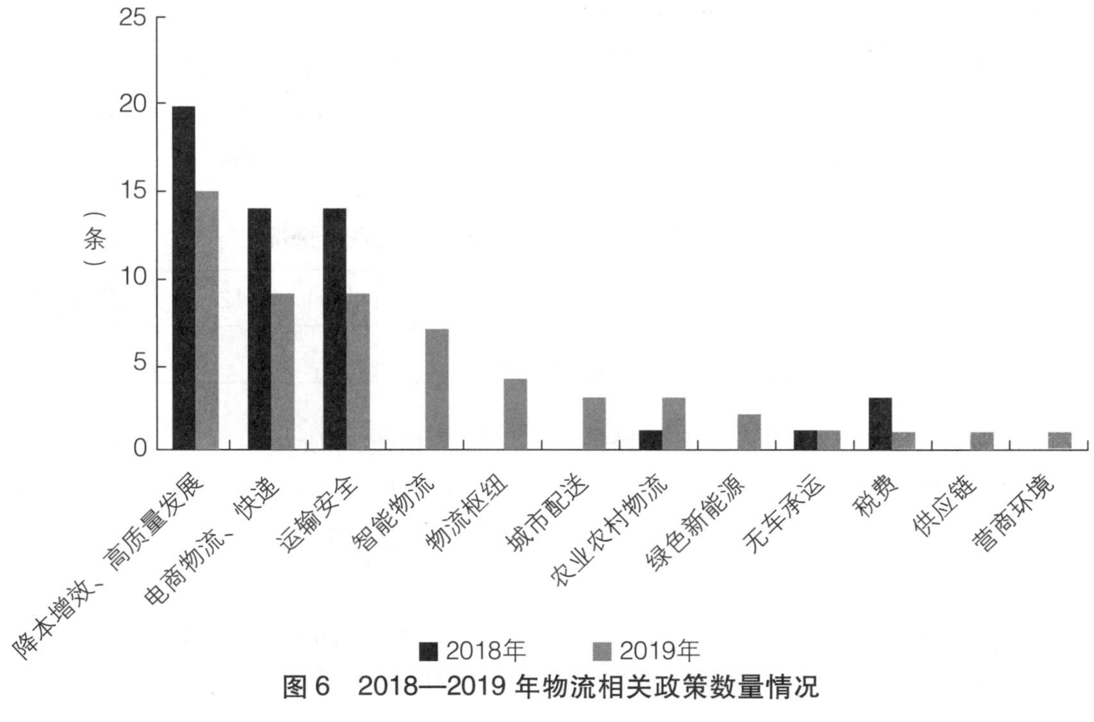

图 6　2018—2019 年物流相关政策数量情况

与此同时，“放管服”改革不断深化，物流运行的营商环境区域改善。世界银行发布的《2020年全球营商环境报告》显示，我国营商环境排名跃升至第31位，上升15位。

二、当前运行中的主要问题及后期预判

2020年是“十三五”的收官之年，也是我国全面建成小康社会的关键之年，新冠肺炎疫情以前所未有的方式冲击全球，经济发展的风险和不确定性明显增加。

（一）国内外经济下行压力继续增大

随着国内疫情得到遏制，除部分地区外全国正在全面复工复产，市场信心稳步恢复，但疫情对消费、投资和生产形成广泛冲击，在经济结构性和周期性因素之外增加了更多不确定性，从国际上看，疫情在全球高度扩散带来跨境贸易停摆、金融期货动荡、国际物流受阻，重创全球价值链、供应链、产业链，疫情持续时间、扩散程度和各国应对措施有效性相互影响，给国际经济、物流运行和企业发展带来更大的不稳定因素，总体来看经济运行面临较大下行压力。

（二）需求变化和成本压力不容忽视

近两年，社会物流总额增长呈现波动中趋缓的走势，数据显示，社会物流总额由2018年2月的7.7%，逐步回落到2019年的6%以内。在产业升级的背景下，物流需求规模也在由单一的规模化、数量化转向系统化、多样化。

在需求放缓的同时，物流行业业务量有所回落，企业运行成本持续上涨，部分领域盈利能力偏弱的问题依然突出。2019年物流业景气指数比上年同期回落0.1个百分点；其中主营业务利润指数全年均值为50.1%，同比下降0.2个百分点。显示物流企业运行成本持续上涨，盈利能力偏弱的问题依然较为突出，行业发展的困难与压力依然较大。

（三）物流运行中库存中转环节效率偏低

经济运行中的资金周转水平持续偏低。2019年，工业流动资产周转次数为2.03，与上年基本持平，但比2017年下降了0.07次。工业企业资金周转次数下降导致运转的必要货币需求量有所增加，企业生产经营的流动资金压力也有所增加，直接导致物流运行中的资金周转效率下降。2016—2019年规模以上工业企业流动资产情况如表1所示。

表1　2016—2019年规模以上工业企业流动资产情况

	2019年12月	2018年12月	2017年12月	2016年12月
流动资产周转次数（次）	2.03	2.0	2.1	2.2

库存周转趋缓，社会库存有所上升。经济环境趋于复杂，实体经济困难的状况有所加剧，企业产成品库存增加，库存周转放缓。国家统计局数据显示，2019年12月末产成品存货周转天数16.9天，与上年同期基本持平。从长期趋势来看，与2016年、2017年相比库存周转速度有所放缓，社会库存有所上升。2019年规模以上工业企业存货与主营业务收入的比率为11.13%，与2017年、2016年相比显著提高。由此也带来仓储物流成本的持续增加，2019年仓储相关物流成本增长10.6%，占保管费用比例提高0.9个百分点。2016—2019

年规模以上工业企业存货情况如表 2 所示。

表 2　　　　2016—2019 年规模以上工业企业存货情况

	2019 年	2018 年	2017 年	2016 年
存货与主营业务收入比率（%）	11.13	11.40	9.70	9.10

总体上看，疫情对经济的冲击是阶段性的，不会改变中国经济中长期增长趋势，当今我国物质基础更加雄厚，经济实力和综合国力更加强大，市场规模优势更加明显，内需市场更具韧性，为疫情缓解后自我修复奠定了较好基础。同时也要注意到，国际方面疫情状况并不乐观，经济下行风险加剧，不稳定、不确定因素显著增多。面对严峻复杂的国际疫情和世界经济形势，我们要坚持底线思维，做好较长时间应对外部环境变化的思想准备和工作准备。

（中国物流与采购联合会　中国物流信息中心）

2019 年 1—12 月中国物流业景气指数

（中国物流与采购联合会发布）

1 月

中国物流业景气指数为 53.7%，较上月回落 1 个百分点；中国仓储指数为 53.7%，较上月回升 2.5 个百分点。

中国物流信息中心主任何辉认为：1 月，受春节假期影响，物流业景气指数正常回落，位于扩张区间，反映出物流经济运行总体保持平稳的态势。仓储指数位于扩张区间，从品种上看，煤炭、木材、矿产品、机械设备等的业务量回升明显，显示出大宗商品进入备货期，同时与民生相关的服装、家电、农副产品等，由于节日备货以及居民消费增加等因素的影响，去库存速度加快，市场较为活跃。

业务总量指数回落，物流业务规模增势减弱。本月业务总量指数比上月回落 1 个百分点为 53.7%位于扩张区间，反映出受春节临近的影响，物流行业表现出周期性回落的特点，物流企业业务量略有减少，物流业务活动规模增势减弱，但总体上物流活动仍较活跃。

资金周转率指数上升，企业资金状况转好。本月资金周转率指数为 54.7%，较上个月回升 2.2 个百分点。显示出由于年度订单集中支付预付款与上年订单回款速度加快，物流企业资金状况较为良好。

库存指数回落，库存周转速度加快。本月平均库存量指数为 49.5%，比上月回落 1.6 个百分点；库存周转次数指数为 54.9%，比上月回升 1.9 个百分点。这显示临近春节，与民生相关的商品迎来销售旺季，消费需求旺盛，库存消耗明显，库存周转速度加快。

设备利用率指数和从业人员指数回落。本月受生产建设活动放缓、物流业务规模增势减弱影响，设备利用率指数下降 2.6 个百分点，回落至 53.4%。加上临近春节的因素影响，从业人员指数回落 2.9 个百分点，回落至 48.4%。

新订单指数为 54.1%，与上一年同期持平；业务活动预期指数为 51.8%，未来物流行业仍将保持平稳增长的态势。受春节因素影响，2 月物流业景气指数仍将有所回落。

2 月

中国物流业景气指数为 49.6%，较上月回落 4.1 个百分点；中国仓储指数为 47.1%，较上月回落6.6个百分点。

中国物流信息中心主任何辉认为：2月，物流业景气指数继续回落，反映出春节假日氛围浓厚，物流行业受节日因素影响较强，呈现出明显的季节性变化。从品种上看，受节日因素带动，与民生相关的服装、食品和日用品物流活动较为活跃。新订单指数位于50%以上，业务活动预期指数大幅回升至60%以上的高水平，预示物流企业对未来行业走势有较大信心，同时为物流行业继续保持平稳发展奠定基础。

业务总量指数回落，物流业务规模增势减弱。本月业务总量指数比上月回落4.1个百分点，位于50%以下，反映出受节日因素影响，物流业务活动规模增势减弱，随着进入新的生产建设周期，物流业务活动规模将保持适度增长。

库存指数周期性回落，未来将出现恢复性增长。本月平均库存量指数回落1.1个百分点至48.4%；库存周转次数指数回落5.0个百分点至49.9%。两项库存指数双双呈现出周期性回落，受到节日消费需求旺盛影响，将出现恢复性大幅增长。

从业人员指数回落，节日效应释放明显。本月受生产建设活动放缓、物流业务规模增势减弱，以及春节期间从业人员返乡等因素影响，从业人员指数回落更为明显，比上月回落2.4个百分点，回落至46%。随着劳动人员对物流行业认知的不断提高，劳动密集型的物流行业用工需求量大。

新订单指数为52.3%，业务活动预期指数为60.3%，预示着进入新的生产建设周期，物流活动将趋于活跃，保持适度增长、平稳运行的态势。

3月

中国物流业景气指数为52.6%，较上月回升3个百分点；中国仓储指数为57.2%，较上月回升10.1个百分点。

中国物流信息中心主任何辉认为：3月，随着供应链上下游经营活动的复苏，物流业景气指数重回50%以上的扩张区间，各主要分项指数均有所回升。从新订单指数看，节后物流需求稳中趋升，钢铁、有色金属、化工、建材等大宗商品物流需求，机械设备等制造业物流需求，以及家电、农副产品等民生物流需求回升明显，显示出国民经济各主要行业经济活动趋于活跃。物流业资金周转速度加快，设备利用率稳中有升，物流服务价格和主营业务利润指数有所改善，业务活动预期指数连续两个月回升，反映出物流企业经营恢复较好，内生增长动力增加和后市预期进一步看好。但成本指数较高，经营成本依然是制约发展的重要因素，应继续关注成本状况。

业务总量指数上升，新订单指数上升。本月业务总量指数为52.6%，比上月回升3个百分点，东部、中部和西部业务总量指数均保持在50%以上，显示出物流业需求全面向好，稳中趋升态势显现。

平均库存量指数和库存周转次数指数双升。3月，平均库存量指数和库存周转次数指数分别回升2.9个百分点和2.4个百分点，数据双双回升反映生产建设活动加快，供应链上游物流业务活动趋于活跃。

设备利用率指数回升。本月物流相关设备利用效率明显提高，设备利用率指数回升3.6个百分点至53.2%，东部、中部和西部均保持在50%以上的景气区间。

资金周转率指数回升。本月资金周转率指数为53%，比上月回升3.1个百分点。显示出由于资本市场的活跃带动物流市场业务活动，企业资金情况有所改善。

新订单指数回升 2.2 个百分点至 54.5%，业务活动预期指数连续两个月回升，预示着后期随着供应链上下游企业生产经营活动的全面启动，物流业务活动将进一步保持活跃。

4 月

中国物流业景气指数为 53.5%，较上月回升 0.9 个百分点；中国仓储指数为 54.3%，较上月回落 2.9 个百分点。

中国物流信息中心主任何辉认为：4 月，物流业景气指数继续回升，显示出物流活动在继续转旺，物流运行呈现稳中有升的发展态势。具体体现在：一是订单增加；二是库存量下降、库存周转速度加快；三是资金周转速度加快；四是业务活动预期指数继续保持高位运行。但也存在一些问题：一是物流企业主营业务成本增长仍然较快；二是受企业降低成本和效率提升的影响，企业用工量有所下降。

物流需求继续增加，新订单指数上升。本月业务总量指数为 53.5%，比上月回升 0.9 个百分点；新订单指数为 55.2%，比上月回升 0.7 个百分点。显示出物流业需求形势继续向好，业务量持续增长，订单数量增加，物流运行将保持稳中趋升的态势。

平均库存量指数回落，库存周转次数指数回升。本月平均库存量指数为 49.3%，回落 2 个百分点。库存周转次数指数为 55%，回升 2.7 个百分点，显示出市场消费端需求增加，物流环节库存下降，有利于促进生产端加快产成品制造。

资金周转率指数回升，资金环境趋好。本月资金周转率指数为 55.2%，比上月回升 2.2 个百分点。受益于央行定向支持金融机构向小微企业和民营企业发放贷款政策的逐步落地，当前物流运行中的资金环境趋好。

业务活动预期指数保持 61.3% 的较高水平。预示着后期社会物流运行会继续有所回升。

5 月

中国物流业景气指数为 52.8%，较上月回落 0.7 个百分点；中国仓储指数为 52.8%，较上月回落 1.5 个百分点。

中国物流信息中心主任何辉认为：5 月，物流业景气指数虽有所回落，但仍在扩张区间运行，反映出物流业务活动继续保持活跃，物流规模增势趋稳。从品种上看，与民生相关的家电及农副产品物流活动活跃；大宗商品中化工等品种需求旺盛。从行业看，快递快运业和铁路运输业走势稳健。从分项指数看，库存指数回落，资金周转率下降，从业人员增速放缓，下行压力犹存。

物流需求增速放缓，新订单指数回落。本月业务总量指数为 52.8%，比上月回落 0.7 个百分点；新订单指数为 53.1%，比上月回落 2.1 个百分点。显示出物流业需求增速放缓，业务规模缩减，订单数量减少，物流运行在保持平稳运行的同时，下行压力有所积累。

库存周转次数指数和平均库存量指数回落。本月库存周转次数指数回落 3.3 个百分点，为 51.7%，平均库存量指数回落 1.2 个百分点，为 48.1%。从品种上看，与民生相关产成品消费需求旺盛，仓储环节货物去库存明显，物流效率有所提升。但大宗商品物流需求回落，仓储环节库存流通速率有所下降。

物流行业从业人员就业增速放缓。本月从业人员指数回升 0.3 个百分点至 49.3%，仍位于缩减区间，显示出受市场需求趋稳的影响，物流从业人员就业增速放缓。

业务活动预期指数为58.6%。市场需求稳定，后期物流运行将继续保持平稳运行的态势。

6月

中国物流业景气指数为51.9%，较上月回落0.9个百分点；中国仓储指数为50.7%，较上月回落2.1个百分点。

中国物流信息中心主任何辉认为：6月，物流业景气指数有所回落，但仍在景气区间运行，反映出当前物流运行继续保持活跃，增势略有趋缓。分品种看，木材、有色金属、化工和矿产品等继续保持增长；受电商企业年中促销活动拉动，食品、家电、化妆品、日用品等与民生相关的产品物流需求增加。从行业看，快递快运业、水上运输业等行业延续增长态势。

库存周转次数指数回升。本月库存周转次数指数较上月回升0.2个百分点，至51.9%。其中与贸易相关的水运企业和港口企业该指数回升幅度明显，同时与民生相关的快递快运业该指数也位于较高位运行，显示出物流相关业务活动仍较活跃。

从业人员指数低位企稳。本月从业人员指数为49.7%，较上月回升0.4个百分点，虽然指数在收缩区间运行，但指数的回升显示出物流企业用工缺口略有收窄，就业情况有企稳迹象。

物流服务价格整体水平依然偏低。本月物流服务价格指数为49.2%，较上月回升0.2个百分点，仍位于50%荣枯线以下，显示出物流企业服务价格整体水平依然偏低。

固定资产投资完成额指数有所回落。本月固定资产投资完成额指数回落为50.2%，较上月回落1.1个百分点，仍位于景气区间运行，反映出物流运行的基础设施条件继续改善。

业务活动预期指数和新订单指数分别为55.8%和51.8%，较上月分别回落了2.8个百分点和1.3个百分点，预示物流活动增长势头将继续有所放缓。

7月

中国物流业景气指数为51.1%，较上月回落0.8个百分点；中国仓储指数为49.8%，较上月回落0.9个百分点。

中国物流信息中心主任何辉认为：7月，物流业景气指数受季节性因素影响回落0.8个百分点，已经连续3个月出现回落，但仍位于景气区间运行。从品种上看，有色金属、建材、石油等产品物流需求增加；服装、纺织品、日用品等与民生相关的产品业务量需求较大。

新订单指数回落。7月，新订单指数较上月回落1.3个百分点，至50.5%。其中与贸易相关的水运企业和港口企业新订单指数继续保持增长的态势，石油需求增多，管道运输企业新订单指数回升幅度明显。

物流服务价格整体水平依然偏低。本月物流服务价格指数为49.9%，较上月回升0.7个百分点，仍位于50%荣枯线以下，显示出物流企业服务价格降幅虽有所收窄，但整体水平依然偏低。

固定资产投资完成额指数有所回落。本月固定资产投资完成额指数回落为49.8%，较上月回落0.4个百分点，主要受气候因素影响，中部地区物流相关基建项目进展速度放缓。

业务活动预期指数虽较上月回升了1.7个百分点，至57.5%，但受高温多雨等气候因素影响，物流行业业务活动下行压力犹存。

8月

中国物流业景气指数为50.9%，较上月回落0.2个百分点；中国仓储指数为54.3%，较上月回升4.5个百分点。

中国物流信息中心主任何辉认为：8月，物流业景气指数呈现周期性回落，但仍保持在50%以上。从区域上看，东部地区受气候等多种因素影响回落幅度较大，但仍位于扩张区间；中西部地区略有回升。从品种上看，受暑期消费带动，与民生相关的食品、服装、家电、日用品等继续保持升势。预计随着行业旺季临近，物流行业将逐步进入企稳回升阶段。

新订单指数回升，市场需求增势提速。本月新订单指数为50.7%，较上月回升0.2个百分点，显示出传统生产建设旺季的临近，供应链上下游企业的物流需求进一步增大。

平均库存量指数上升，库存周转指数回落。本月平均库存量指数为50.3%，较上月回升1.2个百分点，反映出受节日因素影响，与民生相关生产企业提高产量，与物流相关的仓储业务量增多；库存周转次数指数为48.4%，较上月回落0.4个百分点，从区域上看，东部地区回落幅度明显，由于台风等恶劣气候因素对运输业务的影响较大，降低了流通环节库存周转效率。

从业人员指数回升，物流就业形势平稳。本月从业人员指数回升1.3个百分点至50%，结束了该指数连续4个月位于收缩区间的状态。显示出物流行业整体就业形势稳定。

业务活动预期指数为58.8%，预示随着物流运行的需求基础进一步巩固，物流业务活动将延续平稳走势。

9月

中国物流业景气指数为53.8%，较上月回升2.9个百分点；中国仓储指数为52%，较上月回落2.3个百分点。

中国物流信息中心主任何辉认为：9月，物流业景气指数回升至年内最高水平，扭转了指数连续4个月回落的走势，显示出物流业务活跃、需求趋旺、预期回暖。随着“金九银十”和两节的传统旺季临近，生产建设用大宗商品，如钢铁、木材和矿产品等需求增长。与民生相关的食品、纺织家电和日用品等物流活动保持活跃。效率效益指标转好，内生动力有所增强。同时业务活动预期指数和固定投资完成额指数回升，显示出企业家信心有所回升，为后期奠定较强的心理基础。

新订单指数回升，市场需求保持增长。本月新订单指数为53%，比上月回升2.3个百分点，显示出物流市场订单增加，业务需求旺盛。

固定资产投资完成额指数回升，物流基础设施趋于改善。本月固定资产投资完成额指数为52.5%，回升1.8个百分点，反映出物流运行的基础设施条件呈现改善态势。

从业人员指数回升，物流就业形势平稳。本月从业人员指数为50.2%，回升0.2个百分点，物流从业人员就业形势稳定。

业务活动预期指数为60.9%，预示随着物流运行的需求基础进一步巩固，物流业务活动仍将延续平稳走势。

10月

中国物流业景气指数为54.2%，较上月回升0.4个百分点；中国仓储指数为50.9%，较上月回落1.1个百分点。

中国物流信息中心主任何辉认为：10月，物流业景气指数继续保持回升的态势，从分项指数看，除资金周转率指数略有回落外，其他各分项指数普遍适度回升，显示出物流业经济活动运行整体保持平稳增长的态势。从区域看，东部和中部地区物流活动保持高位运行；

从行业看，铁路运输业、水上运输业和快递快运业仍然保持高位增长态势；从企业规模看，大型物流企业高位增长，中小型物流企业适度增长。行业整体运行情况有所改善，就业人数增加，企业效益回升。

新订单指数回升，物流需求仍较旺盛。本月新订单指数为53.2%，较上月回升0.2个百分点，显示出物流需求仍较旺盛，能够支撑物流业保持在适度增长区间。

设备利用率指数回升，利用效率依然较高。本月设备利用率指数较上月回升0.6个百分点，仍保持在53.5%的较高水平，显示出物流设备利用效率依然较高。

库存相关指数回升，消费旺季备货增加。本月平均库存量指数为51.7%，较上月回升0.3个百分点；库存周转次数指数为52%，较上月回升0.1个百分点。反映出随着电商购物节临近，物流企业为销售终端提供的仓储业务量有所增多。

业务活动预期指数为62%，回升1.1个百分点。预示着物流业经济运行将保持平稳适度增长的趋势，而在国内外节假日因素带动下，快递物流等细分物流业态将进入季节性旺季。

11月

中国物流业景气指数为58.9%，较上月回升4.7个百分点；中国仓储指数为54.4%，较上月回升3.5个百分点。

中国物流信息中心主任何辉认为：11月，物流业景气指数和仓储指数均有较大幅度回升，显示出随着国际贸易环境趋于稳定以及电商活动影响，物流活动更加活跃。从行业来看，快递业、仓储业、铁路运输业和公路运输业继续保持高位活跃。从地区来看，东部、中部和西部地区均保持活跃。从品种上看，大宗商品中的钢材、建材、有色金属等物流活动活跃；快消品中的日用品、农副产品和医药等需求旺盛。

业务总量指数回升，需求保持旺盛。本月业务总量指数回升4.7个百分点，为58.9%。运输业、仓储业和邮政业均保持快速增长，显示出受电商活动影响，需求旺盛，物流业务活跃。

设备利用率指数回升，利用效率提高。本月设备利用率指数回升3个百分点，为56.5%。显示出物流业务量的增加，带动物流服务相关设备利用率的提高。

库存周转次数指数和平均库存量指数回升。本月库存周转次数指数回升4.6个百分点，为56.6%；平均库存量指数回升0.7个百分点，为52.4%，这两项指数保持在50%以上的景气区间，平均库存量指数的回升幅度和指数水平略低于库存周转次数指数的变化情况。表明经济活动活跃，消费需求旺盛，供需保持平衡，物流效率有所提升。

主营业务利润指数回升，经营情况良好。本月主营业务利润指数回升0.8个百分点，为52.6%；物流服务价格指数回升0.3个百分点，为51.1%。显示出受供需影响，物流价格在保持稳定的基础上小幅回升，物流企业利润回升幅度较大，企业经营情况良好。

新订单指数为58%，业务活动预期指数为61.5%，物流业经济将保持较好的运行态势。但随着农历春节的临近，物流行业增势预计将有所趋缓。

12月

中国物流业景气指数为58.6%，较上月回落0.3个百分点；中国仓储指数为52.5%，较上月回落1.9个百分点。

中国物流信息中心主任何辉认为：12月物流业景气指数虽略有回落，但仍在高景气区间运行，反映出供应链上下游经济活动保持活跃。分地区看，东部、中部、西部均保持较快增长态势。分行业看，各行业都位于景气区间运行，受电商促销、运力需求逐步释放等因素影响，装卸搬运和其他运输服务业以及邮政快递业的业务量指数略有回落，增速减缓。从品种上看，钢铁、有色金属和建材等生产建设用大宗商品物流活动较活跃；与民生相关的服装、日用品和农副产品等消费品物流需求增多。

业务总量指数仍在景气区间。本月业务总量指数为 58.6%，比上月回落 0.3 个百分点，反映出临近年底物流活动仍较为活跃，但较 11 月略有回落。

设备利用率指数和从业人员指数回落。本月设备利用率指数回落 0.3 个百分点，回落至 56.2%。节前出现临时性物流人员供需缺口，从业人员指数比上月回落 0.5 个百分点，回落至 52.2% 左右。

固定资产投资完成额指数回落。本月固定资产投资完成额指数为 53.5%，比上月回落 1.2 个百分点，显示出物流企业的固定资产投资完成速率有所减缓。

资金周转率指数回升。本月资金周转率指数为 55.3%，较上月回升 0.6 个百分点，显示出临近年底，企业加快资金周转速度，资金环境有所改善。

新订单指数和业务活动预期指数分别为 56.8% 和 56.2%，保持较高水平，反映出企业对后期市场预期总体较好，但仍然要重点关注 2020 年第一季度相关行业物流需求和从业人员情况。

2019 年 1—12 月中国物流业景气指数走势、中国仓储指数走势如图 1 和图 2 所示。

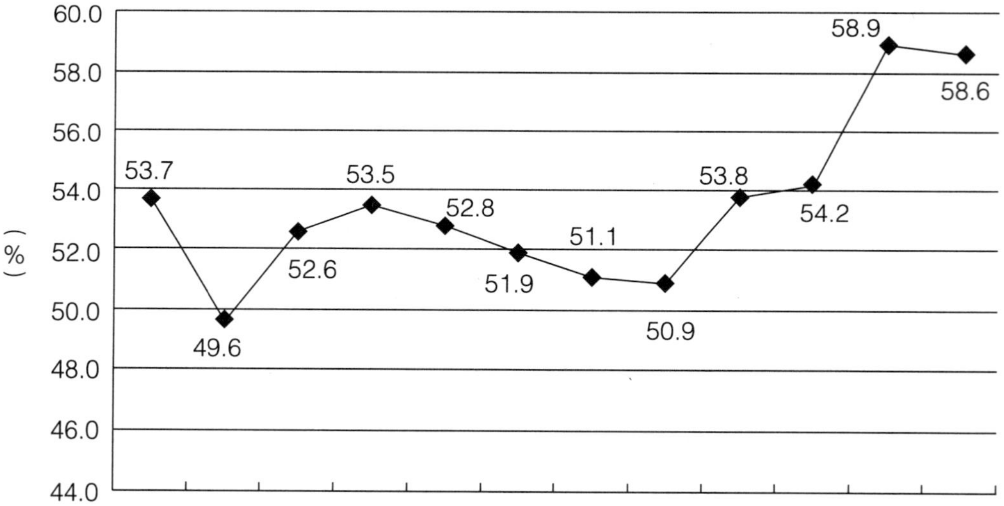

图 1　2019 年 1—12 月中国物流业景气指数走势

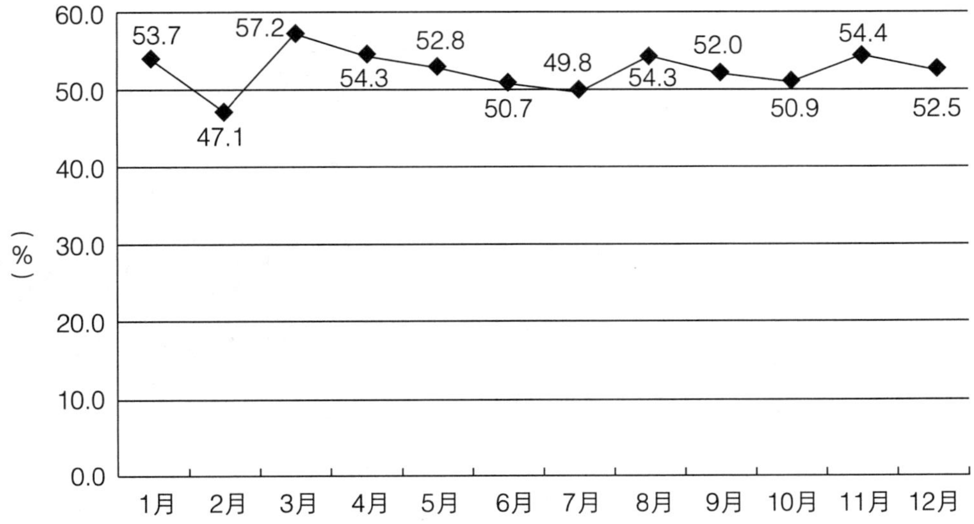

图 2　2019 年 1—12 月中国仓储指数走势

（中国物流信息中心）

2019 年 1—12 月中国制造业采购经理指数（PMI）

（中国物流与采购联合会、国家统计局服务业调查中心发布）

1 月

中国物流与采购联合会、国家统计局服务业调查中心发布的 2019 年 1 月中国制造业采购经理指数（PMI）为 49.5%，比上月上升 0.1 个百分点。

特约分析师张立群认为：1 月 PMI 微升，结束了自 2018 年 8 月以来的持续回落，表明经济运行有企稳迹象。新订单指数、积压订单指数继续下降，反映需求仍有下行压力；新出口订单指数微升，可能预示自 2018 年 11 月以来的出口增速大幅下降开始趋缓。采购量指数、进口指数、原材料库存等指数均低于 50%，生产经营活动预期指数继续下降，表明企业对未来市场信心仍不足，生产经营活动偏冷。从业人员指数持续下降，反映企业用工趋于减少。综合研判，当前经济有企稳迹象，但基础仍需着力巩固。

1 月 PMI 中的 13 个分项指数变化情况如下。

生产指数为 50.9%，比上月上升 0.1 个百分点。从企业规模来看，大型企业的生产指数高于 50%，为 53.7%；中型和小型企业的生产指数低于 50%，分别为 47.6% 和 47%。

新订单指数为 49.6%，比上月下降 0.1 个百分点。从企业规模来看，大型企业的新订单指数高于 50%，为 52.5%；中型和小型企业的新订单指数低于 50%，分别为 46.2% 和 45.5%。

新出口订单指数为 46.9%，比上月上升 0.3 个百分点。从企业规模来看，大型和中型企业的新订单指数低于 50%，分别为 47% 和 45.6%。小型企业高于 50%，为 50.6%。

积压订单指数为 43.7%，比上月下降 0.4 个百分点。从企业规模来看，大型、中型和小型企业的积压订单指数均低于 50%，分别为 46.5%、40.2% 和 40.1%。

产成品库存指数为 47.1%，比上月下降 1.1 个百分点。从企业规模来看，大型、中型和小型企业的产成品库存指数均低于 50%，分别为 47.9%、46.5% 和 45.3%。

采购量指数为 49.1%，比上月下降 0.7 个百分点。从企业规模来看，大型企业的采购量指数高于 50%，为 52.2%；中型和小型企业的采购量指数低于 50%，分别为 45.4% 和 45%。

进口指数为 47.1%，比上月上升 1.2 个百分点。从企业规模来看，大型、中型和小型企业的进口指数均低于 50%，分别为 47%、47.6% 和 46%。

购进价格指数为 46.3%，比上月上升 1.5 个百分点。从企业规模来看，大型、中型和小型企业的购进价格指数均低于 50%，分别为 46.4%、45.8% 和 47%。

出厂价格指数为 44.5%，比上月上升 1.2 个百分点。从企业规模来看，大型、中型和小型企业的出厂价格指数均低于 50%，分别为 43.7%、45.2% 和 46.1%。

原材料库存指数为 48.1%，比上月上升 1 个百分点。从企业规模来看，大型、中型和小型企业的原材料库存指数均低于 50%，分别为 49.4%、46.5% 和 46.5%。

从业人员指数为 47.8%，比上月下降 0.2 个百分点。从企业规模来看，大型、中型和小型企业的从业人员指数均低于 50%，为 48.5%、46.5% 和 47.9%。

供应商配送时间指数为 50.1%，比上月下降 0.3 个百分点。从企业规模来看，大型和中型企业的供应商配送时间指数高于 50%，分别为 50.4% 和 50.2%。小型企业的供应商配送时间指数低于 50%，为 48.9%。

生产经营活动预期指数为 52.5%，比上月下降 0.2 个百分点。从企业规模来看，大型企业的生产经营活动预期指数高于 50%，为 55.4%。中型企业的生产经营活动预期指数低于 50%，为 48.3%。小型企业的生产经营活动预期指数为 50%。

2 月

中国物流与采购联合会、国家统计局服务业调查中心发布的 2019 年 2 月中国制造业采购经理指数（PMI）为 49.2%，比上月下降 0.3 个百分点。

特约分析师张立群认为：2 月 PMI 下降，主要受春节因素影响。从分项指数看，生产指数、采购量指数、原材料库存指数等均有明显下降，表明春节因素影响较为明显。其中新出口订单指数下降，可能预示出口增速会下降；从业人员指数下降，提示春节后的就业压力仍需高度重视。新订单指数和生产经营活动预期指数提高，表明稳增长相关政策效果开始显现。综合研判，经济仍处下行态势，但企稳因素开始增加。

2 月 PMI 中的 13 个分项指数变化情况如下。

生产指数为 49.5%，比上月下降 1.4 个百分点。从企业规模来看，大型企业的生产指数高于 50%，为 52.7%；中型和小型企业的生产指数低于 50%，分别为 46.8% 和 43.4%。

新订单指数为 50.6%，比上月上升 1 个百分点。从企业规模来看，大型企业的新订单指数高于 50%，为 55%；中型和小型企业的新订单指数低于 50%，分别为 46.6% 和 42.8%。

新出口订单指数为 45.2%，比上月下降 1.7 个百分点。从企业规模来看，大型、中型和小型企业的新出口订单指数均低于 50%，分别为 46.3%、44% 和 38.9%。

积压订单指数为 43.6%，比上月下降 0.1 个百分点。从企业规模来看，大型、中型和小型企业的积压订单指数均低于 50%，分别为 47.4%、40.3% 和 36.6%。

产成品库存指数为 46.4%，比上月下降 0.7 个百分点。从企业规模来看，大型、中型和小型企业的产成品库存指数均低于 50%，分别为 48.3%、45.4% 和 41.8%。

采购量指数为48.3%，比上月下降0.8个百分点。从企业规模来看，大型企业的采购量指数高于50%，为51%；中型和小型企业的采购量指数低于50%，分别为46.7%和41.8%。

进口指数为44.8%，比上月下降2.3个百分点。从企业规模来看，大型、中型和小型企业的进口指数均低于50%，分别为45.6%、43.6%和39.4%。

购进价格指数为51.9%，比上月上升5.6个百分点。从企业规模来看，大型、中型和小型企业的购进价格指数均高于50%，分别为52.6%、51.2%和50.8%。

出厂价格指数为48.5%，比上月上升4个百分点。从企业规模来看，大型、中型和小型企业的出厂价格指数均低于50%，分别为49%、47.8%和48.1%。

原材料库存指数为46.3%，比上月下降1.8个百分点。从企业规模来看，大型、中型和小型企业的原材料库存指数均低于50%，分别为48%、45.8%和41.3%。

从业人员指数为47.5%，比上月下降0.3个百分点。从企业规模来看，大型、中型和小型企业的从业人员指数均低于50%，分别为47.8%、46.2%和48.9%。

供应商配送时间指数为49.8%，比上月下降0.3个百分点。从企业规模来看，中型企业的供应商配送时间指数高于50%，为50.5%；大型和小型企业的供应商配送时间指数均低于50%，分别为49.8%和48.5%。

生产经营活动预期指数为56.2%，比上月上升3.7个百分点。从企业规模来看，大型、中型和小型企业的生产经营活动预期指数均高于50%，分别为57.8%、54.2%和54.1%。

3月

中国物流与采购联合会、国家统计局服务业调查中心发布的2019年3月中国制造业采购经理指数（PMI）为50.5%，比上月上升1.3个百分点。

特约分析师张立群认为：3月PMI明显回升，而且重新回到50%荣枯线以上，既有春节后恢复生产的季节性因素，也反映稳增长相关政策效果在进一步显现。从相关指数看，目前企业信心、生产经营活动等都呈恢复态势。从订单指数看，新订单指数环比提高幅度与上月相同，考虑到春节因素影响，可以认为市场需求恢复态势尚不明显，仍需在扩大内需上着力；新出口订单指数回升明显，可能预示出口企业预期有所好转，中美贸易谈判释放的积极信号开始发生作用。总体看，当前经济仍处于企稳回升的关键时期，要继续把两会部署的相关工作做细做实，进一步巩固和增强信心，保持市场需求恢复和经济增长回稳的好势头。

3月PMI中的13个分项指数变化情况如下。

生产指数为52.7%，比上月上升3.2个百分点。从企业规模来看，大型、中型和小型企业的生产指数均高于50%，分别为53.6%、52%和50.8%。

新订单指数为51.6%，比上月上升1个百分点。从企业规模来看，大型和中型企业的新订单指数高于50%，分别为52.5%和51.2%；小型企业的新订单指数低于50%，为49%。

新出口订单指数为47.1%，比上月上升1.9个百分点。从企业规模来看，大型、中型和小型企业的新出口订单指数均低于50%，分别为48.6%、44.6%和41.7%。

积压订单指数为46.4%，比上月上升2.8个百分点。从企业规模来看，大型、中型和小型企业的积压订单指数均低于50%，分别为47%、45.9%和45.2%。

产成品库存指数为47%，比上月上升0.6个百分点。从企业规模来看，大型、中型和小型企业的产成品库存指数均低于50%，分别为47.2%、45.7%和48.8%。

采购量指数为51.2%，比上月上升2.9个百分点。从企业规模来看，大型企业的采购量指数高于50%，为52.3%；中型和小型企业的采购量指数低于50%，分别为49.8%和49.9%。

进口指数为48.7%，比上月上升3.9个百分点。从企业规模来看，小型企业的进口指数均高于50%，为54.3%；大型和中型企业的进口指数低于50%，分别为49.2%和45.7%。

购进价格指数为53.5%，比上月上升1.6个百分点。从企业规模来看，大型、中型和小型企业的购进价格指数均高于50%，分别为53.4%、53.5%和53.9%。

出厂价格指数为51.4%，比上月上升2.9个百分点。从企业规模来看，大型和中型企业的出厂价格指数高于50%，分别为52.4%和51.3%。小型企业的出厂价格指数低于50%，为49.8%。

原材料库存指数为48.4%，比上月上升2.1个百分点。从企业规模来看，大型、中型和小型企业的原材料库存指数均低于50%，分别为48.2%、48.3%和49.3%。

从业人员指数为47.6%，比上月上升0.1个百分点。从企业规模来看，大型、中型和小型企业的从业人员指数均低于50%，分别为48.6%、45.6%和47.5%。

供应商配送时间指数为50.2%，比上月上升0.4个百分点。从企业规模来看，大型和小型企业的供应商配送时间指数高于50%，分别为50.5%和50.3%；中型企业的供应商配送时间指数均低于50%，为49.5%。

生产经营活动预期指数为56.8%，比上月上升0.6个百分点。从企业规模来看，大型、中型和小型企业的生产经营活动预期指数均高于50%，分别为57.1%、56.5%和56.5%。

4月

中国物流与采购联合会、国家统计局服务业调查中心发布的2019年4月中国制造业采购经理指数（PMI）为50.1%，比上月下降0.4个百分点。

特约分析师张立群认为：3月PMI明显回升后，4月PMI出现小幅回落，表明经济企稳基础尚不稳固。新订单指数微降、积压订单指数较大幅度回落，反映企业订单水平不稳定，市场需求对生产活动的拉动力度不稳定；新出口订单指数明显回升，但仍在荣枯线下，预示出口增长可能低位趋稳；生产指数、采购量指数、原材料库存指数均有不同程度回落；生产经营活动预期指数小幅回落，反映企业预期不稳，存在一定观望倾向。从业人员指数持续在荣枯线下且小幅回落，表明企业用人需求比较低迷。综上，经济初现企稳迹象后的变化趋势表现出较为明显的不确定性。应该抓紧落实好既定的各项政策措施，坚持做好宏观政策逆周期调节工作，着力扩大内需，不断巩固经济企稳向好态势。

4月PMI中的13个分项指数变化情况如下。

生产指数为52.1%，比上月下降0.6个百分点。从企业规模来看，大型、中型和小型企业的生产指数均高于或等于50%，分别为53%、51.1%和51.2%。

新订单指数为51.4%，比上月下降0.2个百分点。从企业规模来看，大型、中型和小型企业的新订单指数均高于或等于50%，分别为52.5%、50.4%和50%。

新出口订单指数为 49.2%，比上月上升 2.1 个百分点。从企业规模来看，大型、中型和小型企业的新出口订单指数均低于 50%，分别为 49.7%、49.1%和 46.4%。

积压订单指数为 44%，比上月下降 2.4 个百分点。从企业规模来看，大型、中型和小型企业的积压订单指数均低于 50%，分别为 43.8%、44.3%和 44.1%。

产成品库存指数为 46.5%，比上月下降 0.5 个百分点。从企业规模来看，大型、中型和小型企业的产成品库存指数均低于 50%，分别为 45.5%、47.7%和 47.3%。

采购量指数为 51.1%，比上月下降 0.1 个百分点。从企业规模来看，大型企业的采购量指数高于 50%，为 52.7%；中型和小型企业的采购量指数低于 50%，分别为 49.1%和 49.6%。

进口指数为 49.7%，比上月上升 1 个百分点。从企业规模来看，大型企业的进口指数高于 50%，为 50.5%；中型和小型企业的进口指数低于 50%，分别为 47.3%和 49.8%。

购进价格指数为 53.1%，比上月下降 0.4 个百分点。从企业规模来看，大型、中型和小型企业的购进价格指数均高于 50%，分别为 53.2%、53.4%和 52.4%。

出厂价格指数为 52%，比上月上升 0.6 个百分点。从企业规模来看，大型和中型企业的出厂价格指数高于 50%，分别为 53.9%和 50.2%。小型企业的出厂价格指数低于 50%，为 49.8%。

原材料库存指数为 47.2%，比上月下降 1.2 个百分点。从企业规模来看，大型、中型和小型企业的原材料库存指数均低于 50%，分别为 47.9%、46.1%和 46.9%。

从业人员指数为 47.2%，比上月下降 0.4 个百分点。从企业规模来看，大型、中型和小型企业的从业人员指数均低于 50%，分别为 47.7%、45.4%和 48.5%。

供应商配送时间指数为 49.9%，比上月下降 0.3 个百分点。从企业规模来看，大型企业的供应商配送时间指数高于 50%，为 50.1%；中型和小型企业的供应商配送时间指数低于 50%，分别为 49.7%和 49.6%。

生产经营活动预期指数为 56.5%，比上月下降 0.3 个百分点。从企业规模来看，大型、中型和小型企业的生产经营活动预期指数均高于 50%，分别为 57.2%、55.1%和 56.6%。

5 月

中国物流与采购联合会、国家统计局服务业调查中心发布的 2019 年 5 月中国制造业采购经理指数（PMI）为 49.4%，比上月下降 0.7 个百分点。

特约分析师张立群认为：5 月 PMI 继续下降，且降幅扩大，表明经济下行压力加大。在 3 月提高到荣枯线以后，5 月 PMI 重新回落到荣枯线以下，表明经济企稳基础尚未建立。新订单指数、新出口订单指数较大幅度下降，反映市场需求不足问题比较突出，特别是出口下行压力较大；生产指数、采购量指数、进口指数、生产经营活动预期指数均有所下降，反映企业信心有所减弱，生产经营活动景气度较低。综合研判，当前经济形势下行压力较大，宏观经济需求不足问题比较突出。应该进一步做好宏观政策逆周期调节工作，着力扩大内需，尽快提高应对外需波动冲击，稳定总需求，稳定经济增长的能力。

5 月 PMI 中的 13 个分项指数变化情况如下。

生产指数为 51.7%，比上月下降 0.4 个百分点。从企业规模来看，大型和中型的生产指数高于 50%，分别为 53.1% 和 51.1%；小型企业的生产指数低于 50%，为 48.6%。

新订单指数为 49.8%，比上月下降 1.6 个百分点。从企业规模来看，大型企业的新订单指数高于 50%，为 51.2%；中型和小型企业的新订单指数低于 50%，分别为 49.4% 和 46.7%。

新出口订单指数为 46.5%，比上月下降 2.7 个百分点。从企业规模来看，大型、中型和小型企业的新出口订单指数均低于 50%，分别为 46.9%、46.8% 和 42.4%。

积压订单指数为 44.3%，比上月上升 0.3 个百分点。从企业规模来看，大型、中型和小型企业的积压订单指数均低于 50%，分别为 44.5%、43.3% 和 45.2%。

产成品库存指数为 48.1%，比上月上升 1.6 个百分点。从企业规模来看，大型、中型和小型企业的产成品库存指数均低于 50%，分别为 49.3%、46.6% 和 47.2%。

采购量指数为 50.5%，比上月下降 0.6 个百分点。从企业规模来看，大型、中型和小型企业的采购量指数均高于 50%，分别为 50.8%、50.2% 和 50.2%。

进口指数为 47.1%，比上月下降 2.6 个百分点。从企业规模来看，大型、中型和小型企业的进口指数均低于 50%，分别为 47.3%、46% 和 48.5%。

购进价格指数为 51.8%，比上月下降 1.3 个百分点。从企业规模来看，大型、中型和小型企业的购进价格指数均高于 50%，分别为 51.5%、51.2% 和 53.6%。

出厂价格指数为 49%，比上月下降 3 个百分点。从企业规模来看，大型、中型和小型企业的出厂价格指数均低于 50%，分别为 49.8%、47.8% 和 48.3%。

原材料库存指数为 47.4%，比上月上升 0.2 个百分点。从企业规模来看，大型、中型和小型企业的原材料库存指数均低于 50%，分别为 47.3%、47.1% 和 48.1%。

从业人员指数为 47%，比上月下降 0.2 个百分点。从企业规模来看，大型、中型和小型企业的从业人员指数均低于 50%，分别为 47.5%、45.8% 和 47.3%。

供应商配送时间指数为 50.9%，比上月上升 1 个百分点。从企业规模来看，大型、中型和小型企业的供应商配送时间指数均高于 50%，分别为 50.8%、51% 和 51%。

生产经营活动预期指数为 54.5%，比上月下降 2 个百分点。从企业规模来看，大型、中型和小型企业的生产经营活动预期指数均高于 50%，分别为 55.3%、53.3% 和 54.1%。

6 月

中国物流与采购联合会、国家统计局服务业调查中心发布的 2019 年 6 月中国制造业采购经理指数（PMI）为 49.4%，与上月持平。

特约分析师张立群认为：6 月 PMI 与上月持平，继续处于荣枯线以下，表明经济下行压力仍然比较突出。分项指标中，生产指数继续下降，预示制造业增速继续下行；新订单指数、新出口订单指数继续下降，购进价格指数和出厂价格指数较大幅度下降，反映企业销售形势继续承压，市场需求不足问题仍在发展；采购量指数、进口指数、生产经营活动预期指数继续下降，表明企业信心不足问题仍比较突出。综合研判，因市场需求不足导致的经济下行态势比较明显。需加大宏观政策逆周期调节力度，多措并举着力扩大内需，尽快缓解经济下行压力。

6 月 PMI 中的 13 个分项指数变化情况如下。

生产指数为 51.3%，比上月下降 0.4 个百分点。从企业规模来看，大型和中型企业的生产指数高于 50%，分别为 52% 和 52.2%；小型企业的生产指数低于 50%，为 48%。

新订单指数为 49.6%，比上月下降 0.2 个百分点。从企业规模来看，大型企业的新订单指数高于 50%，为 50.7%；中型和小型企业的新订单指数低于 50%，分别为 49% 和 47.4%。

新出口订单指数为 46.3%，比上月下降 0.2 个百分点。从企业规模来看，大型、中型和小型企业的新出口订单指数均低于 50%，分别为 47.1%、44.5% 和 45.6%。

积压订单指数为 44.5%，比上月上升 0.2 个百分点。从企业规模来看，大型、中型和小型企业的积压订单指数均低于 50%，分别为 46.3%、41.7% 和 43.8%。

产成品库存指数为 48.1%，与上月持平。从企业规模来看，小型企业的产成品库存指数为 50%；大型和中型企业的产成品库存指数低于 50%，分别为 48.1% 和 46.8%。

采购量指数为 49.7%，比上月下降 0.8 个百分点。从企业规模来看，大型企业的采购量指数高于 50%，为 50.7%；中型企业的采购量指数等于 50%；小型企业的采购量指数低于 50%，为 46.6%。

进口指数为 46.8%，比上月下降 0.3 个百分点。从企业规模来看，大型、中型和小型企业的进口指数均低于 50%，分别为 47.1%、46.8% 和 44.4%。

购进价格指数为 49%，比上月下降 2.8 个百分点。从企业规模来看，大型、中型和小型企业的购进价格指数均低于 50%，分别为 49%、48.6% 和 49.7%。

出厂价格指数为 45.4%，比上月下降 3.6 个百分点。从企业规模来看，大型、中型和小型企业的出厂价格指数均低于 50%，分别为 44.2%、46% 和 48.1%。

原材料库存指数为 48.2%，比上月上升 0.8 个百分点。从企业规模来看，大型、中型和小型企业的原材料库存指数均低于 50%，分别为 48.2%、47.7% 和 49%。

从业人员指数为 46.9%，比上月下降 0.1 个百分点。从企业规模来看，大型、中型和小型企业的从业人员指数均低于 50%，分别为 47%、45.9% 和 48.3%。

供应商配送时间指数为 50.2%，比上月下降 0.7 个百分点。从企业规模来看，大型和中型企业的供应商配送时间指数高于 50%，分别为 50.4% 和 50.4%；小型企业的供应商配送时间指数低于 50%，为 49.5%。

生产经营活动预期指数为 53.4%，比上月下降 1.1 个百分点。从企业规模来看，大型、中型和小型企业的生产经营活动预期指数均高于 50%，分别为 54%、51.7% 和 54.3%。

7 月

中国物流与采购联合会、国家统计局服务业调查中心发布的 2019 年 7 月中国制造业采购经理指数（PMI）为 49.7%，比上月上升 0.3 个百分点。

特约分析师张立群认为：7 月 PMI 小幅提高，表明经济下行态势趋缓。新订单指数、新出口订单指数、积压订单指数均有小幅提高，反映市场需求略有好转；生产指数、采购量指数、生产经营活动预期指数、购进价格指数等均有提高，表明企业信心和生产经营活动都有所恢复。综合来看，受市场需求变化拉动，生产经营活动出现恢复迹象，表明宏观政策逆周期调节效果开始显现。但 PMI 仍在荣枯线以下，经济下行压力仍然不容低估，回稳基础仍需大力巩固。

7 月 PMI 中的 13 个分项指数变化情况

如下。

生产指数为 52.1%，比上月上升 0.8 个百分点。从企业规模来看，大型和中型企业的生产指数高于 50%，分别为 53.5% 和 51.1%；小型企业的生产指数低于 50%，为 49.6%。

新订单指数为 49.8%，比上月上升 0.2 个百分点。从企业规模来看，大型企业的新订单指数高于 50%，为 51.1%；中型和小型企业的新订单指数低于 50%，分别为 49% 和 47.2%。

新出口订单指数为 46.9%，比上月上升 0.6 个百分点。从企业规模来看，大型、中型和小型企业的新出口订单指数均低于 50%，分别为 48.1%、44.9% 和 44.1%。

积压订单指数为 44.7%，比上月上升 0.2 个百分点。从企业规模来看，大型、中型和小型企业的积压订单指数均低于 50%，分别为 46.5%、42.6% 和 42.9%。

产成品库存指数为 47%，比上月下降 1.1 个百分点。从企业规模来看，大型、中型和小型企业的产成品库存指数均低于 50%，分别为 47.6%、46.4% 和 46.2%。

采购量指数为 50.4%，比上月上升 0.7 个百分点。从企业规模来看，大型和中型企业的采购量指数高于 50%，分别为 51.6% 和 51.1%；小型企业的采购量指数低于 50%，为 46%。

进口指数为 47.4%，比上月上升 0.6 个百分点。从企业规模来看，大型、中型和小型企业的进口指数均低于 50%，分别为 47.1%、48.2% 和 47.2%。

购进价格指数为 50.7%，比上月上升 1.7 个百分点。从企业规模来看，大型、中型和小型企业的购进价格指数均高于 50%，分别为 51%、50.1% 和 50.9%。

出厂价格指数为 46.9%，比上月上升 1.5 个百分点。从企业规模来看，大型、中型和小型企业的出厂价格指数均低于 50%，分别为 46.7%、46.5% 和 48%。

原材料库存指数为 48%，比上月下降 0.2 个百分点。从企业规模来看，大型、中型和小型企业的原材料库存指数均低于 50%，分别为 48.9%、46.5% 和 47.7%。

从业人员指数为 47.1%，比上月上升 0.2 个百分点。从企业规模来看，大型、中型和小型企业的从业人员指数均低于 50%，分别为 47.9%、45.7% 和 46.9%。

供应商配送时间指数为 50.1%，比上月下降 0.1 个百分点。从企业规模来看，中型企业的供应商配送时间指数高于 50%，为 50.4%；大型和小型企业的供应商配送时间指数等于 50%。

生产经营活动预期指数为 53.6%，比上月上升 0.2 个百分点。从企业规模来看，大型、中型和小型企业的生产经营活动预期指数均高于 50%，分别为 54.6%、52% 和 53.1%。

8 月

中国物流与采购联合会、国家统计局服务业调查中心发布的 2019 年 8 月中国制造业采购经理指数（PMI）为 49.5%，比上月下降 0.2 个百分点。

特约分析师张立群认为：8 月 PMI 又出现下降，表明 7 月 PMI 回升属短期变化。自 5 月以后，PMI 已经连续 4 个月运行在荣枯线以下，表明经济下行压力明显。8 月 PMI 中的生产指数、采购量指数、原材料库存指数、生产经营活动预期指数等均下降，表明企业对未来市场的预期较差，生产经营活动比较谨慎。新订单指数下降则反映内需不足问题仍然突出。新出口订单指数虽上升，但考虑美国对我国进一步施压，外需下行压力仍比较明显。综合来看，由市场需求不足导致的经济下行压力加大，应加大宏观政策逆周期调节力度，着力扩大内需，尽快缓解经济下行压力。

8月PMI中的13个分项指数变化情况如下。

生产指数为51.9%，比上月下降0.2个百分点。从企业规模来看，大型和小型企业的生产指数高于50%，分别为53.2%和51.3%；中型企业的生产指数低于50%，为49.9%。

新订单指数为49.7%，比上月下降0.1个百分点。从企业规模来看，大型企业的新订单指数高于50%，为50.6%；中型和小型企业的新订单指数低于50%，分别为49.2%和48.1%。

新出口订单指数为47.2%，比上月上升0.3个百分点。从企业规模来看，大型、中型和小型企业的新出口订单指数均低于50%，分别为47.6%、46.7%和45.7%。

积压订单指数为44.8%，比上月上升0.1个百分点。从企业规模来看，大型、中型和小型企业的积压订单指数均低于50%，分别为46%、43.8%和43%。

产成品库存指数为47.8%，比上月上升0.8个百分点。从企业规模来看，大型、中型和小型企业的产成品库存指数均低于50%，分别为49%、47.4%和44.9%。

采购量指数为49.3%，比上月下降1.1个百分点。从企业规模来看，大型企业的采购量指数高于50%，为50.1%；中型和小型企业的采购量指数低于50%，分别为47.9%和49%。

进口指数为46.7%，比上月下降0.7个百分点。从企业规模来看，大型、中型和小型企业的进口指数均低于50%，分别为46.4%、47.3%和48%。

购进价格指数为48.6%，比上月下降2.1个百分点。从企业规模来看，小型企业的购进价格指数高于50%，为51.1%；大型和中型企业的购进价格指数低于50%，分别为47.3%和49.4%。

出厂价格指数为46.7%，比上月下降0.2个百分点。从企业规模来看，大型、中型和小型企业的出厂价格指数均低于50%，分别为45.4%、47.5%和49.3%。

原材料库存指数为47.5%，比上月下降0.5个百分点。从企业规模来看，大型、中型和小型企业的原材料库存指数均低于50%，分别为48.1%、47.1%和46.5%。

从业人员指数为46.9%，比上月下降0.2个百分点。从企业规模来看，大型、中型和小型企业的从业人员指数均低于50%，分别为48.5%、44.8%和45.6%。

供应商配送时间指数为50.3%，比上月上升0.2个百分点。从企业规模来看，大型和中型企业的供应商配送时间指数高于50%，分别为50.2%和51%；小型企业的供应商配送时间指数低于50%，为49.4%。

生产经营活动预期指数为53.3%，比上月下降0.3个百分点。从企业规模来看，大型、中型和小型企业的生产经营活动预期指数均高于50%，分别为53.7%、51.6%和54.7%。

9月

中国物流与采购联合会、国家统计局服务业调查中心发布的2019年9月中国制造业采购经理指数（PMI）为49.8%，比上月上升0.3个百分点。

特约分析师张立群认为：9月PMI小幅回升，表明围绕“六稳”目标加大工作力度的成效开始初步显露。新订单指数回升，反映国内需求有所回稳；由于中美贸易谈判前景仍有较大不确定性，因此新出口订单指数回升是否显示出口好转，尚待观察。生产指数、采购量指数、生产经营活动预期指数回升，表明企业信心更为坚定，生产经营活动有所恢复。综合研判，受“六稳”相关政策力度加大的影响，市场需求和企业信心出现回稳迹象，经济下行压力有所缓解。考虑国内外形势的错综复杂性，未来应坚持加大宏观政策逆周期调节力度，尽快扭转经济下行态势。

9月PMI中的13个分项指数变化情况如下。

生产指数为52.3%，比上月上升0.4个百分点。从企业规模来看，大型、中型和小型企业的生产指数均高于50%，分别为53.4%、50.7%和51.7%。

新订单指数为50.5%，比上月上升0.8个百分点。从企业规模来看，大型企业的新订单指数高于50%，为52.5%；中型和小型企业的新订单指数低于50%，分别为48.5%和47.9%。

新出口订单指数为48.2%，比上月上升1个百分点。从企业规模来看，大型、中型和小型企业的新出口订单指数均低于50%，分别为49.9%、44.3%和47.3%。

积压订单指数为44.7%，比上月下降0.1个百分点。从企业规模来看，大型、中型和小型企业的积压订单指数均低于50%，分别为44.5%、45.4%和44.2%。

产成品库存指数为47.1%，比上月下降0.7个百分点。从企业规模来看，大型、中型和小型企业的产成品库存指数均低于50%，分别为47%、48.2%和45.7%。

采购量指数为50.4%，比上月上升1.1个百分点。从企业规模来看，大型企业的采购量指数高于50%，为52.3%；中型和小型企业的采购量指数低于50%，分别为48.1%和48.5%。

进口指数为47.1%，比上月上升0.4个百分点。从企业规模来看，大型、中型和小型企业的进口指数均低于50%，分别为47.1%、47.7%和45.5%。

购进价格指数为52.2%，比上月上升3.6个百分点。从企业规模来看，大型、中型和小型企业的购进价格指数均高于50%，分别为50.8%、52.4%和55.7%。

出厂价格指数为49.9%，比上月上升3.2个百分点。从企业规模来看，中型和小型企业的出厂价格指数高于50%，分别为50.9%和52.1%；大型企业的出厂价格指数低于50%，为48.5%。

原材料库存指数为47.6%，比上月上升0.1个百分点。从企业规模来看，大型、中型和小型企业的原材料库存指数均低于50%，分别为48.4%、46.7%和46.9%。

从业人员指数为47%，比上月上升0.1个百分点。从企业规模来看，大型、中型和小型企业的从业人员指数均低于50%，分别为47.6%、46%和46.7%。

供应商配送时间指数为50.5%，比上月上升0.2个百分点。从企业规模来看，大型和小型企业的供应商配送时间指数高于50%，分别为50.8%和50.5%；中型企业的供应商配送时间指数等于50%。

生产经营活动预期指数为54.4%，比上月上升1.1个百分点。从企业规模来看，大型、中型和小型企业的生产经营活动预期指数均高于50%，分别为55.5%、52.3%和54.6%。

10月

中国物流与采购联合会、国家统计局服务业调查中心发布的2019年10月中国制造业采购经理指数（PMI）为49.3%，比上月下降

0.5 个百分点。

特约分析师张立群认为：10 月 PMI 在荣枯线以下重新回落，表明经济下行压力加大。新订单指数、新出口订单指数回落，表明国内外市场需求继续走弱，需求不足对生产的制约进一步增强；生产指数显著回落，既因为与 9 月跳跃升高的比较，也由于需求不足的制约。生产经营活动预期指数下降，表明企业对未来市场前景信心不足；采购量指数、进口指数、购进价格指数均下降，表明企业生产经营活动趋向收缩。综合研判，当前经济下行压力进一步加大。必须着力加强宏观政策逆周期调节力度，积极扩大有效投资，切实防止经济下行惯性不断加大的趋势持续发展。

10 月 PMI 中的 13 个分项指数变化情况如下。

生产指数为 50.8%，比上月下降 1.5 个百分点。从企业规模来看，大型企业的生产指数高于 50%，为 52.1%；中型和小型企业的生产指数低于 50%，分别为 49.9% 和 48.4%。

新订单指数为 49.6%，比上月下降 0.9 个百分点。从企业规模来看，大型和中型企业的新订单指数高于 50%，分别为 50.1% 和 50.5%；小型企业的新订单指数低于 50%，为 46.8%。

新出口订单指数为 47%，比上月下降 1.2 个百分点。从企业规模来看，大型、中型和小型企业的新出口订单指数均低于 50%，分别为 47%、48% 和 43.7%。

积压订单指数为 44.9%，比上月上升 0.2 个百分点。从企业规模来看，大型、中型和小型企业的积压订单指数均低于 50%，分别为 44.8%、46% 和 43.5%。

产成品库存指数为 46.7%，比上月下降 0.4 个百分点。从企业规模来看，大型、中型和小型企业的产成品库存指数均低于 50%，分别为 47.7%、47.4% 和 42.9%。

采购量指数为 49.8%，比上月下降 0.6 个百分点。从企业规模来看，大型企业的采购量指数高于 50%，为 50.7%；中型和小型企业的采购量指数低于 50%，分别为 49.8% 和 47.3%。

进口指数为 46.9%，比上月下降 0.2 个百分点。从企业规模来看，大型、中型和小型企业的进口指数均低于 50%，分别为 47.5%、45.3% 和 46.6%。

购进价格指数为 50.4%，比上月下降 1.8 个百分点。从企业规模来看，中型和小型企业的购进价格指数高于 50%，分别为 50.8% 和 54.7%。大型企业的购进价格指数低于 50%，为 48.7%。

出厂价格指数为 48%，比上月下降 1.9 个百分点。从企业规模来看，小型企业的出厂价格指数为 50%；大型和中型企业的出厂价格指数低于 50%，分别为 46.7% 和 49.2%。

原材料库存指数为 47.4%，比上月下降 0.2 个百分点。从企业规模来看，大型、中型和小型企业的原材料库存指数均低于 50%，分别为 48.2%、46.3% 和 46.9%。

从业人员指数为 47.3%，比上月上升 0.3 个百分点。从企业规模来看，大型、中型和小型企业的从业人员指数均低于 50%，分别为 47.8%、46.6% 和 47.1%。

供应商配送时间指数为 50.1%，比上月下降 0.4 个百分点。从企业规模来看，大型和中型企业的供应商配送时间指数高于 50%，分别为 50.2% 和 50.7%；小型企业的供应商配送时间指数低于 50%，为 49%。

生产经营活动预期指数为 54.2%，比上月下降 0.2 个百分点。从企业规模来看，大型、中型和小型企业的生产经营活动预期指数均高于50%，分别为54.5%、54.4%和53%。

11月

中国物流与采购联合会、国家统计局服务业调查中心发布的2019年11月中国制造业采购经理指数（PMI）为50.2%，比上月上升0.9个百分点。

特约分析师张立群认为：11月PMI出现较为明显的回升，重新回到荣枯线以上，表明经济运行开始显露由降转稳迹象，但基础仍需大力巩固。从历史数据观察，在趋势性变化之外，一些短期因素影响也需注意。10月有长假，指标会受到一定影响。当然，下半年以来宏观政策逆周期调节力度明显加大，其效果正在不断显现，经济由降转稳迹象也在逐渐显露。这两类因素综合起来，会形成较为明显的变化，也是11月生产指数、新订单指数、采购量指数、原材料库存指数明显提高的主要原因。综上，受宏观政策逆周期调节力度加大影响，11月经济运行初现由降转稳迹象，但不宜从指数提高幅度方面过度评估。要特别注意仍然存在的下行压力，着力扩大内需，继续加大相关政策的落实力度，不断巩固和加强经济回稳的态势。

11月PMI中的13个分项指数变化情况如下。

生产指数为52.6%，比上月上升1.8个百分点。从企业规模来看，大型、中型和小型企业的生产指数都高于50%，分别为53.5%、52%和51%。

新订单指数为51.3%，比上月上升1.7个百分点。从企业规模来看，大型、中型和小型企业的新订单指数都高于50%，分别为52.1%、50.2%和50.6%。

新出口订单指数为48.8%，比上月上升1.8个百分点。从企业规模来看，小型企业的新出口订单指数等于50%；大型和中型企业的新出口订单指数低于50%，分别为48.9%和48.2%。

积压订单指数为44.9%，与上月持平。从企业规模来看，大型、中型和小型企业的积压订单指数均低于50%，分别为45.7%、45.1%和42.3%。

产成品库存指数为46.4%，比上月下降0.3个百分点。从企业规模来看，大型、中型和小型企业的产成品库存指数均低于50%，分别为47.9%、45.6%和43.4%。

采购量指数为51%，比上月上升1.2个百分点。从企业规模来看，大型企业的采购量指数高于50%，为52.6%；中型和小型企业的采购量指数低于50%，分别为49.9%和48.1%。

进口指数为49.8%，比上月上升2.9个百分点。从企业规模来看，大型企业的进口指数均高于50%，为50.4%；中型和小型企业的进口指数低于50%，分别为48%和49.8%。

购进价格指数为49%，比上月下降1.4个百分点。从企业规模来看，中型和小型企业的购进价格指数高于50%，分别为50.1%和51.9%；大型企业的购进价格指数低于50%，为47.4%。

出厂价格指数为47.3%，比上月下降0.7个百分点。从企业规模来看，大型、中型和小型企业的出厂价格指数均低于50%，分别为46.5%、47.9%和48.5%。

原材料库存指数为47.8%，比上月上升0.4个百分点。从企业规模来看，大型、中型和小型企业的原材料库存指数均低于50%，分别为48.7%、47.1%和46.3%。

从业人员指数为47.3%，与上月持平。从企业规模来看，大型、中型和小型企业的从业人员指数均低于 50%，分别为 48.1%、46.3% 和 46.5%。

供应商配送时间指数为 50.5%，比上月上升 0.4 个百分点。从企业规模来看，大型和中型企业的供应商配送时间指数高于 50%，分别为 50.9% 和 50.3%；小型企业的供应商配送时间指数低于 50%，为 49.7%。

生产经营活动预期指数为 54.9%，比上月上升 0.7 个百分点。从企业规模来看，大型、中型和小型企业的生产经营活动预期指数均高于 50%，分别为 54.7%、56% 和 53.7%。

12 月

中国物流与采购联合会、国家统计局服务业调查中心发布的 2019 年 12 月中国制造业采购经理指数（PMI）为 50.2%，与上月持平。

特约分析师张立群认为：12 月 PMI 与上月持平，维持在荣枯线以上，表明经济趋稳迹象继续保持，但基础仍需大力巩固。PMI 中生产指数、采购量指数、进口指数均提高，表明当前企业生产活动相对比较活跃；而新订单指数、生产经营活动预期指数均下降，则反映企业对未来市场前景信心仍然不足。由于目前处于岁末，企业普遍处于完成今年任务和规划来年生产目标之际；PMI 中各项指标涨跌互现，表明促进经济回暖因素与经济下行压力仍处于相互角力之中，未来前景仍不明朗。应继续着力落实好实现“六稳”的各项政策措施，尽快加强经济回稳向好的基础。

12 月 PMI 中的 13 个分项指数变化情况如下。

生产指数为 53.2%，比上月上升 0.6 个百分点。从企业规模来看，大型和中型企业的生产指数高于 50%，分别为 53.6% 和 56.3%；小型企业的生产指数低于 50%，为 47.5%。

新订单指数为 51.2%，比上月下降 0.1 个百分点。从企业规模来看，大型和中型企业的新订单指数高于 50%，分别为 51.9% 和 53.2%；小型企业的新订单指数低于 50%，为 46.3%。

新出口订单指数为 50.3%，比上月上升 1.5 个百分点。从企业规模来看，大型和中型企业的新出口订单指数高于 50%，分别为 50.9% 和 50.3%；小型企业的新出口订单指数低于 50%，为 46.1%。

积压订单指数为 45%，比上月上升 0.1 个百分点。从企业规模来看，大型、中型和小型企业的积压订单指数都低于 50%，分别为 45.3%、45.1% 和 43.9%。

产成品库存指数为 45.6%，比上月下降 0.8 个百分点。从企业规模来看，大型、中型和小型企业的产成品库存指数都低于 50%，分别为 46.5%、46% 和 42.5%。

采购量指数为 51.3%，比上月上升 0.3 个百分点。从企业规模来看，大型和中型企业的采购量指数高于 50%，分别为 52.4% 和 52.5%；小型企业的采购量指数低于 50%，为 46.4%。

进口指数为 49.9%，比上月上升 0.1 个百分点。从企业规模来看，中型和小型企业的进口指数高于 50%，分别为 52.3% 和 50.4%；大型企业的进口指数低于 50%，为 49%。

购进价格指数为 51.8%，比上月上升 2.8 个百分点。从企业规模来看，大型、中型和小型企业的购进价格指数都高于 50%，分别为 51.3%、52.4% 和 52.2%。

出厂价格指数为 49.2%，比上月上升 1.9 个百分点。从企业规模来看，小型企业的出厂价格指数等于 50%；大型和中型企业的出厂价格指数低于 50%，分别为 48.9% 和 49.2%。

原材料库存指数为 47.2%，比上月下降

0.6个百分点。从企业规模来看，大型、中型和小型企业的原材料库存指数都低于50%，分别为47.8%、47.8%和44.7%。

从业人员指数为47.3%，与上月持平。从企业规模来看，大型、中型和小型企业的从业人员指数都低于50%，分别为47.7%、46.7%和47.1%。

供应商配送时间指数为51.1%，比上月上升0.6个百分点。从企业规模来看，大型和中型企业的供应商配送时间指数高于50%，分别为51.4%和51.4%；小型企业的供应商配送时间指数等于50%。

生产经营活动预期指数为54.4%，比上月下降0.5个百分点。从企业规模来看，大型和中型企业的生产经营活动预期指数高于50%，分别为56.6%和53.6%；小型企业的生产经营活动预期指数低于50%，为49.5%。

2019年1—12月中国制造业采购经理指数（PMI）走势见下图。

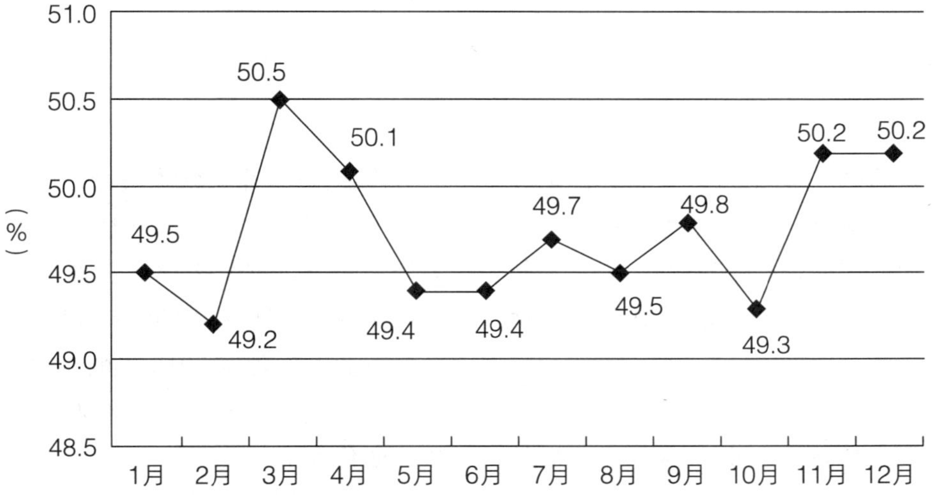

2019年1—12月中国制造业采购经理指数（PMI）走势

（中国物流信息中心）

2019 年 1—12 月中国非制造业商务活动指数

（中国物流与采购联合会、国家统计局服务业调查中心发布）

2019 年 1—12 月中国非制造业商务活动指数由中国物流与采购联合会、国家统计局服务业调查中心发布，由于非制造业没有综合指数，通常以商务活动指数来反映非制造业经济的总体变化。

1 月

2019 年 1 月的中国非制造业商务活动指数为 54.7%，环比上升 0.9 个百分点。

中国物流与采购联合会副会长蔡进认为：2019 年 1 月，商务活动指数升至 54.7%，新订单指数升至 51%，均实现连续两个月环比上升，显示非制造业供需趋升，实现良好开局。服务业活动的上升，成为非制造业上升的主要驱动力。节日消费相关行业上升明显。零售及邮政业商务活动指数的上升，反映大众线上线下消费均保持活跃；景区服务业、住宿业、餐饮业的商务活动指数较上月和 2018 年同期均有上升，反映居民消费结构升级趋势进一步加强。受淡季因素影响，建筑业供需活动有所回落，但新订单指数稳定在 55% 以上，且较 2018 年同期明显上升，预示着基础建设投资有望在 2019 年趋稳回升。总体来看，非制造业开局良好，节日因素拉动效果明显，稳增长的基础动力依然较好。本月房地产业商务活动指数与上月持平，新订单指数回落明显，均在 50% 以下，行业发展延续 2018 年的调整格局。

1 月中国非制造业商务活动指数各单项指数的变化如下。

新订单指数环比小幅上升。2019 年 1 月，新订单指数为 51%，环比上升 0.6 个百分点。分行业来看，建筑业新订单指数为 55.8%；服务业新订单指数为 50.2%。20 个行业中，建筑安装装饰及其他建筑业，邮政业，电信、广播电视和卫星传输服务业以及金融业等 13 个行业高于 50%；房地产业、道路运输业、租赁及商务服务业、装卸搬运及仓储业和居民服务及修理业等 7 个行业低于 50%。

投入品价格指数升幅明显。2019 年 1 月，投入品价格指数为 52%，环比上升 1.9 个百分点。分行业来看，建筑业投入品价格指数为 53.1%；服务业投入品价格指数为 51.8%。20 个行业中，餐饮业、建筑安装装饰及其他建筑业、邮政业、租赁及商务服务业、居民服务及修理业和房屋建筑业等 15 个行业高于 50%；航空运输业、生态保护环境治理及公共设施管理业和装卸搬运及仓储业等 5 个行业低于 50%。

销售价格指数升幅显著。2019 年 1 月，销售价格指数为 49.8%，环比上升 2.2 个百分点。分行业来看，建筑业销售价格指数为 51.9%；服务业销售价格指数为 49.4%。20 个行业中，航空运输业、水上运输业、住宿业、建筑安装装饰及其他建筑业、房屋建筑业、邮政业和土木工程建筑业等 15 个行业高于 50%；电信、广播电视和卫星传输服务业，金融业和生态保护环境治理及公共设施管理业等 5 个行业低于 50%。

从业人员指数微幅回升。2019 年 1 月，从业人员指数为 48.6%，环比上升 0.1 个百分点。分行业来看，建筑业从业人员指数为 53.1%；服务业从业人员指数为 47.8%。20 个行业中，航空运输业、房屋建筑业、建筑安装装饰及其他建筑业和土木工程建筑业 4 个行业高于 50%；道路运输业、住宿业、餐饮业、零售业、水上运输业和铁路运输业等 16 个行业低于 50%。

业务活动预期指数有所下降。2019 年 1 月，业务活动预期指数为 59.6%，环比下降 1.2 个百分点。分行业来看，建筑业业务活动预期指数为 64.5%；服务业业务活动预期指数为 58.8%。20 个行业中，金融业、互联网及软件信息技术服务业、航空运输业、建筑安装装饰及其他建筑业和房屋建筑业等 19 个行业高于 50%；住宿业低于 50%。

2 月

2019 年 2 月的中国非制造业商务活动指数为 54.3%，环比下降 0.4 个百分点。

中国物流与采购联合会副会长蔡进认为：2019 年 2 月，受春节假期影响，建筑业和大宗商品批发业商务活动指数回调，非制造业商务活动指数有所回落，但仍稳定在 54% 以上的水平，环比小幅下降 0.4 个百分点。服务业运行保持稳定。特别是新订单指数升至 50.5%，连续 3 个月环比上升，市场需求趋于回升。细分行业数据显示，金融业商务活动指数较上月和 2018 年同期均有明显提升，支持实体经济发展力度有所增强；航空运输业表现好于铁路运输业，旅游消费相关行业活动相对于零售、餐饮业更为活跃，反映出居民节日消费结构有所改变，消费升级趋势继续显现。业务活动预期指数升至 61% 以上，较上月和 2018 年同期均有上升，企业预期升温，普遍看好节后市场运行。本月，房地产业商务活动指数和新订单指数较上月和 2018 年同期均有提升，行业活动有所恢复，但指数均仍在 50% 以下，销售价格指数降至 50% 以下，较上月和 2018 年同期均有回落。

2 月中国非制造业商务活动指数各单项指数的变化如下。

新订单指数小幅下降。2019 年 2 月，新订单指数为 50.7%，环比下降 0.3 个百分点。分行业来看，建筑业新订单指数为 52.0%；服务业新订单指数为 50.5%。20 个行业中，建筑安装装饰及其他建筑业，土木工程建筑业，金融业，电信、广播电视和卫星传输服务业等 10 个行业高于 50%；零售业、生态保护环境治理及公共设施管理业、批发业、水上运输业、装卸搬运及仓储业等 10 个行业低于 50%。

投入品价格指数小幅上升。2019 年 2 月，投入品价格指数为 52.7%，环比上升 0.7 个百分点。分行业来看，建筑业投入品价格指数为 53.1%；服务业投入品价格指数为 51.8%。20

个行业中，餐饮业、建筑安装装饰及其他建筑业、邮政业、租赁及商务服务业、居民服务及修理业等 15 个行业高于 50%；电信、广播电视和卫星传输服务业，水上运输业，装卸搬运及仓储业等 5 个行业低于 50%。

销售价格指数小幅上升。2019 年 2 月，销售价格指数为 50.1%，环比上升 0.3 个百分点。分行业来看，建筑业销售价格指数为 51.7%；服务业销售价格指数为 49.8%。20 个行业中，土木工程建筑业、批发业、建筑安装装饰及其他建筑业等 6 个行业高于 50%；零售业和生态保护环境治理及公共设施管理业位于 50%；租赁及商务服务业、互联网及软件信息技术服务业、房屋建筑业、金融业、道路运输业等 12 个行业低于 50%。

从业人员指数持平。2019 年 2 月，从业人员指数为 48.6%，环比持平。分行业来看，建筑业从业人员指数为 53.2%；服务业从业人员指数为 47.8%。20 个行业中，建筑安装装饰及其他建筑业、航空运输业和土木工程建筑业 3 个行业高于 50%；装卸搬运及仓储业、生态保护环境治理及公共设施管理业、房屋建筑业、铁路运输业、互联网及软件信息技术服务业等 16 个行业低于 50%。

业务活动预期指数上升。2019 年 2 月，业务活动预期指数为 61.5%，环比上升 1.9 个百分点。分行业来看，建筑业业务活动预期指数为 66.7%；服务业业务活动预期指数为 60.6%。20 个行业中，邮政业、土木工程建筑业、金融业、航空运输业、房屋建筑业等 10 个行业高于 60%；水上运输业、装卸搬运及仓储业、餐饮业、租赁及商务服务业、铁路运输业等 10 个行业低于 60%。

3 月

2019 年 3 月的中国非制造业商务活动指数为 54.8%，环比上升 0.5 个百分点。

中国物流与采购联合会副会长蔡进认为：2019 年 3 月，非制造业商务活动指数连续 3 个月保持在 54% 以上，环比小幅上升 0.5 个百分点，表明非制造业商务活动指数稳中趋升。特别是新订单指数较上月和 2018 年同期均有明显上升，市场需求趋于改善。在需求拉动下，终端销售价格上升明显，就业保持稳定。综合数据变化，我国经济继续保持平稳运行的基础较为坚实。细分数据显示，建筑业供需齐升，新订单指数大幅上升，延续 2018 年下半年以来的回升趋势，反映出基础建设投资力度继续增强；金融业运行良好，指数保持高位，资本市场服务业回升明显，有利于企业融资环境的改善；批发业和零售活动均有不同程度上升，流通市场需求较好；大型、中型、小型企业商务活动指数均保持高位，企业经营活动较为活跃。本月房地产业商务活动指数和新订单指数仍低于 50%，环比均有回落，但较 2018 年同期有小幅上升，销售价格指数连续 2 个月低于 50%，行业运行整体偏弱。

3 月中国非制造业商务活动指数各单项指数的变化如下。

新订单指数上升。2019 年 3 月，新订单指数为 52.5%，环比上升 1.8 个百分点。分行业来看，建筑业新订单指数为 57.9%；服务业新订单指数为 51.5%。20 个行业中，金融业，房屋建筑业，邮政业，电信、广播电视和卫星传输服务业，土木工程建筑业等 14 个行业高于 50%；生态保护环境治理及公共设施管理业、住宿业、居民服务及修理业、餐饮业、道路运输业和房地产业 6 个行业低于 50%。

投入品价格指数小幅下降。2019 年 3 月，投入品价格指数为 52.5%，环比下降 0.2 个百分点。分行业来看，建筑业投入品价格指数为

54.0%；服务业投入品价格指数为52.2%。20个行业中，批发业、水上运输业、房屋建筑业、土木工程建筑业、航空运输业、餐饮业、道路运输业、金融业、租赁及商务服务业、零售业和互联网及软件信息技术服务业等14个行业高于50%；电信、广播电视和卫星传输服务业位于50%；铁路运输业、生态保护环境治理及公共设施管理业、建筑安装装饰及其他建筑业和居民服务及修理业等5个行业低于50%。

销售价格指数上升。2019年3月，销售价格指数为51.0%，环比上升0.9个百分点。分行业来看，建筑业销售价格指数为53.2%；服务业销售价格指数为50.6%。20个行业中，批发业、土木工程建筑业、建筑安装装饰及其他建筑业、房屋建筑业、装卸搬运及仓储业、航空运输业和水上运输业等11个行业高于50%；互联网及软件信息技术服务业位于50%；房地产业、餐饮业、零售业、道路运输业、居民服务及修理业和住宿业等8个行业低于50%。

从业人员指数小幅上升。2019年3月，从业人员指数为48.7%，环比上升0.1个百分点。分行业来看，建筑业从业人员指数为54.1%；服务业从业人员指数为47.8%。20个行业中，房屋建筑业、邮政业、土木工程建筑业和生态保护环境治理及公共设施管理业等6个行业高于50%；装卸搬运及仓储业、水上运输业、租赁及商务服务业、房地产业、金融业、批发业、铁路运输业和居民服务及修理业等14个行业低于50%。

业务活动预期指数小幅下降。2019年3月，业务活动预期指数为61.1%，环比下降0.4个百分点。分行业来看，建筑业业务活动预期指数为65.7%；服务业业务活动预期指数为60.3%。20个行业中，航空运输业，邮政业，房屋建筑业，电信、广播电视和卫星传输服务业，金融业，土木工程建筑业，互联网及软件信息技术服务业，生态保护环境治理及公共设施管理业和零售业等12个行业高于60%；批发业、水上运输业、装卸搬运及仓储业、住宿业、租赁及商务服务业、居民服务及修理业和房地产业等8个行业低于60%。

4月

2019年4月的中国非制造业商务活动指数为54.3%，环比下降0.5个百分点。

中国物流与采购联合会副会长蔡进认为：2019年4月，商务活动指数虽回落0.5个百分点，但仍连续4个月保持在54%以上，表明非制造业持续增长动力依然较强。细分数据显示，建筑业增速放缓，但指数仍保持在60%以上较高水平，基础建设活动持续稳健；服务业持续稳定，商务活动指数连续3个月保持在53%以上；假日旅游消费相关行业表现良好，景区服务业、住宿业、航空运输业等行业商务活动指数均有上升，信息服务业商务活动指数保持在高位运行。本月新订单指数出现明显回落，但仍保持在50.8%，高于2018年第四季度平均水平。市场需求经过第一季度集中释放后，存在短期回落要求，符合经济运行规律。具体表现在：节日消费集中释放后，零售业需求出现短暂回调；3月企业集中采购后，批发业回归平稳；第一季度金融业需求释放较快，4月出现短暂回调，其新订单指数仍保持在较高水平，且高于2018年同期。本月，房地产业商务活动指数和新订单指数均有回落，新订单指数回落更为明显，市场观望氛围较浓。

4月中国非制造业商务活动指数各单项指数的变化如下。

新订单指数有所下降。2019年4月，新订单指数为50.8%，环比下降1.7个百分点。分行业来看，建筑业新订单指数为54.6%；服务业新订单指数为50.2%。20个行业中，电信、广播电视和卫星传输服务业，金融业，房屋建筑业，航空运输业，租赁及商务服务业，土木工程建筑业，装卸搬运及仓储业和生态保护环境治理及公共设施管理业等14个行业高于50%；批发业位于50%；住宿业、道路运输业和居民服务及修理业等5个行业低于50%。

投入品价格指数小幅上升。2019年4月，投入品价格指数为53.0%，环比上升0.5个百分点。分行业来看，建筑业投入品价格指数为56.1%；服务业投入品价格指数为52.5%。20个行业中，住宿业、土木工程建筑业、航空运输业、房屋建筑业、餐饮业、批发业、道路运输业、铁路运输业、邮政业、水上运输业、金融业和租赁及商务服务业等17个行业高于50%；电信、广播电视和卫星传输服务业，互联网及软件信息技术服务业，生态保护环境治理及公共设施管理业3个行业低于50%。

销售价格指数小幅下降。2019年4月，销售价格指数为50.5%，环比下降0.5个百分点。分行业来看，建筑业销售价格指数为53.1%；服务业销售价格指数为50.1%。20个行业中，土木工程建筑业、批发业、水上运输业、房屋建筑业、建筑安装装饰及其他建筑业和互联网及软件信息技术服务业等10个行业高于50%；道路运输业、餐饮业、居民服务及修理业、装卸搬运及仓储业、邮政业和住宿业等10个行业低于50%。

从业人员指数持平。2019年4月，从业人员指数为48.7%，与上月持平。分行业来看，建筑业从业人员指数为50.2%；服务业从业人员指数为48.5%。20个行业中，航空运输业、房屋建筑业和互联网及软件信息技术服务业等5个行业高于50%；房地产业、生态保护环境治理及公共设施管理业、水上运输业、批发业、金融业和铁路运输业等15个行业低于50%。

业务活动预期指数高位回落。2019年4月，业务活动预期指数为60.3%，环比下降0.8个百分点。分行业来看，建筑业业务活动预期指数为61.9%；服务业业务活动预期指数为60.0%。20个行业中，航空运输业，电信、广播电视和卫星传输服务业，互联网及软件信息技术服务业，邮政业，房屋建筑业和金融业等11个行业高于60%；餐饮业、水上运输业、租赁及商务服务业、建筑安装装饰及其他建筑业和住宿业等9个行业低于60%。

5月

2019年5月的中国非制造业商务活动指数为54.3%，与上月持平。

中国物流与采购联合会副会长蔡进认为：2019年5月，商务活动指数与上月持平，连续5个月保持在54%以上，非制造业保持平稳较快增长。投入品价格指数环比回落，企业成本压力有所减轻。业务活动预期指数保持在60.2%，较上月小幅回落0.1个百分点，企业预期稳定。服务业表现良好，商务活动指数较上月上升，持续稳定在53%以上，较好发挥了经济稳定器的作用。零售业、住宿业、餐饮业、邮政业和交通运输业表现活跃，节日消费带动作用明显。大中型企业经营稳健，有利于经济发展持续稳定。值得关注的是，市场需求增速持续放缓，新订单指数连续两个月回落，降至50.3%，需求持续增长动力仍需进一步巩固。本月房地产业行业活动有所恢复，商务活动指数升至50%以上，新订单指数有所回升，指数仍在50%以下，销售价格指数连续两个月环比上升。

5月中国非制造业商务活动指数各单项指

数的变化如下。

新订单指数继续下降。2019 年 5 月，新订单指数为 50.3%，环比下降 0.5 个百分点。分行业来看，建筑业新订单指数为 52.1%；服务业新订单指数为 50.0%。20 个行业中，住宿业，电信、广播电视和卫星传输服务业，航空运输业，铁路运输业，金融业等 13 个行业高于 50%；餐饮业、装卸搬运及仓储业、道路运输业、居民服务及修理业、房地产业等 7 个行业低于 50%。

新出口订单指数降幅明显。2019 年 5 月，新出口订单指数为 47.9%，环比下降 1.3 个百分点。分行业来看，建筑业新出口订单指数为 49.6%；服务业新出口订单指数为 47.6%。20 个行业中，土木工程建筑业，水上运输业，电信、广播电视和卫星传输服务业，航空运输业，零售业等 8 个行业高于 50%；金融业、道路运输业、互联网及软件信息技术服务业、餐饮业、铁路运输业和房地产业等 12 个行业低于 50%。

投入品价格指数有所回落。2019 年 5 月，投入品价格指数为 52.2%，环比下降 0.8 个百分点。分行业来看，建筑业投入品价格指数为 55.1%；服务业投入品价格指数为 51.7%。20 个行业均高于 50%。

销售价格指数有所下降。2019 年 5 月，销售价格指数为 49.9%，环比下降 0.6 个百分点。分行业来看，建筑业销售价格指数为 52.6%；服务业销售价格指数为 49.5%。20 个行业中，装卸搬运及仓储业、房屋建筑业、土木工程建筑业、房地产业、租赁及商务服务业、批发业、航空运输业等 10 个行业高于 50%；道路运输业，餐饮业，住宿业，铁路运输业，零售业，金融业，邮政业，电信、广播电视和卫星传输服务业等 10 个行业低于 50%。

从业人员指数环比下降。2019 年 5 月，从业人员指数为 48.3%，环比下降 0.4 个百分点。分行业来看，建筑业从业人员指数为 50.6%；服务业从业人员指数为 47.9%。20 个行业中，航空运输业、房屋建筑业、互联网及软件信息技术服务业、租赁及商务服务业等 6 个行业高于 50%；金融业、房地产业、批发业、餐饮业、零售业、建筑安装装饰及其他建筑业、住宿业、道路运输业、铁路运输业、居民服务及修理业、邮政业等 14 个行业低于 50%。

业务活动预期指数微幅下降。2019 年 5 月，业务活动预期指数为 60.2%，环比下降 0.1 个百分点。分行业来看，建筑业业务活动预期指数为 64.1%；服务业业务活动预期指数为 59.5%。20 个行业中，铁路运输业、航空运输业、零售业、金融业、餐饮业、水上运输业、批发业等 13 个行业高于 60%；邮政业、装卸搬运及仓储业、租赁及商务服务业、房地产业、道路运输业等 7 个行业低于 60%。

6 月

2019 年 6 月的中国非制造业商务活动指数为 54.2%，环比下降 0.1 个百分点。

中国物流与采购联合会副会长蔡进认为：2019 年 6 月，商务活动指数微幅回调 0.1 个百分点，连续 6 个月保持在 54% 以上，非制造业继续保持平稳较快增长。新订单指数明显回升，表明市场需求为经济平稳增长提供了有效支撑。拉动需求回升的动力基础表现在：一是稳投资相关政策效果开始显现，多地投资项目陆续开工，拉动建筑业新订单大幅上升；二是批发活动表现活跃，新订单指数明显上升，流通市场需求趋升；三是金融业需求稳中趋升，特别是资本市场的回升，有利于稳定社会预期。伴随着减税降费相关政策逐步实施，企业成本压力有所缓解，投入品价格指数连续 2 个月环比下降，本月降至 51.5%，创年内新低。总体来看，有利于经济发展的积极因素有所显现，企业预期有所升温，业务活动预期指数高位回升，本月，受淡季因素影响，房地产开发活动有所放缓，商务活动指数降至 50% 以下，新订单指数虽仍在 50% 以下，但较上月小幅上升，市场需求有所趋稳，销售价格指数再次降至 50% 以下。

6 月中国非制造业商务活动指数各单项指数的变化如下。

新订单指数环比回升。2019 年 6 月，新订单指数为 51.5%，环比上升 1.2 个百分点。分行业来看，建筑业新订单指数为 56.0%；服务业新订单指数为 50.7%。20 个行业中，航空运输业、金融业、房屋建筑业、土木工程建筑业、铁路运输业、水上运输业、邮政业、生态保护环境治理及公共设施管理业、住宿业、装卸搬运及仓储业等 15 个行业高于 50%；租赁及商务服务业、餐饮业、房地产业等 5 个行业低于 50%。

新出口订单指数有所上升。2019 年 6 月，新出口订单指数为 48.5%，环比上升 0.6 个百分点。分行业来看，建筑业新出口订单指数为 52.7%；服务业新出口订单指数为 47.8%。20 个行业中，水上运输业、铁路运输业、土木工程建筑业、建筑安装装饰及其他建筑业、房地产业等 7 个行业高于 50%；租赁及商务服务业、金融业、零售业等 13 个行业低于 50%。

投入品价格指数继续下降。2019 年 6 月，投入品价格指数为 51.5%，环比下降 0.7 个百分点。分行业来看，建筑业投入品价格指数为 53.9%；服务业投入品价格指数为 51.1%。20 个行业中，餐饮业，住宿业，租赁及商务服务业，建筑安装装饰及其他建筑业，电信、广播电视和卫星传输服务业等 16 个行业高于 50%；互联网及软件信息技术服务业、批发业、道路运输业、水上运输业 4 个行业低于 50%。

销售价格指数有所下降。2019 年 6 月，销售价格指数为 49.7%，环比下降 0.2 个百分点。分行业来看，建筑业销售价格指数为 52.8%；服务业销售价格指数为 49.1%。20 个行业中，建筑安装装饰及其他建筑业、餐饮业、住宿业、租赁及商务服务业、零售业等 10 个行业高于 50%；房地产业，航空运输业，邮政业，批发业，居民服务及修理业，铁路运输业，电信、广播电视和卫星传输服务业等 10 个行业低于 50%。

从业人员指数小幅下降。2019 年 6 月，从业人员指数为 48.2%，环比下降 0.1 个百分点。分行业来看，建筑业从业人员指数为 50.4%；服务业从业人员指数为 47.9%。20 个行业中，航空运输业、建筑安装装饰及其他建筑业、互联网及软件信息技术服务业 3 个行业高于 50%；装卸搬运及仓储业位于 50%；邮政业、住宿业、水上运输业、批发业、餐饮业、道路运输业、居民服务及修理业等 16 个行业低于 50%。

业务活动预期指数小幅上升。2019 年 6 月，业务活动预期指数为 60.6%，环比上升 0.4 个百分点。分行业来看，建筑业业务活动预期指数为 62.6%；服务业业务活动预期指数为 60.3%。20 个行业中，航空运输业、铁路运输业、房屋建筑业、邮政业、金融业、餐饮业、批发业、土木工程建筑业等 12 个行业高于 60%；租赁及商务服务业、住宿业、房地产业、居民服务及修理业、道路运输业等 8 个行业低于 60%。

7 月

2019 年 7 月的中国非制造业商务活动指数

为53.7%，环比下降0.5个百分点。

中国物流与采购联合会副会长蔡进认为：2019年7月，商务活动指数较上月回调0.5个百分点，连续2个月回落，但仍保持在53.7%这一适度扩张的水平。本月指数回落主要受雨季影响。但短期回调不改变非制造业长期稳健运行走势。非制造业运行仍存在积极变化。一是毕业季带动从业人员指数小幅回升；二是暑期消费活跃带动运输业、住宿业、餐饮业和景区服务业商务活动指数均有上升；三是新兴服务业表现活跃。本月受雨季和房地产开发投资增速回落影响，房地产业商务活动指数和新订单指数均有回落，销售价格指数回升至50%以上。

7月中国非制造业商务活动指数各单项指数的变化如下。

新订单指数环比下降。2019年7月，新订单指数为50.4%，环比下降1.1个百分点。分行业来看，建筑业新订单指数为54.7%；服务业新订单指数为49.7%。20个行业中，航空运输业、铁路运输业、房屋建筑业、邮政业、装卸搬运及仓储业、水上运输业、建筑安装装饰及其他建筑业等12个行业高于50%；零售业、住宿业、生态保护环境治理及公共设施管理业、餐饮业、批发业、道路运输业、房地产业等8个行业低于50%。

新出口订单指数小幅下降。2019年7月，新出口订单指数为48.4%，环比下降0.1个百分点。分行业来看，建筑业新出口订单指数为52.3%；服务业新出口订单指数为47.7%。20个行业中，航空运输业、租赁及商务服务业、水上运输业、邮政业、住宿业、零售业等8个行业高于50%；互联网及软件信息技术服务业、金融业、居民服务及修理业、房地产业、道路运输业、房屋建筑业、批发业、铁路运输业、生态保护环境治理及公共设施管理业等12个行业低于50%。

投入品价格指数环比上升。2019年7月，投入品价格指数为52.9%，环比上升1.4个百分点。分行业来看，建筑业投入品价格指数为53.6%；服务业投入品价格指数为52.7%。住宿业、水上运输业、土木工程建筑业、餐饮业、批发业、铁路运输业、道路运输业、房屋建筑业、邮政业、生态保护环境治理及公共设施管理业、航空运输业、金融业等20个行业均高于50%，指数在50.8%~59.1%。

销售价格指数有所上升。2019年7月，销售价格指数为50.6%，环比上升0.9个百分点。分行业来看，建筑业销售价格指数为51.1%；服务业销售价格指数为50.5%。20个行业中，批发业、零售业、航空运输业、装卸搬运及仓储业、房地产业、水上运输业、铁路运输业等12个行业高于50%；房屋建筑业，道路运输业，邮政业，金融业，住宿业，生态保护环境治理及公共设施管理业，居民服务及修理业，电信、广播电视和卫星传输服务业8个行业低于50%。

从业人员指数小幅上升。2019年7月，从业人员指数为48.7%，环比上升0.5个百分点。分行业来看，建筑业从业人员指数为52.1%；服务业从业人员指数为48.1%。20个行业中，航空运输业、房屋建筑业、金融业、互联网及软件信息技术服务业、土木工程建筑业、装卸搬运及仓储业6个行业高于50%；邮政业、租赁及商务服务业、水上运输业、房地产业、建筑安装装饰及其他建筑业、零售业、居民服务及修理业、住宿业、铁路运输业、道路运输业等14个行业低于50%。

业务活动预期指数有所下降。2019年7月，业务活动预期指数为59.8%，环比下降

0.8个百分点。分行业来看，建筑业业务活动预期指数为63.7%；服务业业务活动预期指数为59.1%。20个行业中，航空运输业、铁路运输业、房屋建筑业、土木工程建筑业、餐饮业、金融业等10个行业高于60%；水上运输业位于60%；生态保护环境治理及公共设施管理业、批发业、住宿业、房地产业、道路运输业等9个行业低于60%。

8月

2019年8月的中国非制造业商务活动指数为53.8%，环比上升0.1个百分点。

中国物流与采购联合会副会长蔡进认为：2019年8月，商务活动指数结束连续回落走势，较上月回升0.1个百分点，继续稳定在53.8%的适度较高水平。从业人员指数连续两个月上升，就业活动趋于稳定。业务活动预期回升至60%以上，企业预期趋于乐观。基础建设活动再次活跃，建筑业商务活动指数重回60%以上的高位。消费相关活动表现良好。一是反映民生消费的零售业和邮政业表现活跃，商务活动指数较上月明显上升；二是暑期旅游消费相关行业表现活跃；三是信息消费行业表现强劲，相关行业商务活动指数保持在58%以上的高位，且较上月均有上升。资本市场服务业运行稳定，商务活动指数连续两个月上升，有利于缓解企业融资需求。值得关注的是本月新订单指数连续两个月回落，降至50%的临界点附近，表明市场需求基础仍有待进一步巩固。受需求回落影响，投入品价格指数和销售价格指数均有不同程度回落。近期围绕促消费和扩内需相关政策的陆续出台，有利于未来国内市场需求的稳定。本月，房地产业商务活动指数和新订单指数虽较上月有所回升，但均保持在50%以下，销售价格指数降至50%以下，行业整体保持调整格局。

8月中国非制造业商务活动指数各单项指数的变化如下。

新订单指数小幅下降。2019年8月，新订单指数为50.1%，环比下降0.3个百分点。分行业来看，建筑业新订单指数为53.9%；服务业新订单指数为49.4%。20个行业中，建筑安装装饰及其他建筑业、邮政业、零售业、租赁及商务服务业等10个行业高于50%；土木工程建筑业位于50%；水上运输业、批发业、居民服务及修理业、住宿业、道路运输业、餐饮业、房地产业等9个行业低于50%。

新出口订单指数环比上升。2019年8月，新出口订单指数为50.3%，环比上升1.9个百分点。分行业来看，建筑业新出口订单指数为53.4%；服务业新出口订单指数为49.8%。20个行业中，房屋建筑业，零售业，住宿业，互联网及软件信息技术服务业，电信、广播电视和卫星传输服务业等10个行业高于50%；道路运输业位于50%；金融业、房地产业、邮政业、批发业、铁路运输业等9个行业低于50%。

投入品价格指数环比下降。2019年8月，投入品价格指数为50.8%，环比下降2.1个百分点。分行业来看，建筑业投入品价格指数为48.9%；服务业投入品价格指数为51.2%。20个行业中，餐饮业、住宿业、租赁及商务服务业、零售业、房地产业等14个行业高于50%；电信、广播电视和卫星传输服务业以及金融业位于50%；水上运输业、建筑安装装饰及其他建筑业、批发业、房屋建筑业4个行业低于50%。

销售价格指数有所下降。2019年8月，销售价格指数为49.1%，环比下降1.5个百分点。分行业来看，建筑业销售价格指数为51.5%；服务业销售价格指数为48.7%。20个行业中，土木工程建筑业、餐饮业、住宿业、零售业等9个行业高于50%；居民服务及修理业位于50%；房地产业，道路运输业，水上运输业，邮政业，金融业，批发业，电信、广播电视和卫星传输服务业等10个行业低于50%。

从业人员指数略有上升。2019年8月，从业人员指数为48.9%，环比上升0.2个百分点。分行业来看，建筑业从业人员指数为52.7%；服务业从业人员指数为48.2%。20个行业中，航空运输业、房屋建筑业、装卸搬运及仓储业、互联网及软件信息技术服务业等6个行业高于50%；邮政业、生态保护环境治理及公共设施管理业、住宿业、租赁及商务服务业、道路运输业、餐饮业等14个行业低于50%。

业务活动预期指数小幅上升。2019年8月，业务活动预期指数为60.4%，环比上升0.6个百分点。分行业来看，建筑业业务活动预期指数为64.0%；服务业业务活动预期指数为59.8%。20个行业中，邮政业、房屋建筑业、航空运输业、零售业、批发业、建筑安装装饰及其他建筑业等10个行业高于60%；租赁及商务服务业、餐饮业、水上运输业、道路运输业、房地产业、铁路运输业等10个行业低于60%。

9月

2019年9月的中国非制造业商务活动指数为53.7%，环比下降0.1个百分点。

中国物流与采购联合会副会长蔡进认为：2019年9月，商务活动指数为53.7%，较上月微幅回落0.1个百分点，波动幅度不大，表明非制造业增速保持稳定。新订单指数结束连续回落走势，本月回升0.4个百分点至50.5%，市场需求呈现回稳迹象。市场需求回稳带动价格回升，投入品价格指数和销售价格指数较上月均有不同程度上升。分行业来看，专项债对基建领域的支持力度有所加大，带动建筑业投资需求上升；制造业市场需求回升，拉动批发业供需活动趋于改善。银行和资本市场等相关金融活动继续保持活跃，对实体经济支持力度有所加强。房地产业商务活动指数和新订单指数较上月均有上升，传统旺季拉动作用有所显现，销售价格指数连续两个月保持在49.9%。总体来看，非制造业运行稳定，需求回稳。逆周期相关政策调节力度的逐步加大，有望支撑投资与消费需求，经济运行虽仍面临下行风险，但整体可控。

9月中国非制造业商务活动指数各单项指数的变化如下。

新订单指数小幅上升。2019年9月，新订单指数为50.5%，环比上升0.4个百分点。分行业来看，建筑业新订单指数为55.1%；服务业新订单指数为49.7%。20个行业中，铁路运输业，金融业，土木工程建筑业，邮政业，电信、广播电视和卫星传输服务业，房屋建筑业，批发业等11个行业高于50%；零售业、装卸搬运及仓储业、生态保护环境治理及公共设施管理业、房地产业、餐饮业、住宿业等9个行业低于50%。

新出口订单指数有所下降。2019年9月，新出口订单指数为47.3%，环比下降3.0个百分点。分行业来看，建筑业新出口订单指数为50.2%；服务业新出口订单指数为46.8%。20个行业中，生态保护环境治理及公共设施管理业、装卸搬运及仓储业、建筑安装装饰及其他建筑业等6个行业高于50%；航空运输业、邮政业、土木工程建筑业、居民服务及修理业、住宿业等14个行业低于50%。

投入品价格指数环比上升。2019年9月，投入品价格指数为52.8%，环比上升2.0个百分点。分行业来看，建筑业投入品价格指数为52.5%；服务业投入品价格指数为52.8%。20个行业中，餐饮业、住宿业、道路运输业、零售业、居民服务及修理业、建筑安装装饰及其他建筑业、租赁及商务服务业，房地产业，土木工程建筑业，金融业等17个行业高于50%；航空运输业、装卸搬运及仓储业、邮政业3个行业低于50%。

销售价格指数有所上升。2019年9月，销售价格指数为50.0%，环比上升0.9个百分点。分行业来看，建筑业销售价格指数为51.4%；服务业销售价格指数为49.8%。20个行业中，批发业、租赁及商务服务业、航空运输业等8个行业高于50%；邮政业位于50%；互联网及软件信息技术服务业，铁路运输业，住宿业，水上运输业，居民服务及修理业，金融业，电信、广播电视和卫星传输服务业等11个行业低于50%。

从业人员指数环比下降。2019年9月，从业人员指数为48.2%，环比下降0.7个百分点。分行业来看，建筑业从业人员指数为51.1%；服务业从业人员指数为47.7%。20个行业中，航空运输业、土木工程建筑业、互联网及软件信息技术服务业、装卸搬运及仓储业等6个行业高于50%；金融业、生态保护环境治理及公共设施管理业、零售业、餐饮业、道路运输业、建筑安装装饰及其他建筑业等14个行业低于50%。

业务活动预期指数有所下降。2019年9月，业务活动预期指数为59.7%，环比下降0.7个百分点。分行业来看，建筑业业务活动预期指数为62.0%；服务业业务活动预期指数为59.3%。20个行业中，邮政业、金融业、航空运输业、零售业等7个行业高于60%；批发业、餐饮业、居民服务及修理业、装卸搬运及仓储业、住宿业、生态保护环境治理及公共设施管理业、道路运输业、房地产业等13个行业低于60%。

10月

2019年10月的中国非制造业商务活动指数为52.8%，环比下降0.9个百分点。

中国物流与采购联合会副会长蔡进认为：2019年10月，商务活动指数为52.8%，较上月回落0.9个百分点，新订单指数回落至50%以下，投入品价格指数和销售价格指数均有不同程度回落，表明非制造业增速有所趋缓，市场需求增长的稳定性仍待巩固。以批发业为主的生产性服务业供需增速明显回落是非制造业增速趋缓的主要影响因素。此外，资本市场波动也拖累了非制造业的增长。细分指数显示，非制造业仍具备趋稳较快运行的基础。一是建筑业供需保持活跃，基础建设投资稳增长的动力依然较好。二是航空运输、住宿、餐饮以及景区服务等相关行业供需活动有所上升，消费相关服务业表现良好，消费拉动经济增长的作用有所显现。三是建筑业和服务业的业务活动预期指数较上月均有上升，表明本月增速的放缓并未影响企业对未来市场的乐观预期。本月，房地产业商务活动指数和新订单指数较上月均微幅回调0.1个百分点，销售价格指数小幅上升，市场运行整体平稳。

10月中国非制造业商务活动指数各单项指数的变化如下。

新订单指数有所下降。2019年10月，新订单指数为49.4%，环比下降1.1个百分点。分行业来看，建筑业新订单指数为54.8%；服务业新订单指数为48.4%。20个行业中，房屋建筑业，邮政业，互联网及软件信息技术服务业，铁路运输业，电信、广播电视和卫星传输服务业等10个行业高于50%；建筑安装装饰及其他建筑业、批发业、餐饮业、住宿业、居民服务及修理业、道路运输业、房地产业等10个行业低于50%。

新出口订单指数有所上升。2019年10月，新出口订单指数为48.1%，环比上升0.8个百分点。分行业来看，建筑业新出口订单指数为47.4%；服务业新出口订单指数为48.3%。20个行业中，房屋建筑业、水上运输业、互联网及软件信息技术服务业、装卸搬运及仓储业等7个行业高于50%；房地产业、批发业、航空运输业、土木工程建筑业、铁路运输业、餐饮业、建筑安装装饰及其他建筑业等13个行业低于50%。

投入品价格指数环比下降。2019年10月，投入品价格指数为51.3%，环比下降1.5个百分点。分行业来看，建筑业投入品价格指数为53.1%；服务业投入品价格指数为50.9%。20个行业中，餐饮业、住宿业、航空运输业、道路运输业、生态保护环境治理及公共设施管理业、邮政业、房地产业等15个行业高于50%；建筑安装装饰及其他建筑业、金融业、装卸搬运及仓储业、水上运输业、批发业5个行业低于50%。

销售价格指数环比上升。2019年10月，销售价格指数为48.9%，环比下降1.1个百分点。分行业来看，建筑业销售价格指数为52.2%；服务业销售价格指数为48.4%。20个行业中，房屋建筑业、餐饮业、航空运输业、互联网及软件信息技术服务业、房地产业等9个行业高于50%；租赁及商务服务业位于50%；铁路运输业，水上运输业，金融业，电信、广播电视和卫星传输服务业，批发业，住宿业等10个行业低于50%。

从业人员指数与上月持平。2019年10月，从业人员指数为48.2%，与上月持平。分行业来看，建筑业从业人员指数为51.8%；服务业从业人员指数为47.6%。20个行业中，航空运输业、邮政业、房屋建筑业、土木工程建筑业、互联网及软件信息技术服务业5个行业高于50%；建筑安装装饰及其他建筑业，水上运输业，电信、广播电视和卫星传输服务业，装卸搬运及仓储业，住宿业等15个行业低于50%。

业务活动预期指数有所上升。2019年10月，业务活动预期指数为60.7%，环比上升1.0个百分点。分行业来看，建筑业业务活动预期指数为63.2%；服务业业务活动预期指数为60.3%。20个行业中，航空运输业，金融业，互联网及软件信息技术服务业，零售业，电信、广播电视和卫星传输服务业，装卸搬运及仓储业，住宿业等12个行业高于60%；生态保护环境治理及公共设施管理业、道路运输业、餐饮业等8个行业低于60%。

11月

2019年11月的中国非制造业商务活动指数为54.4%，环比上升1.6个百分点。

中国物流与采购联合会副会长蔡进认为：2019年11月，商务活动指数升至54.4%，自7月以来首次回升至54%以上，表明非制造业增速较上月有明显回升，根本动力来自市场需求的企稳回升。需求回升发挥了较好的带动作用，销售价格明显回升，就业改善，市场预期升温。分行业看，建筑业新订单指数回升至56%，专项债和资本金相关政策提升了基建项目融资能力，带动了相关需求。批发业在制造业回升带动下表现活跃，零售业、住宿业等消费相关产业有所回升，金融业对实体经济带动作用继续体现。数据的回升反映出在逆周期调节力度持续加大的背景下，经济运行呈现企稳迹象，投资与消费相关活动均趋于回升，微观经济活力有所释放，信心有所增强。本月，房地产业进入传统淡季，商务活动指数和新订单指数均呈现低位回落走势。

11 月中国非制造业商务活动指数各单项指数的变化如下。

新订单指数明显回升。2019 年 11 月，新订单指数为 51.3%，环比上升 1.9 个百分点。分行业来看，建筑业新订单指数为 56.0%；服务业新订单指数为 50.5%。20 个行业中，建筑安装装饰及其他建筑业、金融业、住宿业、互联网及软件信息技术服务业、装卸搬运及仓储业、水上运输业、零售业、批发业等 14 个行业高于 50%；生态保护环境治理及公共设施管理业、铁路运输业、餐饮业、房地产业等 6 个行业低于 50%。

新出口订单指数环比上升。2019 年 11 月，新出口订单指数为 48.8%，环比上升 0.7 个百分点。分行业来看，建筑业新出口订单指数为 50.7%；服务业新出口订单指数为 48.5%。20 个行业中，铁路运输业、装卸搬运及仓储业、生态保护环境治理及公共设施管理业、水上运输业、金融业等 10 个行业高于 50%；房屋建筑业，零售业，餐饮业，房地产业，住宿业，电信、广播电视和卫星传输服务业等 10 个行业低于 50%。

投入品价格指数环比回升。2019 年 11 月，投入品价格指数为 53.2%，环比上升 1.9 个百分点。分行业来看，建筑业投入品价格指数为 56.3%；服务业投入品价格指数为 52.6%。餐饮业、住宿业、房屋建筑业、航空运输业、建筑安装装饰及其他建筑业、批发业、铁路运输业、零售业、互联网及软件信息技术服务业、房地产业、装卸搬运及仓储业等 20 个行业均高于 50%，指数在 50.4%~61.9%。

销售价格指数升幅最大。2019 年 11 月，销售价格指数为 51.3%，环比上升 2.4 个百分点。分行业来看，建筑业销售价格指数为 52.6%；服务业销售价格指数为 51.1%。20 个行业中，房屋建筑业、批发业、住宿业、生态保护环境治理及公共设施管理业、邮政业等 13 个行业高于 50%；金融业位于 50%；道路运输业，居民服务及修理业，水上运输业，电信、广播电视和卫星传输服务业等 6 个行业低于 50%。

从业人员指数有所上升。2019 年 11 月，从业人员指数为 49.0%，环比上升 0.8 个百分点。分行业来看，建筑业从业人员指数为 55.5%；服务业从业人员指数为 47.8%。20 个行业中，土木工程建筑业、房屋建筑业、水上运输业等 7 个行业高于 50%；租赁及商务服务业，金融业，房地产业，批发业，餐饮业，电信、广播电视和卫星传输服务业、铁路运输业，装卸搬运及仓储业等 13 个行业低于 50%。

业务活动预期指数小幅上升。2019 年 11 月，业务活动预期指数为 61.0%，环比上升 0.3 个百分点。分行业来看，建筑业业务活动预期指数为 63.1%；服务业业务活动预期指数为 60.6%。20 个行业中，邮政业、金融业、零售业、互联网及软件信息技术服务业、租赁及商务服务业、餐饮业等 11 个行业高于 60%；批发业、生态保护环境治理及公共设施管理业、土木工程建筑业、道路运输业、房地产业等 9 个行业低于 60%。

12 月

2019 年 12 月的中国非制造业商务活动指数为 53.5%，环比下降 0.9 个百分点。

中国物流与采购联合会副会长蔡进认为：12 月，非制造业商务活动指数较上月回落 0.9 个百分点，但仍保持在 53.5% 的较高水平。春节临近，建筑业及批发业活动淡季回调是本月指数回落的主导因素。从全年走势看，2019 年商务活动指数均值稳定在 54%，非制造业持续较快发展趋势未变，较好发挥了经济稳定器作用。一是逆周期调节力度加码，经济运行趋稳因素有所显现。土木工程建筑业新订单指数均值较 2018 年大幅提升，意味着基建投资稳增长力度有所增强；金融业商务活动指数和新订单指数均值较 2018 年同期均有明显提升，稳金融效果显现，对实体经济支撑力度有所加强。二是经济高质量发展良好。信息服务业、航空运输业、邮政业等代表新兴服务业的商务活动指数均值保持在 55% 以上，新动能增长依然较强。在非制造业整体稳健的同时，要关注企业效益承压问题。2019 年，房地产业商务活动和新订单指数均值保持在 50% 以下，市场供需维持调整格局，销售价格指数均值较 2018 年有所下降。

12 月中国非制造业商务活动指数各单项指数的变化如下。

新订单指数有所下降。2019 年 12 月，新订单指数为 50.4%，环比下降 0.9 个百分点。分行业来看，建筑业新订单指数为 52.9%；服务业新订单指数为 50.0%。20 个行业中，金融业、土木工程建筑业、航空运输业、建筑安装装饰及其他建筑业、互联网及软件信息技术服务业等 10 个行业高于 50%；邮政业、零售业、居民服务及修理业、装卸搬运及仓储业、餐饮业、房屋建筑业等 10 个行业低于 50%。

新出口订单指数环比下降。2019 年 12 月，新出口订单指数为 47.8%，环比下降 1.0 个百分点。分行业来看，建筑业新出口订单指数为 49.7%；服务业新出口订单指数为 47.5%。20 个行业中，居民服务及修理业、航空运输业、土木工程建筑业、金融业 4 个行业高于 50%；道路运输业、装卸搬运及仓储业、房地产业、租赁及商务服务业、水上运输业、批发业等 16 个行业低于 50%。

投入品价格指数有所回落。2019 年 12 月，投入品价格指数为 52.4%，环比回落 0.8 个百分点。分行业来看，建筑业投入品价格指数为 53.0%；服务业投入品价格指数为 52.3%。20 个行业中，餐饮业、水上运输业、房屋建筑业、住宿业、航空运输业、租赁及商务服务业、邮政业、批发业等 17 个行业高于 50%；建筑安装装饰及其他建筑业位于 50%；互联网及软件信息技术服务业、土木工程建筑业 2 个行业低于 50%。

销售价格指数环比下降。2019 年 12 月，销售价格指数为 50.3%，环比下降 1.0 个百分点。分行业来看，建筑业销售价格指数为 52.2%；服务业销售价格指数为 49.9%。20 个行业中，房屋建筑业、生态保护环境治理及公共设施管理业、租赁及商务服务业、批发业、零售业等 11 个行业高于 50%；房地产业位于 50%；水上运输业、住宿业、居民服务及修理业、铁路运输业、道路运输业、金融业等 8 个行业低于 50%。

从业人员指数有所下降。2019 年 12 月，从业人员指数为 48.3%，环比下降 0.7 个百分点。分行业来看，建筑业从业人员指数为 50.7%；服务业从业人员指数为 47.9%。20 个行业中，航空运输业、建筑安装装饰及其他建筑业、邮政业、居民服务及修理业等 6 个行业高于 50%；土木工程建筑业位于 50%；金融业、互联网及软件信息技术服务业、餐饮业、水上运输业、租赁及商务服务业等 13 个行业低于 50%。

业务活动预期指数有所回落。2019 年 12 月，业务活动预期指数为 59.1%，环比回落 1.9 个百分点。分行业来看，建筑业业务活动预期指数为 59. 2%；服务业业务活动预期指数为 59. 1%。20 个行业中，邮政业、建筑安装装饰及其他建筑业、金融业、航空运输业、铁路运输业等 9 个行业高于 60%；批发业、装卸搬运及仓储业、餐饮业、互联网及软件信息技术服务业等 11 个行业低于 60%。

2019 年 1—12 月中国非制造业商务活动指数走势见下图。

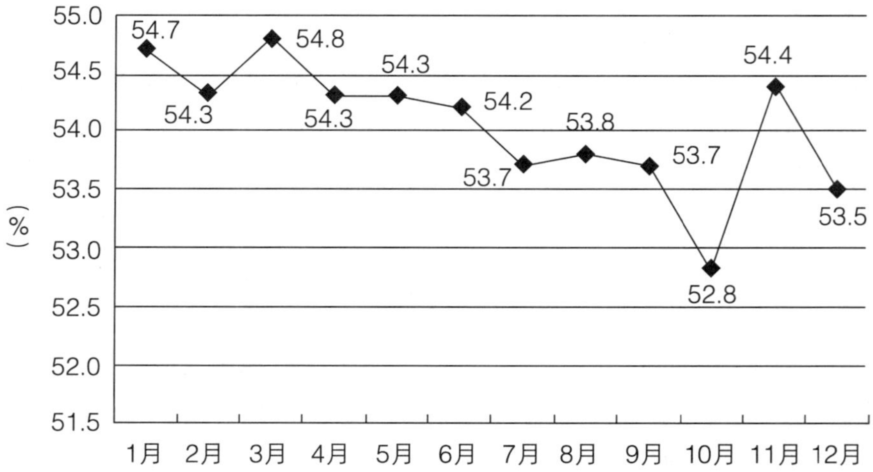

2019 年 1—12 月中国非制造业商务活动指数走势

（中国物流信息中心）

第三部分

物流产业

2019年中国交通运输业

2019年是新中国成立70周年，是全面建成小康社会关键之年。这一年，面对国内外风险挑战明显上升的复杂局面，在以习近平同志为核心的党中央坚强领导下，交通运输各相关部门和各地区以习近平新时代中国特色社会主义思想为指导，全面贯彻党的十九大和十九届二中、三中、四中全会精神，按照中共中央、国务院决策部署，坚持稳中求进工作总基调，坚持新发展理念和推动高质量发展，坚持以供给侧结构性改革为主线，着力深化改革扩大开放，持续打好三大攻坚战，统筹稳增长、促改革、调结构、惠民生、防风险、保稳定，扎实做好稳就业、稳金融、稳外贸、稳外资、稳投资、稳预期工作，交通运输发展取得了新的进展。中共中央、国务院印发《交通强国建设纲要》，进一步明确了未来交通运输发展目标与任务。2019年，全年交通运输、仓储和邮政业完成固定资产投资约为33331亿元，比上年增长3.4%，约占全社会固定资产投资总额的6%。

一、基础设施

（一）铁路

2019年，我国完成铁路固定资产投资8029亿元，与上年基本持平，全年投产新线8489公里，其中，高速铁路5474公里。

截至2019年年底，全国铁路营业里程达到13.9万公里，比上年增长6.1%，其中，高铁营业里程3.5万公里。路网密度145.5公里/万平方公里，比上年增加9.5公里/万平方公里。复线里程8.3万公里，电气化里程10.0万公里，复线率和电气化率分别达到59.0%和71.9%。

（二）公路

2019年，我国完成公路建设投资21895亿元，比上年增长2.6%。其中，高速公路建设完成投资11504亿元，增长15.4%；普通国省道建设完成投资4924亿元，下降10.3%；农村公路建设完成投资4663亿元，增长6.5%。

截至2019年年底，全国公路总里程501.25万公里，比上年年末增加16.6万公里。公路密度52.2公里/百平方公里，增加1.7公里/百平方公里。二级及以上公路里程达到67.2万公里，增加2.4万公里，占公路总里程13.4%。高速公路里程14.96万公里，比上年年末增加0.7万公里，其中，国家高速公路10.86万公里，增加0.31万公里。农村公路420.1万公里，其中，县道里程58.03万公里，乡道里程 119.8 万公里，村道里程 242.2 万公里。

（三）水路

2019 年，我国内河及沿海建设完成投资 1138 亿元，比上年下降 4.4%。其中，内河建设完成投资 614 亿元，下降 2.3%；沿海建设完成投资 524 亿元，下降 6.8%。

1. 内河航道

截至 2019 年年底，全国内河航道通航里程 12.73 万公里，比上年年末增加 172 公里。等级航道 6.7 万公里，占总里程的 52.4%，比上年提高 0.2 个百分点。其中，三级及以上航道 1.38 万公里，占总里程 10.9%，提高 0.3 个百分点。

2. 港口

截至 2019 年年底，我国港口拥有生产用码头泊位 22893 个，比上年年末减少 1026 个。其中，沿海港口生产用码头泊位 5562 个，减少 172 个；内河港口生产用码头泊位 17331 个，减少 854 个。全国港口拥有万吨级及以上泊位 2520 个，比上年年末增加 76 个。其中，沿海港口万吨级及以上泊位 2076 个，增加 69 个；内河港口万吨级及以上泊位 444 个，增加 7 个。万吨级及以上泊位中，专业化泊位 1332 个，比上年年末增加 35 个，通用散货泊位和通用件杂货泊位分别为 559 个和 403 个，分别增加 28 个和 7 个。

3. 民航

2019 年，完成民航建设投资 969.4 亿元，比上年增长 13%。截至 2019 年年底，我国共有民用运输机场 238 个，比上年年末增加 3 个，其中，定期航班通航机场 237 个，定期航班通航城市 234 个。年内定期航班新通航机场有北京大兴国际机场、巴中恩阳机场、重庆巫山机场和甘孜格萨尔机场，年内定期航班新通航的城市为四川巴中。北京南苑机场停航，宜宾莱坝机场迁至宜宾五粮液机场。年旅客吞吐量达到 1000 万人次以上的有 39 个，比上年增加 2 个。年货邮吞吐量达到 1 万吨以上的有 59 个（含北京南苑机场），比上年增加 6 个。北京首都国际机场旅客吞吐量超过 1 亿人次。北京、上海和广州三大城市机场完成旅客吞吐量和货邮吞吐量分别占境内机场总量的 22.4% 和 46.4%，较上年分别下降 0.9 个百分点和 2.3 个百分点。此外，颁证通用机场数量达 246 座，首次超过民用运输机场。

4. 城市轨道交通

截至 2019 年年底，我国共有 40 个城市开通轨道交通线路，其中，新开通城市 5 个，分别为温州、济南、常州、徐州、呼和浩特。城市轨道交通运营线路 190 条，运营里程 6172 公里，其中，地铁线路 159 条、运营里程 5481 公里，轻轨线路 6 条、运营里程 218 公里。拥有轨道交通车站 4007 个，比上年增加 599 个。2019 年国家主管部门新批复郑州、西安、成都的新一轮城市轨道交通建设规划，新获批建设规划里程 486.25 公里。

5. 输油气管道

截至 2019 年年底，我国输油气管道总里程 12.7 万公里。中俄东线天然气管道正式投产通气，标志着我国四大油气进口通道全部建成。该线路起自俄罗斯东西伯利亚，由布拉戈维申斯克进入我国黑龙江省黑河市，满负荷运行后，每年供气能力将高达 380 亿立方米。2018—2019 年交通基础设施规模及增长情况如表 1 所示。

表 1　　2018—2019 年交通基础设施规模及增长情况

指标	单位	2018 年	2019 年	增速（%）
铁路营业里程	万公里	13. 1	13. 9	6. 1
#高速铁路	万公里	2. 9	3. 5	20. 7
公路通车里程	万公里	484. 65	501. 25	3. 4
#高速公路	万公里	14. 26	14. 96	4. 9
内河航道通航里程	万公里	12. 71	12. 73	0. 2
#等级航道	万公里	6. 64	6. 67	0. 5
港口生产用码头泊位	个	23919	22893	-4. 3
#万吨级及以上泊位	个	2444	2520	3. 1
民用运输机场	个	235	238	1. 3
城市轨道交通运营里程	公里	5295	6172	16. 6

二、运输服务

（一）运输总量

2019 年，我国全社会完成营业性客运量 176 亿人次，比上年下降 1. 9%，已连续 6 年呈下降趋势，完成旅客周转量 35349 亿人公里，比上年增长 3. 3%，表明私人小汽车等非营业性客运对旅客出行方式的替代作用持续增强。全年完成营业性货运量 471 亿吨、货物周转量 199290 亿吨公里，分别比上年下降 8. 6% 和 3. 0%。全国港口完成货物吞吐量 139. 5 亿吨，其中，外贸货物吞吐量 43. 2 亿吨，比上年增长 4. 8%，完成集装箱吞吐量 2. 61 亿标准箱，比上年增长 4. 4%。全国港口完成集装箱铁水联运量 516 万标准箱，增长 14. 2%，占全国港口集装箱吞吐量 1. 98%。

（二）运输结构

在旅客运输方面，铁路在旅客运输中的比重继续提升，客运量占比达到 20. 8%，旅客周转量占比达到 41. 6%，分别比上年提高 2. 01 个和 0. 26 个百分点，高铁、城际列车在旅客出行中所占比重进一步提升。公路客运比重持续下降，客运量和旅客周转量所占比重分别由 2018 年的 76. 2% 和 27. 1% 下降到 2019 年的 73. 9% 和 25. 1%。航空客运持续快速发展，客运量和旅客周转量增速同比分别达到 8. 2% 和 9. 3%，所占比重分别达到 3. 8% 和 33. 1%。

在货物运输方面，随着我国产业发展以及“公转铁”“铁水联运”等运输结构优化政策深入实施，铁路货运增长明显，在全社会货物运输中的占比持续提升，货运量和货物周转量增速分别达到 7. 2% 和 4. 4%，占比分别达到 9. 2% 和 15. 1%。公路货运降幅明显，货运量和货物周转量增速同比分别下降 13. 2% 和 16. 3%。水路货运呈现持续增长势头，货运量、货物周转量同比分别增长 6. 3% 和 5. 0%，占比分别达到 15. 9% 和 52. 2%，分别比上年提高 2. 22 个和 3. 95 个百分点。民航货邮运输量小幅增长，货邮周转量基本保持平稳发展态势。

2018—2019 年客货运输发展情况如表 2 所示。

表 2　2018—2019 年客货运输发展情况

指标	单位	2018 年	2019 年	增速（%）
旅客运输量	亿人	179.4	176	−1.9
#铁路	亿人	33.7	36.6	8.6
公路	亿人	136.7	130.1	−4.8
水路	亿人	2.8	2.7	−3.6
民航	亿人	6.1	6.6	8.2
旅客周转量	亿人公里	34217.4	35349.1	3.3
#铁路	亿人公里	14146.6	14706.6	4.0
公路	亿人公里	9279.7	8857.1	−4.6
水路	亿人公里	79.6	80.2	0.8
民航	亿人公里	10711.6	11705.1	9.3
货物运输量	亿吨	514.6	470.6	−8.6
#铁路	亿吨	40.3	43.2	7.2
公路	亿吨	395.7	343.5	−13.2
水路	亿吨	70.27	74.7	6.3
民航	万吨	738.5	753.2	2.0
管道	亿吨	8.5	9.1	7.1
货物周转量	亿吨公里	205451.6	199289.5	−3.0
#铁路	亿吨公里	28820.6	30074.7	4.4
公路	亿吨公里	71249.2	59636.4	−16.3
水路	亿吨公里	99052.8	103963	5.0
民航	亿吨公里	262.5	263.2	0.3
管道	亿吨公里	5862.0	5352.2	−8.7

注：由于四舍五入等原因，表格内显示数值与表格计算结果略有偏差。全书同。

（三）运输质量

2019 年，交通运输领域持续深入推进供给侧结构性改革，运输服务能力和质量效率不断提升，人民群众获得感、满意度明显提高，服务“一带一路”建设、京津冀协同发展、长江经济带发展、长江三角洲地区一体化发展、粤港澳大湾区建设、海南全面深化改革开放等国家重大战略的支撑保障能力进一步增强。

在客运服务方面，高速铁路、高速公路、民航等方面的高品质服务供给能力持续增强，多样化、个性化服务水平不断提升，以综合客运枢纽为重点的旅客一体化衔接换乘组织不断优化，以互联网为依托的智能交通、共享交通以及旅游交通等新业态新模式持续创新发展。全国民用航空运输航班正常率为 81.65%，连续 2 年超过 80%，37 家千万级机场国内旅客平均自助值机比例达 71.6%，8 家航空公司、29 家机场开展跨航司行李直挂试点，12326 民航服务质量监督电话开通，国内航空公司投诉响应率达 100%。

在货运物流服务方面，多式联运和国家物流枢纽等示范试点工程深入推进，快递物流等服务能力和效益水平持续提升，业态模式不断创新。2019 年我国快递业务量完成 635.2 亿件，快递业务收入达到 7497.8 亿元，分别比上年增长 25.3% 和 24.2%，快递业务收入占邮政行业业务收入的 77.8%。积极开展无人机物流配送试点，无人机商业飞行 125 万小时。

交通脱贫攻坚取得决定性进展，具备条件的乡镇和建制村通硬化路、村村直接通邮兜底性目标任务提前完成。

（四）运输装备

截至 2019 年年底，我国铁路机车拥有量 2.2 万台，其中内燃机车占 36.9%，电力机车占 63.1%。铁路客车拥有量为 7.6 万辆。铁路货车拥有量为 87.8 万辆。拥有轨道交通配属车辆 40998 辆，比上年增长 20.5%。

全国民用汽车保有量达到 26150 万辆（包括三轮汽车和低速货车 762 万辆），比上年年末增长 10.5%，其中，私人汽车保有量 22513 万辆。民用轿车保有量 14644 万辆，增长 8.14%，其中，私人轿车 13701 万辆，增长 8.12%。拥有公路营运汽车 1165.5 万辆，比上年下降 18.8%，其中，载客汽车 77.7 万辆，载货汽车 1087.8 万辆，分别比上年减少 2.5% 和 19.8%。营运客车中，中大型客车 30.3 万辆，占比 39.0%。营运货车中，普通货车 489.8 万辆，专用货车 50.5 万辆，占比分别为 45.0% 和 4.6%，普通货车和专用货车数量分别比上年下降 40.0% 和 4.0%。全国城市及县城拥有公共汽电车 69.3 万辆，比上年增长 2.9%，其中，BRT 车辆 9502 辆，增长 4.3%。巡游出租汽车 139.2 万辆，比上年增长 0.2%。

全国拥有水上运输船舶 13.2 万艘，净载重量 25685 万吨，分别比上年下降 4.0% 和增长 2.3%。船舶集装箱箱位 223.9 万标准箱，比上年增长 13.8%。

全国民航运输飞机在册架数 3818 架，比上年增加 179 架。其中，客机 3644 架，货机 174 架，在运输机队中占比分别为 95.4% 和 4.6%。通用航空在册航空器 2707 架。全行业注册无人机数量 39.2 万架。

（五）技术标准

2019 年，交通运输领域以互联网、大数据、云计算等为依托，加快推进信息化、智能化发展进程，网络化信息服务平台加快建设。同时，进一步完善交通运输技术标准体系。铁路领域，报经国家标准委审批发布《铁路旅客运输服务质量规范》等铁道国家标准 15 项，发布《机车车辆强度设计及试验鉴定规范总则》等技术标准 51 项，发布铁路工程造价标准 8 项，发布铁道行业标准（技术标准）英文译本 25 项、铁道行业标准（工程建设标准）英文译本 22 项，报经国家市场监管总局审批发布国家计量规程规范 1 项，发布铁道行业计量规程规范 2 项。公路和水路领域，新增 3 个行业重点实验室、22 个行业研发中心，行业重点实验室、行业研发中心和协同创新平台分别达到 55 个，70 个和 19 个。

（六）交通安全

2019 年，全国铁路未发生特别重大、重大交通事故，铁路交通事故死亡人数比上年下降 8.1%。公路水路交通运输建设领域全年共发生生产安全事故 67 起，死亡 110 人，分别比上年增长 59.5% 和 71.9%，其中重大事故 1 起，死亡 12 人，未发生特大事故。发生运输船舶水上交通事故 137 件，死亡失踪 155 人，沉船 46 艘，分别比上年下降 27.5%、34.6% 和 44.6%。民航领域，航空运输实现持续安全飞行 112 个月、8068 万小时的安全新纪录，连续 17 年 7 个月实现空防安全零责任事故。

（七）绿色发展

2019 年，通过运输结构优化调整、新技术特别是低碳节能技术装备应用以及进一步加强环境保护与资源节约要求等一系列有效举措，交通运输绿色发展取得积极进展。国家铁路在完成运输量大规模增长情况下，能源消耗小幅增长，折算标准煤 1634.8 万吨，比上年增长 0.7%，单位运输工作量综合能耗 3.9 吨标准煤/百万换算吨公里，单位运输工作量主营综合能耗 3.8 吨标准煤/百万换算吨公里，分别比上年下降 3.2% 和 0.9%。国家铁路化学需氧量排放量 1764 吨、二氧化硫排放量 5438 吨，分别比上年下降 6.1% 和 44.7%。公路班线客运企业每千人公里单耗 13.1 千克标准煤，百车公里单耗 26.8 千克标准煤，分别比上年下降 10.3% 和 7.9%。公路专业货运企业每百吨公里单耗 1.7 千克标准煤，下降 15.0%。纳入监测的城市公交企业每万人次单耗 1.5 吨标准煤，与上年持平，百车公里单耗 38.1 千克标准煤，下降 8.6%。远洋和沿海货运企业每千吨海里单耗 4.8 千克标准煤，增长 17.1%。港口企业每万吨单耗 2.1 吨标准煤，下降 8.7%。民航运输全行业吨公里油耗较基线下降约为 16%，机场每客能耗较基线下降约为 12%。

总体而言，2019 年，以交通强国建设为统领，我国交通运输发展成绩显著。交通运输固定资产投资保持高位稳定运行，特别是高速公路领域投资规模总量大、增速较快，在“稳增长”方面发挥了积极作用。运输结构进一步优化，铁路运输、水路运输中长途大宗物资骨干作用进一步提升。运输服务能力和质量效率进一步提升，多样化、个性化、专业化供给水平不断提高。交通运输绿色发展深入推进，智能交通、旅游交通、共享交通等新消费、新业态、新模式创新发展，重点领域改革持续推进，综合运输协同发展机制不断完善，治理能力不断提升，交通运输对人们日益增长的美好生活需要的服务保障能力和对国家战略的支撑牵引能力进一步增强。

（樊一江 谢雨蓉）

2019 年中国港口物流业

2019 年，外部经贸环境严峻，国际形势风云变幻。中美贸易摩擦持续发酵、欧洲国家深陷脱欧泥沼、中东地缘政治紧张等外部环境使中国经济、贸易及海运业都面临巨大挑战。2019 年，中国国内生产总值增速维持在 6.1%，呈现出逐年小幅回落态势，同时季度走势上也呈现出前高后低趋势。其中，以农林牧渔为主的第一产业增速回落相对较大，工业次之，服务业增速仅回落 0.8 个百分点。固定资产投资方面增速较上年持续下滑至 5.4%，基础设施投资转弱；市场消费方面社会消费品零售总额约为 41.2 万亿元，增速较上年持续收窄。此外，进出口贸易作为国际经贸形势最直接体现，2019 年货物进出口贸易总额为 31.54 万亿元，同比增速由上年的 9.7% 大幅回落至 3.4%，受此影响中国港口航运业发展受限。2016—2019 年中国主要经济指标与大陆港口吞吐量增长变化情况如图 1 所示。

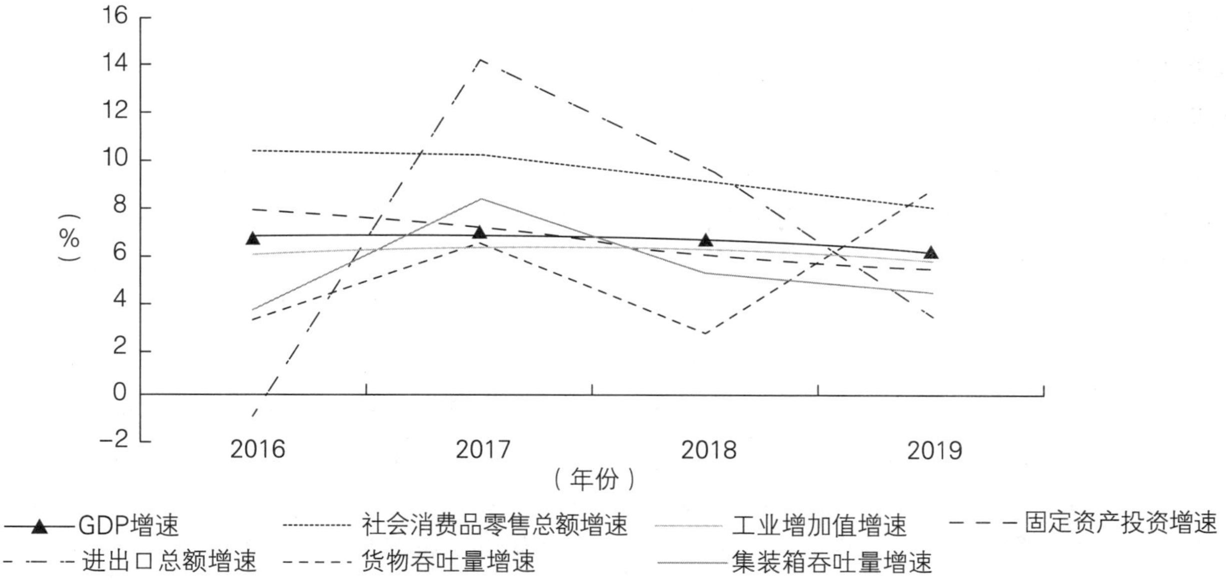

图 1 2016—2019 年中国主要经济指标与大陆港口吞吐量增长变化情况

资料来源：国家统计局，中华人民共和国交通运输部。

一、港口发展稳中有进

尽管国际经贸形势给港口航运业带来了严重冲击，但在矿建材料、油品和非金属矿石等货物，尤其是内贸货物支撑下，全国港口吞吐量依然保持较高速度增长。2019 年，我国港口实现货物吞吐量为 139.5 亿吨，同比增速 8.8%，在逆势环境下增速反超上年同期的 2.9%；其中，外贸货物吞吐量增长 4.8% 至 43.2 亿吨，内贸货物吞吐量大幅增长 10.7% 至 96.3 亿吨。2014—2019 年中国大陆规模以上港口货物吞吐量及集装箱吞吐量如表 1 所示。

表 1　2014—2019 年中国大陆规模以上港口货物吞吐量及集装箱吞吐量

年份		2014	2015	2016	2017	2018	2019
货物吞吐量	吞吐量（亿吨）	111.6	114.3	118.3	126.0	133.0	139.5
	同比增长（%）	4.8	1.6	3.2	6.4	5.6	8.8
外贸货物吞吐量	吞吐量（亿吨）	35.0	36.1	37.6	40.0	41.7	43.2
	同比增长（%）	5.7	3.2	4.1	5.7	4.3	4.8
集装箱吞吐量	吞吐量（亿标准箱）	2.00	2.10	2.18	2.38	2.50	2.61
	同比增长（%）	6.1	4.1	3.6	8.3	5.2	4.4

资料来源：中华人民共和国交通运输部。

注：自 2019 年起，对港口统计范围进行调整，由规模以上港口调整为全国所有港口，数据不用调整。

从近年规模以上港口表现看，内贸增速已持续三年高于外贸，表示国内进口货物贸易需求相对稳定，而国内沿海、沿江运输需求正不断提升，尤其是煤炭、矿石、矿建材料等大宗物资运输，以及“散改集”后的内贸集装箱运输业务也不断提升。2012—2019 年中国港口内外贸货物吞吐量变化情况如图 2 所示。

中国内河港口成为吞吐量增长主动力。从类型上看，沿海港口货物吞吐量增长相对稳定，近年保持 5% 左右的增速，而内河港口受政策和产业影响波动较大。2019 年，中国沿海港口完成货物吞吐量约 92 亿吨，同比增长 4.3%；内河港口受上年度“零增长”带来的低基础影响，同比增涨 19.4% 至 47.6 亿吨。在外贸进出口方面，沿海港口与内河港口都保持 4.8% ~ 4.9% 的稳定增速。由于国际贸易合同的签订直接体现在外贸进出口额的变动上，而货物的海运略晚于贸易合同，因此 2019 年下半年国际贸易形势的不景气进一步延迟至 2020 年年初体现。2018—2019 年中国内河港口货物吞吐量增势情况如图 3 所示。

长三角地区港口货物吞吐量增势最猛，东南沿海地区外贸增长最佳。分区域看，2019 年长三角地区港口货物吞吐量增速突破两位数，远高于其他区域港口。同时，受内贸煤炭、铁矿石、粮食、木材等商品贸易量降低影响，环渤海地区的北方港口吞吐量面临滞涨，而机械、设备、电器及轻工医药等商品贸易量的减少也导致珠三角地区港口陷入负增长。虽然各区域港口群外贸仍都保持增长，但增速较往年也有大幅回落，仅厦门、福州等港口所在的东南沿海港口群在两岸贸易等支持下，依然保持13%的较高增速。中国大陆五大沿海港口群吞吐量及增速如表2所示。

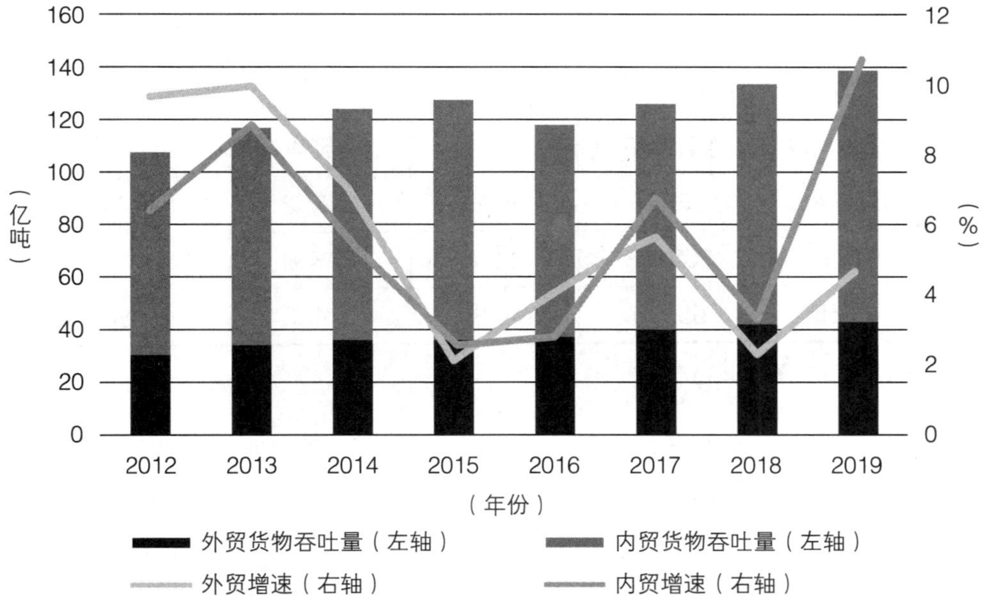

图2　2012—2019年中国港口内外贸货物吞吐量变化情况

资料来源：中华人民共和国交通运输部。

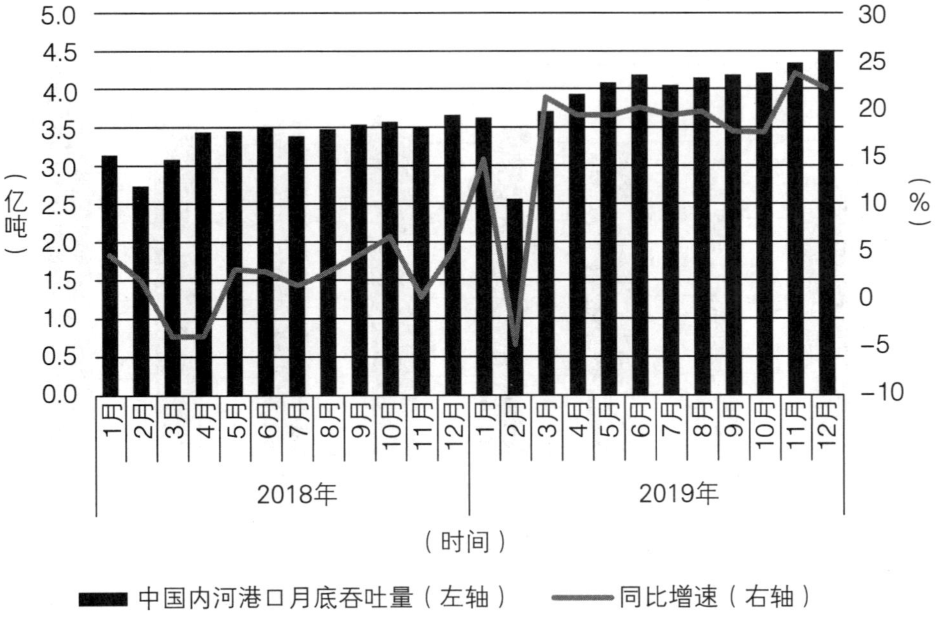

图3　2018—2019年中国内河港口货物吞吐量增势情况

资料来源：中华人民共和国交通运输部。

表 2 中国大陆五大沿海港口群吞吐量及增速

区域	货物吞吐量（万吨）		同比增速（%）	外贸货物吞吐量（万吨）		同比增速（%）
	2019 年	2018 年		2019 年	2018 年	
环渤海	418614	419075	−0. 1	179014	172667	3. 7
长三角	529836	472646	12. 1	145845	141286	3. 2
东南沿海	59484	55807	6. 6	23752	21024	13. 0
珠三角	191819	200203	−4. 2	60808	59619	2. 0
西南沿海	57755	55350	4. 3	17452	16286	7. 2

资料来源：中华人民共和国交通运输部。

集装箱吞吐量增速或进入新下降通道。2019 年我国港口共完成集装箱吞吐量 26107 万标准箱，较上年同期增长 4. 4%，与 2017 年的 8. 3% 和 2018 年的 5. 2% 相比，增速逐年下滑。自 2012 年起，我国港口集装箱吞吐量由于基数较大及全球金融危机后国际贸易保护主义抬头，增速逐渐降低。2017 年受多项国家战略提振，且国际贸易形式逐渐转好，使得我国港口集装箱吞吐量再次迎来 8. 3% 的大幅增长，但随后因中美贸易摩擦持续升级，导致集装箱吞吐量增速再次逐年下滑。2012—2019 年中国沿海与内河港口集装箱吞吐量走势情况如图 4 所示。

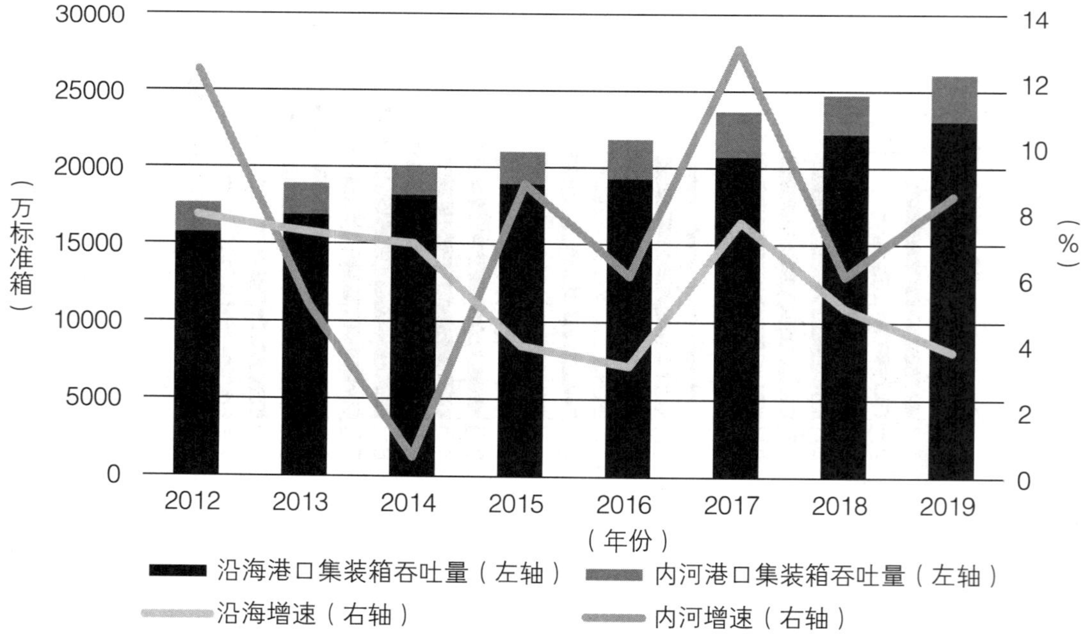

图 4 2012—2019 年中国沿海与内河港口集装箱吞吐量走势情况

资料来源：中华人民共和国交通运输部。

从港口类型上看，虽然内河港口集装箱吞吐量增长相对较好，2019 年增速高达 8.5%，但由于体量较小，内河港口 3015 万标准箱的规模仅占全国总集装箱吞吐量的 11.5%，影响甚微。而在市场规模上占有绝对比重的沿海港口集装箱吞吐量增速仅为 3.9%，远低于内河港口。从过去 5 年中国港口走势看，内河港口在“散改集”“陆改水”等政策激励下增长迅速，增速持续高于沿海港口，但由于规模体量较小，对全国港口集装箱吞吐量的增速提振有限。2018—2019 年中国大陆规模以上港口集装箱吞吐量增幅走势情况如图 5 所示。

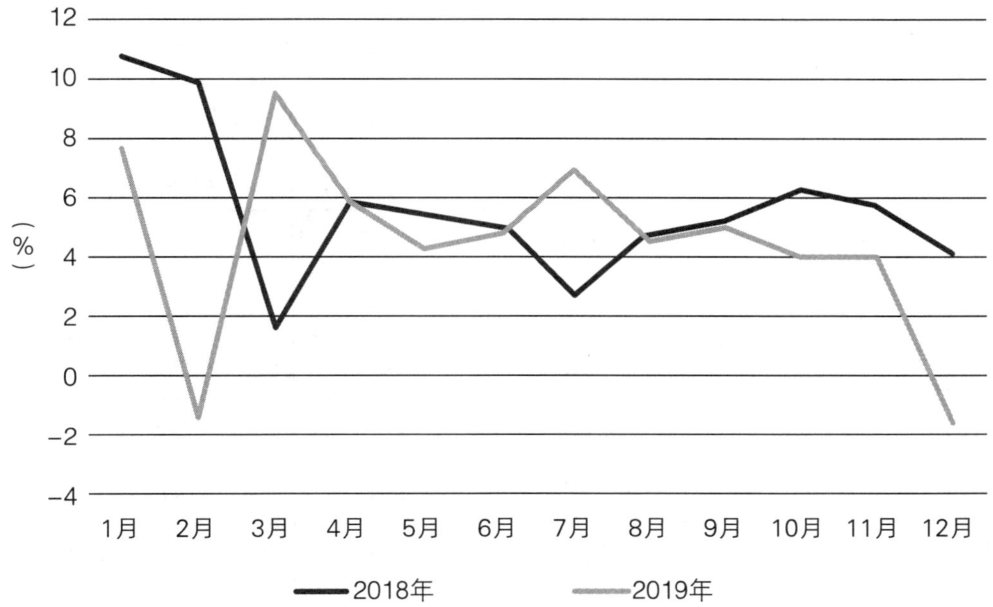

图 5　2018—2019 年中国大陆规模以上港口集装箱吞吐量增幅走势情况

资料来源：中华人民共和国交通运输部。

二、港口表现各异

在国家“一带一路”“长江经济带”“自由贸易试验区”“交通强国”“海运强国”等系列政策支持下，中国海运贸易规模已无比巨大。2019 年，中国海运进口量已占全球 22%，其中，铁矿石占 72%、煤炭占 20%、粮食占 21%、原油占 23%、LNG（液化天然气）占 17%，而集装箱出口规模已占全球的 31%。在国际海运贸易快速发展的同时也形成了一批超大型港口。2019 年中国超亿吨港口已有 39 个、超百万标准箱的集装箱港口有 33 个。因此，对中国前 30 大货运港和集装箱港进行重点分析。

从前 30 大港口发展情况看，由于北方煤炭、矿石、粮食等大宗商品贸易需求稳定，使得环渤海地区港口在前 10 大港口中占有 6 个，且生产情况都较为良好。其中，烟台港受到外贸商品需求增加使吞吐量涨幅超过 15%，其余港口中位于榜首的宁波舟山港依然保持良好涨势，上海港由于国际贸易及产业升级维持原有规模。南方港口中，广州港得益于南沙港区运营及周边港口竞争力下降实现较快增长。此外，从前30大港口排名中也可见近年内河港口发展迅速，除了排名第4的苏州港外，位居11~20名的港口中内河港口足足占有一半，镇江、江阴等内河港口在矿建材料等贸易增长下甚至实现了翻倍式增长。中国大陆前30大港口货物吞吐量及增速如表3所示。

表3　　中国大陆前30大港口货物吞吐量及增速

序号	类型	港口	货物吞吐量（万吨）	同比增速（%）	外贸货物吞吐量（万吨）	同比增速（%）
1	沿海	宁波舟山	112126	7.9	51283	3.4
2	沿海	上海	71677	0.0	39664	0.2
3	沿海	唐山	65674	3.1	27735	3.6
4	内河	苏州	62038	−1.7	14701	5.6
5	沿海	广州	60616	12.6	14229	7.4
6	沿海	青岛	57736	6.6	41993	7.5
7	沿海	天津	49220	4.1	27842	5.8
8	沿海	日照	46377	6.0	30349	2.8
9	沿海	烟台	38632	15.8	14176	16.2
10	沿海	大连	36641	4.3	16511	5.9
11	内河	镇江	34012	105.8	4300	18.7
12	内河	南通	33620	26.4	5005	−17.5
13	沿海	黄骅	28761	0.0	5227	15.5
14	内河	泰州	28243	10.7	2780	26.9
15	沿海	深圳	25785	2.6	17829	−4.8
16	内河	南京	25689	4.6	3312	7.6
17	沿海	广西北部湾	25568	14.7	13772	9.4
18	沿海	营口	23818	−35.6	8264	−13.3
19	沿海	连云港	23456	4.1	12904	9.1
20	内河	江阴	22393	116.1	5217	18.2

续 表

序号	类型	港口	货物吞吐量（万吨）	同比增速（%）	外贸货物吞吐量（万吨）	同比增速（%）
21	沿海	秦皇岛	21880	−5.4	525	−34.3
22	沿海	湛江	21570	−2.8	8983	1.2
23	沿海	厦门	21344	0.3	9808	6.6
24	沿海	福州	21255	21.6	7160	9.6
25	沿海	东莞	19032	26.9	3534	8.5
26	内河	重庆	17127	9.0	567	−2.2
27	内河	杭州	13881	27.4	1	−88.5
28	沿海	珠海	13838	0.3	3014	3.6
29	内河	芜湖	12778	24.4	318	0.4
30	沿海	泉州	12726	7.9	4246	9.1
前30大港口累计（万吨）			1047513		395249	
规模以上港口占比（%）			75		92	

资料来源：中华人民共和国交通运输部。

从前30大集装箱港口发展看，上海港以稳定增速连续十年蝉联全球第一大集装箱港口，主要得益于洋山港区码头作业能力的持续释放，随着洋山四期自动化码头扩能及国际远洋航线的增加，2019年洋山港集装箱吞吐量攀升至1980.8万标准箱，同比增长7.6%，在上海港占比达45.7%；宁波舟山港则依托浙江省出口外贸货源及海铁联运辐射内陆地区，目前海铁联运业务量同比增长33.3%，已超80万标准箱，成为中国海铁联运第二大港；天津、青岛等外贸港口受京津冀一体化发展、山东省港口资源整合及外向型产业转型影响，集装箱吞吐量增长强劲，增幅均高达8%以上，相较之下辽宁省港口尚在港口资源、区域产业整合的阵痛期，表现相对不佳，但随着招商局集团对产业整合的深入，未来有一定增长空间。此外，珠三角地区的广州、佛山、东莞、珠海、汕头等港口通过粤港澳大湾区建设使得外贸货物吞吐量不断增多。中国大陆前30大港口集装箱吞吐量及增速如表4所示。

表 4　　中国大陆前 30 大港口集装箱吞吐量及增速

序号	类型	港口	集装箱吞吐量（万标准箱）	同比增速（%）	序号	类型	港口	集装箱吞吐量（万标准箱）	同比增速（%）
1	沿海	上海	4331	3. 1	16	沿海	福州	354	6. 0
2	沿海	宁波舟山	2753	4. 5	17	内河	南京	331	3. 1
3	沿海	深圳	2577	0. 1	18	沿海	烟台	310	3. 4
4	沿海	广州	2283	5. 7	19	沿海	唐山	294	−0. 5
5	沿海	青岛	2101	8. 8	20	沿海	泉州	258	7. 3
6	沿海	天津	1730	8. 1	21	沿海	珠海	256	10. 7
7	沿海	厦门	1112	3. 9	22	沿海	海口	197	6. 8
8	沿海	大连	876	−10. 3	23	沿海	锦州	188	15. 9
9	内河	苏州	632	−1. 4	24	内河	嘉兴	187	8. 3
10	沿海	营口	548	−15. 6	25	内河	武汉	170	10. 9
11	沿海	连云港	478	0. 7	26	内河	南通	154	68. 5
12	沿海	日照	450	12. 1	27	沿海	中山	141	−1. 5
13	沿海	佛山	444	15. 5	28	沿海	汕头	135	14. 4
14	沿海	广西北部湾	382	34. 6	29	内河	重庆	125	7. 2
15	沿海	东莞	368	15. 6	30	沿海	湛江	112	10. 4
前 30 大港口累计			24277 万标准箱		规模以上港口占比			93%	

资料来源：中华人民共和国交通运输部。

三、港口发展热点

2019 年，中国港口的外贸压力将持续扩大，无论是美国增加关税吸引产业回流，还是日韩将部分制造业转移到东南亚市场，都将直接影响国际海运业务与港口生产作业规模。

（一）国际贸易保护主义影响将逐渐深入

近年，中国通过双/多边自由贸易协定、自由贸易试验区建设、国际进口博览会等多种方式吸引境外投资、加强国际合作、促进国际贸易，但以美国为代表的部分发达国家主张产业回流和贸易保护主义，增加进口关税等措施对国际贸易进行干预，使得近年国家外贸进出口总额增速一再下降，逆全球化的国际贸易进程初显。对港口企业的最新调查显示，中国港口企业景气度较 2018 年同期有所回落，港口企业信心指数下跌更为明显，尤其是南方港口企业对于中美贸易摩擦等国际贸易保护主义造成的贸易量萎缩担忧更甚。

（二）区域港口资源整合将再调整再实施

目前，国内各省市港口资源整合有成功的、有尚在进行中的，包括辽宁、山东、河北、江苏、浙江、广东、福建等省份的港口资源整合工作都在不断探索推进中。其中，浙江省港口资源整合相对较早，探索过对省级港航管理机构的整合，在不断探索和尝试中逐渐推进港口产业和港口企业的转型升级，也取得了丰硕的经验与成果；由招商局集团参与的辽宁省港口资源整合在不断推进、创新，尤其是应用招商蛇口（前港—中区—后城）等“港产城”相结合的发展模式或将会产生更大的活力；同时，作为重要国家战略之一的粤港澳大湾区建设也涉及区域内港口之间的整合与协同。虽然区域港口资源整合会面临各种困难和挑战，尤其涉及原有港口企业、地方政府及第三方权益，但为加强对港口物流资源的有效利用、减少重复建设和恶性竞争、降低国际物流成本、增强区域港口企业核心竞争力，区域港口资源整合之路仍将继续走下去。

（三）深入推进港口收费管理体系优化

随着国际贸易额与港口物流规模的快速增长，政府对国际物流通关时间和物流成本关注度提高，同时世界银行还持续发布全球营商环境报告，以此比较各国或各地区港口物流效率及运输费用情况。为此，行业主管部门与港口企业将一同继续探索各运输环节中费收的合理性，以及费用成本对贸易、物流等相关企业的负担情况。作为国际海运贸易大国，中国将持续对抵港船舶吨税、货物港务费、港口建设费等各类行政性或企业经营性收费进行有效监管，以避免运输环节中发生乱收费、多收费以及转移收费等情况，保障货主及贸易商的利益。

（上海国际航运研究中心　谢文卿）

（本文未包括香港、澳门特别行政区及台湾地区统计数据。文中部分数据因四舍五入等原因，存在着分项与合计不等的情况，本书中这种现象普遍存在）

2019 年中国物流地产业

2019 年我国经济总量不断扩大，发展质量稳步提升，主要预期目标较好实现，国民经济稳中向好的态势没有改变。全年 GDP 同比增长 6.1%，总量达到 99.1 万亿元，按平均汇率折算，突破 1 万美元的大关。我国物流业保持总体平稳、稳中有进的运行态势。2019 年全年社会物流总额达到 298.0 万亿元，可比增长 5.9%；物流相关行业固定资产投资持续增长；全年我国物流业景气指数①平均为 53.5%，继续维持扩张状态。在此大背景下，政策红利助力物流地产业健康发展，物流地产市场需求端持续活跃，但增速放缓；租金面供需失衡导致各城市表现分化。此外，冷链物流市场巨大，冷链仓布局是热点；电商物流需求持续强劲，仓储智能化转型加快。总的来说，2019 年我国物流地产业发展环境不断改善，发展态势良好。

一、物流相关行业固定资产投资继续增长，政策红利助力行业发展

据国家统计局数据显示，2019 年全国固定资产投资（不含农户）551478 亿元，比上年增长 5.4%，比 2018 年回落 0.5 个百分点。

2019 年我国交通运输、仓储和邮政业固定资产投资额增速略有滑落，由 2018 年的 3.9% 滑落为 3.4%。其中，道路运输业投资增长 9.0%，增速加快 0.2 个百分点；铁路运输业投资下降 0.1%；水上运输业投资下降 22.5%；航空运输业投资下降 17.8%；仓储业投资下降 7.7%。2015—2019 年全国交通运输、仓储和邮政业固定资产投资累计增长速度如图 1 所示。

① 中国物流业景气指数，英文缩写为 LPI。LPI 反映物流业经济发展的总体变化情况，以 50% 作为经济强弱的分界点，高于 50% 时，反映物流业经济扩张；低于 50% 时，则反映物流业经济收缩。

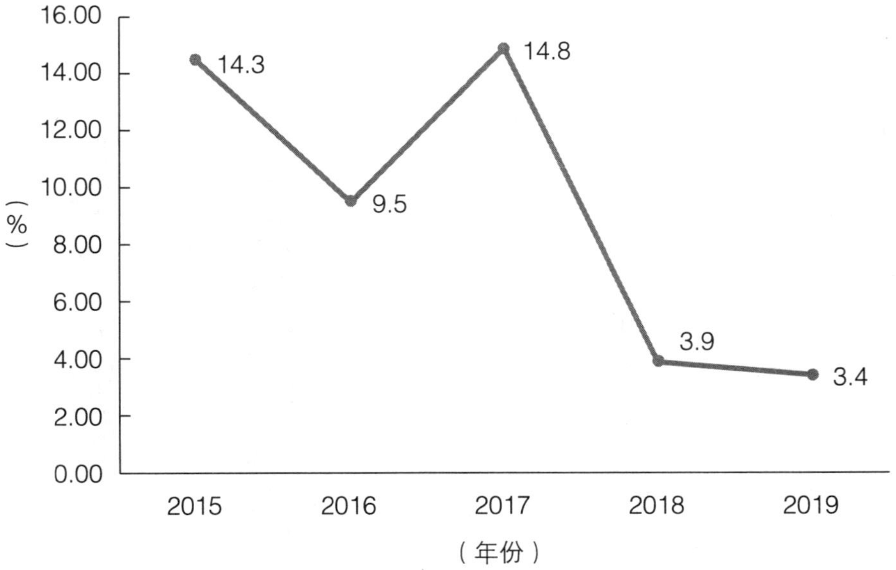

图1 2015—2019年全国交通运输、仓储和邮政业固定资产投资累计增长速度

资料来源：国家统计局。

据交通运输部统计，2019年全年完成交通固定资产投资32135亿元。其中，新增铁路8000公里、公路33万公里、高等级航道385公里、民用运输机场5个，邮政快递服务网点和智能投递终端建设加快。全年公路、水路营业性货运量分别完成416.5亿吨和74.5亿吨；铁路货物发送量43.9亿吨，增长9%；民航货邮运输量753.2万吨，快递业务量630亿件，增长25%。

在政策方面，2019年政策红利为物流地产业发展带来更多关注，保障了行业整体的健康发展。2019年2月，国家发展改革委等24部门联合印发的《关于推动物流高质量发展促进形成强大国内市场的意见》强调了推动物流高质量发展对区域经济和国民经济发展的重要作用，提出了推动物流高质量发展的25条政策措施，并明确了部门分工和细化措施。2019年9月，中共中央、国务院印发《交通强国建设纲要》，指出到2035年，基本建成交通强国，要基本形成“全国123出行交通圈”和“全球123快货物流圈”，打造绿色高效的现代物流系统，推进电商物流、冷链物流、大件运输等专业化物流发展。此外，由于“放管服”改革的不断深化，物流运行的营商环境区域改善。世界银行《2020年全球营商环境报告》显示，我国营商环境排名跃升至第31位，较2018年上升15位。

二、需求端增速放缓，供给、租金面各城市表现分化

从需求端来讲，2019年我国物流需求增速继续放缓。全年社会物流总额达到298.0万亿元，增速回落至6%以内（可比增长5.9%），比上年回落0.5个百分点。从年内走势看，第一季度、上半年增速仍维持6%以上，前三季度回落至6%以内，年底两个月小幅回升。2015—2019年我国社会物流总额及增长率变化情况如图2所示。

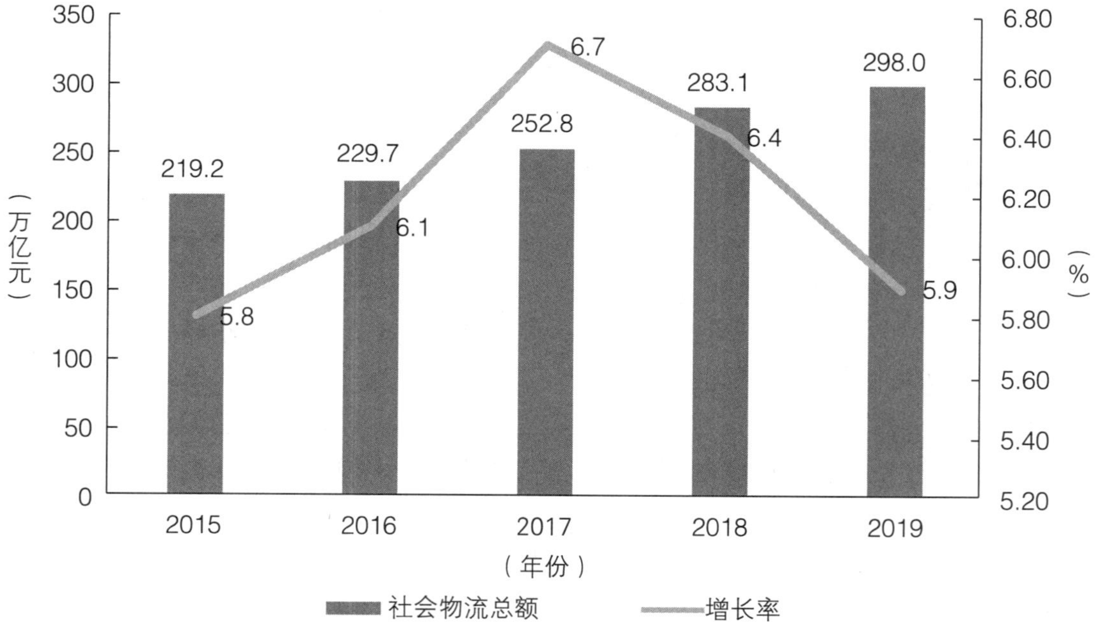

图 2　2015—2019 年我国社会物流总额及增长率变化情况

资料来源：中国物流与采购联合会。

从供给端来讲，2019 年全国物流仓储设施整体供应量上升。据世邦魏理仕统计，2019 年我国高标库新增供应较 2018 年上升 430 万平方米，新增供应超过净吸纳量。但是，各城市供应表现有所分化。具体来说，北京、上海、广州、深圳等，新增供应较为缺乏。据世邦魏理仕统计，北京市 2019 年全年新交付项目四个，新增仓储面积 18.2 万平方米，全年净吸纳量录得 9.0 万平方米，同比下降 58%；上海市 2019 年全年物流市场仅有一个项目，带来 4.7 万平方米的新增供应，供应量为历史最低水平；广州市 2019 年优质物流设施市场仅有两个项目、合计 4.3 万平方米的新增供应；深圳市 2019 年全年新增供应空白，原计划于年内交付的新项目因工期原因推迟入市，整体市场供应紧缺。部分城市，如成都、重庆、郑州等，则出现新增供应过多的情况。世邦魏理仕发布的报告显示，成都市 2019 年仓储物流市场迎来 8 个新项目交付，合计新增供应面积约为 79 万平方米，同比增长 236.1%，使成都市高标库总存量突破 400 万平方米，位居全国第三；重庆市 2019 年仓储物流市场有 11 个新项目交付，合计新增供应约 78.3 万平方米；郑州市 2019 年全年新交付一个项目，迎来 6.2 万平方米的新增供应，使得全市存量达到 80.1 万平方米。

租金面上，各城市受各自供需关系调控，涨跌互现。具体来说，北京、上海、广州、深圳等，由于新增供应的缺乏，租金继续走高；部分城市，如郑州、杭州等，由于需求强劲，租金也出现攀升；还有部分城市，如成都、重庆等，由于市场供大于求，租金出现不同程度的下降。2019 年部分城市空置率及租金情况如表 1 所示。

表 1　　2019 年部分城市空置率及租金情况

城市	空置率水平（%）	租金增长情况（%）
北京	↑（4.3）	+3.7
上海	↓（5.8）	+2.6
广州	↓（9.7）	+3.0
深圳	↓（3.4）	+2.8
杭州	↑（16.1）	+1.9
武汉	↑（19.9）	0.7
重庆	↑（28.6）	−2.7
成都	↑（18.4）	−4.0
郑州	↓（0.8）	+4.9

资料来源：世邦魏理仕。

三、冷链物流市场巨大，冷链仓布局是热点

近年来，随着人们生活品质的提高，冷链物流开始逐渐进入人们的视野，成为物流领域中的一片亿万蓝海。2019 年，我国冷链物流需求仍强劲。据中物联冷链委测算分析，2019 年我国食品冷链物流需求总量约为 2.33 亿吨，比 2018 年增长 4439 万吨，同比增长 23.52%。我国食品冷链物流总额约为 6.1 万亿元，比 2018 年同比增长 27.08%。我国冷链物流市场规模达到 3391 亿元，比 2018 年增长 404 亿元，同比增长 13.53%。2015—2020 年中国冷链物流市场规模如图 3 所示。

我国冷链物流需求强劲，但与之相对应的却是我国冷链仓市场存量十分有限。根据国际冷藏仓库协会（IARW）的数据，2018 年，中国人均冷藏仓储容量仅为 0.132 立方米，约为日本、加拿大的 2/5，不足美国的 1/3。由此可见，冷链仓市场潜力巨大。

受供需关系驱动，2019 年冷链仓布局是热点。就全国总量来说，中物联冷链委数据显示，2019 年全国冷库总量达到 6052.5 万吨（折合 1.51 亿立方米），新增库容 814.5 万吨，同比增长 15.55%。就冷链仓个体而言，2019 年 4 月，京东物流正式对外发布“京东云冷链”计划，京东冷链将依托京东资源，联合区域优质冷链企业形成“骨干网+合伙人”的创新模式，通过“京东云冷链”实现网络共建、货量共集、利益共享与风险共担，共同推进冷链网络的纵深布局与社会化运力资源聚集。2019 年 5 月，九曳供应链宣布完成 C+轮融资，本轮融资由招商局资本旗下招商瑞穗成长基金领投，资金主要用于九曳供应链冷链物流平台布局，以及生鲜供应链平台“全直鲜”发展。2019 年 8 月，苏宁物流表示目前正在北京、上海、广州、深圳等 30 个城市自建、筹备建设冷链仓，仓储面积超过 100 万平方米，至 2022 年苏宁物流将建成全球零售行业最大的冷链仓

储网。2019 年 12 月，N&K Spedition（一家欧洲冷链物流集团）宣布正式进军中国市场，将在中国七大区构建全套冷链物流设施及服务网络。

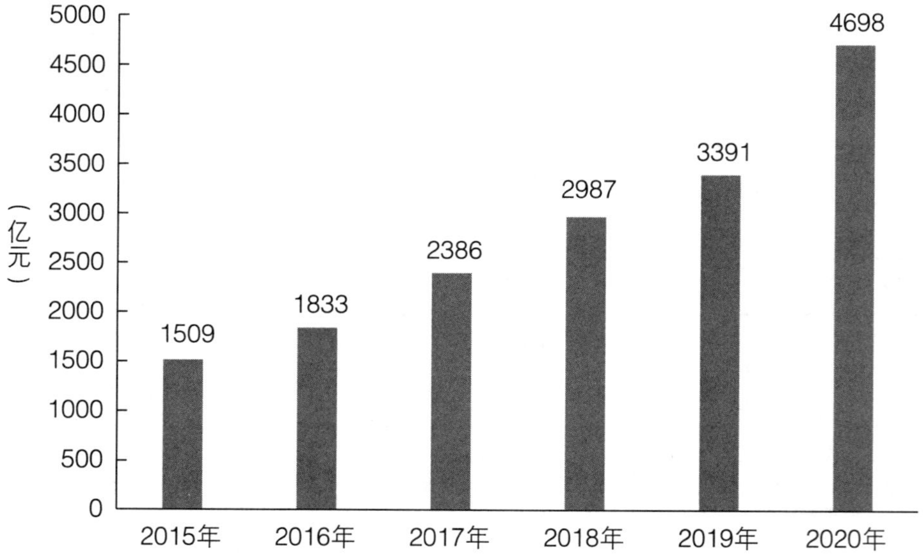

图 3　2015—2020 年中国冷链物流市场规模

资料来源：根据中物联冷链委数据整理。

除却市场刚需，政府方面给予的政策支持也是推动当前冷链仓大力布局的重要驱动力。2019 年发布的冷链物流相关政策不完全梳理如表 2 所示。

表 2　2019 年发布的冷链物流相关政策不完全梳理

时间	相关内容
2 月 19 日	“2019 年中央一号文件”对农村冷链物流发展提出要求，支持产地建设农产品贮藏保鲜、分级包装等设施，加强农产品物流骨干网络和冷链物流体系建设
2 月 26 日	国家发展改革委、商务部等 24 个部门联合发布了《关于推动物流高质量发展促进形成强大国内市场的意见》，其中指出要加强农产品物流骨干网络和冷链物流体系建设，推动地方全面落实冷链物流企业用水、用电、用气与工业同价政策等
5 月 9 日	《中共中央 国务院关于深化改革加强食品安全工作的意见》中提出“四个最严”，即最严谨的标准、最严格的监管、最严厉的处罚、最严肃的问责。并明确指出要建立覆盖基地贮藏、物流配送、市场批发、销售终端全链条的冷链配送系统，保障食品安全运输

续 表

时间	相关内容
6月4日	国家市场监督管理总局就《冷藏冷冻食品销售质量安全监督管理办法》公开征求意见并推动立法，其中对租赁冷藏冷冻库、冷藏冷冻食品安全所需的温度要求、销售及贮存冷藏冷冻食品环境、查验冷藏冷冻食品收货等方面都有明确监管规定
7月30日	中共中央政治局会议上提出实施城乡冷链物流设施建设补短板工程，冷链首次被写入最高级别会议当中
8月29日	《国务院办公厅关于加快发展流通促进商业消费的意见》中指出，要加快发展农产品冷链物流，完善农产品流通体系
12月10—12日	中央经济工作会议中提到，降低物流成本，加强冷链物流等建设。12月20—21日，中央农村经济会议中表示要加强现代农业设施建设，启动农产品仓储保鲜冷链物流设施建设工程

资料来源：公开信息整理。

四、电商物流助推物流地产业发展，仓储智能化转型加快

2019年，我国电商物流需求仍强劲。国家统计局发布的数据显示，2019年，全国社会消费品零售总额411649亿元，比上年名义增长8.0%。而全国网上零售额106324亿元，比上年增长16.5%，远高于全国社会消费品零售总额增长速度。其中，实物商品网上零售额85239亿元，增长19.5%，占社会消费品零售总额的比重为20.7%，比上年提高2.3个百分点。

值得指出的是，电商物流中，由于政策的支持（如2019年全国两会，李克强总理指出，将改革完善跨境电商等新业态扶持政策；8月，《国务院关于印发6个新设自由贸易试验区总体方案的通知》表示将在山东、江苏、广西、河北、云南、黑龙江设立自由贸易试验区；12月，国务院同意在石家庄等24个城市设立跨境电子商务综合试验区，中国跨境电商综试区升至59个）和电商平台自身的转型升级（如2019年2月，拼多多正式上线海淘业务；3月，阿里巴巴国际站上线了“全球批发”频道；7月，亚马逊退出中国，宣布将重心放在中国跨境业务；9月，阿里巴巴全资收购网易旗下跨境电商平台考拉；11月，京东正式推出京东国际等），2019年跨境电商物流迎来了喜人的增长。据海关总署统计，2019年我国通过海关跨境电商管理平台进出口额达到1862.1亿元，增长了38.2%，远高于市场采购方式进出口增速的19.7%和实物商品网上零售额增速的19.5%。2015—2019年我国跨境电商零售进出口额情况如图4所示。

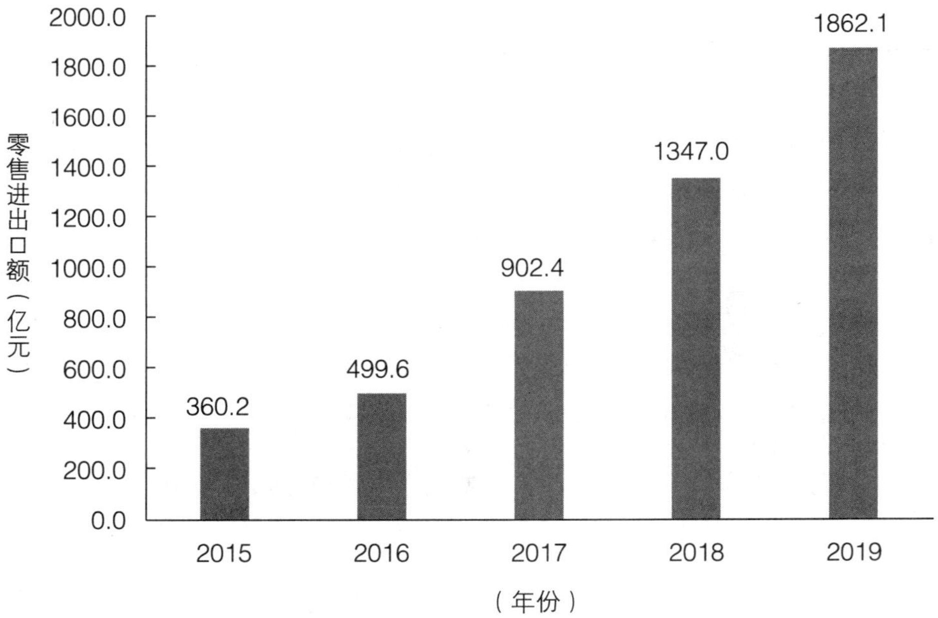

图 4　2015—2019 年我国跨境电商零售进出口额情况

资料来源：海关总署。

电商包裹数量和物流成本的持续上升令配送系统效率的重要性与日俱增，仓储智能化成为刚需。再加上近年来政策的支持，如《物流业发展中长期规划（2014—2020 年）》《“互联网+”高效物流实施意见》等文件的发布。2019 年，仓储智能化转型进一步加快。此外，随着 5G 正式进入商用阶段，仓储环境的全面自动化变得更有希望，5G 将作为新一代信息技术充分赋能物流行业。2019 年 7 月 2 日，中国联通联手京东在达沃斯论坛期间发布《从连接到智能——5G 助力物流数字化转型升级白皮书》，其中显示智慧物流将实现人、机、车以及全部物流设备的互联互通，物流全环节的实时监控和流程优化。京东 2019 年打造国内首个 5G 智能物流园区，对 5G 技术进行落地化应用，开创了智慧物流的先驱，并重塑了物流新业态的发展。

（西安交通大学管理学院　白甜　冯耕中）

2019年中国保税物流业

一、2019年海关特殊监管区域的发展情况

（一）保税物流中心建设

我国直接提供保税物流服务的海关特殊监管区域是保税物流中心。2019年保税物流中心（B型）的数量又有了增长。

2019年1月7日，由海关总署、财政部、国家税务总局、外汇局联合发文，批复同意设立柳州保税物流中心（B型），成为广西第3个获批的保税物流中心，建筑面积为0.198平方千米。

2019年8月27日，南京空港保税物流中心（B型）获批设立，成为南京市现有的唯一一家保税物流中心（B型）。南京空港保税物流中心（B型）位于南京空港枢纽经济区溧水片区，紧邻禄口国际机场，规划面积为0.202平方千米，仓储建筑面积超过0.1平方千米。

2019年9月21日，海关总署、财政部、国家税务总局、外汇局联合批复重庆两江新区果园港设立B型保税物流中心，建筑面积为0.2平方千米。

2019年10月，海关总署、财政部、国家税务总局、外汇局联合发文，批准乌兰察布市设立七苏木保税物流中心（B型）。七苏木保税物流中心（B型）位于集宁区七苏木中欧班列枢纽物流基地，规划面积为0.1193平方千米，将为七苏木中欧班列枢纽物流基地的建设发展增添优势。

2019年，江阴、河南、泸州港、宜宾、成都保税物流中心已经整合成为江阴、河南经开、泸州、宜宾、成都国际铁路港综合保税区。截至2019年年底，全国现有保税物流中心（B型）共计92个，具体如表1所示。

表1　2019年全国保税物流中心（B型）名录

序号	地区	保税物流中心名称
1	北京	北京亦庄保税物流中心

续 表

序号	地区	保税物流中心名称
2	天津	天津经济技术开发区保税物流中心
3		蓟州保税物流中心
4	河北	河北武安保税物流中心
5		唐山港京唐港区保税物流中心
6		辛集保税物流中心
7	山西	山西方略保税物流中心
8		山西兰花保税物流中心
9		大同国际陆港保税物流中心
10	内蒙古	巴彦淖尔市保税物流中心
11		包头保税物流中心
12		赤峰保税物流中心
13		七苏木保税物流中心
14	辽宁	盘锦港保税物流中心
15		营口港保税物流中心
16		铁岭保税物流中心
17		锦州港保税物流中心
18	吉林	吉林市保税物流中心
19		延吉国际空港经济开发区保税物流中心
20	黑龙江	牡丹江保税物流中心
21		黑河保税物流中心
22	上海	上海西北物流园区保税物流中心
23		虹桥商务区保税物流中心

续 表

序号	地区	保税物流中心名称
24	江苏	新沂保税物流中心
25		连云港保税物流中心
26		如皋港保税物流中心
27		徐州保税物流中心
28		大丰港保税物流中心
29		江苏海安保税物流中心
30		靖江保税物流中心
31		江阴保税物流中心
32		南京空港保税物流中心
33	浙江	宁波栎社保税物流中心
34		宁波镇海保税物流中心
35		义乌保税物流中心
36		温州保税物流中心
37		杭州保税物流中心
38		湖州保税物流中心
39	安徽	蚌埠（皖北）保税物流中心
40		安庆（皖西南）保税物流中心
41		合肥空港保税物流中心
42		铜陵（皖中南）保税物流中心
43		安徽（皖东南）保税物流中心
44	福建	厦门火炬（翔安）保税物流中心
45		漳州台商投资区保税物流中心
46		翔福保税物流中心
47	江西	南昌保税物流中心
48		龙南保税物流中心

续 表

序号	地区	保税物流中心名称
49	山东	淄博保税物流中心
50		鲁中运达保税物流中心
51		青岛保税港区诸城功能区保税物流中心
52		青岛西海岸新区保税物流中心
53		烟台福山回里保税物流中心
54		日照保税物流中心
55	河南	河南保税物流中心
56		河南德众保税物流中心
57		河南商丘保税物流中心
58		河南民权保税物流中心
59	湖北	黄石棋盘洲保税物流中心
60		宜昌三峡保税物流中心
61		襄阳保税物流中心
62		仙桃保税物流中心
63		荆门保税物流中心
64	湖南	长沙金霞保税物流中心
65		株洲铜塘湾保税物流中心
66	广东	佛山国通保税物流中心
67		深圳机场保税物流中心
68		东莞保税物流中心
69		东莞清溪保税物流中心
70		中山保税物流中心
71		汕头保税物流中心
72		湛江保税物流中心
73		江门大广海湾保税物流中心
74	广西	防城港保税物流中心
75		柳州保税物流中心

续 表

序号	地区	保税物流中心名称
76	重庆	重庆铁路保税物流中心
77		重庆南彭公路保税物流中心
78		重庆果园保税物流中心
79	四川	成都空港保税物流中心
80		泸州港保税物流中心
81		宜宾港保税物流中心
82		成都铁路保税物流中心
83		天府新区成都片区保税物流中心
84		南充保税物流中心
85	云南	昆明高新保税物流中心
86		腾俊国际陆港保税物流中心
87	陕西	陕西西咸保税物流中心
88	甘肃	武威保税物流中心
89	青海	青海曹家堡保税物流中心
90	宁夏	石嘴山保税物流中心
91	新疆	奎屯保税物流中心
92		伊宁保税物流中心

（二）综合保税区的发展

从 2012 年开始，新设立的海关特殊监管区域统一为综合保税区及自由贸易试验区。截至 2018 年年底，我国已拥有海关特殊监管区域 140 个，已建成运营的综合保税区有 96 个。

2019 年新获批了以下五个综合保税区。

5 月 14 日，合肥经济技术开发区综合保税区获国务院批复成立，规划面积为 1.4 平方千米，成为安徽省第 4 个综合保税区。合肥经济技术开发区综合保税区由合肥出口加工区整合优化而成，整合现有保税区、出口加工区、保税物流中心和口岸功能的特殊区域，不仅具有出口加工区保税加工、保税物流、保税仓储、国际采购等功能，更增加了金融服务、对外贸易、国际分销与配送、国际中转、港口作业等功能。

12 月，国务院发文国函〔2019〕141 号，批复四川设立 3 个综合保税区：成都国际铁路港综合保税区、泸州综合保税区、宜宾综合保税区。

成都国际铁路港综合保税区位于成都市青白江区，规划面积为 1.03 平方千米。区内重点发展智能家电、物流智能装备、电脑外设保税加工等先进制造业，配套发展以跨境电商及“适欧适铁”大宗商品为重点的国际贸易，以平行进口车及汽车零配件等为重点的保税物流业。

泸州综合保税区规划面积为 1.002 平方千米，是泸州市继进口肉类指定监管场地。

宜宾综合保税区建于宜宾临港经济技术开发区内，规划面积为 0.89 平方千米。该综合保税区的设立可以促进宜宾承接东部沿海和长江经济带产业转移。

2019 年 12 月 20 日，国务院批复设立西宁综合保税区。西宁综合保税区选址位于西宁市北川工业园区，规划面积为 0.92 平方千米。西宁综合保税区的设立，标志着青海省结束了没有海关特殊监管区域的历史。规划入区项目涉及新能源、新材料、生物医药、电子商务、地方特色产业。

截至 2019 年年底，我国已有综合保税区 100 个，具体如表 2 所示。

表 2　　截至 2019 年年底我国综合保税区名录

北京天竺综合保税区	合肥综合保税区	重庆江津综合保税区	淮安综合保税区
天津滨海新区综合保税区	南昌综合保税区	重庆涪陵综合保税区	镇江综合保税区
威海综合保税区	广州白云机场综合保税区	石家庄综合保税区	常州综合保税区
青岛西海岸综合保税区	深圳盐田综合保税区	廊坊综合保税区	常州武进综合保税区
呼和浩特综合保税区	南宁综合保税区	唐山曹妃甸综合保税区	扬州综合保税区
哈尔滨综合保税区	海南海口综合保税区	太原武宿综合保税区	徐州综合保税区
长春兴隆综合保税区	郑州新郑综合保税区	山东东营综合保税区	江苏盐城综合保税区
沈阳综合保税区	郑州经济开发区综合保税区	济南综合保税区	马鞍山综合保税区
杭州综合保税区	武汉东湖综合保税区	临沂综合保税区	芜湖综合保税区
上海浦东机场综合保税区	武汉经济开发区综合保税区	潍坊综合保税区	蚌埠综合保税区
上海漕河泾综合保税区	武汉新港空港综合保税区	日照综合保税区	赣州综合保税区
上海奉贤综合保税区	长沙黄花综合保税区	鄂尔多斯综合保税区	九江综合保税区
南京综合保税区	西安高新综合保税区	满洲里综合保税区	虎门港综合保税区

续 表

苏州昆山综合保税区	西安综合保税区	黑龙江绥芬河综合保税区	广西凭祥综合保税区
苏州工业园区综合保税区	西安航空基地综合保税区	大庆综合保税区	泉州综合保税区
苏州高新区综合保税区	兰州新区综合保税区	营口综合保税区	南阳卧龙综合保税区
苏州常熟综合保税区	昆明综合保税区	嘉兴综合保税区	宜昌综合保税区
苏州吴江综合保税区	贵安综合保税区	金华金义综合保税区	衡阳综合保税区
苏州吴中综合保税区	贵阳综合保税区	舟山港综合保税区	湘潭综合保税区
苏州太仓港综合保税区	成都双流综合保税区	连云港综合保税区	岳阳城陵矶综合保税区
无锡江阴综合保税区	成都高新综合保税区	南通综合保税区	郴州综合保税区
无锡高新区综合保税区	重庆西永综合保税区	泰州综合保税区	西咸空港综合保税区
宝鸡高新区综合保税区	乌鲁木齐综合保税区	新疆喀什综合保税区	遵义综合保税区
银川综合保税区	新疆阿拉山口综合保税区	云南红河综合保税区	德阳综合保税区
合肥经济技术开发区综合保税区	成都国际铁路港综合保税区	泸州综合保税区	宜宾综合保税区

注：截至 2019 年年底，西宁综合保税区尚未开工建设，因此未统计在本表内。

（三）自由贸易试验区的发展

中国自由贸易试验区是指在我国境内关外设立的，以优惠税收和海关特殊监管政策为主要手段，以贸易自由化、便利化为主要目的的多功能经济性特区。

我国首个自贸试验区于 2013 年 9 月在上海设立，在随后的近 6 年里，通过几次扩围，形成了 12 个自贸试验区覆盖东西南北中的改革开放创新格局，2015 年 4 月，广东、天津、福建第二批自贸试验区获批；2017 年 3 月，辽宁、浙江、河南、湖北、重庆、四川、陕西第三批自贸试验区获批；2018 年 9 月，海南自贸试验区获批。到 2018 年年末，中国自贸试验区的数量是 12 个。通过在投资贸易自由化和便利化、金融服务实体经济、政府职能转变等领域探索，已累计形成 200 多项制度创新成果得以复制推广，成为改革开放的新高地。

2019 年 8 月，《国务院关于印发 6 个新设自由贸易试验区总体方案的通知》中提出，在山东、江苏、广西、河北、云南、黑龙江 6 省区设立自由贸易试验区（以下简称自贸试验区），自贸试验区建设从南到北、从沿海到内陆、从东部“线”向中西部的“面”扩张。山东、江苏、河北新设自贸试验区，实现我国沿海省份自贸试验区的全覆盖，连点成线、连线成面，全方位发挥沿海地区对腹地的辐射带动作用；广西、云南、黑龙江获批自贸试验区，是我国首次在沿边地区布局自贸试验区，有利于助推沿边开放，带动沿边发展，为我国进一步密切同周边国家经贸合作、提升沿边地区开放开发水平，提供可复制、可借鉴的改革经验。

山东自贸试验区涵盖三个片区：济南片区、青岛片区、烟台片区。山东自贸试验区以培育贸易新业态新模式、加快发展海洋特色产业和探索中日韩三国地方经济合作等为特色。

济南片区总面积为37.99平方千米，涵盖济南国际金融城、济南高新区核心区和东区、唐冶核心区三大片区，重点发展人工智能、产业金融、医疗康养、文化产业、信息技术等产业。

青岛片区实施范围为52平方千米，含青岛前湾保税港区9.12平方千米、青岛西海岸综合保税区2.01平方千米，占山东自贸试验区实施范围的43.3%，全部位于国家新区青岛西海岸新区范围内，其中包括青岛前湾保税港区、青岛西海岸综合保税区、青岛经济技术开发区、青岛国际经济合作区（中德生态园）四个功能区，是山东自贸试验区三个片区中面积最大的。青岛片区重点发展现代海洋、国际贸易、航运物流、现代金融、先进制造等产业。

烟台片区位于烟台经济技术开发区范围内，实施范围为29.99平方千米，包括中韩（烟台）产业园、烟台保税港区西区两个国家级园区。烟台片区主要发挥环渤海地区重要港口城市、国家创新型试点城市等优势，突出深化中日韩区域经济合作、贸易转型升级、金融开放创新和海洋经济高质量发展，重点培育高端装备制造、新材料、新一代信息技术、节能环保、生物医药和生产性服务业。

江苏自贸试验区实施范围为119.97平方千米，覆盖了南京片区（39.55平方千米）、苏州片区（60.15平方千米，含苏州工业园综合保税区5.28平方千米）、连云港片区（20.27平方千米，含连云港综合保税区2.44平方千米）3个片区。江苏自贸试验区以江北新区为核心，以苏州片区、连云港片区为两翼，对省域的东西南北都有覆盖。南京、苏州位于扬子江城市群南部，即传统的苏南地区；连云港则在江苏北部，是重要的港口城市。

南京片区主要依托江北新区。这是江苏唯一的国家级新区；苏州工业园区将着力在开放创新融合上取得新突破，打造全方位开放、国际化创新、高端化产业、现代化治理4个高地；连云港作为全国首批沿海开放城市和新亚欧大陆桥东方桥头堡，是打造亚欧重要国际交通枢纽、集聚优质要素的开放门户和“一带一路”交会点建设的重要支点。

广西自贸试验区实施范围为119.99平方千米，涵盖三个片区：南宁片区46.8平方千米（含南宁综合保税区2.37平方千米），钦州港片区58.19平方千米（含钦州保税港区8.81平方千米），崇左片区15平方千米（含凭祥综合保税区1.01平方千米）。南宁片区重点发展现代金融、智慧物流、数字经济、文化传媒等现代服务业，大力发展新兴制造产业，打造面向东盟的金融开放门户核心区和国际陆海贸易新通道重要节点；钦州港片区重点发展港航物流、国际贸易、绿色化工、新能源汽车、电子信息、生物医药等产业，打造国际陆海贸易新通道门户港和向海经济集聚区；崇左片区重点发展跨境贸易、跨境物流、跨境金融、跨境旅游和跨境劳务合作，打造跨境产业合作示范区，构建国际陆海贸易新通道陆路门户。

河北自贸试验区涵盖雄安片区、正定片区、曹妃甸片区、北京大兴国际机场片区四个片区，是全国唯一跨省市的自贸试验区，总面积达到119.97平方千米，其中雄安片区共33.23平方千米，正定片区共33.29平方千米，曹妃甸片区共33.48平方千米，北京大兴国际机场片区共19.97平方千米。

雄安片区重点发展新一代信息技术、现代生命科学和生物技术、高端现代服务业等产业，建设高端高新产业开放发展引领区、数字商务发展示范区、金融创新先行区；正定片区利用空铁联运的优势，重点建设航空产业开放发展集聚区、生物医药产业开放创新引领区、综合物流枢纽，设立A类低空飞行服务站，设立进口钻石指定口岸等；曹妃甸片区基于天然深水大港优势，重点发展国际大宗商品贸易、港航服务、能源储备、高端装备制造等产业，开展平行进口汽车试点，建设国际海运快件监管中心，设立国际船舶备件供船公共平台、设备翻新中心和船舶配件市场等；北京大兴国际机场片区利用国际航空枢纽重点发展航空物流、航空科技、融资租赁等产业，设立特殊商品进出口指定监管作业场地。加强北京大兴国际机场临空经济区与自贸试验区的改革联动、发展联动。建设国际交往中心功能承载区、国家航空科技创新引领区。

中国（黑龙江）自由贸易试验区分为三个片区，哈尔滨片区79.86平方千米，黑河片区20.00平方千米，绥芬河片区19.99平方千米（含绥芬河综合保税区1.8平方千米）。哈尔滨片区重点发展新一代信息技术、新材料、高端装备、生物医药等战略性新兴产业，科技、金融、文化旅游等现代服务业和寒地冰雪经济，重点建设对东北亚全面合作的承载高地和联通国内、辐射欧亚国家的物流枢纽。黑河片区重点发展跨境能源资源综合加工利用、绿色食品、商贸物流、旅游康养、沿边金融等产业，建设跨境产业集聚区和边境城市合作示范区，打造沿边口岸物流枢纽和中俄交流合作重要基地。绥芬河片区重点发展木材、粮食、清洁能源等进口加工业和商贸金融、现代物流等服务业，重点建设商品进出口储运加工集散中心和面向国际陆海通道的陆上边境口岸型国家物流枢纽，打造中俄战略合作及东北亚开放合作的重要平台。

至此，中国自贸试验区增至18个。

二、保税物流进出口数据分析

2019年，我国132个海关特殊监管区域实现进出口7996.56亿美元，其中出口3856.42亿美元，进口4140.14亿美元。2019年我国海关特殊监管区域进出口统计情况如表3所示。

表3　2019年我国海关特殊监管区域进出口统计情况　单位：亿美元

海关特殊监管区域类型	区域数量（个）	进出口		出口		进口	
		金额	年增长率（%）	金额	年增长率（%）	金额	年增长率（%）
保税港区	14	1134.5059	-0.3	405.3973	4.1	729.1086	-2.6
综合保税区	73	3751.0943	7.8	2181.9033	1.5	1569.1910	17.9
保税区	10	2121.4871	-1.3	676.4872	4.7	1444.9999	-3.8

续 表

海关特殊监管区域类型	区域数量（个）	进出口		出口		进口	
		金额	年增长率（%）	金额	年增长率（%）	金额	年增长率（%）
出口加工区	29	886. 7497	-4. 8	536. 3668	-6. 4	350. 3829	-2. 4
保税物流园区	4	98. 3378	14. 3	53. 9496	42. 4	44. 3882	-7. 9
跨境工业区	2	4. 3848	-102. 7	2. 3114	-68. 8	2. 0734	111. 6
合计	132	7996. 5596	2. 64	3856. 4156	0. 01	4140. 1440	5. 1

资料来源：海关总署。

2019 年我国海关特殊监管区域的进出口额出现大幅增长，但是总体看，各地不均衡现象没有大的改变，东南沿海地区和西部内地的监管区域进出口额明显高于东北区域，排名前 20 位的特殊监管区域的进出口额合计占了全国总量的 76%，具体情况如表 4 所示。

表 4　2019 年我国海关特殊监管区域进出口额排名前 20 位统计情况 单位：亿美元

排名	区域名称	金额	增幅（%）
1	上海外高桥保税区	1278. 6686	2. 7
2	成都高新综合保税区	627. 6554	17. 9
3	深圳福田保税区	513. 9136	-7. 9
4	郑州新郑综合保税区	498. 3016	-2. 4
5	江苏昆山综合保税区	470. 7743	-8. 2
6	重庆西永综合保税区	373. 4551	19. 4
7	上海松江出口加工区	258. 1587	-6. 5
8	无锡高新综合保税区	238. 5722	-1. 1
9	苏州工业园综合保税区	225. 4510	-23. 9
10	苏州高新综合保税区	202. 3927	-6. 0
11	陕西西安出口加工区	200. 7432	-19. 9
12	深圳前海湾保税港区	186. 0889	41. 6
13	重庆两路寸滩保税港区	179. 8581	11. 6
14	天津东疆保税港区	138. 5578	-30. 5
15	上海洋山保税港区	125. 6274	-3. 1

续 表

排名	区域名称	金额	增幅（%）
16	青岛前湾保税港区	124.1132	13.7
17	深圳盐田港综合保税区	112.5115	-5.8
18	深圳出口加工区	111.6300	96.5
19	广州南沙保税港区	106.4104	9.5
20	上海浦东机场综合保税区	104.1335	29.8

2019 年 73 个综合保税区实现进出口 3751.09 亿美元，同比增长 7.8%，占我国海关特殊监管区域进出口总额的 46.9%。综合保税区的进出口规模及增幅总体表现优于其他特殊监管区域。2019 年我国综合保税区进出口额排名前 20 位统计情况如表 5 所示。

表 5　2019 年我国综合保税区进出口额排名前 20 位统计情况　单位：亿美元

排名	名称	金额	增幅（%）
1	郑州新郑	498.30	-2.4
2	江苏昆山	470.77	-8.2
3	重庆西永	373.46	19.4
4	成都高新	327.66	17.9
5	无锡高新区	238.57	-1.1
6	苏州工业园	225.45	-23.9
7	苏州高新区	203.39	-6.0
8	深圳盐田	112.51	-5.8
9	浦东机场	104.13	29.8
10	西安高新	99.64	17.6
11	广西凭祥	97.73	121.7
12	北京天竺	87.66	26.7
13	南京	54.05	-9.0
14	长沙黄花	53.72	144.2
15	吴江	38.14	-6.2
16	天津滨海新区	38.01	-15.3

续　表

排名	名称	金额	增幅（%）
17	广西南宁	35.48	72.7
18	舟山港	28.19	87.6
19	岳阳城陵矶	25.42	114.7
20	广州白云机场	25.17	34.9

纵向分析，我国海关特殊监管区域进出口额在 2014—2016 年一直是负增长，2017 年止住跌势开始回升，2018 年迅猛增加，2019 年继续保持增势，具体情况如表 6 所示。

表 6　　我国海关特殊监管区域 2013—2019 年进出口情况统计　　单位：亿美元

年份	2013	2014	2015	2016	2017	2018	2019
进出口额	7074.9	6961.7	6398.6	5909.3	6687.8	7124.34	7996.56

资料来源：海关总署。

（大连海事大学　田征）

2019 年中国铁路物流业

2019 年，我国铁路货运系统积极应对货运市场环境的深刻变化，持续深化运输供给侧结构性改革，扎实推进运输结构调整，全力打好“三保三增”攻坚战，有效推进铁路物流发展。

一、铁路运输结构调整效果良好

（一）货运增量行动稳步推进

2019 年作为国家调整运输结构行动的第二年，为圆满完成《2018—2020 年货运增量行动方案》，中国国家铁路集团有限公司（以下简称“国铁集团”）于 2019 年年初便与有关大型企业签署了年度运量、运能互保协议。同时，积极应对 1 月下旬以来煤炭市场的急剧变化，以疏港矿石和重点地区公转铁为主攻方向，多次开展了增运补欠攻坚活动，精准实施电煤、非电煤、矿石、城市矿建等到达端营销策略。此外，为顺利承接长距离大宗货物由公路转为铁路运输而产生的新增运量，国铁集团在 2018 年增开大宗直达货物列车的基础上，围绕全国范围内电煤、非电煤、氧化铝、焦炭、矿建等物资，以及河北、山西、河南等重点地区钢厂疏港矿石运输，加强与相关省市区政府以及五大发电集团、中铝集团等重点企业沟通协调，全面梳理“公转铁”货源，按照一企一策、一港一策，制订并实施铁路运输方案，有效推进了运输结构调整的实施。

2019 年全国铁路完成货运量 43.2 亿吨，同比增长 7.2%。其中，国铁集团货运量达到 34.26 亿吨，同比增加 2.36 亿吨、增长 7.4%，货运总周转量完成 27009.55 亿吨公里，比上年增加 1208.59 亿吨公里，增长 4.7%；2018 年和 2019 年累计增运 5.1 亿吨，较货运增量三年行动方案确定的 4.5 亿吨阶段增量目标超 6000 万吨。此外，北方主要沿海港口疏港矿石运量同比增长 15.2%，其中京津冀地区的曹妃甸港、京唐港、黄骅港分别增长 50%、156%、81%。

（二）运输结构调整效果显著

2019 年铁路运输供给侧结构调整效果显著，在保持铁路大宗货物运输优势的基础上，不断发展商品汽车、冷链运输等，2019 年同比分别增长 13.5%、30.6%。此外，为加快集装箱多式联运的发展，国铁集团研究制定了《关于大力发展铁路集装箱运输全面融入多式联运体系的实施意见》，明确了铁路发展集装箱运输的主要思路和重点任务，并组织全路货运系统全面抓好贯彻落实，实现全年集装箱发送1767万标准箱，同比增长28.5%。针对“公转铁”和“散改集”市场需求，大力发展敞顶箱运输，全年共完成685万标准箱，同比增长70.5%，增量占集装箱总增量的72%。同时，积极推进集装箱无轨站、国际化堆场、共享挂车、多式联运信息交换平台建设等多式联运创新工作，全年开办无轨站63个，已与全国26个主要港口实现数据交换。两年运输结构调整工作的推进，铁路货物发送量占比已经回升到8.2%，铁路货运周转量占比已经回升到20%以上。

（三）经济社会效应显著提升

2019年铁路货运系统通过强化价格策略组合运用，经济效益实现了显著提升，全年货运总收入完成4046亿元，同比增加115亿元、增长2.9%，均创历史新高，成为全路经济效益增长的主要动力。铁路货运营收创新高，为铁路运价改革、投融资改革、所有制混改奠定了基础。

2019年国家铁路能源消耗折算标准煤1634.77万吨，比上年增加10.57万吨，增长0.7%。单位运输工作量综合能耗3.94吨标准煤/百万换算吨公里，比上年减少0.13吨标准煤/百万换算吨公里，下降3.2%。单位运输工作量主营综合能耗3.84吨标准煤/百万换算吨公里，比上年减少0.03吨标准煤/百万换算吨公里，下降0.78%。在保证铁路货运增量的前提下，不断推进节能环保，对打赢蓝天保卫战作出了应有贡献。

二、铁路基础设施建设持续进行

（一）运输网络日益完善

2019年，全国铁路固定资产投资完成8029亿元，投产新线8489公里，其中高速铁路5474公里。全国铁路营业里程13.9万公里以上，其中高铁3.5万公里；全国铁路路网密度145.5公里/万平方公里。其中，复线里程8.3万公里，复线率59.0%；电气化里程10.0万公里，电气化率71.9%。西部地区铁路营业里程5.6万公里。

2019年9月28日，我国“北煤南运”新的战略大通道——浩吉铁路正式开通运营，全长1813.5公里，北起内蒙古鄂尔多斯市境内的浩勒报吉南站，终到京九铁路吉安站，衔接多条煤炭集疏运线路，是点网结合、铁水联运的高效煤炭运输系统。此外，大秦铁路运输增量的重要补给线——朔准铁路，浩吉铁路的集运系统——靖神铁路也陆续开通运营；唐呼线张集段万吨改造、冯红铁路、阳安铁路二线、水曹铁路、乌将线等铁路线路的新建与改造工程亦在稳步推进。与此同时，2019年我国的高铁网建设在继续快速推进，南阳、周口、临沂、毕节、赣州等革命老区和贫困地区接入全国高铁网，我国高铁已基本实现成网运行，这为铁路拓展快速货物运输、实现精准扶贫下农产品物流运输奠定了坚实基础。2019年我国新开通典型铁路线路如表1所示。

表 1　　2019 年我国新开通典型铁路线路

编号	线路名称	里程（公里）	设计时速（公里/小时）	规划输送能力（亿吨/年）	正式开通时间
1	朔准铁路	214.5	120	5260	2019 年 1 月
2	浩吉铁路	1813.5	120	20000	2019 年 9 月
3	靖神铁路	232.7	120	7200	2019 年 9 月
4	京雄城际铁路（北京段）	47	350	—	2019 年 9 月
5	京张高铁	174	350	—	2019 年 12 月
6	郑渝高铁（郑州至襄阳段）	389	350	—	2019 年 12 月
7	郑阜高铁	276	350	—	2019 年 12 月
8	商合杭高铁（商丘至合肥段）	400	350	—	2019 年 12 月
9	昌赣高铁	416	350	—	2019 年 12 月
10	成贵高铁（宜宾至贵阳段）	372	250	—	2019 年 12 月
11	徐盐高铁	313	250	—	2019 年 12 月

此外，为进一步促进铁路货运量增长，铁路货运系统加大了铁路专用线建设力度。2019 年，国家发展改革委等 5 部门联合发布《关于加快推进铁路专用线建设的指导意见》，其中明确指出，到 2020 年，一批铁路专用线开工建设，沿海主要港口、大宗货物年运量 150 万吨以上的大型工矿企业、新建物流园区铁路专用线接入比例均达到 80%，长江干线主要港口基本引入铁路专用线，此外，意见还规划了铁路专用线重点项目 127 个，共计 1586 公里，以促进铁路专用线建设实质性推进。

（二）节点建设不断推进

2015 年颁布的《铁路物流基地布局规划及 2015—2017 年建设计划》，规划建设 208 个铁路物流中心，目前完成率已超过 65%，与《国家物流枢纽布局和建设规划》有较高的匹配度。此外，服务北京和雄安新区的 4 个绿色铁路物流基地——黄村、沙河、高碑店、文安于 2019 年 11 月在河北保定高碑店铁路货场揭牌启用，这是铁路货运系统在实施大宗物资“公转铁”进京的基础上，首次开辟进雄安新区绿色物流通道；主营商品汽车的湖北大花岭物流基地正式运营，占地面积约 1800 亩，专用停车场达 6 万平方米，可同时容纳汽车 3000 辆。

作为铁路集装箱运输网络体系的重要组成部分——铁路集装箱中心站的节点布局也逐步完善。2019 年 6 月 30 日，一列满载 70 个标准集装箱货物的中欧集装箱班列由广西钦州首发驶向德国杜伊斯堡，标志着西部陆海新通道海铁联运关键项目——钦州铁路集装箱中心站正式投入运营，进一步完善了铁路集装箱运输骨干网络。

三、铁路物流品牌建设日益成熟

（一）中欧班列品牌服务“一带一路”建设

2019 年，铁路货运系统认真贯彻习近平总书记关于中欧班列的重要批示精神，充分发挥国际和国内协调机制作用，不断提升中欧班列开行质量，主要表现在以下四方面。

一是中欧班列开行数量不断增长。2019 年开行中欧班列 8225 列、同比增长 29%，发送 72.5 万标准箱、同比增长 34%，成效显著。同时，班列发运物资的品类更加多元化，由开行初期的电子产品逐步拓展到机械设备、汽车配件、城市快消品、原材料等，涵盖了人民生产生活的多个方面，赢得了“一带一路”沿线国家和地区的赞誉。2019 年我国中欧班列开行超百列城市情况如表 2 所示。

表 2　2019 年我国中欧班列开行超百列城市情况　单位：列

城市名	开行列数	城市名	开行列数
西安	2133	赣州	246
成都	1600	苏州	231
重庆	1500	沈阳	210
郑州	1000	徐州	140
义乌	500	厦门	135
长沙	411	南昌	119
合肥	368	东莞	113
武汉	332	淄博	101

二是中欧班列覆盖范围逐渐扩大。2019 年中欧班列有多条重要线路开通，东部地区义乌至列日的线路开创了中欧班列跨境电商包裹规范化、阳光化运输的新格局；西部地区西安至安卡拉至布拉格线路的开通，标志着中欧班列西线南部通道首次全程贯通；北部地区哈尔滨至俄罗斯梅尔基至绥芬河线路的开通意味着联结欧洲与东北亚的“T”形国际物流网络布局初步形成。此外，2019 年 12 月 13 日，载有 60 个集装箱木材的中欧班列顺利抵达青藏高原双寨站，这是青海省首次迎来的整列中欧班列，打通了青藏高原至俄罗斯的物流大通道。

三是中欧班列服务质量不断优化。2019 年铁路货运系统通过不断压缩中欧班列去程空箱比例、在满洲里和霍尔果斯口岸站试点“三并二”运输、开展回程中欧班列捎货运输、提高到俄白临时班列编组辆数、实施临时方案分配办法、组织国内各平台公司共同签署《推进中欧班列高质量发展公约》等措施，有力促进了中欧班列运量和开行质量双提升。2019 年，中欧班列综合重箱率达 94%、同比提高 10 个百分点；回程/去程比达 82%，同比提高 10 个百分点。

四是中欧班列通关效率大幅提升。2019年铁路和海关部门密切配合，共同优化作业流程，推进便利化通关措施，例如，中国铁路乌鲁木齐局集团有限公司协调海关、国检等部门共建绿色通关通道，全面推行始发站报关、报检，口岸站直通直放的班列组织模式，口岸通关时间由原来的12小时压缩至6小时以内。口岸通关效率的提升有效提高了中欧班列服务品质并提升品牌效应，助推了中欧班列高质量运行发展。

（二）陆海新通道班列品牌联通世界

2019年，为贯彻落实《西部陆海新通道总体规划》，铁路货运系统不断优化提升陆海新通道班列的服务质量，主要表现在以下三方面。

一是班列开行数量不断提升。2019年西部陆海新通道铁海联运班列开行923列、同比增长51%，发送货物114.7万吨，同比增长163%，均创历史新纪录；外贸货物货值累计约5.2亿美元，内贸货物货值累计约24.9亿元，目的地覆盖213个港口，货物品类涵盖汽车整车及零部件、建筑陶瓷、化工原料及制品、轻工及医药产品、粮食、生鲜冻货等300余个品类。

二是班列运输能力不断提升。2019年，为了打破西部陆海新通道班列运输发展瓶颈，满足国内外客商投资需求，铁路货运系统统筹各方资源，加快基础设施建设，例如，加快推进钦州铁路集装箱中心站、南防铁路电气化、铁山港中石化铁路专用线等铁路重点工程建设，钦州铁路集装箱中心站一期工程正式投入使用后，集装箱年装卸能力达到105万标准箱，每日装卸能力达到20列；南防线的牵引动能由之前的4500吨/列，调增至SS3型4700吨/列、HXD1C型5000吨/列，压缩运输时长约20%，进一步畅通货物出海大通道，释放运输潜力，满足港口的货物运输需求。

三是铁海衔接效率不断提升。2019年沿海铁路公司加强了与北部湾港务集团的互联合作，建立了路港双方联合办公体系，实现了数据共享。双方通过召开路港协调会、联合现场调研等方式，有效地促进了港口与铁路间的“无缝对接”，将每列车的平均交接时间缩短6个小时，进而使得单日最大交接列车达到30列，畅通西部陆海新通道运输“大动脉”。

（三）高铁快运品牌助力电商“双十一”

2019年11月11—20日（电商黄金周），各地方铁路局集团有限公司依照国铁集团的统一部署，充分利用高铁成网物流设施设备资源，服务电商、快递、物流以及生产制造企业。“双十一”期间，铁路系统日均安排高铁载客动车组列车800列、预留车厢的高铁载客动车组181列、高铁确认列车22列、旅客列车行李车450列、特快电商货物班列6列，共发送货物30129.6吨，同比增长38.6%，各项指标均创历史新高。此外，各铁路局集团有限公司主动联合电商、快递企业，共同推出“高铁+电商”运输、“当日达即送”和“铁路冷链快递”等多项新服务，并继续与京东、顺丰等密切合作，做好“高铁极速达”“高铁京尊达”“丝路高铁快运”等在内的多种特色服务，主要做法如表3所示。

表 3 "双十一"期间各地方铁路局集团有限公司主要做法

铁路局集团有限公司	主要做法
中国铁路哈尔滨局集团有限公司	推出哈尔滨至沈阳、天津、北京等方向以及黑龙江省内齐齐哈尔、大庆、佳木斯、牡丹江等共计 56 对高铁载客动车组提供快运服务
中国铁路沈阳局集团有限公司	投入 10 列高铁载客动车组服务电商，2 列高铁确认列车用于批量快件物流服务。针对装运时限要求较高的商务文件、生物制剂、医药冷链、生鲜果品等装运批量小、价值高、时效强的贵重零散物品运输，推出了"当日达即送"的新服务，打造出"高铁+专送"的物流新模式
中国铁路北京局集团有限公司	依托特快班列运输优势，与国内大型电商快递企业加强合作，依托黄村至上海、广州方向特快班列组织电商快件运输
中国铁路太原局集团有限公司	与山西顺丰速运有限公司等物流、快递企业密切协作，在继续提供"极速达""当日达""次晨达"等服务的基础上，又推出"当日达即送"服务，最快的当天上午承运，晚上便可送达客户
中国铁路郑州局集团有限公司	每日开行高铁快运列车 10 趟，推出高铁快运"站到站""库到库"、冷链箱运输等物流服务，高铁快运列车装载的电商货物分别由郑州发往西安、北京、杭州等城市
中国铁路西安局集团有限公司	新增西安至昆明、福州、济南、南昌、金华、天津 6 个方向高铁快运列车，高铁快运业务涵盖 28 个主要城市
中国铁路济南局集团有限公司	每日开行高铁确认列车 2 趟，高铁快运列车 13 趟，承运发往北京、上海、郑州、兰州、重庆等方向，以及北京、广州、重庆等方向集中到达的高铁快件
中国铁路上海局集团有限公司	在常态化预留高铁车厢运输的基础上，进一步投放高铁运力，达到日均发送 38 列，到达 23 列
中国铁路南宁局集团有限公司	每天利用 504 趟图定载客动车组以及 1 列高铁确认列车办理高铁快运业务，直通全国 19 个省会城市和区内 12 个设区市
中国铁路成都局集团有限公司	日均安排预留车厢的高铁载客动车组 30 列、高铁确认列车 6 列、旅客列车行李车 76 列，为电商物流提供铁路运能，覆盖成都、贵阳、西安、广州 4 个城市
中国铁路昆明局集团有限公司	与中铁快运昆明分公司合作，利用既有图定开行的 129 对载客动车组，提供"当日达""次晨达""次日达"等限时服务

续 表

铁路局集团有限公司	主要做法
中国铁路兰州局集团有限公司	日均综合运用高铁载客动车组 30 列，预留车厢的高铁载客动车组 7 列，高铁确认列车 1 列，旅客列车行李车 30 列，共发送货物 176.8 吨，同比增长 100.7%，货物发送量创历史新高
中国铁路乌鲁木齐局集团有限公司	日均使用 4 列乌鲁木齐至兰州间载客动车组列车车厢、25 列直通普速列车行李车、12 列普速列车行李车提供普通快运、货物快运等运输服务项目

四、铁路体制改革发展逐渐深化

（一）国铁公司资产证券化提速

2019 年 6 月 18 日，经国务院批准同意，中国铁路总公司改制成立中国国家铁路集团有限公司，在北京挂牌，是我国铁路公司制改革的又一大标志性成果。整体来看，目前我国铁路正处在深化落实公司制改革和加快推动股份制改造的关键时机。2019 年国铁集团积极运作——京沪高铁公司 IPO 已经取得核准发行批复，铁科轨道公司正式申报科创板上市，中铁特货、金鹰重工等公司上市工作亦在积极推进。通过加快深化国铁集团股份制改革，建立现代企业制度，国铁集团内动力和经营活力必将得到有效激发，同时充分释放体制机制创新红利和市场活力。

（二）铁路运价改革持续深化

2019 年国铁集团进一步深化铁路运价改革，探索分方向、分季节、分品类、分运能的灵活定价策略，以实际行动落实中央决策部署，支持实体经济发展，主要表现在以下两方面。

一是放宽自主价格权限。面对 2019 年第一季度货运装车大幅下滑的严峻形势，为充分发挥铁路局的市场主体作用，尽快提升装车水平，国铁集团进一步放宽了焦炭、氧化铝、金属矿石、煤炭等品类的铁路局自主价格权限，加大市场化、差异化运价策略实施力度。2019 年全年国铁集团和各局累计实施一口价项目 7843 项，通过价格策略稳定并拓展运量 8.8 亿吨，同比增加 2.7 亿吨，有效稳定了货运市场局面。

二是优化铁路收费制度。2019 年 4 月，国铁集团宣布下调铁路运输服务增值税税率，同步对国铁运输的整车、零担、集装箱等货物运价相应下浮。同时，为贯彻落实中央减税降费决策部署，进一步清理规范铁路货运杂费，取消翻卸车作业服务费等 6 项杂费，降低货车延期占用费等 4 项收费标准，主动将减税降费效应传递给下游企业，实现年降费 69 亿元，为降低社会物流成本作出积极贡献。

（北京交通大学交通运输学院物流工程系 王沛 贾若浩 张晓东）

2019 年中国快递业

2019 年，我国快递业务量突破 600 亿件，这标志着我国快递业务量发展迅速，是我国快递发展史上又一座里程碑。至此，我国的快件量已经连续 6 年成为全球第一大快件国，占到全球快件量的 55% 左右。全国快递服务企业业务量累计完成 635. 2 亿件，同比增长 25. 3%；业务收入累计完成 7497. 8 亿元，同比增长 24. 2%。国际/港澳台业务量累计完成 14. 4 亿件，同比增长 29. 7%，连续三年增速高于行业平均水平。

一、2019 年快递业发展概况

2019 年，全国快递服务企业业务量累计完成 635. 2 亿件，同比增长 25. 3%；业务收入累计完成 7497. 8 亿元，同比增长 24. 2%。2018—2019 年全国快递业务量增长变化情况如图 1 所示。

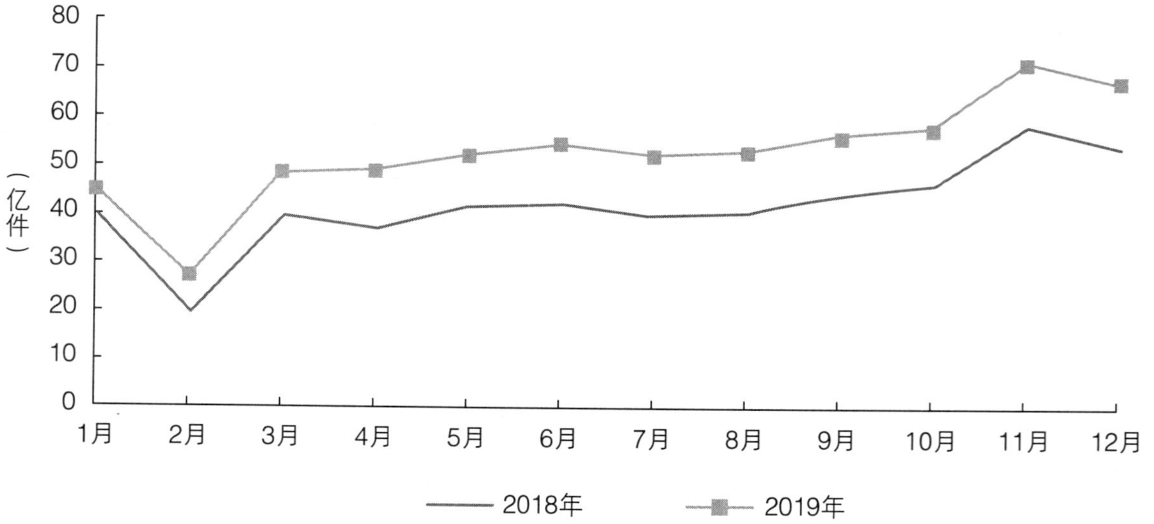

图 1 2018—2019 年全国快递业务量增长变化情况

其中，同城快递业务量累计完成 110.4 亿件，同比下降 3.2%；异地快递业务量累计完成 510.5 亿件，同比增长 33.7%；国际/港澳台快递业务量累计完成 14.4 亿件，同比增长 29.7%。2018—2019 年分专业快递业务量增长情况如图 2 所示。

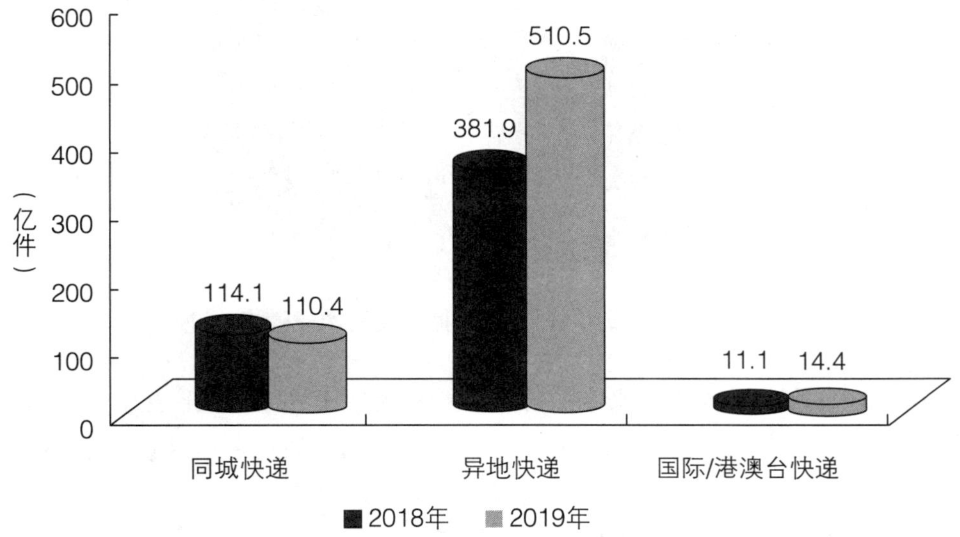

图 2　2018—2019 年分专业快递业务量增长情况

注：数据存在四舍五入，不进行机械调整。全书同。

2019 年，同城、异地、国际/港澳台快递业务量分别占全部快递业务量的 17.4%、80.4% 和 2.2%；快递业务收入分别占全部快递业务收入的 10%、52.6% 和 10%。与去年同期相比，同城快递业务量的比重下降 5.1 个百分点，异地快递业务量的比重上升 5.1 个百分点，国际/港澳台快递业务量的比重与上年同期持平。2019 年我国快递业务量构成情况如图 3 所示，2019 年我国快递业务收入构成情况如图 4 所示。

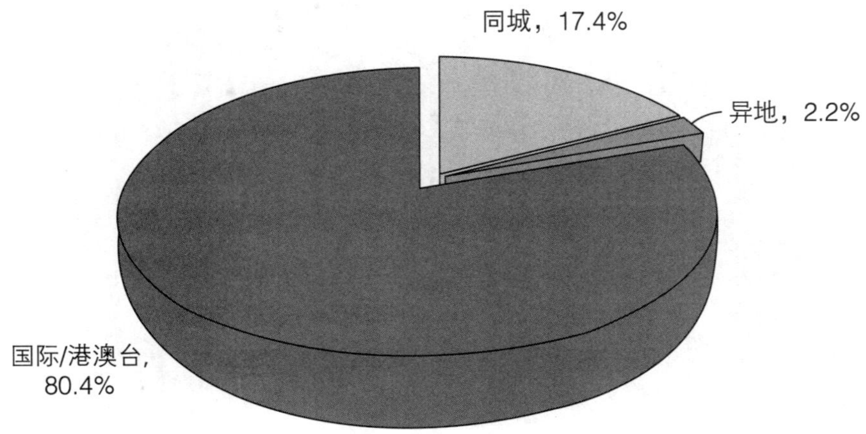

图 3　2019 年我国快递业务量构成情况

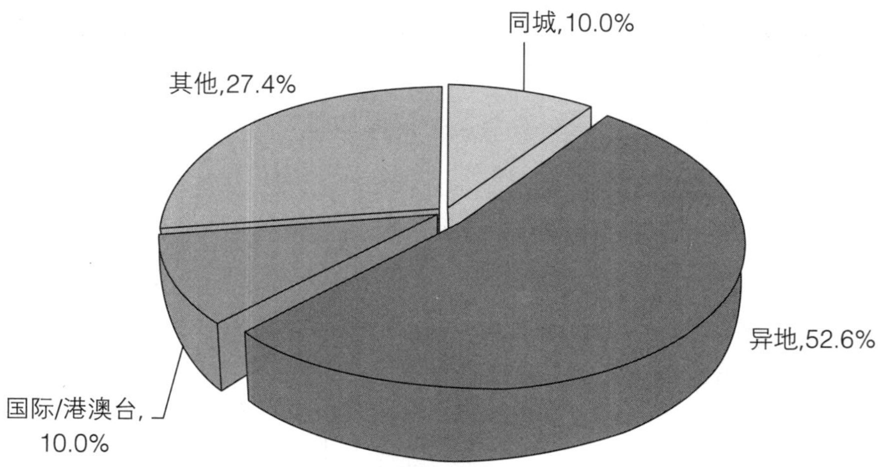

图 4　2019 年我国快递业务收入构成情况

2019 年，东、中、西部地区快递业务量比重分别为 79.7%、12.9% 和 7.4%，快递业务收入比重分别为 80.2%、11.3% 和 8.5%。与上年同期相比，东部地区快递业务量比重下降 0.2 个百分点，快递业务收入比重上升个 0.2 百分点；中部地区快递业务量比重上升 0.6 个百分点，快递业务收入比重上升 0.1 个百分点；西部地区快递业务量比重下降 0.4 个百分点，快递业务收入比重下降个 0.3 百分点。2019 年我国快递业地区快递业务量构成如图 5 所示，2019 年地区快递业务收入构成如图 6 所示。

2019 年，全国快递业务量累计完成 6352290.9 万件，快递业务收入累计达到 74978235.6 万元，2019 年我国快递业分省快递服务企业业务量和业务收入情况如表 1 所示。

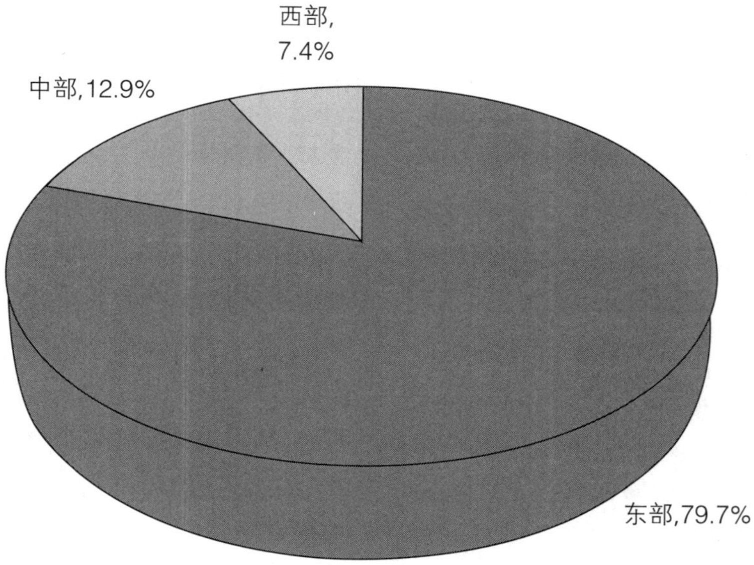

图 5　2019 年我国快递业地区快递业务量构成

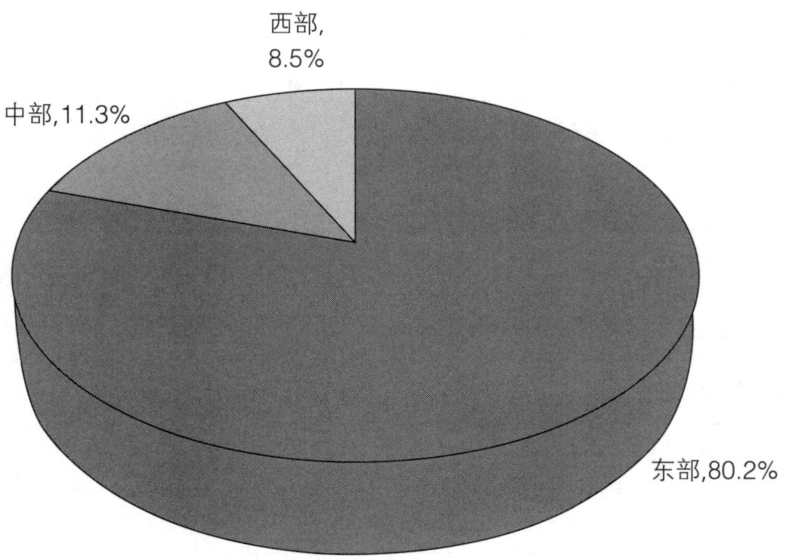

图6　2019 年我国快递业地区快递业务收入构成

表 1　　2019 年我国快递业分省快递服务企业业务量和业务收入情况

区域	快递业务量累计（万件）	同比增长（%）	快递业务收入累计（万元）	同比增长（%）
全国	6352290. 9	25. 3	74978235. 6	24. 2
北京	228716. 4	3. 5	3391428. 2	2. 4
天津	69733. 0	21. 1	958419. 1	9. 6
河北	230392. 7	32. 3	2423535. 3	34. 1
山西	36413. 8	20. 0	494196. 7	28. 2
内蒙古	14263. 2	-6. 1	329491. 8	10. 2
辽宁	79515. 7	21. 7	1038723. 1	18. 1
吉林	30662. 0	35. 4	483304. 5	28. 2
黑龙江	35088. 9	16. 3	602671. 2	29. 8
上海	313326. 1	-10. 1	12888432. 8	26. 3
江苏	574060. 4	30. 8	6189768. 3	28. 7
浙江	1326252. 1	31. 2	9129240. 5	17. 1
安徽	154543. 0	37. 6	1383815. 0	24. 7

续 表

区域	快递业务量累计（万件）	同比增长（%）	快递业务收入累计（万元）	同比增长（%）
福建	261951. 3	23. 8	2591559. 7	25. 4
江西	77719. 9	25. 5	843014. 5	25. 7
山东	288856. 2	32. 1	2883528. 3	26. 3
河南	211093. 2	38. 3	1886366. 5	23. 3
湖北	168499. 8	24. 5	1738919. 9	20. 9
湖南	103079. 3	30. 6	1009256. 0	25. 4
广东	1680594. 0	29. 7	18479102. 1	30. 9
广西	56386. 3	17. 2	746466. 3	21. 4
海南	8143. 4	14. 6	184819. 2	13. 3
重庆	55322. 4	20. 8	704509. 7	21. 4
四川	179104. 9	22. 7	2035863. 8	21. 8
贵州	24584. 4	16. 0	461053. 6	14. 0
云南	43160. 8	26. 9	576432. 6	22. 3
西藏	874. 3	20. 5	28924. 1	19. 0
陕西	72891. 9	28. 2	833770. 8	23. 9
甘肃	10371. 2	16. 4	226397. 3	20. 1
青海	1896. 1	-0. 1	59825. 7	25. 0
宁夏	4891. 6	-27. 8	94877. 4	16. 7
新疆	9902. 6	-11. 0	280521. 6	17. 4

2019 年我国快递业务量排名前 50 位城市　　的具体情况如表 2 所示。

表 2　　　　2019 年我国快递业务量排名前 50 位城市的具体情况

排名	城市	快递业务量累计（万件）	排名	城市	快递业务量累计（万件）
1	广州市	634680.3	26	重庆市	55322.4
2	金华（义乌）市	592263.1	27	保定市	54245.4
3	深圳市	421670.2	28	西安市	53875.6
4	上海市	313326.1	29	济南市	51605.9
5	杭州市	265665.9	30	临沂市	50168.7
6	北京市	228716.4	31	绍兴市	49460.1
7	苏州市	173167.7	32	福州市	47580.8
8	东莞市	163009.3	33	南通市	47012.4
9	揭阳市	145086.0	34	青岛市	45325.2
10	成都市	125968.0	35	中山市	44532.2
11	泉州市	121653.4	36	厦门市	42616.0
12	武汉市	112991.4	37	湖州市	36145.6
13	温州市	108533.5	38	沈阳市	35435.6
14	宁波市	96044.0	39	南昌市	32734.9
15	南京市	88279.2	40	宿迁市	32640.9
16	汕头市	83810.2	41	惠州市	32574.1
17	台州市	82471.8	42	南宁市	29816.7
18	郑州市	82329.4	43	徐州市	28417.2
19	无锡市	81703.4	44	昆明市	27931.4
20	嘉兴市	71940.3	45	廊坊市	27219.7
21	天津市	69733.0	46	常州市	26794.1
22	佛山市	69114.6	47	潍坊市	26168.8
23	石家庄市	68540.1	48	哈尔滨市	24440.6
24	合肥市	65195.4	49	邢台市	24083.9
25	长沙市	64122.9	50	潮州市	22639.9

2019 年我国快递业务收入排名前 50 位城市的具体情况如表 3 所示。

表 3　　2019 年我国快递业务收入排名前 50 位城市的具体情况

排名	城市	快递业务收入累计（万元）	排名	城市	快递业务收入累计（万元）
1	上海市	12888432.8	26	合肥市	597047.3
2	广州市	6354932.2	27	长沙市	584240.4
3	深圳市	5613745.4	28	济南市	559919.9
4	北京市	3391428.2	29	汕头市	529765.9
5	杭州市	3267926.3	30	福州市	489072.0
6	金华（义乌）市	2245274.0	31	中山市	481116.9
7	苏州市	2168457.8	32	保定市	479858.3
8	东莞市	2074608.2	33	南通市	446517.7
9	成都市	1372277.2	34	台州市	440664.1
10	武汉市	1148444.7	35	沈阳市	424670.3
11	揭阳市	1041726.3	36	哈尔滨市	421027.8
12	南京市	1012983.5	37	南昌市	418040.8
13	宁波市	1000364.8	38	常州市	406375.7
14	天津市	958419.1	39	南宁市	396724.9
15	泉州市	955887.6	40	惠州市	378011.9
16	佛山市	944029.8	41	廊坊市	340412.5
17	郑州市	892718.2	42	绍兴市	340102.7
18	无锡市	814211.4	43	昆明市	337158.5
19	温州市	749037.7	44	临沂市	305131.6
20	重庆市	704509.7	45	大连市	295481.3
21	石家庄市	684531.2	46	潍坊市	282044.9
22	青岛市	655326.7	47	长春市	278308.4
23	嘉兴市	652765.2	48	湖州市	249844.6
24	西安市	624260.3	49	沧州市	231461.3
25	厦门市	606844.4	50	太原市	208566.0

2019 年我国部分大型快递企业市场份额、净利润统计（截至发稿未公示的公司除外）的具体情况如表 4 所示。

表 4　2019 年我国部分大型快递企业市场份额、净利润统计（截至发稿未公示的公司除外）的具体情况

序号	企业名称	快递业务量（亿件）	快递市场份额（%）	快递业务收入（亿元）	净利润（亿元）
1	顺丰速运	48.3	7.6	1121.93	57.97
2	申通快递	73.71	11.6	230.89	56.71
3	韵达速递	111.07	17.5	346.24	26.56
4	圆通速递	91.15	14.3	311.51	20.10
5	中通快递	121.2	19.9	221.10	56.74
6	百世快递	75.8	11.9	351.8	-1.2
7	其他公司	113.97	17.2		

（一）2019 年快递服务质量

（1）2019 年快递服务满意度调查结果和时限准时率测试结果。数据显示，2019 年快递服务总体满意度得分为 77.3 分，较 2018 年上升 1.4 分。其中，公众满意度提升幅度较大，较 2018 年上升 2.3 分。

（2）2019 年，在受理、揽收、投递、售后和信息服务环节，快递服务公众满意度均有提升。分区域看，中部地区服务表现最好，满意度得分连续 5 年稳步上升；东部地区服务满意度得分较 2018 年明显上升。

（3）在时限方面，2019 年全国重点地区快递服务全程时限为 56.2 小时，较 2018 年缩短 0.64 小时，72 小时准时率为 79.26%，较 2018 年提高 0.29 个百分点，与 2018 年同期相比，2019 年各月时限水平普遍改善。除投递时限小幅延长外，寄出地处理、寄达地处理和运输时限均有改善。

（二）2019 年快递服务满意度调查结果

（1）调查显示，2019 年用户对快递业的服务总体满意度继续提升，公众满意度提升幅度较大。2019 年快递服务总体满意度得分为 77.3 分，较 2018 年上升 1.4 分；其中，公众满意度得分为 84.0 分，较 2018 年上升 2.3 分，快递服务的公众评价持续向好；时效测试满意度得分为 70.5 分，较 2018 年上升 0.4 分。

（2）快递企业总体满意度排名依次为：顺丰速运、邮政 EMS、京东物流、韵达速递、中通快递、百世快递、申通快递、圆通速递、德邦快递、优速快递。其中，优速快递、圆通速递与申通快递的公众满意度上升较为明显。

（3）公众满意度方面，涉及评价的 5 项二级指标较 2018 年均有上升。其中，受理环节满意度得分为 88.6 分，较 2018 年上升 1.7 分；揽收环节满意度得分为 86.7 分，较 2018 年上升 2.6 分；投递环节满意度得分为 86.2 分，较 2018 年上升 1.1 分；售后环节满意度得分为 73.3 分，较 2018 年上升 3.3 分；信息服务满意度得分为 86.7 分，较 2018 年上升 4.9 分，进步明显。

（4）在涉及评价的 22 项三级指标中，用

户满意度较高的指标是：普通电话下单、物流信息及时性和准确性、网络下单、揽收员服务、封装质量、上门时限、派件员服务、送达质量、统一客服下单、智能快件箱投递、送达范围感知。满意度上升幅度较大的指标是物流信息及时性和准确性、个人信息安全保护、公共服务站投递、问题件处理、全程信息推送、送达范围感知、时限感知、上门时限、费用公开透明、网络下单。满意度有所降低的指标是送达质量、住宅投递。

（5）在受理环节，普通电话下单、统一客服下单、网络下单分别为 90.0 分、86.7 分和 88.7 分，较 2018 年均有改善。快递企业在普通电话下单服务方面差异较小，服务均达到较高水平。用户下单渠道更加多元，下单服务体验不断优化。在受理环节表现较好的企业有顺丰速运、百世快递和京东物流。

（6）在揽收环节，上门时限、封装质量、揽收员服务满意度得分分别为 87.3 分、87.6 分和 88.3 分，较 2018 年均有上升。其中，上门时限满意度得分上升 3.2 分。快递费用满意度得分为 85.3 分，较 2018 年上升 2.9 分。在揽收环节表现较好的企业有顺丰速运、京东物流、邮政 EMS 和百世快递。

（7）在投递环节，时限感知、送达质量、送达范围感知、派件员服务满意度得分分别为 84.3 分、86.8 分、85.9 分和 86.9 分。其中，送达质量与住宅投递满意度得分较 2018 年略有下降；时限感知与送达范围感知满意度得分均较 2018 年上升 3.3 分。智能快件箱投递满意度得分为 86.6 分，与 2018 年持平。快递公共服务站投递满意度得分为 85.2 分，服务水平较 2018 年有所上升。投递环节表现较好的企业有顺丰速运、京东物流和邮政 EMS。

（8）在售后环节，问题件处理服务满意度得分为 70.0 分，较 2018 年上升 4.3 分，进步明显；投诉服务、发票服务、损失赔偿服务满意度得分分别为 55.4 分、84.9 分和 63.1 分，较 2018 年均有上升。售后环节表现较好的企业有顺丰速运、京东物流、邮政 EMS 和德邦快递。

（9）在信息服务环节，物流信息及时性和准确性、全程信息推送、个人信息安全保护满意度得分分别为 89.8 分、85.0 分和 85.3 分，较 2018 年均有较大幅度上升。信息服务方面表现较好的企业有顺丰速运、京东物流、邮政 EMS 和中通快递。

（10）在不同区域中，中部地区服务表现最好，满意度得分连续 5 年稳步上升；东部地区服务满意度得分较 2018 年明显上升。中、西部地区满意度得分继续上升，表明“快递向西、向下”成效继续显现。其中，东北地区满意度得分较高，华东地区各环节满意度上升明显。用户对城市寄往农村或偏远地区快递服务的公众满意度得分为 80.4 分，较 2018 年上升 2.4 分。2019 年快递公众满意度得分居前 15 位的城市是洛阳、沈阳、太原、长春、天津、银川、大连、宝鸡、金华、哈尔滨、温州、合肥、呼和浩特、杭州、苏州。

（11）在 2019 年的调查中，还对部分与快递服务紧密相关的事项进行了抽样调查。在快递员上门取件准时率用户感知方面，46.2% 的受调查用户感知到快递员上门取件准时率提升。用户对投递环节快件签收落实、未妥投处理服务的满意度评分分别为 86.5 分、86.6 分，较 2018 年有所下降。调查还显示，快递企业应对旺季高峰期、春节假期等特殊时期的服务保障能力进一步增强。2019 年，用户对特殊时期快递服务满意度得分为 83.4 分，较 2018 年上升 2.5 分，特殊时期服务持续优化。

2019 年 10 家快递服务品牌主要时限指标

排名如表 5 所示。

表 5　2019 年 10 家快递服务品牌主要时限指标排名

品牌＼时限	全程时限	寄出地处理时限	运输时限	寄达地处理时限	投递时限	72 小时准时率
顺丰速运	1	1	1	1	1	1
邮政 EMS	2	6	2	3	3	2
京东物流	3	7	3	6	2	4
韵达速递	4	2	6	2	5	3
百世快递	5	4	4	4	7	5
中通快递	6	5	5	5	8	6
申通快递	7	8	7	9	4	7
圆通速递	8	3	8	8	9	8
德邦快递	9	10	9	7	6	9
优速快递	10	9	10	10	10	10

2019 年 1—12 月快递服务问题得到了改善，与 2018 年同期相比申诉量有所下降。2018—2019 年各月快递企业服务问题申诉量及变化情况如图 7 所示。

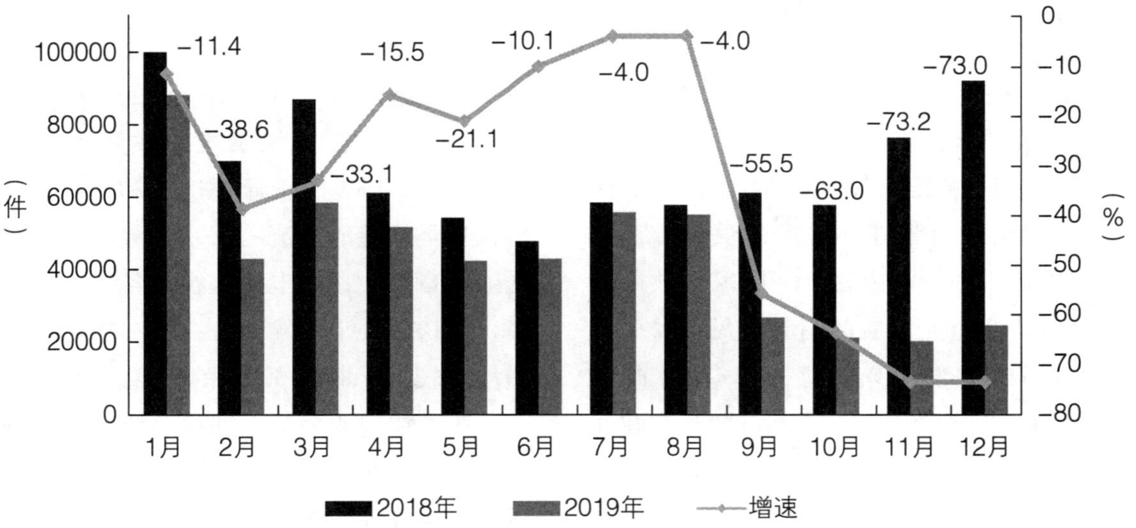

图 7　2018—2019 年各月快递企业服务问题申诉量及变化情况

2019 年 1—12 月中国快递业相关发展指标的指数情况如表 6 所示。

表 6　　2019 年 1—12 月中国快递业相关发展指标的指数情况

指数指标/月份	快递发展指数	发展规模指数	服务质量指数	发展能力指数	发展趋势指数
1	152.7	184.8	143.1	157.8	70.0
2	119.8	115.3	146.5	114.6	68.7
3	174.2	202.3	194.9	159.8	71.2
4	176.8	197.1	210.3	159.1	68.0
5	198.3	212.4	256.6	169.2	68.0
6	208.0	216.8	297.4	155.8	70.0
7	207.1	212.4	298.4	155.3	72.7
8	212.6	213.7	308.5	162.6	71.4
9	222.4	230.8	312.1	173.8	74.0
10	217.6	233.5	297.5	170.8	71.0
11	230.2	280.7	254.9	209.5	66.7
12	208.2	252.6	229.0	193.1	57.4

二、2019 年快递业发展特点

（一）快递业的法律法规和指导意见先后颁布，市场竞争规范进一步完善

这些法律法规是《交通运输部关于修改〈快递业务经营许可管理办法〉的决定》《智能快件箱寄递服务管理办法》《国家邮政局关于支持民营快递企业发展的指导意见》《关于推进邮政业服务乡村振兴的意见》《国家邮政局 商务部关于规范快递与电子商务数据互联共享的指导意见》《国家邮政局关于印发〈邮政企业、快递企业安全生产主体责任落实规范〉的通知》。

（二）快递业务量增幅进一步下降

2019 年快递业的基本市场格局，一是“价格战”依然存在，以价换量的态势没有得到遏制；二是快递业务量达到一定的基数后，增长会放缓；三是网购消费类快递业务的比重较大，超过 80%。“三通一达”和百世快递是网购消费类快递的主流；京东物流在自销快递配送业务量最大；顺丰速运在商务、时效快递和高价值快递处于主导地位；顺丰速运的经济快递增幅较大；邮政 EMS 的快递业务量增幅明显。我国快递业务量全球排名第一，占到全球市场份额的 55% 左右。2017—2019 年快递业务量、快递收入、件均收入及增长变化情况如表 7 所示。

表 7　2017—2019 年快递业务量、快递业务收入、件均收入及增长变化情况

数据分类	2017 年	2018 年	2019 年
快递业务量（亿件）	400.6	507.1	635.2
快递业务收入（亿元）	4957.1	6038.4	7497.8
件均收入（元）	12.37	11.9	11.8
业务量年增长率（%）	28	26.60	25.30
收入年增长率（%）	24.70	21.80	24.20

（三）快递业对电商、扶贫支农的支撑作用进一步提升

2019 年，快递全年支撑电商网上零售额超过 8 万亿元，占社会消费品零售总额的 1/5；快递产业新增社会就业 20 万人以上。快递支撑工业品下乡和农产品进城超过 8700 亿元。像昆明鲜花、烟台苹果、南宁沃柑、成都柑橘和五常大米等 20 个项目脱颖而出，年业务量超千万件“快递+”金牌项目总计达到 37 个，农村地区年收投快件超过 150 亿件。2019 年，我国农村地区快递网点超过 3 万个，公共共享取送点达 6.3 万个，乡镇快递网点覆盖率达 96.6%。

（四）国际快递包裹市场份额提升到 38%

2019 年 11 月 26 日，在万国邮联电子商务时代跨境合作全球大会上，中国国家邮政局局长马军胜指出，中国是全球跨境包裹寄递市场的重要参与者。目前，来自中国市场的包裹占比已经达到了 38%。全行业全年支撑跨境电子商务交易额超过 3500 亿元。

（五）快递行业污染防治工作成效明显

到 2019 年年底，电子运单使用率达到 95%，50% 以上电商快件不再二次包装，循环中转袋使用率达到 70%，在 1 万个邮政快递营业网点设置包装废弃物回收装置。截至目前，全国电子运单使用率已达 97%；电商快件不再二次包装率已达 47%；循环中转袋使用率已达 50%；按照国家邮政局印发的参考设置包装废弃物回收装置的邮政快递网点已达 2 万个，45 毫米以下“瘦身胶带”封装比例达到了 75%。

（六）企业并购和合资交易增多

2019 年 3 月 11 日，申通快递获阿里巴巴 46.6 亿元投资，这意味着，国内三家快递巨头圆通速递、中通快递和申通快递将都会有阿里巴巴的投资。

2019 年 3 月 6 日，顺丰出资 400 万美元战略投资一家缅甸物流公司 KOSPA Limited，获得其 25% 的股份并进入其董事会，这意味着顺丰正式进入缅甸市场。

2019 年 4 月 8 日，京东物流集团和东方海外物流、中远海运物流宣布成立合资公司，全力打造线上线下综合国际供应链服务平台，更好地服务全球客户。

（七）我国快递企业综合实力日趋强大

顺丰、圆通、中通、德邦入围 2019 年中国民营企业 500 强。榜单显示，顺丰以 909.43 亿元的营收排名第 62 名，比上年上升 13 名，在行业中高居榜首。圆通速递超越德邦快递，以营收 274.65 亿元排名第 307 名，比上年前进 87 名。德邦快递营收 230.25 亿元，排名 374 名。首次入榜的中通快递以 251.65 亿元的营收，排名第 340 名。

顺丰、圆通和中通还成功入围2019年中国民营企业服务业100强榜单。顺丰排名第21名，圆通排名第89名，中通排名第98名。在民营企业500强员工人数排名中，顺丰以13.53万员工人数排名第9名。

9月1日，中国企业联合会、中国企业家协会发布2019中国企业500强榜单和中国服务企业500强名单，中国邮政和顺丰入围中国企业500强，邮政、顺丰、圆通、德邦、中通和申通六家寄递企业入围中国服务企业500强。

2019中国企业500强规模继续保持增长态势，500强企业营业收入总额79.10万亿元，比2018年的500强企业增长了11.14%；资产总额为299.15万亿元，较上年的500强企业增长了9.08%。

2019年邮政业共有两家企业入围中国企业500强，中国邮政集团公司以5664亿元营收位列第25位，顺丰则以909亿元的营收位列第213位。

（八）我国快递业务量再创新的里程碑

12月16日上午，国家邮政局邮政业安全监管信息系统实时监测数据显示，我国快递业2019年第600亿件快件诞生，由圆通速递从天津保税区揽收，标志着我国快递年业务量迈入600亿件时代，是快递发展史上又一座里程碑，2019年间接推动经济增量1.37万亿元，对世界快递业增长贡献率超过50%。

（九）快递业承受短时巨大压力的能力日趋增强

11月11日，根据国家邮政局监测数据显示，全天各快递企业共处理5.35亿快件，是第二季度以来日常处理量的3倍，同比增长28.6%，再创历史新高。为了实现“两不”（全网不瘫痪、重要节点不爆仓）、“三保”（保畅通、保安全、保平稳）目标，在现有服务能力基础上，全行业临时聘用近40万人和12万辆汽车，新增360多万平方米处理场地和3000多套自动、半自动分拣设备。在技术上，无人仓、无人机、无人车逐渐实现量产和规模化应用。“双十一”全国快递业务总量23.09亿件，邮（快）件妥投率超过97%。

三、2019年快递行业大事记

（1）2019年1月2日，成都市政府、顺丰集团、四川省机场集团在成都联合签署了打造西部航空快递货运枢纽的战略合作框架协议。

（2）2019年1月11日，百世集团在泰国曼谷举行起网仪式，宣布快递业务在泰国实现全境覆盖。

（3）2019年2月26日，申通快递拟投资10亿元建东北总部基地。

（4）2019年1月8日，京东物流在四川广安营业部的无人机常态化运营正式开启，这是西南地区首个无人机配送的常态化运营试点。

（5）中通快运已入驻香港，香港件派送业务正式开通。中通快运正式开通香港件派送业务。据了解，此业务共开通18个区域。目前，香港件只开通内地至香港的派件服务，香港至内地的发件服务暂未开通。

（6）2019年6月，菜鸟宣布，启动智能物流骨干网数字化加速计划，目标是未来三年与中国主要快递公司一起，为全行业创造500亿元新价值。

（7）顺丰北京同城急送推出24小时服务，开通6环内配送。30分钟上门取件、平均1小时送达，进一步加码同城配送“最后一公里”竞争。6月10日，顺丰同城急送业务上海区域也开通了24小时服务，外环内区域服务时间是8：00—20：00，外环外区域升级变成全天急送服务，20 分钟上门取件，平均 1 小时送全城。此举也标志着其成为国内首家开通 24 小时服务即时物流平台。

（8）申通国际伯明翰仓配转运中心正式启动。2019 年 7 月 4 日，申通国际伯明翰仓配转运中心启动仪式在英国伯明翰举行。该中心地处英格兰中心城市伯明翰，占地面积为 10000 平方米，具备仓储、转运、分拨功能。伯明翰仓配转运中心的投入使用将有效提高申通在英国地区快件分拣、中转和派送时效，进一步提升服务水平。

（9）申通快递水果专用仓储物流中心在成都浦江上线。这是行业内首家水果专用物流中心。申通快递水果专用仓储物流中心占地面积 28 亩，集仓储、包装、物流为一体，内建气调保鲜库 20 间，每间占地面积为 80 平方米；全自动分选生产流水线，日均生产出货近万单；1500 平方米纸箱包装厂，可以满足物流中心包装需求；分拨中心进港出港配备 53 条自动伸缩机。全天 24 小时发货，日均处理单量可达 50 万单。

（10）2019 年 6 月 27 日，顺丰投资 5000 万元成立顺丰快运。

（11）2019 年 7 月 22 日，圆通航空首飞巴基斯坦，标志着我国首条直飞巴基斯坦的全货运航线正式开通，填补了中巴两国迄今为止没有全货运航线的空白，这也是圆通航空第 11 条国际航线。

（12）2019 年 7 月 22 日，中通快递启用国内最大水果快件中转库——成都转运中心水果快件中转库。

（13）德邦快递推出家居大件快递解决方案。针对家居物流大件送货难、破损率高、异常多等难点，德邦快递推出大件快递 3.60 产品，即 3~60 公斤 100% 免费上楼、包接包送，并且大小件可以齐发，旺季不限收。针对家居物流的安装需求，德邦快递特别推出送装一体化服务，全流程专职客服一对一服务等。目前，德邦快递拥有 2.4 万家网点，区县覆盖率 96%，乡镇覆盖率 94%，自有车辆 11328 台，全国分拨中心 146 个，中转场操作面积为 149 万平方米。

（14）由上海市企业联合会、上海市企业家协会、上海市经济团体联合会和解放日报社联合主办的 2019 上海百强企业发布会召开。圆通、德邦、中通和申通 4 家新型物流公司入选上海百强企业，员工人数占上海百强企业的比重高达 9.04%。

（15）2019 年 8 月 9 日，中国邮政航空公司（简称“中邮航”）首架 B737-800F 飞机安全飞抵首都国际机场，这标志该架飞机正式入列邮航机队，并投入中国邮政航空网航线运行。中邮航先后运行“运八”、B737-300F/400F、B757-200F。作为邮航机队的新成员，该架 B737-800F 全货机投入航线运行，标志着中邮航在机型更新换代方面迈出重要步伐，中邮航也将成为国内首家运营 B737-800F 全货机的航空公司。

（16）2019 年 8 月 20 日，菜鸟联手中通、圆通、申通、韵达、百世，在上海发布“回箱计划”，首批铺设 1000 个回收箱。

（17）2019 年 9 月 16 日，顺丰航空一架 B747-400ERF 从无锡起飞，经停重庆，然后飞抵德国法兰克福哈恩国际机场，这标志着顺丰航空首条洲际货运航线“无锡—重庆—哈恩—无锡”正式开通，这是顺丰第六条国际航线。

（18）京东快递首家机场品牌店落户上海虹桥国际机场。2019 年 9 月 3 日，位于上海虹桥机场 2 号航站楼 3 楼出发大厅的京东快递品牌店正式开业。这是京东快递首家机场品牌店，为机场及周边用户提供寄件、收件服务。

（19）韵达快运增值服务“分拨自提”正式上线。“分拨自提”是指客户自行到目的分拨中心提取货物，旨在为客户提供低成本、高时效、高性价比的末端服务。韵达快运增值服务“分拨自提”上线。韵达快运是韵达股份旗下的快运品牌，于2017年10月正式起网。

（20）2019年10月21日，菜鸟、京东物流、跨越、丰巢入围《2019胡润全球独角兽榜》。《2019胡润全球独角兽榜》榜单显示，在快递物流服务业中，全球有34家独角兽企业上榜，中国有16家入围，美国有9家入围。

（21）中通快递全货机成功首航。2019年10月22日，中通快递B737-800型全货机从南昌起飞，约2小时后平稳降落在天津滨海国际机场，这标志着中通快递实现了在航空货运方面的新突破，成为一家拥有全货机包机的快递企业。

（22）快递工程技术人员职称评审工作在全国全面推开。在全国范围内搭建了快递工程技术人才的成长阶梯和发展通道，有利于更多优秀专业技术人才脱颖而出，让更多深耕快递领域、作出突出贡献的专业技术人才更有成就感和获得感，从而更好助力行业培养人才、吸引人才、留住人才，为行业高质量发展和邮政强国建设提供人才支撑和智力支持。

（23）韵达供应链与贝店达成战略合作，启动华中智能仓，韵达贝店华中智能仓面积达35000平方米，坐落于孝感临空经济技术区，紧邻武汉天河机场，日常存储量破千万件。现在可以让所有包裹实现自动封箱、自动分拣、自动出库，全程包裹不落地。通过改造，仓内效率提升16%，人工成本下降14.3%，预计每年可节约成本数百万元。

（24）2019年11月12日，中通快递迎来了2019年的第100亿件快递，成为中国第一家达到百亿件量级的快递企业。

（25）2019年11月27日，指数提供商之一的MSCI指数（明晟指数）发布11月MSCI半年度指数评估结果，多只中国股票被纳入MSCI全球标准中国指数，在美国上市的百世集团被纳入，此次调整于美国时间11月26日收市时生效。这是继顺丰控股、中通快递和韵达股份之后，又一只中国快递股被纳入其中。

（26）顺丰航空已经获得美国交通运输部批准，可以运营中国与美国的任意城市之间的定期或包机货运航班。截至2019年年底，顺丰航空机队规模扩充至58架。2019年5月，顺丰航空机队开始飞出国门，执飞顺丰航空最长国际航线“深圳—金奈”。

（27）申通快递95543电话服务非工作时间的问题受理，已全部实现对接申通AI智能客服机器人，客户维度问题解决率为70%以上。申通AI智能客服机器人全面上线使用后，申通实现了为客户提供7×24小时在线服务的能力。

（28）2019年12月27日，由蜂网投资牵头，顺丰速运、申通快递、韵达速递、圆通速递、中通快递、桐庐县人民政府6家单位共同发起的全国首个快递物流装备暨物料集中采购交易中心正式启动建设。该交易中心的股东由蜂网投资与桐庐国投控股出资组建。

（29）2019年我国快递智能自助柜近40万组，一天可以容纳2000万件左右的快递包裹。

注：以上主要数据来源和部分内容来源于国家邮政局网站、蜂网行业资料库、7家快递上市公司网站。

（蜂网投资　徐勇）

2019年中国航空货运业

2019年，航空货运业以习近平新时代中国特色社会主义思想为指导，全面贯彻党的十九大和十九届二中、三中、四中全会以及中央经济工作会议精神，以新发展理念为引领，按照“一加快、两实现”的新时代民航强国建设战略进程，全面落实“一二三三四”新时期民航总体工作思路，扎实推动航空货运业高质量发展，航空货运工作取得了显著成绩。

一、航空货运业情况

2019年，我国面临的外部风险挑战明显增多，国内经济下行压力持续加大。航空货运业保持“控总量、调结构”的战略定力，确保行业发展稳中有进。

（一）运输周转量

2019年，全行业完成运输总周转量（包括民航旅客周转量、行李周转量、邮件周转量和货物周转量）1293.25亿吨公里，比上年增长7.2%。国内航线完成运输总周转量829.51亿吨公里，比上年增长7.5%。其中，港澳台航线完成16.90亿吨公里，比上年下降3.5%。国际航线完成运输总周转量463.74亿吨公里，比上年增长6.6%。

全行业全年完成货邮周转量263.2亿吨公里，比上年增长0.3%。国内航线完成货邮周转量78.59亿吨公里，比上年增长4.1%。其中，港澳台航线完成2.81亿吨公里，比上年下降6.9%。国际航线完成货邮周转量184.61亿吨公里，比上年下降1.3%。2015—2019年货邮周转量及变化趋势如图1所示。

（二）货邮运输量

2019年，全行业完成货邮运输量753.2万吨，比上年增长2.0%。国内航线完成货邮运输量511.24万吨，比上年增长3.1%。其中，港澳台航线完成22.22万吨，比上年下降5.4%。国际航线完成货邮运输量241.91万吨，比上年下降0.3%。2015—2019年货邮运输量及变化趋势如图2所示。

（三）运输航空企业数量

截至2019年年底，我国共有运输航空公司62家，比上年年底净增2家。按不同所有制类别划分：国有控股公司48家，民营和民营控股公司14家。在全部运输航空公司中，全货运航空公司9家，中外合资航空公司10家，上市公司8家。

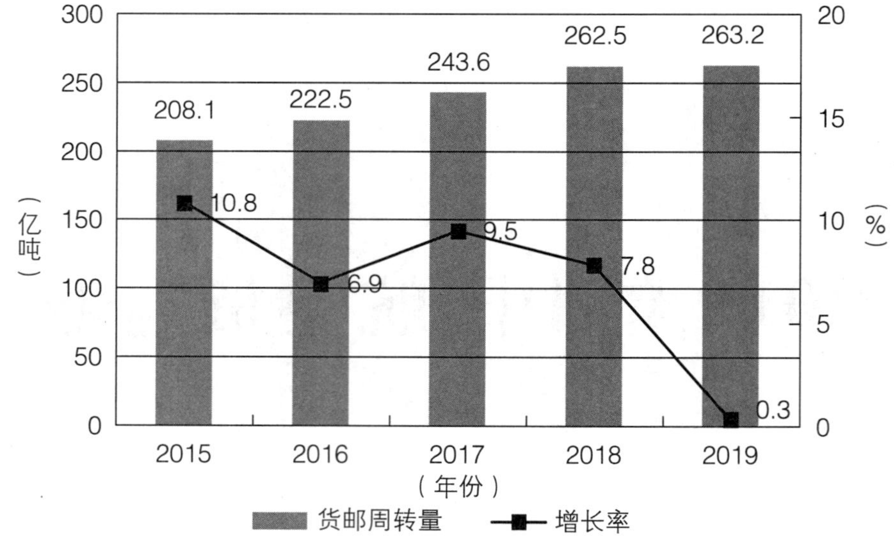

图1 2015—2019年航空货邮周转量及变化趋势

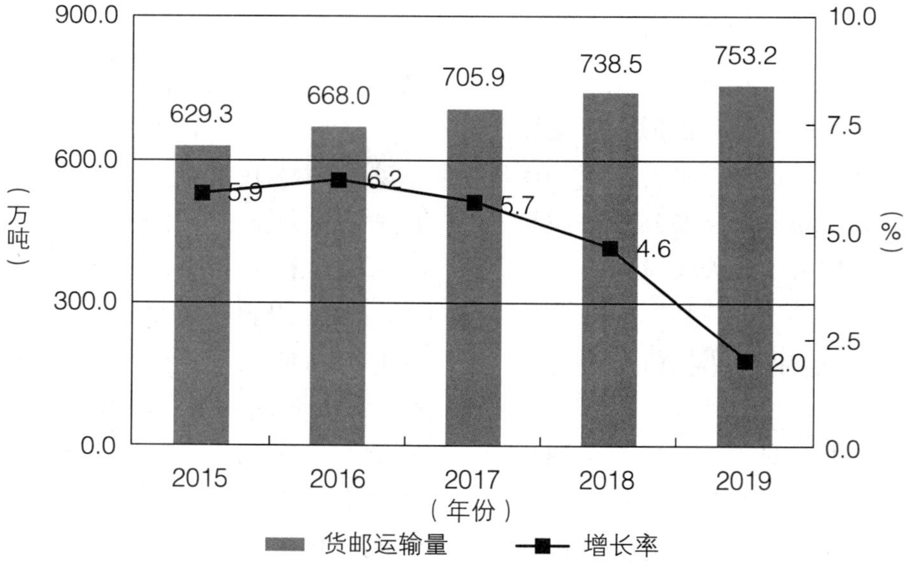

图2 2015—2019年货邮运输量及变化趋势

（四）运输机队

截至2019年年底，民航全行业运输飞机期末在册架数3818架，比上年年底增加179架。其中货运飞机173架，比上年增加13架，在运输机队中占比4.5%。

（五）运输航空（集团）公司货邮运输量

2019年，中航集团包括中国国际航空股份有限公司、中国国际货运航空有限公司、深圳航空有限责任公司、山东航空股份有限公司、昆明航空有限公司、西藏航空有限公司、中国国际航空内蒙古有限公司、大连航空有限责任公司和北京航空有限责任公司共完成货邮运输量204.68万吨，比上年下降2.1%。

2019年，东航集团包括中国东方航空股份有限公司、中国货运航空有限公司、上海航空有限公司、中国联合航空有限公司、中国东方航空江苏有限公司、中国东方航空武汉有限责任公司和东方航空云南有限公司共完成货邮运输量 146.92 万吨，比上年增长 1.8%。

2019 年，南航集团包括中国南方航空股份有限公司、厦门航空有限公司、中国南方航空河南航空有限公司、中国南方航空雄安航空有限公司、贵州航空有限公司、汕头航空有限公司、重庆航空有限责任公司、河北航空有限公司、珠海航空有限公司和江西航空有限公司共完成货邮运输量 176.36 万吨，比上年增长 1.8%。

2019 年，海航集团包括海南航空控股股份有限公司、中国新华航空集团有限公司、大新华航空有限公司、北京首都航空有限公司、天津航空有限责任公司、金鹏航空股份有限公司、云南祥鹏航空有限责任公司、西部航空有限责任公司、长安航空有限责任公司、福州航空有限责任公司、乌鲁木齐航空有限责任公司、广西北部湾航空有限责任公司、桂林航空有限公司和天津货运航空有限公司共完成货邮运输量 84.19 万吨，比上年下降 2.6%。

2019 年，其他航空公司共完成货邮运输量 141.00 万吨，比上年增长 12.4%。

（六）运输机场

截至 2019 年年底，我国共有颁证运输机场 238 个，比上年年底净增 3 个。2019 年新增机场有北京大兴国际机场、巴中恩阳机场、重庆巫山机场、甘孜格萨尔机场。

2019 年，北京南苑机场停航，宜宾菜坝机场迁至宜宾五粮液机场。

2019 年，全行业全年新开工、续建机场项目 126 个，新增跑道 7 条，停机位 444 个，航站楼面积为 174.9 万平方米。截至 2019 年年底，全行业运输机场共有跑道 261 条，停机位 6244 个，航站楼面积为 1629 万平方米。

（七）机场货邮吞吐量

2019 年全国民航运输机场完成货邮吞吐量 1710.01 万吨，比上年增长 2.1%。2015—2019 年全国民航运输机场货邮吞吐量及变化趋势如图 3 所示。

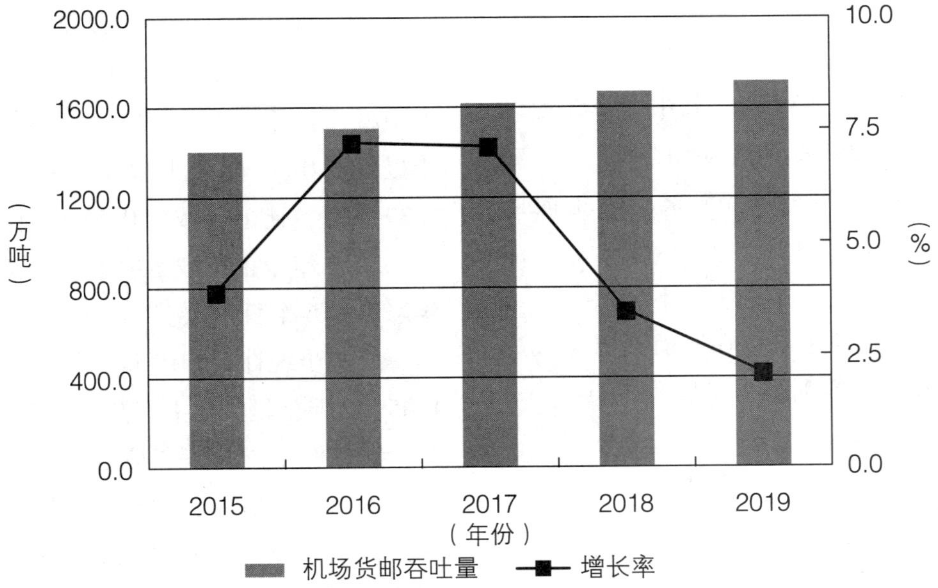

图 3　2015—2019 年全国民航运输机场货邮吞吐量及变化趋势

其中，2019 年东部地区（包括北京、上海、山东、江苏、天津、浙江、海南、河北、福建和广东 10 省市）完成货邮吞吐量 1245.92 万吨，与上年持平；中部地区（包括江西、湖北、湖南、河南、安徽和山西 6 省）完成货邮吞吐量 124.70 万吨，比上年增长 9.9%；西部地区（包括宁夏、陕西、云南、内蒙古、广西、甘肃、贵州、西藏、新疆、重庆、青海和四川 12 省区市）完成货邮吞吐量 279.04 万吨，比上年增长 7.4%；东北地区（包括黑龙江、辽宁和吉林 3 省）完成货邮吞吐量 60.36 万吨，比上年增长 9.6%。

2019 年，年货邮吞吐量 1 万吨以上的运输机场有 59 个，其中北京、上海和广州三大城市机场货邮吞吐量占全部境内机场货邮吞吐量的 46.5%，比上年降低 2.3 个百分点。上海浦东机场完成货邮吞吐量 363.42 万吨，连续 12 年位居世界第三。

二、通用航空

（一）通用航空企业数量

截至 2019 年年底，获得通用航空经营许可证的通用航空企业 478 家。其中，华北地区 104 家，东北地区 39 家，华东地区 113 家，中南地区 116 家，西南地区 55 家，西北地区 51 家。

（二）机队规模

2019 年年底，通用航空在册航空器总数达到 2707 架，其中教学训练用飞机 849 架。

（三）通用机场

2019 年，共有 44 座通用机场获得颁证，全行业颁证通用机场数量达到 246 座。

（四）飞行小时

2019 年，全行业完成通用航空生产飞行 106.50 万小时，比上年增长 13.6%。其中，载客类作业完成 9.95 万小时，比上年增长 17.5%；作业类作业完成 16.05 万小时，比上年增长 4.3%；培训类作业完成 38.66 万小时，比上年增长 26.1%；其他类作业完成 5.32 万小时，比上年增长 6.6%；非经营性完成 36.52 万小时，比上年增长 6.7%。

（五）无人机情况

截至 2019 年年底，全行业无人机拥有者注册用户达 37.1 万个，其中个人用户 32.4 万个，企业、事业、机关法人单位用户 4.7 万个。全行业注册无人机共 39.2 万架。全行业无人机有效驾驶员执照 67218 本。参与民航局无人机云交换系统的无人机飞行小时共有 125 万小时。

三、运输效率、经济效益与空防安全

2019 年，全行业在册运输飞机平均日利用率为 9.33 小时，比上年减少 0.03 小时。其中，大中型飞机平均日利用率为 9.49 小时，比上年提高 0.01 小时；小型飞机平均日利用率为 6.39 小时，比上年减少 0.52 小时。

2019 年，正班载运率平均为 71.6%，比上年降低 1.6 个百分点。

据初步统计，2019 年，货邮运输收入水平 1.45 元/吨公里，比上年降低 0.06 元/吨公里。

2019 年，全国民航安检部门共检查旅客托运行李 3.49 亿件次，检查航空货物（不含邮件、快件）5.32 亿件次，检查邮件、快件 2.44 亿件。截至 2019 年年底，实现 17 年零 7

个月的空防安全零责任事故纪录。

四、对外关系

2019年，我国先后与25个国家和地区举行双边航空会谈或书面磋商。截至2019年年底，我国与其他国家和地区签订双边航空运输协定127个，比上年年底增加1个（巴哈马）。其中，亚洲有44个，非洲有27个，欧洲有37个，美洲有12个，大洋洲有7个。

2019年，我国与新加坡签署适航维修互认协定。我国与俄罗斯修订签署适航实施程序，与柬埔寨、老挝修订签署适航谅解备忘录，与贝宁签署适航谅解备忘录，与匈牙利签署适航技术安排。截至2019年年底，与我国建立双边适航关系的国家和地区为39个，现行有效的双边适航文件共238份。

（本文未包括香港特别行政区、澳门特别行政区及台湾地区统计数据。文中部分数据因四舍五入原因，存在着与分项合计不等的情况。资料来源：《2019年民航行业发展统计公报》）

第四部分

行业物流

2019年中国制造业物流

2019年是新中国成立70周年，决胜全面建成小康社会第一个百年奋斗目标的关键之年。面对国内外风险挑战明显上升的复杂局面，在以习近平同志为核心的党中央坚强领导下，各地区各部门认真贯彻党中央、国务院决策部署，坚持稳中求进工作总基调，坚持新发展理念，坚持以供给侧结构性改革为主线，积极推动高质量发展，扎实做好稳就业、稳金融、稳外贸、稳外资、稳投资、稳预期工作。我国三大攻坚战取得关键进展，国民经济运行总体平稳，发展质量稳步提升，主要预期目标较好实现，为全面建成小康社会奠定了坚实基础。

一、2019年中国制造业发展主要特点

（一）工业、制造业增速放缓，年末有回升态势

根据国家统计局发布的2019年国民经济和社会发展统计公报，全国规模以上工业增加值增长率月份数据统计见表1（为了消除春节日期不固定因素带来的影响，增强数据的可比性，按照国家统计制度，自2013年起，1—2月工业数据一起调查、一起发布，不再单独发布2月当月数据）。

从总体来看，2019年全年工业增加值增长率为5.7%，保持在合理区间，运行态势平稳。但相较于2016—2018年有所下降，增长速度放缓。从2019年各季度看，全国规模以上工业增加值同比分别增长6.5%、5.6%、5.0%和6.0%，第二季度、第三季度下行压力明显，但第四季度明显回升（国家统计局，2020）。此外，2019年11月规模以上工业增加值相比2019年10月上升1.5个百分点，12月相比11月上升0.7个百分点，并且与2017—2018年同期相比，11月、12月工业增加值增长率都有所提升，说明制造业经济在年末呈回升向好态势（国家统计局，2020）。

表 1　　2016—2019 年工业增加值增长率　　单位:%

月份	2016 年	2017 年	2018 年	2019 年
1	—	—	—	—
2	—	—	—	—
3	6.8	7.6	6.0	8.5
4	6.8	6.5	7.0	5.4
5	6.0	6.5	6.8	5.0
6	6.2	7.6	6.0	6.3
7	6.0	6.4	6.0	4.8
8	6.3	6.0	6.1	4.4
9	6.1	6.6	5.8	5.8
10	6.1	6.2	5.9	4.7
11	6.2	6.1	5.4	6.2
12	6.0	6.2	5.7	6.9
全年平均	6.0	6.3	6.1	5.7

资料来源：国家统计局 . http：//www. stats. gov. cn/。

从全国规模以上工业企业的资产及营业水平来看，2019 年全年，规模以上工业企业实现营业收入 105.78 万亿元，比上年增长 3.8%；发生营业成本 88.94 万亿元，增长 4.1%；2019 年中国制造业企业 500 强营业收入总额达到 34.92 万亿元，较上年增长 9.67%，工业企业发展稳步增长。但 2019 年全国规模以上工业企业实现利润总额 61995.5 亿元，比上年下降 3.3%。其中，制造业实现利润总额 51903.9 亿元，下降 5.2%，说明受市场需求、工业品价格等多重因素影响，工业企业利润呈现波动性和不确定性，其中，2019 年 11 月利润总额同比增长 5.4%，规模以上工业增加值同比实际增长 6.2%；12 月，规模以上工业企业实现利润总额 5883.9 亿元，同比下降 6.3%，但是规模以上工业增加值同比实际增长 6.9%（国家统计局，2020）。说明工业经济出现回升向好的变化趋势，盈利情况有所好转。

从行业来看，2019 年 41 个大类行业工业增加值全部实现增长。其中，20 个大类行业增速较上年有所加快，化纤、造纸、电气机械和仪器仪表行业增速均加快 3 个百分点以上，黑色金属矿采选、建材和钢铁行业受需求增加、价格上涨影响，分别增长 7.1%、8.9%和 9.9%，增速较上年加快 2.9~11.8 个百分点。

（二）PMI 持续回落，制造业运行有压力

2019 年 PMI 的全年平均水平为 49.7%，低于荣枯线，制造业经济景气回落。与 2016—2018 年同期相比，2019 年的 PMI 下降，制造

业经济有缓慢下降的表现。并且2019年有8个月低于50%，说明外部环境较为复杂，国内经济结构性矛盾突出，工业生产仍然存在下行压力。但11月、12月制造业PMI为50.2%，连续两个月呈扩张态势，显示制造业经济景气有所回暖，稳中有升。2016—2019年制造业PMI如表2所示。

表2　2016—2019年制造业PMI汇总　单位:%

月份	2016年PMI	2017年PMI	2018年PMI	2019年PMI
1	49.4	51.3	51.3	49.5
2	49	51.6	50.3	49.2
3	50.2	51.8	51.5	50.5
4	50.1	51.2	51.4	50.1
5	50.1	51.2	51.9	49.4
6	50	51.7	51.5	49.4
7	49.3	51.4	51.2	49.7
8	50.4	51.7	51.3	49.5
9	50.4	51.4	50.8	49.8
10	51.2	51.6	50.2	49.3
11	51.7	51.8	50	50.2
12	51.4	51.6	49.4	50.2
全年平均	50.3	51.5	50.9	49.7

资料来源：国家统计局.http：//www.stats.gov.cn/。

尽管2019年全年平均水平低于50%，但国家实施大规模减税降费、优化营商环境等措施来减轻企业负担，激发企业活力，这些措施目前正在逐渐见到成效。从PMI的构成指数来看，生产指数除2月外，均保持在50%以上，说明制造业生产扩张持续加快。并且11月制造业的生产指数、新订单指数、供应商配送时间指数分别为52.6%、51.3%、50.5%，12月生产指数、新订单指数、供应商配送时间指数分别为53.2%、51.2%、51.1%，均位于较高景气区间，说明制造业经济开始回暖，稳中有升。在12月，调查的21个行业中，有15个行业生产指数位于扩张区间，其中，食品及酒饮料精制茶、纺织服装服饰、医药、汽车、电气机械器材、计算机通信设备等制造业生产指数位于55.0%以上较高景气区间。从重点行业看，高技术制造业、装备制造业和消费品行业PMI分别为52.8%、51.3%和51.4%，分别高于制造业总体2.6个、1.1个和1.2个百分点，连续3个月位于扩张区间，且景气水平连续上升。此外，12月进出口状况改善，新出口订单指数为50.3%，高于上月1.5个百分点，自2018年6月以来首次升至扩张区间。说明制造业经济年末有所回暖，景气稳中有升。2019 年 PMI 分项指数变化趋势如下图所示。

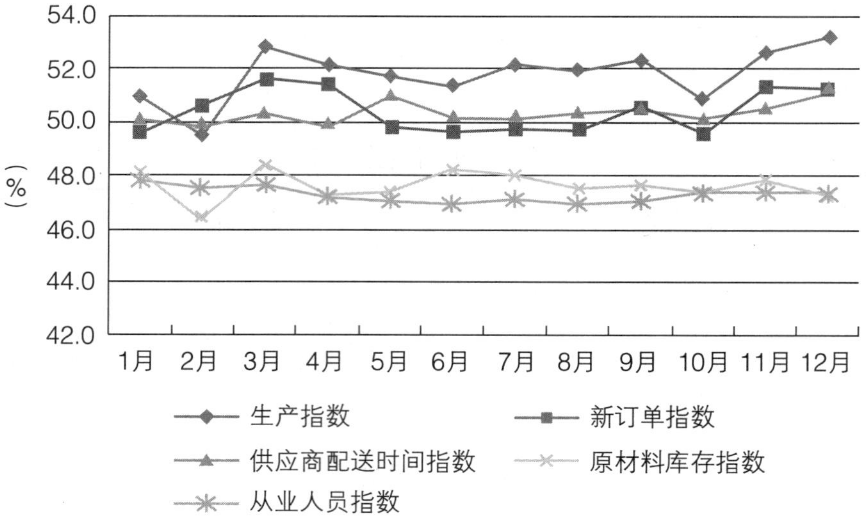

2019 年 PMI 分项指数变化趋势

资料来源：国家统计局 . http：//www. stats. gov. cn/。

（三）工业新动能快速成长，制造业高质量发展

2018 年，中央经济工作会议把“推动制造业高质量发展”放在 2019 年七项重点工作任务之首，将中国制造业由数量扩张向质量提高转变放在了新的战略地位。

从装备与高技术产业来看，工业发展继续由量的扩张向质的提升转变，装备与高技术制造业继续快速发展。2019 年，装备制造业增加值增长率为 6. 7%，高于规模以上工业 1 个百分点，并且其增加值占规模以上工业增加值的比重为 32. 5%，继续发挥拉动经济增长的稳定作用。其中，电气机械、仪器仪表行业分别增长 10. 7%、10. 5%，增速较上年加快 4 个百分点左右。值得关注的是，汽车产量自 2018 年下半年以来连续 16 个月下降，2019 年 11 月由负转正，12 月继续明显回升，呈回升向好态势。此外，高技术制造业增加值增长率为 8. 8%，高于规模以上工业 3. 1 个百分点，继续保持较快增长。并且高技术制造业增加值占规模以上工业比重达到 14. 4%，较上年提高 0. 5 个百分点；高技术制造业投资比上年增长 17. 7%，增速较 2019 年 1—11 月加快 2. 9 个百分点，比 2018 年加快 1. 6 个百分点，占全部制造业投资的比重超过 20%，对工业经济稳定增长的支撑作用进一步增强。

战略新兴产业积聚壮大，成为制造业发展新引擎。2019 年，规模以上工业战略性新兴产业增加值增长率为 8. 4%，高于规模以上工业 2. 7 个百分点。八大战略性新兴产业分类中，新能源产业增速为 14. 9%，新一代信息技术产业增速为 9. 5%，均高于规模以上工业战略性新兴产业。

新工业产品持续快速增长，工业增长的动能不断增强。随着产业的升级发展和居民的消费升级，一些新产品增长势头非常强劲。2019 年新工业产品继续保持高速增长，智能手表、智能手环、服务机器人增速分别为 101. 7%、

36.8%、38.9%，3D打印设备、太阳能工业用超白玻璃、高温合金、充电桩、城市轨道车辆等新材料、新能源领域的新兴产品继续高速发展，增速达到32.6%~155.2%。由于中国工业拥有联合国行业门类中所有的大类行业，有两百多种产品产量居世界第一，产业配套能力强，而且具有较大的市场规模，新工业产品具有较好的发展前景。

（四）坚持供给侧结构性改革为主线，改革成效继续显现

2019年是决胜全面建成小康社会的关键之年，面对国内外复杂经济环境和各种严峻挑战，党中央、国务院继续以供给侧结构性改革为主线，扎实推进改革任务，供给侧结构性改革成效继续显现。

去产能方面，改革成效显著。2019年，全国工业产能利用率为76.6%，较上年提高0.1个百分点，其中第四季度产能利用率为77.5%，比2018年同期提升1.5个百分点，去产能成效继续提升。其中，石油和天然气开采业、黑色金属冶炼和压延加工业产能利用率分别为91.2%和80.0%，分别比上年提高2.9个和2.0个百分点。采矿业、原材料行业全年产能利用率分别为74.4%、76.9%，均升至近七年的最高点。钢铁行业产能利用率为80.0%，高于自2006年有调查以来的均值，去产能政策成效显著。煤炭优质产能持续释放，向资源富集地区进一步集中，山西、内蒙古、陕西和新疆原煤产量占全国76.8%，占比较上年提高了2.5个百分点。此外，劳动密集型行业和高耗能行业的比重下降，高耗能行业2019年PMI为48.6%，环比、同比分别下降0.5个和0.3个百分点。

去杠杆方面，2019年11月末，规模以上工业企业资产负债率为56.9%，同比下降0.3个百分点。其中，国有控股企业为58.4%，同比降低0.5个百分点，企业杠杆率继续下降。2019年中国制造业企业500强的资产负债率为62.74%，较上年下降0.46个百分点。中共十八大以来，已经连续下降了1.36个百分点，“去杠杆”措施在制造业领域的效果正在逐步显现。

去库存方面，产成品存货周转天数为17.3天，同比减少0.2天，库存周转速度加快。降成本方面，企业单位成本费用比年初继续下降。补短板方面，由于存在薄弱环节，投资较快增长。2019年生态保护和环境治理业、环境监测及治理服务业投资分别增长37.2%、33.4%，分别快于全部投资31.8个、28.0个百分点。

（五）新一代信息技术蓬勃发展，智能制造助推高质量转型

“十三五”以来，我国经济已由高速增长转向高质量发展，正处在转变发展方式、优化经济结构、转换增长动力的攻关期。深化新一代信息技术在制造领域的融合应用，推动制造业沿着数字化、网络化、智能化方向演进升级，对于加速我国制造强国与网络强国建设，实现经济高质量发展具有重要意义。

大力推进信息化和工业化深度融合发展，是党中央、国务院的重要战略部署。2019年3月的《政府工作报告》提出，要大力发展新一代信息技术产业，壮大数字经济，并将大数据、人工智能升级为“智能+”，打造工业互联网平台，为制造业转型升级赋能。中国高新网数据显示2019年我国新一代信息技术蓬勃发展，如华为5G网络，在全球5G标准核心专利、必要专利数量上排名第一，居全球领先地位。新一代信息技术与制造业的融合，将助推智能制造进程加快实施，为经济高质量发展带

来新动能。

二、2019 年中国制造业物流发展主要特点

（一）工业物流需求增长平稳，物流业景气指数稳中有升

2019 年，国内外风险挑战明显增加，三大攻坚战取得关键进展，国民经济运行总体平稳。据国家统计局数据显示，2019 年交通运输、仓储和邮政业生产指数增加值增长了 7.1%。中国物流与采购联合会统计数据显示，2019 年全社会物流总额保持基本平稳增长，社会物流总费用与 GDP 的比率为 14.7%，比上年下降 0.1 个百分点。其中，工业品物流总额 269.6 万亿元，按可比价格计算，同比增长 5.7%，增速比上年回落 0.5 个百分点。说明工业物流需求增长平稳。与此同时，工业物流转型升级态势持续发展，结构继续优化。2019 年全年装备制造业、高新技术产业 PMI 均值分别为 50.2%、51.7%，均处于扩张区间，高于制造业 PMI 平均水平。

物流行业的整体发展形势，可以用中国物流业景气指数（LPI）反映。2019 年前三季度，世界经济和国际贸易增速放缓，国内经济下行压力较大。与此同时，宏观调控逆周期调节成效逐渐显现，经济虽有下行压力，但增速回落温和，下行压力整体可控；新动能增长势头依然较好，经济运行总体保持平稳态势。在此背景下，物流运行总体平稳的大趋势没有改变，2019 年中国物流业景气指数平均为 53.5%，与上年同期基本持平。一方面，物流需求延续平稳增长，物流行业继续保持在景气区间，景气指数稳中有升；另一方面，物流发展仍面临问题，物流运行成本有所上升，行业发展压力犹存。2019 年前三季度，中国物流业景气指数平均为 52.1%，连续 7 个月处于扩张区间。9 月为 53.8%，比上月回升 2.9 个百分点。9 月的新订单指数为 53%，比上月回升 2.3 个百分点，显示出 2019 年以来物流市场仍保持平稳较快发展，业务需求旺盛，物流业整个活动呈现逐步回升走势。2019 年第四季度，中国物流业景气指数平均为 57.2%，与前三季度相比，有所回升，仍在高景气区间运行，反映出供应链上下游经济活动保持活跃。

（二）物流需求结构持续优化，降本增效力度加大

2019 年，我国人均 GDP 超过 1 万美元，消费对经济增长的贡献率超过 60%。强大的国内市场刺激内需扩大、消费升级，也带动内需型、消费型物流快速增长。目前，我国已成为全世界拥有全部工业门类的制造大国，工业品物流仍然是、也将长期是社会物流需求的主要来源。工业品物流结构不断优化，高新技术和装备制造业等新兴动力在增强。中国物流与采购联合会统计数据显示，2019 年全年工业物流需求基本平稳，但增速比上年同期有所回落。从年内走势看，第二季度、第三季度下行压力较大，第四季度明显回升，全年工业品物流总额比上年增长 5.7%。从需求结构来看，高技术产业、战略性新兴产业物流需求增速快于高耗能物流、大宗商品物流，服务型制造业与制造型服务业相互渗透，为社会化、专业化物流提供新的需求空间。

国家发展改革委等四部门于 2019 年 5 月联合印发《关于做好 2019 年降成本重点工作的通知》，标志着全年超过 2 万亿元规模的降成本进入全面落地阶段。

据国家统计局公布的数据显示，2019 年 11 月制造业 PMI（采购经理指数）在连续 6 个

月低于临界点后重回扩张区间，表明制造业景气开始回升，转型升级正加快推进。新华网报道的在2019年天猫“双十一”当天2684亿元成交额的背后，是制造业通过数字经济平台，实现供需精准匹配、降本增效、扩大新市场新供给的结果。

（三）物流技术持续升级，物流自动化、智慧化转型趋势明显

近年来，“智能制造”成为制造行业的热门词汇，也成为推动制造业物流智能化发展的重要引擎。与此同时，随着人工智能、物联网、5G等技术的发展，制造业供应链效率的提升有了新的实现路径。制造业物流逐步向自动化、柔性化、智能化转型，并着手开展智能物流系统及智慧供应链建设。2019年全国“两会”上将“人工智能”写入《政府工作报告》，制造业物流向自动化、智慧化转型加速。

随着智能化时代的到来，物流行业正在发生深刻变化。客户需求、企业转型和社会发展的趋势均要求供应链效率的提升，而技术发展则为物流转型升级奠定了基础。一汽集团作为中国汽车行业中颇具实力的汽车公司，结合全球物流技术发展趋势，搭建了一汽物流智能技术研究中心，为新技术的落地应用提供了应用场景和实验场地。其中，全球领先的AI机器人解决方案提供商Geek+打造的智能叉车目前已应用于一汽集团长春本部红旗工厂的自动化物流系统。智能叉车由Geek+后台调度系统统一管理，可实现群体协同作业。调度系统与上层仓储信息化管理软件无缝对接，根据存取货需求派发任务，主要用于汽车制造场景中的自动存取，物料搬运等，解决仓储的无人化问题。工厂物流系统通过使用智能叉车作业，可以极大地提高工作效率，减轻工人的劳动强度，提高安全性。

一汽集团长春本部红旗工厂的全线AGV自动化物流系统项目采用储分一体的模式，实现汽车零部件自动化存储和拣选的技术创新和物流模式优化。

2019年一汽集团继续推动主机厂及发动机工厂全流程自动化物流系统项目建设。基于IoT技术的汽车零部件智慧仓建设，推动基于RFID技术的无人化产线物料供应技术应用，并在实验室引入机器人快存系统与货到机器人系统的整合开发。Geek+与一汽物流建立长期深入合作，致力于为一汽集团提供柔性的智能机器人解决方案，助力一汽集团无人化产线改造及自动存取功能的应用，打造汽车制造业创新工厂标杆项目（搜狐网，2019）。

中国的家电制造商美的集团正在加速投入数字化转型，在“产品领先、效率驱动、全球经营”三大主轴之外，数字化已成为美的集团新一轮变革的重要驱动力。从2012年至2019年，美的集团沿着精益化、自动化、信息化、智能化的路径逐步前进，MBS精益生产、T+3产销模式变革、美云销数字化分销已经在多个事业部成功落地。2019年，美的集团将研发、生产、物流、销售和用户服务全价值链串联起来，用数据连接人、设备和产品，形成工业互联网的整体解决方案。

（四）制造企业生态供应链建设明显加速

2019年，国家发展改革委、中央网信办、工业和信息化部等24部门联合发布了《关于推动物流高质量发展促进形成强大国内市场的意见》（发改经贸〔2019〕352号）（以下简称意见）。意见指出要支持集装箱、托盘、笼车、周转箱等单元化装载器具循环共用以及托盘服务运营体系建设，鼓励和支持公共“托盘池”等共享模式。

据中国钢铁新闻网报道，创立仅4年的马

钢物流公司，成功打造出钢铁行业第一家整合汽运、航运、港口、仓储四大板块的现代化大型生态智慧型钢铁物流企业。马钢物流与上海铁路局、宁波舟山港、华电集团、中远海运集运、上海港、青岛港、长航等多家企业建立战略合作关系，编织了铁路、公路、水路等多式智慧联运网络，连接了上下游产业链链条，加快了从企业物流向大型现代物流企业转型升级的步伐。

智慧物流领域的领先者日日顺物流，建立了全产业链的生态圈。基于海尔智能制造的背景，将当地的品牌企业与资源方整合起来，打造一个产业集群的园区共创模式。

三、2019 年制造业与物流业融合发展进程分析

（一）两业融合的驱动方式

近年来，制造业结构全面升级带来的重压以及物流业快速发展带来的机遇，使得我国两业融合的趋势开始显现。一方面，作为连接物料供应和生产的重要环节，物流业能够为制造业的转型升级提供强有力的支撑；另一方面，制造业快速发展带来的巨大需求同样将促进物流业发展。两业融合将成为推动我国经济结构调整、产业转型升级的持续动力。从驱动方式来看，两业融合主要依靠技术创新驱动、物流战略驱动、国家政策环境驱动以及新一轮工业革命驱动。

（二）2019 年两业融合发展的新特点

近年来，我国制造业和物流业的发展，已经逐步成为建设现代化经济体系的重要组成部分。制造业与物流业的融合发展，将催生出更多物流装备技术及其应用模式，物流服务商的角色、定位、技术、服务能力等也会随之发生变化。此外，技术的进步给企业原本的生产运营模式带来巨大的变革，互联网的发展也让商业模式发生变革。

1. 两业融合逐渐向数字化、自动化、透明化发展

物流业依托射频识别（RFID）、全球定位系统（GPS）、无线视频等先进的现代化设备进行创新驱动，为制造业提供实时的物流跟踪，促使两业融合模式逐渐透明化。此外，物联网、大数据、云计算等技术的应用有效提高了融合发展的效率，降低了运营和管理成本。2019 年，美的集团第一个数字化工厂历时四年已基本建设完成。在生产环节，美的集团通过对自动存储、自动分拣等先进物流技术装备的创新和应用帮助该项目实现了从原材料到成品全程不落地的自动化、智能化，极大提升生产效率及质量。在管理方面，总装线也由原来的 20 多人减少到现在的 2 个人，基本实现无人化运作。此外，美的集团通过机器人技术、视觉技术、构建信息互联的数字化体系等方式，实现了生产中整个物流环节的可视化、透明化。

2. 两业融合实现了制造业价值链的分解与整合，形成新的价值链

新的价值链包含了物流业与制造业价值链的核心功能，并且新的物流服务能够缩短制造业的生产周期。价值链的分解与整合使产业结构“软化”和经济服务化加深，为两业深度融合发展提供了外在动力。至 2019 年，上海科箭软件科技有限公司已建成供应链管理云平台 Power SCM Cloud，利用整合订单管理系统（OMS）、运输管理系统（TMS）、仓储管理系统（WMS）等流程实现了物流业与制造业的深度融合。例如，哈药集团通过科箭运输管理系统（TMS）实现了运输全程实时监控、高效协同；科箭仓储管理系统（WMS）帮助上实交通

提升库存控制能力，打通供应链；科箭供应链管理云平台助力诺尔物流由物流服务商向供应链服务商成功转型。

3. 两业融合有力地推动新产品、新工艺、新技术的诞生，形成双方产业可持续发展的协同效应

就汽车行业来说，随着人口红利逐渐消失，汽车销量增速放缓，行业整体盈利能力减弱等成为目前中国汽车生产企业普遍面临的问题，特别是国六排放标准即将正式实施，将对车企原有供应链体系产生重大影响。作为国内知名的汽车制造企业，上汽通用从自身特点出发，一开始就制定了明确的智能物流发展方向，即全局自动化和全局数字化。并围绕这一目标展开了一系列工作，一是通过全局互联，包括 IoT、NBLT 等技术为数字化共通做更多基础的铺垫，打造全局数字化共通；二是打造一系列核心平台，包括一体化库存管理，工厂一体化的人、机、料以及整车成品销售、发运端的平台打造，最终实现整个物流运作当中的精益效益；三是在人才队伍的培养方面，上汽结合未来的发展方向实施双轨制专业人才的同步发展策略，为支撑未来潜在技术的应用储备知识和人才；四是在流程体系方面，持续完善物流标准体系和规则，以促使产品的快速迭代和快速推广。

（三）制造业和物流业融合发展的新模式

2019 年，我国两业融合向制造业服务化和物流业产业化两个方向发展。制造业通过与物流业融合，优化自身内部结构、提高整个产业链的效率，促使制造业向高端化、数字化和服务化发展；物流业利用制造业提供的先进技术和现代化设施装备，对接制造业转型升级需求，扩大物流市场，创新物流服务模式。

1. 制造业服务化

物流业作为企业的“第三方利润源泉”，始终贯穿于企业生产的各个环节，为生产链的顺利运转提供安全保障，对推进制造业结构性调整、促进制造业转型升级有着重要的意义。圣戈班（中国）投资有限公司与上海科箭软件科技有限公司开展合作，打造了一个以 WMS 和 TMS 系统为核心的物流管理平台。该平台涉及供应链管理当中的各个参与者，包括供应商、生产部门、仓库、承运商、司机还有客户，通过 OMS 连接订单系统 ERP 网上商城对接订单和物流。依托该平台，圣戈班（中国）投资有限公司形成了一系列标准的物流作业流程，实现了整个供应链的可视化、智能化，提升了企业的“软实力”。

2. 物流业智能化改造

物流企业为更好地满足制造业对智能物流的需求，不断加快智能化改造的步伐。

2019 年 5 月，中外运敦豪（DHL）携手专业无人机制造商亿航智能发布了国内首个全自动智能无人机物流解决方案。该解决方案有利于克服复杂路面情况以及城镇区域交通拥堵带来的问题，满足紧急配送需求，提升其客户满意度。

2019 年，中国外运单证 AI（人工智能）自动识别应用年处理单据量已超过百万单，处理效率提升了 30% ~ 50%。物流仓储资源已经全面数字化，其境内仓库、土地资源、集装箱场站接入率 100%，并通过连接社会仓储资源，搭建物流资源云平台。启动物流控制塔建设项目，客服人员工作量下降 50%。此外，通过水运、陆运、汽运、空运和海外通道建设以及主营业务的全面线上化，构建天网、地网相结合，线上、线下一体化的立体网络。

（四）制造业和物流业两业融合面临的问题

1. 宏观层面的政策环境有待优化

制造业与物流业的融合发展需要一个好的融合机制与环境、一个诚信区域经济体系、一个好的交流沟通平台以及一个良好的硬件支撑平台。此外，在推进两业融合过程中要有示范企业（群）的带动和引领，与良好的人才资源保障。而就目前两业融合的现状来看，存在政策缺失或不到位的情况，尽管目前《中国制造2025》、“十四五”规划等相关政策多次强调制造业与物流业融合发展，但是缺少后续的跟踪和执行，没有将两业融合进行细化，没有目标分解与后续的效果跟进，缺少统一的管理平台，不能有效建立服务标准体系等问题严重影响了两业融合的发展进程。此外，在两业融合过程中，很多物流企业抱怨“一方面在压低价格，另一方面需要延伸服务”，这样做则导致了制造企业选择多个供应商时，对供应商的服务水平、稳定性等方面都存在疑虑，进而导致物流公司无法盈利。由此看来，在缺乏政策有效引导的情境下会使双方合作周期偏短，无法进行两业的深度融合。

2. 产业群融合层面缺少规划

一是我国制造业以中小企业居多，众多中小企业业务以分散物流为主，并没有对产业群中的物流功能进行规划，两业融合缺少配套的硬件设施；大部分物流企业仍从事传统的运输、仓储和装卸等业务，对制造业物流缺少认识，主动服务技术落后等问题，导致目前少有物流企业能够做到针对制造企业实际需求进行“定制”服务。二是对制造业产业群层面的供应、生产和增值的物流服务有限，缺乏一站式物流服务，导致制造企业无法实现其长远的战略目标。三是复合型人才的缺失，我国物流行业发展到如今的阶段，仍然存在大量的人才缺口，特别是复合型人才十分稀缺。随着时代的发展，企业需要通过知识技术的不断吸收和更新积极转换观念，强化服务意识，切实提升服务质量。物流业与制造业由原来的传统行业发展为如今的“智慧物流”“智能制造”，这对国内企业人才又有了更高的要求，即需要产学研结合的复合型人才。然而，我国在推动高等院校与物流企业之间进行校企合作、建立人才培养训练基地等方面还有待改善。

（天津大学　刘伟华　张嘉慧　侯家和　王思雨）

2019 年中国钢铁物流

2019 年，中国坚持稳中求进的总基调，保持了经济社会持续健康发展。中国钢铁行业市场需求较好，钢材消费出现超预期增长。钢铁行业在经历三年“化解过剩产能”后，供给侧结构性改革带来的政策红利逐渐衰减，钢铁行业高供给压力开始显现，市场价格有所下行，兰格钢铁综合钢材价格指数均值较上年下降 6.6%。同时，铁矿石价格大幅上扬，进口铁矿石价格同比上涨 34.3%；铁矿石价格大幅上涨侵蚀钢铁企业利润，钢铁行业盈利水平显著下降。

一、2019 年中国钢铁行业运行情况

2019 年，钢铁行业继续深入推进供给侧结构性改革，巩固去产能成果，加快结构调整、转型升级，推动全行业高质量发展，行业运行总体平稳。

（一）2019 年我国钢铁市场震荡运行

2019 年，国内钢铁市场呈现震荡运行格局，波动幅度弱于 2018 年，全年均值亦低于上年。兰格钢铁云商平台监测数据显示，截至 2019 年 12 月 31 日，兰格钢铁综合钢材价格指数为 146.2，同比下降 1.0%。其中，建材价格指数为 154.5，同比下降 3.0%；板材价格指数为 137.4，同比上升 1.9%；型材价格指数为 149.8，同比下降 4.6%；管材价格指数为 154.7，同比下降 2.9%，具体价格指数走势情况如图 1 所示。

从波动幅度来看，2019 年兰格钢铁综合钢材价格指数在 144.3 ~ 157 运行，波动点位 12.7，明显低于 2018 年 25.8 的波动程度。从全年均值来看，2019 年兰格钢铁综合钢材价格指数均值为 149.9，较 2018 年下降 6.6%。

（二）钢铁产能利用率提升，粗钢产量再创历史新高

2019 年钢铁行业仍然保持较高生产积极性，产能利用率继续提升，钢铁产量同比进一步上升。据国家统计局数据显示，2019 年，黑色金属冶炼和压延加工业产能利用率为 80.0%，较 2018 年全年上升 2.0 个百分点。2019 年全国生铁、粗钢和钢材产量分别为 8.09 亿吨、9.96 亿吨和 12.05 亿吨，同比分别增长 5.3%、8.3% 和 9.8%，钢铁产量再创历史新高。2001—2019 年粗钢产量及增长变化情况如图 2 所示。

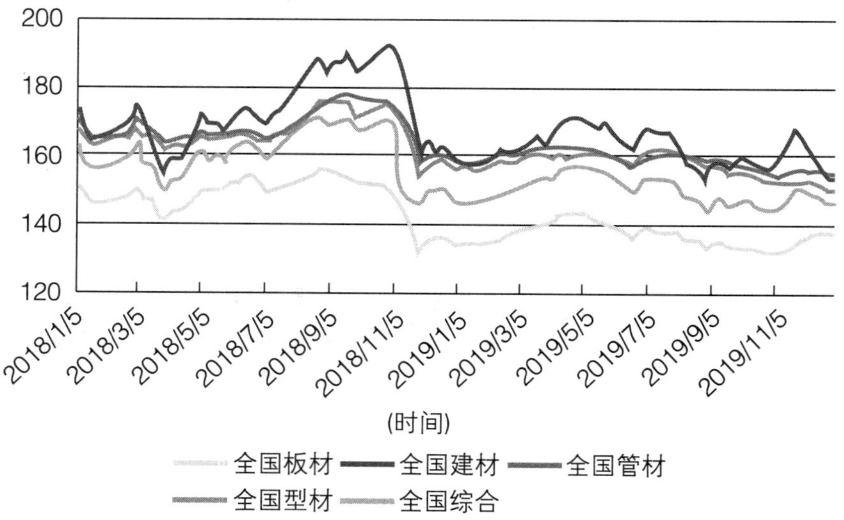

图 1 兰格钢铁价格指数走势情况

资料来源：兰格钢铁研究中心。

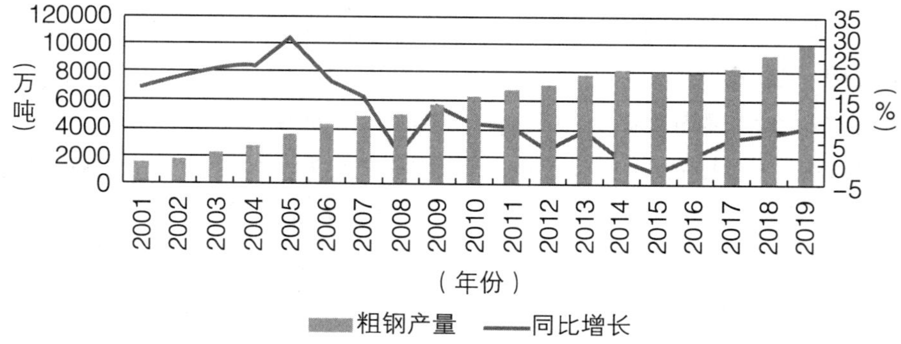

图 2 2001—2019 年粗钢产量及增长变化情况

资料来源：国家统计局，兰格钢铁研究中心。

2019 年我国粗钢日均产量屡创新高。按年度日产来看，2019 年粗钢平均日产 273.0 万吨，较 2018 年全年平均日产 254.3 万吨增加了 18.7 万吨；按月度日产来看，2019 年 6 月粗钢平均日产创历史新高，达 291.8 万吨。

（三）成本上升叠加钢价小幅下行，钢铁行业盈利有所下滑

2019，在巴西淡水河谷铁矿尾矿溃坝事故以及澳大利亚飓风影响下，铁矿石价格较上年有大幅上涨。据兰格钢铁研究中心测算数据显示，2019 年，中国进口铁矿石均价为 94.8 美元/吨，较上年同期上涨 34.3%。铁矿石价格飙升使得钢铁生产成本出现回升，叠加钢材市场价格的小幅下行，钢铁行业效益同比明显缩水。据国家统计局数据显示，2019 年，黑色金属冶炼和压延加工业实现营业收入 70724.8 亿元，同比增长 6.8%；营业成本 64969.9 亿元，同比增长 10.1%；实现利润总额 2677.1 亿元，同比下降 37.6%。

重点大中型钢铁企业盈利降速低于全国水平。据中国钢铁工业协会统计数据显示，2019 年中国钢铁工业协会会员钢铁企业实现销售收入

4.27 万亿元，同比增长 10.1%；实现利润 1890 亿元，同比下降 30.9%，较全国降幅收窄 6.7 个百分点；累计销售利润率 4.43%，同比下降 2.63 个百分点，具体的利润变化情况如图 3 所示。

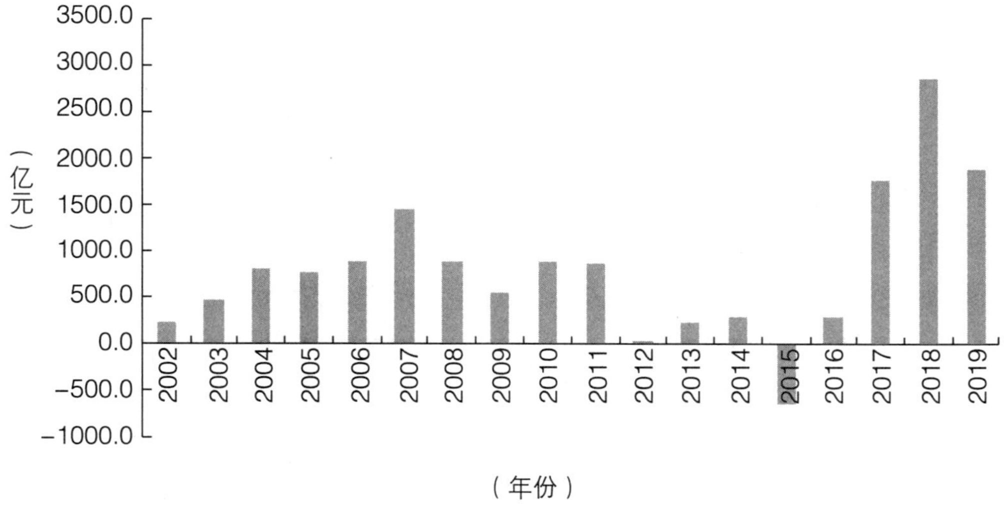

图 3　重点大中型钢铁企业利润变化情况

资料来源：中国钢铁工业协会，兰格钢铁研究中心。

二、2019 年钢铁物流发展情况

2019 年，我国钢铁物流行业运行良好，钢铁流通市场景气度保持良好，钢材社会库存变化呈现新特点，钢材出口下降幅度进一步减缓，铁矿石进口量保持平稳。

（一）2019 年钢铁流通市场景气度保持良好运行态势

2019 年，钢铁行业呈现供需两旺的明显特征，国内粗钢及生铁日均产量继续小幅回升；需求端基建投资增速小幅回落，但房地产韧性依然较强。钢材市场供需均维持在较高水平，钢铁产品在分销流通环节流通量进一步扩大。据中国钢铁工业协会数据显示，2019 年重点大中型钢铁企业通过分销环节销售的钢材量为 25491.2 万吨，同比增长 8.2%。在流通规模扩大的同时，钢铁流通市场景气度仍保持良好运行态势。兰格钢铁云商平台统计发布钢铁流通业 PMI 数据显示，2019 年该指数有 4 个月高于 50%，与上年同期持平，反映了钢铁流通市场景气度仍然保持良好运行态势。2017—2019 年各月我国钢铁流通业 PMI 变化情况如图 4 所示。

（二）钢铁供需环境更迭，库存变化呈现新特点

2019 年，在钢铁供需环境更迭下，钢材社会库存呈现新的特点。一是春季库存高点低于上年。由于 2019 年冬储规模小，春季钢材社会库存量最高点低于去年同期。据兰格钢铁云商平台监测数据显示，2019 年 3 月 1 日，钢材社会库存量到达年内高点，为 1643.0 万吨，较上年高点少 122.3 万吨。二是去库存速度低于上年。产量增幅明显，春季需求启动释放后去库存速度低于上年。6 月 6 日，达到去库存低点，钢材社会库存量为 985.6 万吨，较库存高点下降 40.0%，去库存速度较上年同期下滑 8.1 个百分点（2018 年同期去库存速度为 48.1%）。三是淡季累库情况严重。2019 年 7 月和 8 月，产量高

位释放、需求明显减弱，库存持续上升，8 月 9 日，钢材社会库存量为 1158.7 万吨，较上年同期上升 35.3%，到达累库阶段性高点；四是秋冬需求逐步释放，库存持续下降。特别是 11 月在南方需求超预期释放、北材南下疏港遇阻的情况下，供需错配使得价格持续上扬，钢材出货顺畅，库存大幅下降，使得年终库存接近上年水平。据兰格钢铁云商平台监测数据显示，截至 2019 年 12 月底，全国 29 个重点城市钢材社会库存量为 681.4 万吨，同比上升 1.4%。其中，建材社会库存量为 340.1 万吨；板材社会库存量为 341.2 万吨，同比上升 2.8%。2017 年 11 月—2019 年 12 月我国钢材社会库存量变化情况如图 5 所示。

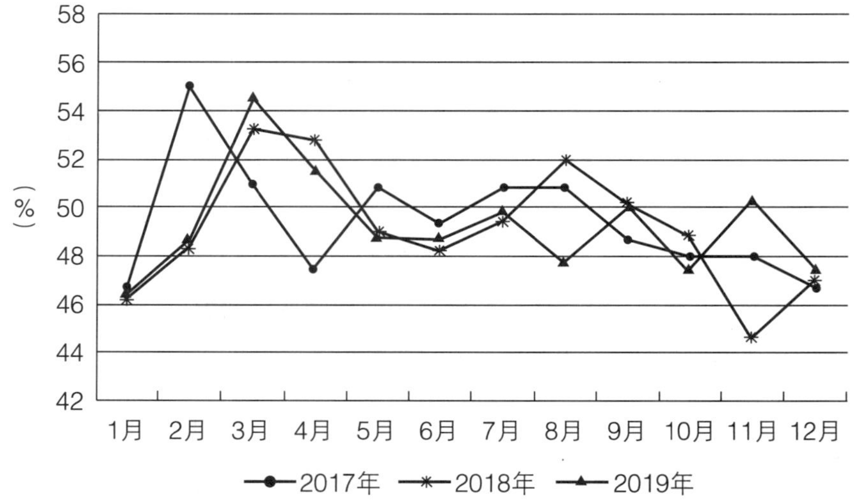

图 4 2017—2019 年各月我国钢铁流通业 PMI 变化情况

资料来源：兰格钢铁研究中心。

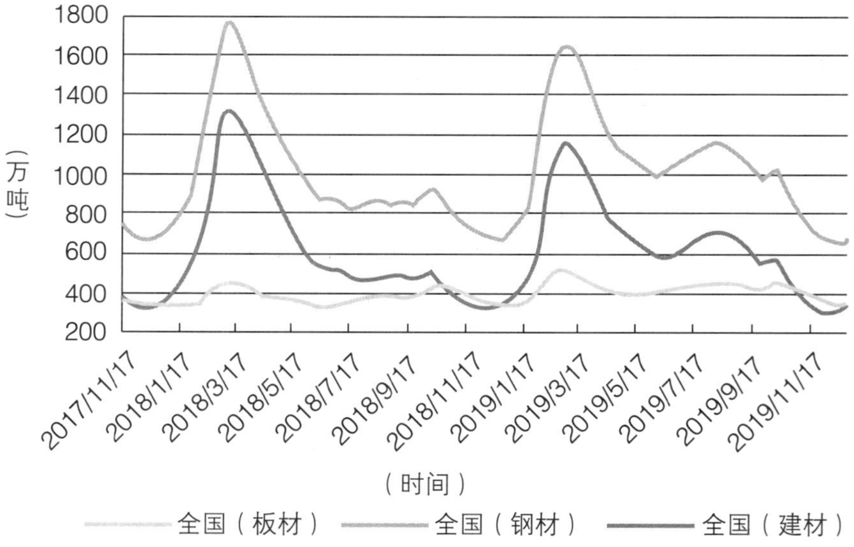

图 5 2017 年 11 月—2019 年 12 月我国钢材社会库存量变化情况

资料来源：兰格钢铁云商平台。

（三）钢材出口量同比降速减缓，贸易摩擦形势依然严峻

2019 年，全球经济下行压力加大，在国内钢材价格相对高位运行，叠加中美贸易摩擦不确定性增多，以及在上年钢铁行业贸易摩擦产生效果的延续下，钢材出口贸易连续受到拖累，但降速与上年相比继续放缓。据海关统计数据显示，2019 年我国累计出口钢材 6429.3 万吨，同比下降 7.3%，较上年同期收窄 0.8 个百分点；累计进口钢材 1230.4 万吨，同比下降 6.5%。2000—2019 年我国钢材进出口变化情况如图 6 所示。

2019 年中国钢铁行业面临国际贸易形势依然复杂，钢铁行业仍遭受较为严重的贸易摩擦。据兰格钢铁研究中心监测数据显示，2019 年中国钢铁出口产品遭遇来自 14 个国家和地区发起的 25 起贸易救济调查，其中反倾销调查案件 16 起，反倾销、反补贴合并案件 1 起，反补贴调查案件 1 起，反规避案件 1 起，保障措施案件 6 起。

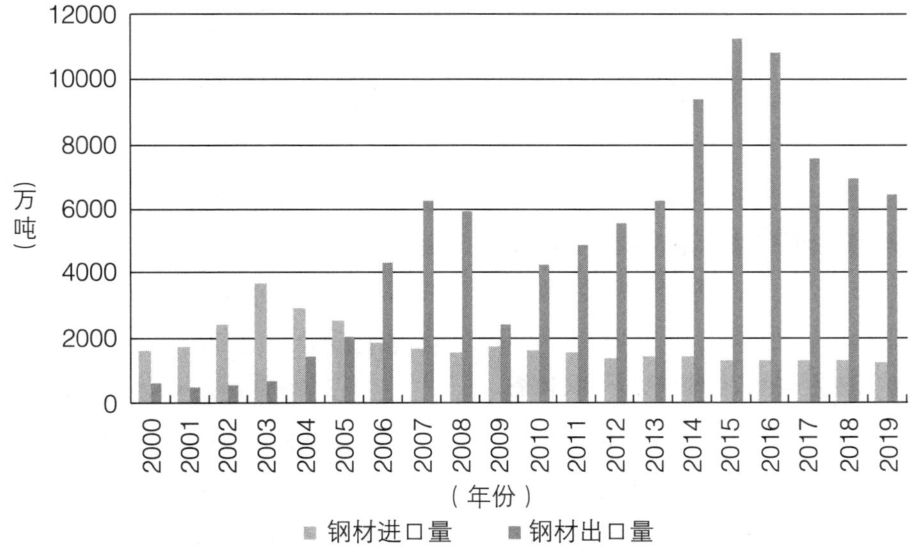

图 6　2000—2019 年我国钢材进出口变化情况

资料来源：海关总署，兰格钢铁研究中心。

（四）铁矿石进口量保持平稳，进口均价大幅上涨

据海关总署数据显示，2019 年我国累计进口铁矿石 106895 万吨，同比增长 0.5%；进口金额 1014.6 亿美元，同比增加 266.4 亿美元，增幅 35.6%；全年进口铁矿石平均价格为 94.8 美元/吨，同比增长 34.3%。与 2018 年相比，进口铁矿石总量保持稳定的同时，进口价格大幅上涨，使得钢材生产成本显著上升，在一定程度上形成对下游钢铁制造业利润的吞噬。

进口铁矿石分国别结构方面，澳大利亚仍是我国铁矿石进口的主要国家，2019 年从澳大利亚进口铁矿石 66457.1 万吨，占总进口量的 62.2%；巴西是我国铁矿石进口的第二大国，2019 年进口巴西铁矿石 22895.2 万吨，占总进口量的 21.4%；从其他国家及地区进口铁矿石 17542.7 万吨，占总进口量的 16.4%。2010—2019 年我国进口铁矿石变化情况如图 7 所示。

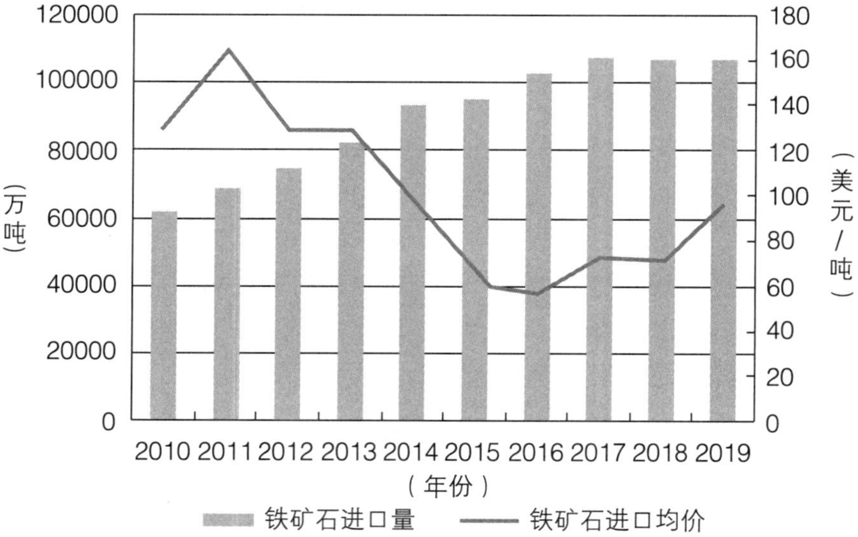

图7　2010—2019 年我国进口铁矿石变化情况

资料来源：兰格钢铁研究中心。

三、2019 年钢铁物流发展的新亮点

当前，中国经济发展进入新常态，钢铁行业的发展环境也发生了非常巨大的变化，无论是供给侧结构性改革，还是环保技术升级改造常态化，都给钢铁物流行业带来新的发展机遇。

（一）钢铁流通格局有所转变

当前，在我国加快城市化、工业化进程的条件下，我国钢铁供给仍处在扩张阶段，但市场流通领域的扩张速度开始放缓，市场面临经营方式的转型。挺进终端已经成为众多钢铁企业的选择，在钢铁流通领域中，一部分原本需要通过贸易商来完成销售的钢材被分流，由钢厂直接供应到工地，实现了“供应端对需求端”的直接交易，“没有中间商赚差价”。钢厂直供模式正在悄然改变着我国钢铁流通领域的格局。

据中国钢铁工业协会数据显示，2019 年，重点大中型企业销售钢材总量为 65741.3 万吨，其中直供量为 26593.1 万吨，同比增长 14.3%；占重点大中型企业销售总量的 40.45%，较上年提高 1.44 个百分点。

（二）推进“公转铁”，助力蓝天保卫战

钢铁物流作为解决钢铁生产企业和钢铁贸易商的货物运输和仓储需求的重要环节，按照国内钢产量与物流量为 1∶5 的关系，2019 年钢铁行业物流量为 50 亿吨左右，其中接近一半的运输量是依赖公路运输完成，同时还需要水运、铁路运输等多式联运配合。

而在公路运输中，机动车污染是大气污染的重要来源，机动车排放的氮氧化物约占污染物排放总量的 1/3，一辆货车产生的尾气可以比拟 200 多辆小汽车造成的污染，同时还产生大量的扬尘。铁路运输具备运输能力大、运送速度快、运输成本低、安全程度高、受天气影响小、占地面积少、单位能源消耗较少和环境污染程度小等优点。数据显示，铁路单位货物周转量的能源消耗和污染物的排放量分别为公路的1/7和1/13，铁路占据着绝对的优势。降低物流成本和“公转铁”是大势所趋，到2025年沿海主要港口、大宗货物年运量150万吨以上的大型工矿企业铁路专用线接入比例力争达到85%。“公转铁”能从源头上降低污染物的排放量，是打响蓝天保卫战的有力措施。

京津冀及周边地区大力推进大宗货物运输“公转铁”“公转水”，加快建设现代综合交通运输体系。就产钢大省河北来看，2019年在“公转铁”推进方面取得积极进展。曹妃甸港疏港铁矿石运输在2019年全部实现“公转铁”；唐山16家钢铁企业铁路专用线建成；河钢集团有限公司与中国铁路北京局集团签署了《关于深化绿色物流战略合作框架协议》，将在2020年整合铁路及社会资源深度融合发展，打造“1+4+*N*”公转铁新业态，河钢集团的钢材产品铁路运量较2019年增加200万吨以上，进京钢材100%实现“公转铁”。

（三）电商平台发展加速钢铁物流信息化

目前我国钢铁电子商务交易平台数量在全国大宗商品电商企业中占比将近30%，钢铁电商平台线上钢材交易量占总交易量比例超过10%，钢铁电商已经成为国内发展最快的电商领域，传统钢材贸易流通模式与电子商务融合发展成为主要趋势。钢铁电商迅速发展是商业模式的创新和转型，将会带来钢铁产业采购模式、营销模式、管理模式和盈利模式的深刻变化。

钢铁电商促进钢铁业与现代物流业相互融合渗透，智慧物流、物联网成为钢铁物流转型升级新动能，钢铁物流中人工智能、大数据技术正在得到应用。钢铁电商的迅速发展，打破了钢厂、钢贸、加工、配送、仓储、运输、终端用户、供应链金融之间的信息壁垒，这些传统钢铁流通领域的各个环节提供给电商平台海量的采销大数据，电商平台通过分析大数据来驱动智能化生产，高效组织社会化生产性服务，使整个生产形态从大规模生产转向个性化定制，生产过程更加柔性化、个性化、定制化，最终将推动钢铁行业的重构和产业链的重组。

（北京兰格电子商务有限公司　王国清　刘陶然　刘长庆）

2019 年中国粮食物流

2019 年，全国粮食总产量达到 66384 万吨（约合 13277 亿斤），比 2018 年增加 594 万吨（约合 119 亿斤），增长 0.9%，创历史最高水平。谷物产量 12274 亿斤，比上年增加 73 亿斤，增长 0.6%。分季节看，夏粮产量 2832 亿斤，比上年增加 56 亿斤，增长 2.0%；秋粮产量 9919 亿斤，比上年增加 110 亿斤，增长 1.1%；早稻产量 525 亿斤，比上年减少 46 亿斤，下降 8.1%。全国粮食播种面积 17.41 亿亩，比上年减少 1462 万亩，下降 0.8%。播种面积下降但总产量增加，得益于粮食品种单产均有不同程度提高。从供需总量看，我国粮食综合生产能力不断增强，取得历史性的“十六连丰”，连续 7 年总产量稳定在 6 亿吨以上，确保谷物基本自给、口粮绝对安全的基础更加稳固。近年来，我国口粮即稻谷和小麦的产量均大于消费量，进口量仅占国内消费量的 2% 左右，主要用于品种余缺调剂，口粮供应并不依赖国际市场，饭碗仍然牢牢握在自己的手上。但我国粮食中长期供求仍呈现紧平衡状态，当前结构性矛盾仍较突出，大豆产需存在缺口，对外依存度较高，2019 年我国进口大豆 8851 万吨，主要用于生产豆油和豆粕，全年食用植物油进口量为 953 万吨，同比增长 51.5%。

在经济下行压力加大、外部环境发生深刻变化的复杂形势下，中央发出了 21 世纪以来第 16 个指导“三农”工作的一号文件，强调夯实农业基础，稳定粮食生产，保障重要农产品有效供给。国家有关部门认真落实总体国家安全观和国家粮食安全战略、乡村振兴战略，始终以习近平新时代中国特色社会主义思想为指导，坚持稳中求进工作总基调，坚持新发展理念，坚持以改革开放为动力、以供给侧结构性改革为主线、以高质量发展为目标，加快构建更高层次、更高质量、更有效率、更可持续的国家粮食安全和战略物资储备安全保障体系，着力推动粮食储备治理体系和治理能力现代化。

一、宏观调控稳定市场作用不断增强

随着粮食收储制度改革深入推进，各类市场主体、多种经营业态蓬勃发展，粮食流通领域正在发生深刻变化。为促进粮食生产稳定发展，进一步优化调整最低收购价和补贴政策，综合考虑粮食生产成本、市场供求、国内外市场价格和产业发展等因素，2019 年国家继续在稻谷主产区和小麦主产区实行最低收购价政策。2019 年生产的早籼稻、中晚籼稻和粳稻最低收购价格分别为每 50 公斤 120 元、126 元和 130 元，保持 2018 年水平不变；2019 年生产的小麦（三等）最低收购价为每 50 公斤 112 元，比 2018 年下调 3 元。各地严格执行稻谷、小麦最低收购价政策，积极引导多元主体开展市场化收购，全年收购粮食 7900 亿斤，协调做好信贷、运力、库容等保障，推动形成主体多元、渠道多样、优粮优价的市场化收购新格局，确保不发生“卖粮难”，保护和调动农民种粮积极性。举办了第二届中国粮食交易大会和全国公益性饲料粮专场交易会，并取得丰硕成果，总规模、成交量、影响力大幅提升，搭建了规范统一的国家粮食电子交易平台，有效促进了“北粮南运”产销衔接，一些区域性粮食展洽活动特色鲜明，产销合作组织化程度和粮食流通效率不断提高。

二、粮食库存管理水平不断提高

继 2009 年全国粮食清仓查库之后，时隔 10 年国家开展全国政策性粮食库存数量和质量大清查，这是在即将全面建成小康社会背景下开展的一次全面彻查。此次大清查对于增强粮食安全保障能力、防范化解粮食库存安全风险、改革完善粮食储备管理体制机制，具有重大深远意义。此次清查历时近 1 年，全面摸清了政策性粮食库存家底。结果表明，国家政策性粮食库存账实基本相符，粮食库存数量可满足全国居民一年以上正常消费需求；粮食质量总体良好，常规质量、储存品质和主要食品安全三类指标，合格率均处于较高水平；粮食储存总体安全，粮食收储企业各项制度执行总体到位，仓储管理较为规范。从品种上看，稻谷、小麦等口粮品种占比约七成，有利于保障口粮绝对安全；大米、面粉等成品粮库存占比不断提高，应急保供能力得到有效保障；粮食主销区库存占比有所提高，库存布局逐步改善。通过本次大清查，向中共中央、国务院和全国人民交出了一本实实在在的“明白账”，为确保国家粮食安全奠定了坚实基础。大清查始终坚持问题导向和结果导向，检查纠正政策性粮食库存管理中存在的隐患和问题，进一步提高了粮食库存管理水平。

三、粮食产业强国建设步伐不断加快

国家有关部门坚持以高质量发展为目标加快建设现代化粮食产业体系，创新完善粮食“产购储加销”体系，延伸粮食产业链、提升价值链、打造供应链，深入推进优质粮食工程。国家粮食和物资储备局联合财政部出台优质粮食工程“1+3”指导文件，先后在江苏、湖北、山东召开现场会，重点推介三个子项典型经验；累计投入中央财政资金近 200 亿元，带动地方和社会投资 550 多亿元；各地已建成粮食产后服务中心 3000 多个，新建和改造提升粮食质检机构 390 多个，发展“中国好粮油”示范市县 396 个、省级示范企业 189 家。优粮优产、优粮优购、优粮优储、优粮优加、优粮优销“五优联动”亮点频出，一批龙头企业做大、做优、做强，一批特色园区集聚集约发展，一批区域品牌彰显带头效应，一批粮食产业科技创新联盟建成，开展危化品储备仓库机械化作业试点。山东省发挥十亿级、百亿级企业和千亿级园区支持作用，广东省建立省级粮食产业发展协调机制，山西省突出放大“小杂粮王国”优势，青海、云南、甘肃、西藏、内蒙古等省、自治区大力发展特色粮食产业。

四、粮食安全依法治理不断强化

在不断完善社会主义法律体系的新形势下，制定一部国家安全层面的粮食安全保障的基本法律，实现“有法可依”，达到“良法善治”，使法治对粮食安全的引领和规范作用更到位，让老百姓对端稳饭碗更安心。当前，《粮食安全保障法》已形成送审稿，经起草领导小组审议并原则通过；《粮食流通管理条例（修订草案）》立法审查顺利进行，立法修规取得阶段性成果。粮食安全省长责任制考核机制越来越完善、导向越来越鲜明、效果显著，山西、安徽、江西、湖北、广西、重庆、四川、宁夏等（省、自治区、直辖市）将其列入省级目标管理考核或重点督查事项，湖南省列入省政府年终重点表彰，拿出“真金白银”奖励先进市县。中央事权粮食政策执行和中央储备粮管理“首考”顺利实施，有力促进了地方政府责任和企业主体责任落实。各地加大立法修规力度，例如，福建省出台《福建省粮食安全保障办法》。发挥 12325 监管热线作用，认真排查举报线索，坚决查处涉粮案件，坚持边查边改、立行立改，96% 的问题现已得到整改。2019 年 10 月，国务院新闻办公室发表《中国的粮食安全》白皮书，集中展现了我国保障粮食安全的伟大成就，系统宣示了我国粮食安全的政府立场和政策主张，鲜明塑造了积极维护世界粮食安全的国际形象，突出彰显了在党的领导下端好中国人自己饭碗的战略自信，在国内外产生了良好反响。

（中国粮食行业协会　韩兆轩）

2019年中国汽车物流

2019年，我国汽车产业总体需求不振，出现持续负增长局面，下行压力突出。汽车产业已经从快速成长期进入平稳发展阶段，短期增量增长逐步让位于长期存量调整，迎来转型升级的关键期。汽车物流行业作为汽车产业的重要支撑，在2019年受汽车市场下行和经济环境不景气的多重影响，同样面临业务结构调整，服务转型升级的新要求，行业基本情况良好，主要表现在以下几个方面。

一、汽车物流市场发生变化

自2018年汽车市场首次出现下滑后，2019年汽车产销量持续大幅下滑，下行压力仍旧较大，根据中国汽车工业协会统计，2019年汽车产销量分别为2572.1万辆和2576.9万辆，同比分别下滑7.5%和8.2%。汽车市场全面进入调整期，下滑的市场对于汽车物流行业造成了一定的影响，物流市场的服务也在不断调整和变化。2015—2019年我国汽车年产销量及其增长速度如图1所示。

其中，乘用车产销量分别为2136万辆和2144.4万辆，同比分别下降9.2%和9.6%，占汽车产销比重分别达到83%和83.2%；受基建投资回升、国三标准汽车淘汰、新能源物流车快速发展、治超加严等利好因素拉动，2019年商用车产销量形势好于乘用车，产销量分别为436万辆和432.4万辆，产量同比增长1.9%，销量同比下降1.1%。另外受退补政策影响，2019年，新能源汽车产销量分别为124.2万辆和120.6万辆，同比分别下降2.3%和4.0%。2019年我国乘用车、商用车销量占比情况如图2所示。

新车市场整体出现大幅度下降对汽车物流行业来说是巨大的挑战，通过增量市场带来的业务增长出现明显下滑，逐步在向存量市场转变。二手车市场增长速度变快，据中国汽车流通协会统计，2019年二手车全年累计交易量为1492.28万辆，同比增长7.96%，详见图3。围绕二手车市场的电商平台已经逐步受到消费者的认可，二手车物流业务格局已经打开。

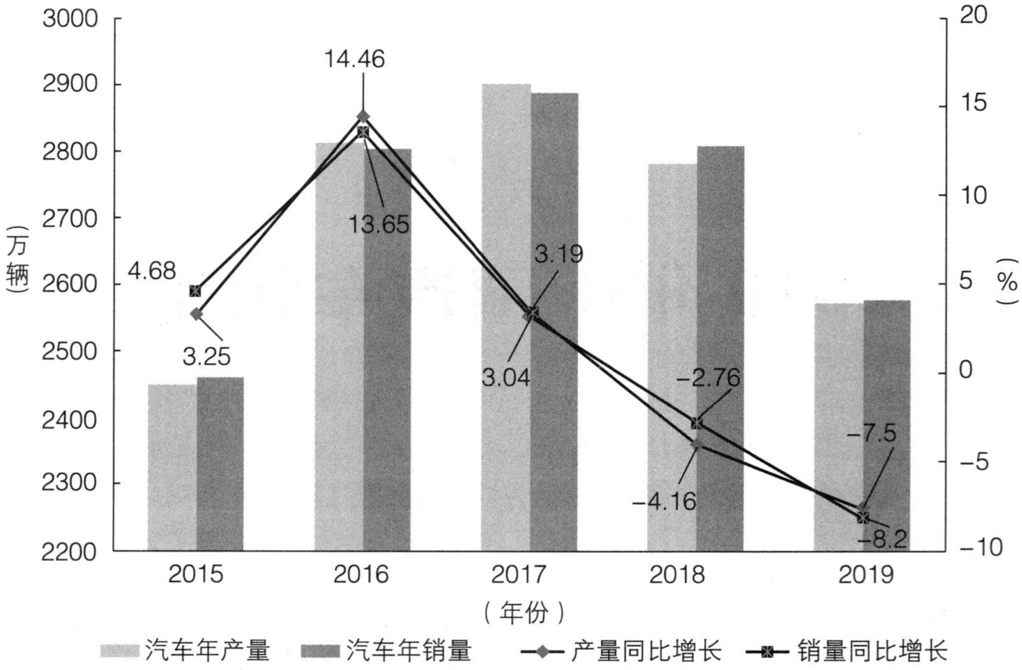

图 1　2015—2019 年我国汽车年产销量及其增长速度

资料来源：中国汽车工业协会。

注：图中数据存在四舍五入，未作调整。全书同。

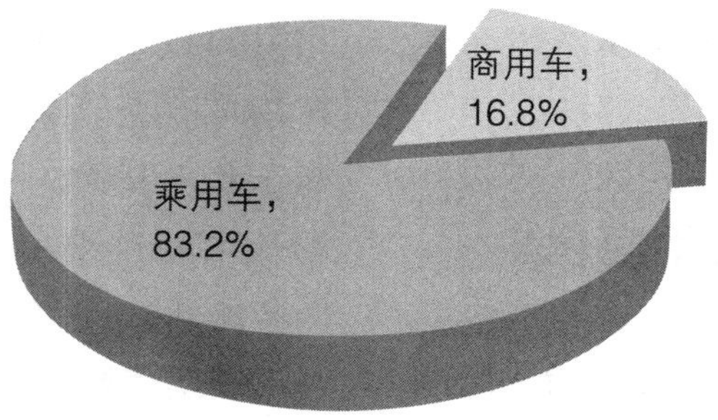

图 2　2019 年我国乘用车、商用车销量占比情况

资料来源：中国汽车工业协会。

随着全国各地二手车限迁政策全面消解，跨城市交易的比例迅速攀升。2019 年二手车转籍比例达到 27.9%。2015—2019 年我国二手车异地转移登记比例情况如图 4 所示。

从汽车保有量来看，2019 年我国机动车保有量达 3.48 亿辆，其中汽车保有量达 2.6 亿辆，并且私家车（私人小微型载客汽车）持续快速增长，2019 年达到 2.07 亿辆，这说明围绕汽车后市场的物流服务需求进一步扩大。2015—2019 年我国私家车保有量情况如图 5 所示。

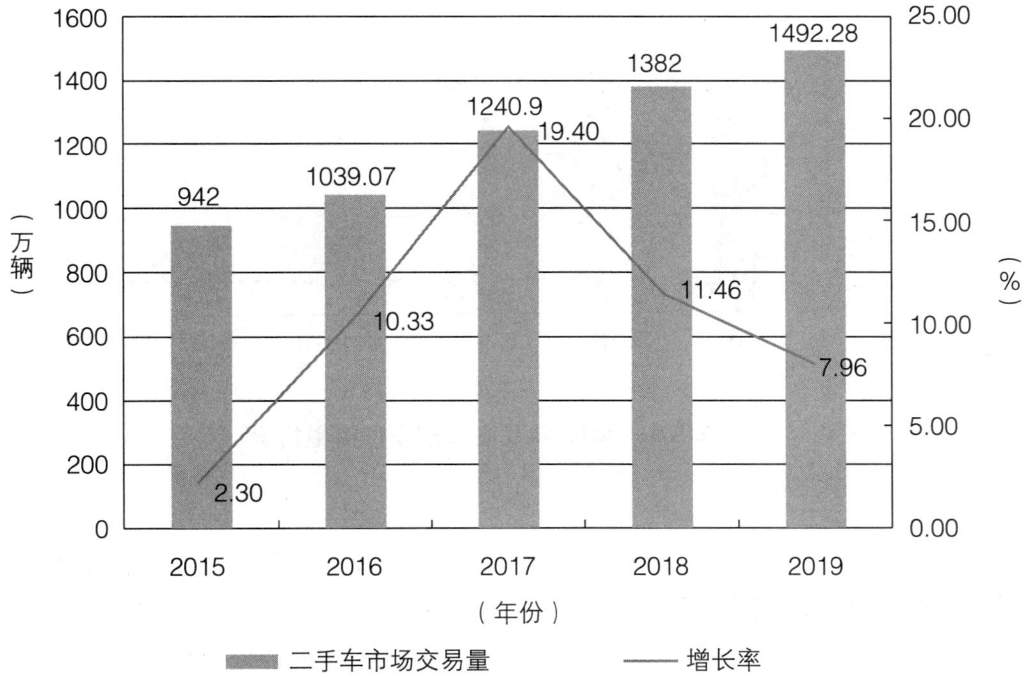

图 3　2015—2019 年我国二手车市场交易量情况

资料来源：中国汽车流通协会。

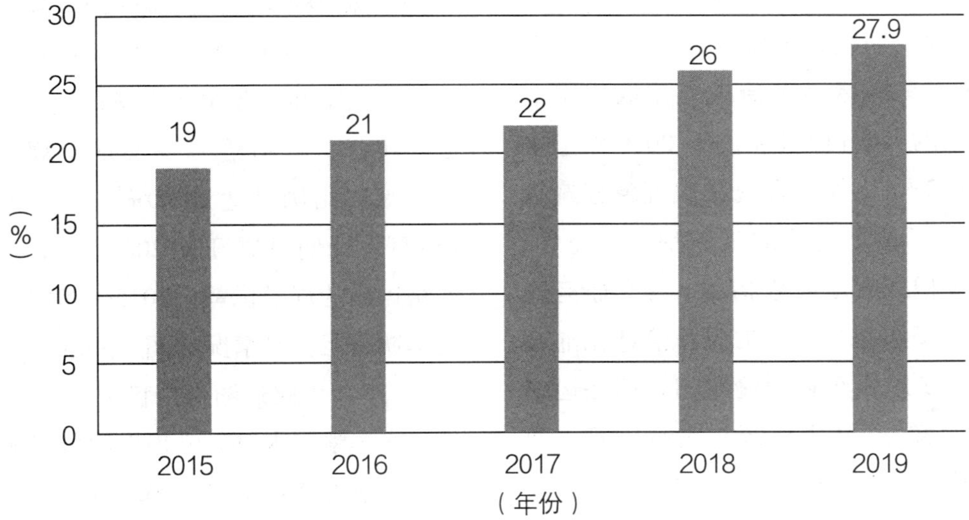

图 4　2015—2019 年我国二手车异地转移登记比例情况

资料来源：中国汽车流通协会。

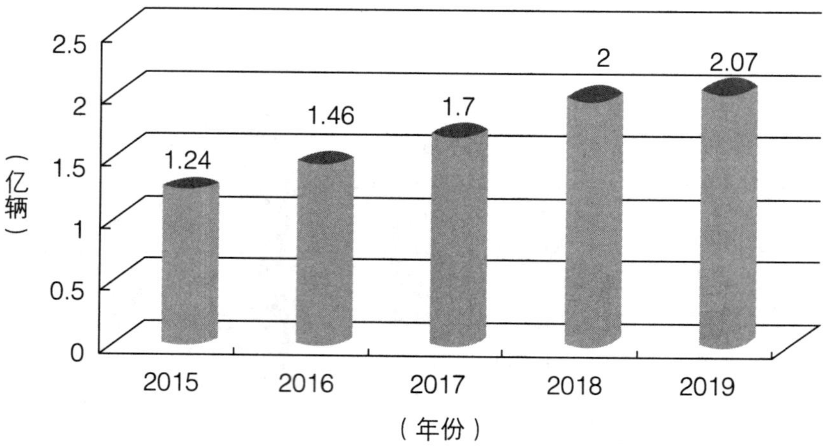

图 5 2015—2019 年我国私家车保有量情况

资料来源：公安部交通管理局。

二、整车物流结构逐渐优化

2019 年，汽车整车物流行业在治超结束后，车辆运输车等运输装备继续优化，铁路和水路发展保持良好态势，综合运输体系越来越健全。

（一）治理后时代效果显著

自 2018 年车辆运输车治理工作取得了显著成效后，新的问题也凸显出来，2019 年上半年，“6+2”“7+2”等不合规装载现象普遍发生，严重扰乱了整车物流的市场秩序。随之，国家相关部委积极采取有效措施，《交通运输部办公厅、公安部办公厅、工业和信息化部办公厅关于进一步加强车辆运输车超长违法运输行为治理的通知》，从强化源头装载监管，严格路面执法检查，加强违法信息共享，实施信用联合惩戒四个方面加强治理，重点查处“6+2”“7+2”等车辆违法违规行为，并按季度统计处理违法信息，有效遏制了不合规装载的违法行为。中置轴车辆运输车在汽车整车公路运输中的优势得以凸显，运输装备不断升级，有效改善了全国汽车整车运输的市场环境。

（二）铁路运输发展迅猛

在近三年的治理工作背景下，汽车整车铁路运输量连年递增，2019 年完成汽车整车铁路运输量 657 万辆，较 2018 年增加 13%，作为国内铁路运输的主体承担者，拥有 1500 多辆 JSQ5 型和 18450 辆的 JSQ6 型铁路专业运输车辆，其中由 JSQ5 型改造的车辆可以完成面包车、中巴车和商务车等车辆的运输，服务范围进一步扩大。运输基本实现了规模化、快捷化，专列比例已达到 60%，平均每周开行约 120 列，峰期每周开行 200 余列，充分发挥了铁路运输的规模优势。2015—2019 年我国汽车整车铁路运输量情况如图 6 所示。

（三）水路运输保持稳定

汽车整车水路运输仍以滚装运输模式为主，少量采用集装箱运输，2019 年完成汽车整车滚装运输量 340 万辆，基本与 2018 年持平，其中沿海滚装 219 万辆，沿江滚装 121 万辆。从运力结构来看，全国江海滚装船舶共计 98 艘。其中，江船 55 艘，沿海船 40 艘，远洋船 3 艘（执行远洋运输），江船主要以 800 车位的船型为主，海船主要以2000车位以上的船型为主，沿江航线主要为汉渝线、汉申线，沿海主要为渤海湾环形航线、海南线、上海至天津线、上海至大连线等区间航线以及广州至天津线、广州至大连线两条沿海南北干线。从滚装码头来看，传统滚装行业主要进口口岸仍以上海、天津、广州、大连为主，以武汉、重庆为主的沿江内贸水运口岸迅速崛起，烟台、东莞等沿海口岸内贸业务实现较大幅度增长，市场格局日趋于合理化；码头服务也由传统的装卸业务向综合汽车物流服务模式转变，在传统装卸业务基础上，延伸仓储保管、分拨配送、信息管理等增值服务将有力增强码头的核心竞争力。2015—2019年我国汽车整车水路运输量情况如图7所示。

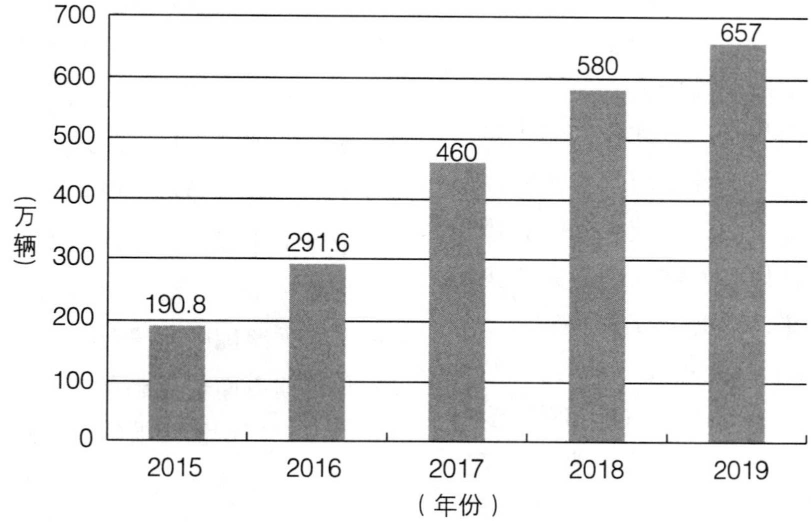

图6　2015—2019年我国汽车整车铁路运输量情况

资料来源：中铁特货运输有限责任公司。

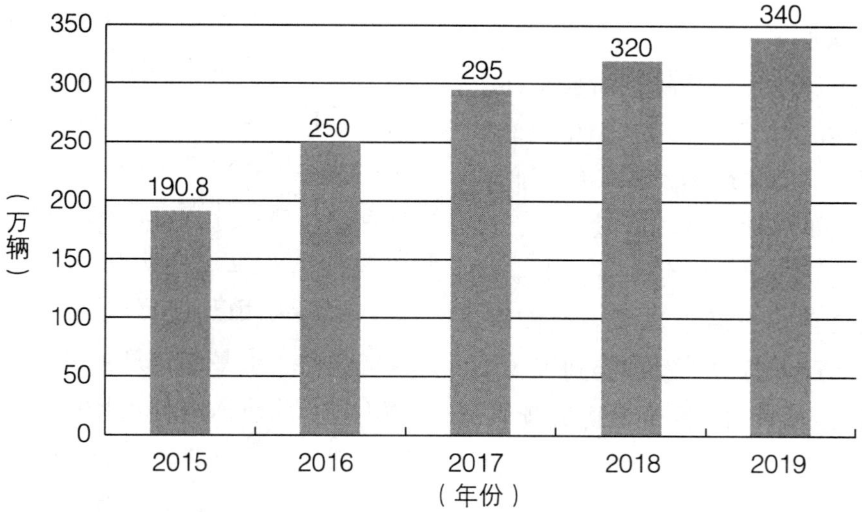

图7　2015—2019年我国汽车整车水路运输量情况

三、汽车供应链服务更加完善

（一）汽车供应链上下游延伸

汽车供应链是最典型的供应链组织结构模式，尤其是在零部件的生产与供应环节，供应链服务以主机厂为供应链的核心，从零部件生产企业、到主机厂，再到汽车经销商4S店，由主机厂进行协调管控，订单制生产销售模式能够大大降低供应链前后端的库存，同时，主机厂和零部件供应商伙伴间合作持久，供应链关系更加牢固。汽车零部件供应端对于物流服务来说，需要更加专业化、系统化，能利用自动化、智能化、信息化等先进技术，完成主机厂的要求，并做到准时制供应与库存管理。

（二）汽车市场的不断扩展

我国机动车保有量高达3.48亿辆，这对于汽车后市场的服务需求越来越旺盛，汽车后市场涉及备件、维修、保养、金融、零部件、电商等多个细分领域，为了促进市场化，市场需求和公平竞争迫使后市场各方转型。主机厂、备件厂商、经销商、维修连锁店及互联网企业纷纷开展不同形式的售后服务市场拓展，主机厂建立自己的独立备件品牌，如东风日产设立了Okcare品牌维修店，上汽集团“车享家”等快修连锁品牌已陆续运营；备件厂商和经销商试点转型，如博世下属的博世车联；维修连锁的铺设多元化，如华胜连锁、康众汽配；互联网企业也在汽车后市场中脱颖而出，如途虎。这些都对后市场物流发展起到了积极的推动作用，同时在细分的后市场物流领域，目前未形成龙头企业，对于汽车物流企业来说是巨大的机遇。

四、汽车国际物流服务升级

汽车物流行业服务不再局限于国内物流服务，已经向国际业务服务拓展，积极布局和拓展国际市场，对推动行业发展起到了至关重要的作用。

一是进出口物流服务深化。近几年，随着我国“一带一路”倡议的落地实施，汽车进出口不再依赖于传统海运，国际铁路运输得到了快速发展，例如，2019年新的整车进出口陆港——西安港通过铁路4个月完成整车进出口总量近1.4万台，是国内所有其他班列公司发运量总和的三倍，铁路进出口业务量增长迅速。除铁路国际运输外，汽车物流行业在国际滚装运输方面也有新的突破，上汽安吉物流投入首艘专用于国际航线运输的船舶（上汽安吉凤凰号）入列东南亚航线，同时开通了中国至南美西航线，实现自营滚装国际航线运营。

二是海外物流业务升级。近些年，我国主机厂，尤其是自主品牌更加注重海外业务，海外建厂数量不断增加，长城汽车在俄罗斯建立工厂；东南亚也成为自主品牌的必争之地，上汽、江铃、五菱、比亚迪、奇瑞等争先恐后在东南亚建厂，海外市场成为我国自主品牌新的业务增长点，伴随着主机厂海外布局，我国汽车物流企业也逐步走出国门，服务全球，例如，上汽集团已在海外建立3个整车基地，海外制造基本上是整体产业链输出，供应链以及物流也逐步进入海外市场中，上汽安吉物流在海外建成了4家物流分公司，为上汽海外工厂进行服务。海外市场空间巨大，伴随着我国自主品牌、新能源企业在国际市场中竞争力的增强，国际化物流服务能力在逐步增强。

五、技术创新水平不断提升

技术创新仍是2019年汽车物流行业关注的热点，从行业技术创新方向来看，主要有三个特点。一是自动化、智能化、数据化、信息化的应用成为企业主要创新方向，无人车、无人机、无人仓等项目在行业内逐步应用，上汽通用等企业利用整车自动驳运AGV实现了整车无人转运，减少人工成本，提高效率，一汽物流开展了零部件自动化、立体仓库、自动驾驶等先进物流科学技术，开展了自动泊车系统实验；二是装备工具、包装等物流器具的优化和改善能够有力降本增效，在零部件物流领域，不断优化物流器具，如料架、汽车行李架、周转箱等，通过小的装备细节改进，持续优化物流服务，不断降本增效；三是基于新技术的供应链管理、物流金融服务在不断升级，区块链技术、云技术、大数据等互联网新技术在供应链管理中不断应用，中都物流通过合作，上线了集物流、结算与供应链金融三大服务于一体的区块链+汽车供应链服务平台。这些新技术与新装备的创新与应用给汽车物流行业发展注入了新的活力。

六、企业之间合作日益加深

汽车物流行业市场集中度较高、核心竞争力强，2019年，有5家企业入选“中国物流企业50强”，还有多家企业获评5A级物流企业，涌现了一批行业领军企业。同时，企业间良性竞争的市场格局已经形成，企业在竞争的基础上也在不断寻求合作共赢。例如，长久物流先后与悦达投资、中国重汽、深长航等成立合资公司，2019年又与格罗唯视成立合资公司，不断通过强强联合实现外延式发展。上汽安吉物流与零部件供应商企业的合作在不断升级，2019年与上海联谊、华域车身、中国弹簧、上海实业交通等多家企业签订战略合作，延伸服务链，实现共谋发展。通过企业间合作逐步实现产业链的融合，业务链的延伸，不断提升企业的服务能力。

七、汽车物流标准不断完善

2019年，汽车物流标准工作持续推进，完成了《汽车售后服务备件仓储服务规范》《汽车成套零部件出口包装和集装箱装箱作业规范》两项行业标准和《汽车整车物流多式联运设施设备配置要求》一项国家标准的报批工作，预计2020年发布实施；《汽车制造零部件物流运输标签规范》《汽车成套零部件出口包装质量检测规范》《汽车零部件托盘包装的打包要求》三项行业标准也将进入审查阶段，国家及行业标准的持续完善，有力推动了行业标准化发展。

（中国物流与采购联合会汽车物流分会）

2019 年中国书业物流

2019 年，中宣部印发的《图书出版单位社会效益评价考核试行办法》开始施行，“社会效益评价”进入可量化、可核查阶段。中国书业物流着力破解本领上的短板、能力上的不足、知识上的弱项和视野上的局限，以推进书业物流高质量发展。2019 年，新华发行集团不断提高书业物流发展的专业化、信息化、标准化，构建以绿色物流、供应链金融为主要特色的书业现代物流体系。

一、建设物流基地提高主业运维和扩容能力

2019 年，新华发行集团部分下属地方集团继续加快建设现代物流基地，一方面加强主业运营能力；另一方面为电子商务等“新零售”业态扩容。部分地方发行集团的具体进展如下。

广东新华发行集团加快现代物流基地建设、推进物流网络体系建设。一是完成了空港物流基地一期工程二次装修，2020 年正式投入使用，并启动二期工程规划和筹备工作；二是积极拓展第三方物流，丰富物流服务体系，降低物流成本；三是加速物流数字化基础设施建设，推动物流产业数字化。

宁夏新华书店发行集团加强图书发行基础建设，全面整修了发行集团东西两侧图书库房，提升了发行集团图书库房的复合型功能，进一步推动图书发行操作的自动化、科学化、现代化。

内蒙古新华发行集团加强渠道建设，做好物流基地建设工作。协调跟进盐业物流基地建设项目，加快推进建设进度，确保项目如期完成。同时做好物流基地的信息化配套功能和设施。

云南新华书店集团推进现代物流项目建设及发行网点建设。基本完成“云南出版电子商务现代物流中心”项目一期工程建设任务，为编印发各环节的物流工作开展提供先决条件。稳步推进物流设备集成和信息化建设项目，中心机房服务器已进场安装，弱电工程已全部完成，物流自动化设备已基本选型完毕并陆续到货，软件开发已进入中后期，2020 年 9 月可试运行。

甘肃省新华书店集团建设阅读体验中心，对物流园区 16000 平方米场地进行装修改造，

设立甘肃省新华书店历史展览馆、阅读休闲区等文娱设施，尝试不同的阅读体验，在宣传新华书店品牌的同时，增强与读者的交流互动，进一步探索“新零售”销售模式。

二、保障文化电商发展，效益初显

转型升级是新华发行集团不变的追求，现代物流既是抓手，也是后方保证。2019 年，各大发行集团寻求突破与创新，以线上平台为依托，以电商平台立足区域市场，在稳定门店主业增长的前提下，发力网络营销，在书业物流的强有力保障下，效益初显。

（一）发行集团通过平台引流，线上图书持续扩大销售

江苏省新华发行集团着力提升电商运营质量，建立了专业化电商团队，销售竞争力跻身全国新华电商前三，2019 年凤凰新华电商实现销售码洋 10 亿元。

湖北省新华书店集团先后建立在线商城九丘网、微信订阅号九丘伴读、抖音、微博等融媒体矩阵，构建了社群、直播业态内容营销、聚客引流的运营模式。截至 2019 年 9 月，湖北省新华电商项目组实现销售码洋 1.42 亿元，同比增长 75%。2019 年，湖北省新华电商渠道粉丝总计约 35 万人，拥有超过 500 人的社群 25 个。

2019 年山东新华数字平台建设从 3 个方面发力。一是“新华阅购”助学读物平台注册会员超过 200 万人，销售额超 3.78 亿元；二是通过不断丰富“智慧书城”移动端应用，大力拓展一般书发行和多元商品销售，销售额 2244 万余元；三是升级改造 MMS（会员管理系统），为会员营销提供支撑。已累计发展会员 364 万人，会员销售码洋占比 41.16%，会员销售实洋占比 40.91%，会员消费 2.17 次/人。

河南省新华书店发行集团云书网有效打通文化供给“最后一公里”，与实体图书卖场充分结合，在乡村建设了 1.2 万余个文化电商服务站。依托“云书网—郑州特色馆”“郑州新华”微信公众号、“百姓文化云”等线上平台，实现门店线上线下商品、库存、营销活动实时共享。

（二）书业物流助力线上平台优势发力

2019 年，江苏省新华发行集团推出凤凰新华阳光采购平台项目，以互联网思维对文化用品、数码电教连锁等直销业务进行改造，对内服务凤凰集团内部单位、凤凰新华及各分公司，对外服务政府机关、企事业单位。

2019 年，浙江省新华书店集团旗下门店依托“政采云”平台，通过做好“政采云”平台的数据维护和投标系列工作进行创新型项目运营，以浙江新华德清县分公司为例，通过“政采云”平台，成功完成项目额超千万元。

三、构建书业大物流智慧服务平台

2019 年，数字化发展加速，智慧物流也在书业物流中加速实践创新。多家新华发行集团的物流企业运营效率、数据分析及服务、第三方物流业务等水平不断提升，并积极建设智慧物流服务网络。书业物流充分运用智慧系统，保证了新华发行集团主业快速发展的同时，也促进了电子商务、教育装备等业务齐头并进。

2019 年 6 月，由中国出版传媒股份有限公司、江西新华发行集团有限公司和江苏凤凰出版传媒股份有限公司持股的新华联合发行有限公司（以下简称“新华联合”）顺利完成中

国出版集团物流资源整合战略实施工作。新华联合通过不断提升物流效率，加强主营业务能力，持续优化物流支持系统。截至 2019 年 10 月底，新华联合营业收入超 1.3 亿元，同比增长 39%。

2019 年，江苏省新华发行集团建立独立电商物流仓，重新组建供应链管理公司等，实现物流建设优化升级；有力保障主业，确保实现智慧物流转型升级。

浙江省新华书店集团下沙物流基地在传统书业物流的基础上开放对接社会及电商物流体系，扩大服务范畴及半径，有效整合了教材、图书中盘、教学仪器装备、多元文化产品等方面的物流，年流通量达 150 亿码洋。

江西新华发行集团 2019 年布局“六大战略”，即大力实施新华+文化、新华+教育、新华+科技、新华+金融、新华+物流、新华+新业态战略。其中，新华+物流通过物流与科技、物流与市场、物流与产业的融合，积极推进江西璜溪物流基地建设线上配送服务点，服务全省各级分公司线上业务。以综合运营现代出版物流港项目、新华联合物流中心项目、智慧物联项目，搭建一个覆盖江西省、辐射全国的骨干物流网络，持续打造实体物流与智慧物流融合互动的产业发展平台。江西新华发行集团拟在 2019 年的基础上，以“新阅在线”、微信商城等网上服务平台，建设江西新华发行集团 B2B、B2C 互联网营运服务平台，逐年提升乡镇发行网点覆盖率，逐步形成线上线下为一体、覆盖全省的服务体系，完善公共文化设施网络，提升公共文化服务水平。

湖北新华联合多部门协同配合，初步建立了现代化的线上线下物流体系，2019 年“双十一”“6 · 18”期间，日均处理订单峰值已超 2 万单。

贵州省新华书店有限公司在与京东物流的合作基础上，2019 年发挥各自物流优势，创造供应链协同效应。

河南省新华书店发行集团深入推进教育服务、文化消费、电商物流 3 大产业链协同发展，实现产业发展提质增效与高质高效。围绕新时期文化产业发展新形势和新要求，坚持以电商物流为抓手，推动“四个新华”协调发展，加速实现新华书店整体产业转型升级。“新华快的”物流配送体系是河南省新华书店发行集团一项创新业务，构建辐射河南全省每个乡村的智慧物流服务网络，架构了以市县物流分拣中心、新华快的班车、乡村服务站为核心节点的“新华快的”物流配送网络体系。河南省新华书店发行集团以信息化、智能化设备为载体，加强技术创新和商业模式创新，依托河南省“米”字形高铁网络，以郑州为中心，辐射周边省辖市县的物流分中心，构建综合性“大物流”平台。

重庆新华书店集团的商品流转系统和物流配送系统立足于互联网时代云平台数据先行、订分同步、结算一体、智能互动的思维，实现主业各环节高效对接；图书自动化分拣系统充分利用现代物流设备和信息技术，实现高度信息化、适度自动化和管理系统化。

2019 年，内蒙古新华发行集团全面推进“12345”工作总布局，协调推进 8 项重点任务、9 项具体工作。全力抓好传统主业和新兴产业两大任务。大力促进传统主业转型升级，新兴产业蓬勃发展，使文化消费、教育服务、现代物流 3 大传统板块与研学旅游、教育装备、托幼教育、马产业 4 大新型产业整齐划一、齐头并进，实现相互促进、统筹发展。做好文化消费板块转型升级、加快教育服务板块转型升级、加快全区仓储物流转型升级、推进新兴产业蓬勃发展。

2019年，新华文轩利用互联网、大数据、云技术等重构供应链，创新行业价值链。一是在内部打造完整的数据分析平台，在出版层面打造整体闭环；二是在运营要求外，根据数据变化规划下一步的工作方向，通过算法得到整体销售预期，分析用户购买行为、购买频次、购买品种、订单情况；三是在智慧供应方面，向国内24个省市的400余家书店提供大数据选品服务；四是在信息方面，实现客户数据T+1系统对接；五是在重构价值链方面，共享规模采购、配送服务，并向书店创新销售方式提供技术工具、数据等服务。微信查书、微商城、移动支付、自助购书、导购机器人、客户分析系统等互联网后台服务系统促使书店越来越智能；通过大数据描绘出“读者画像”，进而形成“书店画像”和“出版社画像”，更精准地服务出版业。

四、新华发行集团发展方向

挖潜大数据、探索新商业模式是新华发行集团关注的热点，也是转型升级的方向。江西新华发行集团预计到“十四五”时期期末，全省门店智能化升级改造全面完成，基于5G移动互联网、物联网、大数据的跨界发展平台，全面实现商业模式的重构以及物流管理运营的智能化，深度推进新华发行集团的矩阵综合运营，加快建设出版发行领域的物联网运营平台。

（《中国出版传媒商报》社　穆宏志）

2019 年中国冷链物流

2019 年是新中国成立 70 周年，也是全面建成小康社会的关键之年。这一年，中国经济发展面临的外部环境和内部条件更趋复杂，全球经济形势逆转，由上年的“同步复苏”转向“同步减速”，经贸摩擦此起彼伏，保护主义愈演愈烈，这些都为全球经济带来了更大的风险和挑战。从国内看，中国政府加大逆周期调节、积极实施稳定经济政策，国民经济总体保持在合理区间，但经济增速逐季放缓、下行压力持续增大。

从冷链物流发展情况来看，2019 年受实体经济和大物流环境不景气的多重影响，部分企业受到较为显著的市场冲击。但行业整体仍旧保持稳步的增长势头，呈现出以下发展特点。

一、冷链市场需求进一步增长

2019 年，我国冷冻冷藏水产和肉制品进口量上涨至 1000 万吨。果蔬、肉制品、水产品、乳制品总产量将突破 13 亿吨，冷链物流市场需求巨大。根据中国物流与采购联合会冷链物流专业委员会（以下简称“中物联冷链委”）测算分析，2019 年我国食品冷链物流需求总量约为 2.33 亿吨，比 2018 年增长 4439 万吨，同比增长 23.52%。2019 年我国食品冷链物流总额约为 6.1 万亿元，同比增长 27.08%。2019 年我国食品冷链物流市场总规模为 3391.2 亿元，比 2018 年增长 505.2 亿元，同比增长 17.5%。我国的城镇化进程还在加速，京津冀、粤港澳大湾区、港珠澳大桥等区域合作步伐在加快，消费者的食品安全意识也在不断提升。随着全球范围内冷链食品产地、加工地和消费市场重塑，冷链全球性需求正在增加，以生鲜电商为标志，生鲜农产品、冷链食品行业蓬勃发展，为食品冷链提供了巨大的发展空间，以速冻食品、乳制品、肉制品和海产品为代表的冷链食品行业走上了提升期的轨道。

二、冷链基础设施不断完善

在中共中央政治局会议提出实施城乡冷链物流基础设施补短板工程的要求后，我国冷链基础设施建设加快推进。据中物联冷链委数据显示，2019 年全国冷库总量达到 6052.5 万吨（折合 1.51 亿立方米），新增库容 814.5 万吨，同比增长 15.55%。截至 2019 年 11 月，全国冷藏车市场保有量为 21.27 万台，较上年增长 3.27 万台，同比增长 18.16%。其中，2019 年 1—4 月冷藏车市场销量大幅上扬，进入 5 月，由于“5·21”大吨小标事件的曝光和治理，蓝牌轻卡冷藏车销量受到影响，不过 10 月之后冷藏车市场整体回升。从区域分布来看，华东地区冷藏车增长量最高，占前 11 个月增长总量的 31.9%，其次是华南、华北、华中地区，增长量占比基本接近。

三、行业监管力度明显加强

新修订的《中华人民共和国食品安全法实施条例》已于 2019 年 12 月 1 日正式实施，该条例进一步落实了生产经营者的食品安全主体责任，细化企业主要负责人的责任，对食品贮藏、运输提出了更高要求，禁止对食品进行虚假宣传，并完善了特殊食品的管理制度，明确规定“从事对温度、湿度等有特殊要求的食品贮存业务的非食品生产经营者，食品集中交易市场的开办者、食品展销会的举办者，未按照规定备案或者报告的，由县级以上人民政府食品安全监督管理部门责令改正，给予警告；拒不改正的，处 1 万元以上 5 万元以下罚款；情节严重的，责令停产停业，并处 5 万元以上 20 万元以下罚款”。中共中央、国务院出台《中共中央 国务院关于深化改革加强食品安全工作的意见》，提出了史上“四个最严”，即最严谨的标准、最严格的监管、最严厉的处罚、最严肃的问责，明确指出要严把流通销售质量安全关，建立覆盖基地贮藏、物流配送、市场批发、销售终端全链条的冷链配送系统，严格执行全过程温控标准和规范，落实食品运输在途监管责任，鼓励使用温控标签，防止食物脱冷变质。国家市场监督管理总局正在推动《冷藏冷冻食品销售质量安全监督管理办法》的立法工作，要求冷藏车、冷库需依法备案，对冷藏冷冻食品销售者、储存者、运输者和平台经营者相关主体责任进一步完善。《食品安全国家标准 食品冷链物流卫生规范》强制性标准已完成征求意见，将于 2021 年实施，是冷链物流行业第一个强制性标准。

四、冷链市场环境有所改善

在中共中央、国务院大力发展冷链物流的要求下，《关于推动物流高质量发展促进形成强大国内市场的意见》（以下简称《意见》）、《财政部办公厅 商务部办公厅关于推动农商互联完善农产品供应链的通知》（以下简称《通知》）等政策文件陆续发布。《意见》支持采取订单农业、产销一体、股权投资合作经营模式的农产品流通企业或新型农业经营主体结合自身实际情况，重点围绕本地特色优势农产品供应链体系的短板和薄弱环节，不断完善基础设施，创新应用新模式、新技术，推动农商互联互动，提升农产品供应链质量和效率。《通知》明确中央财政资金支持，各地中央财政资金支持农产品产后商品化处理设施和冷链物流的比例不得低于 70%。对确定支持的省（区、市），每个省（区、市）支持 2 亿元。资金分两年安排，2019 年每省（区、市）支持 1 亿元，2020 年根据工作开展情况再拨付剩余资金。

广西、广州、龙岩、洛阳、南平等地也相继出台冷链物流政策和规划，把发展冷链物流提升到同乡村振兴、精准扶贫、产业升级等息息相关的层面，在冷链用地、建设资金等方面给予扶持和补贴。以福建省龙岩市为例，2019 年 2 月龙岩市人民政府发布了《龙岩市人民政府关于加快现代服务业发展十五条政策措施（修订）的通知》，明确提出“首次获评国家‘三星’‘四星’‘五星’级冷链物流企业，分别给予10万元、20万元、30万元奖励，等级提升企业给予补差奖励。”

五、企业活力进一步释放

2019年在冷链需求和市场模式不断变化的大背景下，很多企业积极探索和布局新的市场机遇，彰显企业活力。比如，G7和日本丸红成立合资公司天津吉红融资租赁有限公司，G7和日本丸红双方将在全球范围内开展车队智能化管理与运营的相关合作，发挥日本丸红在车队管理和运营方面的全球经验，以及G7在物联网、AI等方面的技术优势，探索建立智能资产管理和运营的新服务模式，专注于智能冷链车队资产管理服务，共同探讨在中国的发展机会。双汇物流和冷王、开利、东风、解放、中集、红宇六家企业达成战略合作，计划用三年至五年的时间，使双汇物流从传统物流企业转变为具有强大社会服务能力的开放型现代物流企业，发展成为具备完善产业链服务功能的食品服务企业，营业收入达到100亿元，打造食品服务业中国版Sysco。

此外，顺丰冷运、京东冷链、苏宁物流、领鲜物流、万纬冷链、宇培供应链、郑明物流等也在进行全国性的网络布局。唯捷城配、九曳供应链、餐北斗、信良记等先后获得融资，获得资本市场青睐。2019年3月15日，智能物流创新企业唯捷城配获得浦发硅谷银行提供的数千万元的债权融资支持，资金将主要用于进一步加速在toB同城货运市场的业务扩张；5月2日，餐北斗完成新一轮融资，投资方为川商基金、险峰长青、富泰来、展博创投；5月15日，九曳供应链宣布完成C+轮融资，由招商局资本旗下招商瑞穗基金领投，此轮融资将继续用于扩大在IT和生鲜云仓方面的投入，建设智慧生鲜仓储体系，优化供应链各环节，构建全球化的生鲜供应链服务平台。

六、2019年冷链物流业发展中的问题

虽然冷链物流机遇广阔，冷链行业的发展依然面临诸多问题，需要政府部门、行业协会和企业正视并解决。当下主要问题体现在以下几个方面。

（一）基础设施不平衡矛盾依然突出

当前我国冷链基础设施体量依然无法满足市场需求，但盲目建设冷库、购置车辆、扩充网络等导致了“吃不饱”问题还是很多，值得大家警惕和反思。2019年受非洲猪瘟疫情影响，进口猪肉、牛肉等数量激增，受惠于此，很多地方冷库业务一改疲态，出现长期爆仓局面。这也促使一些地方的冷库项目大干快上。这背后存在不小的隐患，一旦进口量下降将造成库容过剩。我国冷库的整体建设发展失衡，从分布上来看，全国冷链发展主要集中在华东、华北、华中地区，其中，上海、山东、广东、江苏等地的冷链水平较高，冷链网络及体系相对健全；中部农牧业主产区和西部特色农业地区冷库则较为短缺，承担全国70%以上农产品批发交易功能的大型农产品批发市场、区域性农产品配送中心等关键物流节点缺少冷冻冷藏设施，造成冷链物流在生产源头缺乏预冷。

（二）政策滞后和超前共同制约行业发展

各部门出台了一系列政策措施，但存在落实不到位、推进速度慢、地方协调难等问题。

尽管宏观政策趋于宽松，多数中小微冷链物流企业仍面临经营困难问题，特别是用地难、用地贵，融资难、融资贵，进城难、通行停靠难等矛盾依然突出，同时市场竞争又更加激烈。冷链政策的滞后和超前在一定程度上制约了行业的发展，在冷链物流用地、通行、用电等方面政策的滞后，让行业的发展步履维艰。与此同时，推行国六排放标准、采用新能源货车的政策又显超前，对冷链物流等行业的特殊性兼顾不足，导致企业既花费高额成本，又无法提高运营效率，甚至是事倍功半的效果。同时，新兴的“互联网+”物流领域出现的新问题，传统的监管模式已经跟不上时代需要，也对物流业治理体系和治理能力现代化提出了新要求。另外，冷链政策在宣传、普及、落实等方面还需要进一步加强。

（三）企业利润空间不断压缩

2019 年，受服务价格持续下滑、竞争加剧、业务量增速连续放缓的挤压，物流企业盈利水平还在进一步走弱。据中物联冷链委调研，很多冷链物流企业和冷链装备企业的营收有所增长，但利润空间与上年相比却有所下降。究其原因，一是客户经营压力大，物流费用不涨反降；二是薪资、社保等人力成本以及租金成本与日俱增，税负、燃油费、路桥费等没有降低；三是日益严苛的政策标准给大企业带来不少制约，但还无法全面覆盖到小微企业。

（四）企业升级慢，竞争力不足

2019 年，市场需求、客户结构都在发生深刻变化，对冷链物流服务提出了全新的要求，包括服务流程、服务标准、信息对接、响应速度等。在此情况下，部分企业主动求变，通过能力升级来应对日益复杂的竞争，但大部分企业还是在传统的市场竞争中角逐，原有优势被逐渐蚕食。我国劳动力成本越来越高，加之冷链多环节处于低温恶劣的作业环境，冷链企业的降本增效不能一味靠人，自动化、智能化至关重要。企业强强联合的背后是人才的竞争，所有的投资都是对人的投资，管理除了靠制度外，更重要的是发挥文化和价值观的引领作用。伴随互联网、物联网、大数据和人工智能的高速发展，我国诞生了越来越多世界级的公司，但世界的发展瞬息万变，企业必须时刻升级自己的经营理念。因此，冷链企业的技术装备、人员管理、经营理念都需要不断迭代升级，才可能在激烈的市场竞争中存活下来。此外，在冷链技术设施建设和运营管理方面，也要提升安全、环保和节能理念。由于冷库安全意识不足，2018 年以来已发生十多起冷库安全事故。冷库是能耗大户，每年全国冷库用电费用超过 800 亿元，节能空间巨大。同时要注重绿色能源在冷链物流行业的应用。

七、解决方案

（一）全力推动政策落地实施

政策的落地实施不仅需要政府部门自上而下的宣贯，同时也需要行业协会和冷链企业的积极配合协作。国家发展改革委、交通运输部、商务部、农业农村部近年来在推动冷链行业发展方面做了很多工作，但是缺乏政策落实的抓手和途径。因此，在今后的工作中，政府、协会和广大企业要联动起来，改善长期以来政策落实不到位的症结。

（二）充分发掘冷链增量市场

冷链物流专业性和非标性很强，大而强、小而美的企业可以共生共存。但不可否认在传统“仓干配”冷链物流这个存量市场，竞争激烈已经是不争的事实。应该用发展的眼光探寻冷链的增量市场，不断寻找和发现新的增长极。比如产地冷链、产地供应链，就是未充分挖掘的万亿级市场。当前农产品产地冷链物流网络不完善，产地规模化、专业化的第三方冷链物流企业数量少，在县、镇、村中缺乏不同层级的冷链集散中心、分拨中心和冷链运力，造成农产品损耗大且走出去困难重重。农产品走出去与冷链物流运输相辅相成，随着冷链技术的不断发展，具有较高价值的反季节产品和具有地域特色的优质农产品才能在全国范围内流通。距离越远，农产品价值越高，冷链运输又促进了销路拓展的实现、缓解了滞销，同时全程冷链能够使农产品在运输过程中始终处在低温环境，保证安全和质量，减少损耗，据统计当前使用冷链运输的损耗率在 5% 左右。还有新餐饮、社区零售、跨境冻品冷链等领域，同样存在着巨大的市场空间。如今餐饮行业向着互联网化、智能化、娱乐化的方向发展，新餐饮的竞争已从线上转到线下，在餐饮行业，供应链非常重要，餐饮供应链的核心就是冷链物流。

（三）注重科技对行业的驱动

越来越多的行业共识表明，科技是推动物流行业发展的根本驱动力，正是因为经济下行，大家想尽一切办法通过科技来提升效率。2019 年，在物流领域，物联网的改变已经从单一场景渗透到全生产要素、全产业链、全场景，并进入加速阶段，冷链物流也不例外。需求订单不断碎片化，运输线路日益复杂，物流效率要求持续升高，人力成本越来越贵……这些多维因素已经在一边分解、一边重构冷链物流这个行业，未来冷链行业中，人的价值在于创造更好的解决方案，其余工作都需要交给科技，推进业务的数字化改造。通过大数据、云计算等智能基础设施的建设，把每个物流环节的信息数字化并实现线上连接，推动冷链物流过程的透明化。通过智能科技赋能冷链的每一个环节，才能实现提质增效降本。

（四）继续未雨绸缪，抱团取暖

当前中央政府对冷链物流高度重视、政策密集出台。我们必须清晰地认识到，现阶段属于冷链行业转型升级的阵痛期，利好政策落地需要时间，溢出效应尚未显现；市场需求还未全面爆发，消费者冷链认知仍需培育。所以，企业需要找准业务定位、修炼提升内功，同时要积极抱团取暖，增强风险抵抗能力。冷链行业已不再高速增长，增量红利在减弱，更多的将是存量博弈与优化，协同整合、构建生态将成为主要发展特征。领先的龙头企业希望突破现有的天花板，寻找保持业务超行业平均水平发展的新支撑点。因此，越来越多的企业选择强强联合，不仅与物流同行形成业务合作，同时也与资源方、科研机构形成不同形式的合作关系，甚至于跨界营销合作。

事无恒长，唯有变化；适者盈好，唯有顺势。挑战与机遇共生是不变的规律，我国偌大市场的消费红利正在不断释放，追求高品质生活成为消费主流，已经成为冷链物流不可阻挡的大趋势。只要坚持发展创新、模式创新、思维创新、服务创新，相信冷链物流会结出更多的惠民果实。

（中国物流与采购联合会冷链物流专业委员会）

2019年中国危化品物流

2019年，我国石油和化工行业经济运行稳中有进，全国油气和主要化学品生产稳定，由于行业经济运行下行压力仍较大，市场疲软、分化持续，成本高位运行，石化产品进口压力不断增大，外部环境不确定性、不稳定性因素仍较多。2019年，石油和化工行业营业收入达到12.27万亿元，同比增长1.3%，占全国规模工业营业收入的11.6%。其中，化学工业营业收入6.89万亿元，同比下降0.9%；炼油业营业收入4.02万亿元，同比增长4.6%；石油和天然气开采业营业收入1.10万亿元，同比增长2.4%。与此同时安全环保挑战仍严峻，使得下游企业成本压力加大，盈利能力下降，倒逼整个石化产业链转型提速。此外，石油和化工行业经济运行效益降幅收窄将直接影响对物流服务的刚性需求，也对未来化工物流行业的成本提出更多的要求。

一、2019年危化品物流市场分析

我国危化品物流市场的发展主要得益于石化行业的迅速发展。2019年年末，危化品物流市场规模约为1.87万亿元。2014—2019年全国危化品物流市场规模情况如图1所示。

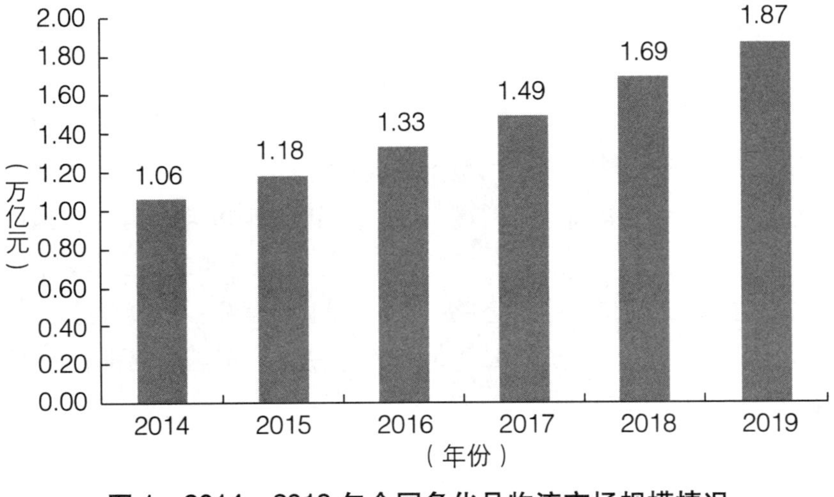

图1　2014—2019年全国危化品物流市场规模情况

我国经济长期向好的基本面在未来一段时间内不会发生改变，虽然有一定的下行压力，但是随着危化品物流的经营环境不断改善以及“一带一路”倡议的实行，国内危化品物流在经济和工业以及全球一体化的发展下，将迎来更好的发展机会，行业的市场规模将会持续保持增长。

我国危化品物流主要起源于石化产业链，通过将上游企业的原材料运输给下游加工企业，因此该行业的市场消费企业大部分集中在东南沿海地区，因为这里的石化加工类企业更为发达，华东地区和华南地区合计占据着全国70%以上的市场比例。2019 年我国危化品物流行业区域市场规模分布占比情况如图 2 所示。

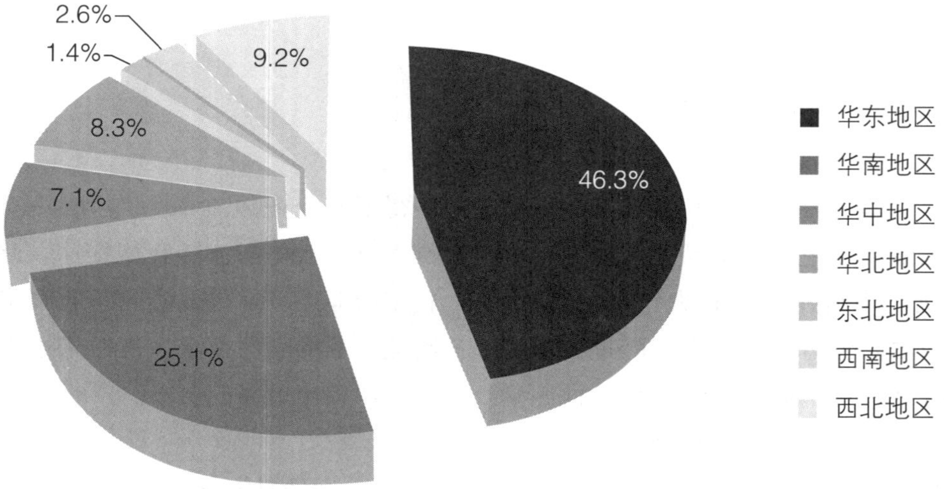

图 2　2019 年我国危化品物流行业区域市场规模分布占比情况

在接受调研的危化品物流企业中，35% 的企业业务辐射全国，26% 的企业业务仅辐射本省及周边地区，只有 9% 的企业业务跨国。

二、2019 年危险货物公路运输市场分析

据统计数据显示，每年通过道路运输的危险货物超过 11 亿吨，占各种运输方式的近 70%。

截至 2019 年 9 月，经统计确认，从事道路危险货物运输业户数约 1. 22 万家，比 2018 年增加 900 多家；挂车 19. 41 万辆，552. 72 万吨；汽车 17. 86 万辆，175. 26 万吨；从业人员 160. 07 万人。

在参与调研的危化品物流企业中，2018 年平均营业额 9680. 86 万元，较 2017 年平均增长约 7%。2019 年这些企业的平均营业额超过 1 亿元。

（一）道路危险货物运输汽车车辆数量与吨位分析

截至 2019 年 9 月，各地区汽车吨位规模排名中，安徽、广东、江西位列前三，西藏、青海和海南居后。2019 年全国各地区道路危险货物运输汽车车辆规模排名如表 1 所示。

表 1　　2019 年全国各地区道路危险货物运输汽车车辆规模排名

序号	地区	数量（辆）	吨位（吨）	序号	地区	数量（辆）	吨位（吨）
1	安徽	10658	151020	17	贵州	4384	40143
2	广东	13151	141669	18	重庆	4362	38999
3	江西	10063	118136	19	湖南	5989	38114
4	四川	10256	117565	20	广西	4768	30847
5	江苏	11841	112975	21	福建	4000	30119
6	辽宁	13287	103989	22	上海	3618	28529
7	黑龙江	6318	97674	23	山西	2934	25662
8	河北	8015	87648	24	甘肃	2359	23623
9	陕西	7092	82501	25	吉林	3838	21092
10	山东	7616	81006	26	北京	2629	16318
11	云南	5446	63349	27	宁夏	1095	13293
12	内蒙古	6368	60435	28	天津	1929	12421
13	河南	5546	58672	29	青海	817	7747
14	浙江	8757	54134	30	西藏	852	6988
15	湖北	4991	42946	31	海南	529	3514
16	新疆	5075	41465	32	总计	178583	1752593

截至 2019 年 9 月，按照道路危险货物运输汽车的类型分，大型汽车数量占比为 66.02%，吨位占比为 93.03%；中型和小型汽车数量占比分别为 11.69% 和 22.29%，吨位占比分别为 4% 和 2.97%。2019 年道路危险货物运输汽车各类型数量及吨位占比情况如图 3 所示。

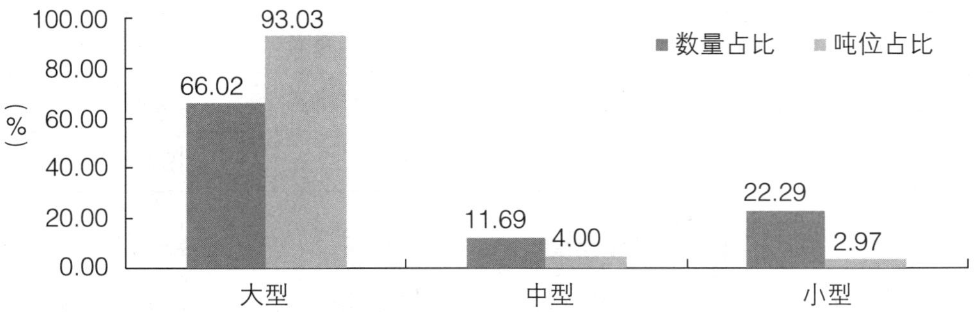

类型	大型	中型	小型
数量（辆）	117903	20884	39796
吨位（吨）	1630384	70081	52128

图 3　2019 年道路危险货物运输汽车各类型数量及吨位占比情况

其中，大型汽车中，重型汽车数量为85278辆，吨位为1436603吨。

（二）道路危险货物运输挂车车辆数量与吨位分析

截至2019年9月，经统计，我国从事危险货物运输的挂车为19.40万辆，总吨位为552.72万吨；同比2018年车辆增加1.92万辆，吨位增加61.90万吨，增幅相对放缓。2019年全国各地区道路危险货物运输挂车数量及吨位情况如表2所示。

表2　2019年全国各地区道路危险货物运输挂车数量及吨位情况

序号	地区	数量（辆）	吨位（吨）	序号	地区	数量（辆）	吨位（吨）
1	山东	31806	853856	17	天津	3771	112704
2	河北	19162	549051	18	宁夏	3712	105851
3	江苏	16130	496836	19	广西	3435	103311
4	辽宁	15892	475978	20	内蒙古	4764	98823
5	河南	12861	364457	21	甘肃	2692	79278
6	浙江	9783	295561	22	江西	2509	77662
7	新疆	8901	242418	23	福建	2397	72409
8	广东	5679	182809	24	云南	2132	63831
9	陕西	7360	181071	25	黑龙江	2260	40928
10	湖北	6042	173027	26	北京	1224	34017
11	湖南	4979	158080	27	贵州	1121	32488
12	山西	5324	148590	28	重庆	1028	31372
13	安徽	4614	140968	29	青海	924	19854
14	吉林	5163	135852	30	海南	356	8854
15	上海	3947	122817	31	西藏	224	6970
16	四川	3854	117474	32	总计	194046	5527197

截至2019年9月，按照道路危险货物运输挂车的类型分，大型汽车数量占比为98.38%，吨位占比为99.82%。其中，大型挂车中，96.74%为重型车辆，达到184665辆。2019年道路危险货物运输挂车各类型数量及吨位占比情况如图4所示。

（三）常压罐车数据

截至2019年上半年获取的数据，我国拥有常压罐车约18.35万辆，2019年全国各地区道路危险货物运输常压罐车数量情况如表3所示。

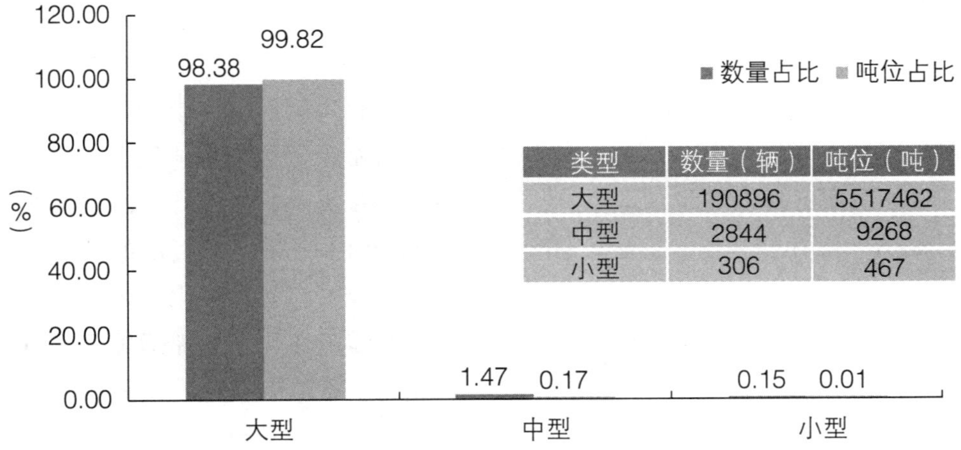

图 4　2019 年道路危险货物运输挂车各类型数量及吨位占比情况

表 3　2019 年全国各地区道路危险货物运输常压罐车数量情况

序号	地区	数量（辆）	序号	地区	数量（辆）
1	山东	26329	18	江西	3845
2	河北	13384	19	甘肃	3481
3	河南	11837	20	福建	3343
4	江苏	10398	21	宁夏	3184
5	广东	10350	22	黑龙江	3000
6	安徽	9159	23	内蒙古	3000
7	湖北	8369	24	新疆生产建设兵团	3000
8	浙江	7834	25	贵州	2670
9	四川	7553	26	天津市	2491
10	辽宁	7500	27	重庆市	2107
11	新疆	7194	28	北京市	1828
12	广西	5170	29	青海	1165
13	吉林	5103	30	上海市	1162
14	湖南	4795	31	西藏	543
15	山西	4584	32	海南	314
16	陕西	4500	总计		183546
17	云南	4354			

工业和信息化部数据显示，国内近五年产量较大的罐车制造企业主要集中在河北、湖北以及安徽等地。近年来，除一些主要厂商外，不少企业的产量有所下降。

在罐车领域，主要存在以下问题。

（1）设计制造方面存在结构、安全附件等方面的问题。

（2）尺寸容积方面存在较为明显的超标情况。

（3）安全附件配备不符合要求。

（4）使用和匹配方面也存在一定问题。

（四）车辆利用情况

在被调研的几十家危化品物流企业中，44.4%的企业反映车辆利用率在50%～80%，55.5%的企业反映车辆利用率在80%～100%。

三、我国危化品水路运输需求与供给能力分析

2019年，我国港口完成货物吞吐量139.5亿吨，比上年增长8.8%。其中，石油、天然气及制品吞吐量10.66亿吨，增长3.8%。

油轮运输市场需求小幅下滑，运力总体过剩，运价基本保持稳定。受国际油价持续低迷、海上油田产量下降、成品油运输需求不旺等因素影响，全年完成沿海省际原油、成品油运输量分别约为7500万吨、3000万吨，同比略有回落。

2019年全年，化学品船运输需求基本稳定，船舶运力供给略有富余，运价先抑后扬。由于我国化工品生产和消费仍处于低速增长期，沿海省际化学品船运输需求保持较低增长水平。

沿海省际化学品船运价自年初开始下降，至夏季达到最低，下半年在外贸化学品船运输市场回暖带动下，运价逐步回升，年末达到最高，全年平均水平与上年基本持平。

液化气船运输需求稳步增长，船舶运力供给略有富余，运价总体回升。由于国内液化气产量逐步提高，以丙烯、乙烯等为代表的液化气成为沿海省际运输货源的新增长点，2019年全年完成沿海省际液化气运量350万吨。

散装液体化学品船运输需求基本稳定，船舶运力供给略有富余，运价保持平稳。由于我国化工品生产和消费仍处于低速增长期，沿海省际化学品船运输需求保持较低增长水平，2019年全年完成沿海省际化学品运输量2680万吨。

四、我国危化品仓储总体需求规模及特点

我国危化品仓储业中，自有仓库（罐）自用企业约占50%，多为生产或流通企业；自有仓库（罐）对外服务的企业约占30%，多为公共仓储企业或流通企业仓库；租库自用自管的企业约占15%，多为生产和流通企业；租库对外经营企业和仓储地产业二者占总量的不足5%，数量很少，这是因为租库经营风险大、获利小，“空手道”有一定的难度。仓储地产业是我国仓储业新兴的一种业态，是改革开放的新生事物，发展期较短，为数不多。

目前，我国石化仓储企业平均资产为2亿元，通常占地面积在15万～20万平方米。平均建筑面积3万平方米以上，储罐库容量4万～5万立方米。2019年，在我们调研的几十家企业中，每家企业平均拥有库房2.64个，较2018年增加0.18个。

根据中物联危化品物流分会调研了解到的情况，最近几年，虽然危化品仓库储存能力有

所增加，每年增长 6% ~ 7%，但仍然难以满足市场需求。在我们调研的企业中，有 66.7% 的企业表示未来有仓储扩容计划，33.3% 的企业表示待定。

目前，我国约有各种类型的仓储企业共 5000 家，危化品仓储面积有 1 亿平方米，危化品仓储需求则有 1.3 亿平方米左右，供需缺口约为 30%，部分区域甚至更高，尤其是对危化品高端仓储的需求缺口更大。

从我国危化品仓储能力分布看，我国东南沿海、环渤海地区占我国危化学仓储业的 70% 以上，中西部地区不足 30%，且大多分布在大中城市和能源产地，地域性集中分布的特点非常明显。

五、2019 年危化品物流行业主要问题分析

国家对危化品行业的监管不断重视，陆续出台危化品物流行业标准及规则，大大提升危化品物流企业管理运营水平的同时，也标志着危化行业已经开始面临新形势下的不断调整和转变。

（一）市场规模大但集中度低

根据化工百强 2017—2018 年评选的数据来看，百强企业总体营业额是 538 亿元，即便有大型央企进行数据支撑，平均下来每家企业也仅有 5 亿多元的营业额，相比总体 1.4 万亿元的市场规模，只占了 3.8%，行业集中度低。

（二）“擦边球”现象突出

随着危化品物流企业越来越多，单纯的价格竞争愈加激烈。在实操过程中，为了节省成本，很多安全措施和要求就成了摆设，大大增加了安全隐患。主要核心体现在无证、无资质操作、未严格按标准 SOP 规范操作以及车辆不当使用，针对不同危化品，需要使用不同的车辆来满足运输需求，然而由于企业监管不到位，不符合标准乱用现象时有发生，甚至车辆到了报废期仍然继续使用。

（三）零担配送风险意识不强

目前来看，大部分危化品物流企业都是在做罐装车辆的整车运输、海运的集装箱运输。但是零担部分操作的风险高，且利润也低。企业为了生存也不得不铤而走险，但是风险很高，利润也低，安全隐患也增加很多。尤其是在零担末端配送端，由于当前很多企业干线和整车部分监管还是相对到位的，但是末端使用的资源有些甚至没有运输资质而仅仅是挂靠的物流公司，一旦出事，风险极大且由于零担这部分订单量持续增加，把控不严极易发生事故。

（中国物流与采购联合会危化品物流分会）

（本文未包含香港特别行政区、澳门特别行政区及台湾地区统计数据）